EX LIBRIS
QVOS TESTAMENTO SVO
LARGITVS EST HVIC DOMVI
M. PHILIPPVS DESPONT
PRESBITER PARISIENSIS ET
DOCTOR THEOLOGVS

ORATE PRO EO

Et, discite in terris quorum
Scientia vobis perseueret
in Cœlis

Hieronimus
Epist. 103

PARTHENICE,
OV
PEINTVRE
D'VNE INVINCIBLE
CHASTETÉ.

Histoire Napolitaine.

Par M. L'Evesqve de Belley.

A PARIS,
Chez Claude Chappelet, ruë sainct
Iacques, à la Licorne.

M. DC. XXI.
AVEC PRIVILEGE DV ROY.

A LA REYNE.

ADAME,

J'appends au Temple de voſtre Gloire cette Peinture d'vne inuincible Chaſteté. Elle y doit eſtre attachee pour pluſieurs deuoirs, & par la Naiſſance de cette PARTHENICE, dont ie deſpeins icy les merueilles, & par celle de ſon Eſcriuain, & encores pour faire voir que tant de Perfections, & de Vertus, dont ie releue ce Portraict, ne ſont qu'vn foible Crayon, & vn ſimple Rayon des Voſtres. Cette inuincible Vierge eſtant née dans vn des floriſſans Royaumes de cette Auguſte Maiſon qui vous a donné l'eſtre, & ſous vn Sceptre poſſedé autrefois par le ſang de S. Louys, auquel le Mariage vous vnit, en vous rendant l'os des os, & la chair

ã ij

EPISTRE.

de la chair, du Premier, & du plus Iuste Monarque de la Terre ; n'est-ce pas son deuoir qu'elle vous recognoisse pour sa Princesse, tant de Droict, comme d'Origine? Et puis que ie fais passer la cognoissance de son nom de Naples en France, à qui suis-ie plus obligé de la presenter, qu'à la Souueraine Princesse du Pays de ma naissance, à cette Princesse qui sert d'vnion & de ciment d'amitié à deux Couronnes si grandes, qu'elles sont comme les deux Colomnes de l'Vniuers? Et quant au sujet de ce Liure, qui n'est autre chose que le Tableau d'vne eminente Chasteté, à qui le puis-ie plus iustement adresser qu'à Vostre Majesté, dont l'incomparable Vertu est l'original de cette copie, & vn Parangon adoré & admiré de tous les Mortels? Cecy, MADAME, ie le dis sans flatterie, puisque le contraire seroit vn blaspheme, & puisque c'est vne Verité plus claire que le Midy. Ie n'ay garde, MADAME, de m'embarquer plus auant dans la Mer de vostre merite, me côtentant d'en auoir salué le Port:

EPISTRE.

ce n'eſt pas à vne ſi foible barque de tenter vne telle Nauigation. Il n'appartient pas à toutes les plumes de voler comme l'Aigle. Il n'eſt pas donné à tous les oyſeaux de regarder le Soleil comme à cette Reyne de l'air. La repreſentation d'Alexandre n'eſt reſeruee qu'aux plus excellens Maiſtres. Il me ſuffira de dire, que poſſedant la premiere Grandeur de la Terre, elle eſt encores moindre que ce que vous meritez, & qu'il faudroit ſortir hors du Monde, pour treuuer vne Couronne aſſez grande pour vos Vertus. Taire cecy, MADAME, ce ſeroit retenir la Verité priſonniere de l'iniuſtice, & pour euiter le blaſme de flatteur, ſe precipiter dans vne ingratitude inexcuſable: car la malice noire qui auance de fauſſes imperfections n'eſt-elle pas eſgalée par celle qui cache la loüange deuë à la iuſte Valeur? Que ne puis-ie, MADAME, exprimer tant de Vertus qui vous honorent plus que voſtre Diademe, au moins à la façon que ie les recognois: mais puiſqu'elles ſurmontent mon admiration, comment pourroientelles tomber sous mon Stile? Ceux qui s'essayent de les representer commettent des fautes plus signalees, que ceux qui ne les disent que par le silence, car c'est comme aduoüer qu'elles se peuuent dire, & en cela raualer leur infinité. C'est peut-estre parce qu'ils cognoissent la Grandeur de vostre Benignité: Mais les autres sont plus Respectueux, qui esbloüis de la Majesté de vostre Grandeur, les tiennent comme inconceuables, aussi inexprimables. Ie seray du costé de ceux-cy, MADAME, tenant pour vne maxime constante, que la Grandeur qui se peut dire ne se peut dire Grandeur. De sorte que rejettant la coulpe de ce defaut sur la hauteur de vostre Perfection si puissamment esleuee, qu'aucune loüange n'y peut atteindre ; ie ne mettray pas vostre Nom à la teste de cette Histoire, comme pensant contribuer quelque chose à son immortalité ; mais plustost pour soustenir la mortalité de ces pages de l'Eternité de la duree de vostre Renom, & aussi pour les illustrer de la splendeur de vostre

EPISTRE.

Gloire. Comme les rosees de l'Iris rendent l'espine Royale plus odorante que les Lys & les Roses; si celles de vostre Grace se respandent sur les fueilles de cet Ouurage, leur suauité sera capable d'embaumer toute vostre Cour. Aussi l'ay-ie tracé à ce dessein, pour diuertir par vn change industrieux beaucoup d'esprits de vostre suitte de la lecture de ces liures, ie ne diray pas simplement inutiles & friuoles, mais dangereux, mais pernicieux, & pour leur fournir d'vn meilleur & plus vertueux entretien. Et quand il passera dans leurs mains par les vostres Royales, l'excellence de vostre Nom ouurant leurs cœurs, cet Antidote y operera auec plus d'efficace. Ce qui forme les couleurs de l'Arc-en-Ciel, c'est vn nuage noir qui reçoit les rays Solaires; Si la noirceur de mon ancre est vne fois esclairee de la splendeur de vostre protection, elle portera l'agréement dans les cœurs où le mespris pourroit naistre. MADAME, si i'osois promettre à cette Histoire autant de faueur en vostre veuë, que mes discours publics ont

ã iiij

EPISTRE.

treuué quelquefois de grace en la patience des aureilles de V. M. comme ce bien passeroit son merite, il surmonteroit aussi mon souhait. Quand le Soleil bat à plomb sur quelque lieu, il en oste toutes les ombres; aussi l'esclat de vostre appuy, & de vostre regard, dissiperoit tous les ombrages, & tous les murmures qui pourroient se respandre sur cet ouurage, dans les yeux, & dans la bouche de ceux qui ne sçauent lire que pour reprendre, ny parler, que pour s'indigner. MADAME, puisque vostre veuë est la seule recompense que ie pretends de ces lignes, ie croy que vostre Royale Bonté ne me refusera pas si peu de chose, en imitant l'Astre du iour, qui respand esgalement ses rayons fauorables sur les Espines, que sur les Roses. Ie ne viens pas à V. M. comme cette femme de l'Euangile à Nostre Seigneur, en adorant, & en demandant; Comme ie suis vuide de Desir, ie suis exempt de Pretension, & sans autre interest, que du general qu'ont tous vos suiects, de vous complaire. La Vertu est miserable quãd elle souhaitte, plus misera-

EPISTRE.

ble quand elle demande, tres-miserable quand elle se plaint: elle n'est plus Vertu, quand elle cherche sa satisfaction hors de chez soy. De moy, MADAME, ie declare que mes vœux seront à leur cime, si ie puis, & par cet Escrit, & par toutes les actions de ma vie, faire paroistre à V. M. que ie n'ay rien de si vif en l'ame, qu'vne ardante affection de me tesmoigner,

MADAME.

Voſtre tres-humble, tres-obeïssant,
& tres-fidele seruiteur & subjet,
I. P. E. DE BELLEY.

A PARTHENICE.

R ALLEZ doneques, ma Parthenice, puis que ie ne puis plus vous retenir dans les sombres recoins d'vn Solitaire Cabinet : Si est-ce que si vous eussiez suiuy mon conseil vous y fussiez demeurée, & vous eussiez passé vostre aage, si plus melancholiquement, aussi plus seurement à cet abry, qu'à la veuë de beaucoup de Gens, qui douteront de la Verité de tant d'accidens qui vous ont agitee. Et certes il me semble qu'il eust esté plus seant à vne fille si eminente en Vertu & en Sagesse, comme vous vous faittes cognoistre, de demeurer ainsi, puis que la Tortuë, qui est tousiours dans sa Maison, est le symbole des Matrones Chastes ; joinct que cette femme, selon le dire d'vn graue Ancien, est estimee la meilleure, de laquelle on parle le moins: Mais ie sçay vostre humeur, vous auez tant erré durant vostre vie, que vous voulez encores errer apres vostre mort, afin que ces Erres, non les Erreurs, vous redonnent vne nouuelle vie. Le bien est de soy-mesme communicatif, &

il se plaist à se respandre, il ayme la lumiere comme le mal la hait. Or allez donc auec la benediction de vostre Pere, mon cher enfant, non pas emprunter la lumiere du iour, mais prester par l'estalement de vos Vertus la lumiere au iour mesme, & selon le precepte diuin, faittes que vostre splendeur luise deuant les hommes, en sorte qu'ils cognoissent vos bons deportemens, afin qu'ils en prennent suject de glorifier le Pere Celeste, qui a daigné verser si abondamment sa grace en vous, & la respandre en vostre cœur, rendant si fort vn vaisseau si fragile, que sa bonté en est sur vous adorable à iamais. Que ce Liure qui represente l'esclat de la face de Dieu imprimee sur vostre front, comme sur celuy de Moyse, se vante hardiment de porter deuant les yeux des Mortels, le lustre de la plus saincte flamme qui puisse tomber en l'humaine pensee: qu'il commande au Soleil de cacher la sienne, s'il ne veut receuoir cet affront d'en estre esblouy: Qu'à vostre exemple il apprenne aux Mondains à cheminer en cette vie, selon le conseil du Grand Sauueur, ayant les reins ceins, & des flambeaux à la main, c'est à dire à couler leurs iours auec la Chasteté au corps, & la Charité en l'Ame, asseurez en cet equipage d'entrer aux Nopces Eternelles de l'Agneau sans macule. Et vous, ma chere fille, qui vous y faittes voir comme vne Vierge Sage, toufiours veillante fur le threfor de voftre inuiolable integrité, toufiours vaillante pour le defendre au peril de voftre vie, auec la lampe à la main, comme vn glaiue de Dieu & de Gedeon, ou pluftoft comme le coutelas flamboyant de cet Ange Gardien du Paradis Terreftre; n'euft-ce pas efté vne iniuftice reprouuee par la bouche de l'Eternel, de cacher vne fi claire lápe fous le boiffeau, veu que les Iuftes doiuent reluire côme le Soleil, & ietter leur brillement côme des Eftoilles au Firmament de l'Eternité? Ie change donc maintenant d'aduis, & ie loüe voftre deffein, qui eft d'aller voir le Monde, puis que vous y pouuez cheminer bien plus feurement à l'ayde de ce papier, que vous n'auez faict autrefois en propre perfonne. Imitez cette genereufe Vefue de Betulie; portez la confufion dans la maifon de cet Affyrien, & faittes voir à la Gloire de ce Dieu, qui a faict en vous des chofes fi grandes, que fa Mifericorde fe refpand de generation en generation, fur ceux qui le feruent & le fuiuent en Amour & en Crainte. Faittes cognoiftre qu'vn Rofeau du defert, fymbole d'vne fille, eftant en la main du Sauueur deuient vne Colomne du Temple, & Colomne inefbranflable aux plus violentes tempeſtes;& Colomne victorieuſe. Moſtrez comme il a par vous ouuré puiſſamment en ſon bras, eſcartant les hautains & les furieux, qui vous vouloiét perdre par l'eſprit de ſon cœur, depoſant les grands de leurs dignitez, & exaltant les humbles, enrichiſſant les Pauures, & aneátiſſant les Riches. Apprenez à ceux qui s'effrayeront à la veuë de tant d'eſtráges euenemens qui vous ont tantoſt preſſee, tantoſt oppreſſee, iamais opprimee; combié il importe d'eſtre en la main, & en la Grace de Dieu, pour euiter tant de precipices qui ſe rencontrent en la route du Monde, & combié il eſt neceſſaire de regarder ſouuent le Ciel pour eſquiuer les Eſcueils, les Syrtes & les abyſmes de la Mer du Siecle. Que l'on cognoiſſe par vous la Verité de cette diuine leçõ, qu'à ceux qui ayment Dieu ; tout coopere en bien, les aduerſitez leur eſtans aduátageuſes, les proſperitez non nuiſibles, touſiours eſgaux & ſemblables à eux meſmes, en l'inegalité des accidens qui nous rauagent en ce pelerinage mortel. Enſeignez aux puſillanimes à reſiſter puiſſammét en la foy, aux aſſauts des tétatiõs de la legereté. Que les Incõſtás ſoiét inſtruits en voſtre Eſcole, à eſtre plus fermes en leurs bonnes determinations, ayant autát de Confiáce en l'aſſiſtáce de Dieu, que de deffiáce de leurs propres forces: car il eſt tout certain que comme nous ne pouuons rien de nous-mesmes, non pas seulement esclorre vne bonne pensee ; aussi n'est-il rien que nous ne puissions, fortifiez par celuy à qui nulle parole est impossible, par celuy qui veut que nous mettions en luy nostre Esperance contre toute apparence:

Car Dieu peut ce qu'il veut, il veut tout ce qu'il doit,
Il doit toute faueur à qui chemine droict;
Le Seigneur d'Israël est doux & debonnaire
A qui a le cœur droict, & tasche de luy plaire.

Qu'à vostre imitation, ma Parthenice, ceux qui ont faict des vœux au Dieu de Iacob, apprennent à les luy garder inuiolablement à trauers les plus puissans obstacles ; car ce Dieu qui est fidele ne permettra iamais qu'ils soient greuez par de là leur puissance: c'est vne maxime constante, que iamais il ne desnie sa Grace à qui faict son effort pour y cooperer : Grace qui vient à nous sans nous, mais qui n'entre point en nous sans nous: Ceux qui en la vie Deuotieuse, ou au dessein Religieux, seront combatus de descouragement, la plus lasche de toutes les tentations, puis qu'elle a pour fondement la lascheté mesme ; enseignez leur que Dieu conduict ses loyaux seruiteurs par des marches bien droittes, mais asseurees, & que par la lumiere de la science des Saincts, il leur faict part comme au Thabor d'vn Eschantillon de son Royaume, les honorant en leurs trauaux, & accomplissant en sorte leurs labeurs, qu'apres la Victoire il leur procure la Gloire du Triomphe. Qui sera si descouragé, ô ma fille, qui te voyant comme vn Phare luisant au port Religieux, apres tant d'orages surmontez, ne deuienne comme toy, vn Roc parmy les vagues? Qui sera si affectionné aux Grandeurs, aux Facultez, ou aux Voluptez de la Terre, qui te voyant fouler d'vnd pied vainqueur, le Monde & toutes ses pompes, ne soit plus prompt à t'imiter, pour se sauuer auec toy, que prest à le suiure pour perir auec luy? Certes, la Closture Religieuse, qu'à la fin tu as esleuë comme le centre de ton repos, l'auant-mur de ta Virginité, le Bouclier de ton integrité, & le fauxbourg de la Hierusalem Celeste, me faisoit te conseiller de demeurer à recoy dans l'estude de ton Pere, comme ces filles Pieuses, qui se consacrent dans les maisons Paternelles au seruice de leurs Parens : Mais la Charité de IESVS-CHRIST te pressant, & moy aussi, i'ay creu que pour estre à tout le monde, tu n'en seras pas moins mienne; au contraire, que selon la nature du feu, ta lumiere croistroit, plus elle seroit communiquee. Il me faudroit recommencer vn Liure aussi grand que celuycy, qui represente le cours de ta vie, pour particulariser les Profits que l'on peut retirer de la consideration de tes Vertus. Ie n'ay iamais faict, si i'en veux faire la deduction. Ie me contenteray de dire de toy cela mesme que le Sage a dict de quelque autre : Plusieurs filles en ton siecle ont amassé beaucoup de Richesses, & Temporelles & Spirituelles : mais ie croy que tu les as toutes surpassees. Va donc les répandre par le monde auec tes mains, faittes au tour & pleines de Iacinthes, que ce voyage te soit plus fauorable que ie ne l'augure, & autant heureux que ie le desire. Si quelque Curieux veut penetrer plus auant en la cognoissance de ton Estre, & s'informer plus amplement de quelques particularitez de ton Histoire; qu'il prenne la Patience de lire cette Instruction, que sa longueur nous a faict rejetter à la fin de ce Volume.

PARTHENICE.

PARTHENICE.
LIVRE PREMIER.

TOVTE la ville de Naples n'estoit remplie que de l'admiration des perfections de l'incomparable Virginette. Les compagnies ne retentissoient que de ses loüanges, & parmy les assemblees on ne parloit que de ce miracle de Nature, & de Grace, chacun exaltant à l'enuy & les rares beautez de son corps, & les eminentes vertus de son ame. Cette superbe Cité, la mere de la Gentillesse, le theatre de la Noblesse, l'œil de la belle Italie, la fleur de cet agreable Royaume à qui elle donne le nom, la gloire des riuages de la Mer du Leuant, les Delices anciennes & modernes des Romains, ne se vantoit point tant, ny de l'Orgueil de ses Palais, ny de la force de ses Chasteaux, ny de la Magnificence de ses Temples, ny de la Beauté de ses places, & de ses ruës, ny de l'amenité de son air, ny de la Douceur de sa plage, ny

A

de la Bonté de sa terre, ny de la fertilité de sa marine, ny de la Richesse & generosité de ses habitans, ny de tant de qualitez auantageuses qui la releuent par dessus celles de sa contree, & mesmes de sa Nation, comme pour se voir en possession de ceste excellente fille, deuant laquelle ce que l'antiquité ou par verité ou par feinte raconte de specieux en la Grecque Rauie, ou en celle à qui la pomme d'or escheut par preference, eust perdu tout son lustre; ioignant outre cela tant de conditions vertueusement recommandables à ce beau corps, qu'on la pouuoit appeller vne vraye & non fabuleuse Pandore; puisque d'vn costé elle estoit autant Accomplie, que de l'autre accompagnee d'autant de malheur. O que Naples estoit ialouse de cet inestimable ioyau, combien glorieuse d'estre la nacque d'vne telle perle, l'enchasseure d'vn tel diamant, l'escrein d'vn si riche thresor. Ouy elle se fust volontiers exposee aux mesmes extremitez où fut reduitte l'ancienne Troye pour vne Beauté sans Bonté, & certes plus iustement, puisque celle-cy estant plus excellente en la forme du corps, estoit incomparablement meilleure & plus Pure que l'autre. Que si tant de Villes disputerent jadis à qui auroit l'honneur d'estre appellee la Patrie d'Homere, quel auantage estoit-ce à Naples de se dire le pays d'vne Vierge, qui n'auoit pour lors sa pareille au Monde, & pour laquelle ou acquerir ou conseruer les efforts de la conqueste de la toison d'or, eussent esté iustement employez. Non, le precieux coffret de Darius n'eut point esté digne de resserrer ce Volume de tant de graces. De sorte que la voix commune, qui seconde ordinairement celle du Ciel, luy donnoit ces Eloges, dont les Bethuliens honorerent autrefois leur liberatrice, Tu es la gloire de nostre Ville, la ioye de ses habitans, l'honneur de nostre peuple, & la liesse des yeux qui s'arrestent à te considerer. Que de benedictions pleuuoient de toutes parts sur ceste teste bien aymee! Quelles exclamations quand on la voyoit! Soleil si haut que mesmes elle estoit exempte des ombres de l'Enuie, lesquelles faisoient place à la Pitié, pour accuser la fortune marastre de la Vertu, qui faisoit esuanouir ses faueurs au deuant de tant de merite. Imaginez vous si les Poëtes des riues Napolitaines, ces Cygnes qui gazouillent vn si doux ramage à la mort de leurs libertez, qui est la Naissance de leurs Passions, se taisoient sur ce Chef-d'œuure de leur temps, & si picquez des innocentes flammes qui sortoient de la glace de son front, ils en faisoient par leurs Vers flamber

A ij

les estincelles. Vn entre les autres comme vn Maistre Rossignol qui parmy les oysillons d'vn boccage, se faict recognoistre le premier de tout ce chœur peinturé, en crayonna quelque foible Idee en ce peu de Stances:

Au retour du Printemps, quand les fleurs sont nouuelles,
  Parmy tant de milliers eslisez les plus belles,
  Dont l'excellent émail vient la terre parer.
  S'en peut-il rencontrer quelqu'vne où la Nature
  Ait auec tant de soin mesnagé sa teinture,
  Qu'on la puisse à son teint iustemẽt comparer?
Qui pourroit dignement representer la grace,
  De son front esleué, où sont en mesme place
  L'attrayante douceur auec la grauité?
  Ses yeux au plus luysant des Planettes ressemblent,
  Ses cheueux à fonds d'or par vn nœud se r'assemblent,
  Nœud deuant qui s'enfuit toute la liberté.
Escoutez ses discours, ce sont autant d'Oracles,
  Tous ses deportemens sont autant de miracles,
  Le Ciel semble s'ouurir quand son visage rit.
  Regardez son maintien, voyez cõme elle est faite,
  Ne douterez vous pas qui la rend plus parfaite
  Ou la beauté du corps ou celle de l'esprit?

En somme il estoit tout commun que c'estoit pour lors le plus bel object que l'œil humain peuſt deſcouurir en toute l'Italie. Et comme la Vertu paroiſt d'autant plus qu'elle eſt attachee à vn beau corps, la perfection de cette fille Angelique ſe pouuoit dire de tout point Eminente, parce que ſes mœurs, & ſes Bonnes Habitudes interieures correſpondoient à cet agreable frontiſpice qui paroiſſoit au dehors.

En elle on pouuoit contempler
Des vertus, que pour enfiler
Il faudroit vne longue liſte,
Car la grace, auec la valeur,
La gentilleſſe, auec l'honneur,
Suiuoient ſes beautez à la piſte.

Mais qui me donnera des termes aſſez vehemens pour inuectiuer contre l'outrageuſe Fortune, qui naturellement enuieuſe de la Vertu, & ialouſe contre la Beauté, auoit reduit en telle extremité tant de recommandables parties, dont le Ciel liberal auoit non moins orné ceſte ame innocente, qu'enrichy la Pureté de ce corps. que ceſte Perſecution ſe peut auſſi peu repreſenter ſans Indignation, que ceſte Perfection conſiderer ſans Admiration. Mais comment ceſte Volage & Aueugle diſtributrice des biens terreſtres & paſſagers, pourroit-elle auoir eſgard à tant de Valeur, puis qu'elle eſt ſi couſtumiere de desfauoriſer le Merite, merite le ſeul object

A iij

de sa Hayne, & de sa cholere. Si est-ce que nous la verrōs vaincuë & terrassee, & rendre à la fin de ceste Histoire, les derniers abois aux pieds de la Vertu. Or voyez l'iniustice & l'inesgalité de sa balance. Ceste vertueuse Perfection digne d'vn pareil auantage que celuy d'Esther, d'Abigail, ou de Ruth, se voit reduitte dans vn Hospital que l'on appelle en ceste contree des Zitelles, c'est à dire des pauures filles, ou Orphelines, ou dont les parens sont incertains, ou delaissees par la dure force de la Necessité, par ceux qui les ont mises au Monde. C'est vn beau Lys dans les brossailles des malheurs, vne belle Rose dans les espines des calamitez, vn Pin verdoyant qui esleue sa teste parmy les glaces des desastres. Sa naissance n'estoit que trop certaine. Illustre de sang du costé de sa mere, mais roturiere & vile de la part de son pere, infame de l'vne & de l'autre, non qu'elle ne fust née en vn Mariage, sinon en effect au moins en apparence legitime: mais parce que ses parens finirent leur vie pour leurs forfaits d'vne façon violente & ignominieuse, comme vous apprendrez en la suitte de ce tissu. Et c'estoit pour cela que desnuee de moyens par la confiscation des facultez de sa mere, & desaduouee de tous ceux de son sang, qui la tenoient pour l'opprobre de leur famille, &

rejettee de la conuerſation de toutes les Dames de Naples, elle fut contrainte de ſe mettre en ce lieu, à l'abry de la neceſſité & de l'inſolence de ceux qui euſſent peu, preſſez d'vne flamme indiſcrette, attenter à ce ſainct Honneur qu'elle eſtimoit plus que ny toutes ſes beautez, ny que ſa vie. Voyla donc le criſtal argenté de noſtre Lune, noircy de grandes taches : mais ce ne ſont que vapeurs apparentes, qui font paroiſtre des defauts, qui ne ſont aucunement en elle, mais autour d'elle, & qui empeſchent bien que la blancheur de ſa perfection ne ſoit veuë en ſon entiere ſplendeur, quoy que cela ne la touche ny ne l'entache, d'autant que cela n'eſt pas attaché à ſon ame, les crimes ſont perſonels : & bien que par la proximité il rejalliſſe touſiours ſur les enfans quelque marque de la faute des peres, ſi eſt-ce que l'Oracle de Verité nous apprend que chacun portera ſon propre faix, l'iniquité du pere n'eſtant point imputee à l'enfant deuant le iuſte Tribunal du Souuerain Iuge. Mais ce n'eſt pas vne merueille ſi les enfans des hommes ſont faux en leurs balances, parce qu'ils ont vn poids & vn poids, vn cœur & vn cœur, duplicité qui ne peut entrer en la ſimplicité de la Iuſtice diuine. Le Soleil peut eſtre pour vn temps offuſqué des nuages, iamais eſteint, la

A iiij

gloire de la fameuse Pucelle peut bien estre obscurcie par tant de noires exhalaisons qui l'enuironnent, mais vn iour viendra que r'enforçant ses rayons par cette opposition, elle en paroistra plus lumineuse & resplandissante: tout ainsi que les rays du Soleil sont plus vifs & plus ardans apres vne forte pluye. Sur cecy nous pourrions faire diuerses considerations, dignes d'estre soigneusement pesees: mais parce qu'en fait d'Histoire l'esprit courant à perte d'haleine apres la deduicte du faict, s'irrite & se cabre contre les digressions qui trauersent son fil, nous nous contenterons de les marquer en passant. O combien il importe d'estre nay de parens vertueux, & qui transmettent en leurs successeurs l'odeur d'vne bonne reputation, odeur qui passe les exhalaisons des campagnes flories; Renommee plus auantageuse que les richesses qui nous enuironnent comme des ceintures d'or. Combien sont sainctement instituees ces maisons de Pieté, où les filles delaissees conseruent en mesme temps leur vie & leur honneur. Combien iniuste la passion de ceux qui versent sur les enfans innocents l'indignatiõ, qui se deuroit au moins arrester sur les peres coulpables. Et en fin combien est peu iudicieuse cette opinion de quelques Dames qui pour de vains ombrages rejettent de leur conuersation de pauures creatures, ou qu'elles pourroient retirer de l'abisme du mal, si elles y estoient precipitees, ou empescher ce desastre si elles estoient portees, par le desespoir, ou par la necessité, à s'y precipiter. Tant y a, pour reuenir de ce petit destour en nostre droitte route, que cette vertueuse fille qui faict le principal personnage de cette Histoire, abandonnee de toutes parts en la terre, n'a point d'autre azyle qu'en cette Cité de refuge, en cette maison de Dieu, auquel elle pouuoit dire:

Le Seigneur s'est rendu mon azyle & mon port,
 Ma cité de refuge,
 En ce cruel deluge,
Qui ma faict perdre terre, & rauy tout support.

Aussi est-ce le propre de la diuine Prouidéce d'ayder opportunément aux plus pressantes tribulations, Dieu est le Pere & le Protecteur des Orphelins, & le secours de ceux qui n'ont plus de recours qu'à son eternelle Bonté, se plaisant à releuer le Theatre de sa Gloire sur le desbris de nos Miseres. Et tout ainsi que par des secrets ressorts incogneus à tout autre qu'à luy, il sçait changer la lumiere de la pompe du Monde en la bouë d'vne condition raualleé, aussi sçait-il quand il veut tirer ceste fange du puits de l'oubly, & la r'allumer au Soleil de sa Grace, pour en faire vn flambeau esclattant: C'est luy qui faict d'vne petite Source, vne grande Riuiere; & de ceste Riuiere vne Mer de Splendeur, selon le songe prophetique de Mardochee sur les futures grandeurs de sa nourrissonne. Ce que vous allez voir encores en ceste fille dont ie vous parle, que nous appellerons Parthenice, afin que ce beau nom exprime quelque trait de ces rares qualitez qui l'ont renduë vne Vierge inuiolable & inuincible, & qui la font paroistre comme vn parfaict modelle de Vertu, d'Honneur & de Beauté, ioinct que sur les fonds de la regeneration Chrestienne ayant receu le nom de la grande Parthenie, la tres-saincte Vierge Mere du Redempteur, dompteresse de l'ancien serpent dont elle a escrasé la teste, il me semble que ce n'est pas beaucoup alterer son nom en l'appellant Parthenice, qui ne veut dire autre chose que l'image d'vne inuincible Virginité. Or ne vous estonnez point de la voir à l'abord en vn lieu où il semble que se confine le centre de la Calamité, car vous l'en verrez sortir d'vne façon que vous iugerez encores plus calamiteuse, & conduite par des voyes obliques selon les hommes, mais droittes selon Dieu, à vne fin aussi heureuse que saincte: de sorte que nous pourrons dire que Dieu a tenu sa main droitte, la conduisant par sa volonté, &

la receuant par ce chemin au sein de sa gloire. Les perles & les plus riches pierreries de l'Orient ne se treuuent qu'en des lieux deserts, escartez & abandonnez; l'or mesme ne se forme que dans les entrailles d'yne terre dont la surface est sterile. Que cette Maison de filles delaissees se resiouysse, parce que ce sacré desert sera rendu glorieux comme le Liban, la beauté du delicieux Carmel & l'amenité de la florissante colline de Saron y estant transportee. Toute la gentille Cité de Naples a les yeux tournez vers ce ieune Orient, qui promet en son Midy de ietter tant de feux qu'il embrasera tout le monde: mais elle se prepare de preuenir cet embrasement, iettant vn voile sur son visage qui esteindra tous ces feux soubs la cendre des saincts Vœux. Elle se destine à la saincte Religion: imitant en cela ce grand Peintre Apelles, qui ne voulut iamais vendre le Tableau de la Dame des Beautez, qu'il auoit composé sur les Beautez des Dames de la Grece, estimant que cet ouurage inimitable & sans prix deuoit estre consacré au Temple, & là conserué à la religieuse Memoire de la Posterité. Et ie vous prie à qui deuoit appartenir la plus Parfaitte & ensemble la plus Miserable Beauté de la Terre qu'à celuy qui a esté le plus Beau d'entre tous les Enfans des hommes, & le Roy des miserables de l'Vniuers; à l'homme de douleurs, & de douleurs nompareilles, si l'on peut appeller homme celuy qui parmy ses souffrances fut veu sans forme ny visage, défiguré, vermisseau escorché, l'opprobre des mortels, le rebut du peuple, l'object de l'admiration des Anges, de la malice des Demons, de la cruauté des Iuifs, de la barbarie des Gentils, de la felonnie des Hommes. Sur ce pieux & sacré Dessein Parthenice, dont la maturité de l'esprit deuançoit l'experience qu'apportent les années, se va dressant aux Exercices conuenables à cette Profession saincte, où elle se promettoit d'enterrer ses Beautez toutes viues, d'ensevelir les hontes qui accabloient son Innocence, & de se faire autant admirer par sa propre Valeur, qu'elle se voyoit rebuttee par la faute d'autruy. Elle a la voix encores plus belle que son canal, la grace & la facilité de la manier plus agreable que la voix mesme; c'est vn charme accompagné d'attraits ineuitables pour les oreilles qui ont la felicité de l'entendre. Ses doigts disputent de la soupplesse auec sa voix, & sa gorge & son pouce debattent la preéminence de leur harmonie : car à toucher les Regales ou l'Espinette, à pincer vn Luth, il n'y auoit aucun Maistre qui la deuançast; mais quand elle vient à ioindre ces deux melodies de la voix & de la main, il n'y a rocher immobile qui ne se fust transporté à la douce violence de cet attraict: les Tygres & les Lyons en eussent esté adoucis, les aspics charmez, & les plus farouches feres domestiquees. Amphion ne remua que des pierres, Orphee n'attira que des animaux par son chant: mais les hommes quelquefois plus durs que les pierres, & aussi desraisonnables que les bestes qui n'ont point d'entendement, sont r'amenez par la charmante voix de Parthenice, & quelques-vns rangez à la Pieté par la curiosité de l'entendre. Tout Naples court à l'Eglise des Zitelles, il s'y faict vn tel concours, que souuent aux entrees & aux issuës il s'y fait du desordre, accident inseparable des grandes assemblees. Pour euiter les insolences des confusions on est contraint d'espargner cette belle voix, & de la faire paroistre moins souuent qu'à l'ordinaire, au grand regret de plusieurs qui aymans la Musique estoient tellement rauis quand elle frappoit leurs oreilles, qu'ils en perdoient quelquefois le mouuement de leurs corps. Charme estrange, qui rendoit immobiles les choses mobiles, comme la Lyre de cet ancien qui rendoit mobile la naturelle immobilité des cailloux. Les estrangers qui abordent à Naples de tous costez ayans ouy cette merueille en refpandent la renommee de toutes parts : mais quand on leur dit que l'excellence de ce fon n'eft qu'vn vent qui paffe, à comparaifon de l'incomparable grace de fon vifage, c'eft alors qu'ils fe fafchent contre les murailles & les grilles qui leur defrobent la veuë d'vn object fi rare & fi accomply. Il y a neantmoins des temps & des occafions qui preftent le moyen de iouir de cette agreable veuë. Ce font de certaines feftes & quelques folemnelles proceffions, aufquelles, & l'obeiffance à l'Eglife, & pour efmouuoir le peuple à la pitié, enfemble & à la Pieté enuers ces pauures filles, on les voit aller par de longues files auec vn bel ordre, chofe qui arrache quelquefois les larmes des yeux les plus fecs, & qui faict que la Charité s'eftend pour l'entretien de ces petites creatures. Ie laiffe à dire qu'à l'imitation des autres Religieufes felon les demandes, les neceffitez, ou les occurrences, on les peut voir en de grands parloirs, & celles qui font en aage nubile, y font quelquefois recherchees & mariees par la liberalité de ceux qui veulent eftendre leur munificence en des œuures fi fainctes. Or c'eftoit en ces occafions que noftre Parthenice par le puiffant charme de fa Beauté, attachoit à fon vifage auec des chaifnes inuifibles les yeux de ceux qui la consideroient: bien que la pauureté la rengeast en vn equipage assez simple, si est-ce que les paremens dont la nature luy auoit esté prodigue, surmontoient de beaucoup tous les ornemens que la richesse luy eust peu attacher par vn long art. Ioint qu'ayant resolu en sa volonté de se consacrer à Dieu, elle negligeoit tout à fait l'exterieur, sçachāt que toute la gloire d'vne ame qui aspire à la hauteur d'vne si belle pensee est au dedans, & consiste aux aggraphes d'or des sacrez vœux, & en l'habit diuersifié des autres vertueuses habitudes. O qui pourroit bien exprimer cette singuliere modestie qui reluisoit en toutes ses actions, modestie qui seruoit de guide à ses gestes, à ses paroles, à ses regards, à son maintien, à son marcher, & à tant de graces qui la suiuoient à la trace. Elle estoit humble, douce, patiente, obeissante, pure, & tout cela se voyoit en vn traict d'œil, sur le rayon de la face de Dieu, qui estoit imprimé sur son front. Celuy qui disoit que si la vertu eust esté visible, elle eust donné des affections admirables à tous ceux qui l'eussent contemplee, eust esté bien aueugle s'il ne l'eust apperceuë en Parthenice, & si en mesme temps il ne l'eust honoree & cherie. Aussi respandoit-elle des feux par tout, bien qu'elle fust toute de glace, en cela semblable à l'Astre du iour qui eschauffe tout l'Vniuers, n'ayant aucun degré de chaleur en soy. Mais comme ce Soleil rend d'autãt plus ou d'autant moins ardantes les regions, qu'elles luy sont voisines, ou qu'elles sont disposees à la reception & reciprocation de ses rayons : Ainsi parmy ceux qui regardoient l'Orient de ce nouuel Astre il y auoit de differentes impressions ; car les vns conceuoient de la compassion de voir tant de Merite accueilly de tant de Misere, d'autres auoient quelque desir de la secourir, mais n'en auoient pas le pouuoir ; d'autres se contentans de l'admiration ne passoient pas plus auant en la consideration de son desastre. La Patience & la Pauureté sont deux Vertus que tous loüent, plusieurs ayment, peu pratiquent: au contraire Endurer les Affronts & la Necessité, ce sont deux Vices dans le monde. Cette extreme Beauté iointe à tant de Graces donnoit dedans les yeux de celles-là mesmes de son sexe, lesquelles faisoient caler l'Enuie soubs la Gloire de luy ceder ; & plusieurs grandes Dames l'eussent volontiers retiree d'vn lieu si disconuenable, si les Raisons humaines qui sont des Considerations tirées de la Vanité ne les eussent retenuës : elles la visitoient neantmoins quelquefois, & dressoient entre elles des parties pour aller voir la sage la sage Parthenice, où apres la grace de son entretien en la Conuersation, quand elle estoit priee de chanter & de toucher quelque air, c'estoit lors qu'elle transportoit tout à faict les courages par ces deux larges portes des sens plus deliez, la veuë & l'ouye, tenant celle-là collee à son visage, & celle-cy suspenduë à sa bouche, & toute la personne qui la voyoit & l'oyoit tellement occupee, qu'à peine auoit-elle aucune place en soy pour soy-mesme. On luy faisoit diuers presens: mais elle estoit si genereuse, que refusant tous les paremens, comme non necessaires à la condition Religieuse qu'elle auoit choisie, eslisant en cela auec Magdelaine la meilleure part, elle donnoit tout le reste qui luy estoit baillé pour l'vsage de la maison, où elle n'auoit autre singularité que d'estre la plus pauurement seruie. Elle viuoit quasi comme vne Religieuse seruant de miroir à toutes ses compagnes, principalement à celles qui aspiroient à la qualité de seruantes de Dieu. Les secours spirituels ne manquent pas à Naples en ces maisons de Pieté, car il faut auoüer que l'Italie excelle aux œuures de Charité & en l'Aumosne, qualité qui la rend autant recommandable, comme d'ailleurs elle pourroit estre reprise de beaucoup de libertez. La pauure Parthenice est assistee de

B

plusieurs Peres spirituels gens de grande deuotion, qui estoient bien ayses d'informer cette belle ame, hostesse d'vn corps si accomply, des instructions necessaires pour auancer aux choses de l'esprit: ce terrein est si fertil qu'il rend au centuple, elle y faict en peu de temps vn progrez merueilleux. Cependant qu'elle se prepare à ses Virginales nopces pour estre l'Espouse de IESUS-CHRIST, elle souspire sainctement apres le desir de rencontrer quelque bonne Ame qui luy en donne le moyen & les commoditez. Mais le Ciel qui se rit ordinairement de nos propositions, & qui a des dispositions qui nous menent au but par des routes qui nous sont incognues, va bien preparant d'autres essais pour rendre la resolution de nostre sage Vestale vn argent espreuué par le feu, espuré au creuset, & purgé au septuple. Les yeux de Parthenice regardent tout le monde, & ne voyent personne, selon le precepte qu'vn Pere ancien donne aux Vierges, c'est à dire contemplent chacun en general, nul en particulier: que si elle voit par la loy de l'obeissance & de la bien-seance quelque particulier, elle ne le regarde qu'en general, sans s'arrester à aucun traict singulier de sa forme qui luy peust apporter du discernement en la distinction, tant est puissante en elle cette exquise & si peu pratiquee Vertu de la Modestie des yeux. Mais il n'en est pas ainsi de tous ceux qui la regardent, car ils l'enuisagent si particulierement & si distinctement, qu'elle graue sur leurs cœurs auec vne impression de feu les caracteres ineffaçables de sa glorieuse forme. Quand elle est parmy ses compagnes, il ne faut point dire, c'est celle-là, car elle y paroist, non comme l'Estoille du iour seulement: mais

Comme la Lune au Ciel, parmy les Astres moindres.

Les traicts de sa veuë estoient incertains, & à l'aduenture plusieurs neantmoins faisoient atteinte, & cette atteinte estoit tousjours au cœur. Que de volages papillons, que de legers moucherons se bruslerent à ce flambeau, qui leur fut glorieusement funeste. Que d'Icares, que de Phaëtons s'allumerent à ce feu, & precipitez dans la ruine de leurs pretensions, confondus de leurs attentes se noyerent & esteignirent leurs flammes dedans l'eau de leurs regrets & de leurs pleurs. Que de partis se presenterent, & grands & mediocres, qu'elle refusa; iamais Penelope ne se vit tant de poursuiuans; mais elle opposa tousiours à leurs desseins la toile de son Religieux desir, aymant mieux estre abjecte en la maison de Dieu, que releuée dans les tabernacles des pecheurs. Combien de fois eust-elle esté enleuee de corps par ceux à qui elle rauissoit le cœur, si l'impenetrable closture de cette Pieuse retraitte, où elle faisoit sa demeure, n'eust seruy d'auantmur, de rampart d'airain, & de continuel obstacle à ces temeraires & desesperees entreprises; neantmoins en quelle si inexpugnable forteresse ne peut entrer, disoit le Roy des Macedoniens Philippe, vn mulet chargé d'or, en quelle tour ne peut penetrer cette pluye aussi pernicieuse que precieuse, nous le verrons au progrez de ce Narré. Tant de souspirs vainement espandus se perdent dedans l'air, les flots de mille larmes font des vagues contre vn rocher : l'arbre de la resolution de nostre Parthenice s'affermit par ces vents, & reflorit arrosé de ces eaux. Tous ces esprits blessez gemissans foubs leurs fers & leurs playes, & se pleignans de la cruauté de cette rigoureuse enfermee, l'appellant la cause de leurs desastres & de leurs desplaisirs, n'aduançoient par toutes ces plaintes autre chose que de r'affermir sa glace au feu de leurs aueuglees ardeurs. Aussi cette nouuelle Sarra sçachant bien que c'estoit pluftost l'intemperance qui les animoit, que ce chaste brasier qui fait rechercher vn pur Hymenee, pour glorifier Dieu en vne saincte posterité, ou pour n'estre point l'escueil de leur naufrage eternel, ou pour ne se donner point en proye à autant de demons qu'elle auoit de forcenez Amans, ou plustost pour se cōseruer entiere à cet Homme-Dieu, auquel selon l'aduis du grand Apostre, elle auoit resolu & determiné en son cœur de se consacrer Vierge, elle couurit tous ces feux volages (n'estant pas en son pouuoir de les esteindre) soubs la cendre d'vn refus absolu. Voila tous les Pretendans en desroute, quelques-vns neantmoins des plus opiniastres demeurerent tousiours esperans contre l'esperance & contre l'apparence, leur feu bruslant & se rendant plus fort dedans les eaux des contradictions. Que d'auantageuses fortunes, que de hautes conditions refusa cette fille genereuse! cette Atalante ne s'amusa pas aux pommes d'or qu'on iettoit deuant ses yeux, pour arrester la course de son pieux desir. Elle auoit en la suauité de ses mœurs la simplicité de la Colombe, sans amertume, sans aigreur, sans fiel, douce, benigne, aimiable; mais aussi ne manquoit-elle pas de la necessaire Prudence du serpent qui sçait accortement boucher son aureille au chant pipeur de celuy qui le veut endormir pour le surprendre, & pour le perdre: comme elle destournoit ses yeux de la Vanité, aussi faisoit elle ses aureilles des piperies mondaines: sçachant que les cœurs s'empoisonnent par ces entrees, comme le corps par la bouche. Mais dans la presse de tant de Riuaux & de Competiteurs, il y en auoit deux dont l'vn paroissoit hautement & ouuertement, & s'il faut ainsi dire, combattoit en cette lice à camp ouuert ; & l'autre estoit rongé d'vn feu secret, & d'autant plus vehement qu'il estoit couuert, n'osant le declarer ny manifester à personne. Celuy-là s'appelloit le Seigneur Placidas Gentil-homme Napolitain, braue & valeureux, homme de bien, & de biens, doué de vertus & de facultez honnestes ; l'autre que nous appellerons Osiandre estoit vn ieune Prince de Naples en la premiere fleur de sa plus verte ieunesse, aagé seulement de vingt ans, fils vnique d'vn Seigneur qualifié du tiltre de Duc, que nous appellerons Patrocle, & de la Duchesse Luciane, taisans le nom de leur Duché, pour des considerations qui paroistront au fil de l'Histoire. Ce ieune Prince estoit encores soubs le ioug & la subjection de son pere & de sa mere, qui eussent eu en horreur la seule proposition de sa passion, de sorte que si sa chemise eust esté participante de son dessein il l'eust sans doute bruslee, bien que ce ne fust pas vne petite merueille qu'elle ne fuſt point reduitte en cendre auprés tant de feu qu'il couuoit en ſa poitrine, & qu'il couuroit de ſon ſein. De ſorte que l'on pouuoit dire de luy ce que le Poëte Romain a autre fois chanté de cette fameuſe Amante la Royne de Carthage.

Ce Prince cependant auoit l'ame bleſſee
Par vn ſoucy cuiſant qui preſſoit ſa penſee,
Maint vlcere maling dans ſes veines cachant,
A part d'vn feu ſecret il s'alloit deſſeichant.

Nous laiſſerons là les extrauagantes pourſuittes de tous ceux qui ſe meſlerent de cette recherche, pour ne former point tant de digreſſions de leurs ſottiſes, de leurs deſeſpoirs, de leurs querelles, de leurs fureurs; car cette paſſion d'amour quand vne fois elle pert l'eſperance ſans perdre le deſir, elle ſe conuertit en vne rage, qui enleuant la raiſon de ſon ſiege faict commettre aux plus ſages (s'il y a des ſages Amoureux) non ſeulement des impertinences, mais des folies manifeſtes, qui teſmoignent bien que l'Aueuglement & l'Enfance ſont des qualitez inſeparables d'vne deſreglee affection: & nous ne parlerons que de ces deux perſonnages, comme de ceux qui ont excité les plus furieuſes tourmentes, pour faire perdre non ſeulement le calme de la Paix dont Parthenice iouiſſoit en la tranquillité de ſon Religieux deſſein, mais pour

B iiij

luy faire courir mille risques de l'honneur & de la vie. Tous les partis pour inesgaux qu'ils soient, luy sont esgalement à contre-cœur, son cœur comme vn Aymant blanc, rejettoit tous les fers qui se presentoient. Les grands luy sont suspects, sçachant bien qu'ils ne l'aymoient pas tant elle mesme que leur plaisir en elle : les petits sont indignes de son courage, les mediocres mesmes luy semblent inesgaux pour la misere de sa fortune. Tous luy desplaisent, parce qu'ayant beu à la fontaine de la Grace, elle est deuenuë absteme des delices passageres: elle tient tout le monde pour du fumier, non par vn orgueilleux mespris, mais pour gaigner Iesus-Christ; & c'est ce qui perdoit ceux qui s'amusoient à la rechercher, car les accueillant auec vne gratieuseté fort douce, & auec vne façon de proceder tres-affable, elle faisoit naistre mille desirs ; & puis apres opposant à toutes ces douceurs, la saincte Seuerité de sa determination, elle suffocquoit toutes les Esperances. Que faict le braue Placidas, il est bien né, il a des moyens suffisáment, il n'a des pretensions que pour le Mariage, il ayme sainctement Parthenice, esgalement espris de la Beauté de ses Vertus, que forcé par la secrette Vertu de ses Beautez; il sçait son innocence, & que la faute de ses parens ne luy doit pas

rant estre imputee à vice, que ses Parens receuoir de la gloire d'auoir mis au monde vne
creature si vertueuse: Il est homme, il est à
soy, maistre de ses biens, de sa conduitte, de
sa fortune, il ne depend que de ses volontez,
n'a à rendre compte à aucun de ses actions, il
a de la reputation dans le monde, il a bien
seruy son Roy dãs les armees, il a mille belles
qualitez qui le font estimer, & qui le rendent
recommandable particulierement au Vice-
Roy Sigismond, & mesmes à la Vice-Royne
sa femme, appellee Roselinde, il est bien apparenté dans Naples: & bien que ses alliez
fissent quelque difficulté de consentir à sa
passion, il peut passer par dessus leurs aduis,
puis qu'il est maistre de soy-mesme; s'il faict
mal, ce n'est que pour soy; il a des biens à suffisance, il ne cherche que son contentement
qui ne peut estre accomply sans la possession
de Parthenice; il tente de soy-mesme ce courage, mais il en est rejetté tout à plat.

Car c'est vn courage de glace,
Où la chaleur n'a nulle place,
Vn roch qu'on ne peut émouuoir.
Mais comment esteindre sa flame,
Ne pouuant l'oster de son ame,
Non plus qu'elle l'y receuoir.

Il se cache en la presse des refusez, & il
prend pour vn temps la triste consolation

des malheureux, qui eſt de ne manquer pas de ſemblables. Cela pourtant n'eſtouffe pas ſon feu, mais l'irrite : car ſi elle le rejettoit pour vn autre, il n'y a ſi grand Seigneur que ſon cœur n'attaquaſt, ne meſurant comme Archidamus la grandeur que par la valeur, ny la valeur de la force que par la grandeur de l'Amour: Mais quand il eſt queſtion d'vn Dieu, c'eſt autant de gloire de luy ceder, que c'eſt vne expreſſe temerité, vne pure folie, de luy contrarier. Et puis il eſt non ſeulement Chreſtien, mais il a de la Pitié, comme il fera paroiſtre en vn teſmoignage puiſſant de ſa determination ſainctemét deſeſperee. Mais pour ne laiſſer rien d'intenté pour venir à chef de ſes pretéſions, il s'aduiſe d'employer l'authorité du Vice-Roy & de ſa féme, qui le recognoiſſant pour gentil Cheualier, & qui meritoit ſelon leur aduis vne meilleure fortune, taſcherent de le diuertir de ceſte recherche, luy propoſant de le fauoriſer en quelqu'vne plus auantageuſe : mais c'eſtoit à l'imitation des forgerós, ietter de l'eau ſur ſon feu pour le rengreger, au lieu de l'eſteindre ; car le flambeau de l'amour a cela de propre, qu'il s'allume par le vent des obſtacles, & par les tourbillons des difficultez. Leur ayant donc manifeſté ſon inuariable determination, & declaré que c'eſtoit l'outrager de le porter au contraire, ne leur demādant pour la recōpense de tāt de seruices rendus, & qu'il desiroit leur rendre iusques au dernier souspir de sa vie, que la faueur de leur appuy en vn desir si iuste, si sainct & si legitime : la Vice-Royne Roselinde y fit condescendre son mary, & Sigismond promet à Placidas toute ayde en cette occurrence, & de surmonter par sa puissance tous ceux qui s'opposeroient à sa poursuitte, ne voulant pourtant pas commettre cette iniustice de violenter la volonté de la fille, remettant à la diligence de cet Amant, de vaincre cette difficulté, de quoy il se chargea, sçachāt bien que les cœurs ne se gaignent pas par la force, & que la cōtrainte est vne mauuaise & fausse porte pour introduire la bien-veillance, laquelle veut estre auec plus de grace insinuee dans vn esprit. Placidas resuscite ses esperances mortes, cet appuy luy enfle le cœur, & luy donne le dessus du vent sur tous les vaisseaux qui cingloient à la conqueste de cette toison d'or. Il a bien tant de credit, qu'il porte la Vice-Royne à visiter la maison des Zitelles, non sans y procurer du bien pour ce pauure & innocent troupeau. Parthenice chante deuant Roselinde, & luy enchante l'esprit ; quand elle la vit si belle, elle luy donna doublement son ame, & par la veuë, & par l'ouye: car à son aduis c'estoit bien le plus bel obiect qui se peust voir parmy les mortels. Elle l'enuoye quelquefois querir en son Palais, & pour la douceur de ses mœurs l'eust volontiers retenuë au nombre de ses Damoiselles: mais les vaines considerations que nous auons dittes, & qui paroistront au cours de ce discours l'en empeschoient; ô! combien il est vray que l'aisle du merite esleue mal-aysémét ceux qui sont retenus contre ten' par le fascheux contrepoids de la necessité: peut estre aussi que la Prudéce de cette Espagnolle alla au deuant des inconueniens qui eussent peu arriuer si les rayons de cette éclattante beauté eussent donné dans les yeux de Sigismond, qu'elle aymoit mieux pour soy, que pour Parthenice, comme elle aymoit mieux Parthenice pour Placidas que pour le Vice-Roy. La femme sage ne doit pas seulement éuiter de déplaire à son mary, mais elle doit aussi prendre garde de n'auoir rien autour de soy qui luy puisse plaire plus qu'elle mesme.

Soudain la Renommee à l'aisle viue & prompte,
Qui en legereté le vent mesme surmonte,
Elle qui a cent voix, & cent yeux sur le front,
Cent oreilles en teste, & d'vn mouuemét pront,
Qui fait sçauoir par tout les pl⁹ secrettes choses.

Cette volage Messagere diuulgue aussi tost

que le Vice-Roy veut supporter Placidas en la recherche de Parthenice; tous ses Competiteurs se resueillent à ce bruict, & renouuellans leurs desseins enterrez dans le refus, se promettent, qui d'vne façon, qui d'vne autre, d'emporter, ou par force, ou par amour cette precieuse bague ; qui dict qu'il est plus grand, qui plus riche, qui plus puissant, qui plus determiné, chacun se pense & se dict le premier en affection, & en courage; autant d'ennemis a sur les bras nostre Poursuiuant, que sa maistresse imaginaire a de Seruiteurs. Mais parce que c'est vn païs où les querelles ne se font pas à la Françoise, & où l'aueugle brutalité des duels n'a point de lieu, il est à l'abry des combats singuliers, mais non pas sans deffiance des mauuaises rencontres, & des supercheries ; aussi a-t'il l'œil au guet, & se tient sur ses gardes. O ! si pour passer sur le ventre à tous ces ennemis, il pensoit pouuoir vaincre la resolution de sa chere ennemie, tous ces aduersaires luy seroient aussi peu redoutables que les Philistins à Sanson. Les lyons luy seroient faciles à égorger ; les portes les plus fortes aysees à enfoncer, pourueu que cette volonté rebelle à ses desirs se peust rendre à tant d'efforts extraordinaires que sa valeur luy suggeroit, & luy feroit entreprendre, si la vehemence de l'Aquilon n'estoit moins vtile pour faire quitter vn dessein, que la douceur des rayons Solaires.

Mais que n'esperent les Amans,
Pour paruenir au but de leurs contentemens?
Que n'attenteroit leur courage,
Animé des bouillons d'vne fieureuse rage?

Il fait parler le Vice-Roy à cette fille imployable & implacable, & ie croy que s'il eust parlé pour son Roy mesme, que cette Beauté, nõ pas fiere, mais ferme, non orgueilleuse, mais constante, l'eust renuoyé : Car estant embrasee de l'amour du Roy des Roys, & de celuy qui porte graué sur la lame qui pend à son costé le Seigneur des Seigneurs, auprés de ce Soleil les plus grãdes Planettes du mõde disparoissent à ses yeux. Que fera Placidas, toutes les chordes rompent en son arc, toutes ses flesches s'esmoussent à ce blanc, aussi blãc & aussi dur que marbre : luy qui a le cœur tout couuert des playes d'vne Amour esperduë, ne peut donner, sinon de la Bienveillance, au moins de la Pitié à ces yeux, innocemment coulpables des blesseures qu'eux mesmes font, & qu'eux mesmes ne voyent pas. Il se refugie à l'Azile commun de tous les maux, la Patience, flattant son espoir presque desesperé, il s'imagine que le temps qui mine les Rochers, brisera ce Diamāt, & que quelque occasion pourra naistre de l'obliger si estroittement, que cette obligation ne se puisse payer que par la donation de soy-mesme. Et puis dittes que les Amans ne viuent pas de songes, puis que cet ancien dit, que l'espoir est le dormir de ceux qui sont éueillez. Au moins a-t'il cet auantage par dessus ses Competiteurs, c'est qu'il voit souuent son idole, quand par ses industrieuses suggestions, il persuade à la Vice-Royne de prendre le plaisir en son Palais de cette voix incomparable, tandis qu'il se paist de la veuë de ce visage qui le desrobe à luy mesme. Fol qui enuenime sa playe en la maniant, & qui l'enflamme en y appliquant ce cataplasme de miel. Est-il donc si insensible de ne recognoistre pas que le feu de ses vlceres prouient de ce remede bruslant, & que ce qu'il prend pour se soulager l'accable dauantage: tant il est vray qu'il en est aux maladies de l'esprit, comme en celles du corps, ce qui est contraire à leur guerison est le plus ardamment desiré: l'absence, souuerain antidote de ces venimeuses passions que la Presence dilatte, luy est en horreur comme la mort, & la Presence qui irrite son desir, comme les eaux la soif de Tantale: c'est ce qui le tuë & ce qui luy plaist, ingenieux à se tourmenter soy-mesme. Cependant de quels artifices ne preoccupe-t'il l'esprit de Roselinde, afin de faire non seulement bouclier à sa poursuitte de son auctorité, mais espee pour attaquer vne place imprenable. Il la prie de promettre vn douaire honeste à cette fille, que luy mesme fourniroit, mais à telle condition que ce fust pour espouser Placidas. Cette grande Dame, partie par Pitié de ce déplorable Gentil-homme, partie pour recognoistre de bõs seruices qu'il auoit rendus à Sigismond, luy réd non seulement ce deuoir, mais s'offre de la dotter réellemét & raisonnablement du sien propre. Vn iour elle prit Parthenice à part, & luy ayant proposé cet auantage, dont elle la vouloit gratifier, luy disant de plus tous les biens du monde de Placidas; Madame, respondit nostre Nymphe sacree, Ie remercie tres-affectueusement vostre charité, du bien qu'elle proiette de me faire: Mais ie vous supplie seulement d'en changer l'application, & de diminuer de beaucoup la somme. Que diroit-on de moy, Madame, apres auoir tousiours faict vne franche & ouuerte protestation de vouloir estre Religieuse, & pour cela refusé tant & tant d'auantageux partis, si ie venois à démordre vn seul poinct de cette resolution pour Placidas, duquel i'honore la valeur, & le merite, & plus encores

res l'affection qu'il plaist au Vice-Roy de luy porter, mais qui n'auoisine que de bien loing les biens & les dignitez de plusieurs autres.

Qui ont tous conspiré au but où il aspire,
Certes ie le puis dire:
Mais ie puis dire aussi qu'ils n'ont rien auăcé.

Ie luy veux tesmoigner en vous faisant la mesme response que i'ay faitte à vostre Mary mon Seigneur, combien ie l'ayme, & combien ie suis soigneuse de sa conseruation, c'est en luy conseillant de quitter cette vaine poursuitte, car pour vne Amie il espouseroit tant d'ennemis, qu'en la cause de son bien imaginaire il rencontreroit le miserable effect de sa ruine veritable. Et puis ie ne puis estre à vn homme, puis que ie suis dediee en mon cœur au Roy des siecles immortel & inuisible, Prince de la Gloire Eternelle, où se termine le but de mes pretensions. Madame, ie suis trop miserable, ie ne veux point charger vne personne innocente de l'opprobre de nostre famille, qui ne vous est que trop cogneu, car il est arriué à la veuë de tout Naples; ie desire l'esteindre en moy, & que cette funeste memoire s'enseuelisse auec mes cendres. Or, Madame, ie le supplie par vous, comme vous parlez pour luy, & comme par vous il me parle,

C

& ainsi que ie l'ay prié par la response que i'ay faitte à vostre Espoux, qu'il me laisse en paix, pauure si, mais contente, sans abuser d'auantage du credit de vos Excellences, de ma Patience, & de son loisir.

Que vostre Grandeur l'admoneste
De ne faire plus de requeste
D'vne si violente ardeur,
Ouy bien d'vne haine aussi grande
Que ie reiette la demande
Ie haïray le demandeur.

Qu'il se represente, s'il est Chrestien, à qui il se prend en ma personne, voulant prophaner vn Temple qui doit estre pour Dieu, & moy qui aspire par la grace de ce doux Sauueur à la gloire d'vne telle pensee, aurois-ie bien le courage si bas, que de quitter le Ciel pour la terre, l'Immortalité pour vn moment, le Tout pour le Rien. Ie ne veux point estre vne Aigle degenere, puisque mon Astre m'a donné de telles prunelles, ie ne veux regarder que la flambante roüe de sa belle clairté. A ce beau dessein, Madame, vous pouuez tout, & que ce Dieu si bon benisse à jamais vostre Excellence, qui a receu cette Inspiration de me doüer, & de me donner à mon Dieu. C'est vne action si grande & si Heroïque, qu'il n'y a que Dieu seul qui la puisse recompenser : aussi sera-t'il vn iour voſtre loyer trop plus grand, en vous baillant le Ciel pour la terre, & en vous couronnant de Gloire & de Benediction: quant à moy, Madame, qui feray par ce moyen voſtre creature, il n'y aura iour de ma vie que ie ne leue mes mains autant pures que ie les pourray rédre aux pieds des Autels de mon Dieu, pour vous impetrer toute ſorte de proſperité & d'accroiſſement de grandeur, s'il eſt quelque grandeur plus eminente que celle où ie vous voy, eſtant Vice-Royne de Naples. Voyla Roſelinde bien confonduë en ſon attente: mais Parthenice beaucoup plus eſloignee de ſes pretenſions qu'elle ne penſe. La Vice-Royne s'eſt priſe par où elle penſoit prendre, & Parthenice s'enferre de ſon propre couſteau. Qui euſt peu voir ces deux Eſprits, y euſt veu des penſees bien cõtraires. Car Roſelinde, ſoit de peur de deſobliger Placidas, & de l'auoir ſur les bras auec toute ſa famille, ſoit que ſelon le train du Monde, qui ſacrifie pluſtoſt à l'Oſtentation & à la Vanité qu'à la Pieté, & à la Deuotion, elle ne fut aucunement reſoluë de dotter cette fille pour eſtre Religieuſe: elle luy repliqua, qu'eſtãt Maiſtreſſe de ſes intentiõ elle ne vouloit employer la matiere de ſ beralité, que ſelon la forme qui luy agreable, ſçauoir en conſideration d

C ij

Mariage auec Placidas, autrement qu'elle retractoit sa parole, puisque sa promesse n'auoit fondement qu'en cette condition. Qui fut bien estonnee ce fut Parthenice, neantmoins prenant courage, & estimant par douces paroles surmonter cette difficulté, elle luy remonstra qu'elle ne luy demandoit pas le quart de cette Munificence qu'elle luy offroit pour la marier, & qu'auec ce peu elle seroit plus auantageusement reduitte au seruice du Crucifié, que cette forme seroit plus glorieuse à Roselinde, que Dieu en seroit honoré, le Monde edifié, elle satisfaicte: Mais toutes ses persuasions ne seruirent de rien pour amollir ce cœur recourbé vers la terre. Sur quoy nous pourrions considerer, combien les pieds des Mondains sont legers pour courir aux choses de la chair, & du sãg, & pesans pour aller aux celestes. O! que le corps aggraue l'Ame, & que ceste terrestre demeure abat l'Esprit né pour penser à de plus releuees speculations. Est-il question de faire vn Veau d'or, toutes les Dames d'Israël baillent promptement leurs bracelets, °˜ leurs pendans d'aureilles: Mais pour faire ⁀abernacle du vray Dieu, on se trouue é d'vn cicle. Faut-il paroistre en vne   blee, les Dames plus chargees que ̃tes de Pierreries, despouillent tout l'Orient pour se parer, & auec leurs brillans donnent de la Ialousie aux Estoilles. Faut-il faire du bien aux pauures, ce n'est que Chicheté & Auarice.

O enfans des mortels, iusqu'à quand courrez-vous
Apres les Vanitez, en cherchant le mensonge?
Cependāt Parthenice se retire toute pleine de Confusion pour ce refus, mais emplie de Confiance en la saincte Prouidēce de Dieu, qui sçait auec des pierres susciter des enfans à Abraham; elle laisse Roselinde endurcie, laquelle faisant son rapport de la responce determinee de cette fille à Placidas, le pensa plonger dans l'abysme du desespoir; le respect neantmoins qu'il deuoit à son eminente qualité, tempera sa Contenance, & puis l'Espoir qui est tousiours au fonds de la boëtte, au milieu de tous les maux, luy dicte que la Necessité plus dure que la dureté de la Maistresse (puisque ses clouds, cōme dict vn Ancien sont de Diamant) pourra vaincre ce grand courage. Il auoit jetté sa plus forte attente sur l'auctorité de la Vice-Royne, qui luy faisoit tāt d'hōneur, que de se vouloir entremettre de ce Mariage : voyāt cette Table luy manquer, que pouuoit-il attendre qu'vn naufrage asseuré? Quand il fut retiré, & qu'il se vit en lieu où il pouuoit conter à l'air ses

C iij

doleances, que ne dit-il, pour descharger son cœur de la passion qui l'oppressoit. En fin las de se plaindre, & se souuenant que la Musique puissante sur les Esprits malings pourroit temperer la malignité de la douleur qui trauersoit son Esprit, il prit vn Luth, & souspira ce Madrigal pour moderer sa Melancholie.

Que de tourmens
Trauersent mes contentemens:
Ie pensois que le ciel lassé de mes desastres
Deust esloigner de moy
Ce qu'a de malheureux l'influence des astres:
Mais en fin ie cognoy
Que le destin des agreables choses
Passe viste comme vn Primtemps.
Le bien comme l'âge des Roses
Ne dure qu'vn matin, & ceux qui sont con-
  tens
Ne le sont pas long temps.

Tandis que Placidas se plaint de ses douleurs, le ieune Osiandre le croit dans les douceurs des plus fauorables Esperances, ce qui le met en vne fureur desmesuree; car le bruict est respandu par toute la ville, que Placidas va espouser Parthenice. Placidas auoit par tout publié sa recherche, l'entremise du Vice-Roy luy promettoit gain de cause; il se tenoit comme asseuré de sa conqueste ; il auoit chanté son Triomphe auant sa Victoire, les frequentes allees & venuës de Parthenice au Palais estoient vne preuue comme euidéte de l'acheminement de cet Hymen, on dit desia (tant les liberalitez des grands sont tympanisees) que Roselinde luy baille sa dote ; on s'imagine à ces nopces des tournois, & des Magnificences publiques : les amis de Placidas l'en vont congratuler, & c'est ce qui augmente autant son desplaisir, comme d'autre part les choleres & les jalousies d'Osiandre en sont aiguisees. Que de discours en la pensee de ce jeune cœur, que de pensees en son courage, que de troubles en son Esprit, que de tourbillons agitent sa fantaisie: Il se resoult d'entremesler bien des obstacles entre la bouche & le gobelet, de seruir de Rabat-joye au triomphe de ces nopces, qui deuoient seruir de tombeau à ses secrettes affections, & d'exciter vn orage en la serenité de cette feste. Cent fois il fut sur le poinct de se ietter à corps perdu sur Placidas, sa boüillante ardeur luy figurant qu'en vn moment il le mettroit en pieces : mais la valeur de Placidas eust renuersé sur son attaquant la folie de sa temerité. D'autre part, considerant que ce seroit éuenter vne flamme que iusques alors il auoit recelee le mieux qui luy auoit esté possible, ne tesmoignant pour Parthenice qu'vne commune Admiration, & vne Bienueillance conforme à la voix vniuerselle de toute la ville; il ne vouloit pas commencer par vn tel esclat, ny commettre vn tel esclandre, qui le pourroit plustost retarder qu'auancer en son dessein. Que fera-t'il, sa moderation luy est fauorable; car s'estant enquis au Palais, auec la curiosité qui presse vn Amant en de pareilles occasions de l'acheminement de ce Mariage: il sceut que Placidas en estoit plus esloigné que iamais par la resolution de Parthenice, lequel neantmoins cachoit vn mauuais jeu soubs vne bonne mine, pour ietter de la poudre aux yeux de ses Competiteurs. Parthenice ne va plus si souuent au Palais qu'elle auoit accoustumé, elle y va neantmoins quelquesfois; car la Vice-Royne ne laissoit pas d'honorer sa vertu, d'aymer sa conuersation, & d'admirer sa voix, qui rauissoit tout le mõde. Que faict Osiandre, il cajolle sa Mere la Duchesse Luciane, & luy persuade de se donner quelquesfois le contentement d'aller aux Zitelles entendre cette fille qui charmoit vn chaqu'vn par les aureilles, ne disant pas qu'il en estoit outre cela transporté par les yeux. Cette bonne Mere se laisse conduire à cette persuasion, ne se doutant aucunement de la subtilité, & ne pensant pas conduire son fils à l'autel où ses vœux estoient pendus, ny le sacrifier comme elle faisoit aux flammes d'vne affection qui le reduisoit en poudre. Elle y va donc, & son fils ne manque pas de luy tenir compagnie, diray-ie fidele, non, mais infidele; par ce qu'il cachoit soubs cette escorte vne gratieuse trahison. Iugez de la soupplesse d'vn esprit qui ayme, lequel sçait faire seruir à la nourriture de sa flamme cela mesme qui la deuroit esteindre. Pauure Luciane, qui faict elle mesme la glus qui empaste les ailes des desirs de son fils, & qui file les rets où il s'empestre. Sa qualité ne luy donne pas seulement la liberté de l'entendre chanter, qu'elle a commune auec tout le reste du peuple assistant à l'Eglise: mais de plus elle a celle de la voir, qui n'est pas donnee à tout le monde. Et Osiandre soubs le priuilege de sa ieunesse, qui le rendoit pour la nudité de son menton admettable parmy les filles, se glisse parmy les Damoiselles de sa Mere, & boit à longs traicts par les yeux vn poison qui luy donne mille trespas, lesquels, tant il en est amorcé, il cherit plus que la vie. Chacun sçait la grande retenuë de ces contrees, d'où nos François n'ont esté repoussez que pour leur trop grande liberté dans les conuersations, qui est tout à faict insuportable à l'honneur des habitans de ce païs-là. C'estoit donc vne grace singuliere à Osiandre, dont il n'eust pas esté fauorisé, si la ruse de son cœur eust esté aussi visible qu'il faisoit paroistre de simplicité en son jeune visage. Ces visites se rendent frequentes; Placidas s'en aduise, et, comme les Amans ont les yeux d'Argus, s'ombrage de tout, il craint tout, il soupçonne tout, parce qu'il estoit homme faict, & homme reietté par Parthenice, comme tout autre qui luy parloit de Mariage, il n'auoit aucun moyen de la voir, sinon rarement, quand elle alloit au Palais, encores estoit-ce en passant, sans luy parler que des yeux. Au lieu qu'Osiandre la voit, luy parle: mais ne luy parle pas de ses affections, ny de rien qui en approche, & c'est ce qui le tuë; car l'obiect irrite la Passion, & le plus grãd de tous les Maux, c'est la presence d'vn Bié, dont la iouïssance est defenduë. Miserable estoit Placidas d'aymer sans oser voir; plus miserable Osiandre de voir sans oser aymer, & d'aymer sans l'oser manifester, c'est le comble de tout supplice. Placidas auoit cette cõsolation en l'Absence de pouuoir exhaler sa passion, & Osiandre en la consolation de la Presence auoit ce tourment de n'oser faire paroistre vne estincelle de son feu, sans ruiner tout à fait ses flammes. Tantale veritable: Car si Luciane s'apperçoit de la moindre actiõ qui découure cette passion incognuë, qui le faict perir au milieu de ses contentemés, s'en est fait, il n'y a plus de visites; au contraire tous ses deportemés seront espiez, & ce ne seront de toutes parts qu'obstacles qui s'opposeront, cõme de puissantes digues, au torrent de son desir. Apprenons de tout cecy la Verité de cette Sentence doree, que les Esprits qui se laissent dompter à leurs Passions, seruẽt de bourreaux à eux mesmes, & cette autre du Sage non moins iudicieuse que saincte, que le cœur de l'Impie est vne mer boüillante agitee de continuels tourbillons, & de perpetuelles tempestes. Il chemine sans cesse, mais en tournoyant. L'Amour est vn Labyrinthe, qui n'a que l'entree specieuse & facile, mais l'issuë malaisee, le temps le finit, ou la hart, dict cet Ancien. Tandis qu'Osiandre cache son feu, & son jeu, tant qu'il peut, cette dissimulation enfonce d'auãtage le fer dans sa playe, il ne sçait où trouuer le dictame pour le faire sortir. Il couure sa vraye tristesse d'vne allegresse feinte: mais en fin il faut que ce fard tombe, que cette mine creue. Desia la couleur de ses joües cõmence à le trahir, & faict voir aux moins deliez qu'il a quelque fantaisie en l'esprit qui le tourmente : car ie vous prie, qui peut cacher vn feu dãs son sein sans en faire voir quelque fumee: Sa resuerie, & ses yeux battus & allãgouris vōt crier tout haut, qu'il ayme. D'autrepart Placidas tourmenté de cette furie, auoit desia oublié le repos, ne roulant en son imagination que les moyens de paruenir au but de ses intentions. Les fleurs de sa face se ternissēt, & ses amis qui ne sont pas en peine d'en rechercher la cause, taschent de le consoler en le diuertissant : mais le diuertir de son mal luy estoit vne douleur insuportable, & les communes consolations de cruelles desolations. Qui ne plaindra la langueur de cet Hercule, qu'vne Omphale reduict à cette extremité? Et d'autre-part, le Sort de ce jeune Achille, qu'vne pauure Briseis met en mesme periode? Mais qui ne se rira de ces enchanteurs picquez du Serpent, & de la lascheté de ces hommes abbatus aux pieds d'vne simple fillette? L'absence & la priuation assassinent l'vn, la presence & la veuë tuënt l'autre, differentes causes produisent vn mesme effect. Et qui diroit que l'Amour qui est la vie de l'ame minast ainsi le corps, & le menast à la mort? Desia les soupçons de Placidas prennent l'image de la Vray-semblance, desia la Vray-semblance deuient pour luy vne Verité; le desir de veoir & de parler, aussi bien qu'Osiandre, luy dône de l'Enuie, l'Enuie se forme en Ialousie, la Ialousie en Despit, le Despit en Cholere, & la Cholere est vn tonnerre qui lance les esclairs des paroles, auant le foudre des effects: il gronde de voir entrer & sortir Osiandre de ces parloirs, où est le Paradis de ses yeux, & l'enfer de ses desirs: Aueugle qu'il est, sans considerer que ce jeune fils, qu'il pouuoit iuger innocent, s'il n'eust point esté preoccupé de sa frenaisie, accompagnoit la Duchesse sa Mere, pour la reuerence de laquelle il deuoit au moins estouffer ses murmures dedans son sein.

Mais l'Amour, & la Maiesté
Sont en mauuaise intelligence,
Car celuy là ayme l'Enfance,
L'autre vne meure grauité.

Il regarde le ieune Osiandre d'vn œil flamboyant de courroux, & estincellant comme vn Comette, en remaschant certaines paroles de mocquerie & de mespris, entrecoupez de quelques termes de menace; l'autre animé comme vn Lyon, luy repartit auec vn regard trauersé. Ces tenebreuses nuées eussent creué par quelque orage, si la presence des Dames, & la saincteté du lieu n'eust apporté quelque temperamét à leuss boüillons: Mais ce qui est differé n'est pas perdu. Desia Placidas blasme tout haut la liberté que se donne Osiandre, & Osiandre ne manque pas de se gausser aussi ouuertement des folies que la Ialousie faisoit commettre à Placidas : ces aueugles ne se battent encores que de la langue, ce sera bien le pis quand ils viendront aux mains. Cette nation est pesante à la main, mais quand elle rauale des coups, ce sont des Vangeances memorables. Le Duc Patrocle auerty des outrageuses paroles que Placidas auançoit contre son fils, le fait aduertir de son deuoir ; l'autre enflé de l'appuy du Vice-Roy, repart auec des brauades, tous signes de tempeste. Osiandre n'est pas homme pour endurer. La Duchesse sa Mere le fait accompagner mieux qu'à l'ordinaire, & sçachant la cause du mescontentement de Placidas, ne va plus aux Zitelles, de quoy son fils desespere sans l'oser dire. Au contraire, Placidas pratique le plus souuent qu'il luy est possible, de faire venir Parthenice au Palais, estimant que l'air de la Cour luy fera perdre celuy du Cloistre : voila la chance bien tournee. Diriez-vous pas que ce sont les deux Astres iumeaux, qui partagent leur lumiere, & qui viennent sur l'Orison par vicissitude. Ainsi le Monde est vne Mer qui a son flux & son reflux de Prosperité & d'Aduersité ; tandis que l'vn est au Soleil, l'autre est enseuely en d'espesses tenebres. Et ce fut en cette priuation qu'Ofiandre fut contraint de s'abattre foubs l'effort d'vne maladie qui le pensa coucher au tombeau : on le panfoit au corps, mais il eftoit plus malade d'efprit: & le pis eft, que le filence qui luy eft fi neceffaire, eft ce qui le ruine. Il fe taift, & fes playes s'enuieilliffent en leur pourriture; il perit à la face de fa folie, & il n'oferoit dire pourquoy; il meurt, feulement la caufe qui luy plaift allege la cruauté de l'effect qui l'acable. Voyez qu'il eft induftrieux à celer ce que defcouuert luy feroit moins de peine. Car sás doute vn feu qui fe renforce fous la cendre, ou dans vne fournaife bien clofe, s'éuapore & s'efteint à l'air. Il fait croire que c'eft le defpit qu'il a conceu contre Placidas, & la cholere qui le domine : mais c'eft bien vne auffi ardante, mais plus molle Paffion. Sa plainte ordinaire eft, que fa Merc ait entremis d'aller aux Zitelles, cõme fi elle n'auoit pas affez d'auctorité, & luy affez de courage, pour dompter les fougues de cet Arrogant, qui cependant auoit bien le credit de faire aller Parthenice au Palais du Vice-Roy, autant pour le brauer, que pour l'affection qu'il portoit à cette fille; que pour luy, il ne fe foucioit pas de l'vne, & craignoit encores moins l'autre : mais qu'il n'auroit point de paix, de repos, ny de santé, qu'il ne luy fist paroistre qu'estant si hautement né, il auoit bien autant de pouuoir qu'vn simple Gentilhomme. Il adioustoit à cela mille boutades, & mille extrauagantes resueries que l'on estimoit prouenir de la maladie bilieuse, mais qui bouillonnoient d'vne autre source. Le Pere & la Mere, dont la vie estoit penduë au filet de celle de cet Vnique Enfant, luy font toutes sortes de promesses pour redoner la Paix à son Esprit agité, & par la Paix de son Esprit la Santé à son corps. Luciane proteste d'aller quand il voudra aux Zitelles si bien accompagnée, que Placidas sera braué comme il appartient. Patrocle dict à sa femme, que sans attendre plus longuement, elle pouuoit faire venir Parthenice chez elle, & la tenir auprés de soy, tant pour faire creuer Placidas de desespoir, que pour auancer le bon portement de son fils. A ce mot inesperé, à peine que le ieune Osiandre ne fist paroistre, à l'excez de sa ioye, vne entiere santé. Son contentement est si grand, que l'exprimer est le diminuer. N'estant presque plus malade il le feint, & forge des Resueries, qu'il proteste ne pouuoir escarter que par ce Remede, comme estant l'vnique moyen de se vanger de son ennemy, plus puissamment que par les armes; car celles-cy

né blesne blesseroiét que son corps, mais ce procedé trauerseroit son cœur. Luciane va aux Zitelles bien accōpagnee pour morguer Placidas, qui s'en rit ; car ne voyant entrer aux lieux où l'on parle que des femmes, & non ce beau fils qui l'ombrageoit, il croit luy auoir faict si belle peur, qu'il n'ose plus en regarder l'entree, & mesme par Vanité il dict l'auoir couché dedans le lict par vn regard, & par vne parole: quād on luy rapporte qu'Osiandre est malade ; c'est repart-il, de l'apprehension que luy a faict mon ombre. Mais Osiandre malade va bien donner vne autre fieure au cœur de Placidas; car Luciane ayant obtenu des Superieurs, la permission d'emmener Parthenice en son Palais, leur ayant faict sçauoir que cela importoit, & à l'honneur de sa maison, pour reprimer les insolences de Placidas, & aussi à la satisfaction de l'esprit comme à la santé de son fils, elle la met en son carrosse, enuironné comme la couche de Salomon de plusieurs Braues, contre la multitude desquels, quand Placidas eut esté vn Hercule, il n'eust peu rien faire estant seul. Qui fut bien estonné, ce fut nostre Rodomont ; car voyant deuant ses yeux, lors qu'il y pensoit le moins, sans estre assisté de ses amis, comme enleuer celle qui l'enleuoit à soy-mesme, à

D

peine que saisi de fureur il ne se precipitast dans les espees de ces gens qu'il estimoit les Voleurs de son bien; ce ne fut pas la crainte de la mort qui l'empescha de faire cette saillie, mais la peur de desplaire à celle dont il vouloit gaigner la Volonté par toutes sortes de seruices & de douceurs; & puis ne sçachant pas le dessein de cette sortie c'eust esté faire vn vacarme mal à propos, & enuier à Luciane vne liberté, qui ne luy pouuoit estre honnestement refusee, & de laquelle iouïssoit Roselinde, qui n'estoit pas Duchesse comme elle, bien que pour lors estant Vice-Royne, elle fust en vn degré plus eminent. Il cache donc son mal-talent soubs le manteau de la dissimulation, habillement commun en cette contree. Il suit ce carrosse auec les yeux, demeurant immobile comme vn Colosse, iusques à ce qu'il fut entré dans le Palais de Patrocle. Et lors ayant perdu son Nort, quel orage confus troubla sa pensee, combien de fois se repentit-il d'auoir esté si sage, puis que la folie est non seulement excusable, mais excellente en l'Amour. Il s'abandonne à des desespoirs, qui le deuorent plus cruellement que ce fabuleux Chasseur metamorphosé en Cerf ne le fut iadis de sa meutte. Il faict mille passades deuant ce Palais, attendant tousiours l'issuë de Parthenice, auec des impatiences, qu'autre que luy ne sçauroit exprimer, estimant qu'elle s'en deust retourner aux Zitelles, cōme elle faisoit quand elle visitoit la Vice-Royne. Mais voyāt qu'elle ne sortoit point, & ayant appris que Luciane la retenoit auprés d'elle expressément pour le brauer, & pour la consolation de son fils; il entra en la plus grande cholere qu'il eust iamais sentie; combien vomit-il d'iniures contre l'innocence des Astres, se prenant de son malheureux sort à l'Influence des Estoilles; combien s'estima-t'il fol d'auoir esté si retenu & si referué: ô! que la Mort luy eust esté biē plus tolerable, que de se voir à la mercy de tāt d'impitoyables desplaisirs. Il s'en retourne bien confus; qui veut voir le rauage que le courroux, la jalousie, le sentiment d'vn affront si signalé, le desir de se venger, & tant d'autres violentes impressions font en son ame, qu'il se le represente soubs la forme d'vn gros Torrēt, qui bouffi de neiges fondües va marchant d'vn pas orgueilleux, & sortant du lict de son cours ordinaire, en renuersant tout ce qu'il rencontre, & en le portant quant & soy pour tribut à la mer, il change vne campagne & vne Mer, les moissons flottent sur ses ondes, & l'espoir de la recolte s'enfuit deuant les yeux du laboureur.

D ij

Tel & plus épouuentable
Il s'en alloit murmurant,
A sa valeur redoutable
Sa colere mesurant,
Son front auoit vne audace
Telle que Mars de la Thrace,
Et les éclairs de ses yeux
Estoient comme d'vn tonnerre,
Qui gronde contre la terre
Quand elle a fasché les Cieux.

Il minute d'horribles desseins, mais laissons-le dans l'abysme de ses desplaisirs, pour aller voir au Palais de Patrocle les effects de la venuë de Parthenice. Qu'auez-vous fait Luciane? sçauez-vous bien que vous allumez de vos mains le flambeau fatal de vostre maison? que vous y receuez le cheual & Sejan & Troyen auec la Grecque Helene, qui la rempliront de Confusions, de Mal-heurs, de Maux, & de Morts? O! que la veuë humaine est foible pour penetrer dans les obscures cachettes de l'aduenir. Representez-vous le ieune Demetrius à la veuë de Stratonice: car si cette fille absente donnoit tant de fieure à ce ieune Prince, sa presence luy en causa vn redoublement qui la changea en continuë, & en la plus ardante qui se puisse endurer; mais il eust fallu vn subtil Medecin pour recognoistre aux effets vne cause si occulte. Cependant n'auez-vous point de pitié de la pauure Parthenice, occasion innocente de tãt de prodigieux effects. Osiandre à la veuë de cette Estoile perdant la peur du Naufrage, va bien esperant de sa Nauigation. Inconsideré qui ne voit pas que la guerison de son Corps prepare vn mal incurable à son Ame. Il va peu à peu reprenant ses forces au seul aspect d'vne Medecine, qui operoit plus puissamment sur son Esprit, que tous les Medecins auec leurs drogues n'operoient en son corps. Mais côme il n'est point de pire sourd que celuy qui ne veut pas entendre, aussi n'est-il point de pire malade, que celuy qui ne veut pas sortir de sa langueur : C'est vne partie de la santé, que de vouloir guerir, car on s'esuertuë à prendre les remedes; au lieu qu'en flattant les playes, sur toutes celles de l'Ame, on les enuenime. La conuersation de Parthenice tousiours en la presence de sa mere, luy estoit si chere, que de peur d'en estre priué, il apprehendoit la guerison. O! qu'il est empesché à balancer esgalement ces deux choses incompatibles, le Respect, & l'Affection : car il doit celuy-là à l'vne, & il a celle-cy pour l'autre : Et comme ces deux personnes, aussi ces deux qualitez sont inseparables. Quelles côuulsions en son Esprit, quelle contradiction en ses pensees, la chaleur de la Bienueillance, & la froideur de la Reuerence le partagent, le deschirent, le suspendent : il est à craindre que ce chaud & ce froid assemblez dans le nuage espois de ses pensees, ne creue en quelque orage. Si sa mere s'apperçoit de la moindre demonstration d'Amitié, tout est perdu: Si Parthenice en a le moindre ombrage, elle s'enfuira cacher dās les Zitelles, comme cette Galathee du Poëte dedans la noire obscurité des bois. Les Dames en cette contree sont fort sages, elles sont clairuoyantes comme des Aigles. Les yeux, les gestes, les souspirs, tout y sert de langage. Pour rendre inuisible ce qui est si sensible, il faut bien de la cōtrainte. Parthenice est tellement resoluë à la Religion, qu'elle refuseroit vn Monarque; il le sçait bien: d'ailleurs si Luciane & Patrocle estimoient qu'il pensast à espouser cette fille, pour des causes qui sortirōt à la cognoissance par la suitte du discours, il n'y a sorte d'extremité, où ils ne se portassent plustost que d'y consentir : cette fille seroit bien tost renuoyee. Il se resoult donc à perir d'vne muette douleur, sans faire paroistre seulement vn seul sanglot : que s'il luy eschappe quelque plainte, il l'attribuë à vne feinte douleur qui luy presse l'estomach, au lieu qu'elle estoit en sa pensee. Ainsi va-t'il desguisant son vray mal, & le cachant à celle-là mesme qui le faict naistre. Il va au deuant des soupçons, composant son maintien, temperant ses regards, moderant ses discours, de telle sorte qu'il n'y a point de prise: il traitte indifferemment auec Parthenice, & ne pouuant celer l'ayse de la voir, il l'attribuë au plaisir de se voir vengé de son ennemy. Sa conduite toute à dessein, & toute artificieuse, est tellemét reiglee, qu'on n'i apperçoit que naïfueté, tãt il a de dexterité & de soupplesse. La Vertueuse Parthenice faschee, que pour elle se fust esleuée la tempeste de cette inimitié entre Osiandre & Placidas, & craignant qu'il n'en arriuast quelque accident tragique, desireuse de faire cette bonne œuure, que de remettre la Paix où estoit la dissention, sçachant que les Pacifiques sont enfans de Dieu, afin d'arracher toute rancune, elle tasche d'adoucir ces courages aigus, & en la presence de Patrocle, & de Luciane, qui estoiét ordinairemét colez auprés du lict d'Osiãdre, leur contât l'histoire des passions inconsiderees de Placidas, ses poursuittes par luy-mesme qu'elle auoit congedié, ses recherches par l'auctorité du Vice-Roy, auquel elle auoit manifesté la Resolution qu'elle auoit prise d'estre Religieuse : Resolution qu'il auoit loüee, comme estant Seigneur tres-Iuste & tres-Pieux, protestant que sa priere

D iiij

ne la deuoit preſſer à aucune contrainte ; de là elle tomba ſur la Propoſition de la Vice-Royne, qui luy auoit offert vn aſſez ample doüaire en faueur des nopces auec Placidas, qui ne ceſſoit de l'importuner en ſes allees & venuës au Palais, & l'extreme froideur dont elle auoit renuoyé le deſir qu'elle auoit de ſe conſacrer à Dieu, reiettant le refus qu'elle luy auoit faict de luy donner beaucoup moins pour la voyler ſur la crainte de deſobliger Placidas, qui euſt pris cela pour vn deſplaiſir inſupportable. Là deſſus Patrocle & Luciane, outre leur genereuſe Pieté, ſe voyans vn moyen de vengeance auſſi ſpecieux que Sainct, en vne action ſi glorieuſe deuant le monde, ſi agreable deuant Dieu, ſi Iuſte, ſi Charitable, & ſi digne de leur qualité, s'offrirent à Parthenice d'vne commune voix de luy faire cette grace qui luy auoit eſté deſniee par Roſelinde, & de la mettre en tel Monaſtere de la ville de Naples qu'elle voudroit choiſir. Cela n'eſtonna pas ſeulement le jeune Oſiandre, mais luy deſpleut infiniment ; car il euſt racheté cette liberalité de ſes parens, qui luy eſtoit ſi faſcheuſe, de tous les biens qu'il pouuoit eſperer au monde. Parthenice rauie d'ayſe d'auoir rencontré ce que ſon cœur deſiroit il y auoit ſi long temps, ne ſçait comment remercier ce

Seigneur & cette Dame : mais sa joye estoit la tristesse d'Osiandre, & ses remerciemens luy sont des desespoirs. Et voyez s'il sçait dissimuler ; il faict semblant de se resiouïr de ce qui le tuë, se disant vangé de Placidas, mais d'vne vengeance de Samson, qui commence par sa mort. Parthenice qui auoit de longue main deuotion à l'Ordre de S. Bernard, choisit vn Monastere de Bernardines, pour faire sa retraitte : desia les Zitelles pleurent la perte de celle qui estoit tout leur bien, & la Gloire de leur maison; cette autre maison de Religieuses se resiouït de pouuoir posseder vn tel thresor ; desia les filles se resiouïssent de la frequence du peuple qui visitera leur Eglise, alleiché par la douceur de son incomparable voix : ainsi quand la mer par son flux diminue d'vne riue, elle s'enfle par le reflux à l'autre riuage; ainsi en la nature la corruption de l'vn est la generation de l'autre; ainsi en la vie ciuile le dommage de celles-cy est le profit & l'auantage de celles-là. Mais il faut qu'Osiandre se remette en santé ; car c'est l'intention des futurs bien-faicteurs de Parthenice,& mesmes la sienne. Si bien que desireuse du bien de ce jeune Seigneur, & plus impatiente du sien propre, en y voulãt contribuer son soin, son seruice, son industrie, elle attise innocemment le feu qui la reduit en poudre. Il se consume de mille pensees d'Amour, de regret, de desespoir, de tristesse, toutes capables de rendre malades les plus sains, & de porter au tombeau les moins malades; elle craint que sa Mort n'enseuelisse ses Esperances, & que ses Parens outrez du regret de sa perte ne pésent plus à luy faire le bien qu'ils luy ont promis: c'est pourquoy elle luy rend des subjections merueilleuses; elle s'attache auec empressement à le secourir, se tuant elle mesme de ses propres dards, en voulant donner la vie à autruy. Ainsi le flambeau pour esclairer se consomme soy-mesme. Trop heureux Osiandre s'il n'eust point esté si bien assisté, & si cette fille demeurant recluse dans les Zitelles, n'eust point jetté des feux innocens en sa poictrine, que la malice & le silence de ce malade volontaire rendoit artificiels & inextinguibles. Vne fois entre les autres, voyant quelque rayon d'allegresse en son visage, prouenant du côtentement qu'il auoit de se voir seruy par celle qu'il adoroit en sa pensee; elle luy demanda comment il se portoit, luy d'vne voix foible, & comme mourante, Mieux que ie ne voudrois encores, ô Parthenice! parce que la faueur de vostre assistance deuançant de beaucoup les souffrances de ma maladie, ie crains devoir finir celles-cy, pour n'estre priué de celles-là. C'estoit bien assez dict, mais il n'y auoit point d'aureilles pour entendre ce langage cabalistique. Cette fille n'y pense pas, & prenant cela pour vne parole de courtoisie & de compliment, estima la recognoissance de ce gêtil courage. Il n'y a rien qu'elle ne se fust imaginé, plustost que la cause de la naissance de ces mots. Cependant Osiandre soulagé d'vn costé, pour auoir euaporé vne estincelle de ce grand feu qui le consumoit, s'afflige d'autre part, pour l'apprehension qu'il a d'auoir trahy sa Passion.

Car qui pourroit cacher ce feu dedans son
sein,
Qui se va descouurant malgré nostre dessein.
Que cet Ancien a bien dict, qu'il y auoit beaucoup de recoings & de cachettes dedans le cœur de l'homme, & le Sage a dict, que Dieu seul peut sonder cet abysme. Car

Il sçait auec tant d'art & tant de fiction
Receler le secret de son affection,
Qu'estant tout de brasier, on le croit tout de
glace.
A ses plus familiers il ne descouure rien :
Iamais sa passion ne paroist sur sa face,
Il feint des mots mourans quand il se porte
bien.

La feinte langueur de ce mal blesse d'vne fascheuse longueur la saincte impatience de Parthenice, & faict presque seicher à veuë d'œil les tristes parés, dót les ames viuét plus en cet vnique Enfant bien aymé, qu'en leurs corps qu'elles animent ; c'est leur tison fatal, leur image enchantee; les agonies plus apparentes que vrayes de son corps donnent des contre-coups à leurs cœurs, qui les rendent dignes de la Compassion de tous ceux qui les visitent. Entre lesquels le Vice-Roy & la Vice-Royne ne furent pas des derniers, à cause des premiers rágs que Patrocle & Luciane tenoient dans Naples ; ils voyent Osiandre, mais ils eussent esté bien habiles, s'ils eussent peu descouurir son mal. Ils voyent Parthenice, & loüent le soin qu'elle préd autour de ce Malade. Roselinde appréd de Luciane que Parthenice sera bien-tost Bernardine, & que Patrocle luy faict cette Charité de la mettre en ce Monastere qu'elle desire. Il y a desia long temps, reprit Roselinde, que j'eusse rendu ce deuoir à cette bonne fille : mais Placidas qui a d'incroyables Passions pour elle, m'en a tousiours empeschee, estimant qu'à la fin elle se porteroit à luy vouloir du bié, & l'obligeroit à l'espouser ; mais ie n'ay jamais rien veu de si ferme en la Resolution qu'elle a prise de se donner à Dieu, car c'est vn Rocher de Cõstance. Le Vice-Roy Sigismõd se meslât en ce discours cõfirma cette fermeté & cette Verité par ce qu'il en sçauoit luy-mesme, & loüa grandement la saincte determinatiõ de cette vierge Sage qui vouloit auec la lãpe allumee attendre la venuë de son celeste Espoux, promettãt d'honorer son entree en la Religion de sa presence, & d'y mener toute sa Cour: là dessus Patrocle se plaignant des insolences de Placidas, le Vice-Roy bien qu'il aymast ce Gentil-homme, blasma ses procedures, ne l'estimant digne de pardon & d'excuse, que pour l'excez de son Amour qui le portoit aueuglément à des actions indiscrettes & inconsiderees. Et comme si Patrocle eust presagé quelque sinistre auanture, Vous verrez, dit-il au Vice-Roy, qu'il fera en cette feste quelque boutade extrauagante, si vostre Excellence n'y met l'ordre que veut & demande la Iustice. I'ay tousiours dict au Seigneur Placidas, repliqua Sigismond, que ie le porterois en cette recherche, mais à telle condition, que la volonté de la fille ne seroit point violentee: car ie sçay ce que ie dois à Dieu, & à ceux que ie cheris. I'ayme mes amis, mais seulement iusques à l'Autel; si Placidas estoit si peu judicieux, que de commettre quelque sottise, le Roy nostre Seigneur m'a mis icy pour faire regner la Iustice sous son Sceptre ; qui me parle d'vne iniustice n'est plus mon amy. Imaginez-vous si Osiandre estoit ayse de veoir ainsi traitter son ennemy : mais d'autre-part, la Pieté de ses Parens & de Parthenice mettoient bien des espines parmy ses roses : Car en fin on n'attendoit que sa santé, pour proceder à cette Vesture ; de sorte qu'il ne s'attendoit en feuiuant, qu'à remourir, mais d'vn trespas plus sensible que celuy qui separe l'ame du corps ; car l'autre deuoit diuiser son Esprit d'auec son Ame, diuision tres-subtile & tres-deliee, mais neantmoins faisable au trenchant de l'Amour. Or parce que voir Parthenice, & la faire chanter, estoit vne mesme chose, tant pour la satisfaction de ceste belle Compagnie, que pour resiouyr Osiandre, Roselinde luy ayant commandé de prendre vn Luth, elle qui n'estoit point de l'humeur capricieuse des Musiciens, qui se font prier à quatre parties pour ne chanter qu'à vne, l'ayant pris de fort bonne grace, & ayant sur les airs communs des paroles deuotieuses, elle choisit ces vers, dressez à loüange de IESVS Transfiguré, à cause de la derniere Stance qui exprimoit aucunement son sacré desir.

Eternelle Beauté, dont les rays adorables
  Terniſſent du Soleil l'agreable flambeau,
    Quand il monſtre à nos yeux les œuures ad-
      mirables
    Qui rendent l'Vniuers & ſi rare & ſi beau.
Vous pouuez d'vn ſeul traict de voſtre belle veue
  L'esblouyr au milieu de la veûte des Cieux,
    Et le faire cacher dans vne obſcure nuë,
    De peur de cōparoiſtre aux rayons de vos yeux.
Que dis-ie de paroiſtre au iour de voſtre face,
  Mais bien de diſparoiſtre au regard de voſtre
    œil:
  Car comme dans le Ciel les Aſtres il efface,
    Vous pouuez d'vn éclat effacer le Soleil.
Il luy vaudroit biē mieux, couuert de mille voyles
  Demeurer obſcurcy ſans ſouffrir cet affront;
    Que ce qu'il faict ſentir tous les iours aux
      Eſtoiles
    Vint par voſtre clairté luy tomber ſur le front.
Mais courage Soleil, ne reputes à honte
  Par ce diuin obiect de te voir ſurmonté!
    C'eſt honneur de ceder à celuy qui tout dōpte,
    Dont le pouuoir s'eſgale auec la volonté.
A qui pourrois-tu mieux ceder la preference,
  Qu'à cet œil tout diuin, ſource de ta clairté:
    C'eſt du Bō & du Beau la plus parfaitte Eſſēce
    C'eſt la meſme Beauté, c'eſt la meſme Bonté.
Laiſſe dōc pour ce iour l'vn & l'autre Hemiſphere
  Il le peut beaucoup mieux illuminer que toy.

Si tu crois mon conseil, ce que tu pourras
 faire,
C'est de venir icy l'adorer auec moy.
Mais quand viendra le iour que ma foible pau-
 piere
Verra ce beau Soleil sans aucun Occident,
Lors ie ne craindray plus de perdre sa lumiere:
Car la gloire ne peut perir par accident.
Cependant nous ferons icy trois tabernacles,
 Pour l'adorer en Foy, en Espoir, en Amour,
Fondez dessus l'apuy de ses sacrez Oracles,
 Qui nous vont promettant le bon-heur de ce
 iour.
Mais comme le Soleil de sa flamme amoureuse,
 Ne daigne consumer dedans tout l'Vniuers,
Que le miel de l'oyseau de l'Arabie heureuse,
 Parmy tant de parfums qui embaument les
 airs.
Ainsi ce que le plus ie desire en mon ame,
 Quand de vœux plus ardans ie charge les au-
 tels,
C'est d'estre consommé par cette pure flamme,
 Qui nous donne la mort pour nous rendre im-
 mortels.
Adieu monde Tyran des ames Insensees,
 Tu ne me verras plus sous tes fers gemissant,
Cet vnique flambeau l'obiect de mes pensees
 Peut faire de mon cœur vn soucy languis-
 sant.

Elle

Elle chanta ce Cantique auec tant de graces, que vous eussiez dit qu'elle auoit faict la priere que fist Esther, d'auoir vn ton bien sonnant, & de belles paroles en sa bouche, pour treuuer de la faueur en la presence & au cœur de ces Grands qui l'escoutoient, qui tous confesserent que ce n'estoit pas assez de l'entendre quand on estoit priué de sa veuë, mais qu'à la voir & à l'ouïr estoit le comble du contentement qu'apportoit sa perfection. Ainsi toute cette belle compagnie transportee d'admiration estoit tellement remplie de la gloire de cet object, qu'en s'oubliant par la delectation, elle perdoit le souuenir d'elle-mesme; car ces deux graces separees, bien que tres-agreables, redoubloient neantmoins leur esclat estans conioinctes, comme les Astres la force de leurs influences par leur conionction, & les parfums leur odeur par le meslange: de sorte que ceux qui prenoient du plaisir auparauant, ou à l'ouïr, ou à la contempler, auoüoient que c'estoit peu au prix de la considerer en cette action, en laquelle ils la voyoient & oyoient tout ensemble. Mais comme la Musique s'esuanouït auec le son, ils s'arresterent aux paroles, examinans leur beauté, la Pieté de celle qui reiettoit les chansons prophanes; & en fin ils loüerent son Esprit

E

d'auoir si accortement manifesté son dessein en la derniere Stance, de quoy tous furent sainctement edifiez. Et la gracieuse Parthenice pour rendre la mesure comble, & leur donner vne entiere Satisfaction, adiousta encores ce Madrigal sur le mesme suject de la Transfiguration du Sauueur, l'appliquant tacitement à la Closture qui la deuoit enserrer, & au Voyle sacré qui luy deuoit couurir le visage; Voyle qu'elle estimoit plus que tous les Diademes de l'Vniuers.

Si ie r'abbaisse mes paupieres
Esblouïe des rays de vos viues lumieres,
N'estimez pas mon beau Soleil,
Que ie sois vn Aiglon indigne de vostre œil:
Mais comme le matin se cache dans la nuë,
L'Estoile qui du iour annonce la venue
Quand le Soleil redore l'horison;
Ainsi ma liberté fuit deuant vostre veue
Adorant sa prison.

FIN DV PREMIER LIVRE.

PARTHENICE.
LIVRE SECOND.

E Vice-Roy & sa femme se retirerent si remplis de l'Idee des Perfections de cette Creature, qu'ils en loüoient le Createur, qui faisoit reluire en elle la gloire de ses graces, & de sa Magnificéce. Ils approuuerét son sacré dessein, furent satisfaicts de la moderation de Patrocle, & blasmerent l'intemperance de Placidas, qui vouloit interrompre par ses importunes affections la Religieuse entreprise de cette fille. Patrocle, selon le train de la ciuilité du monde, ne manquoit pas de rendre au Vice-Roy les visites qu'il deuoit à sa qualité. Luciane voyoit souuent la Vice-Royne, & auoit tousiours la Vertueuse Parthenice auprés d'elle, côme l'Ourse & l'Estoile de ses voyages : quelquefois Roselinde enuoye querir cette fille chez Patrocle, & elle va au Palais aussi librement que franchement elle y est enuoyee. Les Dimanches &

E ij

les Festes la Superieure des Zitelles la reclame pour l'Office Ecclesiastique ; quelquesfois elle y va en la Compagnie de Luciane, quelquefois Luciane collee auprés de son fils malade, se contente de luy enuoyer, accompagnee de quelqu'vne de ses femmes. Et tandis que les jours se coulent ainsi, Osiandre reprenoit sa conualescence le plus lentement qu'il pouuoit, agité de tant de furies interieures, qu'en fin resolu, ou de mourir, ou de preuenir cette closture de Parthenice, de quelque violente, sinon volontaire jouyssance ; car d'aspirer au mariage, c'estoit vn point qu'il eust certes desiré, mais il ne l'osoit esperer, pour les insurmontables difficultez qu'il s'imaginoit deuoir naistre en cette pretension. Il fut donc aysé au mauuais Esprit, qui comme vn Lyon rugissant rode sans cesse autour de nos cœurs, cherchant les occasions de nous perdre, de jetter en ce cœur ainsi mal disposé, vne execrable pensee. Miné de ce grand feu qu'il cache soubs vne froide mine, il ne peut empescher ayant conceu en douleurs, & engendré l'iniquité, qu'il n'enfante, ou au moins, qu'il n'essaye de produire vne iniustice. Il cognoist Parthenice nullement susceptible d'autre Amour que de celle de Dieu ; il se croit si grand, & la tient si petite, que quand il vsera de force, ce faict luy sera pardonné, il se flatte de la dignité de son Pere, qui est des plus grands du Pays; il s'appuye sur la multitude de ses alliez, sur sa jeunesse; fol qui ne sçait pas que ces crimes se peuuēt plus ayſément cōmettre qu'excuser; executer, que iustifier: indiscret qui cherche de la lumiere dans l'aueuglement ; de la raison dans vn acte barbare. Mais où trouuerat'il des complices d'vn si detestable dessein, qu'il n'oseroit seulement euenter sans se perdre? O Dieu! à quelles extremitez ne se portent ceux, qui comme enfans de Baal rompent le joug des loix, pour suiure le desreglement de leurs forcenez appetits : vn abysme en appelle vn autre : il voit de l'impossibilité & de l'infamie au dessein de violenter cette fille, elle est tousiours auec sa Mere, elle euite si soigneusement de luy parler sans tesmoins de ses discours, que ce qu'elle faict par Vertu, il pense qu'elle le face par artifice : car les dissimulez ont cette humeur, qu'ils croyent que tout le monde leur ressemble, & que chacun les vueille tromper. Le soing donc qu'a cette fille de preuenir tout soupçon qui peust apporter aucune tache à la candeur de ses mœurs, est pris par ce malicieux malade, pour des fuittes estudiees & premeditees. Ainsi les yeux des Icteriques voyent tous les objects comme jaunes, & la mauuaisté iette son defaut sur l'innocence. Il voit bien qu'vne force ouuerte & brutale le mettra fort en peine, remplira de honte la maison de son Pere, couurira de vitupere toute sa famille, que toute Naples l'aura en execration. Il s'aduisa de coudre la peau du Lyon à celle du Renard, & de seduire quelqu'vn pour seduire cette fille plus facilement, & adioustant tromperie sur tromperie venir à bout de sa meschanceté. Il ietta les yeux sur vn ieune homme nouuellement sorty de Page, & qui auoit seruy & suiuy Patrocle dés son enfance, & qui auoit esté esleué auprés de sa persōne, en ses plus tēdres ans. Pressé de la violence de ses desirs, il se resout de luy manifester sa Passion : mais ce fut apres auoir obligé Leonin (ainsi s'apppelloit-il) par des sermens horribles de tenir secret ce qu'il auoit à luy declarer : l'autre luy dict ; Mon Maistre, vous sçauez auec quelle fidelité ie vous ay tousjours rendu seruice ; il me semble que tous ces iuremens sont inutiles apres tant de preuues & d'experiences de ma loyauté, mais dittes hardimēt ; car mon ame sortira pluftost de mon corps, que de ma bouche le depost que vous m'aurez confié ; qui plus est commandez, car ie passeray par les fers, & à trauers les feux, pour vous rēdre des tesmoignages de mon affection. Or pensoit ce gentil cœur qu'il lui allast parler de la querelle qu'il auoit auec Placidas, s'estimant fort honoré d'estre de la partie que son Seigneur Osiandre voudroit noüer, & il le creut encores d'auantage, quand l'autre luy ouurāt ses Passiōs qu'il auoit pour Parthenice, il estima que la Ialousie & la Cholere le vouloient porter à quelque effect cōtre Placidas, dont Leonin se promettoit d'abattre l'arrogance. Mais quād il luy dit que son dessein estoit nō seulement de l'arracher des mains de Placidas, mais encore d'empescher qu'elle ne se jettast dans vn Cloistre, voulant la luy dōner en mariage, luy promettant des montagnes d'or, & de luy faire telle part des biens de sa maison, qu'il seroit des plus grāds de Naples. Leonin qui n'estoit nullemēt sot, voyant où aboutissoit ce sale discours, qui estoit à le couurir d'infamie & de honte, tirāt son espee, effraya merueilleusemēt Osiandre, qui pensoit qu'il l'allast assassiner dans sa couche, ne pouuant supporter vn si cruel affrōt. Il veut sauter du lict, mais la foiblesse l'en empesche; il demāde à Leonin ce qu'il veut faire, alors ce braue Courage luy respōd. Non non, mon Maistre, ce n'est pas pour vous offencer, car cette espee ne tranche que pour vous : mais c'est pour vous la mettre en la main, & vous presenter ma poictrine, afin que vous la perciez de part en part pluftoft que de me commander vne action si deshonorable.

Si le fort a rendu Leonin miserable,
Il ne le rendra pas encores detestable, (rien,
I'ayme mieux estre pauure, & n'auoir iamais
Que rendre mon honeur pour acquerir du bie̅.

Pouffez donc, Seigneur Ofiandre, & paffez cet eftoc dedans mes flancs, pluftoft que de conceuoir de moy vne fi lafche penfee, que cette lame fepare l'ame de mon corps, pluftoft que de feparer l'honneur de mon ame : Quoy vous ne voulez pas teindre voftre main de mon fang qui vous eft acquis, & vous voudriez faire littiere de mon Honneur, que ie ne partage auec perfonne. Cruel Ofiandre, en quoy m'auez vous iamais veu degenerer de la gloire que ie porte d'auoir efté efleué dans voftre maifon aux pieds du Duc voftre Pere, & mon Seigneur? qu'ay-ie faict d'indigne en la vie que i'ay coulee deuant vos yeux, pour vous faire conceuoir de moy vne telle penfee ? certes elle me bleffe plus outrageufement, que ne feroit vn coup de poignard que vous m'auriez donné en cholere ; car defchirer mon honneur ainfi de fang froid, & croire que ie fuffe fi mal né que de l'abandonner aux pillages de vos ieunes ardeurs, c'eft ce qui m'offence, ce qui me defefpere : commâdez-moy, mon Maiſtre, de dõner de la teſte dãs le plus eſpois bataillõ devos ennemis, que ie m'expoſe à vne breche à la bouche de cent canons, que ie paſſe ſur le ventre à tous ceux qui vous contrarient, que i'arrache Placidas d'entre les bras meſmes du Vice-Roy, pour vous en apporter la teſte; que ne ferois-je pour vous, puis que ie ſuis amy de vos amis, & ennemy iuré de vos ennemis? mais de donner en proye de l'infamie vn ſeruiteur ſi fidele, vous qui ne me deuriez recommander que la gloire, c'eſt ce qui me tuë en penſant que vous l'auez peu conceuoir de moy. Mais venez ça, mon cher & cruel Maiſtre, s'il vous reſte encores quelque degré de raiſon en ce grand rauage que la Paſſion faict en voſtre ame, comment ſçauez vous que cette fille me vouluſt, elle que tout le Monde tient pour vne Saincte, qui a refuſé tant de grands Partis, & rebutté Placidas Gentilhomme de bonne part, ſupporté par le Vice-Roy, elle qui proteſte qu'elle refuſeroit pour le Roy des Roys, ce Grand Roy de tant de Royaumes, entre leſquels cettuy-cy eſt des principaux: que ſi vous y treuuez de la difficulté de la part de vos parens, penſez vous qu'elle vous vouluſt vous meſmes, quand vos parens y conſentiroient, & que vous meſmes la voudriez pour Espouse. Cette beauté admirable est pleine d'vn sacré desdain, & d'vne si saincte fierté, que tous les objects du monde ne luy sont que poussiere, ayant deuant les yeux le Roy du Ciel. Où auez vous l'Esprit, elle refusera des grands, & des riches partis, & elle prendra vn pauure petit valet; ie me contente de l'admirer, n'osant seulement l'adorer, les aisles d'vn si chetif papillon ne doiuent pas estre bruslees à vn si grand flambeau : ce beau feu ne doit allumer que les Cedres, non les Halliers : ce Soleil ne doit consumer que le Phœnix, ou plustost ce Phœnix de perfection ne doit estre enflammé que des rayons du Soleil de Iustice. Ie sçay bien que vous me pouuez faire aussi grand que Placidas : mais qui sçait si elle me voudroit auec toutes vos grandeurs, si elle ne vous vouloit pas vous mesmes. Il me faudroit conduire à l'hospital des insensez, si cette pensee montoit en mon cœur. Et puis quand ie serois si heureux que de l'auoir (degré où ne monta ny ne se guindera iamais mon Ambition) m'estimeriez vous bien si malheureux, que de la vouloir traisner à la perte qui est en vostre pensee, autant impie que sacrilege ? Ha ! que le Ciel ne me le pardonnast iamais, si ie luy pardonnois cette offence, & si ie me la pardonnois à moy-mesme, ny à vous, ny à homme qui viue; i'en ferois vne vengeance si horrible, que ie bastirois vn tombeau de tout le monde pour m'enseuelir dessous. Dauantage, quand ie serois si traistre à moy-mesme, que d'engager mon honneur pour des biens qui ne sont que terre, qui oseroit sans blaspheme s'imaginer, que cette belle ame peust iamais consentir à vne telle abomination que de se donner à vn pour estre à vn autre, execration qui la rendroit aussi noire en la memoire de la Posterité, que maintenant elle est pleine de gloire & d'honneur deuant Dieu & deuant les hommes. Que si vous eussiez pensé à l'espouser vous-mesmes, i'eusse excusé vostre ieune ardeur, voyant le plus braue Seigneur de ce Royaume espris de la plus excellente forme de l'Vniuers; & quoy que la disposition des Biens & des Naissances soit extreme, i'estime autant vne once de ses Vertus, que tant de milliers de rente que possede vostre famille: Certes si vostre intention eust esté droitte, & eust regardé la Saincteté de ce Sacrement, qui est Grand & Honorable en l'Eglise de Dieu, bien que i'eusse essayé de vous diuertir de cette Pensee, pour les Accidés qui en pourroient arriuer: Si est-ce que plustost que vous voir perir de langueur, il n'y a sorte de peril auquel ie ne me fusse precipité, pour vous tesmoigner que Leonin est à vo⁹ en tous les desseins honorables, & en la mort & en la vie. Osiandre escouta tout ce long & ardant discours auec vne incroyable Patience; & comme la Mer change de couleur, selon les vents qui l'agitent, son ame aussi varioit ses mouuements, selon le bransle de ce harangueur. Au commencement il fut saisi de Crainte, sur le milieu de Respect, à la fin d'Esperance; ce qui luy donna le courage de faire entendre à Leonin ces pitoyables paroles. Mon fidele (il l'appelloit quelquefois ainsi) ma vie & ma mort sont entre tes mains, ie suis vif si tu me secours, mort, si tu m'abandonnes. Ie te demande pardon de cette Proposition indiscrette que ie t'ay faicte, plustost par l'aueuglement de ma passion, que par la conduitte de la raison. I'ay tort, cher Leonin, i'ay tort, d'auoir creu faire entrer en ton genereux esprit, par la porte des promesses d'vne meilleure fortune, vne si lasche & desloyale condescendance : ie t'en demande pardon, mon cher amy, & ie te prie d'attribuer cette frenesie à cette fieure qui me trouble l'imagination. Ie voy bien maintenant par ta sage remonstrance, que i'estois biē esloigné du sentier de la Vertu qui nous doit conduire par vn chemin droict au but de nos legitimes desirs. Helas! si ie t'ay offencé, ie n'ay pas moins outragé l'honneur de cette vertueuse fille, que i'honore en mon ame, & que mon sens brutal vouloit deshonorer. Mais comme ie l'ay voulu perdre, ie suis perdu, si tu ne changes l'esprit d'vne iuste Vengeance en celuy d'vne Pitié. A ma volonté que ta parole, qui a bien eu le pouuoir de chasser de mon esprit toute intention sinistre, peust aussi arracher de mon ame cette Passion que i'ay si long temps cachee, qu'elle s'est tellement emparee de ma Volonté, que ie n'ay plus le pouuoir de m'en dessaisir, que par la fin de ma triste vie. I'ayme Parthenice, ô Leonin, mais ie l'ayme à present d'vne façon toute pure, toute saincte, toute legitime, ton braue courage a estouffé dans le mien toute illicite & adultere imagination. Mais helas! ie voyois, & ie voy encores tant d'obstacles à ce dessein, que ces monts sourcilleux me font horreur: si faut-il que ie les surmonte, ou que ie meure, le dé en est jetté, la resolution en est prise, il faut que Parthenice soit miéne, ou que ie sois à vn tombeau. Ie te conjure Leonin, par l'education de nostre enfance, par ta fidelité, & par tant de Bien-vueillance que ie t'ay tousiours tesmoignee, de m'estre fauorable, & partage ma maison auec moy si tu veux; que dis-je, mais prends-la toute, & conserue ma vie, qui depend absolument de ce Mariage que ie desire, mais d'vn desir que ie n'ay encores manifesté qu'à toy. Il disoit cecy d'vne façon si languissante, abbatuë, & couppoit ses mots de tant de sanglots, & les arrousoit, ou plustost il les noyoit de tant de larmes, que Leonin fut touché de Compassion, & saisi par les plus sensibles lieux de ses Affections : attendry de veoir cette jeune fleur battuë d'vn si cruel orage, il tasche d'adoucir sa veritable douleur, en le consolant auec des Promesses qui luy redonnerent la vie auec l'Esperance. Ce que c'est que la nourriture de la jeunesse, dans la jeunesse mesme: car Leonin estoit en sa premiere adolescence, & ne faisoit que de sortir de Page, il va quitter Abraham pour seruir Isaac, il ayme mieux adorer l'Orient, que le Couchant, tout luy est faisable, pourueu qu'il retire son Maistre de la Mort, Mort qui seroit bien plus dure à supporter à ses Parens qu'vn Mariage brusquement faict, & contre leur gré. Par vne large bresche que fit la Pitié dans ce grand cœur de Lyon que Leonin portoit en sa poictrine, le voyla qu'il laisse entrer toutes les persuasions d'Osiandre dans son Esprit, lequel comme s'il eust eu la Deesse Suade sur les leures, le fit resoudre à tout ce qu'il voulut. Il fut donc resolu en leur Conseil estroit (ô jeunesse inexperimentee, que tu te prepares de mal-heurs,) que sans manifester à cette fille la Passion d'Osiandre, de peur qu'elle ne se lançast trop tost dans le Cloistre, Leonin l'enleueroit, & la conduiroit en vne place forte de la maison de Patrocle, situee sur vne haute poincte sur le riuage de la Mer, à deux journees de Naples, que nous appellerons Miralte, où commandoit vn affidé d'Osiandre, appellé Herminio, & que là se consumeroit le Mariage, quoy qu'en reclamassent les Parens, & que le monde en murmurast. Voyla vne hardie entreprise, mais aux extremitez on prend des determinations desesperees. Quant aux particularitez de cet enleuement, Osiandre s'en remit à Leonin, qui s'aduisa de prendre le temps que Parthenice sans Luciane iroit aux Zitelles, gaignant vn cocher de la maison, & quelques vns de ceux qu'en Italie l'on appelle Braues, qui font pour de l'argent toutes sortes de meschancetez, qu'vne chalouppe seroit preparee à deux mille de Naples, que là iroit le carrosse, & se feroit le Rapt.

Maintenant comme ceux qui font le mal haïssent les tenebres, il y faut trouuer des couuertures. Osiandre promet à Leonin de faire en sorte que sa Mere l'enuoye en Calabre quelques iours auparauant pour quelque affaire, qu'il ne bougera de Naples y estant caché, pour mieux faire son coup, & prendre son temps plus à propos. Tandis que ces projets inconsiderez, diray-je desesperez, se forgent dans les cerueaux de cette folle ieunesse, Placidas agité de pareilles fureurs, se repaist de semblables imaginations, il se tient durant tout le temps que Parthenice demeure chez Patrocle, dans la plus sombre solitude qui se puisse dire, & s'entretient de pensees, que la mesme melancolie auroit de la peine d'exprimer. Toute sa consolation est en son Luth, qu'il touchoit fort bien; & certes comme les rages du Demon qui tourmentoit Saül cessoient au son de la Harpe de Dauid, ainsi sa heureuse fureur sembloit n'auoir de relasche que par la melodie : quelquesfois donc il luy faisoit ainsi conter, ou si voulez chanter ses desplaisirs.

Coulpables de mon esclauage,
Pensers tourbillons de l'orage,
Dont mon Esprit est martyré ;
O mes coniurez aduersaires,

Quand

Quand ne serez vous plus contraires
A mon repos si desiré.
Si ie suis en la solitude
Vous m'emplissez d'inquietude,
De regret & de desplaisir;
Ie ne voy rien qui me contente,
Mon humeur est impatiente
Picquee d'vn fascheux desir.
Qui n'apperçoit en mon visage
Le desespoir qui me rauage,
Et que ie ne puis soustenir,
Sinon quand la foible apparence
De quelque rayon d'esperance
En vient la tristesse bannir.
Pensers dont la foule m'oppresse,
Vautours qui becquetez sans cesse
Mon cœur auec des desirs vains,
Arriere entretiens de ma flamme,
Sortez promptement de mon ame
Par la porte de mes desdains.
Vous qui ne laissez que fumee
Apres mon ame consumee,
Parmy tant de feux vehemens,
Ie veux que le mespris efface
De ma memoire vostre trace,
Pour r'auoir mes contentemens.
Ie veux abolir cette Image,
A qui ie rends ce fol hommage
De toute mon affection,

F

Ou bien me la former si noire,
Qu'en la contemplant ma memoire
N'y treuue qu'imperfection.
Ce sera lors que les destresses,
Et les fureurs, & les tristesses
Seront bannies de mon cœur,
Et que de toutes ces manies
Qui sont autant de tyrannies,
Ie demeureray le vainqueur.

Pauure Placidas, il s'en faut bien que tu ne faces ce que tu chantes, comme tu ne chantes pas ce que tu fais ; las ! tu dis bien ainsi quand aux clairs interualles de ta furie, tu peux respirer quelque petit air de Raison: mais aussi tost ta violente Passion reduict toute ta sagesse en poudre ; ô ! si parmy cette tourmente tu pouuois esleuer comme il faut tes yeux à celuy qui habite dans le Ciel, & le reclamer en ta tribulation, & luy dire,

Seigneur respons pour moy, ie suis violenté,
Au fonds du desespoir la tourmente m'emporte,
Si de ton bras puissant ie ne suis assisté,
Helas ie suis perdu, la tempeste est trop forte.

Leue, leue, ô Placidas, tes yeux aux montagnes celestes vers la diuine Prouidence, c'est de là que vient le vray secours en la necessité & en l'opportunité. Mais : malheur ! le corps corrompu aggraue l'ame, & l'habitation de cette masse de chair r'abbaisse l'esprit, qui penseroit à choses hautes, pour ce coup l'ame succombera au sens, la Bonté de la Grace sera suffoquee par la malice de la Nature. Ce miserable Chevalier donnant place en son cœur, non seulement aux suggestions de l'homme ennemy, mais leur ouurant la large porte de son consentement, pour se rendre esclaue du Peché, pour se donner en proye aux desirs de son appetit mal sain, & pour courir apres ses inuentions deprauees. C'est vn Dragon, qui ayant perdu le Sommeil veille sans cesse sur sa pomme d'or. Il ne pert pas vne occasion de voir Parthenice, quand elle va au Palais du Vice-Roy, ou aux Zitelles : c'est son Nort, c'est son Aymant & son Astre ; car elle luy est ce que le Nort à l'Aymant, ce que l'Aymant à l'Aiguille, ce que le Soleil au Soucy. Il a des yeux de Linx, & qui penetrent les murailles du Palais de Patrocle auec vn subtil artifice. Il gaigne par argent, argent si vif, qu'il creuse les pierres, vn des domestiques, pour espier les deportemens de cette fille, & particulierement pour sçauoir si Osiandre n'auoit point des yeux pour elle, ou elle pour luy : cet homme que nous appellerõs Hector, pour estre fidele à son Bien, faiéteur, se rend infidele à son Maistre : mais quelque diligence qu'il sceust faire, comme il ne peut iamais pincer sur le poly de la glace des actions de cette fille, qui estoit vn Miroir de Vertu, moins peut-il trouuer prise sur les gestes d'Osiandre, tant il sçauoit bien couurir, & son feu, & son jeu : Si bien que la simplicité de l'vne, & la duplicité de l'autre le tenoient egalement en eschec. Seulement il r'apporta à Placidas la ioye que tesmoignoit Osiandre de se voir vangé de luy par le voile Religieux que Parthenice alloit prendre par la liberalité de Patrocle : il luy nomma le Monastere où sa place estoit retenuë, luy raconta les discours tenus par le Vice-Roy, sa promesse d'assister à cette Vesture, qui n'estoit differee que iusques à la conualessence entiere d'Osiandre, qui disoit vouloir auoir ce contentement de s'y treuuer. Voila Placidas au plus grand trouble qui se puisse imaginer ; il se croit perdu, braué par Patrocle, mocqué par Osiandre, trahy par le Vice-Roy, delaissé par la Vice-Royne : Neantmoins il dissimule ; mais en fin il faudra que cette Mine creue par vn esquarre desesperé. Vne pensee de Rapt entre en son cœur, il y acquiesce, il tient ce remede furieux pour l'ancre de son salut, il se resout de iouër à quitte ou à double. Il ne manque pas d'amis; les Braues sont à bon compte en ce païs-là, encores ayme-t'il mieux perdre ses biens que sa vie qu'il a donnee en proye à son desir. Il s'addresse à vn Capitaine, qui estoit de ses intimes, & son allié, homme de credit en la Cour du Vice-Roy, & personnage de main ; il sçeut auec tant d'art faire entrer la Pitié en son ame, que par là il y glissa toutes les persuasions necessaires pour son execrable dessein. Pour abreger il le gaigne, & luy faict promettre de l'assister : les moyens de faire vn mal ne manquent iamais; est-il question de tuer les Prestres, Saül ne manque pas d'executeurs: faut-il massacrer les Innocens, Herodes n'a que trop de satellites: faut-il esgorger vne brebis, les loups s'accordent aysément : Voicy leur dessein. Placidas feindra d'aller en vne maison qu'il a aux champs, à quelque iournee de Naples, que nous appellerons Montclair, prendra congé du Vice-Roy, luy tesmoignant que pour esteindre son feu, il a iugé à propos de le couurir de terre, c'est à dire de guerir par l'absence, ce que la presence auoit faict naistre, & entretenoit d'affection en luy, qu'il estoit raisonnable de ceder à Dieu en cette poursuitte, que Parthenice ne pouuoit pas faire vn plus glorieux choix, que son dessein deuoit estre loüé par tout homme de sain iugement, qu'il auoit appris sa prochaine entree en Religiõ, & que pour ne troubler cette feste, il iugeoit à propos de se retirer : en fin il tascheroit de persuader au Vice-Roy qu'il renonçoit entierement à cette poursuitte. Ce pendant que Saluian (ainsi se nommoit ce Capitaine) prendra le temps de la faire enleuer par les Braues, quand elle ira au Palais, ou aux Zitelles, ou bien la faisant demander au Palais de Patrocle de la part de la Vice-Royne. Et que pour guerir la playe soudain qu'elle sera faitte, en preuenant toute plainte & toute accusation, Placidas laissera à Saluian vne lettre de sa part, pour presenter au Vice-Roy, par laquelle il luy demandera grace de ce Rauissement, qu'il estimoit deuoir facilement obtenir pour plusieurs considerations : Car, disoit-il, il me sera bien plus aisé de tirer le pardon d'vne faute faite, que d'auoir permission de la commettre; cela est vn acte loüable de misericorde, celuy-cy vn blasmable, iniustice qui le rendroit coulpable par la conniuence à mon crime : d'ailleurs qui se formera partie contre moy, tous ceux qui appartiennent à cette fille la desaduoüent pour estre de leur sang ; sera-ce Patrocle, sera-ce Osiandre, ils n'y ont aucun interest, ce sont mes ennemis, ie me vengeray d'eux, & ie leur arracheray des mains la vengeance qu'ils veulent exercer contre moy en la faisant Religieuse. Que si à tout cela i'adiouste les seruices que i'ay rendus dans les armes au Roy mon Seigneur, peut-estre que sa Clemence me remettra vne offence que i'auray commise, pressé de la violence de mon affection. Ainsi se flattent les pecheurs aux desirs injustes de leurs ames, esperans au moins l'impunité où ils n'ont point de raison, & offençant la Bonté sous l'espoir de la Bonté mesmes ; Insensez, qui sont mauuais, parce que Dieu & les Roys ses viues Images sont Bons. Le temps approchoit auquel les deux Riuaux animez d'vn mesme feu, remaschoient vn dessein tout pareil en meschanceté, & conspiroient par des moyens diuersement semblables à ruïner la gloire de nostre innocente Susanne. Mais Dieu Protecteur des innocens les confondra, & renuersera la vanité de leurs pretensions. Placidas va prendre congé du Vice-Roy, qui fut bien ayse de sa resolution, luy disant qu'en cela il se monstroit vrayement homme, de retirer ainsi genereusemét ses affections de la subjection d'vne fille, & de secoüer fortement les fers de cet esclauage qu'il auoit trainez auec tant d'inutilité. Il l'estima de sa pieté, & de ceder ainsi à Dieu vne Victime qu'il se reseruoit pour ses Autels; & en loüant cette Vierge, il faisoit comme les Forgerons, qui par leurs aspersions allument leur brasier au lieu de l'esteindre. Ie vous l'auois bien dict, ô Placidas, poursuiuoit Sigismond, que cette fille estoit vn Rocher de Constance, vne place imprenable; ie fus tout esbahy de sa resolution, quand ie luy parlay en vostre faueur, & ie jugeay bié alors que vous trauailliez en vain à la gaigner, & que vous eussiez mieux faict de vous retirer de cette entreprise: maintenant ie loüe Dieu qui vous a bien inspiré, & asseurez-vous, Seigneur Placidas, que bien que ie vous aye veu en des faicts d'armes, qui vous ont acquis beaucoup de Gloire, que ie n'estime pas moins cette retraitte que vos plus grands combats; car en ceux-là vous ne batailliez que contre vos ennemis, mais en celle-cy, vous vous surmontez vous-mesmes. Placidas bien ayse de remarquer sur le visage de Sigismond des tesmoignages de faueur & de Bienueillance, se flatte de cet Espoir d'auoir Pardon apres l'auoir trompé; il prend congé de luy, & aussi de la Vice-Royne, qui le traitta de mesme air, s'excusant de n'auoir peu faire pour luy tout ce qu'elle eust bien desiré, mais qu'il falloit se soubsmettre à la volonté de Dieu, Vnique Reigle de nos inrentions, & de nos Actions. Madame, luy dict le rusé Placidas, ie supplie vostre Excellence de me proteger contre mes ennemis, & s'il m'arriue quelque affaire de plus grande importãce, de m'estre fauorable enuers Sigismond: ce qu'elle luy promit auec autant de simplicité, que l'autre luy parloit auec malice. Il part & s'en va à Mont-clair en la joyeuse attente de voir esclairer bien tost sur ce Mont la belle Estoille, sans laquelle les jours luy sont des nuicts, & les nuicts des siecles d'ennuis. Mais il se treuuera bien trompé en la Vanité de ses pensees, car il tombera en la fosse qu'il a preparee; ses desseins s'esuanoüiront, & ne luy laisseront qu'vne noire fumee qui luy causera bien des pleurs. Le mauuais conseil tombe tousiours sur la teste de celuy, ou qui le prend, ou qui le donne. Osiandre de son costé brasse bien d'autres stratagemes: Il procure sous main, que l'on enuoye Leonin en Calabre. Patrocle luy donne cette commission de l'aduis de Luciane, à laquelle Osiandre auoit dict d'vne façon toute simple, qu'il l'estimoit propre pour manier vne affaire dont il estoit question; le voyage estoit pour vn temps assez long. Leonin prend congé du Duc son maistre, estant chargé des instructions necessaires;

chacun sçait qu'il part, & pourquoy il part. Mais deuant que faire sa feinte departie, il aborda Osiandre à part, & luy dit ces hardies paroles. Mon Maistre, repensez encores vne bonne fois à ce que vous me faictes entreprendre, & que ie n'entreprendrois jamais, si ie ne croyois asseurément qu'il y va de vostre vie, comme vous m'auez protesté, & laquelle ie r'achetteray tousiours par le prix de la mienne. Mais souuenez-vous aussi que ie hazarde, non seulemét ma vie pour vous en cette action, mais aussi mon honneur, lequel ie ne voudrois pas laisser en compromis, pour qui, & pour quoy que ce soit, m'en deust-il couster dix mille vies ; i'en suis trop curieux, trop amoureux de la Gloire, & trop ennemy de l'ignominie ; ie diray plus, que ie suis aussi tellement jaloux de l'honneur de cette fille, qu'on peut appeller vn comble de Vertu, que plustost que de la trainer à sa Honte, & non à la Gloire de vos Nopces, & de vostre alliance, j'eslirois plustost de la tuër, & de me liurer moy-mesme à mille supplices, que d'estre le Ministre & l'organe d'vne si execrable Meschanceté, comme seroit celle d'vn Violement, Seigneur Osiandre, pensez-y bien : car si ie vous voyois jamais rien attenter en elle qui ne fust hôneste, vous conuertiriez mon humeur qui ayme l'honneur, en vne rage forcenee ; & vous me reduiriez aux termes du plus fafcheux defefpoir, où l'ame la plus miferable puiffe eftre rangee. Si ie n'ay cette promeffe de vous auant que ie parte, & que ie receuray pour elle, quoy que fans procuration, (mais on peut faire du bien à qui n'en fçait rien, & mefmes à qui ne le veut pas) ie m'en iray veritablemét en Calabre où m'enuoye Patrocle, & ne me mettray point en peine de me ruïner auprés de luy, pour eftre bien auprés de vous; & bien auprés de vous, non pour l'efpoir des recompenfes, car ie n'ay pas l'ame fi mercenaire, mais pour la feule gloire de vous auoir fauué la vie au hazard de la mienne, qui eft l'vnique falaire que ie me propofe d'vne telle action. Ofiandre efcoutoit ces propofitions, comme les arrefts de fa vie ou de fa mort : & s'eftant entierement refolu au Mariage pour jouyr en mefme temps de tant de Vertus auec tant de Beautez, il luy fut ayfé de protefter à Leonin auec des fermens folemnels, qu'il n'auoit autre penfee que de l'efpoufer, eftant deuenu autant Paffionné des Perfections de l'ame de Parthenice, que de tant de Graces qui embelliffoient fon corps. Iufques à le conjurer, que s'il attentoit rien qui ne vifaft au Mariage, il luy paffaft l'efpee au trauers du corps, luy pardonnant sa mort. Mais despesche toy, luy disoit-il, en l'embrassant, mon cher Leonin, si tu m'aymes; car outre que l'esperance de ce bien tuë mon esprit par le delay, cette entree Religieuse, le tombeau de mes contentemens, est si proche, que la seule pensee m'en donne de mortels frissons. Leonin faict donc semblant d'aller en Calabre, mais il se cache dans Naples comme vn Corsaire tapy dans vne Cale, qui n'attend que l'opportunité d'attaquer quelque vaisseau de Marchand pour se faire riche par le butin. Il est aduerty par vn billet d'Osiandre, que Parthenice est appellee aux Zitelles, pour vne Solemnité, qu'elle part le soir pour y estre tout le lendemain, qu'il feindra quelque mal plus pressant pour retenir sa Mere auprés de soy; que l'occasion sera opportune d'executer son dessein. Leonin n'y manque pas, il se desguise auec vne fausse barbe & d'autres habits, dispose ses Braues, & vne Chalouppe. Parthenice sort assez tard en carrosse pour aller à la feste, mais quelle feste! En vne ruë moins frequentee vn des Braues saisit le Carrossier, le menace auec le poignard à la gorge, luy disant qu'il est mort, s'il ne chasse vers la porte; la peur de mourir l'y faict promettre, en allant on l'asseure que c'est de la part d'Osiandre, ce qu'il faisoit par apprehension, il le faict par commandement ; vn autre se lance dans le carrosse, qui presentant vne lame d'acier toute nuë aux yeux de cette Pucelle, la menaçant de l'enfoncer dans son sein si elle crioit ; à ce subit esclair, & à ce foudre de Mars, elle demeure pasmee ; & c'est ce qu'ils demandoient : sortis de Naples, ils vont comme le vent où la Chalouppe les attendoit, les Braues sont payez, Leonin se descouure au Cocher, luy commande de laisser sur le riuage les cheuaux & le carrosse, & de monter sur l'eau quant & luy ; & cela de la part d'Osiandre, qui faict faire tout cecy ; les rames fendent l'eau : mais que feront-ils de cette fille pasmee, il y a assez d'eau en la Mer pour la faire reuenir ; ils la pressent, ses paupieres s'ouurent, & se voyant au milieu des eaux, dans vne si petite barque, elle croit estre doublement perduë. Ah ! combien ce fer cruel luy eust-il esté plus pitoyable, elle pensa esmouuoir vne fiere tempeste auec le vent de ses souspirs : & si la Mer n'eust esté accoustumee à engloutir tous les fleuues, elle se fust enflee du torrent de ses pleurs,

Helas! à la veille d'vne reception Religieuse, si longuement, si ardamment, & auec tant d'impatience attenduë, se voir non seulement rauir ce bien si desirable & si desiré, mais se voir reduitte entre les mains de ceux qu'elle estimoit des Corsaires, & des Pirates. Mais quand Leonin se descouurant à elle, & que l'ayant recogneu pour l'auoir veu en la maison de Patrocle, il luy eust aussi manifesté la cause de son Rauissement, qui n'estoit qu'vne suitte de celuy qu'elle auoit faict du cœur d'Osiandre, & dict que ce n'estoit point pour la perdre ny pour blesser son honneur, mais pour l'espouser, & mille autres particularitez qu'elle apprit du mal de ce ieune Prince, qui prenoit sa source de la trop violente Affection qu'il auoit pour elle. Alors maudissant ses innocentes Beautez, & accusant le Ciel & la Terre, comme les conspirateurs de son desastre, de quels outrages cette courageuse Amazone ne violenta-t'elle la Patience de Leonin, afin qu'il la trauersast de ses armes, ou qu'il la iettast dans l'eau, ne se souciãt pas de passer, ou par le fer, ou par la mer, pourueu qu'vne prompte mort terminast ses miseres. Qu'vn courage determiné au Bien est vne grande chose, puis qu'il braue la Peur au milieu des Perils. Leonin qui voit que c'est le

Desespoir qui parle, & non la Vertueuse Parthenice, attend que le calme soit reuenu à son Esprit, pour y tracer les Veritables Impressions de sa Bonne fortune, qu'elle tenoit pour son plus grand Malheur: ce pendant la Chalouppe fend les ondes, pareille à cette Coquille, qui portoit iadis selon l'imagination des Poëtes, cette Vaine Deesse née des flots de la mer, toute enuironnée de flammes. Desia les riues de Miralte se descouuroient à nostre nouuelle Europe, elle regarde ce lict de ses nopces, comme le tombeau de ses felicitez; desia elle minute de se precipiter du haut de ces Rochers coupez de droict fil, plustost que de permettre iamais que son honneur souffre quelque violence. Leonin a beau asseurer ses soupçons, elle le tient pour vn traistre, luy qui a autant de soin de sa Gloire que de la sienne propre: arriuez, il presente à Herminio des lettres de creance de la part d'Osiandre, il luy descoure toute l'Affaire; voyla nostre Psyché traitee en ce Palais comme vne Princesse, & comme vne nouuelle Espouse, sans voir pourtant son Espoux: ces honneurs, ces seruices extraordinaires, que Leonin, qu'Herminio, que tous ceux de ce Chasteau luy deferent comme autant d'Eliezers à Rebecca, future espouse de leur petit maistre Isaac, r'asseurent aucunement son courage : mais d'autrepart se voyant à la mercy de tant d'hommes, & considerant l'extreme disproportion d'Osiandre à elle, sans peser que l'Amour esgale les Amans, son entreprise au desceu de ses parens, la ieunesse subiette à l'inconsideration, la dissimulation à receler sa flamme, comme elle n'espere rien de bon de tout cela, elle craint toutes choses mauuaises : & en fin venant à ietter les yeux de sa pensee sur la perte incomparable de son Religieux dessein, Osiandre luy vient en horreur, & en luy elle pense voir la perfidie, & la desloyauté de tous les hommes recueillie. O que de larmes, ô que de souspirs vers le Ciel, que d'ardantes prieres à Dieu dans cette retraitte de la terre, qui luy estoit moins asseuree, & plus suspecte que les plus redoutables orages de la mer. Tandis qu'elle lamente son Sort en cette belle prison, & que Leonin tasche d'adoucir ses desplaisirs par toutes sortes de seruices, de sermens & de promesses, allons à Naples voir d'horribles tragedies. Parthenice partie pour aller aux Zitelles, le traistre Hector indigne d'vn si beau nom, & qui estoit d'intelligence auec Placidas & auec Saluian, donne aduis à ce Capitaine, qu'elle n'est plus au Palais de Patrocle, qu'au retour des Zitelles le lendemain

main il pourroit faire son Rapt, mais il estoit desia expedié. Saluian ne manque pas de preparer ses Braues, par lesquels sans s'en entremettre il vouloit faire l'execution: la barque est preste sur le port, il dispose vn carrosse auec vn Braue qui le sçauoit conduire; pour mieux joüer la feinte il va au Palais de Patrocle, on demande Parthenice de la part de Roselinde, on respond qu'elle est aux Zitelles, les Braues y vont, on la demande pour aller chez la Vice-Royne, on repart que Luciane ne l'a point enuoyee; ces gens de peur de faire du bruict se retirent, estimans que ce qui estoit differé n'estoit pas perdu. Cependant le carrosse & le carrossier de Luciane ne reuiennent point; elle enuoye aux Zitelles, elle apprend que Parthenice n'y est pas: Peut-estre, dit-elle, que ce carrosse de la Vice-Royne l'aura emmené au Palais: elle ne s'en met pas autrement en peine. Les cheuaux laissez sur le riuage, sçachant le chemin de Naples, r'ameinent le carrosse à vuide sans aucun conducteur, iusques auprés de la ville: On le recognoist pour estre à Patrocle; Luciane en est aduertie; on court aux Zitelles, au Palais du Vice-Roy, on cherche Parthenice, elle est perduë: la maison de Patrocle est esperduë, la rumeur s'en respand en vn moment par toute la ville, comme vn feu pris tout à coup, voyla tout le peuple de Naples au desespoir; vous eussiez dict que c'estoient les enfans de Iacob, ausquels on auoit rauy leur sœur Dina; que leur Palladium estoit emporté, & que la couronne de leur teste estoit tombee; mille diuers bruicts, & pas vn vray, se sement par la Renommee, qui ne s'emplit que de mensonges; on crie contre le Vice-Roy, contre Patrocle, contre les Zitelles, contre chacun, excepté contre Osiandre. Sa Mere le vient treuuer toute esperduë, rejettant ce Rapt sur ce brigand de Placidas : il entend tous ces bruicts de sang froid, & s'en rit, disant que c'estoit faire bien de la rumeur pour vne fille perduë. Le bruict va droict aux aureilles de Saluian du Rapt de Parthenice, il croit que ce sont ces Braues : aussi tost sans differer, pensant obliger le Vice-Roy & Placidas, & accoiser tout ce tumulte, quand la cause de cet effect seroit descouuerte, il va treuuer Sigismond, auquel il dict qu'il venoit tout à l'heure de receuoir vn billet de Placidas, le suppliant de presenter promptement vne lettre de sa part à son Excellence, & vne autre à la Vice-Royne. Sigismond allarmé de cette perte, & se doutant desia de Placidas, y leut ceste Confession.

MONSEIGNEUR,
Puis que vostre Excellence ne m'a point faict de Iustice quand ie luy ay tant de fois reiteré les plaintes du rauissement que Parthenice auoit faict de mon ame : I'espere qu'elle me fera Misericorde de celuy que ie viens de faire de son corps. Si i'ay rauy celle qui premierement m'auoit rauy à moy-mesme, ie ne fay tort à personne, en reprenant le mien par tout où ie le retreuue. Me voicy, Monseigneur, aux pieds de vostre Bonté, vous demandant cette grace si fauorable, que ie croy que vous en serez bien auoüé par la Clemence du Roy, nostre Souuerain Seigneur. Iadis vn grand Capitaine, Espagnol comme vous, car c'estoit Hannibal, pardonna à vn Soldat vne faute irremissible en la guerre, qui est d'auoir quitté sa sentinelle, ayant esté trāsporté de l'Amour, dont la violence auoit esté plus grande sur ce gentil courage que la crainte de la mort. Faittes la mesme Misericorde à ce pauure Soldat, qui vous a pour tesmoin des hazards où il s'est autrefois precipité à vostre veuë. Monseigneur, cecy soit dict sans reproche ; ie me suis tout couuert de playes pour le seruice du Roy, & le vostre, mon estomach tout ouuert de coups forme autāt de bouches qui vous demandent pardon auec des langues de sang : que si ie ne puis treuuer de Pitié dās ce grād cœur de Sigismōd, insurmōtable à tous efforts, sinō à celuy de la Clemence ; ie m'en iray desesperé auec

G ij

cette proye, qui m'est plus chere que la vie, dans les deserts de l'Affrique, chercher de l'humanité parmy les mōstres qui y viuent, si ie treuue le monstre d'inhumanité dans vne poictrine qui n'en fut iamais capable. Monseigneur, que V. E. iuge de mon action, par la veheméce de ma Passion, qu'elle prenne mon excuse dans ma frāche accusation, & qu'elle considere que i'ay esté le premier violé par la force d'vn object qui violente tout par la puissance de sa douceur, & qui rend ma coulpe, non seulement digne de pardon, mais de loüange. Ne faictes pas mes parties mes Iuges, & qu'au moins ie ne sois pas condamné sans estre ouy : si encores i'ay des parties ; car quel des parēs de Parthenice ne la desauouë, & quel n'auouëra la grace que ie leur fay, de prendre pour Espouse l'opprobre de leur sang, effaçant leur honte par l'honneur qui leur reuiendra de mon alliance? Vous estes trop iuste pour donner lieu aux iniustes procedures de Patrocle & d'Osiandre, qui ne la vouloient voyler que pour se vanger de moy & me reduire au desespoir, mais i'ay anticipé leur vengeance par ma diligence, & abattu leurs mauuais desseins par mon courage. Au pis aller, ie ne sçaurois plus rien perdre, puis que ie tiens ce que i'estime plus, non seulement que mes biens, mais que toute la terre. Et ie vous puis asseurer, Monseigneur, que si elle m'a autrefois rejetté comme vn importun poursuiuant, elle m'ayme mainrenant comme son Espoux legitime. Les filles bien nées ne se veulent rendre au Mariage, que sous quelque image de force; la contraincte releue la gloire de leur honneste Vertu. A l'extremité ie ne sçaurois que mourir, & ie ne sçaurois mourir qu'heureux, mourant Mary de Parthenice, tel que ie suis, ce cruel effect me sera doux pour vne si agreable cause. Si la terre me manque pour viure, non fera pas pour la Mort. Mais i'offence la Misericorde de V. E. laquelle couuerte en cela des rayons de sa Majesté Catholique, & de la mesme Diuinité, ne voudra pas la mort de ce pecheur: mais elle voudra que ie viue, pour luy tesmoigner que ie n'aimeray iamais tant la vie que vous m'aurez donnee, comme ie cheriray l'occasion qui me la fera perdre pour vostre Seruice.

Saluian vit bien aux yeux de Sigismõd en lisant cette lettre qu'il souffroit de grandes violences en son ame, son regard allumé tesmoignoit son courroux, & son visage couuert de differentes couleurs, marquoit l'alteration de son esprit: ce sont autant d'esclairs qui menacent de foudroyer Placidas & de le reduire en poudre: en fin apres auoir leu ces lignes, il esclatta en ces mots, Ha! le traistre. Il n'en dit pas d'auantage, de peur de donner l'espouuante à Saluian, lequel se sentant complice de cette trahison & de ce

Rapt, qu'il croyoit auoir esté executé par les Braues qu'il auoit mis en œuure, & payez deuant le coup, desireux d'euiter cette veuë courroucee, & de fuir deuant la face de l'arc, sçachant que c'est vn foudre quand la cholere est jointe au pouuoir: apres vne grande reuerence il se voulut retirer, disant qu'il auoit d'autres lettres à presenter à la Vice-Royne; Que ie les voye, dict Sigismond, & demeurez-là: il y leut ces mots;

MADAME,
C'est maintenant que ie fay souuenir V. E. de la derniere promesse qu'il luy pleut de me faire quand ie pris congé d'elle, de m'estre fauorable enuers le Vice-Roy vostre Espoux, & de me proteger contre mes ennemis. Saluian vous dira, si desia le bruict de la ville ne l'a faict sonner à vos aureilles, mon mariage auec Parthenice, que i'ay arrachee des mains de ceux qui ne la vouloient faire voyler que pour me persecuter: Ils m'ont côtrainct de me resoudre à cette action, en apparence desesperee, en effect saincte & honorable, puis qu'elle se termine en vn Sacrement que l'Eglise a en veneration. Ie vous asseure, Madame, que cette fille vaincue de la force de ma Perseuerance, a changé ses desdains apparents en des affections veritables, & qu'elle recognoist auoir contrarié autrefois à son bon-heur, en reiettant mon alliance, & qu'elle me tient plustost pour le conseruateur de sa gloire, que pour son Ra-

uisseur, puis que i'ay attaché mon Honneur au sien, par vn nœud indissoluble. Ne prenez pas garde, Madame, à la façon precipitee de mon procedé, y ayāt esté violensé pour preuenir les artifices de mes contrarians : mais regardez la fin qui est toute saincte, & toute legitime. Vous, Madame, à qui les Graces ont seruy de Marraine, & ont donné cet excellent nom de Belle-Rose, soyez la Marraine de ma Grace, & arrachez cette Belle Rose d'entre les espines des iustes indignations que le Vice-Roy Monseigneur pourroit conceuoir contre ma fidelité, & des noires brossailles des calomnies que mes mal-veillans pourront vomir contre moy en mon absence. Madame, acheuez par cette Misericordieuse entremise vostre ouurage en moy, en m'obligeant de cette grace, & de la vie, que ie tiendray desormais en hommage de vostre Bonté: Conseruez ce Placidas qui s'est ouuert, & le front & le flanc de tant de blesseures, prodiguāt sa vie au theatre de la Gloire, pour le seruice de vostre Mary, & qui ne l'estimera iamais mieux employee qu'en la perdant pour Sigismond & Roselinde, les astres iumeaux qui le peuuent sauuer de son naufrage, & les ancres de son Esperance, & de son salut.

Tout cela ne satisfait point l'irrité Vice-Roy, mais allumé d'indignation & de cholere : Ie voy bien, dit-il, auec vn ton aigre & poignant, par cette-cy, que vous estes de l'in-

G iiij

telligence, & de la menee de ce brigandage. Alors le Capitaine Saluian pensant estre perdu, se iettant à genoux, luy confessa que Placidas l'auoit si bien sçeu charmer par ses discours, qu'il l'auroit rendu complice de cette meschanceté, & adiousta pour s'excuser & pour reietter toute la faute sur l'absent, qu'il luy auoit persuadé que Sigismond mesme s'entendoit auec luy, luy ayant promis la grace de ce forfaict, duquel il ne pouuoit en termes de Iustice luy donner de permission. Icy Sigismond entra en la plus grande cholere qu'on puisse imaginer, se voyant accuser de conniuence en vn crime auquel il n'auoit pas seulement pensé. Et viue Dieu, dit-il, nous verrons si l'impudent Placidas pourra maintenir cette effronterie, ie la luy renuerseray sur se visage si honteusement, que toute Naples verra sa temerité & mon innocence. Cependant il fait reciter à Saluian comment s'estoit brassé ce stratageme, qui de peur d'ammõceler sur sa teste l'ire du Vice-Roy, & de se charger de la faute d'autruy, luy conta comme Placidas estoit à Montclaire auec Parthenice, qu'il auoit fait enleuer à des Braues, qui sont des Coupe-jarets, par l'intelligence d'vn seruiteur de la maison de Patrocle appellé Hector, qu'elle auoit esté enleuee dans vn carrosse, qui l'alloit querir au nom de Roselinde. Voila Sigismōd encores plus en cholere d'entendre qu'on se fust seruy du nom de sa femme, pour la tirer du Palais de Patrocle. Et en fin pour sçauoir toute la menee, & en faire vne punition exemplaire qui le purgeast de toute calomnie, il commāda à ses gardes de saisir Saluian, quoy qu'il reclamast sa Clemence, & de le mettre en prison au Chasteau de l'Oenf; voila vn Capitaine bien estonné, & bien mal mené pour vne faute qu'il a failly à faire; ainsi Dieu punit la mauuaise volonté cōme l'effect, tout de mesme qu'il salarie la bonne comme si elle estoit effectuee. Apprenez meschans à craindre Dieu, & à redouter les traicts de son admirable Iustice. Sigismōd va treuuer Roselinde, à laquelle ayant descouuert tout ce mystere auec les lettres de Placidas, elle qui estoit Dame toute pleine d'hōneur & Espagnole, c'est à dire Amoureuse de la Reputation, & de la Gloire, deteste hautemēt cette entreprise infame & declame hautemēt contre cet attētat, animant son Mary à la iuste Vengeance de ce forfaict, tant s'en faut qu'elle demādast la grace, dōt elle estoit priee par la lettre. Et puis fiez vous aux promesses des femmes, qui s'escriuēt sur le sable, sur les aisles des vents, ou sur le courant des eaux. De ce pas le Vice-Roy va chez Patrocle, pour s'informer plus particulieremēt de ce Rapt, & defabufer le Duc de ce carroffe enuoyé au nom de fa femme, ce qui le faſchoit outrageufement. En entrant il demande vn nommé Hector, le voicy qui démétant la valeur de ce nom par la baffeffe de fon courage, tout tranffi & tremblant, fe vient ietter aux pieds du Vice-Roy, confeffant fa trahifon: mais proteftāt de n'auoir fait autre chofe qu'enuoyer les Braues aux Zitelles : le Vice-Roy le faict faifir, & monté à la chambre de Patrocle, il luy conta tout le fait, comme il l'auoit appris de Saluian, luy communiquant les lettres de Placidas, & luy proteftant auec de grands fermens, qu'il ne trempoit aucunemēt en cette mefchanceté, comme il luy feroit paroiftre par la fanglante pourfuite qu'il en feroit : la rumeur de la venuë du Vice-Roy monte à la chambre d'Ofiandre, lequel bourrelé de mille furies que luy fourniffoit la confcience de fon crime, maudiffoit en sō cœur l'heure qu'il penfa iamais à ce Rauiffement. Au moins indifcrette ieuneffe, fais-toy Sage, finō par l'exemple d'autruy, par ton propre malheur : mais vous allez voir comme le peril pafsé il fe mocque du Ciel, qui couure pour vn temps fes impoftures, pour les defcouurir plus opportunément à fon malheur, & à fa honte. Patrocle

& Luciane picquez de l'affront qu'ils pensent auoir receu par Placidas, font vne instante priere pour la Iustice de cet attentat, qui auoit chargé leur maison d'vne offense insupportable. Le Vice-Roy leur promet solennellemét qu'il la fera telle qu'il en sera parlé, & pour les fauoriser auát que partir, il voulut voir le malade. Mais l'autre plus atterré de l'effroy de sa conscience, qui luy seruoit de mille tesmoins, qu'alteré de son mal, l'attend auec la disposition d'vn criminel, qui sent venir son Iuge accompagné de mille bourreaux. Si tost que le Vice-Roy met le pied dans la chambre, il commence à crier, pressé du remords de son propre forfaict: Pardon, Pardon, Seigneur Vice-Roy; Grace, Grace à ce miserable, qui a commis vn si miserable Rauissement. Sigismond tout rauy, d'entendre que ce ieune Prince qu'il tenoit pour l'ennemy capital de Placidas, luy demandast la Grace pour ce Rauisseur, ne pensant aucunement qu'il la demandast pour soy-mesme, car il se fust plustost imaginé toute autre chose que ce qui estoit. Alors le Vice-Roy le regardant d'vn visage ioyeux & allegre, Seigneur Osiandre, luy dit il, y a-t'il sorte de Grace qui puisse estre refusée à vn si gentil courage comme le vostre, qui au lieu de demander vengeance de vostre ennemy vous rendez son intercesseur pour luy sauuer la vie: Certes cette valeur merite d'estre enregistree, & d'estre mise au roolle de ce que les Cesars & les Alexandres ont iamais faict de plus Genereux: mais ie m'asseure que vous auez l'ame si esgale & si iuste, que quand vous sçaurez la trahison que le Rauisseur Placidas a commise, non seulement contre Parthenice, mais contre mon honneur, vous m'offrirez vostre espee pour en poursuiure la vengeance aux extremitez de la terre. Osiandre est si entrepris de ce discours, que ne sçachant que repliquer, bien luy prit que l'extreme apprehension luy estouffast les paroles en la bouche: se taisant donc aussi vtilement qu'il fera jamais, pour ne se trahir comme les oyseaux par leur propre chãt, ou selon l'ancien prouerbe, cõme la Souris par son cry, il laissa parler Sigismond, qui luy redit cela mesme dont il venoit d'entretenir Patrocle son Pere, luy faisant voir les lettres de Placidas, & sur tout, comme du poinct qui le picquoit le plus, (tant il est vray que nos moindres interests nous sont plus sensibles, que les plus grands outrages d'autruy:) il insista sur ce que Placidas, non content d'auoir commis vne telle lascheté, la vouloit rejetter sur sa conniuence, comme si luy en ayant promis l'impunité, il luy en auoit donné non seulement la permission, mais aussi le cõseil: car il n'y a rien qui alleiche tãt au peché, que quand on se promet l'exemption de la peine qui le suit, cõme l'ombre le corps. Mais j'atteste le Ciel, dict Sigismond, que cela est plus faux que la mesme fausseté, & que quand son Rapt ne le rendroit point assez coulpable pour perdre la vie, que cette calomnie le rend digne de mort; ou ie mourray en la peine, ou j'en feray vn chastiment si memorable, qu'il seruira d'exemple terrible aux Violateurs, & de l'honneur des filles, & de la Reputation d'autruy. Là dessus, pour monstrer quelque eschantillon de sa iustification, il faict paroistre Hector, lequel ayant menacé de la chorde, confessa librement & tout haut toute la menee de Placidas, selon l'intelligence qu'il en auoit euë, maudissant l'argent qui l'auoit corrõpu, & les promesses de ce seducteur; & quand il toucha le poinct de ses espionnements, pour descouurir si Osiandre n'auoit point quelques affections pour Parthenice, imaginez-vous, si le cœur deuoit battre dans la poictrine de ce jeune Seigneur: mais quand il vit que sa dissimulation auoit si fort operé, que mesmes elle auoit trompé les yeux aigus de cet Argus, qui le regardoit à ce dessein, & rebousché la veuë de ce Linx & endormy ce Dragon par ses feintes, il se creut à couuert de ce costé, & reprit vn peu d'asseurance. Mais de l'autre, que de desespoirs entrerent en foule dans son cœur, tenant pour asseuré, que Parthenice fust entre les bras de Placidas: car n'ayāt aucunes nouuelles asseurees de Leonin, & voyant tant de marques visibles & palpables de la confession de Placidas, ce fut lors qu'il s'estima trahy, ou pour le moins surpris par vne contre-mine, son entreprise ayant esté anticipee par celle de son ennemy. Saluian est en prison qui auouë le faict, Hector de mesmes, Placidas parle comme jouyssant, & comme Mary : peut-il démentir ses yeux, pour croire aux imaginations dont il n'a point d'asseurance.

Tousiours ce que l'on craint on le pense arriuer, Mais contre l'aiguillon que nous sert d'estriuer?
Ce fut lors, que pressé de mille mortelles poinctes, il se pensa tout à faict descouurir en disant au Vice-Roy : Vengeance, Seigneur Vice-Roy, Vengeance de ce cruel ennemy de mon Bien & de mon repos, permettez que ie le poursuiue au bout du Mōde, comme vne furie attachee à son collet, afin qu'auec sa vie, ie tire la raison de vostre Honneur & du mien. Sigismond creut que par ce Bien & cet Honneur, il entendoit celuy de sa mai-

son aucunement interessé par cet affront; Patrocle & Luciane l'entendent bien ainsi: mais l'intelligence est au diseur, auquel bien prit d'estre si troublé, qu'il ne peut passer outre. Alors Sigismond, Ie sçauois bien, Seigneur Osiandre, qu'aussi tost que ie vous aurois informé de cette affaire, & representé comment elle s'est passee, que vous changeriez de langage, & que cette franchise que vous auez tesmoignee, en priant pour vostre ennemy & le mien, se tourneroit en vne juste fureur. Asseurez-vous donc d'en voir vne vengeance signalee, & guerissez-vous pour jouyr de la veuë de ce sanglant spectacle. Il part, enuoyant Hector dans vne prison separee de celle de Saluiã, laissant Osiãdre dãs les plus fortes & estrãges resueries que l'on sçauroit imaginer. Si encores le despit, la honte, le desespoir & l'Amour qui le rauagent, se peuuent conceuoir, sinon par vne ame outragee d'vn semblable affront. Luciane qui le croit malade du despit qu'il auoit conceu contre Placidas aux Zitelles, estime que ce dernier effort sera capable de le verser dans le tombeau: neantmoins tant il estoit couuert, il sçeut si bien dissimuler en la presence de sa Mere les violentes impressions que faisoient en son ame les attaintes de ce premier mouuement, que feignant de vouloir dormir, il l'obligea de se retirer, & se voyant seul, & en la liberté de se plaindre, alors son creue-cœur plus puissant que sa foible raison luy feit faire & dire des actions & des paroles qui ne deuoient estre, ny operees, ny proferees, à peine qu'il n'exhalast son ame auec ses souspirs, & ne respãdist son esprit auec ses larmes. Mais puisque les plaintes des Amans ne se doiuent tracer que sur le vent, nous espargnerons, en les laissant conjecturer, & ce papier, & nostre peine, & le loisir auec la patience de celuy qui lira cette Histoire. Pour dire que si parmy ces agonies plus que mortelles, il n'eust esté secrettement aduerty par vn des Braues qui estoit de l'intelligence de Leonin, que veritablement Parthenice estoit enleuee à Miralte; mais qu'il se seruist accortement du bruit de la ville pour rejetter le tout sur Placidas; il alloit tõber en vn accessoire qui luy eust renuersé l'esprit, & osté l'vsage de la raison: Cet aduis luy redonna la vie, & alors il changea ses regrets en resiouyssance, & rendit des graces aux Astres dont il venoit d'injurier les malignes influences. Luciane qui le va reuoir, le treuuant si chãgé, & en vne disposition pleine d'allegresse, & qui luy promettoit vne prompte santé, pour le consoler ne luy parle que de l'exemplaire vengeance que

que fera le Vice-Roy de l'insolent Placidas: car c'est en cette contree où ce vers est en prouerbe,

La vengeāce est un biē plus plaisant que la vie.
Et ne faut pas s'estonner, disent-ils, si Dieu se l'est reseruée, parce que c'est vne delectation Diuine, que se vanger. Aueugles qu'ils sont en cet appetit, ne voyans pas que Dieu se l'est reseruée, parce qu'il ne s'en sert jamais qu'auec Iustice; au lieu que les hommes ne la pratiquent qu'auec des inegalitez & des injustices inexcusables. L'ire de Dieu (dict le sacré Texte) n'opere que la Iustice: mais l'ire de l'homme n'engendre que la Mort. Tandis qu'Osiandre pense l'vn, & sa Mere l'autre, il feint de se resiouyr de la pensee de sa Mere, afin qu'elle ne se puisse douter de la sienne. Il croit que le Ciel & la Terre sont pour luy, voyant sa fraude voylee de tant de nuages; il croit que son Mariage estant ratifié au Ciel, c'est pour cela qu'il est comblé de tant de faueurs. Il est en impatience de se leuer, pour aller, dict-il, poursuiure le Rauisseur Placidas, mais c'est pour suiure Parthenice. Il enuoye secrettement vn Braue à Miralte; pour sçauoir si sa chere proye est arriuee à bon Port; il apprend qu'ouy, & reçoit des lettres de Leonin & d'Herminio, qui l'attendent paysiblement.

H

cette nouuelle le guerist aussi-tost; en moins de rien le voila debout: mais pour voyler encores son faict de plus espoisses tenebres, le coulpable Osiandre va offrir son espee au Vice-Roy, pour le vanger de l'innocent Placidas, lequel attend tousiours à Mont-clair la venuë de Parthenice auec des impatiences inexplicables, puisque inimaginables; il va mille fois au deuant, & reuenant sur ses pas, il ne rapporte que du vent: ainsi, souuent les chasseurs ont d'inutiles trauaux, & les Amans de steriles peines; il monte sur le feste de sa maison pour descouurir de plus loing: mais comme la bonne Sara, il ne voit venir personne du costé de Rages. Il accuse la lascheté de Saluian, & la poltronnerie des Braues, se repent de n'estre demeuré caché dans Naples pour faire son execution luy-mesme: car en faict de ces entreprises, elles ne se doiuent pas executer par procureur. Toutesfois il se cōsole sur ce que cela se faict assez tost, ce qui se faict assez bien. Il s'accuse de precipitation, & il louë la Prudence de Saluian, comme attendant vne occasion opportune. Apres tout, il patiente. A Naples on iouë bien d'autres Trage-Comedies. Le Vice-Roy ayāt appris de Saluian & d'Hector le nom de quelques-vns de ces Braues qui auoiét entrepris d'enleuer Parthenice pour Placidas, il luy fut aysé d'en prendre: car n'estans aucunement coulpables de ce faict, ils marchoient la teste leuee comme innocens, au lieu que ceux de Leonin se tenoient couuerts comme coulpables; on en prend deux, qui protestent hautement ne l'auoir point trouuee, ny chez Patrocle, ny aux Zitelles, auoüent de l'auoir desiré, mais ne l'auoir pas executé; representent le carrosse qu'ils auoient mené, comme de la part de la Vice-Royne, mais qu'il n'est point sorty de la ville, qu'il faut que ce Rapt ayt esté commis par d'autres Braues dans le carrosse de Patrocle. Le Vice-Roy estimant que leur asseurance, laquelle prouenoit de leur innocence, fust vne effronterie ordinaire, qui accompagne inseparablement les meurtriers, sans autre forme de procés les condamne à estre pendus: Hector leur pensa tenir cōpagnie, mais parce qu'il n'auoit contribué que sa langue à ce monopole, on l'enuoya aux Galeres; les miserables prests à rendre l'ame adorerent la Iustice de Dieu qui les punissoit pour plusieurs autres crimes plus enormes, qu'ils confessoient hautement auoir commis, sur la coulpe d'vn qu'ils n'auoient executé que de volonté; & moururent ainsi auec beaucoup de tesmoignages de Repentance. Osiandre voit cela & en fremit, sçachāt cōbien sont secrets les iugemēs de Dieu, ce sōt des abysmes incomprehensibles, des labyrinthes qui ne se peuuent desmesler. Le mal-heureux! qui voit le glaiue de Dieu flamboyer sur sa teste, & ne se repent pas : ô cœur de Pharao! que les playes ne peuuent amollir. Le Capitaine Saluian eut eu promptement la teste tranchee, comme conuaincu par sa propre confession : mais Sigismond le veut accoupler auec Placidas, & les rendre compagnons de mesme honte, & de mesme supplice, comme ils sont complices de mesme forfaict. Que fais-tu Osiandre, ne sçais-tu pas que les meules de Dieu meulent lentement, mais elles escrasent bien menu : veux-tu aggrauer ta punitiõ par la retardation de la peine? Veux-tu ammonceler sur ton chef vn tas de vengeances au jour de l'Ire de Dieu, par la malice & la dureté de ton cœur impenitent? s'il est aueuglé d'Amour d'vn costé, de l'autre il l'est de Vengeance, il veut veoir la fin de la ruïne totale, & de l'extermination de Placidas. On s'enquiert secrettement s'il est à Mont-clair; on rapporte au Vice-Roy qu'il y est, & qu'il se promeine tous les iours autour de sa maison, où il a amassé quelques gens de main, & de bône mine, comme pour se defendre. Ha! le desloyal, dict Sigismond, c'est l'impunité qu'il se promet qui le faict ainsi cheminer la teste leuee. Il commáde au

Capitaine de ses gardes de prendre quelques compagnies des garnisons de Naples, & de l'aller inuestir; disant à Patrocle qu'il iroit luy-mesme faire cet office, si cela n'estoit point indecent à la qualité de Vice-Roy, de faire le deuoir d'vn Preuost: mais que s'il faisoit resistāce il iroit le foudroyer dans Montclair cōme Capitaine. Osiandre s'offre pour aller auec ces gēs de guerre; Patrocle y vouloit aller, mais Sigismond ne le jugea pas à propos: mais pour contenter le jeune Osiandre, & pour l'exercice de ses premieres armes, il luy fut permis par son Pere, le Vice-Roy l'ayant fort agreable,&s'en sentant son obligé. Comme ils approcherent de Montclair, Placidas estoit lors en vne fenestre qui regardoit du costé de Naples, car c'estoit le Nort de la Boussole de son cœur; il apperçoit cette grande troupe de gens armez, il s'imagina soudain que c'estoit la belle Parthenice que Saluian luy amenoit auec toute sa compagnie.

Et puis dittes Amans que n'espererez-vous.
Il descend tout rauy d'ayse pour aller à cette rencontre, si plein de contentement, qu'il en estoit tout aueuglé. Où vas tu, pauure Placidas, tu ressembles à ces oyseaux qu'on tire à la mort par les appeaux de l'Amour. Victime innocente! tu te vas toy-mesme

sacrifier à la fureur de tes ennemis. Merueille! ou son bon Ange qui plaignoit sa perte, ou quelque reste d'humaine Prudence, luy dicta en descendant, qu'il fist recognoistre cette troupe par quelqu'vn des siens, ce qu'il faict, commandant à vn de ceux qui l'assistoient de courir promptement saluer Saluian de sa part, tandis qu'il composera son ame esmeuë de trop de joye, & qu'il s'agencera vn peu pour paroistre auec plus de decence deuant les yeux qui l'ont si puissamment rauy, qu'il a esté contrainct de les rauir, pressé par l'effort de leur douce violence. Celuy de ses amys qui s'offrit le premier à cet office ce fut Myrene, jeune Gentil-homme de ses voysins, & de ses alliez; il court à pied, l'espee haute à la main, & va donner droict dans cet escadron de gensd'armes, qui l'attendent, comme les chasseurs font vn lieure qui baille dans les filets: à celuy qui estoit à la teste, Bon-jour, dit-il, Seigneur Saluiã, vous soyez le bien venu, Placidas vous attend en bonne disposition, & il y a long temps, auec des impatiences nompareilles, L'Amy, repliqua le Capitaine, que nous appellerons Hernand, ie suis bien ayse de sa disposition: Et bien, comme se comporte t'il en son nouueau mariage auec la belle Parthenice, Et c'est elle qu'il attend, reprit Myrene, auec des desirs aussi passionnez, côme vous sçauez qu'il en est esperdu. Mon amy, dict Hernand, ce n'est pas à nous à qui il faut bailler des bayes, ie ne m'entends pas en railleries, vous estes mort, si vous ne nous dites la verité, & si vous ne nous apprenez si Parthenice est dedans ce Chasteau auec Placidas, & s'il est resolu de se defendre, ou si desia il est en fuitte. Ie suis Gentil-homme, dict Myrene, amy & allié de Placidas, ie ne suis pas de condition pour estre traicté auec indignité, ie mourray glorieusement l'espée à la main, plustost que de souffrir vn affront: allez chercher qui vous donne les instructions que vous demandez, ie ne suis pas venu icy pour vous en rendre compte; il faict mine de se mettre en defence: mais que fera ce Pigmée contre tant d'Hercules, seroit-ce

Horace seul contre tous les Toscans.

On luy met le pistolet à la gorge, il en tonne quelqu'vn pour l'estonner, il rend l'espée. Placidas est sur le seuil de sa porte qui voit cela, qui oit lascher le coup, croit son amy mort, ne sçait que penser, il jouë au plus seur, ferme la porte, leue le pôt, crie aux armes, l'allarme est à la maison. On enuoye vn Trompette, qui auec sa chamade faict entendre qu'il vouloit parler, Placidas luy faict signe qu'il peut approcher en asseurance;

il s'auoisine, & luy faict entendre comme le Vice-Roy ayant sceu le Rapt qu'il auoit faict de Parthenice, par les lettres que Saluian prisonnier luy auoit baillees de sa part, & à la Vice-Royne, il le sommoit de rendre cette fille honteusement violee, & de se remettre entre les mains de la Iustice, s'il ne veut estre declaré rebelle, & traicté comme criminel de leze-Majesté. Placidas ne sçait que penser de tout cecy : car se sentant coulpable d'vn costé, & innocét de l'autre; criminel de celuy du desir & de l'attentat, mais net de celuy de l'execution ; il ne sçauoit que respondre. En fin flatté de son Amour, il s'alla imaginer que Saluian venu auec sa troupe, & auec ce Trompette, pour honorer ses nopces de quelque tournoy, luy vouloit donner quelque traict de galanterie, pour temperer vn peu l'excessiue joye du triomphe de son contentemét. Prenant donc ce party, il repliqua, Trõpette mon amy, ie te prie dy à Salmã, lequel ie voy à la teste de cette belle troupe, qu'il me face la courtoisie toute entiere, entrant chez moy paisiblement, & cõme celuy qui m'oblige de la vie, sans troubler mon ayse de ce stratageme de Cheualerie. Le Trõpette luy repliqua qu'il n'y auoit point de risee ny de fourbe à tout cecy, que ce n'estoit point Saluian, lequel estoit en prison, mais Hernand Capitaine des gardes du Vice-Roy, qui auoit charge de le prendre, & de le mener à Naples vif ou mort. Ny pour cela Placidas creut le Trompette: mais croyant que ce fust sa cōmission de tromper, au lieu de trompeter: Mon amy, dit-il, ie cognois bien le Seigneur Hernand, fais seulement qu'il s'aduance, & que ie le discerne d'auec Saluian, & ie te iure foy de Gentil-homme, qu'il ne luy sera faict aucun tort. Le Trōpette ne pouuant tirer d'autre raison de cet Esprit abusé, faict son rapport à Hernand, qui sage & aduisé, ne fut pas si peu judicieux que de se presenter à l'abord, ny de mettre sa vie au hazard, laquelle deuoit conseruer pour la conduitte de sa troupe, sur la foy de Gentil-hōme. Ces Chefs qui veulent recognoistre l'ennemy au lieu d'y enuoyer, quād ils y sont tuez on les louë comme braues soldats, mais on les blasme comme mauuais Capitaines. Et puis vn Espagnol a trop de flegme pour aller si viste. Il enuoye vn de la troupe asseurer Placidas qu'il n'y a point de jeu à tout cecy, mais qu'il mettra tout à feu & à sang, & sa place en poudre, s'il ne se rend, & s'il ne faict restitution de Parthenice. Cet homme incogneu à Placidas, le faict entrer en resueuerie: ny pour cela il quitte sa premiere creance; demande au moins de parler à Myrene, s'il est encores en vie pour estre asseuré de la Verité: Il est en vie, repliqua le Cheualier, & si le Capitaine Hernand vous veut faire cette grace ie le vous ameneray. Il va trouuer Hernand, qui pour desabuser cet Esprit consent que Myrene luy aille parler. Alors Placidas apprit par son amy, que ce n'estoit point Saluian, mais Hernand, dont il luy descriuit la forme. Myrene luy dict qu'il a esté surpris, & en fin pris prisonier, qu'on le vouloit forcer de declarer si Parthenice n'estoit pas dãs Montclair, & quelles forces y estoiét, qu'il n'a voulu en declarer aucune chose, mais que s'il le iugeoit à propos il diroit ce qu'il en sçauoit, qu'il auoit recogneu Osiandre, & des gés de Patrocle dans cette troupe, que cela luy faisoit croire que ce n'estoit pas pour luy faire du bié. Alors les yeux de Placidas furét ouuerts sur son malheur, & quittãt sa premiere imaginatiõ, il creut que sa menee auoit esté descouuerte, & que les Braues employez pour ce Rapt, rauis eux-mesmes de l'incõparable beauté de Parthenice, l'auroiét enleuee pour eux, le laissant en peine luy & Saluian; ha! dit-il, miserable, ie suis, & trahi, & perdu, ie me suis moy-mesme enferré de mõ propre estoc, & voulãt prédre ma Maistresse par autruy ie l'ay perduë pour moy. A quoy tiét-il que ie ne me precipite de ces creneaux, puis que la perdãt ie perds, & l'esprit, & l'hõneur, & la vie. Mon cher Myrene, dict-il, prie Hernand par cette ancienne amitié qui nous lie, & par tant de rencontres de guerre, où nous nous sommes treuuez, de me dōner ce iour de relasche, sans me reduire au desespoir en me pressant dans le trouble où ie suis: il est habile homme, il sçait quelle est la fureur d'vn desesperé, que c'est vn torrent & vn foudre, qu'il ne me reduise pas aux termes de m'enseuelir icy auec mes amis. Dy luy franchement l'estat de cette maison, les bons courages qui y sont, outre la force de son assiette naturelle & de ses murailles, tu és tesmoins cōme Parthenice, helas! à mon grand regret, n'y entra iamais, & que ie croy qu'elle aura esté deshonoree & assassinee par ces Braues que i'auois payez pour l'éleuer & l'amener icy: en fin dy la Verité, car elle preuault toute sorte de feinte & de mensonge. Demain si Hernand m'oblige tant que de parler à moy, & de se fier à ma parole, ie luy promets de luy remettre ma place, ma personne, & mon espee entre les mains, pourueu qu'il laisse libres mes amis & toy aussi, puis que vous estes tous innocens de la faute que seul i'ay commise. Le Cheualier remeine Myrene à Hernand, qui luy fait vn fidele rapport de tout ce que Placidas auoit dit. Ce capitaine, hōme de main & de teste, c'est à dire de valeur & de Prudēce, ne voulut pas reduire Placidas au periode de toute extremité, sçachant que l'homme desesperé est plus qu'homme; & puis n'ayant charge que de le sommer de se rendre, & au defaut de le bloquer en son Chasteau, iusques à ce que par vn nouueau secours on l'y peust prendre par force: il luy accorda sa demande, & l'en fit asseurer par le Trompette, cependant qu'il loge ses gens de guerre aux lieux circonuoisins. Myrene sur le soir est interrogé de toutes les façons, & par subtilité & par menaces, tousiours il proteste n'auoir point veu Parthenice dans Montclair, depuis que Placidas est venu de Naples, où il luy a tenu fidele compagnie: mais qu'il estoit bien vray qu'il l'attendoit de iour à autre auec d'extremes Passions. Qu'il se tenoit comme asseuré de sa Grace, ce Rapt estant faict, sur l'asseurance qu'il auoit des faueurs que ses seruices luy faisoient esperer auprés du Vice-Roy, ioinct qu'il vouloit reparer la violence de ce Rauissement par le voyle d'vn legitime mariage, auquel il auoit comme inuité tous ses amis, pour estre tesmoins de l'honneur & de la sincerité de son affection, & en faire en cas de necessité le rapport à Sigismond, resolu s'il ne pouuoit obtenir ceste abolitiō du Vice-Roy, d'auoir recours en Espagne au Souuerain, & au default de tout cela de changer de Païs auec sa nouuelle Espouse. Quant à la force du Chasteau, & à la valeur des galands hommes qui y estoient, il la representa imprenable à coups de main, croyant neantmoins que Placidas ne voudroit pas mettre au hazard d'vn siege, & à la gorge des canons tant d'amis qui estoient plustost venus à la feste de ses espousailles, que pour s'enseuelir quant & luy dans le tombeau de ses funerailles. Tout cela estoit la mesme essence de la Verité : mais le malicieux Osiandre faisoit de son costé dedans cette troupe cela mesme que le rusé Sinon brassoit dedans Troye, pour persuader aux Troyens de receuoir cette fatale Machine, qui les deuoit reduire en cendre; il semoit des coniectures fausses, qui estoient prises pour des vray-semblances, & ces vray-semblances passoient en la creance cōme des choses vrayes. Peut-estre, disoit-il, ou qu'il a caché Parthenice là dedans, ou que l'ayant faict mener en quelque autre place, il veut tromper les yeux mesmes de ses amis, pour les rendre tesmoins d'vne fausse monstre d'innocence. Il y auroit bien de l'apparence, disoit-il, que des Braues choisis & payez comme fideles eussent commis vne telle meschanceté : il faut qu'il la treuue, ou qu'il creue, il le faut enterrer dans les murailles de ce Chasteau,

& luy réuerser sa maison sur la teste, s'il faict tant soit peu de resistance, pour apprédre au monde ce que c'est que de se rebeller contre la Iustice du Prince par vn crime impardonnable de leze-Majesté. Ainsi animoit ces esprits guerriers l'infidele Osiandre, voulant couurir de sa propre coulpe le miserable Placidas : lequel ayant toute la nuict consulté auec ses Amis sur ce qu'il auoit à faire; en fin il soumit ses desesperees imaginatiõs à leurs aduis, qui fu pour tesmoigner la pureté de ses intentions & des leurs, & leur obeïssance au Prince, non seulemunt de se rendre, mais se rendre sans capituler, allans tous sans armes se remettre entre les mains d'Hernand, qui les meneroit à Naples, où sans doute toute la faute seroit rejettee sur les Braues, & la Passion de Placidas excusee par le Vice-Roy. Placidas resolu de mourir, & de sauuer ses amis, prit tel party qu'ils voulurent : aussi ne vouloit-il pas apres tant de playes receuës pour le seruice de son Roy perdre la vie auec la honteuse tache de Desloyal & de Rébelle. Ayant donc passé le reste de la nuict auec les conuulsions d'esprit que vous pouuez imaginer en vn homme qui pert en mesme temps son Amour, son Honneur, sa liberté & sa vie, & qui se va remettre non seulement aux mains, mais à l'opprobre de ses ennemis. Preuenant, non pas la Vigilance d'Hernand, mais l'enuoy qu'il alloit faire de Myrene pour sçauoir sa resolution, il sort accompagné de tous ses amis, desnuez de toutes armes, & à pied on auertit Hernand de cette venuë en cet equipage; il est receu humainement par le Capitaine Espagnol, lequel apres auoir mis des gens de guerre dans Mont-clair, & faict chercher par tous les recoins de cette maison si Parthenice n'y estoit point; on y treuua son portraict en diuers lieux, de la veuë duquel Placidas repaissoit son attente, mais le corps estoit bien esloigné de là. On s'achemine à Naples, & Osfrandre parroissant auprés d'Hernand, à la teste de la troupe, estoit rauy d'ayse (tant la Passion de Vengeance a mesme d'auantage sur celle de l'Amour) de voir le Genereux Placidas reduict en cette dure captiuité : encores s'il se fust contenté de le laisser remascher tant de desplaisirs qui l'accabloient en foule, la perte de son Amour, la peine de ses amis, & la Presence d'Osfiandre le morguant, qui luy estoit insupportable : mais il ne se peust tenir, tant la ieunesse est indiscrette & inconsideree, de l'outrager de paroles, ce qui estoit arracher la barbe à vn Lyon mort;

car que pouuoit luy faire ce Lyon, lié & defarmé, monté fur vn mefchant bidet, & fuffocqué de mille ennuis? Si faut-il, luy dict Ofiandre, ô Placidas, ou que tu treuues Parthenice, ou que tu meures auffi honteufement que ces deux pendards qui ont defia faict le fault. Parlez bien, repliqua Placidas, Seigneur Ofiandre, & fouuenez vous que ie fuis Gentilhomme, & que fi ie dois mourir, au moins ie mourray d'vne autre façon, Gentilhomme, reprit Ofiandre, ie ne fçay, car ceux de cette qualité ne font point de traicts fi vilains, & fi indignes d'vne Nobleffe bien née. Que faittes-vous Hernand, & que ne brifez vous ces commencemens d'vne querelle immortelle? Le refpect qu'il porte à ce ieune Prince le retient, & puis l'honneur du Vice-Roy fon Maiftre qu'il tient intereffé par Placidas, luy faict non feulement entendre, mais appreuuer cet outrage. Alors Placidas auec vn œil ardant comme vn Comette: Ieune fils, dit-il à Ofiandre, fi ce debat eftoit entre nous deux, ie te ferois encores auffi belle peur, que mon feul regard fit aux Zitelles; car tu ne fus malade que de l'apprehenfion de mon ombre: Qu'Hernand fouffre feulement qu'on me délie, & fans autres armes que mes bras, fi ie ne t'arrache l'efpee & le piftolet que tu portes,
passant

passant l'vne dans ton corps,& creuant ta teste de l'autre, si ton coursier de Reyne ne deuance la course de ce meschãt cheual qui me porte, qu'on dise que Placidas a perdu sa valeur: c'estoit là trouuer des Rodomontades parmy des Espagnols. Osiandre picqué iusques au vif, partant de la main, & repartant de la langue: Tu sçais bien Placidas que ie ne suis pas homme pour mesurer mon espee auec vn Brigand comme toy; c'est de cette gaule que ie te voudrois chastier comme vn Espaulier de galere: disant cela d'vne ieune & insolente ardeur, il luy serra les espaules de si prés, que Placidas en sentit la pinssade au corps : mais quel contre-coup ressentit-il en son cœur ; il est en vn païs où cet affront est irreparable: c'est pourquoy à la mode de la contree mordant le bout de son doigt, & enuisageant Osiandre d'vn regard trauersé il ne dit mot : mais il disoit toutes choses en faisant ce signe.

Il presse dans son ame vne haute douleur,
Il tiët que cet affrõt est son plus grãd malheur.
Hernand pressé par la bien-seance, est contrainct de faire le Holá assez hors de saison; car tous les amis de Placidas picquez de cette indignité eussent faict vn beau mesnage, si leurs espees n'eussent point esté en garnison à Mont-clair. En fin ils arriuent à Na-

ples, où Placidas fut receu auec des acclamations espouuentables : car chacun le tenant pour le Rauisseur de la Vertueuse Parthenice, on eut de la peine à empescher le peuple furieux de le mettre en plus de pieces, que Penthee & Orphee ne furent deschirez par les Bacchantes: la gresle des iniures tomboit sur sa teste plus menu que le Ciel ne lança de tonnerres contre les Geans. On luy donne plus d'anathemes que l'Apostre n'en versa sur le fornicateur Corinthien. C'estoit le Bouc Emissaire chargé des maledictions de tout le monde. Ie ne veux pas faire icy vne liste des mots de cette beste à tant de milliers de testes & de langues, que l'on appelle Populace, ny faire vne enfileure des maux ausquels fut deuoüé le plus maleureux que meschant Placidas. Cela l'estonna; car il se croyoit desia entre mille roües & mille glaiues; ses amis mesmes en furent effrayez, & ne s'imaginans pas vne telle reception, se repentirent trop tard de leur aduis, estimans les Oyseaux de Cage moins heureux que ceux de Campagne. Placidas croit d'aller droict au Vice-Roy: mais on l'encoffre dedás vne noire prison, il se treuue en cocque dans le Chasteau de l'Oeuf, où desia Saluian luy auoit de longue main marqué les logis.

Tous ses amis comme les poissons qui suiuent le Dauphin se treuuent pris en mesme filé. Il n'est point question de procedure, le proces est tout faict, tout le monde crie qu'il meure ; Sigismond ne sçauroit offrir de plus agreable sacrifice, ny de plus acceptable Victime pour se mettre en la Grace du peuple, ne peut mieux reparer son Honneur qu'il estime blessé par Placidas sur cette fausse promesse d'impunité, dont il s'estoit vanté, qu'en l'immolant à sa propre vengeance : Roselinde a les mesmes sentimens ; car il n'y a rien que les Dames ayent en telle Horreur que les Rauissemens. Le Vice-Roy se prepare donc à faire trancher la teste à Placidas & à Saluian, les amis de Placidas requierent quelque forme de Iustice, & pour luy, & pour eux. Placidas ne demande que la mort, ses amis remonstrent que c'est plustost par le desespoir de la perte de son Amour, que pour son crime, estiment que les Braues ont enleué Parthenice pour eux-mesmes. Sigismond preoccupé par Osiandre, dict que Placidas, ou la recelle en quelque lieu incogneu à ses propres amis, ou qu'en ayant abusé il l'a miserablement assassinee, violant aussi cruellement les loix de l'Amour, comme il auoit impudemment foulé aux pieds celles de l'honneur. On ne peut faire entrer dans l'esprit du Vice-Roy, non pas aucun degré de Misericorde, mais seulement qu'on face quelque formalité de Iustice, au moins pour la descharge de ses amis, & la satisfaction de ses parens. Il appartient à des Seigneurs de Naples, qui sont au desespoir de voir cette tache en leur maison, ils tentét tous moyens pour la lauer autrement que par le sang de Placidas: ils accusent son Amour, mais ils ne l'excusent pas pourtant d'auoir commis le crime que luy mesme auoüe par son escrit, dont Sigismõd leur ferme la bouche. Quelques Dames sollicitent Roselinde de faire en sorte vers le Vice-Roy, que le pauure Placidas qui luy auoit rédu tant de bons offices, ne soit pas mené à la mort par vne voye extraordinaire & precipitee, qu'il est de toute autre consideration que des Braues, qu'on prenne le temps pour sçauoir au vray comme tout s'est passé. Mais elle est tellemét indignee qu'elle en est sourde & inexorable: On a recours au Senat, lequel apportãt quelque temperament à tout cela, represente au Vice-Roy que le chastimét en sera plu exemplaire, estant plus longuement pourpensé, luy deliuré de tout blasme, toute la ville plus satisfaite, qu'on pourra apprendre des nouuelles de l'innocente Parthenice. La Iustice est vn fleau à l'iniuste Osiandre, lequel voulant pescher en eau trouble la vengeance de celuy qui l'auoit braué, & qu'il auoit si vilainement outragé, qu'il estimoit que la conseruation de sa vie seroit vne furie cõtinuellement attachee à son collet: il iette mille faux bruicts, comme autant de feux artificiels pour reduire en cendre le pauure & desolé Placidas, qui ne desire que la mort, cõme l'vnique port de ses miseres. Le Vice-Roy Prudent & auisé, acquiesça à l'aduis du Senat, & ne voulãt estre Iuge où il sembloit estre partie, il laissa aux Senateurs l'examen de ce crime, se remettant, pour mieux iustifier la fausseté de cette promesse de Grace, à laquelle il n'auoit pas pensé, à leurs procedures, & aux interrogatoires qu'ils feroient à Placidas. Il est ouy: mais le furieux desir qu'il auoit de mourir promptement, luy faisoit dire des choses que ses Iuges voyoient bien ne prouenir pas d'vn iugement rassis; Saluian respond plus froidement, & plus veritablement: mais les amis prisonniers pris tous à part selon les formes, furent tous rencõtrez si conformes en ce qu'ils deposoient auoir veu à Mont-clair, que ce fut vn grand preiugé, pour cognoistre que dans le crime de Placidas, il y auoit quelque innocence: mais

I iij

les lettres gaſtoient tout, & plus encores les malicieuſes impreſsions qu'Oſiandre donnoit aux Iuges en les ſollicitant tous en particulier contre ſon ennemy; car il eſtimoit ſelon le Prouerbe, que plus il y auroit de morts il auroit moins d'ennemis: eſtrange aueuglement de ieuneſſe! En fin on tombe ſur l'examen du carroſſe de Patrocle treuué ſans cocher, & du coſté de la Sicile auprés du riuage de la mer, qui eſtoit la part où eſtoit Miralte, au lieu que Mont-clair eſtoit du coſté de Capouë; ce qui donne quelque coniecture que les Braues auront emmené par mer la Chaſte Parthenice. Icy la conſcience craintiue, parce que coulpable, du Rauiſſeur Oſiandre, laſcha quelque petit reſſort; car ſe doutant que cette enqueſte n'allaſt plus outre, & redoutant la vengeance Diuine, plus que l'humaine de Placidas, il eut frayeur de ſe charger de ce ſang innocent, & de le faire reſpandre par les mains des Iuges qui luy en feroient, & auſſi le Vice-Roy, vn eternel reproche. En fin il ſe veut marier auec Parthenice, il ſçait que tout cecy doit vn iour eſtre cogneu. Il s'aduiſe d'vn autre biais, qui contentera en meſme temps ſa crainte, ſa vengeance & ſon Amour; ce ſera en procurant le Banniſſement de Placidas, qu'il ſe deſ-

chargera de ses deux premieres Passions, &
en feignant d'auoir retreuué Parthenice
qu'il se guerira de la derniere : & voicy le
Stratageme; Il faict courir vn bruict par les
Braues mesmes qui l'auoient seruy en l'enleuement
de cette fille, que veritablement elle
a esté rauie par les Braues de Placidas, &
liuree pour vn grand prix au Corsaire Amurath-Rays,
qui pretendoit faire sa paix en
presentant au Serrail du Grand Seigneur
cette eminente & incomparable Beauté. Il
n'y a rien de si faux qui ne soit incontinent
creu par le peuple, tesmoin l'alloüette morionnee,
qui esmeut toute la ville de Rome.
Aucuns de ces Braues (tant ces hommes
sont effrontez) qui auoient faict le coup,
seruent de tesmoins de l'auoir veu enleuer;
& en cela ils estoient tres-veritables;
ils nomment pour autheurs quelques-vns
de ceux qui s'estoient bannis, voyans
l'execution de ces deux qui auoient protesté
au gibet de leur innocence, & qui
estoient leurs compagnons en l'entreprise
non executee : on interroge Saluian là
dessus, il recognoist ces noms-là, comme
les noms de ceux que Placidas auoit
apostez & payez pour faire cet attentat.
Tout succede à Osiandre comme il desire,
il se deliurera du sang innocent de Placidas,

I iiij

qui comme celuy d'Vrie & d'Abel, demanderoit au Ciel vne perpetuelle vengeance contre sa malice, & le chargeroit en terre d'vne execrable perfidie ; il se figure desia de feindre Amurath-Rays, & eschoüé aux riues de Miralte, saisi par Herminio, puis eschappé de prisõ, & la Chaste Parthenice retenuë, de laquelle il deuiendra nouuellement amoureux, & tout le reste de ces Chimeriques pésees qu'il roule dans son cerueau : mais le Iuste Ciel a bien d'autres dispositions que ses propositions, & qui renuerseront contremont tous ses desseins, à deux doigts de sa totale ruine. En moins de rien voyla toute Naples changee de courage, & en chassant la cholere pour Placidas, donnant place à la Pitié, chacun deplore le Sort de cette Sainte fille, qui de Religieuse sera ou Sultane, ou Martyre. Chacun blasme l'Impieté & l'Auarice de ces Braues, d'auoir commis aux ondes d'vn element plein d'inconstance & de perfidie, ce que la terre auoit de plus agreable, & remis en des mains infideles ce que Naples auoit de plus Religieux, & de plus Deuot : Toutesfois les plus Seueres, entre lesquels estoient les Iuges, blasmoient l'attentat de Placidas, qui auoit esté cause de cet enleuement, dont Dieu l'auoit puny par le mal mesme qu'il vouloit commettre : de parrie formee contre Placidas, il n'y en a point, ceux à qui Parthenice touchoit de sang, sont bien ayses d'estre deschargez d'elle, & qu'elle soit transportee si loing qu'on n'en parle jamais. Tous les amis de Placidas qui estoiét prisonniers sont bien ayses d'entendre cette nouuelle, qui justifie leurs depositions, qui faict cognoistre leurs conjectures veritables, & leur promet la liberté ; aussi sont-ils eslargis, non sans quelques amendes pecuniaires, pour leur apprendre à ne fauoriser plus, ny des Rebellions, ny des Rauissemens. Quelques-vns, entre lesquels est Myrene, attendent à Naples l'issuë de l'affaire de Placidas; on croit le resioüir beaucoup de luy apprendre ces bonnes nouuelles de l'achapt de Parthenice par Amurath Rays, laquelle on croit desia estre à Constantinople. O! qu'il eust bien mieux aymé entédre l'arrest de sa mort; il menace si on ne le fait mourir, de se precipiter soy-mesme, ne voulát point suruiure à la perte de cet objet de ses Affections. Mais tant ont d'ascédant les Passions sur vn Esprit qui s'y laisse aller, & qui n'en est pas le maistre, en perdant l'Esperance de iouyr de son Amour, le Diable luy faict entrer le Souuenir de l'horrible affront qui luy auoit esté faict par Osiandre en si bonne compagnie, & represente à son Esprit les furies de mille

Vengeances, dans lesquelles il propose de s'enterrer.

Estimant de celuy desirable le sort,
Qui tombe sur le corps de son ennemy mort.

Ainsi ce mal-heureux tombant de Scylle en Carybde, au lieu de loüer la divine Bonté qui le veut retirer du Gouffre de l'Amour, il se veut relancer dans celuy de la Hayne, beaucoup plus horrible : Ainsi les Impies cheminent en vn cercle, & arriuez au profond de l'iniquité, ils mesprisent tous conseils, & toutes inspirations : il n'est pas encores sorty de sa premiere fieure, qu'il minute vne nouuelle frenaisie ; que feriez-vous à ce desesperé, il veut mourir. Osiandre pour faire le bon valet, & acquerir la reputation de genereux, en procurant du Bien à son ennemy, va treuuer le Vice-Roy, & luy demande au moins pour Placidas la Grace de la vie, le priant de se contenter de le bannir, pour punition de son attentat, & comme cause de la perte de cette vertueuse fille. Il sollicite les Iuges; & comme s'il eust eu leurs ames en ses mains, vous diriez qu'ils ne veulent que ce qu'il leur inspire ; ils conspirent tous à sa Volonté. Il y porte son Pere Patrocle, qui loüant le courage de son fils, se rend intercesseur pour la vie de Placidas. Il n'y a que le Vice-Roy, qui dict tout haut, qu'il le fera mourir comme Calomniateur, l'ayant appellé fauteur de son Rapt. Or c'estoit vne calomnie controuuée par Saluian, qui depuis fut coloree par la deposition de Myrene & des autres amis de Placidas, ausquels il auoit dict, qu'il se promettoit d'obtenir facilement sa Grace de Sigismond, non qu'il en eust promesse. On treuue vn moyen pour satisfaire le Vice-Roy, & pour sauuer la vie au deplorable Placidas ; qui fut de luy faire faire amende honorable de cette calomnie qu'il n'auoit pas faicte, & pour chastiment de l'attentat commis à son instigation par les Bandis, luy & Saluian sont bannis du Royaume à perpetuité, & leurs biens acquis au fisque. Arrest tres-juste, selon ce qui apparoissoit, & qui fut prononcé à Placidas, & à Saluian, Hector pour sa perfidie demeurant à sa chaisne.

FIN DV LIVRE SECOND.

PARTHENICE.
LIVRE TROISIESME.

IMAGINEZ-VOVS de quel cœur entendit cette condamnation, & de quel front ce grand courage de Placicas fit cette amende honorable, à la porte d'vn Palais, où il auoit autrefois paru des premiers auec tant de gloire; la mort luy eust esté mille fois plus douce que ce calice de Honte & d'opprobre; car de viure apres cela, il ne le vouloit pas, sinon pour se vanger d'Osiandre, que chacun reclame pour son liberateur. Cependant n'admirez-vous point la Patience & Longanimité de Dieu sur l'extréme malice d'Osiãdre. N'est-ce pas icy qu'a lieu ce mot de ce sainct Roy, Tãdis que l'impie s'enorgueillit, le pauure est bruslé : mais il sera surpris aux conseils qu'il projette. Deuant que Placidas sorte de Naples, il y aura bien de la Rumeur en la maison de Patrocle. Et de faict Placidas sorty de prison , se voyant ruiné de biens & d'Honneur, & ce qui luy estoit plus grief, privé de l'Espoir de voir jamais celle qui luy dōnoit la vie, se souciant fort peu de se voir eschafaudé aprés auoir passé par l'infamie d'vne amende honorable; treuuant en Saluian vne ame aussi ouuerte au desespoir, ils se resoluent d'aller dans les armes contre les Turcs chercher vn glorieux Tōbeau, apres auoir pris vengeance d'Osiandre. Saluian a des soldats de sa cōpagnie qui l'ayderont en ce dernier office; le complot est noüé, on les croit montez sur la Mer, ils se cachent dans Naples. Osiandre au dessus de ses pretensions, ne songe plus qu'à se preparer par quelque déguisement pour aller à Miralte, où il feindra auoir retiré la Chaste Parthenice des mains de ce Corsaire qui l'enleuoit : mais il n'est pas au bout de son compte; le comble de ses fautes estant arriué, il faut qu'il tombe du haut de la roüe, au plus bas, & que sa cheute soit d'autant plus lourde, que les succez de ses artificieuses meschancetez semblent iusques alors auoir esté accompagnez de Prosperité. Il croit son ennemy bien loing, & il est à ses talons qui l'espie; pauure oyseau qui se va prendre à la glus : Il se pourmene pompeusement par la ville pour se faire voir, & pour desguiser son depart, quand vn soir reuenant au Palais de son Pere, fort peu accōpagné, il voit fondre tout à coup sur luy vne troupe de gens bien armez, il en est enueloppé comme vn sanglier dans les toiles, cōme vn Cerf aux abois au milieu d'vne meute. Il entend la voix de Placidas, qui crie, Compagnōs, c'est à moy la vengeance, laissez la moy prendre, & fondāt cōme vn tourbillon sur vn arbre, & cōme vn Gerfault sur vne Perdrix, il porte par terre le jeune Prince de trois grands coups d'espée, plustost donnez que parez; plustost receus qu'apperceus : l'vn dās l'espaule, l'autre dans la cuisse, & le troisiesme au trauers du corps: l'enragé Placidas n'eust pas cessé de le percer, tant l'animosité le trāsportoit, si son espee ne se fust rōpuë, laissant la moitié de la lame dās le corps d'Osiandre, qui tombe cōme mort; & Placidas croyant l'auoir despesché, se retire auec Saluian, saute dans vn vaisseau, cingle vers la Sicile, où ne se tenant pas encores en asseurāce, à cause de l'intelligēce des deux Vice-Roys, seruiteurs d'vn mesme Monarque, il passe iusques à Malte, resolu de terminer sa vie en quelque signalé combat contre les Turcs. Mais laissōs le voguer à la mercy des ondes, moins arreres que les douleurs qui le trāsportent, agité d'vne apprehension continuelle, qui comme vne impitoyable furie est tousiours attachee à son collet, & reuenons au deplorable Osiandre, qu'on porte en la maison de son pere cõme mort, auec vn trõçon d'espée, qui luy passe le corps de part en part: de vous dire les regrets de Luciane, il est impossible: quãd l'escriture veut representer vne affliction extreme & inconsolable, elle l'exprime par celle d'vne mere qui pert son fils vnique, la seule esperãce de ses iours auãcez: la bonne Sara pleure la seule absence du sien auec des larmes irremediables, & Dauid ne se peut consoler sur la mort du bel Absalon, quoy que mauuais & rebelle: ce Poëte nous depeindra Luciane en peu de mots.

Se iettant sur le corps tout sanglant de son fils
Elle s'en prend aux cieux, elle s'en prend aux astres,
Les appelle cruels & causans ses desastres,
Precipitans trop tost son fils dans le cercueil,
Et couurans ses vieux iours d'vn deplorable dueil.

Mais cõme elle remplit l'air des ses plaintes, & de ses souspirs, & son sain de larmes, elle se descharge d'autant, & elle euapore par ces souspiraux le mal qui l'estoufferoit au dedãs, s'il ne s'exhalloit. Il n'en est pas ainsi du pauure Patrocle: car voulant faire l'homme il se tua. A cette nouuelle il deuint immobile cõme vn tronc, & empierré cõme cette fême de la fable, qui voyoit ses enfãs massacrez deuãt ses yeux: il fut tellemẽt saysi de voir sõ irreparable perte, que tõbant pasmé, on le porta sur son lict, d'où il ne releua iamais, mourant bout de vingt & quatre heures, temps que N.S. luy donna pour penser à sa Conscience, & pour reposer en Dieu assez heureusement & paisiblement, je dis heureusement, d'autant que ses yeux fermez par la commune Meurtriere de tous les hommes, ne virent point remourir son fils, comme fit Luciane, auquel apres qu'on eust osté le fer de la playe, il commença à receuoir quelque battement de poulx, & à rendre quelques signes d'vne mourante vie: mais les Chirurgiens en la sondant, la trouuerent mortelle, ne pouuant trouuer le moyen de l'estancher ny de faire reuenir ce jeune Prince de sa pasmoison; il respiroit fort peu, & ayant perdu la cognoissance auec tant de sang, ses yeux ouuerts & baignez dans la mort, faisoient, & frayeur, & pitié à tout le mõde: neantmoins on bande ses playes au mieux qu'il est possible, & on l'emporte dans le lict. Tandis que toute Naples est allarmee de ce coup, que de maledictions contre Placidas, chacun tenant Osiandre pour son Liberateur. Le Vice-Roy le faict chercher par tout, le faict suiure sur la Mer: mais qui pourra cognoistre le fray d'vn Vaisseau sur les ondes? En fin ne pouuant ny l'auoir, ny sçauoir seulemét de quelle part il auoit faict voyle, parce que les ombres de la nuict l'auoient accompagné au com-

commencement de sa nauigation, que faict Sigismond, il se vange sur son Image, & le faict decapiter en effigie; voyla Placidas ruiné irreparablement, ayant rendu sa derniere erreur, pire que la premiere. Sigismond visite Patrocle mourant, & le voit mourir, estant accablé de pitié de voir que ce Seigneur ayant receu par vne impression violente au cœur, les mesmes playes que son fils auoit receuës au corps, sans se plaindre, & comme sans apparence de mal, mouroit, s'il faut ainsi dire, tout vif, la vehemence de son desplaisir luy ostant tous les ressentimens qu'ont accoustumé d'auoir ceux que la mort tient à la gorge. Estrange affection que la paternelle, qui ayme mieux la mort que de suruiure à celuy que la nature sembloit luy auoir destiné pour successeur. Exemple memorable, plustost à admirer neantmoins, qu'à imiter. Ainsi finit le Duc Patrocle, Dieu luy laissant encores assez de voix, pour luy demander pardon de ses fautes, & pour implorer sa Misericorde: apprenant que son fils n'estoit pas tout à faict mort, mais que sa playe estoit irremediable; il desira plusieurs fois mourir pour luy: & en cela il semble qu'il fut exaucé, ou pour la reuerence, ou pour la vehemence de sa dilection;

K

Il fut inconsolable, & dedans sa memoire
Enfermant son ennuy,
Se haïssant soy-mesme, il acquit cette gloire,
De bien aymer autruy.

Pelican nouueau, il semble qu'il redonne la vie par sa mort à sa progeniture ; car le pauure Osiandre aydé de sa bonne constitution, de la force de sa ieunesse, & de l'assistance des remedes & diuins & humains, auoit encor assez de vigueur pour ne mourir pas si tost : mais tous les Medecins d'vne commune voix desesperoient de sa vie. Bonté admirable de Dieu, qui ne veut pas la mort du Pecheur, mais qu'il se conuertisse. Si est-ce que les plus experts Chirurgiens n'osent se promettre de quarante iours de faire vn iugement asseuré de sa grande playe : durant ce temps on l'aduise de penser à son ame, & de se disposer à la mort. Le Pere Ludouic de l'Ordre de Sainct Dominique, Confesseur ordinaire de son Pere & de sa maison, apres auoir fermé les yeux à Patrocle au sommeil de la mort, eut charge d'ouurir ceux de ce ieune Duc, afin que si ses paupieres estoient closes par le trespas, auquel tous les humains sont tributaires, il ne s'endormit pas du somme de l'eternelle infelicité. Le voyla donc, qui comme vn autre Prophete dit à ce nouuel Ezechias. Disposez de vostre interieur, car il y a en vous plus d'apparence de mort que d'esperance de vie : & certes l'autre luy pouuoit respondre comme ce Roy.

Doncques au milieu de mes iours
Ie verray du tombeau la porte,
Ma vie finissant son cours
En sa ieunesse la plus forte,
Doncques il est tout arresté,
Que mon Printemps soit sans Esté.

Iugez, mortels, combiē il est bon d'estre humilié par la main de Dieu, afin d'apprēdre ses iustificatiōs : la Prosperité faict oublier le deuoir, l'aduersité le faict recognoistre, c'est pourquoy celle-cy est appellee la Mere, l'autre la Marastre de la Pieté. Quād Dieu frappoit Israël il reuenoit à luy, quand il le combloit de biens, il tomboit en mescognoissance. Auez-vous veu iusques à quel degré de malice estoit mōtee l'insolence d'Osiandre,

Durant que ses beaux iours estoient exempts d'orages.

Maintenant qu'il est arriué en la haute mer des apprehensions de la mort, que la tombe comme la gueule d'vne Baleine est preste de l'engloutir ; c'est à ce coup que chastié, il soufmet au ioug de la raison son esprit effrené, auparauant indomptable. Le Pere Ludouic, à l'abord & sans le flatter (car aux extremitez il faut appliquer les extremes remedes, & c'est ce qui pert tāt de gens à ce pas

K ij

glissant du trespas de n'oser les presser de penser serieusement à leur salut) en luy annonçant la mort de son Pere luy denonce la sienne, l'exhortant à le suiure en sa belle fin, comme dans peu de iours il sera couché soubs vne mesme lame, sans s'amuser aux vaines Esperãces de ressource & de vie, qui ne fõt qu'abuser l'imaginatiõ en ce dernier periode: car la mort dans la prairie du mõde, fauche esgalement les grandes que les petites, les anciennes que les nouuelles plantes.

La Mort a des rigueurs à nulle autre pareilles,
  On a beau la prier,
La cruelle qu'elle est se bousche les oreilles,
  Et nous laisse crier:
Sa main d'vn coup fatal toutes choses moissonne,
  Et l'arrest souuerain,
Qui veult que sa rigueur ne cognoisse personne
  Est escrit en airain.
Le pauure villageois dans sa cabane sale
  Est subiect à ses loix,
Et la garde qui veille à la porte Royale,
  N'en deffend pas les Roys.
De murmurer contre elle, & perdre patience,
  Il est mal à propos,
Vouloir ce que Dieu veut, c'est la seule science
  Qui nous met en repos.

Ce bon Religieux presse le ieune Duc par la necessité de la mort, qui est vne dure Maistresse, sans l'entretenir de l'incertitude de son heure, puis que parlant humainemét, & apres l'aduis des Medecins, elle luy estoit si certaine. En fin comme resueillé d'vne profonde Lethargie spirituelle, à l'imitation d'Achab, de Manasses, de Nabucodonozor, & de tant d'autres que la misere fit venir à resipiscéce. Ha, dit-il, mon Pere, combien Dieu est Iuste, & combien Iustes sont ses iugemés, que ie souffre tout cecy auec vne grande equité, meslee de moins de Seuerité que de Misericorde, parce que non seulement i'ay peché contre Dieu & contre le Ciel, mais à la face de toute la terre, & principalement côtre celuy qui m'a mis en l'estat où vous me voyez. I'ay merité cela, & dauantage, parce que i'ay peché côtre mon frere Chrestien, en luy rauissant l'honneur auec vne iniustice si noire que toute l'eau de l'Ocean n'est point suffisante de la lauer, ny de leuer cette tache de mon ame. Tous ces maux qui m'accueillét, ces terreurs de la mort qui me troublét, ces douleurs extremes qui me trauaillent, toutes ces calamitez sôt venuës sur moy, par ce que i'ay peché, parce que l'iniquité s'est emparee de mon cœur, i'ay contristé le S. Esprit, impugnant vne Verité qui m'estoit manifestement cognuë, & commettât vn double crime si enorme, que si l'infinité de la Misericorde de mon Dieu ne m'estoit clairement cognuë, i'entrerois dans le doute d'en pouuoir obtenir pardon; comme ie sçay que l'vn & l'autre de mes forfaicts est irremissible deuant les hommes. Et ce fut icy où soubs le sceau inuiolable de la saincte Penitéce, qu'il confessa au Pere Ludouic, & le Rapt qu'il auoit faict de Parthenice, dont il auoit reietté la coulpe sur l'innocent Placidas, & toutes les ruses, les menees & les artifices dont il s'estoit seruy pour le reduire au desespoir, l'outrageux affront dõt il auoit deschiré son honneur, & toutes les particularitez & les circonstances deduites au fil de cette Histoire: ce qui emplit de tel estonnement l'esprit ce bon Pere, que quelquesfois il pensoit songer: mais admirãt là dedans les thresors de la Bonté & de la Prouidence de Dieu, qui atteint la fin des choses par des dispositions inconceuables, ayant releué cet Esprit abbatu soubs le faix de ses fautes par vne viue Confiance en la Clemence de celuy qui s'est rendu Propitiation pour nos pechez, il le ramena doucement du naufrage de l'effroy où il estoit abysmé, au port d'vne bonne & solide Esperance. Mon Pere, luy disoit Osiandre, l'espoir que i'ay tousiours eu en la Bonté de mon Dieu, m'a rendu plus hardy en mes forfaits, & maintenãt c'est cette effronterie qui m'eſtône plus que la mort, laquelle i'ay fort peu redoutee, & à preſēt que ie voudrois par l'eſperance de l'vne ſurmonter la crainte de l'autre : ie ne ſçay comme celle-là m'abandonne pour me dōner en proye à la terreur, non de ce pas du treſpas, qui m'eſt commun auec tous les mortels, auſquels il eſt generalement ineuitable; car c'eſt vne choſe auſſi naturelle & ordinaire de mourir que de naiſtre & de viure; mais à l'horreur de l'Enfer, & de cette éternelle priuation de la veuë de Dieu. Certes la mort ne doit pas eſtre tenuë pour mauuaiſe, qui a eſté precedee d'vne bōne vie, d'autant qu'elle eſt couronnee de gloire, d'honneur, & de benediction ; la Memoire du Iuſte eſtant vn vray parfum, mais ce qui la rend redoutable, c'eſt ce qui la ſuit, la geſne interminable eſtāt preparee aux deprauations commiſes durant la vie. Tant s'en faut donc que ſon viſage hideux, & que i'ay preſent, m'effraye pour ce momēt qui doit ſeparer mon ame de mon corps, qu'au contraire ie l'attendrois auec moins de peur que de deſir, pour ne ſouffrir l'ineuitable Honte qu'il me faudroit boire à la face de tant de gens dont cette ville eſt remplie: mais quand ie penſe au Tribunal de la Iuſtice de ce Dieu Viuant, entre les mains duquel il faict ſi horible de tomber, c'eſt ce qui m'eſpouuante

K iiij

si fort, que ien'ay plus de place en moy pour moy-mesme. Le religieux Pere voyant par cette crainte salutaire entrer en cette ame aussi malade que ce corps vn principe de Sagesse qui là pouuoit r'amener en sa pleine santé, sçeut si bien aller audeuant du desespoir qui rodoit autour de cet Esprit, pour en gaigner les auenuës, que l'ayāt promené par les plus enormes pechez qui furent iamais commis, & monstré que leurs autheurs ne s'estoiét perdus que par le defaut d'esperáce, il le renforça du costé d'où la batterie de la tentation faisoit vne plus large breche. Mais parce que la Penitence, pour estre entiere & accomplie, & pour nous remettre en cette grace, qui nous achemine au salut, doit auoir ses trois parties, n'estant pas assez d'auoir vne forte douleur des fautes passees, accōpagnee de la Resolutiō de ne les commettre plus, en quoy consiste la Contrition, & d'en declarer les especes, & leurs circonstances par vne franche Confession, si on ne se dispose de satisfaire à Dieu, ou au prochain offencé. Il luy conseilla de declarer au moins auant sa mort les iniustices qu'il auoit commises contre Parthenice & Placidas, afin que son ame contente & deschargee de ce talent de plomb, qui l'accabloit comme vn pesant faix, s'enuolast plus legerement dedans le sein de la Diuine Misericorde. O Dieu! quel combat a ce cœur glorieux, & encores si mal despoüillé des Vanitez de la terre; tantost il se paroit de sa foiblesse, cherchant des excuses, pour ne descouurir point ses malices; tantost apprehendant les maledictions d'Adam & de Cain, recelant leurs forfaicts, il se resoluoit d'aualer cette amere confusion; tantost il leuoit le sceau qui ne se peut leuer sans vne expresse licence du Penitent, des leures du bon Dominicain, le suppliant d'en faire le rapport au Vice-Roy & à la Iustice. O Placidas! où es-tu maintenant! ô que cette commission te vengeroit bien mieux de tes affronts que ta violente espée. Tantost flottant dans vne Mer d'irresolutions, il imprimoit vn nouueau cachet sur les leures de ce deuotieux Hepheftion, demandant du temps pour y penser; comme si l'inexorable Mort auoit des aureilles pour dôner des remises & des delais. Non non, repliquoit le zelé Ludouic, ne tardez point de vous conuertir au Seigneur; ne differez pas d'heure à autre: car si vous irritez sa patience, elle se conuertira en fureur; & il viendra promptement, comme vn torrent versé par vn gros orage, vous trainant à l'eternelle damnation. La grace du Ciel veut estre receuë, quand elle vient comme la Manne, quand elle tomboit, si vous attendez elle se fondra, elle s'esuanoüira; si vous languissez de paresse tandis que l'Espoux auec le marteau de ma langue frappe à la porte de vostre cœur, en vain courrez-vous apres ses odeurs, en vain souhaittez-vous & les distillations de ses cheueux, & la myrrhe de ses mains. Si vous ne luy rendez la Gloire en auoüant vostre mal, & en descouurant l'anatheme que vous recelez comme vn autre Achan, vous serez frappé de la foudre de son ire; le voyla qui va descendre auec vn grand courroux, armant son zele contre vostre rebellion : le voyla qui a desia bandé son arc, ses flesches sont desia en vostre corps par les playes qui vous donnent assignation à la fosse, ses traicts ardans qui sont des vases de Mort vous percent à jour ; & encores vous faictes du retif: si vous ne cõfessez vostre mal contre vous-mesmes, si vous cachez vostre iniquité, Dieu ne vous pardonnera pas; ne craignez-vous point d'estre chassé du Paradis auec vn glaiue de feu, si vous imitez Adam en sõ siléce: la faute est publique il faut que la reparatiõ ait quelque proportiõ auec le tort: voulez vous laisser cette chaste fille en proye de ceux qui l'ont volée, & qui peut estre sçachans vostre Mort la violeront? voulez vous emporter l'honneur de Placidas sans luy en faire restitution ? voulez-vous laisser tout le monde en trouble? Donnez Osiandre, donnez la Gloire à Dieu par vostre confusion, peut-estre que si vous faictes cela pour luy, il vous rendra la vie, & la prolongera comme il fit à Ezechias ; il a bien faict de plus grands miracles. En fin ce bon Prestre Ange du Seigneur des armees luitta si longuement & si puissamment contre ce Iacob, vray supplantateur de Placidas, qu'il le rendit boiteux de la hanche des Considerations mondaines, pour le faire marcher droict au chemin de Dieu & de son salut. Voyla ce plomb de froideur fondu tout à coup, ce diamant brisé & reduit en poudre : la grace se versa si abondamment sur ce cœur de fer, que comme vne eau forte, elle le rongea de toutes parts, le Vinaigre d'vne componction aiguée fit dissoudre cette perle dure. Voyla Osiandre disposé à tout bien par vn changement de la droicte de Dieu. Il faict supplier le Vice-Roy qu'il luy peust dire auant sa mort vne parole d'importance. Sigismond qui honoroit feu son pere, & qui aymoit ce jeune Duc, ne manqua pas à ce deuoir. O Dieu que deuint-il ! quand il luy conta toutes les affaires que nous auons deduittes sur le Rauissement de Parthenice, & sur la calomnie de Pla cidas : mais de peur d'eſtonner ce malade, il luy donna de douces paroles, & de bonnes eſperances, ſe retirant auec mille diuerſes penſees qui luy occupent le cœur. Oſiandre declara le meſme aux principaux du Senat, qui tous iugerent, que Dieu s'eſtoit ſeruy du deſeſpoir de Placidas, pour chaſtier Oſiandre de ſes meſchancetez, tirant vn bon effect d'vne mauuaiſe cauſe. Mais ce qui adoucit le tout eſt l'integrité de Parthenice, & l'irremediable faute qu'auoit faict Placidas, d'aſſaſſiner ce ieune Prince, la fleur & l'élite de la Nobleſſe de Naples; chacun plaint le deſaſtre de ces Amans; le bruit ſe ſeme par toute la ville, les Braues qui auoient veritablement enleué Parthenice, de peur d'eſtre deſcouuerts par Oſiandre, s'enfuient brauement, & mettent leurs teſtes à couuert ſous la legereté de leurs talons. Qui pourroit reciter la diuerſité des iugements de ce grand Theatre d'eſprits dont Naples eſt remplie, ne ſeroit pas mauuais Orateur. Sigiſmond & les Iuges ſont loüez pour auoir obſerué la Iuſtice en toute leur conduitte : car ils ont iugé ſelon ce qui ſe monſtroit : & qui n'euſt eſté trompé ſur de telles apparences? Placidas, d'innocent s'eſt rendu coulpable par ſon dernier attentat ; & Oſiandre, d'innocent qu'il paroiſſoit, s'eſt declaré coulpable : mais ſa faute eſtant reparable, elle est excusee par son Amour, & son Amour par sa ieunesse. Toute la cholere deuient Pitié, & cette Pitié est la Mere des excuses : comme les excuses sont les fourrieres du Pardon, Pardon qui fut demandé par la deplorable Luciane, qui se veit sur le point d'estre doublement veufue, perdant la ressource de son mary en la personne de son fils: voyant esteindre deuant ses yeux l'estincelle qui luy restoit de sa flamme Maritale; & en cette estincelle l'Esperance de renaistre en sa posterité. Pardon aussi tost demandé qu'obtenu; parce qu'outre la reuerence que le Vice-Roy portoit à sa qualité, la coditio de son desastré vefuage la rendoit autant digne de compassion, que celle dont nostre Seigneur suscita le fils, estant touché de Misericorde par ses pleurs. Ioint que c'eust esté vne espece de cruauté defenduë par la loy, de faire boüillir le Cheureau dans le laict de la Mere, que de trauailler celle-cy, en poursuiuat son fils par des instances de Iustice : veu qu'on le tenoit asseurément entre les mains de la mort, estant atteint de blesseures irremediables; & puis le cas estoit gratiable pour le regard du Rapt : car la fille n'auoit point esté violee, l'intention de l'espouser, si elle ne iustifioit tout à faict l'action, au moins elle en adoucissoit l'aigreur : la force de l'Amour coloroit cette procedure ; Parthenice se pouuoit representer en son integrité: ce qui pouuoit contenter les courages plus animez, les ames plus irritees. On le blasmoit beaucoup plus de la persecution de Placidas que de cet enleuemét: d'autrepart on l'en voyoit assez puny par vn iuste iugement de Dieu, dás l'admiration duquel toute la science humaine estoit engloutie. Et parce que les Complices attachez à mesme chaisne auec le coulpable se doiuent sentir comme de sa códamnation aussi de sa deliurance, la Grace fut obtenuë pour Leonin, pour Herminio, & pour tous ceux qui l'auoient assisté en l'execution de cette entreprise. Mais tout cela n'est qu'vne debile fomentation qui ne guerit pas l'horrible playe du cœur desolé de Luciane, laquelle outree de douleur de voir deperir son vnique Heritier deuát ses yeux eust desia tenu cópagnie aux manes de son cher Patrocle, si l'infirmité de son sexe ne luy faisoit trouuer du soulagement en sa propre debilité, se deschargeant par ses plaintes, ses pleurs, ses cris & ses souspirs de cette humeur noire qui retenuë par discretió auoit estouffé son Mary.

Ainsi l'Hecube miserable
De son fils oyant le trespas,
Irritoit son dueil lamentable
Nommant Hector à chaque pas.

Ainsi cette dolente Mere
Ne va point sa plainte acheuant,
Mais vn regret tousiours viuant
Luy tient lieu du fils & du pere.
Quand elle auroit l'ame inuincible
Aux plus cruels euenemens,
Elle est tousiours Mere, & sensible
Aux traicts de si fascheux tourmens.
Car de faire au dueil resistance
En vne telle aduersité,
C'est plustost inhumanité,
Que ce n'est pas vne Constance.

Elle emplit donc les airs de ses regrets, desquels ie ne veux pas emplir ce papier, sçachant bien que ce que faict dire le sentiment de pareilles angoisses ne peut estre acõpagné de raison, puis qu'il aueugle le iugement. Cependant cela ne retire, ny son Espoux du tõbeau, ni son fils de son extreme mal qui la faisoit mourir à tous les momens en la suspẽsion cruelle de l'attente de sa Mort. Et certes c'estoit vn rengregemẽt de douleur à Osiandre, de sçauoir qu'il auoit esté cause de la mort de son pere, & qu'il y auoit grande apparence que son trespas appelleroit encores bien tost celuy de sa mere. Et tout cet esclandre pour s'estre teu : car cette bonne mere luy disoit quelquefois: Helas mon fils! pourquoy me celiez vous auec tant d'art la cause principale de vostre premiere maladie; bien que les filles des plus grãdes maisõs de ce Royaume se fussent estimees bien-heureuses de vostre recherche; si est-ce que si nous eussions sceu vostre vie dependre de l'affection de Parthenice, quoy qu'infiniement inegale & disproportionnee à vostre qualité, nous eussions au moins essayé vostre pere & moy, ou de diuertir vostre courage, ou de vaincre le nostre, pour le ployer pour vostre conseruation à la condescendance à vos desirs. Car certes i'aymois, & i'ayme encores cette fille pour les rares vertus qui sont en elle, & qui me semblent effacer l'ignominie de sa naissance, & la bassesse de sa condition. Pourquoy donc auez-vous eu si peu de confiance en moy? quelle rigueur vous ay-ie jamais tesmoignee, mais pluftost de quelles douceurs ne vous ay-ie tousiours comblé, de quelles tẽdres mignardises n'ay-je caressé vostre jeune aage? Ah! mõ fils, mõ fils, pourquoy faut-il qu'vn injuste silence soit cause d'enseuelir toute nostre Maison, si florissante, & si grãde, en la mort de ton pere, en la tienne, & en la mienne encores qui est ineuitable, puisque ma vie est penduë au filet de la tienne mourãte? Icy le pere Ludouic temperant ses regrets de peur qu'ils ne la missent au cercueil auec Patrocle, & qu'ils n'auançassent

le

le trespas d'Osiandre, essayoit sinon d'arracher, au moins d'adoucir son inconsolable douleur: mais il auoit beau alleguer, c'estoit plustost enuenimer sa playe en la maniant, que la penser ou la guerir. Quelquefois il disoit à Osiandre, qu'il ressembloit à Sanson, qui pour s'estre caché à ses pere & mere, & soustrait de leur obeissāce en la recherche de Dalila, s'estoit veu reduict en la puissance de ses aduersaires. Que tout cela donnoit de Conuulsions au cœur de ce jeune Duc, qui se voyant le Ciel & la terre sur les bras, conuaincu par les Raisons Diuines & Humaines, formoit de tout cela cette salutaire Cōponction, qui sert de vray Theriaque contre le poison du Peché. O que de repentirs luy deuorēt l'ame, & luy deschirent & partagent l'esprit. Helas! disoit-il en soy-mesme, pourquoy doutois-je de la Bonté de mon pere, & de l'incroyable douceur de ma mere? si i'eusse parlé ie me fusse guery de mon martyre interieur, ou par la jouïssāce, ou par vn iuste diuertissemēt; par le jouyr, si Parthenice eust voulu entendre au Mariage, car ie l'eusse emporté de bien loing sur Placidas; par la diuersion, si elle eust perseueré en la Resolution d'estre Religieuse. Ma mere luy eust aussi tost donné vn doüaire pour m'espouser, que pour la mettre dans vn Cloistre. Pouuois-je douter

L

que ma vie ne fust plus precieuse à mes Parens, qu'odieuse l'inegalité de mon alliance. Mais, ô Dieu du ciel! vous me punissez iustemét pour la criminelle pensee que i'eus d'en abuser, non seulement sans le Mariage, mais mesmes dans le Mariage de Leonin, dont il me reprit auec vne aigreur si raisonnable; ou bien vous me chastiez pour ma desobeyssance enuers mes chers parens, pour mon attentat sur cette fille, que vous vous reseruez sans doute pour vostre Espouse, & pour tant de malices, desquelles i'ay trauersé le genereux Placidas: Mõ cher ennemy, quelque part que tu sois, ie te dois bien pardonner ma mort, puisque ie suis cause de la perte de ton Honneur, qui est de toute autre cõsideration que la vie. O Dieu! j'adore vostre Iustice aux douleurs de mon corps, & j'implore vostre misericorde sur ma pauure Ame. Ainsi les traicts de la Mort alloient bannissant de ce cœur ceux de l'Amour, comme vn cloud chasse l'autre. Vous Amans insensez, qui parmy les fieureux accez de vos frenetiques passions ne parlez que de trespas, ce qui faict appeller la mort à cet Ancien, la Diuinité des Amans, parce que sans cesse ils la reclament; souuenez-vous, que quand vous venez à ce pas, & que vous auez deuant les yeux cette terreur des humains, cet effroy des ames plus fortes, vous chāgez bien de langage, & qu'il n'y a si beau feu que la cendre ne couure & n'estouffe à la fin. Osiandre en sert de preuue euidente: car perdant l'espoir de la vie, & par ses propres sentimens, & par le rapport sans flatterie de ceux qui le pensoient, & plus encores par la saincte Seuerité du bon Pere Ludouic, qui ne songeoit qu'à sauuer son ame, le salut de son corps estant comme desesperé: il n'y a sorte d'actes de Contrition, de Resignation, d'Amour de Dieu, de Renonciation des choses du monde, d'Abnegation interieure, d'Embrassement de la Croix, de Pardō des ennemis, de Resolution à la mort, de Detestation des Pechez, d'Aspiration à la Gloire, de Soumission à la Volonté de Dieu, qu'il n'exigeast de ce cœur rendu si docile par le mal, qu'il estoit comme vne cire fonduë au milieu de sa poictrine. Cette grande playe qui luy ouuroit le costé, & luy perçoit les intestins auec des eslancemens exquis, dōnoit occasion à ce docte Pere Predicateur, de luy parler de celle que N. Seigneur auoit receuë en ce mesme lieu pour son Amour, au trauers de laquelle il faisoit voir les flammes ardantes de son cœur amoureux: que c'estoit la cauerne de la masure où il appelloit toutes les ames, qui simples, douces & sans fiel, cōme des Colombes, y voudroient prendre leur

L ij

retraitte. Quelles carrieres ne donnoit-il à son esprit, en vne si spacieuse lice, en vne si specieuse matiere? ô qu'Osiandre en estoit consolé. Cõbien patiemmẽt souffroit-il ces dures poinctes de son mal pour l'expiation de ses pechez. En fin il sent auancer la mort à grãds pas, & par la diminution de ses forces il voit redoubler l'effort de cette Meurtriere; il se munit de tous ses Sacremés, mesmes de l'onction derniere, auec autãt de cõstãce que Luciane tesmoignoit de foiblesse.

Mais quel est ce cœur seuere,
  Qui cruellement deffent
De pleurer à vne Mere
  Qui voit mourir son enfant.

Ce ieune Prince faict son testament, & laissant sa Mere Heritiere contre le cours de nature, mais selon l'ordre de la Raison, il faict de grandes donations aux pauures: l'Amour treuua encores des charbons soubs cette cendre; car il pria sa Mere de prendre Partenice pour sa fille adoptiue, à laquelle pour reparation du tort qu'il luy auoit fait la faisant enleuer, il faict vn don tres-grand, & tel que si elle eust voulu entendre au mariage, elle estoit pour satisfaire à vn des riches partis de Naples, sinon elle pouuoit beaucoup enrichir le Monastere où elle se retireroit, sinon qu'elle en voulust fonder vn nouueau.

A tout cela Luciane n'apporta aucune contradiction, estimant que la Sepulture de son fils seroit incontinent la sienne : elle promet si elle suruit d'executer fidelemēt tout cela. Leonin n'est pas oublié par vne part qui le deuoit plus que satisfaire de tous ses seruices passez: Herminio de mesmes, & tous les domestiques. O combien cordialement chargea-t'il le Pere Ludouic, de satisfaire de sa part au Genereux Placidas, & à l'inuiolable Parthenice, demādant pardō à l'vn & à l'autre de tout son cœur. O si le restablissement de l'vn estoit aussi aysé que de l'autre: mais celuy là s'est tout à faict ruiné, & d'honneur & de biens, par ce dernier assassinat; cette perte est irreparable. Quant à l'autre, il prie le bon Religieux de luy tesmoigner au moins la pureté de son intention, qui estoit de l'espouser, ce qu'il feroit encores si Dieu luy redonnoit la vie. Et pleust à Dieu, disoit Luciane, qu'il ne tint qu'à cela que vous ne sortissiez du peril où ie vous voy : ô Parthenice, que n'es-tu ma belle fille, au lieu d'estre ma fille d'adoption : Que dites-vous Luciane, vous vous hastez beaucoup; mais quoy, c'est de l'abondance du cœur que parle la bouche. Et vous eussiez dit que Dieu n'attendoit que ce dernier periode de la conuersion entiere d'Osiandre pour luy faire mise-

L iij

ricorde, & à sa dolente Mere ; car à ce mot, comme reuigoré vne nouuelle force luy reuint, & sa ieunesse balançant auec la violence de son mal, commença à ramasser ses efforts, pour resister à ce qui la vouloit dissiper. On commença par vne crise à voir quelque bluette d'esperance : & comme ceux qui au lieu des tempestes voyent le feu sainct Elme, se promettent vn calme prochain; ainsi au premier signe de santé on faict des feux de ioye : mais vne Arondelle ne faict pas le Printemps. Luciane pense desia à faire venir Parthenice, comme capable de contribuer quelque chose à la santé de son fils : mais le bon Pere Ludouic l'en empesche, sçachant bien que souuent comme les chandelles iettent plus de lumiere quand elles se veulent esteindre, aussi les malades font quelquesfois paroistre des signes de santé extraordinaires, quand ils sont plus voisins de leur fin : ioinct que pensant au salut de l'ame, il ne vouloit pas chercher des feux dans les cendres, & r'ouurir les playes de cet Esprit par la presence de l'obiect aymé, desirant plustost le voir mourir dans les flammes de l'Amour de Dieu, que dans les feux sortans des yeux d'vne creature. Et puis qui ne sçait que comme ceux qui sont mordus des bestes enragees, ne peuuent guerir en la prefence des animaux qui les ont blessez; ainsi la rage de l'Amour (car cette impression est vne pure rage) se rengrege au lieu de s'abbatre à la face de son subject. Cependant ne nous sera-t'il pas permis d'admirer icy la bonté de Dieu, reluisante si éclattamment en cette extremité? vous diriez qu'il se plaise à verser ses faueurs en semblables rencontres; Tandis qu'Israël est entre la mer & le fer, les deux plus fiers aduersaires de la vie humaine; celle là ouure ses rouges flots pour donner passage au peuple de Dieu, & pour engloutir dans ses abysmes, & pour enseuelir soubs ses ondes ceux qui portoient celuy-cy pour le plonger dans le sein des fideles. Il attend le dernier poinct de la maladie d'Ezechias, pour luy enuoyer des nouuelles de sa santé. Il attend le haut degré de l'impieté de ce Saul persecuteur des Chrestiens, pour le conuertir en vn Paul Predicateur du Christianisme. Il attéd que Susanne soit sur le poinct d'estre executée, pour destourner miraculeusemét ceste execution. Il attéd qu'Abraham ait le bras leué pour trancher la teste de son fils pour luy subroger vne autre victime. Il attend que Ioseph soit dans vne noire prison pour l'esleuer de là au gouuernement de toute l'Egypte. Il attend que Daniel soit en la fosse des Lyons, pour le releuer de là, & l'auctoriser sur les Satrapes. Il attend que Iob ait tout perdu, pour luy rendre tout au double. Il attend que les trois enfans soient au milieu des flammes, pour leur donner dedans la fournaise des halenees & des rosees rafraischissantes. Ainsi le Sauueur attend que le Lazare soit mort, & la petite Thalite de Iairus, pour faire paroistre en ces extremitez la gloire de sa puissance : Il attend que le vin manque aux nopces de Cana, pour operer la merueille du changement de l'eau. Il attend que le Paralitique, le page du Centurion, la fille de la Cananee, le Lunatique soient au fonds de la misere, pour les en retirer. Car comme l'excellence d'vn Medecin consiste à guerir ce qui semble incurable: ainsi la diligence de ce bon Pasteur à r'assembler ce qui est dispersé, à retrouuer ce qui est perdu. C'est pour cela que des noires ombres de l'infidelité où sainct Thomas & les Disciples d'Emaus estoient plongez, il les r'appelle à la lumiere de la foy, tirant la splendeur du milieu des tenebres. Osiandre estoit perdu, s'il n'eust esté comme perdu: Et peut estre eust-on iustement desesperé du salut de son ame, si les Medecins desesperans de celuy de son corps ne luy eussent donné occasion de penser à l'Eternité. Heureux Malheur, qui luy faict trouuer la veritable vie, qui est celle de la grace, & encores l'espoir de celle du corps dans les horreurs de la Mort. En fin son aage & les Remedes combattans fortement pour sa conseruation, le terme s'auoysine, qui donne des Esperances de sa vie : mais que d'espines autour de cette Rose, cette blesseure offençant quelques parties notables ne se peut sonder, elle suppure sans cesse ; on est contrainct d'y appliquer vn canal d'argent, par lequel il rendra en fin l'ame peu à peu : car si la goutte caue la pierre, combien plustost vn corps composé d'vne plus molle & delicate substance ? Heureux outre son merite, s'il eust sçeu recognoistre quel bonheur ce luy estoit d'estre tousiours infirme de corps, afin d'apprendre en ces continuelles imbecillitez à estre sain & ferme d'esprit : car la maladie est le vray terrein où croist la Vertu ; c'est son element, c'est son aliment : Quand ie suis debile, c'est lors que ie suis le plus fort, s'escrie le Docteur des Nations. Cruel Amour, pourquoy viens-tu r'allumer tes flames en ce squelette ? ta cuisante ardeur veut-elle acheuer de ruiner ce que le tranchant de la Mort auoit espargné ? La ieunesse repousse la mort, mais elle se laisse vaincre à l'Amour, Amour aussi fatal & mortel à la ieunesse, que la mort est fatale à la vieillesse. Auec les Esperances de la vie il r'allume le flambeau de ses affections, encores fumant, non tout à faict amorty, il reprend ses ardeurs plustost cachees soubs la cendre qu'esteintes.

Il ressent les ardeurs de la premiere flame,
Et desia le brandon s'en r'allume en son ame.

Il est vray que c'est vn feu si chaste, si pur, si sacré, si legitime, si honorable, qu'on ne le sçauroit blasmer sans offencer vn Sacremét & grand & honorable, ou si vous voulez grandemét honorable en toutes ses parties, & entre toutes les parties qui le peuuent legitimement contracter. C'est vn feu cuisant, mais luisant, dont la claire flamme n'a aucune fumee, & dont la bruslure est exempte, non de cuisson, mais de noirceur. Il demande à reuoir sa chere Parthenice, afin de luy descouurir ses Passions, & que ses maux luy facent pitié. Le cœur des meres, qui est tousjours indulgent sur celuy des enfans, tire ce consentement de celuy de la Duchesse: mais le Pere Ludouic y resiste puissamment, poussé en cela, comme il est croyable, par l'Esprit de Dieu, & assisté de l'aduis des Medecins, qui disent qu'en l'estat où il est cette veuë ne luy peut estre que d'angereuse; & en cela conuiennent les Medecins, & corporels & spirituels, que les Recheutes sont tousiours pires que le mal qui a precedé. Voulez vous, disoit-il, voir geler vostre Esperance en herbe, & remettre au peril de la mort, & le corps & l'ame?

Celuy là n'est pas sage
Qui contre vn mesme escueil faict vn second naufrage.

Les Medecins mesmes declarét que quand il seroit tout à fait remis, les nopces luy seroiét nuisibles, & peut estre mortelles. Feu Gregeois de l'Amour, iusques à quand brusleras-tu dans les eaux de tant de douleurs qui te contrarient? On entretient ce pauure malade d'Esperance, laquelle differee afflige son ame d'vn cruel supplice; on luy promet merueilles, on ne luy tient rien; on l'asseure de parole, on luy manque en effect. On luy propose les inconueniens qui pourroient naistre de cette veuë, mais c'est parler à vn sourd; parce que sa Passion est legitime, il croit qu'elle ne peut estre nuisible: en fin il s'imagine qu'on le repaist de vent, & qu'on donne le voyle à Parthenice; car qu'est-ce que les Amours ne se figurent point en leurs cerueaux estropiez? Il entre en des extrauagances, & en des resueries nompareilles, voire en des forceneries ; on ne sçait qui est le plus malade, son esprit ou son corps ; cettuy-cy est abbatu de foiblesse, mais celuy-là n'est pas moins battu de l'orage de ses passions. Luciane qui craint tout, est resoluë, quoy qu'on luy propose, quoy qu'on oppose à ce torrent qui rauage son fils, d'enuoyer à Miralte, pour faire venir Parthenice. Elle y mande donc contre l'aduis de tout le monde, promet à son fils de luy faire voir cette fille dans quatre iours ; ce luy sont autant de siecles, neantmoins il s'accoise, & sur cette attente il prend vn peu de repos. Mais qui fut bien estonnée ce fut Luciane, quand ce terme expiré, on reuient à vuide, & luy r'apporte-t'on la nouuelle asseuree de la perte de Parthenice, & de sa fuitte auec Leonin. Herminio en est au desespoir, qui vient luy mesme luy apprendre cette triste auanture. Alors on inuente de nouuelles excuses, pour amuser l'impatient Osiandre, ce ne sont que delais & remises qui prolongent sa douleur, & aggrandissent ses soupçons: il enuoye par les Monasteres de Naples des personnes confidentes pour estre asseuré si Parthenice n'y est point entree ; on l'asseure que non. Au moins, disoit-il, si Leonin m'en apportoit des nouuelles asseurees: L'absence de Leonin est ce qui augmente sa peine. Tandis qu'il coule quelques mois en ces retardations, & qu'il est presque vn an sans pouuoir jouyr de la liberté de l'air, languissant plustost que viuant, à cause de cette playe qui le minera sans cesse, & en fin le meinera au tombeau: Nous prendrons le loisir d'aller retrouuer la Chaste Parthenice, que nous auons laissee il y a si long temps, pour sçauoir depuis son arriuee à Miralte, ce qu'elle y a faict, & comment elle en est sortie. Durant que toutes les choses que nous auons deduittes se passoient à Naples, Parthenice traictee comme vne Princesse au Chasteau de Miralte, en fin domestiquee par tant de seruices & de respects, elle s'appriuoisa auec ceux qui l'enuironnoient : car il n'y a si farouche nature, fust-ce d'vn Lyon où d'vn Tygre, qui ne se rende à la bonne chere, & à la douceur. Les bien-faicts, dict le prouerbe Castillan, brisent les rochers. Desia elle ne regarde plus Leonin d'vn œil si sauuage, Herminio a de l'accez auprés d'elle à l'ombre de sa femme appellee Stephanille, agreable & vertueuse, & dont l'humeur reuenoit fort à Parthenice. Desia cette belle prisonniere commence à essuyer ses larmes, & à juger que le Ciel qu'elle estimoit plein d'orages cõtre elle, deuenoit plus riant & serain. Elle cõmence à chanter comme vn Rossignol accoustumé à la cage, bien qu'elle y reposast sur les espines de mille soupçons. Au commencement retirée seule en sa chambre, dont l'aspect estoit du costé de la Mer, sans vouloir parler à personne, elle chantoit pour entretenir ses tristes pensées, mesme la nuict pour entretenir ses ennuis qui luy leuoient le repos ; addressant sa belle voix, & leuant ses yeux vers les Estoiles, elle leur souspiroit ces dolentes paroles.

Astres pleins d'influence
   Aux mortels gracieux,
   Qui guidez le silence
   Et le somme ocieux,
   Et r'amenez la nuict, dont la sombre couleur
   Me semble conspirer auecque ma douleur.
Flammes claires & belles,
   C'est ores que ie veux
   Que vous soiez fidelles.
   A tesmoigner mes vœux,
   Et que vostre clairté me serue de flambeau
   Pour conduire mon ame en la nuict du tombeau.
Depuis que vos images
   Vont au Ciel paroissant,
   Et les diuers presages

Aux hommes annonçant,
Iusqu'au point que Thetis les reçoit en ces flots,
Iamais mes tristes yeux du sommeil ne sont
clos.

Combien de fois, si ces fenestres par lesquelles elle voyoit les brillantes Planettes n'eussent esté treillissees, eust elle esté tentee de se perdre pour conseruer sa Chasteté par le precipice de son corps: mais ceux qui l'auoiēt en garde, en luy faisant toute sorte de bien l'empeschoient encores de se faire aucune sorte de mal. En fin il se fallut rendre à tant de bons offices. Stephanille sceut la gaigner auec tant d'appasts, ayant des attraicts & des graces ineuitables en sa conuersation, qu'en fin elle se glissa dans l'esprit de cette farouche Syrene. Car il n'est point de si reuesche courage qui ne s'appriuoise, pourueu qu'il preste l'oreille à la raison, & qu'il se laisse cultiuer & manier à la douceur. Tousiours cette dolente prisonniere se plaignoit à Stephanille de la peur continuelle, qui comme vn Vautour luy deschiroit le foye renaissant, d'estre ou forcee ou violentee à quelque chose d'indigne d'vne fille d'honneur: mais Stephanille aussi vertueuse qu'accorte, luy protestoit sans cesse que jamais, ny elle, ny Herminio son mary, ny mesmes Leonin, ne souffriroient vn si grand blasme leur tōber sur le front, que rien de messeant fust attenté en sa personne, tāt qu'elle seroit en leur presence & en leur pouuoir. Mais, disoit-elle, chere Stephanille, si on m'enleuoit encores d'icy pour me trainer ailleurs, afin de me perdre, Non, luy repliquoit Stephanille, c'est chose qu'on ne fera jamais, & quand vne si grāde lascheté tomberoit en la pensée d'Osiandre, mon Seigneur, ce que ie ne croyray jamais, le cognoissant trop plein d'honneur, & trop bien né, nous peririons plustost tous auec vous, que d'endurer vn tel affront. Cela consoloit aucunement cette timide Pucelle; mais de l'asseurer tout à faict il estoit impossible : car comment guerir de la crainte ce sexe fragile, naturalisé dedans l'apprehension ? Comme celuy qui porte de l'or à trauers vne forest, tremble au moindre mouuemēt des fueilles, croyant voir sans cesse les mains rauissantes des voleurs attachees à son collet; ce que ne faict pas celuy qui marche à vuide, lequel s'en va libre, & chantant mesme à la veuë des larrons: Ainsi cette chaste fille portant l'inestimable thresor de sa Virginité dans le fresle vaisseau de ses debiles forces, estoit en vne perpetuelle frayeur, que cette fleur irreparable ne luy fust rauie par quelque voye malheureuse. Et voyez comme elle estoit iudicieusement

cieusement ombrageuse; elle se va imaginer cela mesme qu'Osiandre auoit premierement pourpensé pour Leonin, afin de paruenir à ses malicieux desseins sous vne specieuse couuerture. C'est pour cela qu'elle se deffie des moindres actions de Leonin, & prend soigneusement garde s'il ne tesmoigne point quelque sorte d'Amour pour elle: tant de respects & de deuoirs qu'il luy rendoit en consideration d'Osiandre luy sont suspects, tout luy faict ombre. Elle pese ses paroles, pese ses actions & ses deportemens, & ne pouuant rien gloser sur leur apparence, elle pense que ce sont autant de trahisons & de feintes sous lesquelles on cache quelque noire malice côtre la cádeur de sa simplicité. Car si Osiandre, disoit-elle en soy-mesme, a peu celer auec tant d'art ce feu qu'on me veut faire croire qui le consume pour moy, combien sera plus dissimulé le seruiteur que le maistre? Mais ce qui luy leua ce soupçon, ce fut qu'elle s'apperceut de quelques tesmoignages d'affection que Leonin faisoit paroistre pour Doralice, fille encores toute jeunette d'Herminio & de Stephanille, anciens seruiteurs de la maison de Patrocle: car cōme il est malaisé de si bien cacher vn feu, qu'il n'en paroisse tousiours quelque estincelle; ainsi bien que Leonin n'eust rien que d'honneste en sa

M.

pensee pour la petite Doralice, & que sa recherche regardast le mariage, Herminio & Stephanille non seulement y cōsentans, mais le desirans auec passion; si est-ce qu'il ne pouuoit pas se composer auec tant de discretion & de retenuë, que l'œil penetrant de Parthenice ne s'en apperceust. En fin ayāt esté tout à faict esclaircie de cela par Stephanille, qui affectionnoit desia Leonin cōme son gendre; la seule jeunesse encores trop tendre de Doralice n'empeschant pas, mais retardant l'accomplissement de ce vertueux dessein, ce fut lors qu'elle regarda Leonin auec plus de confiance, & que se seruant de Doralice, comme d'vn bouclier, elle la prit en affection, desirant l'auoir ordinairement auprés d'elle. De quoy Stephanille regardant desia parthenice comme sa maistresse, estoit fort ayse, se sentant fort honoree de ces tesmoignages d'amitié qu'elle rendoit à sa fille. Cette assistance continuelle de Doralice auprés de Parthenice obligeoit le gentil Leonin, & par le deuoir qu'il estoit obligé de rendre à son Maistre, & plus encores par celuy que ses propres Affections le conuioient de rendre à sa grande & petite Maistresse, de visiter plus souuent la vertueuse captiue: desia il est aduerty par Stephanille, que Parthenice sçait son Honneste recherche, il ne s'en cache pas, il ne faict plus le reserué, il sçait faire l'enfant auec cet enfant, mais le Prudent & l'aduisé, quād il parle & traicte auec la discrette Parthenice, laquelle en fin vaincuë par tāt de visibles preuues d'honneur & d'integrité qu'elle apperceuoit en Leonin; gaignée outre cela par Doralice, laquelle instruicte par son Amant l'insinuoit dedans ses bonnes graces; & plus encores porté par ie ne sçay quelle secrette inclination, dont le temps & le cours de cette Histoire fera voir l'occulte ressort & l'admirable sympathie prouenāte de la force du sang; voyla Leonin le mieux du monde auprés d'elle & de son Rauisseur, elle en faict son Cōfident. Leonin d'ailleurs, frappé de ie ne sçay quelle secrette arriāce, sert Parthenice auec vne si Respectueuse, diray-ie Religieuse Attention, qu'il deuient jaloux de l'honneur & de l'integrité de cette admirable Vierge, cōme de la prunelle de ses yeux, & si ne sçauroit en rēdre de raison; de sa prisonniere, elle deuient sa geolliere, par le grand ascendant que son adorable Vertu possede sur son esprit, sās pourtant ressentir pour elle aucune émotion d'Amour, mais bien vn extréme lien d'Amitié; il croit que la grādeur de sa future fortune soit cause de cela, & que cette splendeur en l'estōnant luy oste tout sentiment corporel: mais ce n'est point cela, ouy biē vne autre cause qui le trāsira d'vne estrange merueille.

M ij

Il s'esbahit de se voir tout de feu pour Doralice, qui n'est qu'vn enfant, & qui n'a ny des beautez qu'en bourre, ny des Vertus qu'en bouton, & tout de glace pour Parthenice, dont les solides perfections sont des roses espanoüies: mais il se cósole sur ce que tous les oyseaux voyent bien les estoiles; mais Osiandre, comme vn seul Aigle à son iugement peut enuisager ce grand Soleil. Parthenice est bien ayse de le voir empressé de Doralice, auprés de laquelle elle est comme vn grand flambeau voysin d'vne foible lampe, estimant que cette diuersion l'empeschera de s'amuser sur les traicts de sa face. Or comme Leonin par Doralice s'estoit insinué en la commune bien-veillance de Parthenice, qui auoit par ce moyen mitigé cette farouche humeur, dont elle auoit esté remplie depuis son enleuement: Aussi Parthenice desseignant, par le charme de la pitié, que ses deplorables malheurs formeroient dans l'ame de Leonin, y ouurir vne porte pour sa deliurance, elle estima à propos de le gaigner par là & de faire que cóme la pitié qu'il auoit euë d'Osiandre l'auoit porté à la mettre en captiuité, pour complaire à son petit Maistre, celle qu'il conceuroit de sa miserable fortune, & de son Religieux dessein, le portast à la remettre en sa premiere liberté, pour cótenter sa petite Maistresse, par le moyen de laquelle elle pensoit gaigner ce poinct. Vn iour donc tirãt Leonin à part, qui faisoit l'enjoüé autour de Doralice, en la presence de cette petite (car elle ne parloit iamais à Herminio, ou à Leonin, qu'à l'aspect de Stephanille ou de sa fille) elle luy parla de la sorte. Seroit-il bien possible, Seigneur Leonin, que le genereux Osiandre Prince d'vn si illustre sang, & Cheualier de tant de Vertu & de Merite, eust voulu rabbaisser les yeux sur vn suject non seulement si disproportionné à sa grandeur, mais si indigne, & dont l'ignominieuse naissance ne peut apporter que beaucoup de deschet au lustre de sa maison? S'il regarde l'infamie de ma Race, qu'il regarde de quelle tache il veut noircir la sienne: car de croire que ce triste rayon de Beauté, que ses yeux abusez m'attribuent, le porte à vouloir mon alliance; c'est chose que ie ne puis, ny ne dois me persuader sans vne vanité trop expresse & impardonnable. Que s'il recherche en moy autre chose que ce qui est & loisible & honorable, qu'il sçache que ma mort preuiendra son iniuste dessein, aymant mieux vn glorieux Tombeau qu'vne vie pleine de diffamie: ie suis assez accablee de la honte de ceux qui m'ont mise au monde, sans me charger encores de mes propres imperfections. Ie sçay bien que ie ne merite pas vn tel party: mais aussi cõme ie suis trop peu pour estre son Espouse; i'ay le courage trop haut, pour endurer de luy aucune illegitime poursuitte, que dis je, ie l'ay biē encores assez grand pour refuser sa legitime alliance, si on me laisse en la franchise de ma volõté: Franchise si necessaire pour accomplir de iustes Nopces, que sans cette liberté, le Mariage est plustost vne violente Tyrannie qu'vn doux & sacré lien. He! ie te coniure, Vertueux Leonin, par tout ce qui peut amiablement presser vn braue courage, par cette gentille Doralice, pour laquelle ie sçay qu'il n'y a rien que tu ne voulusses executer, de ne souffrir point non seulement que mon corps tombe au danger d'aucune violence, mais aussi que mon cœur ne soit point pressé par aucune fascheuse proposition; la volonté contrainte n'est point volonté, & tout sacrifice qui n'est point volontaire est desagreable: de quoy seruiroit à Osiandre de posseder vn corps dont l'ame seroit esloignee de son affection? Qu'on ne me reduise pas aux termes d'vn desespoir, qui arme quelquesfois le tendre sein des filles de resolutions si farouches, que les plus sauuages feres de la Libie n'ont rien qui approche des esclats de leur cruauté. Soyez moy pitoyable Leonin,

& si vous auez iniustement enleué mon corps, au moins soyez le Conseruateur de mon Honneur, mesmes aux despens de ma vie, que ie tiendray tousiours heureusement employee pour la Gloire de cette conseruation. Icy Leonin touché, non seulement au lieu plus tendre de ses sensibles Affections, mais attaqué du costé de la Reputation, dont il estoit si esperdument jaloux, se fit entendre de cette façon. Inuiolee, & inuiolable Parthenice, tant que l'ame battra dedans ces flancs, que ce bras sera attaché à ce corps, & que mon espee en pourra estre maniee, il n'y aura homme viuant soubs la voûte du Ciel, qui ose attenter rien d'indigne contre l'honneur que vous portez sur le front, & fust-ce mon Maistre Osiandre, sans y laisser la vie, & deusse-ie me sacrifier à mille malheurs. I'ayme l'Honneur (Diuinité adorable de toute ame bien nee) & non seulement le mien, mais le vostre ; le diray-ie selon le sentiment veritable de mon ame, autant que le mien. C'est la solennelle protestation que i'ay faitte à Osiandre, & que i'ay exigee de luy auparauant que de vous emmener, de n'auoir pour vous autre pensee que licite, & Dieu ne me pardonne iamais si iamais ie le luy pardonne, s'il est si perfide que de changer son legitime dessein en un pernicieux & deshonorable, aussi ne le fera-t'il iamais, ie le cognois dés son enfance ; i'ay mangé son pain dés mes plus tendres ans ; & Stephanille-mesme qui l'a veu sortir des flancs maternels, & qui l'a gouuerné en son aage enfantin, sçait bien que ce courage n'est point capable d'vne si desloyale lascheté. Nous sommes Herminio & moy les plus forts en cette place, & quand il auroit l'ame si mauuaise, que de vouloir se comporter autrement enuers vous que ne doit vn homme de bien, nous sômes capables, ou de le reduire à son deuoir ou de vous preseruer de sa force. Pure Parthenice, regardez ce pur flambeau qui nous esclaire, & qui rend le monde flory : I'atteste les beaux rayons, qu'ils cesseront plustost de luire sur ma teste, que de voir commettre à sa veuë aucune action insolente, qui peut alterer en rien non seulemét vostre integrité, mais vostre Pudeur : que ne puis-je par mon sang seeller cette Verité deuant vous, & vous arracher par ce violent remede, & les soupçons que vous pouuez iustement conceuoir contre ma franchise, & tant de crainte, qui comme rameaux inutiles pullulét en vostre Esprit du tronc de ces soupçons. Asseurez vous doncques s'il est possible, Sage

Parthenice, sur cette promesse que ie vous fais de vous assister iusques au tombeau, puis que non seulement ie la fais deuant les yeux de l'innocente Doralice, mais par la saincte Affection que ie luy porte, côme par la chose que le Ciel me rend en terre la plus aymable & la plus venerable. Cessez aussi de nous rebattre sans cesse du lieu de vostre origine, de vostre pauureté, de vostre bassesse, de vostre abiection; la fortune peut bien rédre les Vertueux pleins de calamité, iamais pleins de malice. La mort de ceux qui vous ont donné l'estre, qui ne peut estre ignoree que de ceux qui sont estrangers en ce Royaume, a enseuely leur honte dedans leur sang, sans qu'il en puisse rejallir vne goutte sur vostre visage: ceux qui y pensent, & qui ont la gloire de vous regarder, treuuent en vous pour ce suject, plus de matiere de pitié que de hôte. Vn hôme sage estant en vne côpagnie, où l'on luy reprochoit la mauuaise reputatiô de sa fille; Pourquoy, dit-il, me veut-on couurir d'vne faute qui n'est point mienne, plutost que recouurir son vitupere de l'honneur de ma Vertu. N'est-ce pas vne iniustice de blasmer vn Pere vertueux pour vne fille vicieuse, sans loüer la fille mal viuante d'estre née d'vn homme de bien. Qui ne voit que vous reparez le defaut de vos Parens par vostre

Vertueuse vie; & qui est celuy qui ne doiue doublement admirer vostre Vertu, qui a peu se maintenir entiere à trauers vne mauuaise education, & malgré vn exemple si deplorable. Quád vous seriez née des plus Vertueux parés de la terre, vous effaceriez encores par le lustre des Perfections que le Ciel a mises en vous tout ce qu'ils auroient de plus fameux & de plus illustre: que si le Soleil efface les Estoiles du Ciel, combien plus puissamment dissipe-t'il les ombres de la nuict? Vne grande valeur capable d'obscurcir les plus esclatantes qualitez, combien est-elle plus capable d'esclairer les tenebres des mauuaises. Aussi quand i'ay pesé auec Osiandre les diuerses raisons du Conseil que ie pris de vous emmener par son ordonnance, ie n'ay iamais faict cas de celle là, estimant plus vne de vos Vertus, que tous les vices des vostres, & que toutes les richesses des autres. Ioinct que la mort, cette dure & intraittable Maistresse, que ie voyois ineuitable à mon Maistre, me pressa le cœur à executer ce hardy, sinon temeraire dessein, pour procurer sa conseruation par vostre Gloire, & pour vostre grand Bien. Vn iour viendra, Madame, que vous changerez vostre premiere cholere en vne forte Bien-veillance, & que ce que vous auez pris pour vn vol sera recognu de vous pour vn seruice si signalé, que i'auray occasion de me promettre, que quand mon Maistre le mescognoistroit, vostre ame ne sera iamais susceptible d'vne telle ingratitude, que de le payer par vn oubly, ou par vne disgrace. Non, repliqua Parthenice, Braue Leonin, ie ne puis estre taxee d'ingratitude, le plus infame de tous les defauts, que par celuy qui mescognoistra mon courage. Et quãd ma misere me porteroit à cette imperfection cõtre tous les viuans, ma generosité ne pourra iamais endurer que mon cœur s'y laisse aller contre vous, tãt que ie vous auray pour le Cõseruateur de ce qui est le plus precieux à vne fille bien Sage, tãt que vous continuerez cõme vous auez cõmencé, non seulement i'estimeray vostre esprit plein d'honneur, mais ie tiédray vostre valeur pour m'estre si vtile, & mesmes si necessaire, qu'elle me presseroit à rechercher vostre soustié iusques au bout du monde. Mais quãd bien Osiadre (ce que ie veux croire sur la fidelité de vostre rapport) n'attenteroit iamais aucune violence contre mon corps, qui vous a dict qu'il ne violenteroit point ma volonté? Or c'est cette volonté, cher Leonin, par laquelle ie me suis sinon consacree entierement par vn vœu exprés à IESVS-CHRIST, le choisissant pour mon Espoux, au moins déuouée à luy par vn ferme propos, & vne meure deliberation qui me tient lieu de fiançailles. C'est luy seul que j'ayme, que ie cherche, que ie desire; preuenuë de son Amour, tous les autres mortels me semblent des tisons de Mort; i'ay en horreur tout le reste des hommes; il semble qu'il ayt cacheté mon cœur de telle façon qu'il ne soit plus susceptible de l'impression d'aucune autre figure. C'est dedans les Nopces de cet Agneau sans tache que ie veux entrer, dont le Pere n'a point de femme, & dont la Mere ne cognoist point d'homme, qui me rendra chaste par sa dilection, pure par son attouchement, & qui me conseruera Vierge en me receuant pour sienne. C'est à luy seul que ie veux garder la foy, auquel inuiolablement ie me suis dediee dés mon enfance. C'est luy que j'adore, auquel les Anges seruent auec promptitude & humilité, & dont la Beauté est admirée par l'or du Soleil, & par l'argent de la Lune. Et ie vous prie, Osiandre oseroit-il bien cõposer auec vn tel Seigneur, qui peut d'vn seul clin de ses yeux le reduire en poussiere? ne sçait il pas que celuy-là ne peut estre ny iuste en ses desirs, ny innocent en ses pensees, ny legitime en ses poursuittes, mais plustost criminel de leze Diuine Majesté, qui a dessein de violer le temple de Dieu? Ignore-t'il les exemples de Balthazar & d'Heliodore, que tant de fois on rebat aux Eglises? Veut-il mettre comme vn sacrilege Ozias la main à vne fille, qui desire comme vn encensoir parfumer de ses prieres continuelles les Autels du Tout-puissant? Et vous vertueux Leonin, de quelle conscience pouuez vous soustenir, non seulement la conniuence à ce crime, mais la qualité d'executeur d'vne si mauuaise action? Pensez-y bien, Leonin, & iugez si le Dieu des Vengeances n'aura pas lieu de vous poursuiure iustement de mille fureurs, iusques aux extremitez de la terre, luy ayant rauy vne Espouse d'entre les bras, pour la remettre à vn homme mortel, lequel pour grande que soit sa qualité, elle ne luy oste pas celle de chetiue Creature. Si donc vous voulez sauuer vostre ame, & vous deliurer de l'horrible fleau de Dieu, qui pend sur vostre teste, & de la fureur d'vn Ange du Tres-haut qui garde mon integrité auec vn zele incomparable; aduisez à me remettre en tel estat que ie puisse rendre ma promesse à Dieu, & la conuertir en vn Vœu solide & inuiolable. La Hardiesse de cette courageuse Amazone, à proferer ces paroles constantes au milieu de ses fers, estonna d'abord ce grád courage de Leonin. Mais reprenant ses Esprits, il repartit en cette maniere. Madame, c'est la verité, que mon maistre Osiandre m'a faict croire que le defdain que vous auiez pour Placidas, & le defir de vous deffaire de fes importunes pourfuittes, vous auoit pluftoft porté à ce defir Religieux qu'aucune autre confideration. Maintenant vous m'effrayez, en me faifant veoir que cette infpiration qui vient de Dieu, n'a pas fes fondemés en la terre. Et certes comme mon corps fe verra percé de mille coups de mort, auparauant que le voftre fouffre aucun effort en ma prefence; auffi fuis-je refolu de maintenir la fainéte liberté de voftre efprit au prix de mon fang, lequel ie ne fçaurois plus juftement verfer que pour vn acte de telle Iuftice. Mais d'autre part, Madame, quand ie jette les yeux, non tant fur les eminentes qualitez, qui rendent voftre perfonne admirable, que fur les generales conditions de voftre fexe; bien que vous foiez vne fille fort determinee, fi eftes-vous fille, & parmy nous autres hommes, c'eft vne maxime qui nous paffe de main en main, que la femme eft vne matiere premiere, capable de toutes formes, vne cire molle fufceptible de toutes fortes d'impreffions, & la pure fubftance de la mefme inftabilité; fi bien que du rofeau du defert i'ay de la peine à me figurer que l'on en puiffe faire vne colomne de Temple, finon que le rofeau foit en la main du Sauueur, qui certes par sa puissance extraordinaire le peut changer en la mesme constance: mais les gens de ma condition ne croyent pas volontiers les Miracles qu'en foy. Bien plustost me persuade-je que ce dessein Religieux monté en vostre ame comme vne debile vapeur formee de l'exhalaison de quelque humeur melancholique, sera incontinent abbatu à la veuë de la belle presence de mon Maistre, que ie puis dire, sans flatterie & sans passion, & vous le sçauez trop mieux Madame, estre vn des gentils Princes, des plus braues, & de la meilleure mine qui soit en tout ce Royaume: toutes ces imaginations s'effaceront, ie m'asseure, de vostre esprit au deuant de luy, tout ainsi que l'escriture tracee sur le sable s'esuanoüit à la face du vent. Et ie vous prie Madame, quel dommage seroit-ce de cacher de telles lumieres que celles qui paroissent en vostre front sous le nuage d'vn triste voyle? quel feu sacré auez vous laissé esteindre pour vo⁹ enterrer toute viue, cõme vne Vestale? Est-il possible qu'vne Grace telle que la vostre, reueree de tous les yeux qui la cõsiderent, n'ait point de regard sur elle mesme, & que quelque glace fidele ne vous ait point appris cõbien vo⁹ allumiez de feux? Quittez Madame, ces tenebreuses & mourãtes imaginations, recognoissez vostre valeur, & apprenez que vostre glorieuse forme est digne d'vn Empire. Ie voy bien que c'est le continuel regret de la mort de vos parens, qui vous a formé ces impressions dedans l'ame, mais s'il n'y a que cela qui vous empesche d'esleuer vos yeux vers mon Maistre; si la seule disproportion des qualitez vous retarde d'esperer l'Honneur, & d'aspirer à la Gloire de son alliance; si ie ne luy voyois porté par l'impetuosité de ses propres affections, ie ne luy dissuaderois pas de se destourner de la possession de tát de Vertus qui vous enuironnent pour vne consideration si friuolle: car la hautesse de son sang est suffisante d'effacer la bassesse du vostre. Et ie m'asseure que les mieux sensez louëront plustost son election, qu'ils ne blasmeront cette alliance. Parthenice qui mouroit d'vne secrette enuie de toucher de Pitié le cœur de Leonin par le discours de ses disgraces, sans s'arrester à respondre à ses dissuasions du celibat, & à ses persuasions du Mariage; le voyát tombé sur le poinct qu'elle desiroit pour l'en mettre en appetit, & faire qu'il se mit en peine d'en sçauoir les particularitez, repliqua de la sorte. Ha Leonin, si vous sçauiez de combien d'infortunes, & de quelle suitte d'accidens j'ay esté battuë sans interualle depuis le temps que i'ay perdu mes parens à la veuë de toute Naples sur le Theatre de la Honte,

Honte, vous auriez horreur de voir encor au monde vne creature si miserable. Madame, reprit Leonin, ie n'ay iamais rien sceu de ce tragique euenement, sinon qu'ils auoient esté suppliciez, comme causes de la mort du premier Mary de vostre Mere : mais c'est la verité que i'aurois vn extreme desir d'en sçauoir dauantage ; & si ie ne craignois de vous estre importun, i'entendrois volontiers de vostre bouche, organe de Verité, quelques particularitez de cet accident si funeste : mais de peur de r'ouurir impitoyablement vos playes par vos propres mains, ie n'ose vous en presser. Et ce fut icy où Parthenice voyát à descouuert qu'elle auoit faict naistre cette curiosité qu'elle souhaittoit en l'ame de Leonin, voulant donner entree à son Narré par vne puissante preface, lascha de ses yeux vn torrent de larmes, qui forma vn tel attendrissement dans le cœur de son Auditeur, qu'il luy fut aysé par apres de tirer de son Esprit telle condescendance qui luy fut agreable. Et ce tendre sentiment fit dire à Leonin, Madame, ie me trouue partagé en deux differentes Passions, l'vne de Crainte, & l'autre de Desir ; celle-là me retient de vous pousser plus auant au recit de vos pitoyables auantures, puis que le seul souuenir vous en est si douloureux, qu'il change vos yeux en fontaines, & ie ne voudrois pas pour mon contentement vous causer aucun desplaisir. D'autre part considerant que la douleur s'euacue aussi bien par les paroles que par les pleurs, & n'y ayant rien que ie souhaitte auec tant de Passion comme de vous apporter toute la Consolation qui me sera possible pour vous tirer de cette angoisse; peut-estre que si i'en sçauois l'origine bien à plain, i'aurois le moyen de l'appaiser par les foibles discours de ma raison, sinon par tels effects qu'il plairoit à vostre commandement exiger de mon Obeissance. Que si l'action de vostre enleuement vous oste cette creance de moy, ie vous supplie de penser que ie l'ay faitte, estimant procurer deux grands biens d'vn mesme coup; ce que tant de respects & de soumissions que ie vous ay renduës depuis vous doiuent plus energiquemét faire cognoistre que ma parole. Icy Parthenice rencontrant la vraye conioncture qu'elle desiroit pour trouuer de la Patience, & de la docilité en ce courage, auec lequel elle auoit tant de conuenance & de Sympathie. Courtois Leonin, dit-elle, il est vray (& ce n'estoit pas sans raison) que ce transport que vous auez faict de ma personne, en la façon que vous l'auez pratiqué, m'a tenu long temps l'esprit en suspens, remply de mille frayeurs & de mille craintes : mais tous ces nuages se sont essuyez à la veuë de tant d'honnestes deportemés que vous m'auez faict paroistre. Et i'espere que si vous vous donnez le loisir d'entendre le fonds de mes miseres, vostre generosité & vostre conscience vous obligeront à reparer par la Pitié que vous auez de moy, la faute que vous auez commise, en me rauissant au pied des Autels pour la compassiõ que vous auez eu d'Osiandre ; car si la Pitié de l'vn vous a rendu impitoyable enuers l'autre, vostre cœur, comme vn fer mis entre deux Aymans ira, ie m'asseure, au plus fort & au plus gros, comme à celuy qui iettera plus d'esprits attractifs; & ce sera sans doute de ma part, puis que i'ay Dieu de mon costé, auquel il vault mieux obeïr qu'à tous les hommes du monde, & pour lequel suiure & seruir il faut quitter & Pere & Mere, & Maistre & Maistresse, & Tout. Et bien que ce recit de longue haleine, pour vne fille comme moy inexperimentee en l'art de bien dire, soit plein de tant de fascheux accidens, que ma Memoire accablee de leur multitude en soit surchargee, & encores plus oppressee d'vne extreme Vergoigne, qu'il me faudra boire en les racontant : neantmoins faisant ceder la crainte de me fascher au desir de vous plaire, &

de satisfaire à cette grande Enuie que vous auez de les entendre, ie m'y porteray volontiers, & contre ma volonté mesmes. Car helas! pourray-je bié, sans que le cœur me creue dãs la poictrine, sãs que l'estomach me fende de douleur, renouueller le souuenir de mes deplorables malheurs, les horribles & sanglãtes actions des miens, leurs tragiques euenemens, & l'eternel opprobre que leur honteuse fin a versé sur ma teste. En disant ou en escoutãt tout cela, quel est le Poliphemes, quel le cruel, quel le Barbare, quel le Sauuage qui se peust empescher de verser mille ruisseaux de pleurs? Mais, ô mon ame! n'offencerons-nous point la haute Majesté de Dieu, ne tomberons nous point en la faute du maudit Cham, en descouurant la vergogne de ceux qui ont fait en nous vne production si miserable?

Ah! que ma langue desormais
Soit attachee à mon palais
Plustost que ce malheur m'aduienne.

Helas! mes chers Parens, que i'honore autãt que vous m'auez deshonoree, que vos manes me soiét autãt de furies végeresses tousiours attachees à mon collet, & que vos cendres aymees ne me soient iamais propices, si c'est auec aucune ombre de Mespris, ny aucune pensee de Mesdisance que i'entreprends ce funeste discours, qui ne vous peut estre que desauantageux. Mais pourquoy craindray-je de dire en secret à vne ame fidele pour mandier son assistāce, ce que toute Naples, ce que tout ce Royaume, ce que tout le mōde sçait si publiquemēt & si generalemēt. Et de là gentil Leonin tu apprendras deux choses, l'vne cōbien i'ay de raison de vouloir enseuelir dās vn voyle Religieux tāt de desastres, & de vouloir enterrer dans les murailles d'vn Cloistre tant d'opprobres auec ma vie, terminant en moy ces ignominies, sans les trāsmettre à vne innocēte Posterité : L'autre quelle obligation tu m'auras d'auoir vaincu tāt de contradictions, & de repugnāce que ie sens en mon ame, pour verser en la tienne, auec tāt de cōfiance, tant de particularitez, que ie voudrois plonger l'oubly d'vn eternel silence, si ie ne voulois tirer vn bō effet de si mauuaises causes. Leonin rauy de cette entree de discours, & si fort charmé, que son aureille estoit attachee à cette langue inseparablement, ne se peut tenir de dire; De grace, Madame, continuez, & tenez pour asseuré, que toute mon ame est recueillie dans mes aureilles pour vous escouter auec plus d'attention, & que mon cœur est resolu de vous obeir, & à la mort, & à la vie.

FIN DV LIVRE TROISIESME.

PARTHENICE.
LIVRE QVATRIESME.

AVEC cette asseurance, l'Incomparable Parthenice composant son port à la grauité, son geste à la douceur, son maintien à la grace, sa langue à la persuasion, ses yeux aux attraits, son visage à la pitié, & tout ce bel assemblage à des efforts ineuitables, d'vn ton de voix qui eust transporté les rochers donna ce commencement à sa Narration. A ma volonté que ce iour fust rayé du nombre de ceux dont la suitte faict la tissure des ans, auquel il y a esté dict que cette chetiue creature a esté mise au monde; au moins puisse-t'il perir en la memoire des humains, qu'vn tourbillon tenebreux le couure d'horreur, & qu'il n'en soit faict aucune mention dans les Ephemerides. Eusse-ie esté comme n'ayant point esté, du berceau versée dans la tombe, mes yeux n'eussent point veu de spectacle si tragique, ny mes aureilles entendu de si effroyables executions, vn desir effrené & desreiglé de me produire n'eust point cousté tant de sang à ceux, qui pour me donner la vie ont treuué vne honteuse mort. Non pas que venant sur la terre comme vne Vipere, ou comme vn Cesar, ie sois sortie par le flanc ouuert de ma mere ; car en cela ie serois iustifiée par mon innocence, & la coulpe ne se forme qu'où il y a de la volonté : mais ie puis bien dire ce que i'ay tant chanté de fois aux Zitelles ; Voila i'ay esté conceuë en iniquité, & ma mere m'a enfantee au milieu des plus enormes crimes que l'Enfer puisse vomir, que la terre puisse porter, que le Ciel puisse couurir, & le Soleil descouurir. Ce qui me console neantmoins, est que ie n'ay à tout cela autre participation que celle du deshonneur, qui rejallit sur le front d'vne fille issuë d'vne mere miserable. Vous n'ignorez pas, cher Leonin, que ie suis née de ce Talerio & de cette Olympie, qui pour leurs forfaicts se virent par le Iuste Iugement de Dieu & des hommes, l'vn pendu, l'autre decapité, & tous deux bruslez à la face de toute Naples, estonnee de l'horreur de leurs crimes. Or escoutez par quels labyrint’ ils se precipiterent en cet abysme de .. Olympie ma mere estoit née de race si illustre, qu'elle n'eust de gueres

N iiij

cedé au sang de Patrocle, si elle n'en eust point degeneré par ses griefues & inexcusables fautes: Son Pere s'appelloit Alexandre, Seigneur de grande auctorité dans Naples, & du tiltre de Marquis. Il n'eut que deux filles, dont la plus grande appellee Albanie, aisnee de ma mere, fut mariee à vn gentilhomme Napolitain, riche des biens de fortune, mais que ses desbauches ruinerent de fonds en comble, & mesmes precipiterent son trespas deuant le terme commun, par des maladies ordinaires à ceux qui font des excez extraordinaires. Si bien qu'elle reuint aprés son veufuage en la maison paternelle son doüaire ayant esté dissipé par le mauuais mesnage de son mary, ne r'apportãt autre fruict de son mariage, qu'vne belle & vertueuse fille appellee Emerande. Ma mere peu apres le mariage de sa sœur, estant encores fort ieune & bien agreable, fut veuë par vn homme ancien & veuf, de tel aage & de telle qualité, qu'il se pouuoit & deuoit certes dispenser de tenter vn second nauffrage; il s'appelloit Appian, & des premiers de ce Royaume, où il tenoit la qualité de Chancelier: neantmoins ce vieux Cygne voulant encores soumettre son col au joug du chariot de cette Deesse, qui n'ayme pas les vieillards, se resolut de mettre en son sein de Tithon cette jeune

Aurore, ramenant vn charbon dans son foyer esteinct qui le reduira en cendre. Ce fut auec vne extreme repugnâce, vne auersion incroyable que ma mere se sacrifia à ces Nopces, plustost par la volonté de son Pere que par la sienne. Mais cette qualité si eminente, les richesses immenses de cet homme donnerent tellement dans les yeux d'Alexandre, qu'oubliant toute autre consideration, il accorda ma mere à la premiere demande, bien qu'elle s'excusast par pretexte sur la jeunesse, & en effect sur la contradiction qu'elle ressentoit en son cœur de se voir toute viue attachee à vn corps demy-mort. Alexandre la presse de mille considerations d'estat, sans regarder à la disconuenance des aages, & oppresse en fin sa naturelle liberté, luy mettant vn joug qui luy estoit d'autāt moins supportable qu'il estoit inuolontaire. Outre la grandeur & l'appuy qu'Alexandre esperoit de cette alliance, il y fut porté sur ce qu'estant veuf, & les filles de mauuaise garde, principalemēt à ceux de cette condition ; il se vouloit deffaire promptemēt de ce soin, & de cette fascheuse marchādise : de plus il espargnoit vn grand doüaire ; car le Chancelier se contētoit de la Vertu, de la Beauté & de la jeunesse pour dot. Il auoit vne fille de sō premier mariage appellee

Chrysolite, laquelle bien que Sage & Vertueuse, se treuuant d'aage pareil à ma mere, se rencontra d'vne humeur si dissemblable, & si dispathique, que cette haine si ordinaire des Marastres enuers les enfans du premier lict, se rendit extraordinaire en Olympie. L'Amour que le vieillard Appian porte à sa nouuelle Espouse est si vehement, que recognoissant cette auersion de ma mere vers Chrysolite, il dédaigne son sang propre pour luy complaire: si bien que la pauure fille battuë d'vne suitte cõtinuelle d'afflictions, trainoit vne vie fort miserable. Mal-traictee de ma Mere, mesprisee de son Pere; elle n'auoit autre recours qu'à Dieu, lequel assiste volontiers ceux qui ont le cœur troublé. Et bien qu'elle s'adonnast bien fort durant ces trauerses aux actions de Pieté, si est-ce que ma Mere estimoit sa deuotion vne Hippocrisie, & Appian l'appelloit Bigotterie. Olympie se comporta au commencement de ce Mariage, auec l'honneur qu'elle auoit appris dés sa Naissance, se consolant d'vne assez mauuaise Esperance, qui estoit la mort d'Appian, des cendres duquel elle pensoit renaistre à vne meilleure fortune. Et bastissant sur ce tombeau, il ne se faut pas estonner si elle ouuroit vne large porte aux tentations de l'Esprit, ennemy de nostre salut. Appian parmy le grand nombre de domestiques dont sa maison estoit emplie, auoit vn Secretaire nommé Talerio, pere infortuné de cette chetiue qui vous parle. Homme d'vne origine basse & obscure: car il estoit né d'vn villageois, de la terre de Lauour, non seulement pauure de sa condition, mais outre cela si chargé d'enfans qu'il en estoit accablé. Entre lesquels ce Talerio, gentil, & de trop bon esprit pour demeurer à la campagne, vint petit à Naples, demandant son pain: mais parce qu'il estoit beau comme vn Ange, il ne manqua pas à trouuer maistre ; que s'il auoit le corps bien formé, il auoit l'esprit encores plus subtil, & d'vne humeur aussi scabreuse que Calabroise. Il s'addonna à l'escriture & à la Musique, où il se rendit si parfaict, qu'il n'y auoit œil ny aureille qui n'admirast sa main en l'vn & l'autre exercice, de toucher bien vn Luth, & de tracer de beaux caracteres sur du papier; vn esprit delié & subtil à merueilles, & qui se redit si capable dans les affaires du monde, que deuenu grand, Appian le prit à son seruice, & l'estimoit infiniement. Rien de si adroict, de si souple, de si complaisant, industrieux, laborieux, subtil, vigilant, delié, au demeurât vn corps si beau, qu'il sembloit n'estre né que pour ruïner la pudicité d'Olympie. C'estoit l'admiration de ceux qui le regardoient : car auec les belles parties qui le rendoient remarquable, il joignoit tant de douceur, que les graces sembloient respanduës sur son front, & en ses leures. Iamais Absalon ne fut tant prisé des filles Israëlites, que ce Galand des Napolitaines. Les cheueux si estimez de celuy-là ne surpassoient point la cheuelure de celuy-cy : & bien que la bassesse de sa condition fist moins d'Enuie que de Pitié; la merueille de sa presence causoit moins de Pitié que d'Enuie. Si deuant ou apres l'auoir contemplé on eust veu les lys & les roses du Printemps, l'or des moissons de l'Esté, la neige de l'Hyuer, le Corail & les perles que l'Orient produict, les pierreries que la Mer enfante; on eust pensé que les fleurs se fussent composees de son teinct, l'or de ses cheueux, les diamans de ses yeux, les perles de ses dents, & le corail de ses leures. Trop heureux Talerio, s'il n'eust point esté si agreable; trop heureuse Olympie, si cet object n'eust point paru deuant ses yeux. Mais ce fut là l'escueil de son Naufrage, sa pierre d'achoppement & de scandale. Voyla le Medor de cette, diray-je Angelique, puisque cette Olympie va tomber comme vn Lucifer du Ciel de l'honneur & de la gloire, dans vn Enfer d'ignominie & de deshonneur. Car pour couler legerement sur ce mauuais passage, sans m'arrester à vous raconter mille circonstances que ie sçay, & que vous pouuez assez conjecturer. Olympie desia assez ennuyée d'vn vieux Mary, pour lequel elle n'auoit jamais eu de bienueillance, commença à auoir des yeux, & aussi-tost des mauuaises flammes pour Talerio : car c'est vne chose assez notoire, que le desgoust de l'Espoux est la porte des adulteres : puisque la conuention est à moitié faicte auec vn second marchand, quand elle est rompuë auec le premier. La veuë continuelle alluma vn tel feu dans le cœur de l'infortunée Olympie, que l'Amour qui n'est qu'vn Enfant, deuint vn Geant en sa poictrine : & la Tentation entrée comme vne fourmy, commença à la deuorer comme vne Lyonne. En fin elle y succombe, parce qu'elle suit vn mal qui ne se combat, & ne s'esuite que par la fuitte. Talerio qui n'estoit pas de marbre, fut aysé à surprendre, estant luy-mesme bien ayse de se perdre en ce mal-heur qu'il tenoit pour son Bonheur, & pour le côble de sa fortune. Les pretextes ne manquoient pas à cette infame accointance. Appian mesme le bon-homme côtribuoit à son desastre plus qu'aucun autre, estant bien ayse que la main de Talerio qui le seruoit vtilemét en ses despesches, fust encore si forte, que de charmer l'aureille de son Espouse auec vn Luth. Mais pleust à Dieu, que le cœur n'eust point esté attaché, ou plustost arraché par les yeux, cette miserable Parthenice ne seroit pas sur la terre en butte à tous les desplaisirs. Tandis que Talerio pense estre au dessus de la Rouë de la Deesse d'Inconstance, possedant & le cœur de son Maistre, & le corps de son aueugle Maistresse, comme c'est la coustume des Pecheurs de se glorifier aux desirs de leurs cœurs, & de tirer la Vanité de leur propre Confusion, son courage s'esleue iusques là de penser au mariage de Chrysolite, & non seulement d'y aspirer, mais de l'esperer. Il peut tout vers Olympie, Olympie meine les volontez du vieux Appian à son gré, il ne faut que luy ouurir son dessein, la chose luy semble non faisable seulement, mais faite, & certes sa conjecture ne le trõpoit pas, si Olympie eust voulu y employer son credit. Mais ayant appris ce desir de la bouche de Talerio, & estimant que ces flammes sainctes & legitimes seroient l'amortissemẽt des siennes adulteres & impudiques ; au lieu qu'elle ne haïssoit l'innocente Chrysolite que d'vne simple auersion commune aux Marastres, cette auersion se change en inimitié, cette inimitié en jalousie, cette jalousie en fureur.

Desia Talerio luy semble moins affectionné enuers elle; autant de regards qu'il tourne vers Chrysolite, ce sont autant de dards enflammez dont son cœur est embrasé du double feu d'Amour, & de cholere. Quelquefois elle blasme sa propre trahison, sa desloyauté, sa perfidie vers son Mary: mais son aage antipathique à celuy d'Appian, plus glacé que l'Hyuer des plus reculees parties du Septentrion, l'empesche de se retourner vers son vray Nort. Elle croit estre mesprisee par Talerio, dont elle maudit l'Insolence & l'Arrogance: mais en fin son Amour plus forte que cet outrage, s'irrite comme le feu par vne legere aspersion d'eau. Les graces de Talerio la rauissent, & son inconstāce la rauage. Que fera-t'elle, ô iniustice! mais pourquoy fremis-je, ce n'est que la petite porte de tant d'horreurs que ie vay racōter; elle tourne ses aueugles fureurs contre la pauure Chysolite, & pour la rauir aux yeux & aux desseins de Talerio, non contente de l'enuoyer chez quelqu'vn des parens d'Appian, ce qui luy eust esté tres-facile, l'ayant mise en la disgrace de son pere, elle l'enuoye tout à faict hors du monde par vn breuuage empoisonné qu'elle luy mesle, sans autre complice que de sa propre meschanceté. Le Soleil esclaira ce crime, & la terre le couurit: mais le Dieu des

Vengeances s'en reserue le chastiment en sa saison; il a les pieds doux comme le cotton, mais les bras durs & roides comme le fer, quand il r'amenera son coup, il sçaura bien reduire en poudre les pots de terre, & en reuelant le secret des tenebres, & en manifestant le secret des cœurs, publier sur les toits ce qui est commis dans la caue d'vne noire malice. Voyla la maison d'Appian toute pleine de desolation: car outre que cette fille estoit extremement Pieuse & Vertueuse, & le soucy de beaucoup de poursuiuans qui visoient à sa recherche; son Pere ne recognut sa valeur que par sa perte, ny le bon-heur de l'auoir, que par la douleur de sa priuation; le triste Vieillard enterre toutes ses joyes dans le Tombeau de cette fille. Helas trop tard cherement cherie! Tous ses contentemens perissent auec elle, il deperit par vne secrette langueur. Il la croit morte de desplaisir, & se fust imaginé tout autre chose plustost que la Verité de la cause de ce trespas. Il esperoit se voir renaistre par vn gendre qu'il luy preparoit; ses ans qui luy glacent les veines, luy ostent toute Esperance de Posterité: somme il se laisse tellement accueillir à la Tristesse, qu'outre l'incurable maladie de la Vieillesse qui le tient au collet, il tombe en vne espece de Paralisie, qui l'attache à vn lict où il est collé

collé côme vne statuë, ayant assez de vie pour n'estre pas mort, & estant assez abattu pour n'estre pas rangé au nombre des Viuans. Ma Mere se debat assez, couurant d'vne feinte tristesse sa veritable joye, regrettant Chrysolite morte, comme si elle ne l'eust aymee qu'ainsi. Le beau Medor est affligé au triple, & pour la perte de cette Sage fille, vers laquelle il auoit osé hausser ses desseins, & pour celle de son maistre qu'il voyoit estre assez voisine, & pour la douleur d'Olympie, qu'il estimoit aussi vraye, qu'elle apparente. Cependant au lieu de s'amender par ces exemples de mort, de maladie, de perte de ses pretensions, & de dueil: il continuë auec Olympie son ouuerture detestable, emplissant de Honte & d'opprobre vne maison toute pleine d'Honneur & de Gloire. Ce feu puant ne se peut si bien couurir, qu'il n'en sorte tousjours quelque sale exhalaison, qui non seulemét enteste, mais empeste. Déja quelques domestiques ou jaloux de la reputation de leur Maistre ou Enuieux des libertez que se donne Talerio, entrent en des ombrages. Il n'y a que le desolé Appian, qui accablé de douleurs dedans vn lict, ne voit rien de tout cela, & qui est de ceux qui ont des femmes, côme n'en ayant point. A la fin il faut que le fard tombe, que la mine créue, que l'apostume &

l'imposture paroisse. Olympie se sent grosse, sans pouuoir trouuer aucun voyle de son forfaict, tout pretexte luy estant osté, & par l'âge suranné, & par l'extreme maladie de son Mary. Que fera-t'elle? elle est tous les jours deuãt ses yeux, la mort qu'il a entre les dents ne peut esteindre l'empressement de son Amour: Empressement qui n'est jamais sans quelque sorte de jalousie, jalousie qui n'est pas tant vicieuse que naturelle en ce pays! Ialousie, accident inseparable d'vn mariage inegal. Elle consulte auec Talerio, lequel ayant perdu ses desseins pour Chrysolite, les rejetta aysément sur Olympie, qui non seulement consentit de l'espouser, mais qui le desiroit passionnément. Olympie tombant d'vn aueuglement dans vn autre, (car tout vice porte aux precipices) & ayant desia guery sa jalousie par le poison, estime que c'est le remede à tous maux, & que hastant le pas au trespas d'Appian, elle luy clorra les yeux auparauant qu'il s'apperçoiue des tumeurs de son ventre: & puis qu'estant venuë, il luy sera libre d'espouser Talerio. Luy qui croit sa fortune establie de cette façon, comme vn autre Dauid, consent à couurir son Adultere par vn Homicide. Que faictes-vous, ô impie Olympie! l'ame est sur les leures de ce vieux Paralytique, ne sçauriez-vous allonger vostre impatience de la briefueté de ses iours

qui vont finir en peu d'espace: fascheuse Clo-
ton! pourquoy voulez-vous auant terme
couper vn filet pourry qui se va rompre tout
seul, & qui sans se rompre est presque à son
bout? Mais cet enfant infortuné qui est en
ses entrailles est sourd à ces remonstrances,
& se voulant precipiter à la lumiere du iour à
son terme, est cause qu'on se precipite d'en
faire sortir le miserable Appian deuãt le sien.
O que le vice plonge en d'estranges labyrinthes! parce que ce petit corps veut sortir des
flács de sa mere, on presse l'ame d'Appian de
sortir de son vieux corps; Talerio & Olympie
sçauent accortement luy faire prendre le venin dans vn breuuage, il auale sa mort soubs
l'apparence du soustien de sa vie. Et ce qui est
d'admirable, il cherit la main qui luy presente
cette potion mortelle, & Olympie a bien le
cœur d'empoisõner vne bouche qui luy baise
la main. O Dieu! faut-il que celle qui m'a dõ-
né l'estre ayt cõmis vne telle desloyauté, qui
n'en doit gueres à la perfidie de ce traistre Di-
sciple qui vẽdoit ce doux Sauueur qui le bai-
soit & luy lauoit les pieds: & à celle de ce Capitaine dont Dauid differa la vengeance iusques à sa mort, qui tua ses amis en les embrassant. Ce n'est pas tout, sentant deffaillir
ses forces, ce qu'il attribuoit plustost à la
longueur de sa maladie, qu'à la violence

O ij

du poison qui hastoit son ame de déloger de la prison de son corps, apres auoir donné mille benedictions à sa chere Espouse, qui luy rendoit mille deuoirs en cette extremité, cachant l'aspic sous la figue; il l'a fit son Heritiere, luy faisant mille biens en eschange de tãt de maux qu'elle luy faisoit, & en son Hõneur, & en sa Vie. Ainsi le caillou frappé rend des estincelles, ainsi le flambeau se perd pour le seruice d'autruy, ainsi le Villageois r'eschauffa dans son sein la Vipere engourdie qui luy donna la Mort, ainsi la Cheure allaitta le petit Loup qui la deuora, estant deuenu grand. N'estoit-ce pas cela, jetter des charbons ardans au visage d'Olympie, & ne faut-il pas estendre les murailles du monde, pour contenir vne si large ingratitude. O Amour! que justement on t'appelle aueugle, puisque tu porte à tant d'actions aueuglees ceux à qui tu mets ton bandeau deuãt les yeux. Appian mort, & qui plus est, sans qu'on s'apperceut aucunement de la vraye cause de sa maladie; tout le monde d'vne commune voix, l'attribuant, ou à son aage auancé, ou au regret de la perte de sa fille Chrysolite, ou plustost à la longueur de sa precedente langueur: voyla Olympie en la possession de ce grand heritage, & honoree en qualité de venuë d'vn Chãcelier. Comme il n'y a point de pires malades que ceux qui le feignent: car leur mal est autant incurable qu'il leur plaist. Ainsi n'y a-t'il point de douleur qui paroisse tant, que celle qui est artificieuse: d'autant que la naturelle a des bornes & des mouuemens plus reiglez. C'estoit vne merueille de veoir auec quel excés Olympie tesmoignoit le fieureux accez d'vn regret qui n'estoit que sur sa face, mais qui n'auoit aucun accez dans son cœur. Quand personne ne la voit, elle rit; quand on la regarde, elle pleure; semblable à ces images doubles, qui rient d'vn costé, & pleurent de l'autre; les leures trompeuses parlent en vn cœur & en vn cœur, duplicité estrãge. Quãd elle est seule auec Talerio, elle admire la felicité de ses succez, & en elle mesme elle s'estonne de se voir heritiere, non seulement du pere, mais encore de la fille qu'elle auoit couchee dans le cercueil: mais Dieu faict prosperer pour vn téps la voye des injustes, les poussant en vn moment dans vn abysme de malheurs. L'Impie est quelquefois releué par dessus les Cedres du Liban, mais il est en vn instãt emporté par vn tourbillon, en vn point inmperceptible, & qui n'est point.

Ce qui fut si grand n'est plus rien,
Nous n'auons que l'ombre du bien.

Aprés auoir faict vn ample estallement de ses douleurs à la veuë de tous ceux qui la visiteest à l'entree de son refuage; on la tenoit par tout pour vn parfaict exéplaire de la dilectiō conjugale; on loüoit Appian d'auoir faict Heritiere de ses biens, celle qui l'auoit faict possesseur de ses affections: vous eussiez dict qu'elle se vouloit faire enterrer toute viue auprés de son Mary mort. En fin pour cacher la tumeur qui l'eust trahie, il est question de cercher des tenebres; elle feint de ne se plaire qu'en la solitude, que toutes les Cōsolations luy sont en horreur, que les compagnies l'assassinent; que les conuersations la font mourir; elle fuit ceux qui la veulét voir, & s'escartant dans les recoings plus sombres de son Palais, elle faict semblant de ne se plaire qu'à l'entretien de ses pensees, & dās la noire humeur de sa melancholie. On le croit ainsi, & pour n'irriter son impatience, on la laisse en paix, & certes il est bien vray:

Que c'est en vn lieu escarté
Où l'on treuue la liberté
De souspirer en ses allarmes,
N'estant rien que l'on prise moins
Que les tristesses & les larmes,
Qui veulent auoir des tesmoins.
Pleurer par tout, c'est aux Esprits
Qui peu de douleur entrepris,
Contrefont les acariastres,
Et dont la vaine ambition

Recherche des amples theatres
Pour monstrer leur affliction.
Les cœurs vivement tourmentez
Ne font pas aux lieux frequentez
Paroistre leur impatience,
Ils ayment un obscur sejour,
Et seulement leur conscience
Sçait la grandeur de leur Amour.

Telle n'estoit pas la douleur d'Olympie, mais elle vouloit qu'on la creust telle. Et le vray secret pour cacher ce qu'elle vouloit rendre inuisible aux yeux du mõde, estoit de se coucher; elle feint donc de s'abbattre sous l'effort d'vne maladie, qui luy acquit en la compassion de ceux qui la sceurent, la Reputation d'auoir aymé son Mary d'vne extreme Passion. Sa chambre toute couuerte de dueil redouble sa noirceur par les fenestres demy closes: rien ne la fasche tãt que la lumiere, ce n'est point pour elle à ce qu'elle fait entẽdre, que le Soleil se monstre; car ne luisant que pour les viuãs, & elle se rangeant au nombre des morts, bien qu'elle fust doublement viuante, elle n'auoit que faire de la splẽdeur du iour, n'aymant que les obscuritez sepulchrales. O cõbiẽ il est vray que ceux qui font mal haïssent la lumiere! Cependant il luy fut aysé parmy ces tenebres, & à la faueur de cette feinte maladie, de se descharger de ce fardeau qui luy pesoit tant, & de ce faire croire simplemét couchee, bien qu'elle fut accouchee. Talerio pere de ce fils qu'elle mit, diray-je au jour, ou aux tenebres, puisque ce fut à trauers tát de tenebres qu'il vint à la lumiere du jour; pour oster tout soupçon, & leuer la trace de toute cognoissance, le commit à vn homme affidé, luy commandant de le porter en quelque recoing escarté de la Calabre, le faisant prendre à quelque païsan pour vne bonne d'argent qu'il luy bailla pour ce subject, afin qu'il ne fust jamais parlé de cette chetiue Creature. Icy par vn secret instinct, dont la cause luy estoit incogneuë, il prit vn frisson à Leonin, qui luy causa vn tremblement extreme, & apres ce fremissement, il sentit tout a coup vne ardante chaleur qui luy causa vn bouillonnement de sang, dont la redondance s'escoula par le nez: de sorte que Parthenice fut contrainéte d'interrompre pour peu d'espace son Narré. Vous eussiez dict que c'estoit vn presage de ce qu'il deuoit apprendre à la fin de ses propres nouuelles, tant est grande & puissante la force du sang, tant est haute sa voix, puis qu'elle crie si esclattamment aux aureilles de Dieu, & que Dauid desire auec tát de ferueur d'estre deliuré du son de ce terrible retentissement, redoutát plus vn Vrie dót il auoit injustement versé de sang que mille viuans aduersaires: ô si Leonin eust sçeu qu'il estoit fait mention de luy mesme: mais la declaration estát trop foible pour en faire ouuerture en son entendement: voila que les impressions de son corps en rendent de secrettes, mais peu intelligibles preuues. Parthenice esbahie de cet accident inopiné: Madame, luy dit Leonin, c'est mon sens qui fremit de voir tant d'innocence opprimee de tant de malice. Helas! poursuiuit-elle, ce ne sont icy que des fleurs, à comparaison des sanglantes espines qui suiuent, ce ne sont que des jeux & des preludes, des horribles Tragedies que vous allez entédre, & qui vous feront tout à faict transir, si vous ne réforcez vostre courage, & si vous ne preparez vostre ame à soustenir de plus violans assauts. Pour Dieu, Madame, reprit Leonin, continuez, car iamais discours ne me pleut, ny ne me toucha de la sorte, & par cet effect corporel vous pouuez iuger des impressions qu'il faict en mon esprit. Cette petite pluye de sang estát escoulee, & chacun remis à sa place l'inuiolable Virginette continua ainsi le fil de son Narré. Olympie ayant sauté ce mauuais passage, au lieu de recognoistre la patience de Dieu qui l'attendoit à Penitence, continuë à violenter la Misericorde du Ciel par la reprise de son mauuais train auec Talerio; elle pense estre libre & Maistresse, bien qu'elle fust esclaue de ses Passions, & à la cadene du Peché; les faueurs qu'elle depart à ce beau fils ne sont plus cachees à ses domestiques, leur mariage est minuté de longue main, les promesses en sont faittes, il n'est que trop consommé, elle va leuer le masque, & se declarer.

Desia de son honneur le frein pert son pouuoir,
La reputation ne la tient en deuoir,
L'aueuglee qu'elle est, ne craint plus qu'on esclaire
Tous ses deportemens, elle ose temeraire
Le nom de mariage à son crime imposer,
Et d'vn tiltre sacré son erreur desguiser:

Mais celuy-là n'est pas eschappé qui traine son lien. Alexandre son Pere a bon nez, il chasse de haut vent, dés le premier assentiment qu'il eut de ces menees, & de cette sourde pratique, il la conuie de reuenir en sa maison, en la compagnie de sa sœur qu'il auoit lors reprise, comme ie vous ay desia faict entendre; luy remonstre que cela soulagera leurs trois vefuages par vne commune conuersation: mais il chante à vne sourde, ou pour le moins à vne pire que sourde, car elle n'y veut pas entendre: En

Liure quatriesme. 219

fin les loix publiques vindrent au fecours de la voix, & de la femonce paternelle ; car elles ne veulent point que iamais les femmes, comme d'vn fexe né pour la fubiectiõ, foient fans fuperieur, autrement ce feroit vn vaiffeau fans timon, vn cheual fans frein, vn chariot fans conducteur : toufiours elles doiuent eftre en la main de leurs Peres, de leurs Maris, de leurs Parens ; encor n'y at'il point affez d'Argus pour veiller fur leur garde, ny de Dragons affez vigilans pour conferuer les pommes d'or du jardin de leur Pudicité. Mais Olympie eft véfue, il eft vray : mais d'autre part elle eft encores fi jeune, qu'elle n'a pas atteint l'aage de majorité : que fi par les loix il falloit vn Curateur à fon bien, combien pluftoft vn Tuteur à fa perfonne ; & à qui mieux pouuoit conuenir cette Tutelle qu'à fon Pere, qui la reprend donc foubs fes aifles appuyé de l'auctorité de la Iuftice, & qui penfant retirer fa fille, attira chez foy l'afpic qui luy caufa la mort. La voyla bien gefnee : fa fœur que l'affliction auoit renduë auffi Vertueufe, comme la Profperité auoit porté Olympie au vice, eft vne fentinelle toufiours veillante fur fes actions, qu'Alexandre luy auoit commandé d'efpier pour recognoiftre fi les rapports qui l'auoient mis en foupçon estoiét veritables. Il ne le recognut que trop; car Talerio reduit au petit pied, parce que sa maistresse n'estoit plus maistresse de son bié, ny mesme de sa liberté, que ne faisoit-il pour se rendre cette prison (ainsi appelloit-il la maison d'Alexandre) penetrable, il n'y pouuoit entrer, non pas mesme en pluye d'or: & ce qui le desespere, est que la pluye d'or n'en peut sortir pour luy, ne paroissant que par les liberalitez de sa Dame. Comme il estoit delié, & d'vne subtilité Calabroise, il tente toutes sortes de moyens : mais Alexandre plus vieux, & aussi plus rusé preuient toutes ses finesses, il feint de vouloir donner des aduis touchant les affaires de la succession d'Appian, s'offre pour les conduire, comme en ayant l'intelligence, il est renuoyé; Olympie le demande pour entendre sa Musique, Alexandre luy fournit d'autres Musiciens de toutes les façons; voyla l'vn & l'autre au desespoir. L'Amour pere des inuentions pert icy toute son escrime. Vn iour elle demande hardiment à Alexandre Talerio, non pas en mariage, mais à son seruice; alors Alexandre luy manifestant ce qu'il auoit appris de quelques domestiques d'Appian, luy ouurit ses soupçons auec vne paternelle simplicité & sincerité, & les exaggera en sorte qu'elle crut qu'il sçauoit dauantage de ses affaires, que la Modestie ne luy permettoit de luy dire: C'est pourquoy laschant la bride à sa Passion, elle luy declara ouuettement qu'elle estoit amoureuse de Talerio, & qu'elle le vouloit pour mary, & cela auec vne arrogance merueilleise; car elle tràchoit de la Maistresse & de la Vefue, estimant que cette qualité si honorable, si saincte & si recommandee la dispensast de faire la femme escappee. Ie ne croy pas, disoit-elle à son Pere, que vous m'en puissiez empescher; car ayant vne fois soumis ma Volonté à la vostre outre mon gré, pour acquerir des Richesses par la perte de mon contentemét, ie ne pense pas que vous ne puissiez vne autre fois côtraindre de la remettre entre vos mains, au preiudice de mes desirs : De la elle se porta à des outrages qui ne deuoient pas sortir de sa bouche, & que ie voyle soubs le Silence. Alexandre qui l'aymoit comme Pere, & qui sçauoit la force de la rage de cette Passion Amoureuse, quand elle mestrise les sens, & quand elle foule aux pieds la Raison ; ne voulut pas s'opposer de front à ce torrent, mais la prenant doucement, & la reprenant neantmoins fortément, il luy representa les impossibilitez de ce mariage qu'elle ne deuoit, ny desirer, ny esperer ; qu'elle voyoit bien aux grandes commoditez qu'Appian luy auoit laissees l'vtilité de son premier conseil, qu'elle appelloit contrainte; qu'il n'y auoit Duc en tout le Royaume, qui estant à marier ne la recherchast comme vn auantageux party; qu'espousant le Secretaire de son mary, homme de neant & de la plus basse naissance qui se puisse imaginer, elle s'immoleroit à la risee de tout le monde, & qu'elle imprimeroit dans les Esprits des soupçons de vray-semblance, qui terniroient la belle blancheur de la Reputation; que cette pensee estoit si ridicule, qu'il n'estimoit pas necessaire de luy dissuader, que cette proposition se fondoit deuant la Raison, comme la neige deuant le Soleil. Mais pourtant le Soleil de la Raison ne peut pas fondre la glace du cœur d'Olympie, qui obstinee en son mal fuyoit ces remonstrances, comme le blessé la main du Chirurgien. Au contraire prenant de la gauche, ce qui luy estoit donné de la droitte, elle se resolut, ou de mourir elle-mesme, ou de vaincre toutes les difficultez qui s'opposoient à sa conuoitise, ou bien de vaincre en faisant mourir tous ceux qui s'y opposeroient. Elle a assez de moyens pour aduertir Talerio de sa captiuité & de ses desseins; le mal est, qu'ils ne se peuuent voir: car à cela le iudicieux Alexandre opposoit mille fortes barrieres: Mais ce feu est si fort, qu'en fin cette fournaise creuera à son dõmage. Talerio venant vn iour chez Alexandre, sous vn specieux pretexte, en est si mal traitté, que la porte luy en est interdite, à peine d'estre chastié de sa temerité. Il perseuere, on le menace: desia il veut publier qu'on ne luy peut interdire de voir celle qui luy a promis mariage, & qui en a signé la promesse (il deuoit adiouster & seellee) de son sang. Cela faict entrer Alexandre en vne telle cholere, qu'il ne luy promet rien moins que de le tuer, non seulement s'il auoysine sa maison, mais s'il ne sort de la ville de Naples. Olympie desesperee crie au dedans, que c'est son Mary, que quelque opposition qu'on face, elle n'en veut point d'autre. Grande combustion se prepare. Alexandre bien apparenté remuë ses amis, & cherche de toutes parts le miserable Talerio, pour luy faire vn mauuais party: mais le Calabrois sçachant qu'il ne pourroit pas venir à chef de son entreprise en Lyon, prend la qualité de Renard, & comme feignant de ne plus penser à cette poursuitte, fait sçauoir à Olympie qu'il ne faut point faire tant de bruict, mais plus d'effect. Sa sœur Albanie auoit bien des yeux assez aigus, & vigilans pour obseruer ses actions:

mais les inuentions de se parler par lettres ne peuuét par aucune precaution estre interdites : ces paquets que l'on qualifie du nom de volatiles se glissent par tout, portez par les airs sur les aisles des Zephirs. Vous estreindriez aussi tost vne masse d'argent vif que d'empescher ces soupplesses. Resolution la deplorable Olympie aydee par l'aduis de Talerio, & plus encores portee par son propre instinct, ou plustost tous deux par vn instinct diabolique se determine d'ouurir la porte de sa Liberté auec vne clef empoisonnee, elle commence par sa sœur, meslant dans son manger du poison que Talerio luy fit auoir, & ne pensant faire que ce meurtre elle en entasse deux ; car vne petite Niepce qu'elle auoit mangeant de la mesme mortelle viande, dont sa Mere se repaissoit, luy tint compagnie au trespas. Alors les Amans miserables commencerent à respirer vn peu : car Olympie desliuree du joug, & des yeux de cette surueillante, treuue mille inuentions pour voir Talerio. Alexandre qui s'en doute luy donne vne vieille Matrone pour luy tenir compagnie, ce disoit-il : mais en effect pour gouuernante & Espionne, la voila retombee de fieure en chaut-mal ; à la fin l'impie Olympie (car comme voulez-vous que ie l'appelle, ayant à vous declarer la plus horrible

de

de toutes les meschancetez qui se puissent imaginer) se resout d'empoisonner son propre Pere, & de donner air à son impure flamme par vn execrable parricide, ce qu'elle faict auec tāt de dexterité du reste du poison que luy auoit enuoyé Talerio, que voylà pour le dire en vn mot Alexandre qui mort la terre. Talerio auoit innocemment fourny la matiere de cet horrible attentat, non l'aduis, car il en estoit innocent, aussi bien que de la mort de Chrysolite. Il pense que c'est le Ciel, qui le voulant fauoriser de la possession de sa Maistresse, & d'vne tres-grande fortune, la voyant recueillir deux grands heritages tout à la fois, a porté son Opposant dans le cercueil. Olympie hardie comme vne femelle accoustumee aux meurtres & au carnage, se voit au dessus de tous ses desirs, elle porte son front dedans les estoilles: mais en fin elle tombera dans les toiles de la Diuine & humaine Iustice. Dieu Tout-bon cachoit toutes ses fautes mesmes sans soupçon, mais elles ne luy estoient pas pour cela remises, parce qu'elle n'en venoit pas à Penitence ; au contraire renouuellant ses anciens pechez, elle reçoit Talerio à porte ouuerte, & apres luy auoir donné le gouuernement de tout son bien ; le temps de son deuil estant vn peu auancé, nonobstát l'aduis de tous ses parens elle l'espouse publiquement à la veuë de toute Naples, s'immolant à la risee & à l'opprobre de tous les iugemens. Le voyla de fils d'vn villageois deuenu Marquis, Comte, & en fin haut & puissant Seigneur. Il n'y a rien qui s'apprenne si viste qu'à faire le Grand, en moins de rien ceux que la fortune releue de la bouë dedans les nuees de la vanité, sçauent sur le Theatre du monde jouër le roollet des Princes ; mais encores quelquesfois la nature se faict-elle voir à trauers tous ces nuages de grandeur, & la bassesse des actions qui eschappent accuse celle de la Naissance ; le Singe est tousiours Singe, quoy qu'habillé de vestemens Royaux. Talerio veut trancher du Grand, mais tous les vrays Grands l'ont en mespris ; il estoit plus estimé estant seruiteur, que maintenant qu'il est deuenu Maistre : car c'est l'ordinaire des hommes de regarder de trauers l'exaltation, principalement de ceux qu'on a veus, ou inferieurs, ou esgaux. Tout le monde admiroit sa gentillesse tandis qu'il estoit Secretaire du Chancelier, & tandis qu'il se tenoit dans les termes de la Modestie, il rauissoit les cœurs par les yeux, à cause de sa bonne mine, & par les aureilles pour la melodie de sa Musique : maintenant qu'il veut faire le Gentilhomme, & contre-faire le Prince, chacun le regarde comme vn valet: il s'est veu grand en sa petitesse, à present il se voit petit en sa grandeur. C'est vne belle chose quand on se mesure à son aune, & qu'on ne pense de soy rien de trop haut: mais il ne falloit pas que Talerio fist mentir le Prouerbe, qui dict,

Qu'il n'est rien si superbe,
Qu'vn petit compagnon deuenu Grand Seigneur.

Heureux celuy, qui dans la cognoissance de soy-mesme treuue les vrays sujects de s'abbaisser par la recognoissance de son peu de merite. Plus le Singe est monté haut plus il descouure ce qu'il a d'infamie: on n'auoit iamais tant examiné, ny descouuert l'origine de Talerio que depuis que bouffi d'arrogance il la voulut couurir; bien esloigné de l'humeur de ce Chaste Ioseph, qui deuenu Vice-Roy recognut de pauures Bergers pour ses Freres. Mais quoy, l'orgueil, comme la fumee monte tousiours, & comme la fumee il aueugle. Ce que ie dis courageusement, pource qu'il faut blasmer le vice, quelque part qu'il soit, fust-il en nostre propre Pere, il faut aymer les Pecheurs, & non pas leurs pechez; & puis ce que ie dis est si notoire, que quand ie ne le dirois pas, c'est chose que non seulement vous sçauez, mais toute Naples est abreuuee. Et comme la superbe est detestee de Dieu & des hommes, Talerio se rendit odieux à vn chacun, & Olympie mesprisee de tout le monde; de sorte qu'ils se voyent riches de Biens & pauures d'Honneur, le rebut & la balieure des compagnies, l'opprobre des hommes, & la risee du peuple: Ce qui les faschoit extremement, recognoissant desia en ce poinct la poincte du doigt de Dieu: heureux s'ils eussent bien mesnagé ce sentiment, & preuenu des traicts enflammez de sa Iustice, en recourant à sa Misericorde. Ainsi ceux qui delaissent Dieu sont delaissez de luy, ceux qui se retirent du sentier de sa Loy sont escrits en la terre, & rayez du liure de Vie qui est au Ciel: & le pis est, que quand on tombe en sens reprouué, l'on espreuue lors combien il est amer & fascheux d'auoir abandonné vn Dieu, auquel il est si bon d'adherer & de se ioindre. Dans le Triomphe de leur Bonheur, ce mespris & ce peu de Reputation leur estoit vn Rabat-joye: car au lieu de se voir à la faueur de leurs grands biens portez sur l'aisle de la Gloire, ils se treuuerent deceus, & s'en treuuerent decheus. Cependant ils ne laissoient pas de jouïr d'vne ample fortune, en la possession de tant d'heritages acquis par tant de morts cruellemét entassees : mais ce fut comme le foin qui croit sur les toits, agreable en ses fleurs, & qui se seiche soudain. L'humeur altiere de Talerio luy acqueroit beaucoup d'ennemis, & la vanité d'Olympie estoit mocquee de s'estre mariee à vn seruiteur, à vn homme de peu, ayant auparauant espousé le Maistre, & vn Chanchelier. Ses parens la desdaignoient, non seulement parce qu'elle s'estoit portee, ou plustost trásportee à ce mariage, sans leur consentement, mais comme ayant honte de se dire parens de Talerio. Talerio d'autre part auoit honte de ses propres parens, renuoyant aussi honteusement que barbarement ses propres freres qui le venoient treuuer pour estre seulement admis à son seruice: mais pour ne rougir à leur cótinuelle presence, il les chassoit rudement sans leur faire aucun bien. En fin son Pere & sa Mere accablez de la Pauureté, & surchargez de la multitude de leurs enfans, estimans flechir son courage, & auoir quelque part à ses commoditez, pour le soulagement de leur misere, le vindrent visiter: mais tant s'en faut qu'il leur fist aucune largesse, qu'au contraire par vn acte inhumain, & tout à faict desnaturé, & qui n'en deuoit gueres en Barbarie, au parri-

P iij

cidé d'Olympie, il ne les voulut pas voir, renonçant à leur sang, à leur parenté, à leur cognoissance ; ce qui attira peut-estre sur luy quelque malediction secrette, qui le traina depuis à ce honteux supplice, par lequel il a finy ses iours. Et certes il ne faut pas s'estonner si celuy qui auoit renoncé à l'affection paternelle, si iuste, si naturelle, si necessaire, en reiettant son propre fils, & comme l'exposant & le prostituant, se despouilla de la reuerence filiale, en mescognoissant par vne ingratitude trop grande pour estre enclose dans ce monde ceux qui luy auoient donné l'estre. Et en ce mesme temps, tant est vehemente la force du sang, Leonin sentit comme recommencer son ebullition: mais comme la passade de Parthenice estoit superficielle, elle passa legeremét, & son mouchoir n'en receut que deux ou trois gouttes. On dict que les playes d'vn mort saignent à la presence du meurtrier, par vne secrette dispathie, que le corps garde contre celuy qui l'a separé de son ame. Diriez-vous pas qu'il y ait icy quelque chose de semblable, ce sang semblant renoncer & desauoüer celuy qui l'auoit renoncé & desauoüé, marquant neantmoins par son decoulement la source de son origine. Parthenice continuë. Et ce fut en ce temps là heureux en apparence, mais mal-heureux en effect pour nos mariez, que nasquit d'vn mariage tel que vous pouuez penser estre celuy-là d'vne femme qui s'allie auec son Adultere & meurtrier de son premier mary, cette fille miserable qui vous parle, ô Leonin! ou plustost ce monstre de desastres prouenu de ces deux monstres d'impieté: quelle multiplication de monstres, & tels que iamais l'Affrique par ses plus horribles accouplemens n'en a produict de semblables. On dict que ma mere estant assez belle, & mon pere parfaittement beau (ô beauté malheureuse, que tu cause d'achoppemens) ains que trop beau pour le bon-heur d'Olympie, leur estoit en moy née vne fille qui auoit assemblé en soy les traicts plus agreables de leurs fronts: mais on deuoit dire que c'estoit en moy que la marastre fortune auoit decoché tous les traicts de son courroux, vuidant sur moy toute la trousse de ses disgraces. Fusse-je comme n'ayant point esté, ou pour le moins aussi tost morte que née; & n'estoit-ce point de semblables infortunez, qu'on dict qu'ils sont plus loüables morts que viuans, & plus heureux de ne naistre point du tout. Mais n'est-ce point en cela trop arrogamment controoller la conduitte de la Diuine Prouidence, qui l'a peut-estre ainsi ordonné

P iiij

pour faire veoir en moy vn spectacle accomply de toutes les miseres imaginables. Et la belle Parthenice disoit cecy auec tant de larmes, qui comme des perles enfilees couloient sur les fleurs de sa face de l'Oriét de ses yeux, qu'elle eust faict naistre de la Pitié dans le cœur de la mesme Barbarie. Celuy du pauure Leonin desia tout attendry par vne secrette sympathie deuint côme de la cire fonduë au milieu de son estomach. Et si le sang de son corps auoit coulé par ses narines, celuy de son cœur sortoit en bien plus grande abondance par les canaux de ses yeux. Apres plusieurs souspirs, & vn deluge de larmes, ayant prié l'inuiolable fille d'acheuer sa lamétable Histoire, elle en represéta la Catastrophe ainsi. Qui n'adorera la Longanimité de Dieu, attendant si long temps les Pecheurs à Penitence? O combien il est patient sur leurs iniquitez, & tardif à les chastier! qui n'admirera tant de Bonté se respandant sur tant de Malice? qui ne detestera tant de Malice s'opposant à tant de Bonté? Ie fus l'Vnique fruict taré de l'arbre de ce Mariage, dont la racine estoit si vicieuse : car ce frere que i'ay dict estoit né auparauāt (& ce mot fit encor vne espreinte au cœur de Leonin qui luy cousta vne goutte de sang;) de vous dire auec combien de grandeur, de splendeur, de mignardise & de delicatesse ie fus esleuee iusques à l'aage de sept ans, c'est chose inutile : car cette qualité d'Vnique le declare assez expressement; mon Pere m'adoroit; ma Mere m'idolatroit, tout le monde me caressoit, & dés vn aage si tendre, on me regardoit desia comme le plus aduantageux party qui fust à Naples : car bien que mon pere dissipast beaucoup de biens en folles despences, si est-ce qu'il y en auoit tant en ce tas d'Heritages, que c'estoit vne source intarrissable. O combien il est vray, que la Pauureté est bien plus sensible apres vne grande abondance, comme l'absynthe paroist plus amer apres auoir gousté le ray de miel. Il vaut bien mieux n'auoir jamais rien esté, que n'estre plus rien, apres auoir esté quelque chose : Et ie croy que cette consideration augmentoit de beaucoup les miseres de Iob. Car quand ie me souuiens encor de la Magnificence & de la Pompe de mon esleuement, & que ie la compare à l'abysme de la Misere où ie me suis veuë, en mon r'aualement, côtrainte par la dure loy de la Necessité, & le rebut de tous ceux ausquels, à cause de ma Mere, je touchois de Parentage, de me reduire aux Zitelles ; & apres cet extreme r'aualement quand ie pense à mon enleuement que ie tiens pour le comble de mes calamitez ; ie m'estonne comme ie vy, & si ie vy comme ie puis parler, puisque ce sont les moyennes douleurs qui esguisent l'esprit, & laissent l'vsage de la parole : mais les excessiues calamitez, comme est celle-cy en le surmontant, & l'estonnant, luy doiuent oster le mouuement de la langue. Or tout ainsi que les Matelots augurent vne grande tempeste d'vn calme profond, & les Medecins d'vne bouillante santé, vne dangereuse maladie : Ainsi cette extreme Prosperité qui emportoit Talerio à pleines voyles dans le courāt des delices, fut vn signe de sa miserable decadence. Desià enflé de la stabilité de sa fortune par les Donations que ma Mere luy auoit faictes en l'espousant, & par la veuë de sa future Heritiere, il commence à se licentier à d'autres Affections, à mespriser Olympie, de laquelle il conceut vne secrette auersion, que dis-je, mais vne merueilleuse horreur, quand elle luy eut descouuert les deux empoisonnemens qu'elle auoit faicts de Chrysolite & d'Alexandre, qui n'estoient cogneus qu'à Dieu & d'elle seule. Car au lieu qu'elle en pensoit allumer vn plus fort brandon d'Amour en l'ame de Talerio, en luy faisant veoir que c'estoit pour le posseder, qu'elle s'estoit deffaicte de cette Riuale, & qu'elle auoit commis cet execrable Patricide: Au contraire de ses pretensions, Talerio entra en deffiance d'elle, estimant que cette conscience (s'il luy en restoit apres ces forfaicts) prostituee à l'abandon de ses volontez pour executer ses voluptez, qui auoit cōmis des meschancetez si enormes, au premier suject de courroux, qu'il allumeroit en cette ame desloyale, ne feroit point de difficulté de l'enuoyer tenir compagnie à tant de gens qui valoient mieux que luy, & qui luy deuoient estre en toute autre Consideration. Il dissimule, & comme fin & Calabrois, il couure d'vne mine d'Amour & de Bienueilláce vne Detestation & vne Haine veritable. Voyla le principe de leur malheur tiré de leur mal-heur mesme, tant il est vray que le peché comme la Cantharide porte en soy, ou ce qui le destruict, ou ce qui destruict celuy qui le commet. Desia Talerio par ses desbauches, deuenant de flamme pour d'autres objects, deuenoit de glace pour Olympie. Ces froideurs sont recogneuës de cette femme, qui augmente ses ardeurs auprés des glaces de son Mary; elle ne croit point estre si desagreable: car si elle ayme Talerio, elle s'ayme bien fort elle mesme. Elle ne pense pas que l'espace de sept ans ayt peu apporter tant de deschet aux graces de son front, qu'elle en doiue endurer la glace d'vn affront, si elle n'a point pour aymer Talerio d'autre obligation que ses beautez; elle pense que quand elle seroit la plº difforme de l'vniuers, il seroit au moins tenu de cherir en elle la beauté de tant d'obligations dont elle l'a rendu son redeuable. Elle se pare, elle traffique longuement auec son miroir, elle s'attache d'vn long art tous les ornemens dont elle se peut aduiser, pour reparer les defauts qu'elle se persuade estre en elle. Elle redoute que quelque charme ne destourne d'elle les yeux de son Mary, elle ne se voit point changee ny d'Amour, ny d'humeur, ny d'vn visage incogneu.

Son front au miroir est pareil,
Et sa face n'est point ternie
En cette fieureuse manie:
Voyez où elle prend conseil,
Elle cherche en la glace & fragile & fidelle,
Pourquoy Talerio est de glace pour elle.

En fin ne treuuant point en soy la cause de ce changement, sa curiosité la porte à en faire la recherche dans les deportemens de Talerio. Lequel luy tesmoignant desia assez ouuertement ses mespris, & de seruiteur qu'il estoit estant deuenu Maistre insupportable & Tyrannique, est allumé d'ailleurs d'vne nouuelle & volage flamme, laquelle il ne se soucie pas autrement de tenir couuerte: car il y a des esprits hautains, qui faisás l'Amour, autant par Vanité, que par inclination, ne tendent leurs pieges qu'en des lieux releuez & eminens, afin de faire aussi tost estimer leur courage, que loüer leur affection. La Marquise Cynthie est celle qu'il adore, & qui le desdaigne, & Olympie qui l'auoit faict Marquis, est celle qui l'adore, & qu'il desdaigne: desia de toutes parts il est non seulemét esclairé, mais apperceu; Cynthie genereuse & Vertueuse, est en la plus grande cholere du monde, que Talerio ait osé haussier les yeux vers son visage pour en regarder les traicts: ce n'est pas pour brusler des cœurs si vils, que ses yeux sont armez de flammes. Elle le mesprise, le rejette, l'injurie, luy faict des affronts, tout cela est de l'eau sur son feu adultere, qui comme vn feu gregeois petille dedans les eaux au lieu de s'esteindre; elle le menasse, il s'en rit, il tient cela pour des faueurs, insolent en sa poursuitte, il continuë sans front cette recherche desraisonnable, dict en se mocquant, que les menasses sont pour les femelles, mais les effects pour les hommes. Il est menassé par des Masles courages, qui sont les parens de cette Honorable Dame; comme il estoit fier & arrogant il les braue en paroles. Vn iour ils vindrét aux mains, & si desaduantageusement pour Talerio, que s'il n'eust cherché son salut en la legereté de ses pieds, plustost qu'en la dexterité de ses bras, c'estoit faict de sa vie. Olympie sçait tout cecy, qui en allume en son ame vn tel feu de jalousie, qu'en fin ce sera la cause de son total embrasement; elle a l'esprit si occupé de fureur, qu'elle n'a plus de place en soy pour soy-mesme, moins encor pour la Raison. Raison tout à faict bouleuersee par ce torrent de jalousie, qui faict vn rauage & vn saccagement en son ame, tout semblable

A vn fleuue qui ses cors
Va esleuant de ses bornes
En escumant sa fureur,
Et bouillonnant par la plaine
Renuerse toute la peine
Du penible laboureur.

Il n'y a terre-tremble si espouuentable, bruslement si furieux, tonnerre plus grondant, foudre plus esclattant, mine qui esclatte auec tant de violence, que la jalousie d'vne femme priuee des justes affections de son Espoux, principalement quand il luy est obligé de sa fortune, qui est le plus estroit lien d'obligation qui soit entre les humains. Et tout ainsi que des corps les plus excellens se font les plus fascheuses corruptions: ainsi des violentes amitiez, les extremes inimitiez, les Haines irreconciliables, les Courroux implacables. Certes, comme le ver s'engendre en la pomme qui semble la plus meure par sa couleur vermeille, ou jaune-dorée: de mesmes dans les Mariages où l'Amour semble plus ardante, la feruenr, ou si vous voulez la fureur de la jalousie naist plustost, que dans ceux qui sont plus attrempez. Si Olympie n'eust fortement aymé Talerio, outre qu'elle n'eust pas commis tant de meschancetez pour l'acquerir, elle ne l'eust pas depuis si mortellement hay, qu'elle en fust venuë à ce poinct, de procurer sa mort par la sienne propre, comme vous allez entendre. Car en luy reprochant vn iour cette affection de Cynthie, qui luy auoit jetté tant de querelles sur les bras, & qu'il ne luy pouuoit celer, il luy rejetta le reproche de son Parricide, qu'elle luy deuoit celer, si elle eust esté aussi judicieuse qu'elle fut inconsideree. La voila sans replique, & en rongeant secrettement son frein, le feu de sa cholere deuint d'autant plus ardant, qu'elle osoit moins le faire paroistre. Mais quand elle se vit seule en sa chambre, ce fut là que se deschargeant du faix de son corps sur vn lict, elle vomit de son cœur tous les outrages imaginables contre la desloyauté & la perfidie de Talerio. Il me souuient encores que de la chambre voisine où i'estois, ie l'entendois souspirer tout haut, mais ses mots ne se pouuoient distinctement discerner: neátmoins ma jeune curiosité m'apprit ceux-cy. Ha! Barbare, & le plus diffamé d'ingratitude que la terre porta iamais, ô le plus noircy d'infidelité que le Soleil puisse esclairer, est-ce ainsi que tu payes maintenāt les trop ardantes affections de l'infortunee Olympie? Tu sçais infidele, à quels degrez d'infidelité ie me suis portee pour t'estre loyale; pour toy i'ay esté cause de tant de morts, & maintenant en m'ostant ton Amour, qui me tenoit lieu de tant d'innocentes personnes couchees au Tombeau, tu m'arraches la vie. Falloit-il que pour n'auoir iamais changé i'esprouuasse ce changement, & que ie treuuasse la mescognoissance en vn cœur desloyal, qui m'auoit iuré tant de fois de ne s'y rendre iamais, en vn cœur plus accablé, plus comblé que chargé de mes bien-faicts? Faut-il que ie sois blessee par mes propres armes, & que pour t'auoir faict tant de Bien, tu me faces tant de mal? faut-il que celuy qui ma autresfois adoree auec des soumissions nompareilles, m'outrage maintenant

nant d'insupportables affronts, & tels que ie n'ose seulement, ny repliquer, ny m'en plaindre? Faut-il que l'extreme Amour que ie t'ay portee m'ait transportee à des actions d'aueuglement & de desespoir, & que maintenant tu me rebuttes pour vne qui te mesprise autant que ie t'ay estimé? Et ie ferois iamais conte de la fermeté d'aucun homme! ô toy ingrat, & moy plus inconsideree, de croire qu'il y ait des hommes d'vne autre trempe. Si ie pense aux obligations que tu m'as, ie te deurois estre mille fois plus chere que ta propre vie: tu n'estois rien, & ie t'ay faict estre non seulement quelque chose, mais quelle chose de grand! en multipliant mes meschancetez, i'ay haussé tes honneurs, tes ayses & ta gloire; ie me suis renduë coulpable deuant Dieu, pour te rendre grand deuant les hommes. Pour toy i'ay non seulement mesprisé mille poursuiuans, mais i'ay violé toutes les Loix du Ciel & de la terre, pour t'appeller à la participation de mes biens & de ma couche. O Manes de mon Mary, & de mes Parens si malheureusement victimez à ta cruauté, que ne vous attachez-vous comme des furies vengeresses au collet de ce miserable? Et bien Talerio apres tant d'autres ie mourray moy mesme victime à ta cruauté, & tu euiteras par ma mort le déplai-

Q

sir de ma vie, mais non pas celle de mon ombre qui te poursuiura tousiours en te representant tes desloyautez & tes ingratitudes. Mais quoy, mourrons nous sans nous venger de ce traistre, qui m'ayant faict violer toutes les Loix Diuines & Humaines, les viole luy-mesme en moy, en renuersant l'inuiolable fidelité qu'il m'a juree? Non non, ie le veux entrainer quant & moy au precipice de ma ruine, & luy monstrer que ie suis autant capable de le perdre, que de l'esleuer. Et que le Ciel decoche par apres sur moy tous les traicts de son courroux, & me face tourmenter de tels supplices qu'il voudra, pourueu que ie me rassasie auparauant de l'extreme vengeance que ie veux prendre de sa desloyauté. Là dessus les feux, les fers & les poisons se representerent deuant ses yeux pour l'assouuissement de sa rage: mais comme elle estoit toute dressee aux dernieres, elle minutoit de s'en seruir pour se vanger sourdement de Talerio, & si la douleur de sa perte la tourmentoit de l'esteindre par celle de soy-mesme, estouffant par cet execrable moyen ses desplaisirs, auec sa propre vie. Estrange resolution de femme, quoy plus, pourroy-je biē dire cecy sans horreur? Pour esteindre tout à faict la memoire de Talerio, elle se propose (cōme depuis elle me confessa) d'empoisonner mon innocéce, entassant peché sur peché, cōme les Geants firẽt les montaignes, pour s'enseuelir sons tât de ruines. Iusques où va la vengeance d'vne Amour mesprisee! N'auez-vous jamais veu se destacher de ces hautes poinctes qui rendent l'Appennin effroyable quelque gros quartier de rocher, il fond & roule dãs la vallee, auec vn bruict comme d'vn tonnerre, qui faict retentir les cauernes de mille Echos; il traine apres soy mille petits cailloux, & en chasse deuãt soy vne milliasse: Ainsi faict cette femme, resoluë de faire tõber dans la fosse en mourãt, tout ce qu'elle y pourroit abatre: Ainsi la Lyonne blessee au flanc d'vn traict qui la trauerse, deschire deuãt que de mourir autant qu'elle rencontre d'animaux. Mais le rusé Talerio

Sçachant ce que minute vne femme en cholere,
Et qu'on ne peut trouuer de plus sauuage fere,

Se r'emparant par ses deffiances, préuient ses feintes recherches par des fuittes si estudiees, qu'euitant sa rencontre par la crainte de son propre peril, il luy faict croire que c'est pour l'horreur qu'il a cõceu de son Parricide. Desia le lict ny la table ne les assẽble plus. Talerio enyuré de ses autres Affections, & pressé de ses Craintes, & de ses Auersions, ne la voit plus, que comme l'on voit ce qu'on ne regarde point. De quoy Olympie est en vne rage desesperee; elle faict tant de bruict dans la maison, que Talerio n'a plus de Paix (si vn homme peut auoir de la Paix qu'vne mauuaise conscience remord au dedãs, & qu'vne pire femme tourmente au dehors,) que quãd il s'esloigne d'elle : ce ne sont plus que riottes, querelles, castilles, incompatibilitez, reproches, injures; desia les noms de Trompeur & de desloyal, sont appellez apres ceux d'hõme de neant, & de condition seruile; apres ces outrages de Perfidie, on vient aux repliques des Meurtres & des Empoisonnemens en General. Vn iour comme ils pensoient estre seuls & non entendus en leur chambre, ils se dirent en face toutes leurs veritez, lesquelles ma Gouuernãte appellee Clarice entendit, portee par vne Curiosité trop naturelle à nostre sexe. Dieu que deuint-elle quand elle sceut tant de meschancetez! elle pensoit songer. Mais ce n'est rien, tel fut l'aueuglement dont ils furent frappez par la permission de la Diuine Iustice, qui ne veut pas que le Soleil esclaire tant de crimes sans Penitence ou sans Punition, que desia ils ne se cachoient plus en ces outrageux reproches de leurs domestiques; chacun des deux s'accusoit, chacun des deux s'excusoit. Ainsi Adam rejetta sa faute sur Eue, Eue sur le Serpent; nul sur sa propre malice. Olympie dict tout haut, que Talerio l'a pipee, l'a ensorcelee, & pour l'auoir a faict mourir son maistre

Appian, & son Pere Alexandre. Talerio la desment, & au lieu de la faire taire, rejette toutes ces abominations sur sa teste ; l'appelle parricide, execrable, digne de mille Enfers. Toutes ces inuectiues firent naistre des soupçons; les soupçons firent former des cojectures, les conjectures descouurirent des apparences. Immolez qu'ils estoient à la Hayne, qui est le plus grand mal-heur qui puisse arriuer à ceux qui sont de peu esleuez à vne grande fortune; ils ne manquent pas d'ennemis; les ennemis croyent toutes choses selon leur Passion, & la moindre vray-semblance de mal leur est vne Verité infaillible: somme la Iustice en a le vêt ; & pour ne faire icy vne procedure de Preuost, Talerio & Olympie se voyent saisis & trainez en prison à trauers cette grande Cité, où ils s'estoient veus auec tant de Richesses, tant de Pompe, & tant de Gloire. Talerio interrogé nie tout: Olympie desesperee, & qui vouloit mourir, pourueu qu'elle trainast Talerio à vn mesme supplice, descouure tout, chargeant de plus ce miserable des empoisonnemens de Chrysolite & d'Alexandre, ausquels il n'auoit jamais pensé: elle ne s'excuse point, ne nie point d'en estre coulpable, mais elle en jette la cause sur Talerio ; & du dernier qui estoit Alexandre, il auoit fourny le venin : mais il n'eust jamais creu qu'Olympie qui ne luy auoit manifesté que le dessein qu'elle auoit côtre sa sœur, eust esté iusques au parricide, pour lequel les loix n'ont point determiné de supplice, ou par ce qu'elles le jugeoient comme impossible, ou pour n'é pouuoir decerner d'assez rigoureux pour vn crime si execrable. Talerio sçachant ses depositiõs, dit que c'est la fureur & la rage de la jalousie qui parle, non pas sa femme, que voulant mourir, elle le veut entrainer quant & soy en sa condamnation. Côfrontez l'vn à l'autre, elle luy parle auec tãt de fermeté, qu'elle luy jette la rougeur sur le visage.

Tant il est mal-aisé de ne descouurir point
Son crime sur son frõt, quãd le remors en point,
Bien qu'incognu à tous il se trahit soy-mesme,
Mõstrãt vne couleur ou trop rouge ou trop bléme.

En fin sãs autre torture que de la gesne de sa propre conscience, Dieu luy ayant touché le cœur de quelque poincte de componction, il se confessa coulpable de la Mort d'Appian, & de celle d'Albanie; & mesmes il aduoüa qu'il auoit dessein d'attenter à la vie de sa femme Olympie, ou par le fer, ou par le venin, pour la crainte qu'il auoit d'estre preuenu d'elle en ce project. Alors Olympie voyãt qu'il y en auoit assez pour le faire mourir, & pour se voir vãgee; Dieu l'ayant aussi touchee du regret de ses enormes pechez, confessa clairemét qu'entre tous ces empoisonnemés qu'elle auoit faicts, elle auoit essayé plusieurs fois de faire le mesme à Talerio, mais qu'il auoit tellement euité, & ses dissimulez appasts, & ses dágereux repas, qu'elle n'auoit peu le faire tôber dans les pieges qu'elle luy auoit preparez. Et de là le deschargeant de la mort de Chrysolite, bien qu'il en fust aucunement la cause, mais incoulpable, acause des affections qu'il auoit pour cette fille, & aussi de celle d'Alexandre, encores qu'il en eust fourny la matiere, elle se jugea elle mesme digne de tel supplice qu'il plairoit à la Iustice d'ordōner. Ainsi furent cōdamnez ces deux miserables Amans à vne mort honteuse & publique: Talerio pour la bassesse de son lignage à estre pendu, Olympie à estre decapitee, & tous deux bruslez en vn mesme buscher, & leurs cendres respanduës au jöuet du vent. Exéple memorable, qui faict voir à quel precipice conduisent les passions desreglees. Mais qui n'admirera en cet effect les routes inscrutables de la Diuine Iustice, & dans cette saincte rigueur qui n'adorera les douceurs de la misericorde du Pere celeste: car pour auoir si mal vescu, ils moururét si bien, qu'ils firent métir le prouerbe, qui dit que la fin est conforme à la vie. Ce sont des surabondances & inondations de graces que Dieu ne cōmunique pas à toutes personnes, & qui nous doiuent plustost exciter à aymer sa Bôté, & à redouter ses iugemés, qu'à vne vaine attente de séuiables faueurs: car ce seroit irriter par trop son courroux, que de pecher sous l'Esperance du pardon, & faire comme les vapeurs, qui esleuees par le Soleil, rebouchent ces mesmes rayons qui les ont tirees de la terre. Cette Injustice n'est-elle pas punissable de mille disgraces, & d'vn entier abandonnement, d'estre mauuais pource que Dieu est Bô. Ces pauures patiéts recognurent que Dieu les punissoit l'vn par l'autre, parce qu'ils l'auoient oublié & offencé l'vn pour l'autre, preferant leur Amour deshonneste & terrestre à la Diuine & Celeste. Industrie esmerueillable de ce grád Dieu, qui sçait tirer sa Gloire de ceux qui l'abádonnent, & se vanger de ses ennemis par ses ennemis mesmes. Ils se reconcilierent & pardonnerét l'vn à l'autre, auoüans qu'ils ne s'estoient jamais si fortemét aymez, que depuis qu'ils s'aymerent sainctemét. Tant a dauanuantage la saincte Charité sur la feinte & fausse Dilection, qui n'a que les Voluptez, les Honneurs, les Richesses, & les Vanitez de la terre pour son debile fondement. I'entrois au huictiesme de mes ans, ayát esté instruicte auec tant de soin, qu'on m'auoit faict venir la Raison comme auant terme. Mes parens desirerét me voir en la prison auát que mourir, mô Innocéce & la Pitié qu'on eut de leur desastre, obtindrent facilemét ce congé de la Pieté des Iuges; & ce fut là où le pauure Tario & la desolee Olympie verserent tant de larmes sur mon Chef, qu'ils penserent rendre par les yeux leur miserable vie. O Dieu, ie garderay eternellement empreintes sur mon cœur les Remonstrances Paternelles & Maternelles. Tous ceux qui furent presens à ce triste spectacle, & qui les entendirent, penserent pasmer de compassion, & les cœurs des Geolliers, plus durs que les diamans, rendus sensibles à ces plaintes, laisserent entrer la douceur en ces prisons, par le guichet de la Pieté, bien qu'elle en soit rigoureusement bannie, & que l'imployable & impitoyable Seuerité y tiéne vn Empire perpetuel. Tous les cachots resonnerent à mes gemissemens enfãtins, ces cauernes trêblerét aux sanglots de mes tristes parés, tristes, helas! non de leur mort, mais de me laisser en vie. Innocente creature, me disoit mon Pere, faut-il que tu coules tes jours auec vne perpetuelle infamie sur le frõt, pour des crimes que tu n'as point commis? tu es l'image viuante de ces jeunes fleurs, qui ont autrefois paru en mon visage; & tu seras le spectacle continuel de mes deplorables mal-heurs: voy, ma chere fille, où l'Amour deshõneste, où l'aueugle Ambitiõ, où l'Arrogance insupportable, où la Desloyauté enuers mon Maistre, l'ingratitude enuers mes parens, la mescognoissance de mon extraction, la vanité de mes deportemés, me precipite : apprends à estre sage par mes desastres, & que mon detraquement serue de miroir pour rectifier toutes tes actions: trop heureuse serois-tu, si mescognoissant ta naissance, sans te souuenir de ta nourriture passee, tu estois incognuë en quelque recoing de la terre, entre des mains villageoises, côme ie croy qu'est vn tié frere (s'il est encor au monde) que i'ay eu de ta Mere auant nostre mariage, & que i'ay miserablemét rejetté, & exposé en des lieux esloignez de ma cognoissance. (Icy le sang bouillonna encores à Leonin, fremissant tousiours quãd Parthenice pinçoit cette corde qui le touchoit de si prés.) O ma fille! à qui te puis-je recommãder sinon à la Prouidéce de ce Bon Dieu que i'ay si cruellement offencé : car outre la pauureté & la bassesse de mon lignage, qui ne te peut apporter aucun secours, côment seroit-il possible que mes parens te peussent voir ou receuoir, que i'ay renuoyez, chassez, rebuttez auec vne ingratitude si detestable, que sa noirceur seroit capable d'obscurcir la clairté du Soleil. C'est donc à ce Bon Dieu, que ie te recommande, ô ma douce Parthenice, il sera ton Pere & le Protecteur de ton innocence : car il est l'ayde des Orphelins,

& l'azyle des abandonnez; fois-luy aussi fidele que ie luy ay esté desloyal, que mon mauuais exemple te face bonne, tire la theriaque de mon poison, & que ma peine te serue de frein pour t'exempter de toute coulpe. Voy où tombent ceux qui abandonnent Dieu pour courir après les desirs de leurs cœurs, & apres l'impetuosité de leurs desbordemens; que le supplice que ie vais souffrir te face fremir en la souuenance de mes forfaits; regarde l'amere douleur qui m'oppresse, non tant de souffrir pour mes fautes vne punition trop legere, mais d'auoir abusé si longuement de la Patience de Dieu. Iette-toy entre ses bras, ma fille; donne-toy à luy, que le monde te soit crucifié, & sois crucifiee pour le monde; aussi bien quand tu heriterois des grands biens de ta Mere, comme tu n'heriteras que de ses malheurs & des miens, quel seroit l'homme aueuglé & si peu soigneux de son Honneur, qui vouluſt en toy espouser tant d'ignominies; & quand tu aurois autant de Beautez que ton ieune Orient en promet pour son Midy, qui seroit l'insensé, qui pour posseder vn si fragile bien, & qui passe comme vne fleur, se vouluſt couurir d'vne continuelle infamie, & non seulement soy, mais toute sa Posterité, puis que la faute des Peres est punie sur les enfans, iusques à la quatriesme generation. Preuien cette misere, ma fille, en prenant vn sainct voyle, qui te desrobant à la veuë des hommes leur ostera la connuoitise de tes Beautez, & te consacrera à vn Espoux, dont vn cheueu vaut mieux que tous les hommes, ny que tous les Anges, & qui ne sera pas si desdaigneux que de te reietter pour ton infamie, puis que de Glorieux qu'il estoit au Ciel, il a embrasé toutes sortes d'ignominies en la terre, pour t'espouser & te lauer en son sang. Dans vn Cloistre sacré, ma chere fille, tu treuueras le repos qui ne se rencontre en aucun lieu dans le siecle ; c'est là le port, dont le monde est la Mer: icy mille tempestes, mille perils ; là nul danger, nul orage: là deliuree, & de la crainte, & de la violence de tes ennemis, tu le pourras adorer & seruir en Iustice, & en saincteté tous les iours de ta vie : si tu prends ce conseil de ton Pere mourant tu seras heureuse en tes malheurs, sinon ie te declare que parmy les plus grandes felicitez que le monde te puisse presenter tu seras malheureuse: là, ma fille tres-aymee, souuié-toy de prier pour ce Pere miserable, & de prier auec d'autāt plus de ferueur qu'il en a de besoin, sortant de ce monde chargé de la multitude de tant d'enormes pechez. Que si la Creance Chrestienne ne m'aprenoit que Dieu est si bon, qu'il ne veut, ny ne peut refuser sa grace à persône, il seroit impossible que ie ne me dônasse en proye au desespoir. Mais ie m'en releue quãd ie repense que celuy-là ne nous peut rien desnier qui s'est donné soy-mesme par sa trop grande Charité pour nostre Redemption, s'abbaissant iusques à vne naissance si basse, vne vie si pauure, vne mort egalement ignominieuse que douloureuse : de telle sorte que si dãs l'abysme de cet aneantissement, la Gloire de sa Majesté Diuine n'auoit esté auoüee par la Conuersion des viuans, par la Resurrection des morts, par les Anges annonçans ce mystere aux hommes, par les Demons fuyans deuant la verge de sa Vertu, par la soupplesse des vents & des eaux à obeir à ses Commandemens, par l'eclypse du Soleil, par l'ouuerture des tombeaux, par le brisement des pierres, par le fracas des Elemens, & le croulement de la terre ; il y auroit de la difficulté à la conceuoir. O Dieu, deuant le Tribunal duquel ie vay comparoistre, sers de Pere à cette Orpheline, à laquelle ie donne toutes les benedictions que les Peres peuuent donner à leurs enfans, pourueu qu'elle soit tienne. A cela, chere Parthenice, & mon conseil, & comme ie croy la Necessité te conuie ; c'est là mon testament, & le tesmoignage de ma derniere volonté ; si tu secondes mes desirs Dieu te fera grande deuant ses yeux ; ton aage est encor bien debile pour de si fortes impressions: mais penses-y serieusement, & ie m'asseure qu'à mesure que tu auanceras en iugement ces pensees que ie respans sur ton cœur s'enracineront en ta volonté. Tu as encores plusieurs Illustres parens de la part de ta Mere en cette Cité, qui seconderont ce desir si tu l'embrasses, bien ayses de t'ayder de leurs facultez pour vne si bonne œuure, auec laquelle ils effaceront en toy la tache de leur race, qui se pourroit estendre en ta Posterité. A-Dieu donc ma petite Parthenice, puis que l'influence de nos astres, ou plustost l'affluence de nos desastres nous separe : Et ie prie le doux IESVS, qu'il soit l'Vnique Espoux de ton corps & de ton cœur, & qu'il me soit IESVS en sauuant ma pauure ame. Il trancha cette derniere parole auec vn souspir si ardant, qu'on creut que c'estoit le dernier de sa vie; il cheut pasmé sur mon col, qu'il baigna de ses larmes, & d'où il fut arraché par la violence de l'executeur, qui le remit entre les mains d'vn bon Religieux pour le consoler. Ma mere tout à faict attendrie de la Harangue de Talerio, qui auoit pre-

Liure quatriesme. 255

tenu ses mesmes desirs, comme si leurs Genies eussent conspiré sur moy en ce mesme poinct. Ma fille, me dict-elle, ie n'ay rien à adiouster à la Remonstrance de ton Pere, sinon à te confermer, que si mon Esprit eust esté en sa langue & sur ses leures, il t'eust dict la mesme chose: car c'est cela mesme que ie pensois. En cela tu remarqueras que c'est Dieu qui te parle, & non les hommes, puis qu'il est au milieu de deux ou de trois, qui parlent pour la gloire de son Nom, & qui sont vnis en luy. Ce conseil qu'il te donne de n'estre iamais, quoy qui te puisse arriuer, autre que Religieuse, est cela mesme, dont ie te prie à iointes mains par ces entrailles qui t'ont portee, & par ces mammelles que tu as succees, & par ces bras qui t'ont si souuent caressee & embrassee; à cela le Ciel & la terre t'obligent, & en ce sainct estat tu treuueras la Perfection, & tous les preceptes de vertu qui te sont necessaires, lesquels i'aurois mauuaise grace de te representer, puis que ie les ay si mal pratiquez; que si ie te les voulois dire, en vn mot ie te dirois que pour estre accomplie, tu n'as qu'à prendre le contre-pied des deportemens de ta Mere. Ma fille, tu vois où est maintenant reduitte mon arrogance & ma vanité:

Tout est passé comme une ombre, & de tant de fast, de gloire & de plaisirs, il ne me reste qu'un triste souuenir d'auoir abusé du temps qui m'estoit donné pour faire Penitence: Considere attentiuement les desastres de ma fin, & tu apprendras à mespriser toutes les choses perissables: I'ay eu la Richesse, la Grandeur, la Beauté, les Honneurs, les Plaisirs, & tout ce que le monde appelle Biens, en extreme abondance. Cependant tout cela ne sert qu'à donner plus de hauteur à ma cheute, plus de lustre à ma misere, & à me rendre d'autant plus infame que i'ay esté honorable: mes presens malheurs rappellans le souuenir de mes felicitez passees, me font voir d'autant plus miserable que i'ay esté plus heureuse. O combien il est plus auantageux de n'auoir point eu de bien, que de le perdre; helas ie ne suis pas tant affligée de ce que ie suis, que du souuenir d'auoir esté ce que i'estois. O ma fille, graue en ton ame ces derniers accents de ma mourante voix, & que le marbre de ta memoire les conserue à iamais.

Mes plaisirs s'en sont enuolez
 Cedans au mal qui me rauage,
 Mes beaux iours s'en sont escoulez
 Comme l'eau qu'enfante un orage,
 Et s'escoulans ne m'ont laissé

Que le seul regret du passé.
Pourquoy viens-ie ramenteuoir
 A ma miserable memoire,
 Le Temps où mon cœur s'est faict voir
 Comblé d'heur, de ioye & de gloire,
 Maintenant qu'il l'est de tourmens,
 D'ennuis & de gemissemens.
Helas les Destins courroucez
 Ayans ruiné mes attentes,
 Tous mes contentemens passez
 Me sont des angoisses presentes,
 Et maintenant m'est douloureux
 D'auoir veu mes iours bien-heureux.

Ma fille, le monde est vn trompeur, qui promet des merueilles, & ne tient rien ; ses biens sont faux, & ses maux veritables; quand il te promettroit des montaignes de grandeurs & des mines d'or, souuiens-toy qu'il cache soubs ces belles feuilles l'aspic qu'il te prepare pour te picquer à la mort. Heureuse seras-tu, si faisant profit de mes lamentables malheurs, tu le fuis comme vn pipeur, pour suiure celuy duquel le seruice est preferable à vne Royauté. Si tu te donnes à luy, il te comblera de Benedictions de douceur, & te couronnera d'autant de Gloire & d'Honneur, que tu me vois pour m'estre enrollee soubs l'estendart de la malice du Siecle, couronnée d'infamie & d'op-

R

probre. Ie le prie qu'il te beniſſe, mon cher enfant; car de moy qui ne ſuis qu'vne terre execrable & mauditte, quelle Benediction ſçauroit ſortir? neantmoins telle que ie ſuis, ie ſuis ta Mere, qui reclame l'innocence de tes prieres ſur mes cendres, ie te les demãde, ma douce fille, & i'eſpere que ton bon naturel ne me refuſera pas ce ſecours, en recompenſe ie te donnerois ſi ie les auois toutes les Benedictiõs du Ciel & de la Terre: mais encores telles que te les peut ſouhaitter cette chetiue Mere, elle te les ſouhaitte, pourueu que tu ſois à ce Dieu, duquel ie te coniure d'inuoquer la Miſericorde ſur l'extremité de mes enormes pechez. Et alors ſe ſouuenãt d'vn aduis qu'elle auoit à me donner pour le ſoulagement de ma miſere, elle demanda congé au Iuge de me parler en particulier: le Iuge, veu le lieu, le temps, la preſence des perſonnes, & l'innocence de mon aage, luy octroya cette faueur; & alors me prenant à part, elle me dict vne particularité, que peut-eſtre ie vous communiqueray en ſecret, ô Leonin, pourueu que vous me promettiez de le tenir ſoubs le ſceau du ſilence, & de me ſecourir en cette neceſſité que ie vous manifeſteray ſelon voſtre pouuoir. Madame, dict Leonin, dittes hardiment; car ie vous proteſte en foy d'homme d'honneur, qu'il n'y a rien au monde que ie n'entreprenne pour voſtre ſeruice, pourueu que ce ne ſoit rien qui preiudicie à mon Maiſtre, ny à mon Honneur. Icy Parthenice apperceut que la pomme n'eſtoit pas encores meure, & qu'il n'eſtoit pas temps de la cueillir; c'eſt pourquoy pour acheuer ſon Hiſtoire, elle trancha fort briefuement la mort de ces pauures criminels, qu'elle n'euſt peu deduire plus amplement, ſans verſer ſon ame parmy des ſanglots. Talerio, dict-elle, & Olympie eſtans reconciliez à Dieu, au monde, & l'vn à l'autre, ſont menez au ſupplice auec beaucoup plus de regret de leurs coulpes que de leurs peines. Olympie n'auoit du deſplaiſir en ſes liens, que parce qu'ils empeſchoient ſes mains de faire la guerre à ſes cheueux, de plomber ſon eſtomach de coups, & de venger les fautes de ſon Eſprit ſur la fragilité de ſon corps. De quels outrages ne ſe chargeoit-elle ſoy-meſme, ne ſe pouuant perſecuter que de la langue : Ha ! combien deteſta-t'elle ſur tout ſon Parricide, crime qu'elle eſtimoit irremiſſible; ſi à chaque pas ſon Confeſſeur ne l'euſt remiſe en ſon bon ſens. Que de pardons demanda-t'elle au Ciel & à la Terre, combien de fois fit-elle des ſatisfactions à Talerio, comme l'vnique cause de ses malheurs, bien que le monde l'eust estimee cause de ses felicitez. Tous les spectateurs venus à cette Scene Tragique, auec vn esprit d'indignation, s'en retournerent voyans tant de Penitence, auec celuy de compassion: Et quoy que chacun abominast les pechez, tous pleignoient les pecheurs; tant a de force le Repentir, non seulement enuers Dieu qui est tout Bon, mais enuers les hommes qui sont si mauuais. Ils ne craignoient pas la mort, mais ils se plaignoient de la legereté de leurs supplices: Talerio supplia qu'on le bruslast tout vif, aussi fit Olympie, si on n'aymoit mieux prolonger ses tourmés auec sa vie: ils se confessoient si hautement, auoüans pupubliquement leurs crimes, que leur accusation leur seruoit d'excuse, & cette declaration ouuerte d'absolution publique. Ceux qui les detestoient auparauant les benissent, leur extreme douleur engendre vne extreme Pitié. Olympie donna sa teste auec tant de resolution, qu'elle en faisoit presque trembler la main du bourreau, dont le bras leué faisoit fremir tous ceux qui le regardoient en cette action: Elle mourut en disant ces mots, Pere des Misericordes, prenez ma mort pour la satisfaction de tant de morts, & principalement pour celle de mon Pere : l'acier se raualant sur son col, trancha la derniere syllabe auec le passage de sa respiration. Talerio est attaché apres cette execution à vn arbre infame, & suspendu par d'autres filets que ses cheueux : ainsi finit ce bel Absalon, apres auoir attiré la grace en son ame par cette derniere parole que son Confesseur luy mit en la langue & au cœur : Ie vous adore, ô IESVS-CHRIST, & vous benis de ce que par vostre saincte Croix vous auez rachepté le monde, vous qui auez enduré pour nous, ayez pitié de moy, & receuez mon Esprit en vos mains. On ietta ces deux corps en la flamme, qui en furent aussi tost deuorez; & ce fut lors que la Marquise Cynthie, qui estoit allee à ce tragique spectacle, à dessein de saouller ses yeux de la iuste vengeance des insolences de Talerio, changeant son mauuais courage en vn plus charitable, treuua de la pitié en celuy que peu auparauant elle auoit voulu impitoyablement faire mourir. Elle fit publiquement prier Dieu pour son ame, tesmoignant la grandeur de sa Pieté, & sa loüable magnanimité à pardonner à l'Ennemy de son Honneur, & à faire du Bien à celuy, qui par l'indignité d'vne iniuste recherche auoit voulu mettre sa Gloire & sa Pudeur en compromis. Cette honteuse mort traina quant & soy la confiscation de tous les biens; me voyla desnuee de toutes facultez, en butte de tous les malheurs, & au rebut de tout le monde. Il n'y eut aucun des parens de ma Mere qui me vouluſt recognoiſtre, chacun me chaſſoit & me reiettoit de sa maison auec iniure & desadueu: & quand la Pitié les euſt conuiez à cette œuure de Misericorde, ils n'euſſent pas voulu, de peur d'attirer sur eux par cet aueu quelque rejalliſſement de deshonneur, & sans la Pitié que ie fis à Clarice auparauant ma Gouuernante, & depuis ma Maiſtreſſe, ie fuſſe demeuree sur le carreau. Iugez de la decadence de ma fortune; & si l'on peut tomber de plus haut: tout le monde me plaignoit, pas vn ne me secouroit, tant il eſt plus aysé d'aymer de la langue que de la main; tous m'aymoient de parole, nul en effect & en Verité. En fin la pauure Clarice aſſez chargee de ses propres incommoditez, sans se surcharger des miennes, eſt contrainte de se deffaire de moy, & de me remettre en l'Hoſpital des Zitelles, où i'ay vescu depuis huict ans en la façon que toute Naples sçait, & que vous n'ignorez pas, Leonin, Dieu m'ayant communiqué quelques traicts du visage de mon Pere Talerio, & l'aptitude de sa main à toucher des instrumens de Musique, m'ayant de plus favorisee de cette voix qui plaist à tant de gens ; c'est ce qui m'a donné ce renom qui fuit ceux qui le fuyent, & qui fuit ceux qui le suiuent : ombre malencontreuse qui me persecute sans cesse, & qui est comme le malheur de mes malheurs ; car si ie n'eusse point esté auantagee de ces graces, & naturelles & acquises par dessus mes compaignes, ie fusse demeuree cachee en la presse de la multitude, negligee, mesprisee, incognuë, & par consequent plus tranquille & plus paisible, & non subiette à tant d'esclandres & inconueniens, qui coup sur coup, comme vn flot pousse l'autre tombent dessus ma teste : de là l'ennuy & l'importunité de mille poursuiuans, qui tous plus portez de leur sensualité que d'aucune raison, recherchent l'assouuissement de leurs desirs en moy, leur cœur estant plus attaché à ces vaines beautez, qu'on dict que la nature a empraintes sur mon visage, qu'à aucune autre consideration vertueuse : ce qui me les faict auoir tous en horreur, sçachant que ces flammes ardātes s'esteignent soudainement, estāt esprises en vn suiect si mince, & voyant bien que ce sont autāt de pieges que le monde me tend pour me faire prédre vn d'autāt

R iiij

plus grand saut que hautement il m'aura esleué : Combien de fois m'a-t'il pris vn sacré dessein de deffigurer toute cette fragile forme, qu'aussi bien doit ruiner le benefice des ans, anticipant l'office de la vieillesse par vne vigoureuse Vertu, afin d'oster à tous ces yeux qui me regardent auec tant d'attention l'escueil qui faict faire naufrage à leurs cœurs ; & de changer par ce massacre de Beauté en vne juste Pitié leur iniuste Enuie: & si l'obeïssance ne m'eust ordonné de chanter aux Zitelles, estimez-vous que ie n'eusse pas preferé vn sombre & solitaire silence à ces troupes confuses, qui se r'amassoient auec tant de desordre pour m'escouter ; leur Deuotion seruant de pretexte à la curiosité, & au contentement qu'elles auoient de m'ouïr. N'estoit-ce pas assez que ie fusse malheureuse, sans estre si Renommee en mon malheur : car tel qui loüoit mes auātages me blasmoit de la honte des miens, & vne once d'ignominie contrepese cent liures d'Honneur. Tous ceux qui m'ont poursuiuie, recherchee, demandee en mariage ont tous esté refusez, & quelques-vns rebutez d'autant plus fortement qu'ils m'ont desiree asprement : falloit-il tant de flots pour submerger vne si frêle barque ? I'ay tousiours resisté, opposant à tous ces appasts du Monde, de la Chair, & du Diable, le souuenir de ma miserable extraction, l'image de la sanglante mort des miens comme vne plaintiue Idole, se representoit sans cesse à ma Memoire, en y renouuellant le desir qu'ils auoient de me voir consacree à Dieu: mille fois, veillante & dormāte, ie leur ay promis & juré, mille & mille fois, ie l'ay comme voüé au Dieu de Iacob, luy promettant que s'il en faisoit naistre vne occasion, & qu'il me donnast les moyens d'entrer dans vn Cloistre, c'estoit-là l'anchre de mon Esperance, & le port de Salut auquel ie desirois plus passionnément entrer, & m'y attacher pour tout le reste de mes jours. Vous n'ignorez pas les violétes, & s'il faut ainsi dire, les furieuses poursuittes de Placidas pour m'auoir, n'obmettant aucune industrie pour me rendre sienne: mais ny luy, ny le Vice-Roy, ny la Vice-Royne mesme n'ont rien aduancé: car quand ie viēs à comparer l'Espoux des ames pures, & ce IESVS, la couronne des Vierges sacrees, à tous les hōmes de l'vniuers, ce sont des Estoilles qui se cachent de honte deuant ce Soleil, que dis-je, ce me sont des objects de boüe & d'ordure. Helas! combien de fois souspirant doucement, & comme presageant mes futurs desastres, ay-je emply l'air de ces douces paroles:

Serenité de mes beaux iours,
Soleil dont i'adore le cours,
Le feu de vos rays ne m'asseure
Que de mourir pour vostre Amour:
Mais perir par cette blesseure
M'est vn bien plus chery que la clairté du iour.
Soit donc que le muable sort
M'enuoye ou la Vie ou la Mort,
Le Monde peut estre contraire
A mes sainctes Affections:
Mais il ne pourra pas distraire
Ny destacher de vous mes cheres Passions.

Et tout d'vn fil, elle raconta à Leonin l'offre que luy auoit faicte la Vice-Royne, de luy donner vn grand douaire, si elle vouloit espouser Placidas, & le refus qu'elle luy fit d'vne somme beaucoup moindre pour la voyler, & puis elle continua ainsi. Qu'attends-tu mauuaise, & marastre fortune de me ruiner, & de me perdre tout à faict? à quoy me reserues-tu apres tant d'outrages? cruelle, n'estoit-ce pas assez de m'auoir faict prendre le sault d'vne si horrible decadence, que celle que i'experimentay en la perte des miens? Si encores pour me persecuter à toute outrance, (comme s'il te restoit en ta trousse quelques traicts de desastre, que tu n'eusses point descochez sur moy) tu ne venois me rauir le bien de ce voyle si longuement attendu, si

Religieusement recherché, si ardemment poursuiuy, si charitablement procuré, si asseurément promis, lequel estoit sur le poinct & à la veille de me tomber sur la face. Doncques la Deuote Luciane, le Pieux Patrocle seront frustrez de leur saincte intention, & par qui, par Osiandre leur propre fils, que tu me veux faire croire, Leonin, estre remply d'Amour pour moy, bien qu'il ne m'en ayt rien faict paroistre. O Dieu! quel tesmoignage d'Amour qu'vn rauissement! quel Mariage qu'il cele à ses parés: parce qu'il sçait bien qu'ils esliroient aussi-tost la Mort, que d'y cōsentir: Ne vois-je pas là vne Hydre de Malheurs qui se va former pour moy, si ce Mariage s'accōplit, ou vne Hydre de deshonneur, si ie suis violee. O que d'angoisses me pressēt le cœur de toutes parts! Car s'il est vray que ce ieune Prince m'ayme honorablement, de quel front pourrois-je supporter le visage courroucé & tyrannique d'vne Belle-Mere, & d'vn Beau-Pere, dont les regards me seront autant de terreurs & de morts? quelle vie pourrois-je filer en cet estat en apparence grand & florissant, en effect miserable? Quel desplaisir, de voir vn Mary que Dieu & le deuoir me cōmanderont d'honorer & d'aymer, disgracié à mon occasiō, & peut-estre maudit à mon sujet par ceux qui l'ont mis au mōde?

Malediction cause de tous Malheurs. O Dieu! que ie perisse pluftoft que d'eftre l'innocente caufe de fi triftes effects. Et s'il n'eft pas vray auffi qu'il me vueille efpoufer, comme il y a plus d'apparence, me voyant en fon pouuoir, & croyant auoir vne facile remiffion du crime de m'auoir abufee ; en quel abyfme de defefpoir eft-ce que ie me verray, ayant perdu ce que ie voudrois fauuer par la perte de mille vies? Seigneur (difoit l'inuiolable Parthenice, efleuant fes chaftes yeux vers le Ciel) ne permettez pas l'infolence de cet outrage, conferuez ce vafe qui vous eft dedié en fanctification & en honneur, ne fouffrez pas qu'il foit rendu vaiffeau d'ignominie, ny que voftre Temple foit pollué par vne violence deshonnefte. Vous qui auez fauué Sufanne de l'affront des impudiques par Daniel, & Daniel mefme de la gorge des Lyons, & fes trois Compagnons de l'ardente fournaife: Sauuez-moy Seigneur, de la gueule, & de la griffe de ces Lyons rugiffans, affamez de mon Honneur; deliurez mon humilité de la furieufe impetuofité de ces Licornes. Icy

Son vifage en ces traicts palis
Changea fes Rofes en des Lys.

Et ce blefmiffement faifant craindre à Leonin que l'effort de la douleur ne la fift tomber en Syncope. Madame, dit-il, ie vous fupplie encore vne fois de bannir de voſtre cœur ces ſoupçons & ces crainctes; ouy, car jamais homme n'attentera ſeulement de penſee à cette admirable Pudeur, la Beauté des beautez de voſtre front, que ie ne le face mourir, fuſt-ce Oſiandre luy-meſmes. Helas, dit l'excellente Vierge, ie croy cela Leonin, de ton braue courage, qui ne pourroit ſupporter vne indignité; mais ſi tu eſtois le premier forcé par la multitude de ceux qu'il trainera à ſa ſuitte, qui me pourroit garantir de la violence de cet affront? A cela Leonin, Madame, pour vous leuer toutes ces iuſtes apprehenſions que la ſaincte jalouſie de voſtre Honneur vous faict cōceuoir; ſi vous le voulez ainſi, & ſi vous le jugez à propos, ie vous oſteray de ce Chaſteau qui vous eſt ſuſpect, & vous mettray en tel lieu, qu'Oſiandre ne ſera jamais le plus fort, & où vous aurez autant d'occaſion de meſpriſer ſa violence, qu'icy de la redouter. A ce poinct la Vierge releuant ſon courage abbattu, & le ſang rendāt à ſon viſage la belle couleur qui en eſtoit eſuanoüie par le voiſinage de la paſmoiſon, & jugeant (tant elle eſtoit prudente) que ſa perſuaſion touchoit le but qu'elle deſiroit ſi eſperduëmēt; elle enfonça cette poincte dans le cœur de ſon eſcoutant. Et toy, deplorable Leonin, ſi tu ne mets en ſeureté cette ſaincte

Pudeur à laquelle ton enleuement faict courir vne telle risque, de quel front soustiendras-tu vn jour (si elle vient à estre contaminee) le iuste iugemét de ce Dieu jaloux, quád il te reprochera, que d'vne main sacrilege tu luy as arraché vne Espouse de la corne de l'Autel qu'elle embrassoit desia, non seulement en Esperance, mais en Promesse? O que tu feras vtilement pour ton salut, de fuir deuant la face de son arc, de preuenir son courroux & son indignation par ta resipiscence, tandis que les choses sont encores en leur entier, que ta faute est reparable, & que tu me peux, comme tu me promets mettre à l'abry en quelque Azyle qui me soit plus asseuré que ce lieu icy, où tout me faict ombre, & où la bône chere m'est plus odieuse, qu'ailleurs ne me seroit le mauuais traictement, parce qu'il me semble que ce sont les courónes & les festons du sacrifice de mon Honneur. Madame, repart brusquemét Leonin, vous parlez comme si ie vous auois arraché le voyle de la teste, & comme si estant Religieuse Professe ie vous auois enleueé d'vn Cloistre sacré, pour vous trainer à des nopces illicites; attentat, que pour mourir ie ne voudrois auoir seulement pensé. Et quelle difference, reprit Parthenice, y a-t'il à vostre aduis, entre oster vn voyle de ma teste, & soustraire ma teste d'vn voyle qui l'alloit Religieusement couurir, si vous ne m'eussiez emporté cette belle Couronne? Et pensez-vous que deuant Dieu, l'affection n'esgale pas l'effect, & qu'estant Religieuse de cœur & resoluë, selon le conseil de l'Apostre, qui m'a esté donné par de grands Seruiteurs de Dieu, de garder ma Virginité pour IESVS-CHRIST, non par contraincte, ny par necessité, mais d'vne volonté libre & franche, ce ne soit pas vn aussi grand forfaict d'empescher vne œuure si saincte sur le poinct de sa naissance, que de la ruiner estant éclose? Vne chose promise mille fois à Dieu interieuremēt, ne vaut-elle pas bien autant que celle qui luy est promise vne seule fois exterieuremēt? Certes, ie veux bien que cette exterieure solemnité lie d'auantage selon les loix Humaines, & que ce vœu sacré ne puisse estre enfraint, sans violer sa foy, & s'émanciper à la damnation: mais Dieu qui sonde les cœurs, & les reins, qui voit les pensees, & les voit de loing, à qui l'aduenir est present, & qui cognoist nos intentions mesmes auant qu'elles soient conceuës: c'est ce Dieu qui iugera de ma perfidie & de ton crime, si ie ne demeure en ma foy promise, & si tu ne repares ce tort que tu luy fais en moy. Madame, dit Leonin, vous parlez comme vn Docteur, mais ie vous croy comme fille: cette haine obstinee que vous auez iuree cōtre le Mariage, est colorée par vous du beau nom de Vœu : mais c'est plustost pour m'intimider, que pour fermeté qui soit en vostre courage, ny mesme croy-je que cette opinion soit entierement en vostre creance. I'espere que la Valeur, la Grandeur, les Richesses, la bône Grace, & ce qui passe tout, les insignes vertus de mon Maistre vaincrôt en vous cette fiere Resolution, & que les Desdains cedans la place à vne iuste Amour, vous quitterez ces desseins Melancholiques, qui ne tirent leur Naissance que d'vn Tragicque euenement. Car quelle puissance ont peu auoir vos Parens sur vostre volonté, que Dieu vous a tellement laissee libre, qu'il ne s'en est pas reserué le domaine? Aussi n'a-ce esté qu'vn Conseil, non vn Commádement; & s'ils eussent creu que la fortune vous eust deu procurer vne telle grace apres tant de disgraces, que la recherche d'Osiandre, ils se fussent ie m'asseure retractez sur le champ : mais estimant qu'vn voyle cacheroit plus aysement vos miseres, & leur honte; c'est pour cela qu'ils vous inuitoient de le prendre: mais vn grand & illustre party, vengera tout cela, & effaçant vos calamitez, passera aussi par sa splendeur l'esponge sur vos obscuritez ; si bien qu'on ne dira plus, Voyla la fille de l'infortuné Talerio, & de la miserable Olympie: mais, voyla l'Espouse du fe du braue Ofiandre & la belle fille du Duc Patrocle & de l'Illustre Luciane. Icy Parthenice se sentit toucher dans la prunelle de l'œil: car son cœur en tressaillit, estimant auoir failly en son atteinte, & que son discours deust auoir peu d'effect dans l'ame de Leonin: c'est pourquoy d'vn ton plus aigre & plus poignant, qu'elle n'auoit faict, elle repliqua: Ie ne parle point comme vne fille, Leonin, mais comme vn Docteur; car ie parle apres plusieurs graues Docteurs, & sçauans Religieux qui m'ont faict la Charité, & de conduire mon ame, & d'entendre mes Raisons, tandis que i'estois aux Zitelles. Et tous m'ont dict d'vne commune voix, que mes Parens auoient le pouuoir, sinon de me voüer, au moins de me déuoüer au seruice de Dieu, & que leur intention me deuoit estre, sinon inuiolable, au moins en tresgrande consideration; que c'estoit la voix de Dieu, qui auoit parlé par leur bouche: car si leurs maledictions & imprecations font de si furieuses & horribles impressiõs sur les enfans, comme ils m'en alleguoient mille euenements espouuentables; il est à croire que leurs benedictions les comblent de faueurs: ce qu'ils me prouuoient par beaucoup d'exemples de l'Escriture sacree, & plusieurs autres de l'Histoire des Saincts. Or n'ayant re-

S

ceu la benediction des miens qu'à cette condition, & des menaces qui m'effrayent si ie la trãsgressois, de plus, & mon inclination, & ma volonté me portant entierement à acquiescer en cela à leur desir; qui ne voit clairement que c'est la saincte & adorable volonté de Dieu, que renonçant à toutes les grandeurs du monde, i'eslise d'estre abjecte en sa Maison, plustost que d'estre esleuee dãs les Palais des Mondains? Et puis qu'il me souuient de quelques vns de ces exemples qu'ils me proposoient, qui ne voit au sacrifice d'Isaac faict par Abraham, l'effect de la puissance des parens, pour consacrer à Dieu leur progeniture? & celuy du vœu de Iephté n'est-il pas encores plus exprés? Celuy de Samuel offert à Dieu dés le ventre de sa mere Anne, n'est-il pas sans replique? Et que direz-vous à celuy de la saincte Vierge Mere du Sauueur, presentee au Temple par ses Pere & Mere à l'aage de trois ans? Ils m'alleguoiẽt aussi l'exemple de la mere de sainct Bernard, qui consacroit ses enfans à Dieu dés le point de leur Naissance, & qui furent tous Religieux. Et nostre S. Nicolas de Tolentin conceu par les prieres de nostre sainct Nicolas de Myrrhe, dont le venerable corps est à Bary, ne fut-il pas consacré par ses parens à l'ordre de S. Augustin? & tout de mesme le grand sainct François de Paule, l'honneur de la Calabre, ne fut-il pas déuoüé par ses parens & au nom, & à l'ordre de S. François d'Assise, dont il eust pris l'habit, si Dieu par vne inspiration speciale, & vne Cōmission expresse ne l'eust rēdu fōdateur d'vn sainct Ordre de Religieux? Mais il me souuient tousiours, tant ie l'ay graué dans la memoire, d'vn exēple merueilleux, que me racontoit le Pere Hierothee de l'ordre de S. Dominique mon Cōfesseur, lors que i'estois aux Virginettes, & qu'il me disoit auoir leu dans S. Ambroise, d'vne fille de Milan, laquelle laissee vnique Heritiere de grandes facultez, & en la tutelle d'vn sien Oncle, resolut en son ame de garder sa Virginité au Celeste Espoux. Mais estant recherchee de toutes parts, tant pour ses amples richesses, que pour sa beauté, & pour tout plein d'autres Vertus qui la rēdoient recommandable, & pressee par ses parens de se marier; cōme elle vit qu'on opprimoit sa naturelle liberté, la voyla qui a recours au S. Autel comme à vn lieu de franchise: car où pouuoit plus à propos recourir vne Vierge, que là mesme où l'on offre le sacrifice de l'Espoux de sa Virginité? Sa religieuse hardiesse passa plus auant: car comme vne Victime d'Honneur & vne Hostie de Pureté, la pauurette agenoüillee tout cōtre l'Autel de Dieu, tantost tenoit par les habits le Sacrificateur, le priant de receuoir son vœu, & de la benir; tantost agitee d'vne saincte & sacree fureur, elle mettoit la nappe de la table du Seigneur sur sa teste, & se retournant vers son Oncle qui la vouloit arracher de cet Azyle: Me pourrois-tu, disoit-elle, Oncle Barbare, procurer vn Espoux qui fust seulement digne de regarder celuy que ie recherche, que i'adore, & auquel ie me suis consacree; puisque le plus grand d'entre les enfans des Hommes se disoit indigne de deslier le cordon de ses souliers? Et vous mes Parens, de quoy vous sert de me preparer des nopces? il y a long temps que i'en ay de toutes prestes, & de toutes pures; vous vous trauaillez à me treuuer vn Espoux, & i'en ay rencontré vn dont le seul nom est vn Baume precieux. Faictes-moy tant de cas que vous voudrez des Richesses de celuy que vous m'offrez: Vantez-moy la Noblesse de sa race, & la longue liste des ses ayeuls, magnifiez sa puissance & sa grandeur; i'ay pour Espoux celuy qui ne peut estre comparé qu'auec luy-mesme, tant il est riche par tout l'Vniuers, puissant en son Empire, & glorieux au Ciel: si vous en auez vn qui l'égale, monstrez-le moy: que si vous n'en treuuez point, ne voyez-vous pas qu'au lieu de procurer mon aduātage, vous portez enuie à ma felicité : il est esleu entre les milliers; ie l'ay choisi par dessus tous; à luy seul ie veux garder la foy, & luy estre inuiolablement loyale. C'est luy qui a la gloire & les biens immenses en sa maison; c'est luy qui me peut couronner de misericorde & de benedictions eternelles ; c'est luy que le monde adore, qui a creé ceste grande masse, & qui la gouuerne; c'est luy dont le nom est admirable par toute la terre, dont la magnificence est esleuee par dessus les Cieux; Cieux les ouurages de ses doigts, & le marchepied du trosne de sa grandeur. Auez-vous bien le cœur de me faire raualer les paupieres à vn object de terre, ayant deuant le front les rayons de ce diuin Soleil: Allez, vous n'estes point mes parens, mais mes meurtriers, puisque l'Espouse pour adherer à son Espoux doit renoncer à la chair, & au sang, & à ses plus proches, pour cet vnique espoux de mon cœur, ie vous renonce tous tant que vous estes. Que si vous estimez que pour n'estre encores voylee ie doiue estre contre mon gré immolee à des nopces mortelles: Hé! quel voyle plus sacré me sçauroit couurir le Chef, que celuy de cette toile saincte, sur laquelle est immolé celuy qui sanctifie les voyles mesmes, & qui est le Chef de tous les fideles? Non, non, il n'y a point d'attifet nuptial qui me fuſt ſi ſeant comme cette nappe qui me met à l'abry de vos tyrannies, ſoubs l'ombre de celuy qui eſt l'arbre de vie, dont le fruict eſt ſi doux au palais de mon cœur. Mon cher IESVS, ne permets pas que ny la mort, ny la vie, ny la chair, ny le ſang, ny le preſent, ny l'aduenir, ny l'inſtance de ces cruels parens, ny les plaiſirs, ny les douleurs, ny les glaiues, ny les douceurs, ny les Anges, ny les hommes, me puiſſent déjoindre de toy, ny ſeparer de ton Amour : mais pluſtoſt fay combattre pour ton Eſpouſe la Bonté de tes Anges contre la malice des hommes, afin que ie ſois entierement tienne, ſoit viue, ſoit morte. Vien Seigneur IESVS, ainſi ſoit-il, vien à mon ſecours, mais vien toſt, ſois mon refuge & ma force, ſois mon ayde en la preſſante tribulation qui m'enuironne, deliure-moy de cette meute affamée, de ces Taureaux furieux, qui veulent perdre cette belle fleur que ie te veux conſacrer ſans fleſtriſſeure. Elle embraſſe l'Autel ; elle en embraſſe le coing comme la corne de ſon ſalut en la maiſon du fils de Dauid. Là deſſus, tous ces parens eſtonnez minutent de ne la violenter pas : mais l'Oncle farouche luy va dire bruſquement : Et quoy ma niepce, ſi ton Pere viuoit, endureroit-il que tu demeurasses ainsi sans te marier ? n'est-ce pas la derniere & plus estroicte conjuration qu'il m'a faicte de te treuuer vn party, qui le resuscitast en ta posterité ? Ha ! tu me disois cela, mon cher frere, en rendant ton ame entre mes bras. Ha mon oncle ! repart la saincte Vierge, & c'est pour cela qu'il est mort, afin qu'il ne peust faire d'obstacle à ma Religieuse entreprise : N'apprehendez-vous point vn mesme supplice, puisque vous formez cet empeschement ? L'oncle se riant de cette replique, & puis entrant en telle cholere, que comme forcené, sans respect du sainct lieu, & mesprisant l'admirable Deuotion de cette fille ; ainsi qu'il se disposoit à l'aller oster par force de cet Azyle venerable, à la premiere desmarche qu'il fit, il tomba roide mort aux pieds de cette Pucelle, comme vn autre Saphire à ceux de Sainct Pierre : tellement que les autres parens effrayez de ce spectacle, & redoutant chacun en son endroit vn semblable accident, comencerent à fauoriser le desir qu'auparauant ils vouloient destourner ; & la Pieuse Vierge receut le voyle de la main du Sacrificateur, malgré tous les efforts de ses contrarians. C'est là l'exemple que me disoit le bon Pere Hierothee, com-

S iiij

me ie l'ay peu retenir, & qui est tellement demeuré empreint en ma souuenance, & plus encore en ma volonté, que i'ay vne ferme confiance en ce mesme Dieu, dont le bras n'est point affoibly, ny la puissance diminuee: que si ie luy suis fidele, il n'y a violence contraire qui me puisse distraire de luy ; car ie croy qu'il feroit plustost mourir ceux qui me voudroient destourner de mon Religieux dessein, que de souffrir, que non pas mon corps, mais seulement ma volonté fust oppressee. Ce dernier exemple dict auec vne fermeté de courage incroyable, & auec vn esprit d'extreme ferueur, eut vn tel pouuoir sur l'ame de Leonin, que se rendant à ce grand coup, & à l'apprehension d'vne mort subite, qui luy sembloit comme vn glaiue flamboyant pendre sur sa teste; il s'escria, Tu m'as vaincu, adorable Parthenice, & c'est à present que ie rends en tes vertueuses mains les armes de mon obstination, car ie te jure par le soin que ie dois auoir du salut de mon ame & de l'inuiolable integrité de ton chaste corps, que non seulement ie seray le gardien de ta Virginité, mais qu'encores si tu me veux suiure, ie te mettray en tel lieu, qu'homme du monde n'aura le moyen de pouuoir en rien violenter ta volonté. Parthenice voyant ce courage tout esbranlé, recharge; Tu feras bien, Leonin; car c'est vne chose espouuentable de tomber entre les mains de la vengeance Diuine; on a beau fuir, elle est ineuitable: car où peut-on aller où Dieu ne soit? où peut-on se cacher deuant cet Esprit infiny & vniuersel, & deuant cette face, à laquelle tout est present? si au Ciel, c'est son siege; si en Enfer, sa puissante Iustice y habite; si aux extremitez de la Terre, ou de la Mer, sa main y saisit incontinent le fuyard. Tu feras sagement, vtilement, glorieusement; Sagement pour toy, vtilement pour moy, & pour toy-mesme; & glorieusemét de faire ce grand bien deuát Dieu & deuant les hommes: la Penitence prompte oste l'ignominie d'vne coulpe precipitee. Et puis ie te dy franchemét ma resolutió, qui est d'endurer plustost mil martyres, que de démordre vn seul point de ma determination Religieuse. Il n'y a qu'vn mot, ie ne veux point de ton Osiandre, ny de ses beaux yeux, ny de ses Richesses, ny de ses grandeurs; ie ne voudrois pas vn Monarque de la Terre, puis que ie suis fiancee par mille promesses à celuy qui a toute puissance au Ciel & en la Terre, & en la main duquel sont les extremitez de l'Vniuers. Qu'on me parle de mille morts plustost que de mariage, non que ie n'honore ce sainct lien comme vn Sacrement de l'Eglise, mais parce qu'ayant choisi vn Maistre, ie ne sçaurois seruir à deux; ie ne veux point estre diuisee, mais vniquement vnie à mon Diuin Amour; i'espouserois plus volontiers vn tombeau qu'vn homme; car vn sepulchre mort me seroit plus tolerable qu'vn vif; les nopces temporelles me seroient vn trespas viuant, & la mort seroit le pas desiré, qui m'introduiroit aux nopces eternelles dans la ioye de l'Espoux de mon cœur. Icy elle se iette en terre, & embrassant les genoux de l'estonné Leonin: He! ie te coniure, dict-elle, mon cher Rauisseur, sois au moins le Conseruateur de ta fatale proye: acquiers vne couronne dans l'Immortalité, en me conseruant la mienne: & si tu ne peux me tirer de ce lieu, & de ces agonies que ie souffre dãs les mortelles douleurs de mille apprehensions, fais-moy mourir, ô Leonin, la mort de mon chetif corps te sera bien plus pardonnable, que celle de mon integrité: ie te la pardonne, cher amy, puis que ie te la demande, comme vn bien-faict, qui me deliurera d'vn seul coup de tant de perplexitez: disant cela, elle coniure Leonin en tendant le col de luy trancher la teste d'vn reuers sans Misericorde, & en luy presentant sa Chaste poictrine, le thresor des Beautez & l'escreih des Vertus : Enfonce, luy disoit-elle, ton poignard dans ce sein qui a commis ce crime de plaire à des yeux que ie n'ayme pas, & esteins la faute dans le suject qui te l'a faict commettre. Que si tu n'es pas assez, diray-je, courageux, ou pitoyable, pour me rendre ce charitable deuoir, rends-moy au moins en lieu où ie puisse auec liberté refuser les Espoux de la Terre, & me dedier à celuy du Ciel. Tu sçais que l'essence du Mariage, & ce qui en serre le nœud est le consentement des volontez : Or ie consentiray, & consens dés maintenant pluftost à ma mort, que de me voir liee à aucun homme mortel.

Et bien que mon sort soit mortel,
  Mon desir pourtant n'est point tel,
  Car ce que mon ame desire
    N'est point subiect à vn mortel empire.

Qu'Osiandre n'espere pas de m'espouser en la face de l'Eglise : car ie ne diray iamais ouy; s'il violente mon corps ce sera pour luy vn corps mort, dont l'ame sera esloignee, & alienee par la hayne & l'auersion. Car pourrois-ie à la face de l'Espouse de l'Agneau violer tant de protestations que i'ay faittes à cet Agneau sans macule, de le suiure sans tache,

& de chanter le sacré Cantique de celles, qui Pucelles courent apres luy à la trace de ses parfums. C'est là ma resolution, que ie suis preste de sceller de mon sang, si tu as le cœur du nom que tu portes, ô Leonin, pour l'exprimer de mes veines.

FIN DV LIVRE QVATRIESME.

PARTHENICE
LIVRE CINQVIESME.

E fvt icy où Leonin perdit toute contenance, & où se rendant entierement à la Chaste Parthenice, & se déuoüant pour gardien de l'integrité de sa volonté, il luy protesta sainctement de faire absolument tout ce qu'elle luy commanderoit, aymant mieux perdre, & l'amitié de Patrocle, & celle d'Osiandre, & toute Esperance de fortune, qu'il ne pouuoit attendre que de cette maison, que de permettre la volonté de cette fille estre mise en cõpromis, puis qu'elle estoit si determinee: braue & genereuse Resolution, fondee sur ce mot des pages sacrees, qu'il vaut mieux obeïr à Dieu qu'aux hommes, & attirer la hayne de ceux-cy, pour acquerir la Grace de celuy là. Il n'est question que de trouuer les moyens de sortir de cette belle, & neantmoins desagreable prison, & de se deffaire

par subtilité, puis que la force n'y pourroit rien, d'Herminio, de Stephanille & de Doralice. Estrange effect & effort de la Vertu, qui faict que Leonin met soubs les pieds, non seulement la consideration de ses Maistres, & de tout son Bien, mais encores celle de son Amour, qui est de tous les liens le plus serré, & le moins violable. Ce desir donc de sauuer Parthenice de la main Rauissante d'Osiandre, par la main mesme de son Rauisseur Leonin, estoit si iuste, qu'ils ne manquerent pas d'inuentions pour l'executer: Et par la permission Diuine ce fut Osiandre mesme, qui en fournit l'addresse, comme vous allez entendre. Leonin sur le champ se va auiser de deduire à Parthenice toutes les nouuelles qu'il auoit apprises de Naples de temps en temps, de la contremine que Placidas preparoit à Osiandre, ayant faict vn pareil dessein de l'enleuer à Mont-clair, & de l'espouser en preséce de ses amis, & toutes les particularitez de l'histoire de Placidas, que nous auons deduittes, & qu'il auoit apprises, tant par les lettres d'Osiandre qu'il tira de sa poche, & luy communiqua, comme par vn Braue qui alloit & venoit sans cesse de Naples à Miralte, & qui auoit esté tesmoin oculaire de tout ce qui s'estoit passé iusques au bannissement de Placidas. Apres laquelle condamnation Osiandre pour couurir son jeu luy mandoit qu'il fist la feinte qu'il auoit projettee de l'eschoüement supposé du Corsaire Amurath-Rays aux costes de Miralte, & la reprise de Parthenice faitte par Herminio, tandis que luy s'en iroit en Calabre, où son Pere Patrocle pensoit qu'il fust, luy ayant donné commission d'aller en vne Comté de sa maison, appellee Belle-fleur, pour changer le Concierge, & voir les contes des Negotiateurs auec vn pouuoir fort ample. Or ils n'auoient pas encor receu les tristes nouuelles de l'assassinat d'Osiandre, ny de la mort de Patrocle; de sorte que Parthenice, à qui le desir de se sauuer aiguisoit l'esprit, sás perdre temps, treuua bon que Leonin, qui auoit desia communiqué cet aduis à Herminio, lequel aussi auoit eu commandement de la part d'Osiádre d'assister Leonin en cette feinte, acheminassent promptement cette execution, selon que leur signifioit l'impatiéce d'Osiádre, d'autant que c'estoit vne belle porte que la fortune leur ouuriroit pour se mettre en liberté: mais parce que ce n'estoit pas assez de sortir d'vn lieu, si on n'estoit asseuré de quelque retraite, ils iugerent à propos de s'en aller en vne bourgade de Calabre, voysine de Belle-fleur, où Leonin auoit esté en son enfance, auparauant que de venir au seruice de la Princesse Luciane, & de Patrocle, estimant de mettre Parthenice en seureté parmy ceux de sa cognoissance, & mesme de la faire Religieuse en vn Monastere voysin, à l'ayde de ce qu'il pourroit tirer du maniment des reuenus de Belle-fleur, satisfaisant en cela à l'intention du Duc, & de la Duchesse, auec lesquels il se promettoit de faire aysément sa paix, en empeschant le mariage de leur fils auec Parthenice, qui l'eust totalement ruiné, en leurs bonnes graces : s'il est ainsi proposé, il est ainsi resolu. Voyla Parthenice qui saute d'ayse, voyant naistre la liberté dans ses liens, reuiure la promesse de Luciane en ce dessein, & sortir la lumiere de ses desirs du milieu des tenebres de ses desespoirs : Ainsi quand on pense que tout soit perdu, c'est lors que tout est gaigné, quand on pense tenir, c'est alors qu'on lasche tout, tant le Ciel se plaist à nous mortifier, & à nous viuifier, à nous plonger en la misere, & à nous en retirer. Quand Parthenice sçeut qu'elle seroit Religieuse, & Calabroise: Graces à Dieu, dict-elle, qui peut estre retourne l'aymant de mon cœur vers son Nort: helas, dict-elle, c'est en cette Prouince, que mon pauure frere qui m'est incogneu, va viuant: Et que sçay-je si mon bon-heur ne voudroit point (selon l'addresse que m'en donna ma Mere,

Mere, en ce mot de secret qu'elle me dict auant son trespas) que i'en fisse rencontre pour mon support & mon soulagement. A ce mot de Frere le cœur de Leonin fut touché au vif, & son sang bouillonnant luy fit derechef chercher son mouchoir pour en receuoir quelques gouttes: Mais puis que le Ciel, ô mon cher Leonin, t'a rendu en cette saincte entreprise, que nous proiettons comme mon Frere, ie te veux desormais appeller de ce nom de Dilection & d'amitié sacree, & te tenir parmy les hazards que ie courray auprés de toy pour l'Ange Tutelaire de mon Honneur. Madame, reprit Leonin, le sang me monte au visage de la honte que i'ay de me voir appellé à vn tel honneur: si ie suis employé au nombre des esclaues destinez au commandement du moindre clin de vos yeux, ce me sera trop de faueur; car de me dire vostre seruiteur, c'est vn degré d'arrogance, auquel mon humilité ne m'esleuera iamais, me contentant de vous honorer comme vne Espouse du Roy Celeste, & comme vn Ange humain,

Puis qu'en ayant la voix vous en auez la grace,
Nō moins Ange d'esprit que vous l'estes de face.

Mon cher Frere (à ce mot fremirent toutes les entrailles de Leonin) ie te prie, reprit Parthenice, laissons les complimens aux

T

mondains, qui ne s'ayment que du bord des lévres & en cajollerie: pour moy quād ie dis, Frere, il faut que tu responde Sœur, puis que vne amitié toute pure, & pareille à celle des Anges, qui ignorent le mariage, nous doit vnir: la bien-veillance egale ceux qui s'entrecherissent: ne me regarde plus comme consorte d'Osiandre, mais comme vne pauure Virginette, orpheline, miserable, delaissee, qui desire se consacrer à Dieu: Ie ne t'ay pas caché l'infamie de ma naissance, & quād la tienne seroit basse, elle n'est pas ignominieuse cōme la mienne, en quoy consiste l'extremité de la bassesse: mais la Courtoisie, fille des braues courages, les faict tousiours sentir hūblemēt d'eux-mesmes, bien que leurs actions soient esleuees & genereuses. Mais auparauant que de rien entreprendre, i'ay deux sermens solēnels à exiger de toy; le premier que si tu as dās le fonds de ton ame aucune mauuaise cōuoitise pour moy, ou si tu crains que cette miserable forme de mon visage puisse faire quelque emprainte sur ton cœur, tu n'entreprennes pas de me conduire; car il y auroit plus de peril pour moy en ce voyage, qu'à fretter toutes les mers qui sont au monde. Tu me iureras donc de n'attenter iamais rien contre moy, ny par force, ny par caresses; car à celles-cy i'opposerois vn fier desdain, &

à l'autre le fer, par lequel le plongeant dans mon cœur, ie preuiendrois ta vilenie. Alors Leonin luy protesta solennellement, que iamais en son ame n'estoit entree pour elle vne seule pesee qui approchast de l'ombre d'vne tentation contraire au respect qu'il deuoit à son Hōneur, dont il auoit esté, & estoit aussi jaloux que du sien, & qu'il aymeroit mieux tomber sur son espee, qu'en vne si lasche & temeraire imagination, d'autāt qu'il la reueroit comme vne chose saincte & sacree. Parthenice lisant la sincerité de son cœur à trauers le regard de ses yeux, se cōtenta de cette protestation authētique: Et le secōd serment, poursuiuit-elle, que ie desire de toy, est de seeler du cachet du silence vn secret que l'ay à confier à ta fidelité, qui est celuy-là mesme que ma Mere me reuela deuāt son trespas; ce que Leonin infiniment desireux de penetrer comme vne chose en laquelle il se sentoit secrettemēt interessé, luy promit par vn serment inuiolable: alors la Sage Parthenice reprenant la parole luy dict, Mon cher Frere (icy Leonin, Ô mettez, dit-il, ce mot, Madame, car il me faict rougir, fremir, & saigner.) Helas! poursuit Parthenice, c'est peut-estre l'Esprit de mon Frere duquel ie te veux parler, qui t'esmeut, ainsi: Ame innocente, si tu es encores

T ij

au rang des viuans, comment peux-tu respandre ton influence iusques icy; que si tu es parmy les Bien-heureux, foulant auec des pieds glorieux le front des Estoilles, sers de guide à Leonin, mon cher Conducteur, & luy inspire pour moy la faueur de ton assistance. (Icy la face de Leonin chāgea de plus de couleurs que l'Aurore n'en estalle sur son sein.) Olympie, poursuiuit la Vierge, se doutant bien de ce qui m'arriua depuis, sçauoir que ses parēs en suitte de l'ignominie de son suplice me pourroiēt desauoüer, & que flottant ainsi à l'abādon, comme vne nauire qui n'a ny mast ny voyles, ie me pourrois perdre, Ma fille, me dit-elle, il est vray que ton Pere s'est monstré fort peu sensible vers son sang, depuis l'enuoy de ton Frere n'ayant pas eu le soin de s'en enquerir: mais comme les enfans coustent plus à mettre au monde aux Meres qu'aux Peres, aussi leur cœur est il tousiours plus tendre & plus pitoyable sur eux; c'est pourquoy lors que Gratian (ainsi s'appelloit ce seruiteur affidé, auquel il le remit pour l'aller exposer en quelque prouince esloignee, ce Gratian que tu as veu il y a quelques annees en nostre maison, & qui mourut subitement, peut-estre pour auoir seruy d'organe d'vne telle meschanceté) lors dis-je, que cet innocent rejetton de ma faute, fut mis entre ses mains, apres l'auoir arrosé de mes larmes, & commis à la saincte Prouidence de Dieu, auquel ie le donnay, ie commanday en mesme temps à Gratian de remarquer soigneusement ce lieu de Calabre, où il le laisseroit, d'apprendre au Rustique qui le receuroit son nom, qui estoit celuy de Neapoleon, à cause de la ville de sa naissance, en luy taisant soigneusement le nom de ses parens, & pour enseigne ie luy baillay vne escharpe bleuë, comme pour enuironner le visage de mon pauure enfant, auec vne bague, dont la pierre estoit vne emeraude verdoyante, pour marque de l'esperance que i'auois de le reuoir, lors que la fortune m'en donneroit liberté, & me regarderoit d'vn meilleur visage : mais depuis i'ay tellement esté aueuglee de l'abondance de mes prosperitez, de la multitude de mes crimes, & plus encor de l'apprehension que la veuë de cet enfant (helas beau comme le iour, & qui auoit beaucoup de traicts de ton visage) ne donnast quelque cognoissance de mes malheurs, & que cette estincelle n'excitast l'embrasemēt de ma ruine: Depuis Gratian estāt de retour de cet exploit miserable, i'appris de luy qu'il l'auoit faict prendre pour vne bonne somme d'argent, auec les gages que ie viens de specifier à vn villageois assez

T iij

riche pour vn homme de sa condition, dans le fonds de la Calabre, en vne terre appellee Fontanello: le nom du Païsan est Valere, qui promit de l'esleuer comme son enfant naturel, estant tout ioyeux d'auoir rencontré vne si agreable & fructueuse auanture. I'ay bien voulu, ma chere fille, te donner cet aduis auant que mourir, afin que si tu es delaissee de ceux à qui ie touche de parenté (comme il y a quelque apparece, à cause de l'humeur ordinaire des grands du monde, qui ne font pas semblant de voir leurs pauures parens, quand ils les regardent & qui les desauoüent tout à plat, quand à la pauureté l'ignominie est adioustee,) tu essayes de rechercher des nouuelles de ton frere aux enseignes que ie t'en donne : & comme le sang ne peut mentir, peut-estre qu'il sera le protecteur de ton innocence, & le soulagement des miseres que ie voy penduës sur ton chef. A peine la discrette Parthenice trachoit-elle ce dernier mot auec vn souspir ardant, quand Leonin qui auoit ressenty durant tout ce discours les plus grandes conuulsions qu'il eut iamais experimentees, coulant vn large ruisseau de sang par les narines, perdant toute contenance & toute force, tomba esuanouy, sans dire vn seul mot. Voyla Parthenice seule auec luy, & bien estonnee & bien troublee en son esprit, ne sçachant point la cause d'vn tel effect, elle s'aduisa d'vn poignard attaché à son costé, qu'elle luy osta au commencement, de peur que couché dessus il ne s'en offençast: mais la courageuse fille se voyant cette lame à la main, fut tentee d'en oster l'ame à ce Rauisseur qui luy sembloit desia sur le bord de ses leures, & d'en faire vn coup de Iudith sur cet Holopherne: mais la promesse qu'il luy venoit de faire luy arracha du cœur ce sanguinaire dessein, outre la crainte de Dieu qu'elle auoit grauee puissamment en son ame, & puis la vehemence de la tentation reuenant. Et ne puis-je pas, disoit-elle, auec le fer m'ouurir le pas & la porte pour r'auoir ma liberté, & sauuer mon Honneur? en fin son propre sãg la retint par vne secrette horreur de cõmettre ce coup. Coup qu'elle eust volontiers relancé sur elle-mesme, si elle n'eust veu l'Enfer ouuert à ce desespoir. Que fera-t'elle? crier au secours, c'est peut-estre dõner lieu à Leonin de descouurir leur complot: Comme elle estoit en ces alteres, le pauure pasmé deschargé du sang qui luy bouchoit les conduicts, & qui luy auoit causé cette violente suffocation, ouurant au iour ses yeux alangouris, ouurit aussi sa bouche à cette parole. Ha! ma Sœur, & voyant Parthenice vn poignard tout nud à la main, elle croyant que ce fust la peur de mourir qui luy fist proferer cette pitoyable & amiable parole. Non non, dict-elle, Leonin, n'ayes point de crainte, il a esté en ma puissance de te plonger ce fer dans le cœur, si i'eusse voulu venger sur toy l'attentat de mon Rauissement : mais ta Repentance, ta Promesse & mes propres Affections m'en ont empeschee ; Leue-toy, & prends courage, & souuiens-toy de conseruer l'honneur de celle à qui tu dois la vie. Alors Leonin : Acheue, ma Sœur, acheue ton ouurage sur ce miserable Frere ; car par quelle main doy-je plus iustement mourir que par celle de cette Sœur que i'ay exposee au peril de perdre ce qui est plus precieux que la vie ? Parthenice n'entendoit point encores ces paroles enigmatiques, quand Leonin poursuiuit : Voyla, ma Sœur, voyla ce frere que tu cherches, voyla cet abandonné que tu viens de despeindre, voyla ce Rauisseur de ta Gloire, que Talerio mon Pere a exposé, & que ma Mere Olympie a prophetisé deuoir estre le Gardien de ton integrité, & l'Azyle de tes miseres. Icy le sang fit son effort sur la Belle, qui toute estõnee de ce grand coup, comme d'vn esclat de foudre, tomba par terre au mesme esuanouissement dont reuenoit Leonin, lequel n'eust point besoin d'autre eau que de celle de ſes larmes pour la faire reuenir. Qui pourroit exprimer leurs joyes & leurs douleurs, leurs embraſſemens, & leurs communes larmes, leurs admirations, & leurs eſtonnemens, & tant de diuers mouuements qui agiterent leurs eſprits en cette inopinee rencontre, & auec cela les vehementes impreſſions de la chair & du ſang, ſeroit à mon aduis vn Orateur digne du Cedre. Tant y a, que Parthenice recognut Leonin pour ſon frere, quand il luy dict que cette bourgade de Fontanello eſtoit voiſine de la Comté de Belle-fleur en Calabre, & qu'vn jour Luciane paſſant par là pour aller à ſa Comté, le treuua ſi beau & ſi à ſon gré, qu'elle le demanda à Valere, eſtimant que ce fuſt vn de ſes enfans, comme meſme chacun le croyoit: ce bon Homme qui m'aymoit eſperduëment, dict Leonin, me relaſcha à regret; mais ne voulant pas empeſcher la fortune qu'il voyoit me rire par l'affection de cette Princeſſe, il me laiſſa en fin entre ſes mains, luy diſant que i'eſtois vn enfant, dont les parens eſtoient incogneus, n'en ayant autres ſignes qu'vne eſcharpe bleuë & vne eſmeraude, & ayant aſſez mal retenu le nom de Neapoleon, il luy dict que i'auois nom Capoleon, & à cauſe de mon enfance, ce nom ſemblant trop enflé, on m'appella Leonin, comme vn diminutif de la derniere syllabe de mon nom, & la coustume & le temps par vne graueure insensible me l'ont faict receuoir pour ma denomination veritable. En fin cette recognoissance bien faicte, imaginez-vous s'ils manquerent d'adorer & d'admirer la Prouidence de Dieu, qui les auoit amenez à ce poinct, par de si estranges accidents. Leonin aura tout loisir de dire à Parthenice son education en la maison de Patrocle, & auprés d'Osiandre. Parthenice n'a plus de subject de douter de la fidelité de Leonin, ny de craindre de luy confier la garde de sa Pudeur, à quoy le sang & la fraternité l'oblige : il n'y a plus d'Amour de Doralice assez fort pour l'empescher de rompre les liens de Parthenice, & de la mettre en seureté entre les mains de Valere son second Pere, qui l'aydera à la faire Religieuse en vn Monastere de filles, voisin de Fontanello, appellé la Maison de nostre Dame des Oliues : l'industrie est toute minutee. Leonin & Herminio meneront Parthenice en vne terre esloignee de Miralte de quelques milles, & qui est sur le riuage de la Mer, de là Herminio reuiendra à Miralte, & vn jour que le vent agitera la Mer, des Mariniers chargez de Turbans & trauestis en Turcs, viendront d'vne cale voisine, comme eschoüez auprés de Miralte, d'où Herminio sortira & treuuera parmy eux Parthenice, dont il publiera la conqueste par toute la côtree, pour la iustificatiõ du Rauissement d'Osiandre. Et cependant Leonin s'en ira en Calabre à Belle-fleur, où Patrocle l'envoyoit, pour se monstrer innocent de l'enleuement de cette fille. Le frere, & la sœur taisans leur alliance découuerte, se separent ainsi, rauis d'vne telle & si miraculeuse rencontre. Leonin propose à Herminio ce Stratageme selon le commandement de leur Maistre ; sa proposition fut receuë sans contredict, elle est communiquee à Stephanille & à Doralice, afin qu'elles ne s'estonnent point de la sortie de Parthenice. Ils vont à cette terre, font le complot de cette feinte auec quelques Mariniers affidez. Leonin prend congé d'Herminio, comme s'en allant en Calabre, Herminio s'en retourne, & attend de iour à autre que le temps se trouble pour faire la conqueste imaginaire de la Toison d'or : mais vous eussiez dict que le Ciel pour fauoriser la fuitte de nostre Europe, eust faict nicher les Alcyons en ce temps, tant la Mer estoit calme, vn seul petit ventolin ne refrisant pas seulement sa surface. Leonin fait semblât de se deffier de ces Mariniers cognus par Herminio, & feint de cõploter auec d'autres d'vn village voisin pour la mesme industrie. Cependant prié par la craintiue Parthenice de ne se commettre point auec elle aux hazards de la Mer, ny à la barbarie de ces Matelots, qui tiennent du naturel de cet élement perfide, ils resolurent de prendre plustost les fatigues de la Terre, que les Risques de l'eau. Mais les jugemens humains sont tous remplis d'incertitude sur l'aduenir: car ils auront tant de trauerses auant qu'arriuer à Belle-fleur, que nous verrons en eux ce mot de l'Apostre verifié, qu'il y a des perils par tout, en la Mer, en la terre, aux Chemins, en la Solitude, en la ville, en la compagnie des faux freres. Tant est vraye cette vision de sainct Anthoine, en laquelle le Monde luy apparut tout sursemé de pieges & de lacqs, c'est à dire tout emply de dangers.

Desja la nuict prenant ses voyles
Et son long vestement de dueil,
Par l'esloignement du Soleil,
Moustroit le front de ses estoilles:
La Lune d'un teint gracieux
Formant vn iour dedans les Cieux;

Quand Leonin & Parthenice soubs le couuert de ce grand manteau assez tenebreux pour voyler leur fuitte, & assez clair pour les conduire par le brillement de tant de feux dont il estoit parsemé, se mirent en chemin sur des cheuaux qu'ils ne garderont gueres, non plus que ce peu d'argent qu'ils ont pour se conduire. Fortune mal-heureuse doncques, tu ne leur as faict gouster ce peu de miel de liberté, & ce peu de bon-heur de leur recognoissance, que pour rendre plus penetrant à leurs cœurs l'absynthe des calamitez où tu les vas replonger: va ennemie de la Vertu, jamais les Mortels ne te puissent-ils adorer, que pour marque de leur impieté, puis que tu es pleine de tant d'inconstance & de malice. Mais auant que les accompagner plus loing, reuoyons ce que faict Herminio, lequel aussi ennuyé du beau temps sur les riues de Miralte, comme les Nochers le sont de la longueur d'vne tempeste,

Quand en sa plus forte rage
Aquillon esmeut les eaux,
Et d'vn apparent naufrage
Il menasse leurs vaisseaux.

A chasque petite bourrasque qu'il voit s'esleuer, il luy semble de voir sortir vne fregatte d'vne cale, & qu'il faille descendre sur la greue pour recueillir ce desbris aposté: mais il est aussi loing de son conte, que le Nord l'est du Sud. En fin, impatient d'attendre tant de jours, il va voir en cette Terre voysine, & n'y treuuant plus ny Parthenice, ny Leonin, apprenant des Matelots le marché rompu par deffiance, & renoüé auec d'autres d'vne plage voysine qu'ils ne cognoissent point, il ne sçait que penser, il croit Leonin trop fidele pour commettre vne meschanceté; il le pense en Calabre; il craint que les Mariniers ausquels il aura remis Parthenice, n'ayent commis quelque perfidie, & que la Comedie ne soit changee en Tragedie; le voyla en vne extreme perplexité, il s'en retourne en digerant auec angoisse cette amertume; quand il entre au Chasteau de Miralte, il n'entend que cris, que plaintes, que gemissements, sa femme descheuelee, comme vne Bacchante en fureur, sa fille Doralice qui se tord les bras, il croit quelque naufrage, il ne sçait que penser ou le Massacre de Leonin, ou quelque vray Rauissement de Parthenice; il est tout esperdu: mais il y a bien d'autres nouuelles, car ce sont celles de la mort de Patrocle & des blesseures d'Osiandre, de la vie duquel on a perdu toute esperance: outré dans le cœur de toutes les parts, il ne sçait ny que dire, ny que faire, ny que penser. La perte de ses Maistres luy faict oublier celle de Parthenice : mais quãd il sçait que cette fille est la cause du desespoir de Placidas, qui a assassiné Osiandre, & que les playes du fils ont donné la mort au Pere, alors s'il la tenoit il se vangeroit sur son innocence, de cet accident qu'il tient pour le renuersement de sa fortune. En fin apres auoir redoublé les pleurs de sa femme & de sa fille, leur faisant part de la creance, qu'il auoit, ou de la perte de Parthenice, que Stephanille pensoit posseder par les bons seruices qu'elle luy auoit rendus, comme à sa future Maistresse, ou de la fuitte de Leonin auec elle, cela tourmenta Doralice, pour la jalousie qu'elle conceut contre son seruiteur, & sa Mere se troubla comme si elle eust perdu son gendre. Herminio laissant ces desolees en la compagnie de leurs desplaisirs, s'en va droict à Naples, pour mesler ses larmes auec celles de Luciane sur le Tombeau de Patrocle, & comme pour assister aux funerailles d'Osiandre, dont on luy auoit mandé la Mort comme infaillible. Et ce fut sur le poinct que vous auez entendu qu'il arriua à Naples, lors qu'on pensoit qu'il y deust amener Parthenice : car n'osant descouurir sa perte à Osiandre, de peur de le porter à vn desespoir ; il en dict les particularitez, selon qu'il le sçauoit, à Luciane, ne sçachant sur quoy s'excuser, ou sur Leonin qu'il estimoit innocent, ou sur les Matelots qu'il tenoit pour coulpables, ou sur la mauuaise conduitte de ce feint Stratageme, dont il attribuoit la cause à l'inuention, & au commandement d'Osiandre, & la disgrace de la cõduitte, & du manquement à sa mauuaise fortune. Mais tandis qu'on cele tant qu'on peut à ce Malade conualescent la perte de ce cher object, qui estoit plus la vie de son ame, que son ame n'estoit la vie de son cops: Retournons à nos fuyards, & voyons les diuerses fortunes dont ils furent trauersez en leur voyage, & nous y descouurirons les plus estranges accidents qui se puissent imaginer, à trauers desquels l'inuiolable Parthenice vit son honneur plusieurs fois en peril, & conserué par autant de miracles par la Prouidence de celuy qui n'abandõne jamais le juste en ses plus pressantes necessitez. Pour euiter donc qu'Herminio ne la suiuist à la piste, ils n'alloient que de nuict, s'escartoient des hostelleries & des chemins plus battus, faisant cõme le lezard qui efface de la queuë les pas qu'il imprime sur le grauier. Le premier logement qu'ils firent leur fut perilleux à la mort; car ayant trauersé quelques bois à la faueur de la Lune, ils arriuerent sur l'Aurore, lors que le Soleil commençoit à poindre, & à peindre l'or, l'azur, & le pourpre sur le fil de son horizon, en quelque cabanne de Buscherons, gens qui participent à l'humeur farouche des bestes sauuages qui habitent dans

dans les forests. Leur belle presence leur seruit de lettre d'entree pour estre les biens venus & les mal receus: car vous pouuez iuger que les plus grãdes commoditez de ces gens-là sont incommodes, puisque comme des Tartares ou des Scythes, ils campent soubs des feuillus, ou soubs des tentes portatiues, sans autre demeure que vagabonde, sans autre soucy que de viure. Il ne faut plus dire à l'or qu'il pallisse, à cause des embusches qu'on luy dresse: mais il le faut dire à la Beauté, puisque de toutes parts elle est en butte aux mauuais desirs, subjecte aux fascheuses rencontres, & portant mille mal-heurs dans le bon-heur qu'elle a d'estre si agreable. Ces gens de bois, battus continuellement du hasle du Soleil, sont en verité ce que les Satyres sont fabuleusement chez les Poëtes, joinct que la frequentation ordinaire des forges ou du charbon, les rend aucunement symbolisant auec ces noirs demons qui sont dans les fournaises du centre de la terre. Ces diables incarnez, à la veuë de nos voyageurs, pensent que ce soient des Anges, les vns s'en irritent, & minutẽt sur eux des desseins sanguinaires, pour auoir leurs despoüilles; les autres s'en embrasent d'vne mauuaise conuoitise. Ainsi les Anges du Ciel entrans sous de belles formes dans la maison de Loth, furent poursui-
V

uis par les detestables habitans de cette foudroyee Cité, autant innominable, que le desreglement qui s'y commettoit estoit abominable. Cette forest estoit sur les confins de la Calabre, & qui dict Calabrois, dit beaucoup, que si le drap n'est pas bon, les lizieres sont encores pires. Tādis que nos voyageurs prennent leur repas, & apres vne legere pasture quelque repos durant le iour, afin de reprendre leurs erres durant la nuict: ces miserables desseignent durant les ombres nocturnes de les deshonorer, & de les faire mourir : mais comme il y a tousiours quelque bon Iob en la terre de Hus, vne ieune fille qui assista à leurs complots touchee de pitié, ou plustost inspiree de Dieu, les en aduertit, & leur donna non seulement l'aduis, mais encores le moyen de se sauuer auec le moins de bruict qu'il leur seroit possible. Ainsi quand quelque voyageur dort dans vn pré, & que les viperes sont sur le poinct de le picquer d'vne atteinte venimeuse & mortelle, vn petit serpenteau sans venin, qu'on appelle Saura, l'en deffend en glissant doucement sur son visage, afin que se resueillāt il se sauue du danger qui le menace : merueilleuse Philanthropie. En cet estrāge peril Leonin s'aduisa de prendre les habits de Parthenice, & de luy bailler les siens, afin que s'ils estoient poursuiuis ils la laissassent aller comme vn homme, se contentans de luy oster son argent, & que pensans l'arrester comme vne fille ils se trouuassent deceus; ce fut le premier sacrifice volontaire de sa vie que fit le braue frere à la cōseruation de l'honneur de sa sœur. Parthenice creut ce conseil, & le soir sur la brune tandis que ces gens disposoient leur monopole, les deux chastes Auanturiers se sauuent à trauers l'espesseur du bois, laissās leurs cheuaux pour les gages. Ainsi la sacree prouidence de Dieu sauua ces Agneaux pour ce coup de la gueule des Loups, lesquels ayans failly à leur curee, se penserent manger de rage les vns les autres. Mais dequoy sert d'auoir euité Scylle, s'il faut retomber en Carybde, apres auoir tournoyé dans les doubles ombres de la nuict & des bois, tousiours entrans en pensant sortir de ce Labyrinthe, Parthenice

Ayant l'aisle au talon que la crainte faict naistre, est attachee à son frere inseparablement, lequel compatissant quelquefois aux peines de cette chere sœur; elle luy tesmoigne tant de courage, qu'en changeant d'habit, vous eussiez dict qu'elle auoit changé de sexe. Et certes, comme les freres & les sœurs ont des traicts ordinairemeut semblables; ceux-cy ont tāt de rapport, qu'ils s'estōnoient d'auoir esté si long tēps sans se recognoistre: car cette eminente beauté qui fut en Talerio, leur fut si largement communiquee, qu'en ce trauestissement on eust pris ayſément Leonin pour vne fille, & Parthenice pour vn garçon : car outre qu'ils n'eſtoient eſloignez d'aage, que d'vn ou deux ans, ils auoient tant de rapport, que la grace floriſſante de Leonin eſtoit delicate ſous vn habillement feminin, & celle de Parthenice eſtoit ſouſtenuë d'vn courage d'Amazone, qui la faiſoit prendre pour vn ieune garçon. Cõme ils eſtoient preſts à ſortir de ce Meandre boccager, & que deſia ſur l'orée de la foreſt, au point que l'Aube cõmence à deſcouurir les aymables couleurs de ſa face, ils voyoient vne bourgade dans vn vallon voiſin, où ils prenoient leurs rendez-vous pour ſe rafraiſchir de tant de fatigues : voyla trois grands voleurs qui viennent fondre comme des Tourbillons ſur la Chaſte Vierge, laquelle portoit bien l'eſpee de Leonin, mais ne s'en pouuoit pas ſeruir comme il euſt faict ; luy ayans oſté, & l'eſpee, & la bourſe, ſon peu de reſiſtãce, & la beauté de ſon front, firẽt qu'ils luy laiſſerent la vie, remenãs Leonin veſtu en fille dans l'eſpoiſſeur du bois, où allant ſans contredire, il fit ſigne des yeux à Parthenice, de l'aller attendre à la Bourgade voyſine. Ce tõnerre qui tomba quant & l'eſclair, frappa d'vn tel coup le jugemẽt de cette fille, qu'infenfible à fon mal-heur, fans fonger qu'elle perdoit tout en perdant Leonin, fans contefter d'auantage, & fans eftriuer contre le Mal-heur, elle s'en va droict à la bourgade. Ces Brigands ne font pas pluftoft dans le fort du bois, qu'ils parlent d'accõplir leur brutale Paffiõ en cette fille fuppofee. Ils mettent les armes bas, & cõmencẽt à luy parler d'Amour, & de cajollerie; le rufé Leonin faict le doux, & leur faifant paroiftre la crainte qu'il auoit de leurs efpees, & qu'ils ne l'efgorgeaffent apres en auoir faict à leur plaifir, deux ietterent leurs efpees bien loing, jurant auec des blafphemes, qui feruent à ces gens-là d'ornement de langage, de mourir pluftoft que de la perdre; vn autre voulant faire le courtois & l'Amoureux, jetta aux pieds de cette belle Nymphe fes armes, & fe mettant à genoux, commençoit à la careffer auec des adorations idolaftres. Alors le braue Leonin prenant fon temps faute aux armes de cet Amant tranfi, & luy paffant & repaffant l'efpee au trauers du corps, le porte roide mort fur la place, les autres fuyent: mais Leonin fe lance comme vn Lyon fur vn de ces fuyards, & luy cachant le fer dans les reins, l'enuoya tenir en enfer compagnie à l'autre: le troifiefme ayant recouuré fon efpee, commença lors vn fanglant combat auec Leonin; car la rage de voir ses deux compagnons mordans la terre par la main d'vne fille; le desespoir de sauuer la sienne propre la voyant venir à luy pour le despescher, le firent entrer en vne telle furie, que les yeux luy estinceloient dans la teste comme deux flambeaux : mais ce furent deux Cometes mal-heureuses qui presagerent sa mort. Il vient donc auec vne desmarche effroyable, semblable à celle d'vn homme qui veut mourir ou se vanger ; il vomit contre le Ciel des blasphemes execrables, & disant mille outrages à celuy qu'il tenoit pour fille, l'appelle furie diabolique, la menassant de mille morts : mais le genereux Leonin mesprisant ses brauades entre sur luy d'vne poincte, & luy porte l'estoc dãs le corps non d'vne attainte mortelle ; l'autre rendu plus farouche par la veuë de son sang, se veut jetter à corps perdu sur Leonin, lequel se trouuoit bien fort embarrassé dans ces habillemés feminins, & en vne place assez inegale; il esquiua neantmoins, & bien luy seruit son addresse contre la forcenerie de ce voleur. En fin la belle Amazone luy fit entendre & sentir en mesme temps qu'il estoit hõme : car ayant recognu l'inhabilité qu'il auoit à manier vne espee, il se sceut si bien seruir des aduantages de l'art qui enseigne à la conduire, qu'apres l'auoir percé en diuers endroicts, à la fin il luy porta vn coup dans la gorge qui luy enleua la parole auec la vie. qui ne voit en cette meslee quelque image de la deffaicte des trois Curiaces par le ieune Horace, si fameuse dans l'histoire des Romains. Leonin leuát les yeux au Ciel, remercia Dieu d'vne telle Victoire, presage de celle qu'il deuoit vn iour remporter soubs l'estandart Religieux, du Diable, du Monde, & de la Chair. Et apres auoir repris sa bourse qu'auoit celuy qu'il auoit tué le premier, & volé les voleurs mesmes, en prenant sur eux quelque argent qu'ils auoient desrobé le iour precedět, chargé de leurs espees & de la sienne, les laissant pour la pasture des Loups, il s'en va auec ces armes, trophees de son combat, vers cette Bourgade où ses yeux auoient donné le rendez-vous à sa sœur. Laquelle y estant arriuee auoit acheué d'allarmer tout le peuple, desia en esmeute du vol que ces brigáds y auoient faict en l'hostellerie. Là Parthenice parlant le langage de son habit, plustost que de son sexe, se plaint de ce que trois brigands à l'oree de la prochaine forest luy auoient rauy vne sienne sœur qu'il remenoit en son pays, leur demandant vn prompt secours pour sauuer l'honneur de cette fille. Desia ceux que l'interest de leur perte animóit à la vengeance, se preparoient à les

V iiij

poursuiure selon l'addresse que leur en donnoit ce femelle-garçon, leurs voysins s'amassent pour aller à cette queste; comme ils s'acheminoient vers le bois, ils voyent venir à grands pas, d'vne démarche toute masle, vne fille portant quatre espees; l'vne toute nuë d'vne main, & toute ensanglantee: cette nouueauté les effraya; mais ils furent encores plus estonnés quand ils l'entendirent qui leur disoit, Mes amys, ils sont despeschez, & les preneurs ont esté pris, ie les ay couchez roides morts sur la place, allez, & vous les trouuerez qui mordent la terre, & voicy leurs espees que ie rapporte pour marque de ces trois iustes meurtriers que ie viens d'executer, & pour enseigne de leur lascheté & de ma valeur. Mais dictes-moy, n'auez-vous point veu ma sœur en cette Bourgade, il y a peu qu'elle y doit estre arriuee : car i'ay esté peu de temps à despescher cette canaille. Ces hommes ne pouuoient comprendre tout cecy; vne fille qui auoit tué trois voleurs armez, & qui appelloit vn ieune homme sa sœur, auec vne contenance, qui monstroit quelque chose de vieil en son port. Mais ils cesserent de s'estonner, quand reuenans en la Bourgade il leur conta tout le faict, & l'heureux changement d'habit qu'il auoit faict auec sa sœur, d'où estoit venu le châge fortuné que ces malheureux auoient pris, & qui leur auoit faict treuuer par vn iuste iugement de Dieu les douleurs de la mort, où ils cherchoient les douceurs d'vn illegitime plaisir. Et comme celuy qu'ils auoient volé en la bourgade le iour qui auoit precedé, se plaignoit de sa perte & donnast des enseignes de sa bourse, & de la somme qui y estoit, La voyla, dict la masle & sanglante femelle, de ce qui est dedans i'en suis ignorant: L'autre bien ayse d'auoir treuué ce qu'il recherchoit à si bon conte, & par les mains d'vn si fidele Preuost, le meine en sa maison, où estoit la desguisee Parthenice; & ce fut vn plaisir de la voir qui vint au deuant de Leonin, luy disant, O ma Sœur, & l'autre riant, Bien vous soit, dit-il, mon Frere Parthenice; & depuis quand suis-je deuenu fille? quand ie l'eusse esté, l'execution que ie viens de faire meriteroit de me rendre garçon. Parthenice se voyant descouuerte, & à la face de tant de gens, laissa monter en son visage des couleurs que l'on ne peut comparer qu'aux feuilles des roses vermeilles, qu'on auroit laissé tomber dans du laict: Sans dire mot elle se retire, & se va cacher; là Leonin reprenant ses habits, & luy rendant les siens, se fit voir comme vn Hercule

Alexicaqué dompteur des monstres de cette terre. L'Hoste ioyeux de son argent retreuué les festoya de bon cœur, & apres la bonne chere leur offrit toute assistance. Leonin se plaignit à luy de ses cheuaux qu'il auoit laissez en la Cabane des Buscherons, d'où il auoit esté contraint de sortir trauesty auec sa Sœur, se sauuant de leurs mains sanguinaires, à la faueur des ombrages de la Nuict & des Bois. L'hoste s'offror de les aller reprendre: mais le Sage Leonin ne voulant pas que ce bruict le fist suiure à la trace, ayma mieux s'auancer auec seureté par la perte de ses cheuaux, que pour les retrouuer estre en inquietude : L'Hoste pour ne paroistre ingrat luy en offre, qu'il accepte pour quelques iournees, ayant plus d'esgard à l'imbecillité de sa Sœur qu'à sa propre necessité. Ils partent auec vn guide qui deuoit r'amener leurs montures : Desia ils auoysinoient la contree de Belle-fleur, quand la Fortune qui ne se lasse iamais de trauailler la Vertu, leur prepara d'autres encombres, tant les biens & les maux sont contigus en cette vie, le vespre de l'aduersité, & le matin de la Prosperité ne font qu'vn mesme iour.

Le calme sur la mer ne dure pas tousiours,
La tempeste le suit, comme la nuict le iour,

Le temps beau & serain est suiuy de la
pluye,
Et la rose tousiours de l'espine suiuie.

Car ce Chaste Pair estant vn soir arriué en l'Hostellerie d'vne ville, ayant dict simplemēt, comme c'estoit la Verité, qu'ils estoient frere & sœur, ne voyla pas que quelques Calabrois se vont imaginer qu'ils estoient non mary & femme, mais quelque chose de pis, comme des personnes abandonnees à la desbauche : & parce que leur visage en leurs ressemblances marquoient assez la preuue de leur consanguinité; ils allerent penser sur ces innocens des idees (le diray-je) incestueuses. O enfans des hommes, que vous estes iniustes en vos balances, faux en vos iugemens, & temeraires en vos soupçons. Isaac estant en Gerara, craignant que la beauté de sa femme ne fust cause de sa mort, dict que c'est sa sœur: & ceux-cy ayans des pensees malicieuses sur la vie de l'incoulpable Leonin, disent que sa sœur est sa femme. Mais vous remarquerez que nous sommes en Calabre, & qu'en ces matieres qui dict Calabrois dict merueilles : car bien que ce païs soit honoré de la naissance de plusieurs Saincts, & du Tombeau de ce Grand Patriarche de l'Ordre sacré des Chartreux sainct Bruno;

& bien que comme vne autre terre de Promesse, la Manne sacree & medicinale y arrose les fleurs; si est-ce que le Prouerbe n'est que trop veritable, qui dict qu'aux bons païs ne sont pas tousiours les meilleures gens. Le murmure se faict grand, leurs actions sont espiees, ils se retirent en mesme chambre, par quelques endroicts on contemple leurs actions, on n'y remarque que Modestie, Pudeur & Sincerité : neantmoins le soupçon croist, on les veut cognoistre : Le Iuge est auerty; & ordinairement les Iuges de ces petits lieux alterez à merueilles, ne demandent que pratique; on les saisit, on les separe, on les interroge à part; & le mal est qu'on les treuue dissemblables ; car Leonin de son costé dict franchement que c'est sa sœur, & qu'il l'emmene à son païs, qui est Fontanello, en la maison de son Pere Valere. Parthenice du sien, ne sçachant, ny où estoit Fontanello, ny qui estoit Valere, ne recognoist, ny ce lieu là pour son païs, ny Valere pour son Pere; dict neantmoins que Leonin est son frere, & qu'ils sont de Naples, & qu'elle va où son frere l'emmeine : & puis parmy tant d'humaines tenebres, fiez-vous à la mesme innocence; toutesfois la Vcrité peut estre quelquesfois voylee par les ombrages, comme le Soleil couuert de nuages, mais iamais esteinte : au contraire elle se faict voir d'autant plus claire qu'elle sort d'vn puits plus profond, selon que resuoit Democrite. On ne peut entendre ces contrarietez, ny desueloper ces Enigmes que par la confrontation : car leurs depositions se treuuent inuariables. Ramenez donc l'vn devant l'autre, & l'vn & l'autre ne conspirans qu'à dire purement & franchement la Verité : en fin cette Verité les deliura du scandale des ouuriers d'iniquité, & de l'opprobre des iniustes pensees : car il se treuua selon l'explication de Leonin, que Valere estoit son Pere Adoptif, n'ayant recogneu son Pere & sa Mere veritables, que par l'enseignement de Parthenice. La deplorable mort de Talerio & d'Olympie estoit si respäduë par toute l'estenduë du Royaume de Naples, & la Reputation de la fameuse Virginette, qu'ils furent aussi tost recognus, ioinct que l'ingenuité de leurs visages, qui comme des lettres patentes monstroit la sincerité de leurs cœurs, leur seruit d'vn passe-port naturel, qui les eut faict passer à trauers toutes les desfiances du monde, comme la beauté de Iudith qui trauersa toute l'armee des Assyriens. Leonin raconta nayfuement toute l'histoire de son abandonnement, comme luy auoit appris Parthenice ; & en suitte l'enleuement de cette fille, estimant que le vray fil pour sortir du labyrinthe d'vne prison, où l'innocence est calomnieusement plongee, c'est la Verité. Le Iuge admirant les merueilles de la Prouidence de Dieu sur tant d'estranges occurrences, inclinoit à les reclascher, pressé du tesmoignage de sa conscience; mais les delateurs comme Calabrois, ayās recognu la Verité de la fraternité, reuoquerent en doute l'integrité de cette fille; Elle soudain s'offre à telle visite de Matrones qu'il plairoit aux Iuges d'ordonner; ce qui fut executé, bien que l'extreme honte attachast aux joües de cette pudique Vierge autant de roses rouges que le Primtemps en tire du sein de la Terre. Elle endura neantmoins cet affront auec plus de courage que de front, tirant de cette action d'Humilité tant de Gloire, que les Matrones employees à ce miserable office, firent vn rapport fidele de l'inuiolable integrité de cette Zitelle, auec tant d'eloge, qu'ils estimoient autant la Pudeur de son chaste cœur, comme la Pureté de son corps; de sorte qu'on pouuoit dire d'elle, ce que ce Poëte a si excellemment chanté en ces beaux Vers.

Son estre est composé d'vne si belle trame,
 Qu'on doute quel des deux a de plus grands
  efforts,

*Ou l'extreme vertu des beautez de son ame,
Ou l'extreme beauté des vertus de son
corps.*

Ainsi la Fortune peut faire des iniures à la Vertu, iamais la vaincre, car elle se releue contre le poids qui l'opprime ainsi qu'vne palme : elle s'espure comme l'or dans la fournaise des aduersitez ; elle s'esclaircit comme le fer soubs la lime des contrarietez. Les soupçons sont changez en loüanges, les pensees de blasme en des opinions de Gloire ; & le Soleil de la Verité & de la Vertu creue les obstacles qui s'opposoient à l'esclat de ses rayons. Mais preparez-vous d'entendre bien d'autres assauts ; car le desastre, ennemy infatigable du merite, n'a pas encores vuidé tout son venin. Nos voyageurs sont démontez, & comme l'innocence ne paroist pas si tost dans les tenebres des cachots, aussi les bourses n'entrent iamais dans les prisons si grosses comme elles y entrent : Les formalitez, diray-je de la Iustice, non, mais de la Iudicature, ou si vous voulez de la Chicanerie, sont aussi cheres aux incoulpables qu'aux criminels, & le coust est esgal à celuy qui a bonne qu'à celuy qui a mauuaise cause. Nos Pelelerins ne sortent de là, nonobstant toutes leurs protestations, que par la porte du Temple, appelle Specieuse, autrement Doree : Car nous sommes veritablement en cet heureux temps qu'on peut appeller Doré, tout se mesurant à la reigle d'or, tout se balançant au poids de l'or, tout se faisant pour l'or.

Nous sommes au beau siecle d'or,
On a tout pour ce metal blesme,
Le Renom & la Gloire mesme,
L'Honneur & la Iustice encor.

Ils eussent bien voulu qu'il leur en eust cousté dauantage, & ne s'estre point tant descouuerts : mais se fiant plus en la Prouidence de Dieu, qu'en leur prudence propre, ils se retirerent en Paix. Tous ceux qui les voyent partir les loüeut, qui de leur vertu, qui de leur beauté ; mais bien qu'ils s'en aillent à pied, personne ne s'offre de les soulager d'aucune voiture : plusieurs sont seruiteurs de la bouche, peu de la bourse. La Calabre est môtueuse & difficile pour ceux qui y cheminent : neantmoins nostre inuiolable Pucelle, comme ayant vne parcelle de ce grand cœur qui porta nostre Dame à trauers les plus aspres montaignes de la Iudée, pour aller en Cariatharbé visiter sa Cousine Elizabeth, alloit infatigablement par ces lieux rabbotteux, animant l'Esprit de Leonin plus abbatu de la compassion qu'il auoit

pour

pour elle, que de ses propres souffrances, de mille sainctes & pieuses pensees. Comme ils alloient donc par des chemins moins frequentez & moins battus de la multitude des passagers, il leur eust esté aussi difficile de ne se mesprendre point, comme il leur estoit aysé de s'esgarer. Ioint que le iour se reposans volontiers à l'ombre des bois & des fontaines, dont le doux murmure des feuilles & des eaux s'accordoit au bruict des Zephirs, ils cheminoient ordinairemēt la nuict, dont la noirceur & le silence mal-propre à voir & à demander le chemin, les mettoit souuent en default. Vn iour donc sur le tard, lors que l'Estoile de Vesper tirant ses compagnes de leurs cachots, chassoit le Soleil dans son lict, desia les ombres de la nuict cōmençoient à tomber du sommet des hautes montagnes, quand ils se treuuerent engagez dans vn bois, dont l'espesseur & l'horreur r'appella en leur souuenir le hazard qu'ils auoiēt couru entre les mains de ces brigands, qui sans leur traueſtiſſemēt euſſent faict perdre, à l'vne l'honneur par la violence, à l'autre la vie par la resistance. De sorte qu'ils s'aduiserent de pratiquer au mesme peril le mesme stratageme; ils changent donc d'habits, & se iettent dans l'incertitude des chemins de cette forest, qui se coupans les vns les autres, les faisoient assez cheminer, jamais auancer: en fin mattez du trauail, Leonin vit bien que pour cette nuict ils feroiēt leur giste à l'hostellerie de l'Estoile, Au moins ma sœur, dict il à Parthenice, nous ne serons point tourmentez de Calabrois, ni māgés de la Iustice; si nous auōs souuent de pareils gistes, nous espargnerons beaucoup de despens, & gaignerons beaucoup de frais : & il disoit cela, parce que le frais de la nuict luy sembloit vn peu gaillard. Mais s'ils ne rencontrerent point de larrons, ils trouuerent bien d'autres bestes aussi dangereuses: car si les larrons sont des Loups raisonnables (s'il y a de la Raison parmy les Brigands) les Loups sont des larrons desraisonnables: car ce sont des animaux rauissans, & qui ne viuent que de proye. Et peut estre que sentans la chair de nos Pelerins, ils commencerent à se r'appeller les vns les autres auec des hurlemens si effroyables, que cela rendoit doublement horrible l'horreur de cette forest. Les Echos des Rochers entrecoupez redoubloient ces cris espouuentables de telle sorte, qu'on eust estimé entendre vne armee de Loups: alors Leonin pour asseurer Parthenice qui ne s'estoit jamais veuë à telle feste, & neantmoins qui se disoit plus asseuree, que lors qu'elle estoit dās les delicatesses des traittemens d'Herminio & de Stephanille à

Miralte, aymant mieux tomber en la gueule des Loups, qu'aux mains rauissantes d'Osiandre. Sus, luy dit-il, ma sœur, il se faut sauuer sur quelque arbre bien hault, & s'y tenir iusques au iour, c'est l'vnique moyen d'euiter ce nauffrage de terre; il la prend sur ses espaules & l'esleue sur vn vieux & puissant chesne, où apres il se guinde alaigremét, faisant monter Parthenice de branche en branche iusques au feste; & puis dictes que les oyseaux de Paradis ne se perchent jamais. Or ce fut tout à temps que Leonin donna & prit ce conseil: car voyla aussi tost venir vne troupe de Loups, qui se sentans tombez en default au pied de cet arbre, commencerent à leuer le nez en l'air; car ces animaux chassent de haut vent, & de rage qu'ils auoient de sentir leur proye si voisine, & neantmoins en lieu d'asseurance, ils grattoient au pied de ce gros arbre, comme s'ils eussent voulu le desraciner: Mais cette vieille plante tenoit à la terre auec de trop puissantes racines pour estre enleuée par de si foibles griffes. Leonin se rioit de leur effort, & r'asseuroit Parthenice. Quelquefois il vouloit descendre pour percer de son espée ces vils animaux: mais Parthenice le retenoit, ne voulant pas qu'il se mist en ce hazard inutile. Comme ces oyseaux du Ciel estoient perchez sur ces branches, encores leur eust-ce esté quelque soulagement, si comme les oyseaux ils eussent peu dormir estás perchez: mais bien que Leonin le persuadast à Parthenice, il ne venoit pas à bout de sa persuasion, puis qu'il ne pouuoit commáder le sommeil à ses propres yeux: yeux qui ne veilloient pas tant sur luy-mesme, comme sur ce precieux thresor de l'honneur de sa sœur, qu'il conseruoit comme vn Argus. Chátez donc vn peu, luy disoit-il, ô ma sœur, pour charmer l'ennuy de la longueur de cette nuict; Ie ressemblerois donc au Hybou, reprit Parthenice, qui ne chante que parmy les tenebres, Non, non, dict Leonin, vous ne chanterez pas si funestement, mais pluftost comme vne gratieuse Philomele, si amoureuse de la melodie, qu'elle attache la nuict au iour quand elle est en train de chanter, & elle n'est iamais en tel train de dégoiser son incomparable ramage, que quád elle a faict son nid en des espines, & qu'elle y couue ses œufs. O ma sœur! que vous auez vn grand subject de l'imiter en son chant, puisque Dieu vous a donné vne voix beaucoup plus excellente, & puisque cóme cet oysillon, vous essayez d'esclorre vostre Religieux dessein dás les halliers de tát de poignátes brossailles. Mon frere, dict Parthenice, c'est vne importune chose que la Musique parmy les afflictions: car tout ainsi que les viandes dont on est friant en santé sont en horreur quãd on est malade, ainsi l'harmonie si delicieuse quand on a l'esprit libre & content est insupportable quãd on l'a melancolique: i'ay quelquefois ouy dire au Pere Hierothee vn mot qu'il attribuoit à vn Apostre, Si quelqu'vn est triste qu'il prie; s'il a l'esprit gay qu'il chãte. Or il est bien maintenãt plustost saison de prier que de chãter. Et ma sœur, dit Leonin, ne peut-on pas prier en chãtant, aussi bien que chanter en priant? n'est-ce pas ainsi qu'on louë Dieu dans les Eglises? Et les trois enfans ne chanterent-ils pas dans l'ardante fournaise au milieu de leurs afflictiõs? au contraire il semble que le chant enchante la melancholie, & chasse le chagrin. Mon frere, reprit la Vierge, il n'y a rien que ie ne fisse pour obeïr à ton commandement, & pour te donner du contentement: mais as-tu oublié le prouerbe, qui dict, qu'on n'a plus de voix quand le Loup nous a veus. Ce n'est pas, ma sœur, dit Leonin, que ces animaux nous hument le vent, & pour dire ainsi nous boiuent l'haleine, comme resuent quelques vns, auec autant d'inexperience que d'ignorance: mais c'est parce que nous sommes ordinairement si effrayez, quand nous faisons rencontre de ces sanglans animaux, que la peur nous faict

X iij

perdre l'haleine, ou bien nous crions si fort apres eux pour les faire fuir, que nous nous enroüons. Or vous n'auez point eu occasion de craindre qu'ils vous offençassent: car ces bestes ne s'attaquent pas aux oyseaux si hautement perchez comme nous sommes. Vous n'auez point crié pour les faire fuir, & ne vous ayans point veuë, & vous ne les ayant qu'entreueus, vous iugez bien à vostre propre voix, que ce prouerbe est né d'vne erreur populaire. Alors Parthenice voyant que ses excuses n'estoient ny receuës, ny receuables, & que son frere desiroit qu'elle chantast tant pour sa cōsolation, que pour inuoquer l'ayde de Dieu; elle desploya cette admirable voix, qui eust peu domestiquer les plus farouches feres de ces forests, & entonna ces motets du Psalmiste qu'vne de nos Muses empourprees a couchez de cette façon.

Puisse le Roy des Roys au iour que la tempeste
De mille flots armez menassera ma teste,
De mes vœux auoir soin,
Puisse le Tout-puissāt m'ombrager sous son aisle,
Et du Dieu de Iacob la defense eternelle
Me couurir au besoin.
Vueille le Souuerain qui se sied sur la nuë,
De sa demeure saincte aux mortels incogneuë
Son secours m'addresser.
Au port de sa faueur tenir ma Nef ancree,

Et du haut de Syon sa montagne sacree
 Mon salut embrasser.
Soient en sa souuenance escrits mes sacrifices,
Soient tournez iour & nuict dessus mes dons propices
 Les rayons de ses yeux.
Et de mon holocauste, en tout temps pour luy plaire
Fumant sur son Autel la flamme pure & claire
 Vole iusques aux Cieux.

I'ay tort d'auoir escrit ces deux derniers vers: car ils demeurerent enseuelis dans la gorge de Parthenice, par vne frayeur qui luy ostant presque la parole, la pensa faire tomber toute esuanoüie; ce fut lors que Leonin creut que le prouerbe fust veritable, & que le Loup l'eust veuë, comme certes il estoit vray. Car la pauure Parthenice luy dict auec effort, & neantmoins d'vne voix cassee & basse. Helas mon frere! c'est à ce coup que nous sommes perdus irremediablement: & pourquoy cela, respondit l'asseuré Leonin? Hé! ne voyez-vous pas cette troupe de Cheualiers qui brossent à trauers cette forest, & qui me cherchent en me nommant tout haut? Ma sœur, dict Leonin, sans doute & vous dormez, & vous resuez; Ie ne dors pas, dict Parthenice, car i'ay les yeux bien ouuerts: & combien y a-t'il d'animaux, reprit Leonin, qui dorment

X iiij

les yeux ouuerts? sans doute vous dormez de lassitude, mais la peur vous empesche de fermer les yeux. Mon frere, reprit la Pucelle, certes ie ne dors point, mais ie voy, & qui plus est, i'oy ma perte euidente: Leonin croyant que ce fussent quelques illusions nocturnes qui troublassent l'esprit de cette fille, qui n'ayant iamais exercé le mestier des Nymphes de Diane, n'estoit pas accoustumee à passer les nuicts à l'affust ou à l'espere, se mocqua de tout cela. Cependant il estoit vray que Leonin ne voyoit rien, mais Parthenice vit plusieurs hommes armez, montez sur des cheuaux, qui sembloient plustost voler que courir, comme aussi ils alloient en l'air, parce que c'estoient des demons en cette forme, qui portoient des sorciers. Elle en entendit vn d'entr'eux qui crioit, Seigneur Vrsace, il me semble que c'est icy proprement le lieu que le Mage Mambrin nous a fait voir dans ses Cercles & dãs son Miroir, Sans doute, repliqua vn autre, Seigneur Ponce; mais que veut donc dire, que nous ne l'y rencontrons pas auec son traistre Rauisseur? ie meurs d'impatience de faire cette rencontre: que ie veux de mal à ce Demon, qui m'a defendu de mettre en pieces ce voleur de mon Bien; certes ie le deschirerois en plus de morceaux que jamais ne fut Orphee

Liure cinquiesme. 329

par les Menades. Cherchons bien, reprit Ponce, & nous treuuerons: mais vous fouuient-il, dict Vrsace, qu'il nous a dict que nous les treuuerions couchez sur du Bois: ha! malheureuse Angelique, depuis quand es-tu deuenuë buissonniere auec ton Medor. Ie ne voy point icy de buisson, & moins encores de bois fraischement taillé: Ie suis, repliqua Vrsace, en vne rage desesperee. Malheureux qui s'amuse à ces diables, & à ces hommes diaboliques; ils ne font que mentir, & auec cela ils attrapent nostre argent: Ponce repartit, si est-ce qu'en toutes les entreprises que i'ay faittes par l'aduis de Mambrin, il ne m'a iamais manqué d'vn seul poinct. Tandis que ce funeste Dialogue se faisoit aux oreilles de Parthenice, Leonin n'en entendant vn seul mot, elle estoit si transsie d'effroy, qu'elle n'en pouuoit redire vne seule parole à Leonin, de peur mesme d'estre entenduë & apperceuë par ces Rolans, & chercheurs d'Angelique; bien se souuint-elle qu'vn Gentilhomme Napolitain nommé Vrsace, parmy tant de poursuiuans qui l'auoient demandee aux Virginettes, auoit esté auec Placidas des plus importuns à la rechercher, & qu'il estoit ordinairement accompagné d'vn nommé Ponce, qu'il disoit estre son singulier amy: Et pour sçauoir au vray cette estrange auāture, vous deuez sçauoir, que comme l'Amour deuient rage quand l'espoir en est separé; il auoit recherché tous les moyens extraordinaires de donner de l'Amour à cette fille par Magie, & par Sortileges: Il auoit consulté ce fameux Mambrin, que ceux qui se laissent aller à la Negromance tenoient pour vn Oracle: il auoit tenté toutes sortes de moyens: mais la Chaste Parthenice estoit tellemēt Vertueuse, & en la Grace de Dieu, que tous les Demons, comme jadis autour de Iustine, confessoient ne pouuoir treuuer aucune prise sur elle. En fin desesperé de son enleuement, & porté à cela par Ponce, cet amy malheureux, qui luy auoit donné le conseil de consulter ce Magicien; ils s'estoient mis en queste de Parthenice sur les aisles des Demons, qui leur seruoient de coursiers. Il n'y auoit qu'eux deux d'hommes veritables, les autres n'estoient que des fantosmes apparens. Or le sort estoit tel, que la seule Parthenice les pourroit voir & entendre, & non Leonin, auquel ils auoient deffence de nuire, sur peine d'estre deschirez par les Demōs: pactions subtiles & ordinaires des Diables: & ils estimoient venir ainsi aysément à chef de leur dessein, en enleuāt Parthenice, sans que Leonin peust seulement apperceuoir qui l'emmenoit: & tout cecy se recognoistra à la fin de cette Histoire. Parmy ces alteres de Parthenice, elle entéd Ponce, qui dit à Vrsace: Mais ces arbres ne sont-ils pas de Bois, qui sçait s'ils n'y seroient point branchez? à cette parole la fille fremissante, fit trébler la branche qui la soustenoit: & Vrsace respondit, Il faudroit dőc allumer quelqu'vn de ces flâbeaux que Mambrin nous a baillez, afin de ne laisser aucun recoin à voir dans la circóference qu'il nous a designee: aussi tost dit, aussi tost fait, deux cailloux seruirét de fusil, ou si vous voulez les Diables mesmes embrasez cőme des charbons, & qui portét par tout leur feu & leur Enfer, allumerent ces funestes lumieres. La seule Parthenice les voit, nő Leonin; fascination estrange; cette fille tremble plus que toutes les feuilles de la forest, car elle se voit perduë sans remissiő. Leonin qui la sent en ce frisson, croit que ce soit le froid de la nuict qui l'incommode: il luy pense demander; elle luy serre la bouche: en fin il ne se peut tenir de luy dire, Ma sœur, pourquoy m'empeschez-vous de parler? A ce mot les chercheurs qui estoient assez prés pour l'entendre, leuant les yeux en haut apperceurent les deux Pelerins, n'estans veus que de la seule Parthenice. Alors Ponce, Et bien, Vrsace, voyla pas vne belle nichee : voyla ta Colombe & ta Philomele sur vn arbre, demãde luy ce qu'elle veut chanter; quel sort! la seule Parthenice entend cela, nullement Leonin, tant il estoit charmé. Alors Parthenice se voyant apperceuë commença à s'escrier, Mon frere, nous sommes perdus, les voyla qui me vont enleuer : Qui enleuer, dit Leonin, ma sœur, resuerez-vous toute la nuict ? Mon cher frere, reprit Parthenice, ce n'est point mocquerie, mais ie croy que c'est charme : car est-il possible que vous ne voyez point Vrsace & Ponce au pied de cet arbre, qui me viennent arracher d'entre vos bras. Ma sœur, dit Leonin, c'est à cette heure que i'apperçoy que tu resues : car à quel propos parler d'Vrsace & de Ponce que ie cognois, & qui sont à Naples sans songer à toy : pleust à Dieu que ie ne redoutasse point d'auantage mon maistre. Encores si tu disois Osiandre, & que ie le visse, ie penserois que quelque Demon l'auroit apporté par les airs, ou bien que la peur d'estre rauie par luy rameneroit si viuement son image en ta souuenance, que tu la prêdrois pour luy-mesme : mais de me parler de gens qui ne songent pas à toy seulement en dormant, c'est se mocquer de ton frere; Dors ma sœur, dors, & assoupis par ton sommeil toutes ces illusions. Les Cheualiers qui virent que leur sort operoit si excellemment sur les yeux, & les oreilles de Leonin, se tindrent asseurez de leur proye : & alors Vrsace commença librement à cajoller la Chaste Vierge, & à luy dire, Belle Parthenice, iuge de quels enchantemés tu m'as charmé, puis que i'ay esté contrainct de remedier à ces charmes par la Magie. Ie suis icy venu sur l'aisle des Demons, qui sont icy à grosses troupes, comme tu vois, pour t'enleuer à Naples, si tu veux estre mon Espouse, sinon pour te transporter où il me plaira de leur commander, pour faire de toy à ma volonté; choisis quel party te semblera le plus honorable, pour moy i'eslirois plustost de t'auoir pour femme volontaire, que pour Amie forcee, plustost en paix à Naples dans ma maison, qu'aux champs en vne terre que i'ay en Sicile dans vne prison perpetuelle: Resous-toy promptement ; car le temps de la duree de ce sort me presse, & i'auray vne autrefois plus de loysir de te compter mes Passions : n'ayes point de recours à ce barbare Rauisseur qui t'enleue ; car comme tu vois qu'il ne me voit, ny ne m'entend, il a aussi peu de pouuoir de m'empescher de t'emporter sur le dos des Diables qui m'enuironnent. Que dira, que fera Parthenice? angoisses de toutes parts : si elle redit à son frere ce qu'elle entend, il ne le croira pas; si elle irrite ces hommes diaboliques, la voyla comme elle pense aussi tost enleuee par les Demons. Helas, dict-elle à Leonin, infortunee Cassandre que ie suis, ie te dis mon malheur à present, & si pressant, ô mon frere, & tant s'en faut que tu me preste secours, que tu te mocques de mes miseres, bien esloigné de me deffendre; helas! ie vays estre la proye des hommes enragez, & des Demons, & personne ne me plaint, & ne me preste la main: ô detresse plus que mortelle! Alors Leonin: Ma sœur, ie t'asseure que demain au premier logis que nous ferons, ie prendray conseil du Medecin pour te guerir de l'humeur Hyppocondriaque. Dieu! que les filles sont foibles, puis qu'elles perdent l'Esprit pour coucher vne nuict dehors. En mesme temps que Leonin parloit, aussi (tant le sort estoit puissant) le passionné Vrsace protestant que si promptement Parthenice ne descendoit, laissant-là cet homme qu'elle voyoit bien, ny ne pouuoir, ny ne vouloir luy donner secours, il la traitteroit auec indignité. Alors la Chaste Vierge animee de ces paroles outrageuses, plus que des mocqueries de Leonin, luy respondit: Sçache, Vrsace, que ma volonté demeurera imployable parmy tous tes charmes & tes Demons, &

que mon corps peut estre violé, mais que mon cœur demeurera inuiolable. Ie ne descendray point que par pure violence, iamais de mon consentement, pour obeir à tes execrables & abominables Passions : Va Sorcier malheureux, Dieu te confondra auec tous tes charmes & tes Esprits malins. Leonin entendant ce discours si esloigné de ce qu'il auoit dict, ne sçauoit s'il deuoit rire ou pleurer, croyant fermemét que l'excez de la peur eust rendu sa sœur insensee. Tandis qu'Vrsace auec vne baguette enchantee, appellant les Demons leur commanda de porter Parthenice en Sicile, en son Chasteau de Rocca, & de l'y mener quát & elle. Alors vn des Demons luy dit d'vne voix rauque & rogue, Tu te souuiens mal de nostre paction, ô Vrsace : car ne sçais-tu pas que nous n'auons promis de l'emmener, qu'au cas qu'elle y consentit, sinon que ce seroit à toy & à Ponce de l'emporter, si bon vous sembloit, à quoy nous presterions toute assistance. Il est vray, dict Ponce, c'est là nostre conuention. Adonc ils descendirent de cheual, & apres s'estre despoüillez aussi nuds que la main, ils prindrent certaine graisse, & en marmottant certains mots barbares, l'vn se treuua aussi tost changé en Ours, & ce fut Vrsace, conformément à son nom, & l'autre en Chat sauuage,

Et parce que ce sont deux animaux qui grimpent ayſément aux arbres, ils commencent en ce bel equipage à ſe guinder aux branches de ce vieux cheſne pour aller prendre Parthenice, laquelle ſe voyant en ce malheur ineuitable, commence à plaindre ſon deſaſtre, & à ſe dire tout à faict abandonnée de la Terre & du Ciel, peut-eſtre pour auoir changé d'habit : Alors

    De pleurs elle emplit ſon viſage,
    Diſant aux Aſtres innocens
    Ce que ſçauroit dire vn courage
    Qui perd la raiſon & le ſens.

Deſia ces fiers animaux la tenoient de toutes parts la preſſans de deſcendre ; l'Ours auec ſes pattes horribles la ſerroit cruellement, & le Chat auec ſes griffes la tiroit par le pied pour le luy faire poſer ſur quelque branche. Adieu donc, diſoit-elle, mon frere, puis que l'influence de nos Eſtoilles nous ſepare, & que ce malheureux ſort vous lie auſſi bien les bras qu'il vous bouche les yeux. Adieu cher Leonin, voyla des hommes diaboliques ſoubs la figure de deux eſpouuentables beſtes qui me ſeparent de toy : helas ie m'en voys en Sicile pour y eſtre deshonorée ; ô Ciel ! à quel degré d'infortune eſt-ce que vous m'appellez ! Leonin n'entend point les principes de ce diſcours, il pleure à bon

eſcient

escient de la folie de sa sœur, ayant le cœur si serré qu'il ne luy peut respondre: car que respondroit-il à de telles extrauagances : cependant il la voit descendre, & il la laisse faire; car il craint que cette folie se changeant en frenaisie, elle ne se precipite du haut de cet arbre: il luy ayde mesme à descendre, & luy rend autant de deuoir pour sa perte, que l'Ours & le Chat. Pauure Parthenice, qui voit son frere contribuer son ayde à son dernier malheur! Au moins, luy dit-elle, mon frere, rends-moy cet extreme tesmoignage en ce periode de disgrace, où ie me voy reduitte, de tirer ton espee, & de me la passer au trauers du corps : helas tu me deliurerois de toutes ces miseres qui me menacét. Leonin tousiours pleurant, creut que sa folie estoit changee en desespoir. Quoy, tu ne veux pas me rendre cet office pitoyable, bien que cruel en apparence, au moins ne me denie pas cettui-cy, de passer & repasser ton espee autour de moy, pour en destacher les pattes de cet Ours, & de ce Chat qui m'entrainent. A ce mot Leonin ne douta plus que sa ceruelle fust tout à faict tournee; neantmoins, soit par Pitié, soit parce qu'il sçauoit que la condescendance accoise la folie, soit (ce qui est plus croyable) par vne secrette inspiration, il tira son espee, & chamaillant autour de sa sœur, comme pour la contenter, il sentit bien qu'il touchoit autre chose que des branches : cependant ces fiers animaux blessez en diuers lieux, pressoient si fort Parthenice de descendre, qu'ils l'alloient comme ietter en bas pour la desioindre de Leonin, quand tout à coup se croyant, ou perduë ou morte, elle s'escria, ô doux IESVS, he ! ne m'abandonnez pas en ce dernier peril, & ie chanteray à iamais vos adorables Misericordes. A ce Nom puissant, auquel tout genoüil flechit, des Celestes, des Terrestres, & des Infernaux, Leonin entendit tomber comme deux grosses masses au pied de l'arbre; & en mesme temps estant desensorcelé il vit comme des esclairs, il entendit des tourbillons & des tonnerres, & sentit vne si abominable puanteur, qu'il sembloit que toutes les cloacques & toutes les voiries du Monde fussent assemblees en ce lieu : Parthenice demeure esuanouïe, & accrochee à la derniere branche de ce chesne ; vne fumee espesse les enuironne, qui leur enleue si peu de lumiere que les Astres leur prestoient durant la nuit. Leonin demeure aussi immobile qu'vne statuë attachee au tronc de ce vieux arbre : Alors il croit, mais bien tard, la trop veritable Cassandre; il croit sa sœur perduë, & enleuee durant ce fracas. Il ne sçait, ny où il est, ny ce qu'il fait, ny s'il veille, ny s'il songe, perdu, esperdu, saisi de douleur & d'effroy, il demeure comme cela quelque espace, si outré dans le fonds de son ame, qu'il experimenta que les petits desplaisirs se laissent sentir, mais les grands estourdissent tout à fait & accablent. En fin cette noire vapeur estant dissipee, & le Ciel commençant à se blanchir du costé d'Orient; il entreuoit le corps suspendu & estendu de sa sœur, il le préd pour vn fantosme, s'estant muny du signe des Chrestiens, il descend, & la voyant sans aucun mouuement il la croit morte. Helas quel creuecœur ce luy fut de la voir en ce pitoyable estat; en fin il s'approche, & luy sentant de la respiration, & vn assez puissant battement de cœur, il la tire, & essayant de la faire reuenir de cette profonde pasmoison il ne pouuoit; le voila en grande perplexité, il ne sçauroit la faire descendre si elle ne s'ayde, il ne sçauroit descendre & la porter; d'aller querir de l'eau il craint de s'esgarer en cherchāt vne fontaine; il s'aduisa de secoüer vne branche de cet arbre sur sa face, & à cette rosee meslee de la pluye de ses larmes, la pauure Parthenice reprit ses Esprits ; mais s'estant esuanoüie en cette forte impression d'estre entre les mains des Diables, & d'Vrsace, & de Ponce,

Y ij

& transportée à Rocca en Sicile, toutes choses qu'elle auoit entenduës, & non Leonin; elle commença à souspirer les plus estranges extrauagances que son frere entendit iamais, croyant tout à faict que son Esprit, au lieu de reuenir s'estoit perdu. Certes il se treuua combattu de deux pensees bien differentes : car il ne sçauoit ce qui luy estoit le plus auantageux, que sa sœur fust morte sage, ou viuante & folle. Parthenice ne faisant qu'entre-voir sur le poinct que l'Aube faict assez voir pour apprendre qu'il n'est pas Nuict, & non assez pour monstrer qu'il est iour, se va imaginer, se voyant en l'air & sur vne branche, que son frere estoit quelque Demon qui la portoit sur vn balet à quelque Sinagogue de Sorciers, comme elle auoit autrefois ouy raconter ; & là dessus en le coniurant, & le detestant, comme elle l'entendoit, elle disoit selon l'aduis de Leonin, les plus grandes resueries qui peussent tomber en l'humaine pensee. Apres le prenant pour Vrsace, elle luy disoit mille iniures pour l'exciter à la faire mourir auant que se voir deshonorée: & puis estimant estre en l'air & sur la mer, au traject de Sicile, elle le coniuroit de la laisser tomber dans ces flots comme vn autre Phaëton, ou comme vn autre Icare. Imaginations merueilleuses! En fin se pensant arrivee en Sicile au Chasteau de Rocca, qu'elle appelloit le funeste Tombeau de sa Gloire : Mal-heureuse prison, disoit-elle, où les tenebres sont perpetuelles, où l'horreur habite, où l'ombre de la mort faict vne perpetuelle residence : falloit-il que par toy ie changeasse le seiour de Miralte, où i'estois si bien traittee, & où i'auois treuué vn frere, qui m'eust au peril de sa vie deliuree des outrages d'Osiandre? Et puis se retournant vers Leonin qu'elle prenoit pour Vrsace: Retire toy de moy, disoit-elle, tison d'Enfer, Sorcier abominable, Magicien execrable, si tu ne te retires, & si tu attentes seulement de me toucher, ie t'estrangleray de mes propres mains. A tout cela Leonin ne respondit vn seul mot, si outré de desespoir, que s'il n'eust eu la crainte de Dieu emprainte en l'ame, le Diable l'eust tenté de la tuer, & de se perdre apres elle. Heureux s'il eust parlé : car au moins à cet indice l'esploree Parthenice eust recogneu son frere, & ne l'eust pas pris pour Vrsace ou pour vn Demon. En fin la belle Aurore se dilatāt par des accroissemens insensiblement sensibles, cōmençoit à ouurir son sein lumineux, & à descouurir assez distinctemēt les formes & les couleurs des choses : Quand Parthenice, bien que veillante, pēsa qu'elle se resueilloit d'vn profond sommeil, apperceuāt auprés de soy son cher frere, & se voyant sur le mesme arbre, où de si espouuentables accidés luy estoient suruenus : Ce fut donc lors qu'elle commença à loüer Dieu qui l'auoit deliuree de tant de dangers, des portes de l'Enfer, & de la Mort, & des mains des Hommes & des Diables, autant de Lyons rugissans à la proye, autant de Loups affamez, ou plustost autant de Lycanthrophes coniurez contre son Honneur, & contre sa Vie; elle disoit cela d'vn sens si rassis, que Leonin creut que le iugement luy reuenoit, ou que c'estoit quelque clair interualle de sa folie : mais il la crut entierement sage, quand elle luy dict, Mon cher frere, que ie t'ay d'obligations de ne m'auoir point abandonnee en cette extremité, lors que l'Enfer & les Demons estoient coniurez contre moy : car ayant veu ce qu'il auoit veu sur la fin de cet esclandre, il pensa qu'elle auoit raison de parler ainsi; il luy dict donc, Ma sœur, tout cela n'est rien, par la Misericorde de Dieu il faut auoir bon courage : alors Parthenice commença à croire, ou qu'elle auoit dormy, ou qu'elle estoit folle, lors que son frere entroit en opinion qu'elle estoit sage, & qu'elle veilloit : Mais, luy dict-elle, mon frere, ie croy, ou que tout ce que i'ay veu & entendu, n'est que songe, que ie dormois, ou que ie resuois, ou que i'estois insensee : car comme est-il possible que tant d'estranges accidens se soient passez en vne nuict sur vn mesme arbre, en tant de façons, & en si peu de temps? Mais Leonin qui sçauoit fort bien que de toute la nuict, ny luy ny elle n'auoient serré la paupiere, & qui ne sçauoit qu'vne partie de ce qui s'estoit passé, creut qu'il y en auoit vne partie de vray, vne partie d'illusion, ne croyant que ce qu'il auoit veu & entendu du fracas de la fin. Parthenice qui se souuenoit distinctement de tout, ne pouuoit comprendre comme son frere en recognoissoit vne partie en desauoüant l'autre. Là dessus ils descendent de l'arbre, & quand ils furent en terre ; Bon Dieu que virent-ils, les habits de deux hommes tous entiers, iusques aux chemises, des armes, du sang descoulant de l'arbre, & sur des habits de Parthenice qui estoient ceux de Leonin, elle nullement blessee, Leonin encores moins, lequel s'estonne de voir son espee sanglante : ils treuuent des flambeaux noirs d'vne certaine graisse incognuë, des pistolets, des boëttes d'onguent puant & sale, des petits pacquets de diuerses poudres, & ce qui n'estoit pas mauuais, des bourses pleines d'or dans les pochettes des vestemens treuuez plusieurs caracteres barbares, des images de cire, des petits portraicts, entre-autres celuy de Parthenice en diuerses façons, & d'autres qui retiroient à certaines Dames de Naples, que Leonin cognoissoit de veuë. Il y auoit des Vers à la loüange de Parthenice, auec des chiffres composez de la premiere lettre de son nom, & de celle du nom d'Vrsace. Heureux, si pour soulager leur lassitude ils eussent treuué des cheuaux: mais ceux que Parthenice auoit veus estoient bientost esuanoüis à la prononciation de ce sainct Nom de IESVS, qui faict trembler l'Enfer, & qu'elle n'auoit proferé que trop tard pour son bien. Ce qui les effroya plus que tout, ce fut la moitié d'vn pied d'homme qu'ils rencontrerent encores tout frais & sanglant au pied de l'arbre: Voyans tout cela, si Leonin & Parthenice pensoient à leur conscience, i'en fais iuge quiconque lira ce Narré, lequel en apparence tient du Roman, & qui en effect est veritable. Et qu'est-ce que tout cecy, disoit Leonin, est-ce vne illusion, suis-je charmé? estrange auanture! Leonin pense estre charmé quand il ne l'est plus, & ne pensoit pas l'estre quand il l'estoit. Ma sœur, disoit-il, cecy m'e-

Livre cinquiesme. 345

stonne infiniement, car ie sçay fort bien, que quand nous montasmes hier au soir sur cet arbre, rien de tout ce que ie vois n'estoit icy, & qui y auroit apporté tant de besoignes cette nuict? Sans doute il se sera faict en ce lieu affreux quelque Sabath de Sorciers, qui vous aura faict sentir ces illusions qui vous tenoient en vne si forte resuerie, & qui se sont esuanoüies, quand vous auez proferé le nom du Sauueur : car alors i'ay entendu vn tel tintamarre, que quand tous les elemens se pesle-mesleroient, & que tous les foudres des cieux se ramasseroient ensêble, il ne s'en pourroit former vn plus grād, outre la puanteur & la fumee qui en est restee. Asseurément ce seront icy des restes de ces illusions nocturnes; c'est le mauuais esprit qui trompe encores nos sens, & qui abuse du tesmoignage de nos yeux, pour nous faire croire que tant de commoditez sont veritables. Certes, dict Parthenice, ie ne sçay, ny que dire, ny que penser, sinon que nous sommes en quelque lieu dāgereux, & que ce qu'on conte fabuleusement des Palais enchantez est vne Verité en cette rencontre. Car ie vous prie, quād nostre veuë seroit charmee, comment pourrons-nous démentir nostre toucher, puisque toutes ces choses sont palpables ? Comme ils en estoient sur ces admirations, ils entendent le son argentin d'vne petite cloche qui frappa trois coups, comme quand au poinct du iour on sonne le Pardon; ils escoutent quelque petit espace, apres ils entendent encores trois coups, & pour la troisiesme fois le mesme, & puis la cloche sōna vn peu de temps en branfle, alors ils conceurent quelque esperance de treuuer du monde en ce lieu deserté, & quelque retraicte de Pieté & de Deuotion. Ils remarquent soigneusement le costé d'où ils auoient entendu ce son qui leur auoit esté si agreable, & comme enuoyé du Ciel au plus fort de leurs miseres, ainsi qu'vn feu sainct Elme parmy les tempestes. Ils consulterent s'ils deuoient prendre ces despoüilles qui estoient deuant leurs yeux, craignans d'estre treuuez saisis de ces besoignes, & de tōber sur cela en quelque inconuenient; ce pied leur faict craindre que quelque meurtre ne se soit commis là auprés duquel ils se pourroient rendre coulpables s'ils estoient rencōtrez chargez de quelques indices: d'auantage estimans toutes ces choses pour illusions diaboliques, ils ne vouloiēt point se charger d'aucun Anatheme pour ne tomber dans le peché d'Achan. En fin Leonin plus hardy, & pressé de la Necessité, vuidant les boüettes pleines d'or, les jetta là, auec le reste de ce bagage. Que si ie ne treuue tátoſt, diſoit-il, que des feſtus & des feuilles au lieu de doublõs, i'en ſeray quitte pour les jetter au feu, & i'en chemineray plus legerement. De ce pas ils s'acheminent du coſté du ſon qu'ils auoient entendu. Et comme ſi Dieu les euſt menez par la main pour eſſuyer leurs deſplaiſirs apres vne ſi forte bourraſque, ils ſe fouruoyerent fort peu. En allant Parthenice diſoit à Leonin: Mais mon frere, eſt-il poſſible que vous ne viſſiez rien lors que j'implorois voſtre ayde auec tant d'ardeur? Rien du tout ma ſœur, ie vous aſſeure, tout ce que ie ſçay le voicy; c'eſt que quãd vous auez ceſſé de chanter, i'ay creu que quelque Loup vous regardoit, ou que vous le voyez, & que ainſi le prouerbe que ie venois de démentir ſe trouuaſt veritable: car quant à tout ce que vous diſiez, ie le tenois pour pure extrauagãce d'eſprit, pour ſonge ou reſuerie, & en fin pour folie formee. Il eſt bien vray, que quand i'ay paſſé mon eſpee autour de vous, ie ſentois bẽ qu'elle entroit en quelque choſe qui n'eſtoit ny air ny bois, & qu'elle faiſoit des efforts qui m'eſtoient incognus: i'ay auſſi entendu tõber de l'arbre comme deux groſſes maſſes, & puis cet horrible bruit qui s'eſt fait à la fin auec vne puãteur & vne vapeur noire, c'eſt ce qui m'a fait croire que les demõs vous auoient emportée, ainſi que vous auiez dit.

Mais l'Aube reuenant ie vous ay treuuee esuanouye sur la derniere brāche de l'arbre, où ie vous ay tenuë pour morte, ne pouuāt vous faire reuenir de pasmoison; & puis apres pour folle aux Chimeres que vous alliez forgeant: mais à Dieu en soit la Gloire, qui, soit illusion ou verité, nous a deliurez d'vne telle peine. Illusion, mon frere, ie t'asseure que ie suis la plus trompée du mōde si ce n'est vne verité; & alors elle luy raconta comme la peur luy auoit arraché la voix en la derniere Stance de ce Pseaume qu'elle chantoit, & qui estoit vne espece de Prophetie de ce qui leur arriua soudain; luy fit le recit des Dialogues de Pōce, & d'Vrsace entr'eux; les discours qu'Vrsace luy auoit tenus, comme aussi auec les Diables; la response des Demons, leur transformation, & comme Leonin les auoit blessez, l'Ours à l'espaule, & à la patte de deuant, & sur le museau, le Chat à vn pied de derriere, comme ils l'auoient laschee, & estoient tombez au nom de IESVS, & le reste du fracas que Leonin sçauoit. Là dessus pour s'esclaircir de la Verité, ils retournerent au lieu d'où ils venoient, comme le Soleil doroit desia le sommet des montaignes, & la sommité des arbres; & ce fut lors que Leonin recogneut aux espees, aux habits, aux armes, & aux chiffres grauez sur les pistolets, &

sur les portraicts, & à tout plein d'autres particularitez, que les visions de Parthenice auoient au moins de la Vray-semblance: mais ils se resolurent de manifester tout cela au lieu où ils tendent derechef. A peine auoient-ils cheminé vn petit demy mille, qu'ils se treuuerent sur le pédant d'vn precipice, oyans, mais ne voyans pas vn gros torrent qui bruyoit dans le fonds, à l'autre costé du vallon, ils voyent dans l'enfonceure d'vn rocher qui faisoit l'autre pente, vne emboucheure de cauerne, fenestree comme vne Chapelle, ils apperçoiuent la cloche, & ne doutent plus que ce ne soit le lieu d'où ils ont entendu sonner. Mais pour s'y transporter il faudra auoir des aisles; car comment franchir ce large fossé, ils cherchent neantmoins si diligemment, qu'ils rencontrent vn petit sentier assez peu battu, descendant deuers l'eau par des destours serpentins & si entortillez, qu'ils ne voyoient leur chemin qu'à mesure qu'ils le faisoient. Et ce fut en allāt en cette pente, que Leonin disoit à Parthenice, se sentant fort appesanty au marcher; Ma sœur, ie sens bien que l'or que i'ay sur moy est le plus lourd de tous les metaux, & que ce ne sont ny des pailles, ny des fueilles que ie porte: car cela me pese demesurémēt; il me semble que ie suis chargé d'vn talent de plomb:

& certes il estoit vray que cette somme luy pesoit, comme à vn cheual sa somme : mais il en ignoroit la cause que Parthenice toucha du bout du doigt, disant, Voyla, mon frere comme le peché est lourd sur la conscience de ceux qui le commettent ; car c'est vn fardeau si lourd qu'il est insupportable : vne fois le Pere Hierothee nous preschoit aux Zitelles, & nous disoit que le Ciel est bien solide & espois, mais qu'il n'auoit peu supporter celuy des Anges Apostats ; que la terre estoit bien ferme, mais qu'elle n'auoit peu porter celuy de Coré : Que la Mer portoit de pesans fardeaux & des vaisseaux d'enorme grãdeur, mais qu'elle n'auoit peu soustenir la rebellĩõ de Ionas : Que sçauez-vous s'il n'y a point quelque sort parmy ces pieces, & au lieu d'estre d'or, qu'elles soient veritablemẽt de plõb ou de fer, ou de quelque autre lourde masse ? Certes, reprit Leonin, si ie pensois qu'il y eust du peché à auoir recueilly ce qu'il semble que le Ciel nous ayt si liberalement presenté pour soulager les incommoditez de nostre voyage, ie le jetterois là, car ie craindrois que ce bien mal acquis ne deuorast, comme la plume d'Aigle les autres plumes, ce qui est iustement à nous. Que si c'est la volouté seulle qui faict le mal, ie vous asseure que ie n'en

Liure cinquiesme. 351

ay aucune d'offencer : car ie vous prie rejetter ce bien, ne seroit-ce pas mespriser les dons de Dieu, qui sont sans repentance? A cela Parthenice, Et que sçauez-vous si c'est vn don de Dieu ou du mauuais Esprit, puisqu'il il y a grande apparence que cela vienne des mains des Sorciers? & ne sçauez-vous pas le prouerbe qui dict, que les presens des ennemis ne sont point des presens? n'auez-vous jamais entendu parler de la fable du cheual de Troye? Pour moy, dict Leonin, qui ne s'entendoit pas volontiers à jetter des pistolles réelles, sensibles & palpables parmy des cailloux, ie ne sçaurois croire que l'esprit maling puisse faire vne benignité, il est tellement tombé en sens reprouué, qu'il ne sçauroit faire aucun bien. Or de quelque part que vienne le bien, pourueu que ce soit sans offence de Dieu, & par vne voye iuste & legitime, il le faut receuoir. A ce que ie voy, reprit Parthenice, vous estes bien esloigné de la paureté Euangelique, puis qu'au lieu de quitter le vostre, vous prenez ce qui ne vous appartient pas. Ie serois bien marry, dict Leonin, d'auoir rien de l'autry, mais les choses delaissees ne sont-elles pas acquises au premier qui les occupe?

Non, dict Parthenice, si elles ne sont delaissees & rejettees par leurs Maistres comme choses qu'ils ne veulent plus: mais quand ils s'en reseruët le domaine, elles sont tousiours à eux, bien qu'elles soient esgarees, & par tout ils les peuuent reprendre. Et bien, poursuiuit Leonin, si ie retourne à Naples, & que Vrsace me confesse qu'il est sorcier, & me demande son or, ie luy rendray à telles enseignes. Mais ne vous souuient-il point, dit Parthenice, d'vn certain Philosophe qui jetta sa bourse dãs la Mer, disant qu'il aymoit mieux faire perir ses richesses, que de perir par elles. O ma sœur, s'escria Leonin! & depuis quand estes vous deuenuë Philosophe? ie vous asseure, ie croy que ce Philosophe n'estoit Philosophe que de nom, mais vn vray fol en effect. Ah: mon frere ne dictes pas cela, car par mesme moyen vous condamneriez de folie les premiers Chrestiens, qui jettoient toutes leurs facultez aux pieds des Apostres, & encores les bons Religieux, qui pour pratiquer la Pauureté Euangelique, & suiure le Sauueur en sa nudité, se despouillent de tous leurs biens. Cela est bon pour vous, repliqua Leonin, qui mourez d'enuie d'estre Religieuse, mais moy qui ay vne Doralice dans la teste & dans le cœur, ie voudrois emporter cette bague à trauers vne lice d'or, & qu'il m'arriuast m'arriuaſt pluſieurs bourſes d'Vrſace & de Ponce, pour eſtablir mon meſnage: le Mariage a aſſez d'autres miſeres, ſans en faire encor vn aſſemblage de pauuretez. Auec ces ioyeux & agreables entretiens, nos Pelerins arriuent au plus creux du Vallon, où ils apperçoiuent l'onde perſe & noiraſtre du Torrent, qui faiſoit beaucoup plus de bruict qu'il n'eſtoit profond : mais c'eſt que les cheutes eſtans hautes & frequentes auec la repercuſſion des Rochers qui formoient des Echos, le ſon ſe rendoit bien plus formidable. Leonin ſe rend à ce riuage ſi las de cette ſomme qui l'aſſommoit, que la ſueur en baignoit ſon viſage ; ce qui luy fit dire à Parthenice, Comment feray-je, ma ſœur, à la montee auec mon fardeau, puis qu'à la deſcéte il m'a baigné le front? Mon frere, dict Parthenice, c'eſt mon opinion qu'il y a quelque ſort là dedans qui vous cauſe cette fatigue, Vous auez raiſon, reprit en riant Leonin, mais c'eſt vn bon Sort; c'eſt à dire vne bonne fortune que de ſuer ſoubs la peſanteur d'vne charge dorée. Ie ne m'eſtonne plus, ſi cet ancien Capitaine diſoit qu'il n'y auoit aucune place ſi forte, où il ne fiſt entrer vn mulet chargé d'or : & quand cet Hermitage qui eſt là haut ſeroit inacceſſible, il me ſemble qu'auec ce que ie porte, ie le rendrois pene-

Z

trable, & que i'applanirois tous ces chemins si raboteux:

Car l'or aussi bien que la foudre
Peut mettre les Rochers en poudre.

Mais, mon frere, dict Parthenice, ne sçauez vous pas qu'il ne se faut point fier en sa propre Vertu, & moins en la multitude des Richesses; estes-vous ignorant qu'il ne faut point appliquer son cœur à l'affluence des Biens? Aussi n'y appliquay-je pas mon cœur, dict Leonin, mais bien mes mains & ma bouche: car l'or que ie manie me nourrit. Quoy, dict Parthenice, auez-vous treuué le secret de l'or potable? Non pas seulemét potable, mais mangeable: Ie sçay mesme l'inuention de m'en vestir, de m'en parer, de m'en loger, & en vn mot de me faire Riche auec de l'or: car qui a de l'or a tout, d'autant que c'est la mesure de toutes choses, & comme vn cinquiesme Element. Et n'auez-vous iamais ouy dire comme Alexandre se mocqua plaisamment de ce que vous dittes, reprit Parthenice? En verité, dict Leonin, ie pense que ma sœur n'est pas seulement Philosophe, mais Poëtrice, mais Musicienne, mais Historienne, & Maistresse aux Arts. Tant y a, poursuiuit Parthenice, que se treuuant vn iour auec son armee, en lieu où les viures manquoient aux hommes, & aux cheuaux, & son Thresorier luy ayant dict qu'il auoit toutes les prouisions necessaires, en luy monstrant des coffres pleins d'or & d'argent ; il fit approcher des cheuaux & des hommes affamez de ce metal, & aucun n'en fut rassasié.

FIN DV LIVRE CINQVIESME.

PARTHENICE.
LIVRE SIXIESME.

ILs cheminoient auec ces gratieux deuis sur la riue du Torrent, remontant tousjours pour treuuer quelque lieu estroit ou gayable: Alors il souuint à Parthenice, qui auoit vne memoire esmerueillable, de dire qu'elle auoit entendu autrefois vn Prouerbe qui disoit, qu'aux ennemis fuyans il falloit dresser vn pont d'or: mais qu'il estoit plus à propos de dire que c'estoit pour les amis venans. Et là dessus Leonin en riant, Ie croy, dict-il, que ma sœur est encores sçauante en Prouerbe: Mais repartit Parthenice, puis que l'or est toutes choses, que n'en faittes-vous promptement vn pont? En voicy vn tout faict, dict Leonin, qui apperceut des pierres esleuees au milieu du Torrent, & qui sembloient auoir esté arrangees expressément pour faire vn passage : Et vous diriez qu'elles se presentent pour m'ayder à supporter ma charge. Mon frere, dict Parthenice, ie vous conseille d'imiter les Merciers quand ils ont à passer vn ruisseau, car ils iettent leur bale deuant, & puis ils le sautent plus legerement; ioint qu'il me semble qu'il y a quelque malheur en cet or là, & ie voudrois que nous l'eussions laissé auec le reste de ce bagage que nous auons rencontré. Leonin se mocquant du malheur qu'il estimoit n'auoir subsistance que dans l'apprehension de sa sœur, (car les filles sont fort sujettes aux augures) n'improuua pas neantmoins ce conseil : Il tire donc son or, & en le serrant dans vn mouchoir, il rencontra certaines pieces estampees d'impressions estranges, & de caracteres tout à faict incognus, & marquees, comme il est probable, au coin d'Enfer; ce qui le mit en ombrage : mais parce qu'elles estoient de bon or comme les autres; il s'imagina que c'estoit quelque monnoye d'Orient; & elle estoit pluftost d'Occident : il ploye donc cela dans vn linge, & le iette à l'autre riuage : & c'est la verité qu'il se sentit si fort soulagé, qu'il iugea bien qu'il y auoit en ce pacquet quelque malencontre; ce qu'il ne cela pas à sa sœur. Apres cela, comme il estoit dispost, ayant ajancé ses habits de fille, dont il estoit reuestu, il passa le-

Z iij

gerement à l'autre bord, ne faisant qu'vne petite glissade, à cause de l'embarrassement de sa robe. La sage Parthenice le veut suiure; & comme il luy tendoit vn baston pour l'affermir, le pied luy tourna, le bruict du Torrent l'estonna, la promptitude de l'eau courante l'esblouït : de sorte que tournoyant çà & là dedans les boüillons, l'impetuosité des ondes l'emporta comme vn esclair de deuant les yeux du miserable Leonin. Il la croit perduë; cent fois il fut en termes de se lancer apres elle : mais son bon Ange le retint, luy donnant quelque espoir de voir hors de la fureur des flots, celle qui auoit eschapé celle des Demons: Il laisse là son or, & court apres sur la riue du Torrent. Cependant vn ieune Hermite descendant de la Grotte, pour la Commission que vous entendrez, rencontra sur son chemin ce linge tout plein d'or; il le iette là, comme s'il eust treuué vn serpent, croyant que ce fust quelque illusion du Diable pour le tenter, contre la Pauureté dont il faisoit profession. Et passant outre, il apperceut le desolé Leonin vestu en fille sur le courant de l'eau, qui cherchoit en des lieux couuerts, s'il ne rencontreroit point le corps de sa chere sœur. Le ieune Religieux pressé d'vne part par l'obeïssance s'approche : mais ce ne fut pas sans se munir plusieurs fois du signe des Chrestiens; car on l'enuoyoit à vn homme, & il rencôtroit vne fille; il pense qu'apres la tentation contre la Pauureté, le Diable veut assaillir sa Côtinence; il cognoist qu'entre les combats des Chrestiens, ceux de la Chasteté sont les plus redoutables, d'autant que la bataille est plus rude, & la victoire plus rare qu'en tous les autres assauts. Il s'approche neantmoins, resolu de passer outre sans la regarder, & sans l'escouter. Leonin d'autre part voyant en ce lieu desert vn ieune homme bien faict, soubs vn meschant habit, s'alla imaginer, que pour vne persône faisant profession de Penitence, il auoit trop bonne mine, & troublé des spectres de la nuict passee, & de son present malheur, il se figura que c'estoit le Diable. Et sçachant que l'espee côtre ces esprits ne fait pas tât que la Croix, il commença en faisant ce signe à proferer le Nom du Sauueur, & à coniurer l'Hermite, le sommant de luy dire s'il estoit le Diable. L'Hermite de son costé qui n'estoit pas encores Prestre, mais Acolythe seulement, & par consequent exorciste, vsant de l'auctorité qu'il auoit receuë en l'Eglise de Dieu par l'impositiô des mains Episcopales, disât bassement le Nom de nostre Seigneur, & faisant le mesme signe de la Croix, marche auec resolution de ne respondre point aux interrogatoires de cette fille, mais de paſſer outre auec hardieſſe & meſpris : Le chemin eſtoit eſtroict, Leonin qui le voit venir la teſte baiſſee, & en murmurant, & faiſant le ſigne de la Croix, ne ſçauoit que penſer : car, diſoit-il en ſoy-meſme, le Diable ne faict pas ce ſigne : l'Hermite penſoit le meſme de Leonin, ne pouuant conceuoir (ſi ce n'eſtoit pour le deceuoir) que le Diable qui fuit ce ſigne le peuſt luy-meſme former : En fin le ſecond exorciſme de Leonin eut plus de pouuoir que le premier : car tirant ſon Eſpee qu'il auoit ſoubs ſon bras ; Arreſte, dit-il, quiconque tu ſois, Homme ou Diable, ou ie te tuë ; pour moy ie ne ſuis pas Diable, mais Homme Chreſtien, & ſeruiteur de Iesvs-Christ. A ces mots l'Hermite plus eſtonné que iamais ne ſçait que penſer, il voit vne fille l'eſpee à la main, qui ſe dict Homme & Chreſtien, & qui nomme le Nom de Iesvs. Il croit auoir faict la rencontre de l'homme ſauuage de ſainct Anthoine, ou de quelque Androgyne : Tout ce qu'il peut faire ce fut de redoubler ſes ſignatures, & dire, Ie ne ſuis pas Diable non plus, mais pauure Religieux, habitãt de cet Hermitage voyſin, indigne ſeruiteur de I. Christ. Icy finirẽt les Exorciſmes : car Leonin remettãt ſõ eſpee en ſõ fourreau : Mon Pere, dit-il, estes-vous l'Hermite de cette cauerne qu'on voit là hault entre ces Rochers? Ie suis, repliqua le Religieux, vn pauure frere le dernier de quatre qui l'habitons. Mon frere, luy dict-il, ie croy que Dieu vous enuoye pour m'ayder à treuuer le corps de ma chere sœur qui vient de tomber & de se noyer en ce torrent, & pour me seconder à luy rendre les derniers deuoirs de la sepulture. Ie vous supplie, dict l'Hermite, quiconque vous soyez de r'asseurer mon courage, en me disāt qui vous estes: car ie suis commandé de la part de nostre Pere Palmelio de venir icy bas retirer vne fille du Torrent qui n'est pas morte, & de prester ayde à son frere pour la conduire en l'Hermitage, peut-estre que i'ay mal entendu, & que tout au contraire, c'est le frere qui est tombé, & vous qui estes sa sœur en estes en peine, c'est que i'ay l'esprit ainsi lourd & miserable, & qui entend toutes choses au rebours. A cela Leonin, Voyla, di-til, vne actiō de Prophete, & vne manifeste assistance de Dieu sur cette innocente fille. Or sçachez, mon frere, que ce qui vous abuse c'est ce changement d'habit, car ie suis homme, & ma sœur que ie cherche est vestuë en homme. Allons donc à la bonne heure, dit l'Hermite, où nous enuoye la saincte Obeyssance: car nostre Pere m'a designé le lieu où nous trouuerons voſtre sœur. En allant, Leonin luy demande; Mais, mon frere, quel eſt ce ſainct perſonnage qui a eu vne telle Reuelation? Le frere. Monſieur, le Venerable Palmelio, ſous l'obeyſſance duquel ie ſuis ſi heureux, que de meriter pour IESVS-CHRIST, eſt vn grand Seruiteur de Dieu; il y a plus de cinquante ans qu'il habite cette cauerne que vous aueuz veuë, où il a ſouſtenu des aſſauts, & des combats à outrance, qui luy ont donné des Victoires ſignalees ſur les demons, & ſur ſoy-meſme. Toutes ces vallees voiſines, toutes ces contrees circonuoiſines ne reſonnent que la ſainctetê de Palmelio. Ie n'ay pas le loiſir de vous raconter ſa vie, mais iugez-la par ce traict; il a le don de Prophetie, lequel bien qu'il puiſſe eſtre en vn homme mauuais cõme il a eſté en Balaam, en Saül, en Caïphe, ſi eſt-ce qu'il luy a eſté donné apres auoir eſté eſprouué long temps dans le feu des tribulations & des Mortifications, ainſi qu'vn autre Eliſee; il voit les choſes abſentes, comme ſi elles eſtoient deuant ſes yeux; il deſcouure les plus cachees; il penetre dans l'aduenir: ce matin apres auoir celebré la ſaincte Meſſe, il nous a dict que les demons auoient bien faict du tintamarre dans cette foreſt voiſine, mais qu'ils auoient eſté vaincus par le nom du Sauueur, nous exhortant à l'inuoquer aux tentations interieures & exterieures, & puis en m'appellant auparauant que se retirer en sa cellule, Frere Onophre, m'a-t'il dict (& c'est ainsi que s'appelle cet indigne Religieux qui vous parle) il se presente pour toy vne œuure de grande Charité à executer; va dans le fonds de cette vallee, auprés de la grotte de saincte Euphrosine, tu y trouueras vne fille emportee par le torrent, & demy-noyee, son frere la cherche sur le riuage, va luy ayder à la soulager; Mets luy ce Reliquaire sur la poictrine, & elle vomira l'eau qui l'oppresse, & conduis icy ces Pelerins, car Dieu se les reserue comme des Hosties d'Honneur, pour s'en seruir au Téple de sa Gloire. Mais garde toy des mauuaises rencontres que tu feras en chemin, resiste aux tentations fortement & fidelement; car qui s'oppose au diable, le faict indubitablement fuïr, plus promptemét que cette eau ne descét de ces hauts & sourcilleux festes: Ie suis venu à ce secours où ie n'ay pas manqué de treuuer vne pierre d'achopemét, & le piege d'vne pomme d'or que le diable me dressoit pour me retarder en ma course, c'estoit vn linge tout remply d'escus, que i'ay pensé ietter dans le torrent, mais i'ay mieux aymé les laisser au lieu mesme où le maling esprit l'auoit mis pour me tenter; de là, en vous rencontrant, ie croyois que ce fust vn autre escueil, pour me tenter d'incontinence, mais ie voy que nostre

Pere n'a pas voulu me particulariser d'auantage voſtre traueſtiſſement, pour me donner ſubjeƈt de fortifier mon courage contre les aſſauts du tentateur. Mais nous voicy proches de la Grotte de ſainƈte Euphroſine, la pauure fille a beſoin de noſtre ſecours, doublons le pas. Arriuez, ils treuuent la déplorable Parthenice, qui auoit eſté emportee ſi loing par la fureur de cette eau, eſtenduë ſur vne riue molle & ſablonneuſe, le viſage tout couuert d'eſcume, palpitante les derniers ſouſpirs de ſa mourante vie. Mais ſoudain que le bon Religieux euſt appliqué ſur ſon eſtomach le ſacré Reliquaire, elle vomit toutes les eaux qui la ſuffoquoient, & prenant la reſpiration, elle reprit ſes Eſprits, & ouurãt ſes yeux baignez dans les larmes du torrent, ou dans le torrent de ſes larmes, elle redonna au iour par leur belle lumiere vne nouuelle clairté. Ne diriez-vous pas que c'eſt icy le Mort reſuſcité, par le toucher des os d'Eliſee? certes on ne peut nier, ſans contredire vn monde d'experiences, qu'il n'y ayt quelque vertu cachee dans les ſainƈtes Reliques, puiſque meſme l'ombre de ſainƈt Pierre, & les mouchoirs de ſainƈt Paul operoient tant de merueilles: il ſemble que la pourpre du Roy de Gloire, qui n'eſt autre que ſes Graces, ſe reſpande par ces canaux, tout ainſi que les influences des Cieux ſe verſent ſur la terre par la lumiere des Aſtres. De vous dire les Graces qu'elle rendit à Dieu de l'auoir deliuree de cette mort ſoudaine, & de l'engloutiſſement de ces eaux, qui auoient tellement penetré dans ſon ſein, que preſque elles en auoient chaſſé ſon ame; il eſt à mon aduis inutile, car on les doit preſumer telles que les pouuoit produire cette belle ame, hoſteſſe d'vn ſi beau corps. Mais comme elle vid d'abord ſon frere en ſon habit de fille auec cet Hermitte, auparauant que ſes ſens bien remis luy euſſent rendu le libre vſage de la Raiſon, ſon imagination toute remplie des idees horribles de ce qu'elle auoit veu la nuict precedente, luy fit apprehēder que ce ne fuſſent encores quelques illuſions Magicques, par leſquelles on vouluſt attenter à cet Honneur Sacré, pour lequel conſeruer, elle ſe fuſt pluſtoſt derechef plongee dans le courant de ces flots. C'eſt pourquoy en inuocquant le nom de IESVS, & faiſant le ſigne des Chreſtiens, elle pria ce grand Dieu qui a lié les efforts de Sathan, comme les tourments de la Mer, de luy eſtre auſſi fauorable qu'il auoit eſté à Iſraël, le deliurant de la main de ſes ennemis à trauers les ondes de la Mer, & qu'il auoit eſté à Moyſe, & à ſainct Pierre, leur preſtant ſa main ſecourable ſur le courant des eaux. Leonin voyant cette douteuse apprehension qui possedoit son Esprit, la r'asseura, & l'Hermite jugeant à ces premiers eslancemens, où se recognoist la naïfue sincerité d'vne ame qui a jetté de longues racines dans les habitudes des Vertus, la Bonté, & la Pieté de cette fille, plorant de joye d'vne si heureuse rencontre, la consola, luy promettant, non seulement la santé, mais la sauueté de sa vie & de son Honneur. Car alors luy parlant de IESVS-CHRIST, & de ses pitoyables misericordes, elle iugea bien que les demons qui quelquefois se traueſtiſſent en Anges de lumiere, & qui parmy les lieux eſcartez ſe ſeruent des formes plus Religieuſes pour deceuoir auec plus de facilité, ne parloient pas pourtant ce langage : car le diable eſt touſiours diable, & parle touſiours en diable, ſoubs quelque maſque qu'il ſoit deſguiſé. Il fut donc queſtion de s'acheminer à l'Hermitage, où le Religieux s'offroit de les conduire, & où il leur promettoit tout le ſoulagement corporel, & toute l'aſſiſtance ſpirituelle qu'ils pourroient deſirer. Mais ſi l'or charmé auoit eſté ſi peſant à Leonin, en deſcendant la montaigne, ſans autre charme que de l'eau du torrent, bien plus lourde, que ſi elle euſt eſté dans ſon centre, la pauure Parthenice ſe treuua ſi chargée & si incommodée en ses habits qui en estoient tous trauersez, que sans l'ayde de son frere Leonin, & du frere Onophre, elle eust esté bien empeschée de cheminer. Alors l'Hermite voyant son incommodité : Helas, dict-il ! i'oubliois vne particularité que nostre bon Pere Palmelio m'a encores dicte, c'est que sçachant bien que les vestemens de cette Vertueuse fille seroient plus difficiles à seicher, qu'elle à reuenir de sa pasmoison. Et si elle à besoing d'autres habillemens, me disoit-il, elle en trouuera au lieu où elle a passé la nuict, d'aussi propres que ceux qu'elle porte. Mais ce sont des habits d'homme, reprit Leonin, Et ie vous prie, replique l'Hermite, ne luy seront ils pas aussi conuenables que ceux-cy qui sont les vostres? Tout ce discours est vn Enigme pour Parthenice, qui croit derechef estre charmée, & entre les mains des Sorciers. O IESVS, disoit-elle, soyez en mon ayde, & me deliurez de ces diaboliques illusions : Leonin iugeant que cette frayeur luy prouenoit de l'ignorance des discours precedens qu'il auoit eu auec l'Hermite, luy raconta sommairement le secours admirable que Dieu leur auoit enuoyé par la reuelation de leurs miseres qu'il auoit faicte au sainct

Anachorete Palmelio, habitant de ce desert, ce qui r'asseura son Esprit. Et auec ces propos ils arriuerent au lieu où ils auoient passé le torrent, si la cheute de Parthenice se peut dire vn passage plustost qu'vn naufrage. Là le bon Hermite apperceuant encores le linge où il estimoit que le diable luy eust dressé vn piege d'or, Voyez, dict-il, comme le diable est maling, qui pense me deceuoir encores en vne si bonne compagnie comme la vostre; voyla vn linge dans lequel il m'a tantost faict voir des escus, ie m'asseure que cette illusion passee, nous n'y trouuerons que des bagatelles. I'en serois bien marry, dict Leonin, quoy que ie l'apprehende, ainsi que vous le dittes, car ce mouchoir est à moy, & c'est moy qui l'ay jetté à cette riue pour passer plus legerement cette eau, parce que cette charge me rendoit fort pesant. Alors il luy raconta tout ce qui leur estoit arriué durant la nuict, & le delaissement des habits qu'ils auoient treuuez à la descente de l'arbre où ils auoient hebergé, n'ayant emporté que cet or, où il auoit treuué quelques pieces marquees d'vn coing barbare, & où il y auoit quelque apparence de caracteres Magicques. Peut estre, dict alors le Religieux, que les saincts ossemens de ce Reliquaire auroient bien autant de pouuoir de chasser les prestiges des demons,

mons que de rendre la santé à vostre sœur: & comme il le vouloit approcher de ce pacquet, Leonin qui auoit peur que cela fist esuanoüir vne somme dont la pesanteur, quoy que penible, luy estoit agreable : Mais mon frere, dict-il, si cela se dissipoit, nous serions priuez d'vn grand soulagement. Il vaut beaucoup mieux, reprit l'Hermite, estre abandonné entierement, que secouru par les demons : Ne sçauez-vous pas que ceux-là sont maudicts de Dieu, qui s'addressent aux Sorciers, & qui se seruent de leurs operations ? I'espere que ce Reliquaire seruira de pierre de touche, pour sçauoir si cet or est de franc alloy ; si cela vient de Dagon, il s'esuanoüira deuant ces os sacrez, qui ont esté autant d'Arches d'Alliance, pleines de la Manne de la grace de Dieu. Et comme le venim pert sa force deuant la pierre Prassius, ainsi les charmes deuant les Reliques de ces Saincts, dont la mort a esté precieuse deuant Dieu, & auquel il a donné le pouuoir de dissiper la puissance des Tenebres. Il vaut mieux estre pauure selon Dieu, que riche en se retirant de luy : celuy-là est abondamment riche qui est pauure auec IESVS-CHRIST. Bien que Leonin ne fust pas trop ayse de cet essay, ny trop capable de ces maximes Religieuses.

Son cœur encor grossier ayant l'or seulement
—— Pour Nort, & pour Aymant.

Si est-ce qu'il endura que l'Anachorete touchast ce mouchoir auec ses Reliques, & apres croyant ne trouuer que de la poussiere comme au dedans des pommes du riuage d'Asphalte, l'ayant ouuert, il fut bien resjouy d'y rencontrer le mesme or, aussi palpable & sensible qu'auparauant, mais à son aduis beaucoup plus leger & supportable: & comme il cherchoit ces pieces estrangeres pour les faire veoir à l'Hermite, il fut bien estonné de ne les treuuer plus, quelque diligence qu'il sceust faire ; ce qui luy fit croire que c'estoient des pieces enchantees qui s'estoient aneanties à la presence des Venerables Reliques, comme la neige se fond à la face du Soleil. Alors le Religieux magnifia Dieu qui estoit loüable en ses Saincts, s'escriant auec Dauid: Que les simulacres des Gentils n'estoient qu'or & argent, l'ouurage des mains des hommes, desirāt que ceux qui les faisoient & qui s'y confioient leur fussent faicts semblables. Et ce que ie dis des Payés, disoit-il, ie le dis encores des Mondains, qui ont le cœur attaché à ces metaux, vils excremens de la terre, par vne Amour desordonnce, que le sainct Apostre appelle Philargyrie, & cette Philargyrie vne seruitude d'Idoles. Nonobstant toutes ces belles raisons de l'Hermite, Leonin fut bien ayse pour la perte de ce peu de pieces de se voir en possession de la meilleure partie. Mais il est question d'auoir des habits à sa sœur, qui n'est pas vne Nereide, ny vne Naïade, pour demeurer touiours en des Humiditez. Il la prie de l'attendre en ce lieu auec le Frere Onophre, tandis qu'il ira querir les vestemens delaissez au pied du chesne; mais ny le Religieux voulut demeurer auec cette fille, ny cette fille auec le Religieux; car c'estoient deux Benefices incompatibles, & il eust esté mal-aysé à iuger qui auoit le plus de peur ou de deffiance de l'vn ou de l'autre: car si Parthenice redoutoit Onophre comme vn demon au desert, Onophre craignoit Parthenice comme vn demon du Midy; demon visible, plus dangereux que l'inuisible. Et de faict, qui ne sçait que dans le desert d'Eden Adam fut vaincu par sa femme, lequel eust peut estre resisté au serpent, si ce cauteleux animal se fust premierement attaqué à luy? Et qui ne sçait que Loth qui fut si pur dans vne ville abominable, se souilla miserablement dans le desert? Le Religieux s'offre d'aller

Aa ij

tout seul, pourueu qu'on luy donne quelque enseigne, n'y ayant aucun destroict en cette forest qui luy fust incognu. Mais quelle enseigne luy peut donner Leonin d'vn lieu d'où il estoit sorty auec tant de trouble? de laisser Parthenice seule, il n'y auoit point d'apparence, joint qu'elle ne vouloit point perdre de veuë son cher frere qui estoit tout son apuy; elle ayma donc mieux, tant elle estoit courageuse, reprendre le chemin de la montee auec toute son incommodité, que de se reposer toute seule, enuironnee de mille terreurs. Arriuez au lieu où ils auoient laissé tout cet equipage, ils le treuuerent en la mesme forme, & le mesme pied d'homme, ainsi qu'il auoit esté rencontré à la descente de l'arbre. Parthenice renduë hardie par la necessité, se jette dans le plus espois du bois pour changer ses habits à ceux que la bonne fortune luy presentoit; ils se chargerent de tout cet attirail, & mesme de toutes les poudres, graisses, images, & autres caracteres Magicques, sans que cela leur donnast aucune incommodité. On dict que ceux qui portent le Cinnamome en l'Arabie Heureuse, pour grand que soit leur faisseau, n'en sont iamais greuez, & mesmes que ceux qui parmy de grands faix de bois meslent quelque branche de cette plante qu'on appelle Agneau Chaste, se sentent notablement soulagez : Nous pouuons sainctement croire le semblable estre arriué à nos voyageurs, par la vertu cachee des sainctes Reliques, plus odorantes que le Cinnamome aromatique, puis qu'elles auoient esté jadis les estuis de ces belles ames qui auoient esté & douces & pures comme des Agneaux sans tache. Ils descendent & remontent l'inegalité de ce vallon auec vne incroyable facilité, & comme ils auoysinoient l'Hermitage, ils apperceurent le Venerable & chenu Palmelio qui leur venoit au deuant, accompagné d'vn autre Prestre Anachorete, qu'Onophre leur dict s'appeller Agathange, & d'vn autre frere nõmé Theonas. L'accueil fut tres-charitable de la part des Religieux, & fort humble de la part de nos voyageurs, car ils baiserent les mains, & embrasserent les genoux de ces seruiteurs de Dieu, en demandant & receuant leur benediction. Alors Palmelio. Mes enfans vous soyez les bien venus en ce port de tranquillité, en ce Haure de Grace, apres tant de tempestes & d'orages qui vous ont battus, & qui vous agiteront encores; venez en nostre pauure retraicte, mais riche de bonne volonté, faire aiguade & vous rafraischir, afin d'essuyer le souuenir de vos calamitez passees, & de vous preparer pour celles qui vous attendent encor. Mais ayez bon courage, & resistez puissamment en la foy contre vos aduersaires: car en fin le Dieu des batailles est pour vous; & s'il est pour vous, qui vous peut surmonter? il combattra vos combats, & vous donnera la victoire, laquelle vous sera d'autant plus glorieuse qu'elle aura esté perilleuse. Auec ces amiables paroles, il alloit doucement conduisant nos Voyageurs vers la cauerne de sa demeure, ou ils virent vn petit Paradis de Rusticité. Elle estoit enfoncee dedans le Rocher auec vn espace si bien proportionné, qu'il sembloit que la Nature eust emprunté la main de l'art pour la former. La seule emboucheure estoit de maçonnerie, les cellules y estoient ajencees auec du bois, les Oratoires façonnez d'vne façon si industrieuse, que sans beaucoup d'ornement par leur sombre clairté, elles donnoient vn certain sentiment de deuotion. La Chappelle percee du costé de l'Orient, receuoit les premiers rayons du Soleil, si tost qu'il monstroit sa teste couronnee de lumiere à la cime de la Montagne opposee; elle estoit si gratieusement

& poliment paree, qu'elle disposoit le cœur par le corps à la reception des rays de la Grace : tout estoit fort net en tout ce logement de Pieté, bien que tout y fust pauure; car la Propreté, & la Pauureté ne sont pas incompatibles, principalement la Pauureté Euangelique, & Religieuse, laquelle fondee au desnuëment de toute Proprieté, n'exclut pas pourtant la Propreté : car la Circonspection vers la Netteté exterieure, est vn grand argument de l'Attention vers la Pureté interieure : puis que selon l'Escriture l'ame est plus que la viande, le corps plus que le vestement, & le cœur plus que le corps. Icy fut touché Leonin, qui iusques alors auoit eu les Affections assez recourbees vers la terre : & comme la Musique du Dome de Milan, & l'Elegance de sainct Ambroise, jetterent les premiers fondemens de la Conuersion de cet admirable flambeau de l'Eglise S. Augustin; ainsi cette candeur & simplicité Religieuse donna le premier branfle & le principe de l'inclination Religieuse à Leonin, qui depuis s'augmenta de la façon que vous entédrez : il est bien vray que son cœur estoit encor fortement attaché au Monde, aux Esperances de la Fortune, à Doralice, & aux iustes plaisirs que luy presentoit le Mariage. Mais comme les fleuues qui sont si larges à leur emboucheure en la Mer, ne sont que des distillations de rocher en leurs sources; & comme les grands arbres qui occupent tant d'espace en l'air, & qui estendent si auant leurs racines en la Terre, prouiennent d'vn debile pepin pourry dans la terre, & neantmoins nourry de la terre: ainsi ces premiers mouuemens qui n'ont que de l'infirmité en leur origine n'auront que de la fermeté en leur fin. Ces foibles Vapeurs esleuees par le Soleil de la Grace s'esclairciront peu à peu, & se rendront colorees des liurees du Ciel. Que Dieu est admirable en ses Vocations, & que nous sommes heureux, quand nous y respondons comme il faut: car comme tout nostre bon-heur prouient de la Correspondance que nous auons aux inspirations diuines, aussi tout nostre mal-heur tire sa naissance du rejet qu'en faict la rebellion de nostre malicieuse Volonté. Desia Leonin s'estimeroit heureux, si Dieu ayant brisé les liens qui l'attachoient au Siecle, il luy pouuoit sacrifier des Hosties de loüange en vne codition si desirable; & si apres auoir esté tourmenté de tant d'orages, il pouuoit gouster la douceur d'vne si suaue tranquillité: mais il se sent encore si foible, & ses resolutions si peu determinees, qu'ayant auiourd'huy quitté le monde, il apprehende de le reprendre demain, & que sa recheute ne fust pire que son premier mal : Car comme il n'y a point de plus grands Penitens que les grands Pecheurs, aussi n'y a-t'il rien de si desbauché que celuy, qui d'vne vie austere & reiglee retourne au vomissemét de ses deprauations, & de ses desreiglemens. De là vient que la plus part des Erreurs qui affligent l'Eglise doiuent leur origine à ces Apostats, qui comme des engeances de Vipere taschent de se produire au Monde par le flanc ouuert de cette Mere, en laquelle ils auoient esté si doucement engendrez. Tandis que Leonin rumine ses pensees, il y en a bien d'autres qui montent au cœur de Parthenice : car estant si fortement, & de longue main disposee à la Religion; elle est tellement rauie à la veuë de tant de choses bien ordonnees, & de tant de Charité, qu'elle brusle de desir de se voir dans vn Cloistre, deplorant la misere de son sexe, qui la priuoit du bon-heur de se pouuoir confiner en cette agreable solitude. D'autre part effrayee de ce que le Vieillard leur auoit dict en les saluant, que beaucoup d'autres trauerses leur estoient preparees, elle ne pouuoit se resoudre de partir de ce port pour remettre sa foible barque sur les ondes perfides du Siecle. Et puis se voyant en habit d'homme, & se souuenant d'auoir ouy dire que plusieurs Sainctes auoiēt autresfois (portees par de particulieres inspirations) mené vne vie fort exemplaire en des maisons de Religieux, se voyant toute traueſtie cela luy donna le courage de dire à Palmelio : Mon Pere, à quoy tient-il, sans me plonger derechef dans les tempestes du Monde, que ie ne sois receu icy pour y faire Penitence le reste de mes iours ? Mon enfant, respondit le Vieillard, cette cage n'est pas faitte pour des oyseaux de vostre espece : mais s'il plaisoit à vostre sœur que voyla (dict il en sousriant) prendre vostre Resolution, nous la receurions de bon cœur en nostre compagnie, & luy ferions part de nostre Petitesse, & de nostre Pauureté. Pleust à Dieu, dict Leonin, qui recognut bien que le sainct homme cognoissoit son sexe, nonobstant son desguisement, pouuoir gaigner ce point là sur moy : mais ma chair est encores trop peu cuite pour se destacher aysément de mes os, & mon Esprit est si fort colé à mes sens, que ie ne suis pas assez ferme pour me roidir à vne resolution si determinee que celle de la saincte Religion. Toutesfois, dit-il, mon Pere, ce que ie ne puis produire de moy-mesme pourroit bien estre formé en moy, & contre mon attente, par la Grace de Dieu, pourueu que i'y coopere, & que ie ne la reçoiue pas en vain : elle a bien faict de plus grands miracles, & de plus prodigieux changemens. Mon frere, dit alors le bon Palmelio, vne resolution si masle ne se faict pas en vn habit de fille, & moins encores en des habitudes d'incōstance & de legereté. Et n'est-ce pas vne estrange chose, que vostre sœur vestuë en homme en ait reuestu le courage, & le courage de ce nouuel hōme dont parle l'Apostre, qui est selon Dieu; & que vous qui estes hōme portez vn cœur de fille dās la poitrine, & vn cœur plein de tant de foiblesse, qu'il n'ait pas la force de secouër ces menuës entraues qui vous engagēt au siecle? Mon pere, reprit Leonin, ce que ie ne puis de moy-mesme, cōme ayāt l'ame paralitique, ie l'emprūteray du secours de vos prieres, vous serez mon homme, si vous m'impetrez de Dieu le desir de me plonger dās la piscine de la sainte Religion, où se guerissent toutes ces langueurs de vanité, d'auarice & de volupté, qui abbattent la plus grande part des mondains. Ie croy, respondit le Vieillard, que pour ce grād effect il faut autre chose qu'vn homme, & que N. Seigneur mesme s'en doit mesler:

car le bien de la Vocation Religieuse est si parfaict, & est vn si excellent don, qu'il ne peut prouenir que d'enhaut du Pere des lumieres; encores n'est-il pas receu de tous ceux à qui il est donné; car la malice du cœur humain reiette souuent la Bonté de la Diuine Misericorde. Dieu a beau appeller, si côme dict Iob, nous ne luy voulons pas respondre, & si nous faisons la sourde oreille, côme l'Espouse paresseuse. Heureux celuy, qui comme Samuel respond au premier son de cette douce voix, qui dict à nostre ame, Venez du Liban sourcilleux des pretensions mondaines, ô ma Colombe, venez des repaires des Dragons, & des Lyons, venez des montagnes des Leopards, qui sont les Vanitez du Siecle : Venez, & vous serez couronnee : Venez mon Eleuë, & ie mettray mon Throne en vous : Venez apres moy; chargez vostre Croix, & me suiuez. Mon Pere, dict Leonin, ie voy toutes ces Veritez, i'ay toutes ces paroles interieurement, ie suis Chrestien, i'ay esté esleué en vne maison fort pieuse, & qui est vne vraye Escole de Vertu & d'Honneur : & cependant parmy toutes ces clairtez, ie demeure en tenebres, & sourd à ces Semonces, & froid au milieu de ces sainctes ardeurs : quand sera-ce qu'vn puissant rayon de grace fendra toutes ces obscuritez, fendra toutes ces glaces? Ce sera, dict le Vieillard, quand à l'imitation de sainct Paul, heureusement abbatu & aueuglé par vne lumiere Celeste, vous direz comme luy, Seigneur, que voulez-vous que ie face: car comme l'huille de la vefue ne fut multipliee par le Prophete que dans les vases vuïdes; ainsi la Diuine volonté, en laquelle consiste nostre bon-heur & nostre perfection, ne se loge iamais qu'en vne ame vuide, non seulement de Passions, mais de la sienne propre: & alors Dieu appelle cette ame, non plus l'abandonnee, la sterile, la deserte, la delaissee ; mais il luy donne ce nom excellent, ma Volonté en elle. Helas mon Pere, dict Leonin, vous preschez là vn poinct de haute Perfection, à vn homme qui n'est pas seulement capable d'estre Nouice ; mais ie vous prie de croire que ie ne laisseray pas de nourrir cet enseignement dans le profond de ma pensee, & que si ie puis mettre cette chere sœur à l'abry des tempestes du monde, au port de quelque saincte Religion, alors ie penseray serieusement à moy-mesme : car en fin, puis que nous ne sommes en cette vie, que comme en vn passage qui nous meine à l'autre, si nous sommes bien conseillez ne deuons nous pas embrasser icy bas ce leger moment de tribulation, qui opere en nous le poids eternel de la Gloire. Comment, repliqua l'Hermite, vous ne parlez pas seulement comme vn Nouice, mais comme vn Profez: Et pleuft à Dieu que vous euſſiez dans le cœur ce que vous auez ſur les leures, & que comme l'Eſpouſe vous euſſiez le laict & le miel, non ſur la langue, mais deſſous ; c'eſt à dire au ſentiment interieur, afin que ce beurre & ce rayon vous ouuriſt les yeux, pour discerner le bien du mal, en laiſſant l'vn & choiſiſſant l'autre : mais c'eſt l'ordinaire des perſonnes engagees dans les terreſtres Affections de dire d'or, & de faire de plomb, leurs leures parlent en vn cœur & en vn cœur : car autre choſe eſt ce qu'ils diſent, autre choſe ce qu'ils penſent. Plaiſe à Dieu, mon fils, vous ietter efficacement en l'ame le deſir de faire durant le cours de cette vie, ce que vous voudriez auoir operé au poinct de voſtre mort : Car c'eſt là le principe des reſolutions genereuſes, & comme le pepin qui produict en nous & par nous tant de glorieuſes actions. Mais quoy, le temps de voſtre Viſitation n'eſt pas encores venu, la pomme de voſtre cœur n'eſt pas encores meure, elle ne peut tomber en vne ſi belle entrepriſe. I'eſpere neantmoins que Dieu vous fera Miſericorde, & que ce peu de miel que vous gousterez en cette solitude à la pointe de vostre iugement vous ouurira les yeux comme à Ionathas, pour vous faire veoir clairement ces Veritez, que vous ne faittes qu'entreuoir comme à trauers des nuages. Et ce fut lors, que comme si vn Esprit plus impetueux fust entré en luy (aussi estoit-ce l'Esprit de Prophetie) il profera ces Vers d'vn sens caché, mais dont le secret se desuoylera par le succez que representera la fin de cette Histoire :

Leonin n'aura point sa chere Doralice,
Et gardant mal sa sœur Osiandre l'aura;
Mais Dieu du haut des Cieux si bien y pouruoira,
Qu'il les mettra tous deux en sa saincte milice.

Il profera ce Quatrain regardant Leonin vestu en fille en mesme temps qu'il le nommoit, & regardant sa sœur vestuë en homme, pour vne designation aussi claire que s'il l'eust nommee. Et ce qui estonna le plus nos voyageurs, ce fut d'entendre nommer Osiandre ; à quoy ils iugerent que cet homme de Dieu estoit instruict de toutes leurs affaires : tous les discours qu'il leur auoit tenus furent autant d'huile sur le feu des desirs de Parthenice, mais ils ne peurent

qu'attendrir, non tout à faict amollir le courage de Leonin. Vn iour viendra que cet huille penetrera iusques dans ses os, c'est à dire dans ses plus intimes affections. Alors cette fille faisant en sa honte paroistre sur son visage les mesmes couleurs qui rendent l'Aurore si belle, pleine de confusion de se voir en cet habit disconuenable, & à son sexe, & à sa pudeur, deuant le Venerable Palmelio, qui portoit en son front l'image de la mesme austerité : Helas! mon Pere, dict-elle, quel iugement ferez-vous de mon effronterie, me voyant en cet equipage, & vagabonde comme ie suis? & quelle opinion aurez-vous de ma temerité, d'auoir osé demander vne place en vn lieu, d'où non seulement mon sexe, mais mon indignité me forclost? Ma fille, repliqua le Vieillard, auec vn air tout plein de benignité; ie ne iuge iamais mal de personne que de moy-mesme, sçachant que l'Oracle de Verité nous enioignant de nous iuger sans cesse nous mesmes par vne continuelle reflexion sur nos actions, nous defend de iuger autruy. Bien que ie ne sois, ny voyant, ny Prophete, vostre desguisement ne m'estoit non plus incognu que celuy de la femme de Ieroboam l'estoit à Ahias : & vostre demande, bien que desraisonnable n'estoit
pas

pas pourtant iniuste ny indeuote; non iniuste, car elle pourroit estre soustenuë par plusieurs semblables exemples de Vocations extraordinaires que l'histoire nous fournit: non indeuote, car c'est la ferueur de la saincte Charité, non aucune, intention sinistre qui vous a faict desirer cette Retraitte du monde, Retraitte apres laquelle vous souspirez passionnément:

Et cette Saincte affection
En sa religieuse enuie,
Quoy que peu de raison suiuie
Tesmoigne pour le moins de la deuotion.

Mais, mon Pere, demanda la Pieuse fille, n'est-ce pas vn grand peché que de changer ainsi les habits de son sexe? Ma fille, respondit le Pere, c'est la seule intention qui iuge nos actions: Dieu menace d'vn grand chastiment ceux qui se couurent d'vn habit estranger; mais il y a des occasions qui peuuent iustifier ce changement; car pour sauuer, ou l'ame, ou la vie, ou l'honneur, ie croy qu'il est loysible, que si toutes ces trois intentions se treuuent cõjointes en vous, qui separément suffiroient pour excuser chacune en particulier vostre traueftissement; si d'abondāt ce n'est aucun mauuais dessein qui vous

Bb

y ait induitte, ie ne voy rien de blasmable ny de reprehensible en cette action : au contraire, ie croy qu'il vous sera vtile de demeurer ainsi, pour esquiuer diuers accidens qui vous menacent encores. Mais ne perdez point le courage, car Dieu est auec vous, puis que c'est pour vous consacrer à luy que vous embrassez toutes ces souffrances ; auec luy vous percerez les obstacles de toutes les contradictions, vous ne craindrez point les milliers d'oppons, & au milieu des Lyons vous serez en sa seureté.

Le traict contre vous décoché
　Rompra contre vous rebouché,
Les Songes comme oyseaux funebres
Sur vos yeux n'oseront s'asseoir,
　Ny les mauuais Anges du Soir
　Qui glissent parmy les tenebres.
L'obscure frayeur de la nuict,
　Ny son humidité qui nuit,
　Ne troubleront vostre courage,
　Ny le Demon le plus hardy,
　Qui vient mesme au point du midy
　Exercer au monde sa rage.
Au point de vostre afliction,
　Du Grand Dieu la protection
　Adoucira vos auantures,
　Tousiours auec vous il sera,

Et vostre nom s'aduancera
Bien loin dans les races futures.

Alors par le recit qu'il leur fit de leurs trauerses passees, il leur donna courage de bien esperer de l'aduenir, puis que s'ils estoient fideles à Dieu, Dieu de sa part estoit fidele, ne permettant pas que les siens soient tentez par dessus leurs forces. Et parce que de toutes les fortunes qui leur estoient arriuees, nulle les auoit tant estonnez que celle du charme de la forest ; il leur enseigna le stratageme des Demons, leur apprit que veritablement c'estoit Vrsace & Ponce qui s'estoient metamorphosez en Ours & en Chat, & qu'ils auoient esté blessez par Leonin, celuy-là au bras & sur le visage (ce que Parthenice confirma, disant qu'elle auoit veu frapper l'Ours en la jambe, & sur le museau) & l'autre auoit eu le pied coupé par le milieu. (& c'est cette patte de Chat que Parthenice auoit veu tailler) tout cela, dict l'Hermite, vous sera vn iour manifesté à Naples. A Naples, reprit Parthenice : Helas mon Pere, que me dittes-vous ? quoy, me faudroit-il encor apres vne fuitte si heureuse, & vne rencontre si fortunee que celle de mon frere retourner à la boucherie de mes contentemens, & courir derechef la risque de perdre cette integrité, que ie veux garder inuiolablement à mon Celeste Espoux. Ma fille, reprit l'Hermite, vous n'entrerez au rafraischissemét de vos labeurs, qu'à trauers le feu & l'eau des tribulations, vous n'entrerez en la possession de la terre qui vous est promise, qu'apres beaucoup de fatigues & de combats : & tout ainsi qu'on n'entre au Paradis de la Gloire Eternelle que par les angoisses de cette vie ; ainsi n'esperez pas paruenir au Paradis de vos desirs, & de vos contentemens temporels que par beaucoup de souffrances : mais en fin vous aurez vne Paix où est né le principe de vostre Guerre; le Theatre de vostre ignominie sera celuy de vostre Honneur, Dieu vous conduisant en sa volonté (vnique reigle des ames bien faittes) pour faire paroistre la magnificence de sa grace au lieu mesme où les delicts ont abondé. La Sage fille tenoit tous ces propos pour des Oracles, non seulement les gardant, mais les grauant soigneusement sur son cœur. Vn iour viendra que les conferant en son Esprit auec les succez qui luy arriueront, elle les treuuera veritables, & apprendra par experience, que la Verité qui viét de Dieu demeure eternellement. Pour lors elle se contenta de l'enquerir sur plusieurs dificultez qui luy restoient en l'esprit sur les choses passees, comme s'il estoit vray qu'Osiandre l'aymast auec tant de Passion, & qu'il eust dessein de l'espouser, non de la deshonorer. Sur quoy il la satisfit, l'asseurant que s'il auoit eu quelque pensee moins honneste pour elle, ayant projetté de la faire espouser à Leonin, qu'il ne cognoissoit pas pour son frere, que c'auoit esté pour les extrémes difficultez qu'il s'imaginoit, ne pouuoit surmonter au dessein de la prendre à femme : mais que le grand courage de Leonin porté pour la defence de son Honneur, par vne secrette inspiration de Dieu, & vne particuliere inclination du sang, auoit purgé Osiandre de cette mauuaise humeur, & rendu ses pensees legitimes. Elle luy demanda s'il estoit vray que Leonin fust son frere ; il l'en asseura, & luy dict tant de particularitez de Talerio & d'Olympie, bien qu'il ne les eust iamais cognus, comme aussi à Leonin tant de marques de son education, chez Patrocle, & chez Valere, auec les enseignes de l'escharpe bleuë, & de l'esmeraude, qu'il ne leur laissa aucun doute de leur consanguinité. En somme ils treuuerent en cette poitrine vne viue source de Consolation en toutes les perplexitez qui agomsoient leurs esprits, & la guerison des playes qu'il estoit necessaire de guerir. Mais quand leur ieune curiosité se voulut ietter dans les enquestes du futur, & sçauoir quelles heureuses ou malheureuses auantures les attendoient encores ; ce fut là où le bon homme les arresta, disant auec humilité qu'il ne les sçauoit pas, que c'estoient des lettres closes & cachetees, & dont le seul Agneau pouuoit leuer le sceau : & que quand Dieu luy auroit faict cette misericorde de luy en apprendre le succez, il ne voudroit pas leur declarer, de peur que s'il estoit bon ils ne s'endormissent en vne vaine confiance, qui les empeschast de cooperer aux Graces de Dieu ; si mauuais ils ne deuinssent miserables deuant le temps seulement : il leur dict que confusément, & comme en tenebres, il voyoit que parmy beaucoup de tourbillons & de tempestes ils surgiroient à vn port plus heureux que Leonin ne pensoit, & aussi agreable que pourroit souhaitter Parthenice. Et pour imposer tout à faict silence à leurs demandes, il leur remonstra que l'aduenir est vne des choses que Dieu s'est reseruée à luy seul; quand il la communique par l'Esprit de Prophetie, c'est vn priuilege special, qui n'est pas tant concedé pour contenter le vain desir des hommes, comme pour auancer la Gloire de celuy qui baille ce Don; & que ceux qui pressez d'vne vicieuse curiosité, se portent à des recherches par des arts illicites, outre qu'ils sont maudicts de Dieu, à cause de la paction qu'ils font auec son ennemy, ils ne retirent que des faussetez du Pere des mensonges, qui rencontrant quelquefois par coniecture, pour vne rencontre que le hazard aura renduë fauorable à sa prediction, fera couler mille autres particularitez esloignees de la Verité. De sorte qu'il valloit beaucoup mieux tenir son ame soubmise aux succez qu'ordonneroit la saincte Prouidence de Dieu, que de sonder sa Majesté & estre opprimé de sa Gloire. Mais d'où vient donc, mon Pere, reprit Parthenice, que vous nous auez nommé par nos noms, sans nous auoir iamais ny veus ny cogneus, & recognu nos sexes, nonobstant le changement de nos habits; & nommé tant d'autres personnes entreuenuës au courant de nos fortunes? Ma fille, dict l'Hermite en se sousriant, il n'y a rien si aysé que de faire des Almanacs sur vne annee qui est passee. Dieu est bien plus liberal à reueler le passé, qu'à descouurir les tenebres de l'aduenir : car il veut que pour le futur tout demeure en incertitude : de là vient que le iour de la consommation du siecle n'est pas cogneu au fils de l'homme ; & il imprime cette cognoissance du passé, soit par le ministere de ses Anges, soit par les images des choses, des personnes, ou des noms qu'il presente à nos entendemens : Et il ne faut pas, mes enfãs, que pour cela vous m'en estimiez meilleur ; car ce sont des dons gratuits que Dieu respand sur telles creatures qu'il luy plaist, sans auoir esgard à leur bonté, ny à leur qualité. C'est luy qui fit voir vn Ange à vne asnesse plustost qu'à Balaam, & qui la fit parler miraculeusement: c'est luy qui auec vne baguette a faict tant de merueilles en Egypte, luy qui se feruoit des deux escarboucles, qui attachoient au vestement du Grand Prestre le Rational, auec l'Espaulier pour rendre des Oracles, comme aussi des Cherubins d'or qui estoient au Propitiatoire. La Grace de predire mesmes les choses futures peut tomber en vn homme meschant : Assur est appellé seruiteur de Dieu, encores qu'il fust la verge de sa fureur. Souuent ceux qui ont ces dons ressemblent à l'eschailier, qui faict monter vn chacun en vn lieu où il ne va iamais:

& si l'on n'est bien humble, cet esprit de prediction qui achemine les autres à leur salut, porte celuy qui l'a à l'esprit de Presomption, & cet esprit en esleuant hautemēt le cœur, le pousse au precipice de sa Ruïne. Ainsi l'humble Palmelio desensloit la tumeur qui eust peu s'engendrer en son cœur, se voyant respecté comme vn sainct par ses Freres, à cause du don de Prophetie qu'il recognoissoit luy-mesme en soy, sans sçauoir pour quelles raisons Dieu luy faisoit & dire & predire tant de choses. Ainsi ploroit jadis le deuotieux S. Bernard, lors que Dieu par luy operoit tant de miracles, disant que ces operations surnaturelles, filles de la Toute-puissance de Dieu, se pouuoiēt aussi bien faire par les feints que par les saincts : mais que les seuls humbles de cœur estoient sauuez. Se fondant sur ce qui est escrit en l'Euangile, que plusieurs seront reprouuez qui aurōt chassé les demons, guery des malades, & resuscité des morts au nom du Seigneur. Certes, tout ainsi que le vray baume se discerne du sophistiqué, en ce que celuy-la va au fonds de l'eau, & celuy-cy surnage : Ainsi par l'humilité se distinguent facilement ceux qui sont animez de l'Esprit de Dieu, ou de celuy de Tenebres : car comme l'orgueil de ceux-cy monte tousiours, aussi l'aneantissement de ceux-là descend tousiours, pour imiter celuy qui a abbaissé les Cieux de sa Grādeur, iusques à s'aneātir sous la forme d'esclaue, se reuestāt de nostre fresle mortalité. Et c'est ce qui faisoit que nos Pelerins prenoient d'autant plus de creance en cet homme Venerable, le voyās, & en paroles, & en effects le dernier de ses Freres aux auantages de la commodité & de l'Honneur, & le premier aux actions de seruice, & du seruice le plus vil & le plus abject qui fust en leur pauure petite communauté. Nos Voyageurs demeurerent trois iours, qui leur semblerent trois momens, en cette sacree Retraicte, tellement edifiez de voir la vie Angelique que ces hommes menoient en terre, qu'ils pensoient estre sinon au Paradis Celeste, au moins au terrestre; tout reluisoit sur eux; la lumiere de la face de Dieu, & le rayon de l'Innocence en laquelle furent creéz nos premiers parens. Leonin & Parthenice frequenterent durant tout ce temps les Sacremens de Penitence, & de la saincte Communion par les mains de Palmelio, furent instruicts en plusieurs exercices de l'esprit, consolez du passé, asseurez en leurs craintes pour l'aduenir. Parthenice fortifiee en sa Resolution, Leonin fort esbrāslé de quitter le monde, & les Affections de Doralice; il veoit Theonas, Agathange, & Onophre qui luy rendẽt les bras pour le receuoir en leur sainte societé. Palmelio qui sçait que l'heure de sa Conuersion n'est pas encores arriuée, se soufrit de l'empressement de ses Freres, & leur dict que ces changemens sont des coups de la droicte de Dieu, non pas des ouurages de la main des hommes: que comme sur la Mer, vn traict de Vent faict plus d'effect dedans la Voyle, que cent traicts de rame dans l'eau; ainsi vne seule inspiration Diuine pour le regard de la Vocation Religieuse vaut mieux que mille persuasions humaines; car c'est là vne action qui ne depend pas de celuy qui veut ou qui court, mais de la Misericorde du Pere Celeste; c'est luy qui en donne & la naissance & l'accroissement, non celuy qui plante ou qui arrouse: qu'il falloit demander ce Frere à Nostre Seigneur, auec larmes, ieusnes & prieres; & qu'vn iour viendroit qu'il seroit digne ouurier en la Vigne du grand Pere de famille. Cela les consola par l'Esperance qu'ils auoient de voir reüssir les paroles de leur Pere. Cependant qui n'admirera les contrepoids qui balancent les choses humaines. Leonin peut ce qu'il ne veut pas, & Parthenice veut ce qu'elle ne peut pas. Neantmoins Dieu par des progrez insensiblement s'auançans, sçaura bien auec autant de suauité, que de fermeté difpofer toutes chofes à leur fin, & à sa plus grande Gloire. Ce fut autant de regret à Parthenice, de quitter cette Solitude de fainct Macaire (car ainfi s'appelloit ce deuotieux Hermitage) comme il tardoit à Leonin d'en eftre dehors, non qu'il n'eftimaft extremement au fonds de fon ame la vie de ces Religieux; mais il fentoit vne telle rebellion en fa partie inferieure, (qui eft cette loy des membres dont parle l'Apoftre, repugnante à celle de l'efprit,) qu'il auoit peur de fon bien, fe recognoiffant peu à peu engager aux defirs de quitter le Mõde, qu'il aymoit encores trop pour le laiffer fans peine. Il traine fa chaifne auec vne miferable complaifance, redoutant fa liberté, & fuyant les Remonftrances qui le pouuoient engager à cet abandonnement, comme les corps vlcerez euitent la main qui les penfe. Il eftoit encores bien efloigné, de dire auec le grand Pfalmifte, Seigneur, vous auez rompu mes liens, & ie vous facrifieray vne Hoftie de loüange. Si eft-ce que defia il commençoit auec douleur à enfanter l'efprit de Salut. Et fi toft que le vafe de fon cœur fera vuide des Paffions qui le rempliffent, foudain il fe verra remply des Perfections facrees qu'il a veuës en ce Pieux defert. Vn iour viendra qu'vne Beauté toute celefte, & vn rayon de la grace Diuine effacera d'vn seul traict en son cœur ces enfantines mignardises de Doralice, dont l'image le poursuit en ce lieu solitaire. Cependant, pour donner de leur part quelque satisfaction à leurs hostes, desquels ils tiroient de si charitables seruices, & tant de consolation, Leonin ne mâqua pas de trahir l'humilité de Parthenice, en accusant sa belle voix, & certes ie croy que Palmelio accoustumé en ses Rauissemens à la Melodie des Anges, en fit moins d'estat que les autres, il ne laissa pas pourtant de l'estimer, & de desirer que cet excellent organe fust vn iour consacré au seruice de celuy qui l'auoit creé. Ses compagnons qui n'estoient habituez qu'à la Musique des oyseaux, saisis d'admiration, côfesserent n'auoir jamais entendu vne telle Philomele: & que les Echos de leurs cauernes n'auoient jamais resonné sous vn si doux air. Vn iour entre autres Cantiques de Deuotion qu'elle poussa en l'honneur de Dieu & de ses Saincts, comme ils estoient sur le recit de l'auanture qui leur estoit arriuee dans la forest, & du Pseaume entre-coupé par le saisissement de la peur: Mais, dit-elle, mon Pere, se tournant vers Palmelio, puisque la Musique chasse les demons, commét ceux-la nous apparurent-ils durant que ie chantois? Ma fille, repliqua l'Hermite, comme tous les Carmes ne sont pas des charmes (bien qu'il y ait quelques charmes qui se font par des Carmes,) aussi y a-t'il plusieurs Charmes qui ne se défont pas par des Carmes : & comme c'est par permission Diuine, que la Melodie chasse les Esprits malings; aussi quelquefois par la mesme permission, la Musique ne les empesche pas de faire leurs prestiges. Que si la plus excellente harmonie aux aureilles de Dieu, est la priere assiduë du juste ; qui ne sçait que les anciens & fameux habitans des deserts, comme sainct Anthoine, sainct Hilarion, & nostre Pere sainct Macaire ont esté, sinon troublez, au moins trauaillez par le Prince des tenebres durant leurs plus feruentes Oraisons? Mais, ma fille, quel est le Pseaume que vous recitiez? Alors la pieuse Parthenice apres auoir repris les trois Stances que nous auons desia rapportées, & que l'Hermite luy eust faict remarquer, que c'estoit vne espece de Prophetie de ce qui luy arriua sur le champ, Vous pouuez bien, luy dict-il, acheuer le reste en action de graces de vostre deliurance. Elle continua donc ainsi:

C'est doncques maintenant transporté d'allegresse,
Qu'il nous conuient changer nos longs cris de detresse
En chants victorieux.

Au temple du Seigneur nos vœux nous de-
uons rendre
Et d'vn bras triumphant mille palmes
apendre
A son nom glorieux.
C'est donques maintenant que son aureille
saincte
S'ouure auecque faueur aux accens de ma
plainte,
M'exauçant au besoing.
C'est maintenant que Dieu surmonté par mes
larmes,
Me retire en sa garde au milieu des allarmes,
Et de moy prend le soing.
De son Palais celeste à mes cris accessible,
Il faict descendre en l'air son armee inuisible,
Prompte à me secourir:
Il faict luire son fer aux perils de la guerre,
Et son sceptre ordonné pour gouuerner la terre
Dans ses mains refleurir.
Nos ennemis enflez d'esperances humaines
Vantoient leurs chariots, pesans fardeaux
des plaines
Qui sous eux gemissoient:
Leurs espaisses forests de lances herissees
Et leurs gros bataillons dōt les ondes pressees
Les fleuues tarissoient.
Mais nous foulans aux pieds toute mortelle au-
dace

Du Seigneur pour secours nous implorions la grace,
Et n'esperions sinon
Aux forces que le Ciel nous auoit preparees
Sans cognoistre au besoing d'armes plus asseurees
Que l'ombre de son nom.
Aussi nos yeux contens ont veu tomber sur l'herbe
Le sacrilege orgueil de leur troupe superbe,
Des Vautours le repas:
Et nostre foible nombre auec vœux & loüanges
Se changer sur le champ de despoüilles estranges
Rouges de leur trespas.

Parthenice recita ces beaux & sacrez vers d'vne voix si rauissante, que les pierres mesmes de cette cauerne tesmoignerent par leur resonnement qu'elles en auoient esté touchees : & si jadis les murailles d'vne ville furent basties au son d'vne Lyre harmonieuse (si nous donnons quelque place à l'imagination des Poëtes) il est à croire que les pierres viues de cet Hermitage, ces bons Religieux, ne furent pas peu edifiez d'vn chant si sainct & si doux. En fin comme Leonin pressoit son congé, & l'eust obtenu de ces Charitables Hostes : Il fut question d'emporter toutes

Liure sixiesme. 401

tes les despoüilles d'Vrsace & de Ponce: Car, dict Palmelio, tout ce bagage non seulement n'est point à nostre vsage, mais s'il estoit veu ceans pourroit donner occasion de scandale à quelque esprit moins iudicieux. Mais, mon Pere, dict Leonin, peut-estre qu'on penseroit que nous l'eussions acquis par mauuaise voye. Vous auez trop bonne façon, reprit l'Hermite, pour estre estimé vn destrousseur de passans. Vous pourrez vous en deffaire pour quelque prix à la premiere bourgade, où vn de nos Freres vous aydera à le porter, afin d'oster tout soupçon. A cela Parthenice, Ie crains, mon cher Pere, dict-elle, que cela ne nous cause quelque malheur. Ma Fille, repliqua le Vieillard, vous ne deuez pas faire de ces despoüilles, comme Iudith fit de celles d'Holopherne, en les sacrifiant à vn anatheme d'oubly, ny les ietter au feu, cõme furent celles que ce soldat mal-aduisé reserua du sac de cette ville rebelle: car bien que la Magicque Hericho de ces enchantemens qui vous ont trauaillé ait esté dissipée au son de la Trompette, c'est à dire en proferant le sainct Nom de IESVS; si est-ce qu'il n'y a point d'interdict ietté sur son pillage, le butin vous en sera non seulement vtile, mais permis aussi bien qu'à Israël d'emporter les vaisseaux des

C c

Egyptiens: & ne craignez pas de ce costé-là qu'il vous arriue aucune mesauenture: vous portez vn vase fresle, mais neantmoins plus precieux, qui est cette specieuse forme que Dieu a imprimee sur vostre front; ce sera cela qui vous causera beaucoup de troubles; si vous vous en pouuiez dessaisir aussi bien que le Castor de ce qui le faict poursuiure, vous vous exempteriez de beaucoup de trauerses. Mon Pere, reprit Parthenice, si vous estes d'auis que ie me deffigure le visage, ie le feray presentement: car ie voy bien que c'est vn escueil, où beaucoup d'inconsiderez font de tristes naufrages. l'estimeray beaucoup gaigner de perdre ce fragile bien, qui me sera aussi bien enleué par l'aage, pour la conseruation de la Beauté de mon Honneur, que ie cheris plus que la Vie. En cela ma fille, respõdit Palmelio, vous feriez vn acte qui a esté loüé pour Heroïque en beaucoup de personnes, qui par la difformité volontaire de leurs corps ont empesché la laideur de leurs ames: le ieune Toscan Spurinna en est prisé en l'histoire prophane, & ces Vierges Religieuses en l'Histoire Ecclesiastique, qui euiterent d'estre violees en vne prise de Ville, par le tronçonnement de leurs nez & de leurs leures: mais il ne faut pas croire à tout Esprit, ny se laisser aller à vne feruueur indiscrette ; ie n'approuuerois pas cette action faitte de sang froid ; ouy bien si elle qui estoit pratiquee par vne vehemente impulsion de l'Esprit de Dieu, telle que celle qui fit precipiter Sason à vne mort volontaire, & saincte Pelagie dans l'eau pour sauuer son honneur : car en cela la volonté de Dieu porte sa raison quant & soy. Et ce qui est couché dans l'Escriture d'arracher l'œil qui scandalise, n'a iamais esté entendu par les Docteurs Orthodoxes, selon que sonne la lettre, & Origene pour l'auoir pris litteralement, & pratiqué temerairement, en a esté blasmé par toutes les plus Sages testes de l'Antiquité. Ma chere fille, si vous demeurez tousiours aussi determinee au bien comme vous estes, Dieu a mille moyens pour vous sauuer des mains de vos poursuiuans, & vous attirer à son seruice, sans que par vne Prudence humaine, qui est vne folie deuant ses yeux, vous ruiniez en vous le bel ouurage de ses mains. C'est selon mon iugement vne esgale impertinence à vne femme de gaster sa naturelle Beauté par vn violent outrage, comme de vouloir cacher les deffauts d'vne laideur ; soubs vn fard plein d'artifice & d'industrie. Les œuures de Dieu sont sans repentance, il a veu tout ce qu'il a faict, & il l'a treuué tres-bon. Ie loüe neantmoins vostre courage, ma fille, qui tesmoigne vn mespris absolu de ce que celles de vostre sexe conseruét aussi curieusemét que la prunelle de leurs yeux. Au moins, repliqua Parthenice, me sera-t'il permis non seulement de traitter & de cultiuer auec negligence ce don de nature, mais de le decolorer quelquefois, ou par le hasle du Soleil, ou par le ius de quelques herbes, pour paroistre plus homme soubs les habits de mon Frere : Ma fille, repart l'Hermite, la Beauté n'est plus belle quand elle se regarde, rien ne la pert tant en l'estime d'autruy que la Vanité, quand elle se mire elle s'admire, & quand elle s'admire, elle s'immole au mespris, & le mespris la faict esuanouir : la vraye Beauté veut estre peu cultiuee, ou plustost negligee; elle profite par le rebut des ornemens superflus, comme la vigne par son retranchement; & puis il y a autant de merite à l'amoindrir, que d'ineptie à la rehausser.

La grace est vn fragile bien
Qui dure peu, & qui n'est rien,
Sinon vne vaine fumee
Qui se dissipe par le temps,
Et dont la course consumee
Rend ses possesseurs mal-contens.

Telle s'est miree ieune dans vn cristal, qui s'y remirant vieille, se fasche de ne rencontrer plus dans la Verité de la glace la Vanité de sa Grace, également attristee de se voir ce qu'elle est, & de n'estre plus ce qu'elle a esté. Sage seroit-elle, si cōsiderant qu'vn verre & vn vif-argent qui composent vn miroir, ont eu plus de duree que cette Beauté fleurissante, qui s'est esuanouïe comme vn primtemps, & que les symboles de fragilité & d'inconstance ont eu plus de fermeté que cette glorieuse forme, qui iadis la rendoit si pompeuse & si fiere. Ne redoutez donc point, ma fille, de ternir ce sepulchre de vostre ame qu'il est deffendu de polir auec tant d'art : Que si soubs le desguisement des habits de vostre Frere vous tombez en quelques accidens qui trauersent le sainct voyage, où l'Amour de la vie Religieuse guide vos pas, souuenez vous de cette parole sacree que ie vous donne de la part de Dieu comme vn Oracle : LA VERITE' VOVS DELIVRERA. Ouurez franchement vostre intention, & descouurez librement vostre dessein, & vous verrez que Dieu dissipera comme la fumee est dissipee par le vent tous vos contrarians. Auec ces auertissemens que Parthenice remarquoit auec vn grand soin, nos Pelerins se disposent à partir, le bon Frere Onophre & le Pere Agathange s'offrent de les conduire hors du desert, & de porter leurs besoignes iusques à la prochaine terre. Au moins, dict Leonin, ne refuserez-vous pas, mes Peres, vne partie de cet or qui nous est arriué par le despoüillement de nos ennemis ; il n'est pas defendu de consacrer au seruice du Tabernacle l'or de l'Egypte, ny de se faire des amis de la Mamone d'iniquité. Palmelio le refusa tout à plat, luy disant, Ie ne te veux pas, ô Leonin, faire cette imprecation que ton or aille en la perdition auec toy : car ie suis aussi desireux de ton salut, que desdaigneux de ses biens ; c'est toy, non le tien que ie voudrois. Si tu t'offrois aussi bien à moy apres auoir donné tout ce que tu as aux pauures, ie te prendrois au mot : mais Dieu te veut encores employer pour le soustien de cette Sœur, les larmes de laquelle en fin t'engendreront à IESVS-CHRIST. Va, mon Fils, auec toute la Benediction que se peut souhaitter vn homme qui t'ayme d'vne dilection toute paternelle, aux entrailles de la Misericorde de ce Dieu, auquel nous esperons. Reserue donc cet or, duquel tu n'auras que trop de besoin pour subuenir à tes necessitez. Quant à nous, nous ignorons l'vsage de ce metal en cet Hermitage, nous nous contentons des richesses de la Nature, reiettans celles que l'art a inuentees: les voysins de ce desert nous sont si fauorables, que nous treuuons dans le sein de leur Charité tout ce qui defaut à l'industrie de nos mains : que si quelquesfois ils nous font quelque aumosne d'argent, elle se remet à vn bon homme de la Bourgade de Piano, appellé Clement, qui l'employe aux necessitez de nos habits, de nostre logement & de nos meubles : car quant aux viandes, nous n'en auons que trop abondamment. Mon Pere, dict Leonin, ie luy remettray donc ce que la Charité nous suggerera de vous aumosner; Nullement, reprit Palmelio, car pour le present, nous sommes sans aucune necessité, ioinct que nostre Hospitalité sans pretension n'est aucunement mercenaire: Et puis ce que vous auez n'est pas à beaucoup prés suffisant à ce qui vous est necessaire. Comment, dict Leonin, y a-t'il donc si loin d'icy à Belle-fleur & à Fontanello? Vous en estes, dict le Frere Theonas, à trois ou quatre grandes iournees ; Et bien, dict Leonin, nous trauerserons toute l'Italie auec ces doublons. Tout beau, reprit Palmelio, vous n'estes pas encor où vous penfez; ayez, Leonin, plus de confiance en Dieu qu'en l'abondance de voſtre or: & l'or & la Beauté ſont ſujets à beaucoup d'embuſches. Allez ſeulement en la garde de Dieu, & vous recommandez à ſa Bonté. Adieu mes chers enfans, & Adieu Leonin, iuſques à ce que le temps des diuines miſerations rayonne ſur ta teſte. Il diſt, & auec cette parole leur ayant donné ſa benediction, il ſe retira dans ſa Cellule, & les remit à deux de ſes Freres pour les cõduire iuſques en lieu de cognoiſſance, allant prier Dieu qu'il dreſſaſt leurs pas au ſentier de la Paix. Le Pere Agathange, & le Frere Onophre furent les Raphaëls de nos Tobies, le bon Frere Theonas demeurant auec le Venerable Palmelio : En allant ils eurent pluſieurs deuis, & comme Leonin ne ceſſoit d'admirer l'Eſprit de Prophetie qui eſtoit en Palmelio; Agathange luy diſt que ce n'eſtoit pas tant en cela qu'il eſtoit admirable, comme en tant de Vertus Regulieres qui le rendoient recommandables deuant Dieu ; car, diſoit ce bon Pere, bien que nous le recognoiſſions pour Superieur, & que nous nous ſouſmettions à luy d'vne obeïſſance volontaire, il ſe faut bien garder de luy parler en termes d'inferiorité, ny de luy donner aucun tiltre de Superiorité ; car il ne veut estre cognu que pour le moindre de tous, ny au vestir, ny au manger, ny au trauail, ny au dormir; il n'a autre prerogatiue que d'estre tousiours le plus mal accommodé & le plus chargé; les deuoirs qu'il nous rend sont incroyables; nous ne receuons de luy autre commandement que de prieres, son exemple nous gouuerne sans dire mot. Il obeït au moindre mot du Frere Onophre, encores qu'il soit le plus ieune & le dernier venu en la Solitude. On ne vit jamais vne semblable douceur; sa modestie est incroyable; ses ieusnes estranges, & presque inimitables. Quand nous dormons il veille en prieres: Son Oraison est côtinuelle; infatigable au labeur; austere en tout; affable neantmoins à tous, & gracieux, comme vous auez veu. Iamais ne se plaint, quelque incommodité qu'il endure ou de la maladie, ou de la pauureté. Quand nous allons quelquefois çà & là à la queste, il nous redit la plus grande part de nos deportemens, & seulement en nous les representant il nous en corrige; il nous meine auec vne Verge de Direction au Royaume de Dieu: mais cette Verge n'est pas de fer pour nous casser côme des pots de terre, mais toute florissante & pleine de doux fruicts d'honneur & de suauité côme celle d'Aaron. Nous sommes si heureux sous la conduitte d'vn tel

Pere, qu'il ne tiendra qu'à nous que nous ne deuenions parfaicts, si seulemét nous le considerons : car ses deportemens font en nos ames les mesmes impressions que les Verges de Iacob faisoient dans les oüailles, & sur les Agneaux qu'il paissoit. Sa conuersation est Angelique; sa Pureté celeste; ses conferences pleines de suc & d'edification. Il cache sa science soubs tant d'humilité, que quand elle paroist, c'est par esclats, comme les esclairs qui sortent d'vn nuage, ou comme des charbons qui sortent du milieu de la cendre. En fin, ie puis en quelque façon dire de luy, ce que S. Athanase disoit de nostre Pere S. Anthoine, que par l'imitation des vertus de tous les autres Saincts, il auoit composé en soy le Sainct de toutes les Vertus. Tout ce discours chatouilloit bien fort l'aureille de Leonin, mais bien que son entendement vist toutes ces Veritez, il ne pouuoit encores determiner sa volonté à embrasser vn si austere genre de Vie. Parthenice en estoit frappee au cœur, & doublement affligee de n'auoir pas la puissance d'effectuer ce qu'elle desiroit auec tant de Passion, & que son frere demeurast glacé parmy tant de sainctes flammes. Ils arriuent à Piano, & tandis que nos Voyageurs se logent à l'hostellerie, nos Religieux se retirent chez le bon-hôme Clement leur hoste ordinaire. Le lendemain ils prindrent congé les vns des autres, tous les larmes aux yeux, les Hermites atristez de n'auoir peu gaigner Leonin à IESVS-CHRIST, & le faire enrooller sous l'estédart de la Croix; & Leonin luy-mesme estoit fasché de n'auoir pas assez de courage pour embrasser ce doux joug, & ce sainct fardeau que l'onction de la Grace rend si leger: mais il se console sur ce que si l'inspiratiō qu'il a receuë est bōne, elle s'ira fortifiant: le salut de sa sœur le presse autant que le sien, ne se souuenant pas du mot de l'Euangile, qui veut qu'on laisse les morts enseuelir les morts. Quant à Parthenice, elle estoit si saisie de regret de quitter vne si saincte cōpagnie, si pressée du desir de se consacrer à Dieu, & si accablee de la crainte des accidens dont Palmelio l'auoit menacee, que si quelque reste d'esperance ne l'eust soustenuë, elle fust tombée en d'estranges angoisses. Leonin supplia les Religieux de permettre, qu'au moins il remit quelque Charité és mains de Clement pour en achepter quelque tableau qui seruist de memoire en l'Hermitage: mais ils ne le voulurent jamais permettre, disans que leur Pere leur auoit estroictement defendu de rien receuoir, & que s'ils prenoiēt quelque chose, bien qu'absent, il ne laisseroit de le sçauoir, & de leur representer leur infidelité & leur desobeïssance, joint qu'ils ne vouloient pas tomber au sort de Giezy. Quant à la souuenance, qu'ils l'auroient tousiours si entiere de Leonin, qu'ils souhaittoiét qu'il l'eust telle d'eux, & qu'ils le peussent reuoir au seruice de celuy dont la suitte est preferable aux Diademes. Nos voyageurs se voyás garnis d'argent & d'habits à suffisance par la Prouidence du Ciel se mirét à cheual, resolus d'acheuer leur chemin en cet equipage, & Leonin comme il estoit d'humeur galante, & de bel esprit, voyant que ces bons Hermites ne vouloient receuoir de luy aucune gratification, il leur dict Adieu auec ce Madrigal.

Pour les soulagemens diuers
Receus dedans vostre Hermitage,
Si nous n'auons rien que des airs
Pour tesmoigner nostre courage,
Ce grand Dieu que vous imitez
En tant de sainctes Charitez,
Qui vous rendent recommandables
Pour tant de liberalitez,
Que sur les hommes miserables
Il verse en cent mille façons,
Il n'est de tout cela recognu qu'en chansons,
Qui luy sont aussi agreables
Comme vous ont esté nos sons.

A cette gentillesse d'esprit, le Pere Agathange repart, Dieu vueille, Leonin, qu'vn iour à guise d'vne sacree Philomele vous veniez en nos boccages mesler vostre ramage auec nos châts, & que tous ensemble par vne sainte emulation nous puissions à qui mieux châter les loüanges du Createur. O que bien heureux sont ceux qui habitent en la maison du Seigneur! ils le loüent en toute saison, leur ame le benit sans cesse, & en tout temps, son los est leur bouche. Là dessus ce bon Religieux s'aduisa que le chemin de nos voyageurs s'adressoit par vne terre appellee Rocca, dont le Seigneur que nous appellerons Octauio, estoit vn des grands amis de leur Hermitage, Chasseur au possible, & hoste ordinaire de leurs bois, marié à vne Gentilfemme, fort Pieuse, & leur grande bienfaictrice, que nous nommerons Flaminia. Ces bonnes gens faisoient profession particuliere d'hospitalité, & parce que Agathange sçauoit le dessein de Leonin, qui estoit de faire sa sœur Religieuse, selon le desir qu'elle en auoit, il creut que Flaminia la pourroit assister de ses biens & de sa faueur en cette entreprise: Il leur donne donc vn mot d'adresse en cette maison, où nous allons veoir que le diable dresse de nouueaux pieges, pour surprendre nos Pelerins, & vne tempeste qui reüssira neantmoins à leur gloire, & à la confusion de l'ennemy de leur salut, & de leur repos: car ils n'y sont pas plustost arrivez en leur desguisement ordinaire, qu'estans accueillis à l'abord, selon la cõmune reception qu'on avoit de coustume de faire à des Pelerins, la recommandation d'Agathange, & le dessein de ce frere, conduisant sa sœur à une cõsecration Religieuse, firent ouurir les yeux à Octauio & à Flaminia sur ce couple le plus beau à leur aduis qui fust jamais tombé sous leur veuë. Mais ne seroient-ce point des Anges, disoit la femme à son espoux, dont Palmelio nous vouluft gratifier pour recompense de l'hospitalité que nous exerçons enuers ses freres; certes ie croy que ceux qui visiterent Loth, & qui soubs la forme de pauures mangerent à la table de S. Gregoire, n'auoient point tant de grace. Octauio est presque de l'opinion de sa femme : mais comme homme, il n'est pas si aysé à se persuader des miracles. Tant y a, qu'ils sont veus, receus, considerez, traictez, seruis extraordinairement. O combien il est vray, que ceux qui s'addonnent au seruice de Dieu, selon que disoit le bon Tobie, sont les plus trauersez des tentations. Toute la nuict cet homme & cette femme ne font que parler de ces Pelerins, les loüer, & les estimer: mais il s'en faut bien qu'ils ne disent tout ce qu'ils penſent ; au commencement ce n'eſt qu'vne commune bienueillance ; en fin, le diray-ie, c'eſt Amour. Chacun d'eux ſe maſque pour deſguiſer ſa paſſion, & tous deux vont minutans de fortes reſueries. Le lendemain comme nos Pelerins veulent prendre congé, le mary, & la femme, quoy qu'ignorans des eſmotions l'vn de l'autre, concluent ayſément de les arreſter ; le pretexte en eſt beau, ils ont eſté trois iours en l'Hermitage de ſainct Macaire, ils en doiuent pour le moins autant à Rocca, où ils ſeront incomparablement mieux receus & careſſez, ouy certes pour leurs corps, mais non pas pour leurs ames. L'inuention de ce retardement vient de Flaminia (car les femmes ſont beaucoup plus ſubtiles en ces traicts que les hommes) Ma femme, luy dict Octauio, qui cachoit ſon ieu, c'eſt treſbien dict, auſſi bien deſire-ie eſtre mieux informé de leurs perſonnes, & de leur deſir, peut-eſtre que nous leur pourrons rendre quelque bon ſeruice. Ils nous ſont recommandez de ſi bonne part, dict la fine & enflammee Flaminia, que ce que nous ferons pour eux, outre que Dieu en ſera honoré, ie m'asseure que le Venerable Palmelio & le bon Pere Agathange en seront consolez. Voyla donc Leonin & Parthenice arrestez en apparence par Pieté & par Courtoisie, en effect par Malice & par finesse, on leur promet toute ayde & tout secours. Parthenice sous les habits de son frere, se donnoit son premier nom de Neapoleon, & Leonin sçachant que signifioit le nom de Parthenice, s'accommoda de celuy de Virginie. Voicy vne brouillerie admirable. Octauio est esperdu pour la feinte Virginie, & Flaminia pour le faux Neapoleon. Et certes comme en vn siege de ville, la batterie qui se faict en Croix est la plus dangereuse, aussi ces affections ainsi croisees estoient bien estranges, & eussent excité d'estranges conuulsions, & d'horribles tourmentes, si de bonne heure le remede n'y eust esté appliqué: il n'est que d'obuier aux principes, car les medecines sont moins efficaces quãd les maux, tant du corps, cõme du cœur, ont jetté de profondes racines. Flaminia, bien que plus couuerte & dissimulee en sa flamme, commença neantmoins à euaporer son feu par vn pretexte aussi specieux qu'il estoit honneste, caressant & embrassant la feinte Virginie, (imaginez-vous auec quels sentimens de Leonin qui n'estoit pas comme vous auez veu trop mort au Monde;) & la

conuiant

conuiant de se retirer parmy ses filles en son appartament, marché qu'il n'eust peut estre pas laissé, si le dissimulé Neapoleon craignant de demeurer seul parmy des hommes, n'eust empesché cela, protestant de ne laisser point sa sœur, pour ce peu qu'ils auoient de temps à demeurer en ce Chasteau. Cela eust donné quelque ombrage à Octauio, qu'ils n'eussent esté mary & femme : mais leur extreme ressemblance, & le tesmoignage d'Agathange luy ostoit tout ce soupçõ. Il eust volõtiers fait par reciprocation les mesmes caresses à Neapoleon que Flaminia faisoit à Virginie, pour l'insinuer par ce frere contrefaict, aux bonnes graces de cette sœur desguisee ; mais il se faut souuenir qu'en Calabre ces libertez tolerables en l'ingenuité de nostre air François seroient & messeantes & suspectes. Voicy vn estrange embarrassement qu'excite la folie de cette Passion d'Amour, tant elle est aueugle & inconsideree. Vn regarde la sœur par le frere; l'autre le frere par la sœur, chacun de ces miserables Espoux a les yeux remplis d'adultere & d'vne coulpe continuelle; tant est vray ce mot que l'Apostre dict des mariez, que telles gens sont plus agitez, que les personnes continentes des tribulations de la chair. Que si ce feu est si ardant dans le bois vert de la ieunesse, de quelle impetuosité pésez-vous qu'il assault vn aage plus sec & plus auancé? Certes en vn moment ces deux paures cœurs furent reduicts en cendre, toute leur sagesse engloutie dans cette frenaisie, & toute leur vertu precedente mise en poudre par le foudre de cette tentation, à laquelle ils acquiescerent auec autant de promptitude, que de lascheté. Ils ne viuent plus que de souspirs & de plaintes, leurs esprits ont oublié le repos, tiraillez par l'attirail de ces chimeriques & turbulentes pensees, que cette passion traine quant & soy. Deplorable decadence! ces cœurs si bons sont peruertis, l'amitié conjugale commence à s'esteindre,

Desia le mal-heureux mespris
A l' Amour faict quitter la place,
Et par vn desdain plein de glace
Se changent en larmes leurs ris.

Ils ne se voyent plus que de trauers, chacun d'eux redoutant les yeux de sa partie. Qui a jamais veu vn froid Aquilõ, rauageant en vn moment toutes les fleurs d'vne prairie; il a veu toutes les iustes bienueillãces d'Octauio, & de Flaminia ternies par cette illegitime Affection. Desia ils ne minutent qu'à se frauder l'vn l'autre, la trahison prẽd le lieu de la franchise, la dissimulation de la sincerité, la desloyauté de la fidelité. Ce qui faict le charme plus puissant, c'est la sympathie des objects: car la feinte Virginie ne pouuant tout à faict déguiser son naturel, parloit de la chasse auec

Octauio si sçauamment, que ce Gentilhomme pensoit auoir rencontré en elle quelqu'vne des Nymphes de Diane; elle auoit vn port hardy & courageux, qui reuenoit extrémement à l'humeur de cet Amant abusé. D'autre costé le dissimulé Neapoleon auoit tant de douceur sur le front, vne si molle delicatesse en son geste, que la desuoyee Flaminia confessoit n'auoir iamais veu d'hõme qui eust tant de traicts de fille, & en cela elle ne se trõpoit pas. Que feront-ils? Il faut que cette mine creue, que cette apostume jette la sanie de son insanie. Octauio comme homme, & par consequent plus effronté, tirãt vn iour à part le faux Neapoleon, feignãt de desirer sçauoir quel motif portoit sa sœur à la vie Religieuse, luy promit de l'ayder en ce dessein, bien que ce fust cõtre sa pensee. En fin ayãt appris que cette resolution venoit purement de Dieu, non d'aucun desplaisir mondain. C'est dommage, luy dict Octauio, d'enfermer tant de graces dans vn Cloistre, il y a bien des Gentilshõmes qui se tiendroient heureux d'auoir vn tel party: Neapoleon respond que sa sœur auoit refusé plusieurs cõditions fort auantageuses, & qu'elle estoit si resoluë à sa determination, qu'elle choisiroit plustost vn tombeau qu'vn mary. Et vn amy, dict l'impudent Octauio? Alors Neapoleon peignant

Dd ij

son visage du rouge de la cholere, Viue Dieu, dict-il, si ie sçauois qu'il y eust vn homme au mode si osé, que de regarder ma sœur autrement que pour le Mariage, i'aurois sa vie, ou il auroit la mienne. Octauio voyant à ce ton aigre & poignāt, qu'il ne falloit pas aller plus outre, rompit ce discours en riant, comme si ce mot luy fust eschapé sans dessein. Cependant Flaminia ne pouuant plus cacher le feu qui la deuoroit, & l'ayant manifesté à vne de ses seruantes, en laquelle elle se fust confiee de sa vie, puis qu'elle luy auoit deposé ce secret de son honneur, elle fit proposer par elle à la fausse Virginie qu'elle la feroit Religieuse en vn Monastere voysin, si elle faisoit en sorte que son frere demeurast en sa maison. Leonin qui ne vouloit estre, ny Religieux, ny Religieuse, escouta cette proposition aduantageuse pour le dessein de sa sœur & pour sa descharge. Et feignant d'accepter cette grace, & de faire resoudre son frere à ce qu'on voudroit, ce disant fort ayse d'vne telle offre, & d'vne si bonne rencontre qui tiendroit son frere en son voisinage. Flaminia sur le rapport de sa Damoiselle, touche desia les nuees, & cache son front dās les estoiles, estimant par là faire reüssir ses iniustes desirs. Leonin croit, que changeant la nuict ses habits auec sa sœur, c'est à dire, que reprenant les fiés, & chacun paroissant en ceux de son sexe, leur metamorphose ne paroistra point: mais il fut bien estonné quãd sa sœur l'auertit des discours qui luy auoient esté tenus par Octauio, où elle auoit descouuert la mesche d'vn mauuais feu, le priant qu'ils eussent à quitter cette terre au plustost, auant que le mal se dilatast d'auantage. Leonin recognut cette verité, ayant assez apperceu aux œillades esgarees d'Octauio, qu'il la regardoit auec empressement, le prenant pour vne fille, (car en ce pays-là, les regards & les mines parlent autant que la langue en cettuy-cy:) & mesme il auoit remarqué le semblable aux deportemens de Flaminia pour Parthenice, qu'elle tenoit pour vn homme sous le nom de Neapoleon, sur quoy il iugea que s'estoit formee cette proposition de voyler la sœur pour retenir le frere. Mais, dict-il, ma sœur, qu'importe-t'il comment, pourueu que vostre dessein reussisse? laissez-moy faire du reste, ie sçauray bien amuser cette femme, & puis la desabuser. Ouy mais, reprit Parthenice, que sçauez-vous si elle vous aymera comme elle m'ayme, quãd nous aurons repris nos habits, & si ce second changement pire que le premier, ne donnera point subject de scandale & occasion de faire de nous quelque mauuaise conjecture? Sortons de ce mauuais pas le plus promptement qu'il nous sera possible; il ne faut point fomenter vn mal afin qu'il en arriue vn bien. Souuenons-nous, mon frere, de l'Oracle de Palmelio, LA VÉRITE' VOVS DELIVRERA. A la premiere occurrence manifestons nostre fortune, & vous verrez que ce Soleil dissipera toutes ces pensées & pretensions tenebreuses, & que peut estre Flaminia fera pour moy pieusement ce qu'elle vouloit faire pour vous malicieusement. Les iustes doiuent cheminer par des voyes droictes; l'obliquité a tousiours de la malignité. I'ayme mieux n'auoir rien que d'auoir quelque bien de mauuaise façon. Leonin creut sa sœur, & l'experience luy fit treuuer son conseil aussi Vtile que Sage. Octauio voyant sa chorde rompuë de la part de Neapoleon, croit qu'en cajollant l'agreable Virginie, il viendra à bout de ses pretensions; il l'entretient de son intention Religieuse, à quoy elle respond, comme si elle eust esté la vraye Parthenice: alors il se mit à luy dissuader cette vie, la blasmant pour flatter sa Passion, plustost que par Raison, & luy promettant de luy faire treuuer des partis fort aduantageux en son voysinage. Vne personne auertie en vaut plusieurs; la fausse Virginie qui vouloit promptemét descouurir ce que ce Cheualier auoit en l'ame se licentie à des paroles que Parthenice n'eust jamais proferees, & qui donnent de si fortes esperances à Octauio, & de telles apparences d'emporter cette place, que sans marchander beaucoup, il luy descouure sa passion, auec les ordinaires sottises & fausses promesses d'vn Amant transporté de sa Manie. La rusee Virginie, partie pour se donner du passetemps, partie pour le desabuser auec plus d'efficace, & le faire sage à l'aduenir, sçait si bien mesler le miel auec l'absynthe, & détremper vn rebut auec de la douceur, que c'estoit de l'huile sur le feu d'Octauio. Malicieux Leonin, que n'executes-tu promptement le conseil de ta sœur? mais tu ne seras jamais sage, que par la Maistresse des fols, qui est l'Experience. Il laisse donc son hoste sur cette brisee suspendu entre l'espoir & l'attente, l'ame remplie d'vn contentement trauersé de desir. Il croit que cette fille ne se rendra point que par quelque espece de force. Il sçait qu'elle parle bien de la chasse, & par consequent qu'elle l'ayme; il projette de l'y mener, de l'esgarer dans les bois, l'escarter des yeux de sa femme, & d'en venir à bout. Il ne manque pas d'en faire la proposition; la feinte Virginie ne pouuant despoüiller le naturel de Leonin comme ses habits, aggrée d'aller veoir voler vn oyseau, sans apprehender que le traistre Octauio en volant la violast, non plus que les trois Brigands, ausquels il auoit faict mesurer la terre. Il est question d'y mener Neapoleõ, alors Virginie; C'est dõmage, dit-elle, que ie ne suis garçõ, & mõ frere fille, car il n'y a rien qu'il haïsse comme la chasse, les chiens, les armes & les cheuaux, & moy au contraire, i'ayme esperduëment les exercices. Ie vous en ayme d'auantage, dict Octauio, vous estes vne vraye Amazone, & vne autre Diane. Laissons donc là ce frere auec ma femme, ils garderont la maison, tandis que vous verrez sur ces tertres faire merueille à mes oyseaux. Flaminia n'eust pas voulu tenir vn grãd prix de cette occasion; car elle euitoit autant les yeux de son mary, que son mary fuyoit les siens. Elle se mit à entretenir Neapoleon, feignant de luy vouloir du bien, à cause de l'extreme ressemblance qu'il a auec sa sœur, le louant d'auoir encores plus de beauté; de là, elle se met sur les cajolleries que produict d'elle mesme cette langagere Passion qui forme des mots par l'abondance du cœur. En fin pour franchir legeremẽt ce honteux passage, elle luy declara ses mauuaises affections: alors le feint Neapoleon reprenant le personnage de la Sage Parthenice, sans repartir à tant de sornettes, & à tant d'inepties que l'Amour auoit faict dire à cette femme abusee, apres luy auoir succinctement, mais efficacement & puissamment representé son deuoir, elle luy descouurit rondement & simplement qui elle estoit, luy deduisant sa fortune & sa vie. Si iamais femme fut estonnee, iugez si Flaminia le deuoit estre, sur l'esprit de laquelle Parthenice eut vn tel ascendant, qu'en mesme temps toute sa tentation s'esuanoüit en fumee. Sa honte ne fut pas petite, mais elle luy fut d'autant plus profitable qu'elle fut excessiue, parce qu'elle en fut guerie tout à coup, suppliant à iointes mains Parthenice de n'éuenter rien de sa flamme, comme de sa part elle ne diroit rien de son déguisemét. Allons maintenant voir comme Octauio dans la campagne treuua sa guerison dans vne blesseure : l'Amoureux Calabrois sçait si bien conduire sa chasse, qu'en fin apres auoir par plusieurs destours conduict la proye qu'il desiroit le plus dans vn boccage, c'est à dire la feinte Virginie, alors se sentant esloigné de tesmoins, il pensoit comme vn superbe emerillon faire curee de cette Tourterelle. Il vient à elle l'espec à la main, & la menace d'vn coup, qu'il se fust plustost donné à soymesme qu'à elle. Alors Virginie, Comment, dit-elle, Seigneur Cheualier, est-ce ainsi que vous traittez vos hostes & vos hostesses? l'autre meslant à ces menaces de la tuër, si elle ne condescendoit à son desir: mille protestatiõs de seruice & de bien-veillance: Comment, disoit Virginie, est-ce vouloir du Bien, que de vouloir rauir, ou l'honneur, ou la vie? Ie ne veux pas tant de contestations, dict Octauio, ie puis bien rauir ton corps, puis que tu m'as enleué le cœur: au reste descens promptement de cheual, autrement tu es morte. Virginie descend de sa hacquenee, minutant d'apprendre à ce Rauisseur, non seulement aux despens de sa honte, mais de son sang, à s'attaquer à la pudeur des filles, telle qu'il la pensoit estre. Octauio descend en mesme temps, & venant à elle les bras ouuers, comme pour la carresser: Quelles ambrassades, dit Virginie, qui se presentent l'espee à la main ; l'autre protestant de ne se seruir point de son espee, sinon qu'elle contrariast à sa volonté, tout à coup Virginie ayant tiré vn petit poignard qu'elle portoit tousjours dans les replis de sa robe, le lance droict dans le bras de l'espee d'Octauio, & le perce de part en part ; l'espee luy tombe de la main, & Virginie sautant dessus auec vne disposition legere : Ie te monstreray, dict-elle, barbare Octauio, à qui tu te prends; & alors luy presentant la pointe à la gorge, l'autre redoutant de mourir, chargé d'vn tel crime que celuy qu'il attentoit, luy cria mercy, & luy demanda la vie. Alors Virginie se declara estre Leonin, c'est à dire homme, & pour destromper son Esprit, luy raconta le traueftissement de sa Sœur & le sien, le menaſſant toufiours de le percer à iour, s'il ne luy promettoit de luy rendre sa Sœur saine & sauue, & de leur permettre de s'en aller si tost qu'ils seroient de retour au Chasteau : Ce qu'Octauio luy iura solennellement. La cholere, la honte & la douleur d'Octauio, se peuuent mieux penser que dire, si encores elles se peuuent penser : le voila guery par la teste, & blessé au bras ; il coniure Leonin d'espargner non seulement sa vie, mais son honneur : ce que Leonin luy promet ; & pour luy en rendre des preuues, il l'ayde à remonter à cheual, ils reuiennent ensemble au Chasteau, Octauio luy offrant tous ses cheuaux pour s'en aller. Flaminia desiroit auec autant d'empreſſement que Parthenice s'en allast. Ce Mary & cette Femme se treuuent auſſi promptement d'accord à renuoyer nos Pelerins, qu'ils l'auoient esté à les retenir ; tous deux fols, & tous deux Sages en mesme temps, tous deux malades & tous deux gueris de leurs Passions en mesme heure, tous deux fort estonnez, fort changez, sans sçauoir l'estonnement, & le changement l'vn de l'autre : car en leur aueuglement chacun estoit tellement attentif à son dessein, & occupé de son desir, qu'ils ne s'estoient pas donné le loisir de considerer leurs actions reciproques.

FIN DV LIVRE SIXIESME.

PARTHENICE.
LIVRE SEPTIESME.

E LENDEMAIN dés que l'Aube eust blanchy le fil de l'horison, nos voyageurs sans autre ceremonie partent sur les cheuaux d'Octauio, qui leur eust volontiers loüé le vent, comme l'on faict en Noruege pour les faire aller plus viste. Enquis de sa playe par Flaminia, il feint que c'est vn tronçon qui luy a trauersé le bras. Chacun tait son forfaict, & n'en pense pas moins; ils ne parlent plus de nos Pelerins, de peur de trahir leur honte par leur visage ; resolus d'estre desormais plus auisez, & de n'estre pas si prompts à consentir aux suggestions du mauuais Esprit: ils se remettent en grace, non seulement l'vn de l'autre, mais en celle de Dieu, qui voulut par cette legere tribulation leur faire cognoistre leur foiblesse sans son assistance. Par cette bourrasque, dont

ils furent quittes à bon marché, ils apprindrent à ne s'embarquer plus sur la perfide mer d'vne infidele Amour. Mais voicy bien vne autre fortunal, qui vient comme vne Remore arrester le vaisseau de nos voyageurs, qui sembloit voguer dans la liberté à pleines voyles. Comme le Frere & la Sœur s'alloient entretenant de leur reciproque auanture, admirant la folie de ces gens, qui s'estoient laissé conduire à cet Enfant aueugle, qui faict faire tant de faux pas & tant de cheutes; voicy qu'ils entendent galoper apres eux vn Cheualier vestu comme Octauio: de sorte que Leonin croyãt de loin que ce fust luy qui vinst prendre vengeance de sa blesseure & de son affront, mettant le pistolet à la main, se resout de le receuoir auec vne furieuse saluë, & le mettre en pire estat que le iour precedent. Mais quand ce Cheualier fut proche, il recognut que ce n'estoit pas Octauio, mais vne personne sans armes, qui auoit plustost la mine de demãder la paix que la Guerre. Et de fait vous sçaurez que ce Gendarme desarmé estoit cette Damoiselle confidéte de Flaminia, que nous appellerons Emiliane, laquelle comme ce Peintre qui deuint amoureux de Compasté en la tirant pour Alexandre, estoit aussi deuenuë esperduë pour le feint Neapoleon, se voulant entremettre de l'acquerir à sa Maiſtreſſe. Ainſi ceux qui manient les feux artificiels, s'ils en ignorent la nature ſe perdent en leur conduite. Flaminia n'eut garde de luy faire part de ſa honte, ayant recogneu que Neapoleon eſtoit fille : mais comme faiſant la vaillante & la Dompterſſe de ſa Paſſion, elle luy teſmoigna que la Conſideration de ſon Honneur, & le Meſpris d'vn plaiſir volage luy auoit faict donner congé à ſes Hoſtes: Alors la pauure Emiliane qui ſe vit ſans riuale, & le cœur tout couuert des playes d'vne incurable Paſſion, eſtima que ſuiuant l'objet de ſon Amour, ſoubs l'eſpoir d'vn legitime Mariage, elle pourroit ſatisfaire à ſa flamme ſans bleſſer ſa pudeur. Elle ſe reſoult donc ſur le champ de prendre le party de ſon Affection; elle s'accommode d'vn des habits d'Octauio qu'elle auoit en ſa puiſſance, ainſi que ceux de ſa Maiſtreſſe, couure ſes jambes de bottes, ſa teſte d'vn Chapeau, puis deſcendant à l'eſcurie, elle monta ſur le premier cheual qu'elle rencontra; & ſe mettant à la trace de nos Pelerins, elle fit tant qu'elle les atteignit, à quelques milles de Rocca. Comme donc elle eſtoit preſte de les ioindre, & qu'elle vit le feint Neapoleon s'eſcarter en fuyant, & la fauſſe Virginie venir à elle les armes en la main: elle creut eſtre en cette Region où les hõmes filét, & où les femmes vont à la guerre. Et depuis quãd, dit-elle, ô Virginie, estes-vous deuenuë homme, & vostre frere femme? Arreste, luy crie Virginie, Cheualier, ou ie te monstreray qu'vne telle fille que ie suis peut surmonter les hommes plus redoutables: Ouy, repliqua Emiliane, auec les traicts de vostre visage, non par ceux de vostre main. Laissons-là ces combats de langue, repart Virginie, sinon ie te feray sentir aux effects, que si mon habit est femelle, mon bras sera masle. Et moy, dict Emiliane, encores que mon habit soit masle, ie suis fille, & fille foible & desarmee, qui ne te demande que paix & dilection, & qui n'a point d'autre force pour se defendre, & pour attaquer que ses prieres, par lesquelles ie te supplie, valeureuse Virginie, de me prester vn moment d'audience fauorable. N'est-ce point, luy dict Virginie, de la part de l'infidele Octauio que tu me veux parler? n'ay-je pas assez purgé son erreur dans son sang, sans qu'il perseuere encores à troubler mon repos par ses inepties? Certes si c'est pour cela que tu t'es traueftie pour m'aborder auec plus de facilité, tu t'en peux bien retourner sur tes brisees, car tu auanceras aussi peu vers moy que cette fille miserable, qui se voulut entremettre des affections de Flaminia vers

mon

mon Frere. Alors Emiliane se croyant entierement descouuerte, luy dict franchement qu'elle estoit celle-là qui auoit faict ceste iniuste poursuitte : mais que pensant prendre pour autruy, elle s'estoit treuuee surprise elle-mesme, & que sa Maistresse estant guerie de sa fole Passion, par la Consideration de ce qu'elle deuoit à sa Gloire, elle estoit deuenuë blessee des Perfections de Neapoleon, mais blessee d'vne blessure si saincte & si iuste, qu'elle n'auoit point de honte de luy dire, que si elle ne le pouuoit auoir par mariage (son affection ne visant qu'à ce sacré lien) elle auoit resolu de se rendre Religieuse auec Virginie. Que s'il y a quelque indecence en cette saillie extraordinaire, & en ce changement d'habit pour vne fille de Bien & de Reputation, telle que ie suis, iugez par là, disoit-elle, de la vehemence de ma Passion, & de la perte irreparable que i'eusse faitte, ou de mon esprit, ou de ma vie, si ie n'eusse pris cette occasion aux cheueux, pour suiure celuy

Sans lequel i'ay la vie en hayne,
Et sans qui la splendeur du iour
Ne me luit plus qu'auecques peine,
Estant l'obiect de mon Amour.

Ie te coniure donc, tres-chere Virginie, d'auoir pitié de cette chetiue Damoiselle, & de me donner la vie par la grace de ton Frere, ou de me faire cette grace que reiettee de luy, ie puisse couler sainctement mes iours auprés de toy. Si ie vis au monde, que ce soit pour mourir à ses pieds, comme sa fidele Parthe: Si ie meurs au monde par l'Estat Religieux, que ce soit pour viure auec toy, comme ta vale Compagne. La fausse Virginie qui cachoit le Veritable Leonin soubs vn habit emprunté, fut saisi d'estonnement de voir les puissans charmes qui sortoiét de l'innocente Beauté de sa sœur, & qui renuersoient tant d'esprits en operāt de si estranges Metamorphose : Qui ne voit, disoit-il en soy-mesme, que l'Amour est vne frenaisie qui desmonte les ceruelles mieux timbrees, puis que cette fille si Sage, que parmy la conuulsion de son ame trāsportee, encores conserue-t'elle son Honneur, sous les pretensions d'vn legitime Mariage, sans consideration des dangers, de l'incertitude des chemins, des mauuaises rencontres, de la perte de sa Reputation, du scandale que peut causer cette fuitte, ains cette suitte & ce trauestissement, vient courir à bride abatuë, plustost apres vne vaine imagination, qu'apres aucune resolution bien digeree. Ce n'est point assez de peindre l'Amour auec le flambeau à la main, il y faut mettre la foudre, puis que ses effects sont aussi extrauagans & prodigieux que les coups de celle-là. D'autrepart Leonin, qui n'est pas des plus mortifiez du môde, se sent toucher au vif par les plus sensibles pointes de la Pitié; si de telles auantures luy fussent arriuees à luy seul, il eust eu bien de la peine à les desmesler: mais la presence de la Sage Parthenice le tient en eschec, c'est vn Soleil qui dissipe en luy tous les nuages des tentations qui le trauersent. Et comme on dict que l'aymant pert la force qu'il a d'attirer le fer en la presence du Diamant; ainsi cette Sœur, vray Diamant de toche fine, contient ce frere en vn deuoir duquel il se fust peut-estre destraqué, s'il n'eust esté assisté de cet Ange visible, tant il importe tandis que nous viuons en cette chair d'estre en bonne compagnie; car nous sommes muables comme le Poulpe, qui se couure de la couleur des lieux où il s'attache. A la demande de cette fille abusee, le Rusé Leonin ne respond que par ambages, & s'en voulant jouër, comme on se mocque des aueugles, il luy dict, Pour moy, gentille Cheualiere, ie vous receurois volontiers pour Compagne: mais mon Frere que voilà est d'vne humeur si farouche, que comme vn autre Hyppolite indôptable à l'Amour, toutes les femmes luy sont en horreur. Helas! repliqua Emiliane, ie ne l'ay desia que trop espreuué pour ma Maistresse Flaminia: mais ie croy que c'est qu'il a l'ame tellement pleine de Vertu, qu'il abhorra cette Affection adultere: toutesfois quand il se sçaura estre aymé & recherché pour Mariage, peut-estre que son courage s'adoucira, puis que ce sainct joug n'a rien de contraire à la Vertu: ny mesme pour le Mariage, reprit la fausse Virginie; car ie croy qu'il a autant & plus d'enuie d'estre Religieux, que moy Religieuse. Or iugez icy de la soupplesse & de la gentillesse d'esprit de Leonin, qui mentoit & disoit vray tout ensemble: mais il ne disoit le mensonge que par son habit, sa langue proferant la mesme Verité. Il continuë: Certes si i'auois rencontré d'aussi auãtageux partis qu'il en a refusez, ie n'entrerois iamais en Religion. Ie l'ay mesmes coniuré, prié, & comme forcé autresfois de se marier; il n'en a iamais voulu rien faire: estrange humeur de garçon, tout le monde l'ayme, & il n'ayme personne. Sur cette Verité ainsi plaisamment déguisée, Leonin se donnoit carriere aux despens de la pauure Emiliane, qui escoutoit ces paroles, comme vn Arrest qui l'eust condamnee à la Mort: Mais

Est-il rien que n'espere

Vn amoureux desir,
Mesmes dans son contraire
On cherche le plaisir;
Car la douceur naist des douleurs,
Comme des espines les fleurs.

Mais, disoit la desolee Emiliane, est-il possible que ce gentil Neapoleon ait tāt de Graces sur le front, & point en l'ame, portant
En vn corps tout de feu vn Esprit tout de glace?
Il est ainsi, repliqua la déguisee Virginie, & ie ne sçay point d'autre porte pour entrer en ce cœur superbe, couronné de fiertez, & enuironné des pointes de mille desdains que celle de la Pitié. Il ne faut donc pas que vous m'entremettiez; car vous pouuez penser, que ie ne suis pas capable de representer si pitoyablement vos Passions à ce rebelle courage, comme vous-mesmes, qui par des soumissions extraordinaires y pourrez donner vn violent assaut. Or disoit cela le rusé Leonin, pour se donner le plaisir de voir démesler cette plaisante fusee à sa Sœur, & pour rendre la honte d'Emiliane parfaitement accomplie. Cette fille treuua bonne cette pensee, & comme celuy qui se noye se prend à tout ce qu'il rencontre, en l'extremité où l'auoit reduite son affection, tout Conseil luy sembloit salutaire. Là dessus Virginie s'auançant, appella le feint Nea-

poleon, & luy dict que ce Cheualier desarmé ne luy deuoit faire aucune peur, & qu'il auoit vne affaire d'importance à luy communiquer. Mon Frere, repliqua tout haut Parthenice, & sans y penser, à cause de l'emotion qui la troubloit, qu'il vous dise ce qu'il me veut, i'ayme autant le sçauoir par vostre rapport que par sa bouche. Voila deux mauuaises introductions pour Emiliane ; elle s'estonne de ce mot de Frere qu'vn homme dict à vne fille : & Virginie pour couurir cette parole eschapee ; Ne vous estonnez pas de cela, dict-il, Seigneur Cheualier, car c'est par galanterie qu'elle m'appelle son Frere, comme ie l'appelle ma Sœur. Mais ce qui fasche le plus Emiliane, est de se voir rebutee auant qu'estre cognuë ; neantmoins pressee de ses propres Affections, elle pousse vers Neapoleon, & luy dict, C'est faute de me cognoistre, Seigneur Neapoleon, que vous me fuyez : mais cecy est bien nouueau que les hommes ayent peur des filles. Non pas, repliqua Neapoleon, que les filles ayent peur des hommes. Alors Virginie se tenant vn peu en arriere, donna loysir à Emiliane de dire à Neapoleon ces paroles. Seigneur, ie ne m'estonne pas si vous me mescognoissez, puis que l'habit que ie porte n'eſt pas celuy d'Emiliane, mais vn des veſtemens d'Octauio : à ce mot d'Emiliane Neapoleon recognut cette fille, qui luy auoit parlé pour Flaminia. Et bien, luy dict-elle, eſt-ce encores pour ta Maiſtreſſe que tu me viens importuner, ou pour ton Maiſtre; celuy-cy n'eſt-il pas aſſez puny de ſa bleſſeure, & celle là de la honte que ie luy ay faitte, ſans continuer encores dauantage la demonſtration de leurs ſottiſes ? ſi cela ne ſuffit pour les purger de leur Erreur, quel ellebore ſera capable de nettoyer leur ceruelle? C'eſtoient des Enigmes pour Emiliane, qui repartit ainſi : Ce n'eſt, ny pour mon Maiſtre, ny pour ma Maiſtreſſe que ie parle, mais pour moy-meſme, gentil Neapoleon: & ie croy que comme vous auez abhorré les adulteres Paſſions dont i'ay eſté ſi temeraire de vous parler, que vous receurez les miénes legitimes, puis qu'elles ne viſent qu'au Mariage : leur vehemence m'a faict faire l'eſſor que vous voyez, qui doit eſtre pluſtoſt excuſé qu'accuſé, puis que c'eſt vn laid effect de la plus belle cauſe qui fut iamais. Et quoy, reprit Neapoleon, mon Frere ne pouuoit-il vous reſpondre, puis que c'eſt à luy que s'addreſſent vos vœux, ſans m'enuoyer ce pacquet, auquel ie n'ay rien à repartir? Icy Emiliane penſoit eſtre charmée : car ne ſçachant

Ee iiij

quel estoit ce Frere, elle pensoit, ou e'stre fole, ou que Neapoleon eust perdu l'Esprit. Pour sortir de cette gesne, Quel Frere, dict-elle, est-ce que vous m'alleguez, Seigneur Neapoleon? certes c'est à vous seul que i'addresse mes vœux, resoluë si vous me reiettez d'espouser le Cloistre qui doit enclorre vostre Sœur. Quoy, dict Neapoleon, vostre Maistresse ne vous a donc point desabusee? Certes elle m'a bien desabusee, me cedant tout à faict les pretensions qu'elle auoit sur vous; & me disant que Dieu luy auoit faict la Grace de vaincre cette horrible tentation qu'elle auoit de vous posseder. Alors Neapoleon iugeant que cette fille s'estoit prise aux mesmes pieges de sa Maistresse, qui n'auoit eu garde de luy manifester son escorne, Auez vous, luy dict-il, manifesté vostre Passion à ma Sœur? ouy, dit Emiliane: mais elle m'a renuoyee à vous pour en estre moy-mesme la messagere : alors se retournant vers Leonin, & leuant le masque de toute feinte; Certes, mon Frere, dict-elle, vous auez tort de prendre ainsi vostre esbat du debat, & vostre plaisir de la peine d'autruy : quel contentement vous reuient-il de la perplexité de cette pauure fille; auez-vous oublié l'Oracle de Palmelio: faut-il retenir si long-temps la Verité prisonniere de l'iniustice? Mon Frere, quand le peril est passé, il ne se faut pas mocquer de la tourmente, nous ne sommes pas à la fin de nos trauaux; bien-heureux les misericordieux, car ils obtiendront misericorde: & n'est-ce pas vne grande misericorde, que de conduire des aueugles, & de redresser ceux qui sont fouruoyez? Alors s'addressant à l'Aueugle & errante Emiliane, elle luy declara comme elle estoit fille, & Virginie estoit homme, luy conta tout au long l'auanture du Chasteau de Rocca. Leonin à ce recit pensa pasmer de rire, la sage Parthenice au contraire pleuroit de cõpassion, & la deplorable Emiliane pensa mourir de vergoigne; elle n'auoit point assez de front pour rougir de la perte du sien: c'est pourquoy sans repliquer que par la fuitte elle presse de ses talons les flács de son cheual, & courant à trauers champs, plus esgaree en la confusion de ses pensees qu'au fouruoyement de ses pas, elle reuint à perte d'haleine sur la nuict à Rocca, reprenant ses habits, & palliant de mille bourdes son equipee. En fin comme sa Maistresse la pressoit de luy descouurir cette escapade; elle luy confessa ingenuëment le tout, luy racontant l'histoire de la blesseure d'Octauio. Alors ces malheureuses se consolerent en leur ressemblance, & cette Maistresse se voyant plus coulpable que sa seruante, puis qu'au moins en l'indecence de son Essor, elle auoit contenu ses Affectiõs dans les bornes du legitime deuoir; elle ne l'osa pas reprendre de sa folie, qui estoit vne sagesse, à comparaison de son iniuste desir, de peur qu'elle n'en euentast quelque estincelle, qui eust mis tout son Mariage en combustion. Apres donc s'estre l'vne & l'autre cacheté les lévres de mille sermens de fidelité, la rusee Flaminia admiroit la dissimulation d'Octauio, desguisant finement la cause de sa blesseure; si bien qu'elle sçauoit la faute & la punition de son mary, sans qu'il eust aucune pensee de la sienne. Mais laissons cette Roche en paix, apres auoir esté battuë d'vn tel orage; & accompagnons nos Voyageurs, non point pour faire vn journal de leurs logemens, mais seulement pour remarquer leurs principales rencontres. En voicy vne digne d'estre consideree, aussi bien que la precedente, qui nous a faict veoir des affections embrouillees pour le changement des habits, & qui se sont esuanoüies à la lumiere du vray. Icy nous en verrons vne qui meriteroit ce semble d'estre enseuelie dans l'ombre du silence, comme elle est arriuee dans les tenebres de la nuict pour cacher sa laideur : mais comme la splendeur des estoilles ne paroist iamais tant, que quand la nuict est bien obscure; ainsi la blancheur du lys de la pureté de Parthenice se releuera par la noirceur des broussailles de cet accident, accident qui ne sera point treuué si estrange par ceux qui sçauront le semblable estre arriué à sainct Bernard, l'vn des beaux Gentil-hommes de son temps, en vne hostellerie, & à ceux qui voudront ietter l'œil sur les histoires de la supposition de Lia, & de la fuitte de Ioseph, couchee bien au long dans les pages sacrees. En quelque logis où nos Voyageurs se retirerent (comme ces lieux passagers sont des arches où toutes sortes d'animaux s'assemblent & se retirent pour heberger,) se rencontra vne de ces femmes infames & desbauchees, qui courent parmy le monde, & qui sont autant d'escueils où les inconsiderez font de tristes naufrages: Syrenes de la Mer du monde, qui ne chantent que pour attirer, & qui n'attirent que pour perdre: Lamie mal-heureuse, qui ne plaisoit que pour se repaistre des despouïlles d'autruy: Sang-suë insatiable, & execrable, de la bande de celles qui disputerent deuant Salomon, de l'enfant vif, & qui estouffent ceux qu'elles endormēt, dont les embrassemens sont mortels, comme ceux des singes, & qui cōme ces familles d'Afrique tuent en riant: Femmes dont les lévres distillent le miel, & le cœur est remply d'absynthe: Sauterelles de l'Apocalypse, dont les faces sont agreables, & la blesseure mortelle: Basilics qui portent la mort dedans les yeux, dont les paroles sont molles comme l'huile, & penetrantes comme des traicts, dont les regards sont des dards, & des dards embrasez qui portent le feu dans les cœurs quant & la playe. I'entasserois icy toutes les iniures du monde ; & pourtant ie n'aurois pas dict la moindre partie des mal-heurs que traine apres soy vne femme perduë, & perduë non seulement pour Dieu & pour soy, mais perdante les autres qu'elle traine auec soy dans l'abysme d'autant de desastres que la fabuleuse Pandore en auoit dans sa boëtte. Cette femme fardee comme Iesabel, & plus bigarree d'atours que la Panthere n'a de mouchetures sur sa peau, estoit vn faux Phare qui trompoit les passagers, vn Ardant infortuné qui les menoit aux precipices. Mais elle qui trompoit les autres, en fin sera trompee ; elle qui deceuoit sera deceuë ; elle qui donnoit de fausses affections, en prendra de vrayes, & de fausses tout ensemble. C'est vn cœur de Naphte au feu de tous les objects qui luy sont agreables. Si elle se vend à ceux qui l'acheptent, elle se donne à ceux qui luy aggréent, & elle brusle impuissamment pour ceux qui la rejettent: Elle se prend aux feux Gregeois qu'elle auoit accoustumé de lácer sur les terres d'autruy: Et au premier rayon de ce flambeau qui esclairoit sur le visage de Parthenice, qui soubs l'habit de son frere, se faisoit appeller Neapoleon, elle fut tellement esblouïe, qu'elle en perdit toute cognoissance. Ce papillon se préd à cette lueur, & les aisles de ses desirs y furent bien tost consumees. Elle pense aborder ce beau fils, mais elle en est rejettee aussi fort, que l'ambre escarte l'herbe du Basilic. Cette Pierre Prassius ne peut souffrir ce poison auprés de soy : N'admirez-vous point ce iour auprés de cette nuict, cette Pureté de Parthenice auprés l'impureté de cette Thaïs effrontee, qui comme vne ombre suit ceux qui la fuyent? Miserable Thaïs,

Où sont tes attraicts & tes charmes,
  Où sont les esclairs de tes yeux
  Armez de feux audacieux?
  Maintenant tous chargez de larmes,
  Ce chaste cœur est vn rocher
  De diamant, non pas de chair,
  Contre qui tes foibles attaintes
  Feront d'aussi minces efforts,
  Que font aux aureilles des morts
  Des viuans les friuoles plaintes.

L'auisé Neapoleon se destourne des pourfuittes de cette Vipere auec des fuittes si estudiees, que quelque ruse qu'elle premedite, elle la voit preuenuë par des destours aussi prudens, que ses recherches estoient insensees. La desguisee Virginie retenue par la sagesse de Neapoleon voit cela, & se rit en soy-mesme de cette enchâteresse, picquée par le mesme serpent auec lequel elle auoit de coustume de mordre & d'empoisonner les autres. Nostre Chaste Colombe fuit cette miserable, comme les pigeons s'escartent de l'infection des charognes: & comme les pures abeilles qui n'ayment que l'odeur des prairies & des parterres, euitent les puanteurs. Quand cette vilaine vit que la peau du Renard luy estoit inutile, elle s'attacha celle du Lyon, & forcenee comme vne Menade, se resoult de remarquer le lieu où coucheroit ce bel Adolescent, & de s'y glisser pendant l'obscurité de la nuict, qui seruiroit de manteau à son impudence. Si quelqu'vn s'estonne que ie noircisse ce papier de tant d'effronterie, qu'il se souuienne de l'histoire du ieune homme attaché sur vn lict de roses, auec des cordons de soye, & violenté par vne femme deshonneste, au visage de laquelle il cracha sa propre langue tronçonnee, escripte par sainct Hierosme, ce miroir de seuerité, & il ne trouuera rien icy de trop chatouïlleux. Cette impure appella au secours de son impudicité sa compagne inseparable, qui est l'impudence, & cette Couleuure ne manqua pas de se frayer le chemin, & de se glisser iusques dans le lict de Neapoleon despouïllé, qui estoit la veritable Parthenice. Si tost qu'elle sentit ce serpent à ses costez, ne sçachant bonnement qui c'estoit, parmy la sombre horreur de la nuict, la frayeur, & l'eternelle crainte qu'elle auoit de la perte de son integrité, la fit crier si hault, que toute la maison fut remplie de ce cry, & le voysinage mesmes en resonna. Virginie qui estoit le veritable Leonin dormant en la chambre voysine, saute du lict à cette voix, & accourant auec tout le reste du logis à la chambre de sa sœur, la treuue debout, & toute esperdue, qui crioit aux voleurs, & à la force ; on regarde dans son lict, on y veoit cette eshontee Courtisanne, qui auec vn front ignorant la rougeur, rioit à pleine teste de la sottise, disoit-elle, de ce niais, qui pensoit que les femmes peussent prendre les hommes à force. Et comme elle auoit essuyé toute sorte de vergogne, Bien, dict-elle, qu'il s'en aille dormir où il voudra, ie ne desempareray point ce lict, puisque i'en suis en possession: à quel degré d'effronterie va vne femme, quand elle a vne fois faict banqueroute à l'honneur. Cependant le sein descouuert de Parthenice trahit son sexe à l'hoste & à sa femme, qui la recogneurent pour fille, & Leonin ne se celant plus pour homme, estant accouru en vn estat qui le manifestoit aussi, cela eust remply de confusion cette femme effrontee, si elle en eust esté capable: mais elle se contenta, se voyant purgée de son erreur, de dire qu'aussi bien cette fille estoit trop belle pour estre vn garçon, & que son frere, car ainsi Parthenice appella Leonin, n'estoit que trop beau pour vn homme. Mais ce changement d'habits ne donna pas de petites pensees à la famille de l'hoste : & parce qu'il s'estoit faict depuis peu en vol notable en ce lieu-là, ils allerent conjecturer que nos Pelerins fussent quelques larrons artificieux espians les maisons en habits dissimulez. La Iustice en est aduertie, qui faict espouser vne prison au frere & à la sœur dés la poincte du iour. La Courtisane fut seulement mocquee, mais elle estoit à l'abry de ces traicts sous l'ombre de son infamie, se loüant au contraire aux desirs de son cœur, & disant que son dessein auoit esté pour le plus bel objet qui peust tomber sous les yeux, aymant mieux estre

estre appellee insensee qu'insensible à vne si glorieuse flamme. Ainsi ces abusees, & abusantes, font Vertu de leur propre Vice, tombees en ce sens reprouué, qui appelle les Tenebres Lumiere, & le Mal Bien. Cependant n'admirez-vous point la verité de ce mot ancien, qui dit,

*Que l'on pardonne aux Corbeaux
En chastiant les Colombes?*

On laisse flotter cettte corneille sur les charognes de ses delices, dans le deluge de ses abominations, & on serre dans l'arche d'vne noire prison nos blâches & innocentes tourterelles. Ainsi va le monde; tandis que l'impie est enflé d'orgueil, le pauure est bruslé d'affliction; tandis que le fleau s'escarte des tabernacles des pecheurs, il rauage la maison des iustes. Patience, & nous verrons tout cecy changé, & moissonner en joye ce qui se seme en pleurs. Nos prisonniers sont interrogez à part, selon les formes, & parce qu'ils estoient tous deux instruicts de l'Oracle de Palmelio, qui leur apprenoit, qu'en toutes leurs trauerses, la Verité les deliureroit; ils la dirent si franchement, & furent treuuez si vniformes, qu'outre l'ingenuité qui paroissoit sur leurs fronts, ce fut vne preuue per-

F f

emptoire de leur innocence : ils ne furent treuuez saisis de rien qui eust esté perdu, ouy de cet or d'Vrsace, dont ces Chicaneurs affamez comme des Harpies, firent vne agreable curée; ils l'aualerent comme du laict d'amendes, par l'amende pecuniaire à laquelle ils les condamnerent pour le changement de leurs habits. Et ce fut lors que Parthenice voulut protester à son frere de ne quitter plus son vestement, pour quelque accident qui leur peust arriuer. A qui Leonin ; Souuenez-vous, ma sœur, que ce changement ne nous couste que de l'argent, mais il vous a sauué plusieurs fois, & l'honneur, & la vie. Ces interrogatoires de Iustice en apparence honteuses sont en effect des limes qui esclaircissent l'acier de nostre Gloire; la Verité est forte, & demeure eternellement : c'est le dessein qui iustifie les actions : Mais vous voyez, repliqua Parthenice, que sous cet habit d'homme, on m'attacque autant que sous le mien propre. Ma sœur, dict Leonin, prenez vous-en à la Nature, qui vous a faicte si belle, que vous jettez de la poudre, ou plustost la foudre aux yeux de tous ceux qui vous contemplent; & vous souuenez que Palmelio ne vous a pas conseillé d'esteindre cette grace, en estendant dessus vostre main sacrilege, ny treuué mauuais que aux occasions qui regarderont la conseruation de voſtre Pudicité, vous preniez mon habit, & moy le voſtre : car comme ie me garderay ayſément de l'attentat des hommes, vous pouuez auec autant, & plus de facilité vous preſeruer de celuy des femmes. C'eſt vne bonne tromperie, que celle qui tourne au Profit, & au Salut des perſonnes trompees. Et ce fut icy le dernier eſclandre qui leur arriua auparauant qu'arriuer en la maiſon de Valere, & la ſeconde fois qu'ils experimenterent combien l'or eſtoit plus iuſte que la Iuſtice, puis que par celuy-là on ſortoit ayſément des formaliſantes formalitez de celle-cy: le metal eſbloüit encores plus de gens, que ne faict la doree beauté de Parthenice, adoree de tant de perſonnes, moins malicieuſe qu'inconſideree. Diray-je qu'ils entendirent de là à quelques iours que cette miſerable Courtiſanne repenſant à l'innocence affligee de cette Chaſte fille, qui faiſoit autant d'efforts pour conſeruer ſon integrité, qu'elle employoit d'artifices pour ruiner celle d'autruy auec la ſienne, eſtoit venuë à reſipiſcence, & s'eſtoit iettee parmy les Conuerties. En quoy vous remarquerez noſtre inuiolable Parthenice eſtre cõme vne pretieuſe pierre Philoſophale, changeant en or les plus vils metaux qui l'approchent.

Ce que vous treuuerez au cours de cette Histoire estre arriué à la plus grãde part de ceux qui l'ont regardee autremẽt qu'ils deuoient, qu'elle a ramenez par la force de son imployable Vertu au train de la Raison. En fin apres beaucoup de perils, & par eau, & par terre; ils commencent à abborder la tant desiree contree de Fontanello, laissans Belle-fleur à costé. Tel que paroist le port à ceux qui ont faict vne nauigation de long cours; tel qu'est le boire à celuy qui a enduré vne longue soif; telle qu'est la rosee aux fleurs battuës des ardeurs de la Canicule; telle leur semble la retraitte apres tant de fatigues & de hazards: l'assentiment du repos qu'ils esperent, & où ils aspirent en vain, car ce n'est pas icy qu'ils le rencontreront, leur semble aussi brief que l'abbord des Isles fortunees au grand Alexandre. Au moins, disoit Parthenice, treuueray-ie sous de pauures toits l'abry de ma Pudeur, qui a couru tant de risques dans les Palais superbes. La Pauureté est la Mere de la Pureté, laquelle se pert ordinairement dans les delices de l'abondance. Auant qu'entrer à Fontanello, Leonin qui auoit l'esprit gaillard, desira changer d'habits auec sa sœur, pour faire vne galanterie en entrant en la maison du bon Homme Valerio, & faire prendre sa sœur pour luy, & se faire recognoiſtre pour ſa ſœur, à cauſe de leur reſſemblance : mais la ſerieuſe Parthenice ne le voulut pas, diſant que ces remedes ne ſe doiuent pas employer frequemment, deſquels on ſe veut ſeruir pour la gueriſon des grandes maladies; que ce qui eſt tolerable pour la conſeruation de l'honneur, ne doit pas eſtre appliqué à des joyeuſetez, & à des plaiſanteries : alleguant que Iudith n'auoit changé ſes habits de dueil en ceux de parade, que pour faire ce fameux coup, dont la memoire ne mourra jamais; qu'Eſther auoit changé ſes habillemens de Penitence, aux ornemens qu'elle deteſtoit, pour gaigner le cœur d'Aſſuere, & conſeruer la vie aux Hebrieux : l'Aigle genereuſe, diſoit-elle, ne deſploye pas ſes ſerres pour de petits oyſillons, ny le Lyon ſes ongles pour vne ignoble proye. Laiſſons dõc, mon frere, ces gẽtilleſſes, & allons tout naïfuement auec ces bonnes gens, qui n'ayment pas les artifices, & qui penſeroient qu'on ſe voudroit mocquer de leur ruſticité : celuy qui chemine ſimplement, chemine plus aſſeurément; tout ce qui ſe faict par deſtours, ſe finit par ambages & par confuſion; la feinte reüſſit touſiours en mal à celuy qui la fait, ſi vn bon deſſein ne la iuſtifie. Leonin quittant cette folaſtre imagination, acquieſça à cette ſage remonſtrance. Ils entrent chez le bon Valere, qui receut Leonin à bras ouuerts, auec autant, & peut estre plus d'affection, que s'il eust esté son enfant naturel: car tout ainsi que les fruicts entez sont plus doux que les sauuages; ainsi la gentillesse de cet enfant adoptif de Valere, qui estoit Leonin, passoit de bien loin la grossiereté des siens naturels, qui n'ayans l'esprit qu'à la terre & au labourage, ne marquoient en leur port que Rusticité. Aussi estoient-ils nais d'vne mere, appellee Rusticie, qui tout ainsi que les nourrices, qui en allaittant les enfans des Grands, transferent ordinairement leurs affections naturelles vers leurs nourrissons, de qui elles esperent vn iour de grands soulagemens & aduantages; de mesmes ayant tousjours creu à la somme & aux enseignes qui auoient esté baillees à son mary, pour receuoir Leonin, que c'estoit quelque enfant de maison, elle l'auoit tousiours fort soigneusement esleué, esperant qu'il causeroit quelque grand bien à leur famille, joint que sa beauté, sa bonne grace, & sa jolilueté naturelle, qui passoit de bien loing toute la mignardise de ses autres enfans, l'obligeoit particulierement à l'aymer, & à le preferer aux autres. Elle le receut donc aussi auec des demonstrations de telle joye, que ce plaisir luy tira les larmes des yeux. Mais ces pleurs se redoublerent aux yeux de cette bonne nourrisse, & vindrent aux yeux du nourrissier Valere; quand Leonin leur racontant son origine, & sa fortune, comme luy auoit appris sa sœur Parthenice, auec les mesmes enseignes de l'escharpe bleuë, & de l'Emeraude que la braue Rusticie gardoit precieusement, & qu'elle leur monstra; ils sceurent la desastreuse mort de Talerio, & d'Olympie, dont tout le Royaume auoit esté abbreuué, & dõt Valere auoit appris les particularitez de Syrmio Concierge de Bellefleur, qui auoit esté present à cette execution. Alors Leonin luy monstra Parthenice sa sœur, qui estoit née durant le Mariage de ces infortunez ; comme luy estoit venu au monde quelque temps auparauant ; & c'est, luy dict-il, cette fameuse Zitelle, le renom de laquelle vole par l'vniuers, & dont la voix resonne sur les aisles de la loüange par tout ce Royaume. De là il leur apprit les diuerses fortunes qu'ils auoient couruës, les diuers partis qui l'auoient poursuiuie ; son inesbranlable resolution d'estre Religieuse ; comme il l'auoit enleuee pour Osiandre fils de Patrocle son Maistre, ignorant que ce fust sa sœur, qu'en fin pour ne voir point sa volõté forcee à vn Mariage, auquel elle ne pouuoit cõsentir, il auoit resolu de l'amener à Fõtanello, pour

Ff iiij

la mettre Religieuse au Monastere voysin de noſtre Dame des Oliues, & qu'il auoit vne Commiſſion de Patrocle pour gouuerner le reuenu de la Comté de Belle-fleur, & y faire quelque changement de Fermier & de Concierge. Certes, dit la bonne Ruſticie, voyant Parthenice, quand ie ne vous euſſes point entendu, ie n'euſſe pas laiſſé de recognoiſtre cette belle fille pour voſtre ſœur, tant vous auez de reſſemblance : autant en dict le bon Valere, lequel raconta plus particulierement qu'il n'auoit jamais faict à Leonin, comme il eſtoit venu en ſes mains, & de ſes mains en celles de Luciane, quoy que Ruſticie tempeſtaſt pour le retenir en ſa maiſon, l'affectionnant plus qu'aucun de ſes propres enfans. Mais, diſoit-il, ie me doutois bien que la fortune ne vous ſeroit pas ſi deffauorable, que de vous celer pour touſiours le lieu de voſtre naiſſance; & puis, quel dommage euſt-ce eſté, de laiſſer croupir aux champs tát de Gentileſſe? Or Dieu ſoit loüé, qui vous a faict cognoiſtre à vous meſmes, & qui vous a ſi bien auancé aux bonnes graces de vos Maiſtres, qu'ils vous ont faict Gouuerneur de Belle-fleur, & qui vous a faict treuuer cette Belle-fleur, c'eſt à dire, cette ſœur vertueuſe compagne de voſtre Pelerinage. Mes chers enfans, vous ſoyez les bien venus en

yne maison qui est (& ie vous en asseure) plus
vostre qu'à aucun autre de ces enfans, qui
sont nais de moy, & de ma femme. Ie mourray maintenant content, te reuoyant en ces
pauures foyers, mon cher fils, où tu as esté
premierement allaitté, & où tu as souspiré
les premieres plaintes de la mescognoissance, & de l'ingratitude de ceux qui t'auoient
mis au monde. Quant à moy, depuis tant
de temps & tant de changemens, ie n'ay aucunement changé d'affection : car ie t'ayme
encores aussi tendrement que ie faisois en
ton enfance. Et pour l'Amour de toy, mon
cher Capoleon, car c'est ainsi que tu t'appelles, & non pas Leonin ; Icy Leonin l'interrompit, en luy disant, Mon Pere, ie ne m'appelle ny Leonin, ny Capoleon, ainsi que ma
Sœur Parthenice m'a appris, mais Neapoleon, du lieu de ma naissance, qui est Naples :
alors le Bon Vieillard r'appellant sa Memoire, C'est la Verité, dict-il, mon cher enfant :
mais ie ne sçay comment ce mot m'eschapa,
& se mit en sa place le nom d'vn de mes freres qui s'appelloit ainsi ; & depuis estant petit, à cause de ton courage qui passoit le
commun des villageois, on t'appelloit Lyon;
& en fin chez Patrocle Luciane commença
à t'appeller Leonin : Et c'est ce nom-là, reprit le ieune homme, qui m'est demeuré, &

que ie retiendray, comme ie croy, toute ma vie, si Dieu ne me le change encores par quelque Seigneurie, que la fortune peut estre me reserue: il disoit cela en riant, & puis il continua: Mais mon Pere, n'admirez-vous point la Prouidence celeste, qui a voulu que mon Pere naturel s'appellant Talerio, & villageois, le mien adoptif fust encores villageois, & se nommast Valerio (car c'est ainsi que se profere ce nom en Calabre) & Dieu veuille, que comme vous estes meilleur qu'il n'a esté, ie vous sois aussi bon fils qu'il m'a esté mauuais Pere. Mais excusez si ie vous ay interrompu: car il me semble qu'il importoit que vous sceussiez quel estoit mon premier nom. Ie te disois, mon fils, que pour l'Amour de toy ta sœur seroit encores ma fille, si ce n'est point trop de presomption à vn homme tel que ie suis, de parler ainsi librement à vne si noble Dame: mais c'est l'affection qui me faict parler ainsi; si vous estes receus pauurement en cette chetiue maison, ce sera richement quant à la volonté. Vous aurez en nostre petitesse vne part qui fera le tout; c'est peu de chose, ou plustost rien que ce tout; mais qui faict ce qu'il peut, faict ce qu'il doit. Et ie me souuiens à ce propos d'vne ryme qui estoit nouuelle quand i'estois ieune, & qui est deuenuë vieille quant & moy, qui dict ainsi,

En vous donnant ce que ie suis
Ie vous donne ce que ie puis :
C'est pourtant peu de chose, & ainsi ie l'a-
uouë,
Quand à vostre vouloir moy-mesme ie me
voüe,
Que si vostre perfection
Treuue cette action
Trop foible ou trop petite ;
Pensez qu'vn don ne peut auoir peu de me-
rite
Qui a beaucoup d'affection.

Imaginez-vous si Leonin qui estoit la mesme courtoisie manqua à repartir à ces honnestetez : mais en fin la Sagesse qui auoit commandé iusques à-lors le silence à Parthenice, luy permit de parler & de dire à Valerio, Mon Pere (car ie vous puis bien appeller ainsi, puis que vous nous rendez ce bon office) ie vous supplie de ne regarder point tant à la hautesse de ma naissance, de la part de ma mere Olympie, comme à la decadence de ma fortune ; car qui suis-je, sinon vne pauure Zitelle tiree d'vn hospital, & passionnément desireuse de me ietter dans vn Cloistre, pour y seruir à Iesvs-Christ, que i'ay choisi pour Espoux, & pour y estouffer la memoire de ma deplorable condition. Ny les grandeurs d'Osiandre, ny les richesses de Placidas & d'Vrsace, ny tous les honneurs que le Siecle propose à ceux qu'il veut repaistre de sa sotte Vanité, ne me seront iamais rien : I'ayme mieux la mort, que de viure à aucun autre qu'à Iesvs mon Sauueur. Valere qui n'estoit pas si spirituel, s'estonna comme il estoit possible que Parthenice eust refusé d'espouser Osiandre, fils vnique du Duc Patrocle, & Comte de Belle-fleur, & s'essayant, mais à la Villageoise, de luy dissuader cette entreprise Religieuse (dessein dont les gens des champs sont peu capables) croyant que ce Mariage pourroit estre le fondement de la fortune de Leonin, & de toute sa maison : ç'a bien tousiours esté mon aduis, reprit Leonin : mais elle est tellement aheurtee à ce but, que c'est luy parler de la mort que luy proposer des Nopces. C'est pourquoy, mon Pere, ne la pressez pas dauantage sur ce suject ; car en luy ostant le repos, vous n'en auriez point auec elle. Or nos Pelerins (car ainsi les faut-il appeller, bien qu'ils soient arriuez, ce semble en leur maison, de laquelle il leur faudra bien tost desloger, la marastre fortune n'estant pas faoulee ny laſſee de leurs deſaſtres) n'eurent pas pluſtoſt paſſé quelques iours en cette famille, que la douceur de leur conuerſation charme tous ceux qui en ſont. Valerio & ſa femme ſont ſi paſſionnez de ces enfans de leur cœur, que vous diriez que ceux de leur corps ne leur ſont rien : Ruſticie qui n'auoit iamais veu tant de Beauté qu'elle en deſcouuroit en Parthenice, ne la croit pas où elle la voit : de là vn peu de jalouſie parmy ſes filles, Syluie & Tauriſe; ce n'eſt pas qu'elles n'aymaſſent Parthenice, laquelle ayant des attraicts ineuitables, faiſoit naiſtre de l'Amour au lieu meſme où croiſſoit l'Enuie. Il ſe met auſſi quelques riotes parmy les freres Aſtolphe & Zerbin, à cauſe de Leonin, non qu'Aſtolphe luy vouluſt du mal, mais il eſtoit vn peu attaché au bien, & au meſnage: quant à Zerbin le plus ieune, il eſtoit fortement jaloux de la grande amitié que Valere teſmoignoit à Leonin, duquel il ne haïſſoit pas pourtant le merite, mais il en eſtoit enuieux; luy ſemblant, ſelon quelque degré de preſomption qui poſſedoit ſa ruſtique teſte, que ce trop grand eſclat offuſquoit celuy qu'il penſoit auoir entre les enfans du village. Mais ce qui augmenta ſon auerſion, diray-je ſa hayne, ce fut l'extreme Amour qu'il commença à reſſentir pour les incomparables Beautez de Parthenice : car Leonin veillant tousiours comme vn Dragon sur ce jardin de Pureté, sur cette pomme d'or d'integrité, sa presence luy deuint autant odieuse que la presence de l'autre luy estoit agreable. Encores n'est-il pas trop sot pour vn villageois : mais ne falloit-il pas que toutes sortes de Papillons se bruslassent à ce flambeau, dont ils treuuoient le flamber si beau ? Il estoit si naïf en son procedé, que comme il ne pouuoit dissimuler (bien que Calabrois) son maltalent contre Leonin; aussi peu pouuoit-il cacher son feu & son jeu pour Parthenice: & l'vn & l'autre auisez comme des gens de ville, & de la ville de Naples, mere de la mesme matoiserie, s'apperceurent fort bien de ces belles humeurs; & ils sçauoient par tant d'accortise supporter ces grossieretez, & euiter toutes les mauuaises rencontres, que l'vn ne faisoit pas semblant de voir la hayne, & l'autre l'Amour de Zerbin, qui tyrannisé de ces deux contraires passions, (ce,

Est tout de feu pour l'vne, & pour l'autre de gla
Si bien que la raison en luy n'a plus de place.

C'estoit vn passe-temps de voir ce grossier villageois mené par ces deux Esprits delicz, c'estoit vne bale entre deux bons ioüeurs. Leonin qui estoit d'vn naturel aussi gratieux que sa Sœur l'auoit serieux, prenoit vn plaisir nompareil à rendre de bons offices à ce lourdaut pour adoucir sa hayne : mais la sage Parthenice se doutant que la Passion de ce païsan ne creuast par quelque orage, s'essayoit de luy tesmoigner par des mespris & des façons austeres, & dedaigneuses, combien ses poursuittes luy estoient odieuses, & à contre-cœur. Ce qui partageoit cruellement l'esprit de ce miserable gesné comme par la rouë d'Ixion, se voyant chery par celuy qu'il haïssoit & fuyoit, & rebutté par celle qu'il aymoit & suiuoit: tandis qu'il souspire sa misere, ne la pouuant ny osant exprimer, c'est merueille de la patience de Parthenice à supporter des sottises qu'elle ne faisoit pas semblant de voir, encore qu'elle les apperceust fort bien; & sont encores plus merueilleuses les soumissions extraordinaires qu'elle faisoit à Syluie & à Taurise, pour gaigner leur courage & leur arracher du cœur cette sotte jalousie qu'elles auoient conceuë sur les caresses que la bône Rusticie luy faisoit : en fin elle les en purgea tout à faict, apres les auoir rendues capables d'entendre son dessein Religieux, qui deuoit reüssir dans peu de iours, & faict conceuoir qu'elle n'auoit aucune pretension en leur bien, ny en leur maison : Au contraire cette jalousie seruit d'vne aspersion d'eau sur le brasier de leur Dilection, qui en deuint si ardante, que c'estoit entr'-elles à qui rendroit plus de deuoirs à Parthenice, tant la Vertu, la Beauté, & la bonne grace ont de pouuoir sur les ames plus sauuages. Pendant ce temps Leonin s'en alla à Belle-fleur, pour voir ce qu'il feroit selon la Commission qu'il auoit de Patrocle : mais il fut bien estonné en entrant au Chasteau, de rencontrer Florian, l'vn des domestiques d'Osiandre, qui de tant loin qu'il le vit luy cria, Helas, Leonin, ie voy bien que tu m'apportes les nouuelles de la mort de nostre petit Maistre(car ainsi auoient-ils accoustumé d'appeller Osiandre:) Ah ! n'estoit-ce pas assez de cruauté à la Mort, de nous a-uoir encores rauy le Bon Duc Patrocle, sans enleuer le Prince son fils? Quelle mort, quelles nouuelles ! Que voulez-vous dire, repliqua Leonin, le plus esperdu du monde? Alors il luy conta tout au long l'histoire de la blesseure d'Osiandre, & la mort de Patrocle, comme vous l'auez veuë en cette Histoire; le bannissement de Placidas, sa fuitte desesperee, la Confession qu'Osiandre auoit faitte du Rauissement de Parthenice, par l'entremise de Leonin, qu'il croyoit estre à Miralte auec cette fille; adiousta qu'il auoit esté

esté enuoyé à Belle-fleur par Luciane, pour maintenir les choses en l'estat où il les treuueroit, iusques à ce qu'il eust nouuelles de la vie, ou de la mort d'Osiandre, duquel les Medecins, quand il estoit party de Naples, attendoient plustost la mort que la vie; de sorte qu'il pensoit que Leonin luy portast les nouuelles de cette mort. Si jamais homme fut esbahy, ce fut Leonin, qui de sa part selon la priuauté qu'il auoit auec Florian, comme seruiteurs d'vne mesme maison, luy conta naïfuement toutes les fortunes qu'il auoit couruës depuis Miralte, iusques à Fontanello, cōme Partenice s'estoit treuuee estre sa sœur; qu'il n'estoit pas fils, mais seulement nourrisson de Valere, & de Rusticie, mais enfant de Talerio & d'Olympie, & tout ce que le courāt de ce Narré a desployé bien au long. Quand donc il luy monstra les patentes de sa Commission, elles se treuuerent de trop ancienne datte pour estre executees, de maniere que voyla Leonin aussi tost descheu qu'entré au gouuernement de Belle-fleur, iusques à d'autres nouuelles de Naples; il prie Florian de ne mander pa[s] que Parthenice soit auec luy, ayant resolu de la rendre Religieuse au Monastere de nostre Dame des Oliues, & puis d'aller à Naples retreuuer Osiandre s'il estoit vif, ou Luciane si elle n'estoit morte. Mais

Florian n'escouta point cette priere, ains ayant en plus grande consideration le seruice de son Maistre, que l'amitié de Leonin, il depesche à Naples, & mande toutes ces particularitez à Luciane, pour en informer Osiandre, selon qu'elle iugeroit à propos. Voyla donc Leonin semblable à vn oyseau qui se pert innocément par son propre chāt; & pareil à vn vaisseau qui a eschappé beaucoup de tempestes & vient eschoüer au port. Il se viēt de descouurir où il se deuoit le plus celer, & manifester ce qu'il auoit couuert par tant de destours, & de traueſtissemens. Allez mortels, & vous fiez en vostre propre Prudēce, & soiez sages en vousmesmes. Mais quoy, il faut que l'obliquité de nos iugemens face veoir la droitture des diuins. Ô Dieu! que vous estes iuste, & que vos procedures sont réplies d'equité! Or ne vous semble-t'il pas à propos, tandis que Leonin s'en retourne à Fontanello, que nous allions reuoir ce qui se passe à Naples, & quel effect y produisent les aduertissements de Florian. Nous y auons laissé Osiandre langoureusement conualescēt, si l'on peut appeller ainsi vn homme qui porte la flesche de la Mort dans le flanc de celle de l'Amour; dās le cœur atteint en mesme temps de deux playes incurables, & en l'ame, & au corps. On l'auoit desia amusé si lōg temps de la feinte venuë de Parthenice, qu'il n'y auoit plus de moyen de le repaistre de ces fausses promesses. Côme il estoit resolu de se mettre en barque tout indisposé pour se faire porter à Miralte, où le trâsportoit sa Passiô, & les Medecins ayans declaré que ce voyage de Mer luy seroit mortel, à cause des conuulsions, des vomissemens qu'excite la marine, qui feroient des efforts capables de violenter sa playe, playe qui d'autrepart ne pouuoit souffrir qu'auec d'extremes eslancemens le chemin de la terre. En fin Luciane pressee par la necessité, fut contrainte de remettre à Herminio la charge de porter à Osiandre cette fascheuse nouuelle de la vraye perte de Parthenice, selon qu'il la pensoit estre arriuee. Herminio qui eust desiré estre à cent lieuës de là, pour n'estre point le porteur de ce pacquet, de peur de desplaire à sa Maistresse, qui luy en fit vn commandement absolu, se vit obligé d'affliger son Maistre. Auquel apres mille excuses de ce qu'il auoit à luy dire, & mille protestations de la solicitude, & de la fidelité qu'il auoit employee pour executer ses commandemens pour le faict de Parthenice, luy declara en fin, comme le feint naufrage du Corsaire supposé, entrepris par son mandement auoit esté cause de sa veritable perte, & qu'il croyoit que les Matelots ausquels Leonin l'auoit remise auant que s'en aller à Belle-fleur, l'eussent enleuee & meneo en Leuant, pour la vendre comme Esclaue; & certes c'estoit l'opinion d'Herminio: car il declara qu'il ne pouuoit croire de la Gentillesse & de la Loyauté de Leonin, qu'il eust peu commettre cette trahison contre son Maistre, que de luy rauir sa Maistresse, pour laquelle il sçauoit bien qu'il perissoit d'Amour, ny vne telle perfidie contre sa propre maistresse Doralice, que de la quitter pour vne autre, apres tant de promesses de l'espouser qu'il luy auoit faictes, n'attendant qu'vn aage vn peu plus auancé pour les effectuer. A ces nouuelles, que deuint Osiandre? & de quels outrages est-ce qu'il ne chargea l'innocence du pauure Herminio? que ne vomit-il contre le Ciel, & contre la Terre? quel des Elemens & des Astres ne prit-il à partie, comme cause de ses mal-heurs? & que ne dict-il contre soy-mesme, ayant donné l'inuention de la perte de sa Maistresse, & de la sienne? Et ayant cõme l'oyseau fourny la plume pour empenner le traict qui le trauersoit? Il disoit tout, excepté ce qu'il falloit dire, qui estoit que le iuste Ciel, pour punition de ses fautes, le chastioit par où il auoit besoing de correction: mais son aueugle desir le rendoit semblable à ces mauuais escoliers du philosophe Theodore, qui prenoiēt de la gauche ce qu'il leur presentoit de la droicte, tournans ses leçons, & ses preceptes en vn sens peruers, tout contraire à ses bonnes intentions. Telle est l'humeur ordinaire des hommes, qui s'empirent, s'empierrent & s'endurcissent comme des Pharaons, sous les fleaux des aduersitez, au lieu de s'amender, & qui se font miserables par cela mesme qui les deuroit rendre heureux. Trop heureux Osiandre, si tu pouuois recognoistre ta felicité en la perte d'vn bien, dont la possession ne te peut estre que dommageable, puisque mortelle. Que nous serions sages, si nous pouuions conceuoir solidement & serieusement que la laide Lia, l'Aduersité est également fille de la Bonté de l'Eternel Laban, que la belle Rachel la Prosperité: mais il est trop difficile de faire entrer cette Verité dans l'esprit des hommes animaux, qui n'entendent pas les ressorts de la conduitte de Dieu, & ausquels toute la Raison de Croire, est la Raison de Voir & de Sentir. Mais n'est-ce pas chercher de l'eau dans vne pierre ponce, que de vouloir treuuer de la Raison dans cette Passion affectueuse, qui tourne les plus sages testes.

C'est chercher des poissons en l'air,
 Et des oyseaux dedans la Mer,
 Et l'eau dans le feu son contraire:
 Car vouloir de cette prison
 Vn cœur par la raison distraire,
 Cela c'est manquer de raison.

Aussi ce ieune Prince fit-il des actions, & profera-t'il des paroles si desordonnément extrauagantes, qu'il se fit paroistre desesperément foliant, ou si vous voulez, & demesurément fol, & furieusement desesperé tout ensemble: car il fit & dict ce qui ne se deuoit ny faire ny dire, ie ne diray pas par vn Chrestien, mais par vn homme à qui il reste vne estincelle de lumiere raisonnable. Le voyla tout resolu de mourir, & de mourir par ses propres mains: car ne pouuant treuuer d'espee, ny de fer pour l'enfoncer dans sa poictrine, comme vne Tygresse qui a perdu sa littee, il se ronge soy mesme, & comme vn autre Caton d'Vtique, que l'Histoire Romaine loüe comme genereux, & que la Religion Chrestienne blasme, comme enragé; le voyla qui deschire sa playe, en arrache l'appareil, & le tuyau d'argent, voulãt rendre l'ame par cette ouuerture. Herminio crie, on vient au secours; mais quel secours peut-on donner à celuy qui ne veut point estre secouru? quel remede appliquer à celuy qui les leue? On ne sçait que faire, tous les medicamens sont inutiles, car il les rejette; toutes les remonstrances vaines, car il est sourd; il n'a point de pitié de soy-mesme, comment ne seroit-il impitoyable aux larmes de sa Mere, qui se sent descoudre les entrailles à mesure que son fils, le sang de son sang, & la chair de sa chair, deschire la sienne. Ne vous semble-t'il pas que la douleur de cette Mere, voyant ce tragicque spectacle, ne peut estre mieux exprimee, que par le voyle du silence? Osiandre pasmé de douleur, & Luciane d'apprehension, cependant cela donne le loysir à ceux qui l'assistent de rebander sa playe. O famille pleine de desastres! c'est ainsi que tu fais cruel Amour: boute-feu mal-heureux! qui brusles les maisons comme les cœurs qui te reçoiuent: vipereau, qui donne la mort à qui te baille l'estre & le naistre:

Helas! combien est desolee
Cette maison jadis comblee
De gloire, de biens & d'honneur,
Maintenant siege de l'horreur.

On ne sçait qui l'on doit plaindre d'auantage, ou la mere, ou l'enfant, & à qui donner premieremét secours: les femmes accourent à leur Maistresse, & la font reuenir, reuenuë elle emplit l'air de doleances nées des entrailles de la mesme Pitié, & dont ie ne veux pas emplir ces pages: car qui ne sçait que les femmes sont infinies en ces matieres, & que la memoire de ces cris exhorbitans perit auec le son? Ces deux personnes sont également malades, car leurs corps sont malades par leurs esprits ; il faut donc que les remedes commencent par l'esprit, les Medecins, & les Chirurgiens veulent bien employer leurs industries, mais Osiandre les rebute. Que fera-t'on, on va courir au Pere Ludouic, Confesseur ordinaire de la maison, & de qui la suffisance & la probité auoient acquis vn grand ascendant sur le jugement & du fils, & de la mere: & certes on fit sagement de le faire venir, car sans luy, tout estoit perdu; il remonstra auec tant de force, & tant d'efficace à ce ieune Duc, l'horreur de l'eternelle damnation qu'il alloit encourir, se procurant ainsi la mort par ses propres mains, & par le refus des appareils, que par cette crainte il le rendit docile, & de là s'insinuant doucement dans son courage le remit au train, sinon de guerir, au moins de se laisser penser. Quant à Luciane, elle se remettoit de son trouble à mesure que son fils s'accroissoit: forte impression que celle du sang! ô quelle liaison que celle que faict la Nature des enfans & des Meres: quand ceux-là sont dans les entrailles de celles-cy, ils reçoiuët en leurs corps les impressions de l'imagination de celles qui les portent: mais quand les enfans sont hors des flács de celles qui les mettent au monde, leurs accidens font d'estranges impressions dans l'imagination des Meres, tesmoins celles qui moururent de ioye, reuoyans vifs leurs enfans qu'elles auoient veu morts; & cette Niobé empierree chez les Poëtes, à l'aspect du massacre des siens. Voyla Osiandre vn peu remis, & de corps se laissant traitter, & d'esprit se laissant aucunement persuader au Pere Ludouic, qui comme vn chien fidele, & semblable à ceux du pauure Lazare, lechoit auec vne grande compassion les playes de l'ame de ce miserable Amant; il tasche de luy oster de l'esprit le souuenir de cette fille enleuee: mais c'est l'enfoncer dans sa memoire, que luy parler de l'oublier. Et certes il est bien vray que rien ne s'attache si fortement à nostre Souuenance, que ce que nous essayons d'en effacer. Comme donc les Medecins iugent incurable la blesseure de son corps, le Pere Spirituel tient autant irremediable la playe de son ame, si Dieu n'y met la main. Car tout ainsi que celuy qui vouloit consoler ce Philosophe de la mort de son fils, en luy disant que ses pleurs ne le r'appelleroient pas du tombeau : Et c'est pour cela, repliqua-t'il, que ie pleure, parce que ce mal est sans remede: Ainsi quand le Pere Ludouic vouloit consoler Osiandre sur la perte de Parthenice: Aussi bien, luy disoit-il, vous eust-elle perdu d'honneur & de vie; Et c'est pour cela, repartoit-il, que ma douleur est inconsolable de ce qu'elle est perduë; & c'est ce qui me faict perdre la vie & l'honneur, de ce que ie luy ay faict peut-estre perdre la sienne auec sa Pudeur: Honneur que ie voulois conseruer en l'attachant au mien par le nœud d'vn legitime Mariage. Ainsi alloit irritant son mal, sans iugement & sans conseil, le deplorable Osiandre; quand le Pere Ludouic, apres auoir faict recommander par plusieurs personnes deuotieuses, & representé luy-mesme cette affaire à nostre Seigneur pour le salut de cette ame, (ô combien, dit le sacré texte, vaut la priere feruéte & assiduë du Iuste) alors qu'on n'auoit plus de quoy entretenir Osiandre, sinon de la fiere douleur de la perte de son Amour ; Luciane ne luy pouuant plus promettre cette fille, puis qu'elle estoit perduë, & qu'elle eust racheptée de son sang & de son bien, pour sauuer la vie de son fils par ce moyen vnique : Voyla que la Prouidence de Dieu, qui ne dort iamais, mais qui veille tousjours sur ceux qui le prient, & qui se retournent vers luy, faict venir tout à propos les nouuelles de Leonin & de Parthenice, que Florian escriuoit à Luciane de Belle-fleur. Cette Mere comme resuscitee par cet aduis, court aussi tost à son fils, pour luy communiquer cette lettre: luy englouty dans vne profonde resuerie, ne peut adiouster creance à cet escrit, car on l'auoit repeu si long temps de bayes, qu'il pensoit que ce fust vn mensonge artificieusement inuenté, pour prolonger son tourment auec sa vie. Leuant ses foibles paupieres, & monstrant des yeux noyez de larmes de regret, & baignez dans la Mort, d'vne voix debile & mourante : Laissez-moy, disoit-il, ô ma chere Mere, mourir en paix, & permettez que la fin de ma vie termine mes douleurs & vos desplaisirs ; ne venez point troubler le repos que ie commence à cognoistre dans ce lict qui m'est vn demy cercueil, par de vaines & controuuees Esperances ; ces inuentions sont trop grossieres pour m'abuser. Luciane proteste en sa conscience, & sur son ame, qu'il n'y a point d'artifice, que le Messager venu de Belle-fleur en dira dauantage, ayant veu Leonin : ny pour tout cela est-elle creuë, tant il est vray, que le menteur ne gaigne par ses mensonges autre chose que de perdre le credit d'estre tenu pour Veritable, quand mesme il dict la Verité. On faict venir le Messager Germain, qui proteste & iure auec des sermens solennels auoir veu Leonin : & ce n'est pas Leonin de qui ie suis en peine, repliqua Osiandre, mais de Parthenice. Seigneur, dict Germain, il a dict à Florian qu'elle estoit sa sœur, & qu'il l'auoit logee chez son Pere Valere à Fontanello, iusques à ce qu'il la mist Religieuse au Monastere des Oliues. L'ingenuité de ce valet prit quelque pied de creance dans l'esprit d'Osiandre, qui se faisant monstrer la lettre de Florian, duquel il cognoissoit l'escriture, & la faisant relire, il vit quelque conformité qui luy fit croire ce que son Esperance luy suggeroit : mais que de resueries monterent en son Esprit, sur ce que Leonin se disoit son frere, & puis qu'il la vouloit faire Religieuse. La melácholie où la douleur le plongeoit, le mit aussi tost en cholere, & en ce courroux? de quelles iniures est-ce qu'il ne chargea Leonin, quelles menaces ne profera-t'il? comment se promettoit-il de chastier sa Temerité & sa Perfidie? Il se va imaginer des Trahisons sous ce nom de Frere & de Sœur, & qu'ayant abusé cette fille, il vouloit peut-estre enseuelir son forfaict dans vn Cloistre, & la rendre voylee apres l'auoir violee. Car ne pouuant conceuoir cette fraternité du fils de Valere, tel qu'il pensoit estre Leonin, auec la fille de Talerio & d'Olympie, il se figuroit mille meschancetez en ce second enleuement de Parthenice, estimant cette seconde erreur beaucoup pire que la premiere. Neantmoins telle que sera Parthenice, il la veut auoir, & empescher cette entree de Cloistre, qui luy semble fatale. Luciane qui est de cire aux volontez de son fils, pourueu qu'il veuille viure, ne se soucie point qu'il espouse Parthenice; car elle ayme beaucoup mieux ce party, que de le voir perir deuant ses yeux, ioinct que Parthenice reuient extremement à son humeur, aymant mieux vne Belle fille humble comme vne seruante, qu'vne autre altiere & superbe, qui n'apporteroit que du trouble à l'auctorité qu'elle deuoit auoir, comme doüariere en la maison de Patrocle. On faict asseurer à Osiandre par la bouche du Pere Ludouic, que cette nouuelle est tres-veritable: Son ame estant donc reuigoree, voyla en peu de iours son corps, non pas bien, mais vn peu mieux disposé; il est en toutes les impatiences du Monde d'aller à Belle-fleur. Les Medecins luy defendent ce voyage, parce que l'agitation & le bransle du chemin estoit contraire à son mal. Mais laissant l'aduis des Medecins pour chercher sa Medecine, & pour treuuer le Dictame de la playe de son cœur; il se flatte en sa debile force, & se faisant promener en chaire dans son jardin, il croit de cette façon trauerser aussi facilement les montagnes de la Calabre: Luciane qui ne l'ose contredire veut tout ce qui luy plaist; folle Mere, qui faute d'vne iuste fermeté, va precipiter son fils à la Mort. Il se resout donc de partir bien tost, & d'aller ainsi à sa Comté de Belle-fleur: Il r'enuoye deuant Germain, auec charge à Florian de se saisir de Leonin, & principalement de Parthenice, empeschant de sa part qu'elle ne fust receuë au Monastere des Oliues. Allons donc auec ce Messager, voir ce qu'on faict en Calabre, où nous treuuerons d'estranges Tragedies. Leonin s'en retourne de Belle-fleur à Fontanello bien confus, & se doutant bien que sa langue l'auroit trahy; neantmoins la confiance qu'il a en son amy, & la creance qu'il a de la mort d'Osiandre, selon le recit de l'extremité où l'auoit laissé Florian, le r'asseurent vn peu, se voyant deceu en ses Esperances, & descheu du gouuernement de ce Chasteau, où il se pensoit rendre le Maistre ; & de plus redoutant la cholere de Luciane qui le pourroit persecuter, comme estant cause par le Rapt de Parthenice de la mort de son fils, & du desastre où l'auoit reduict la rage de Placidas : plus rauagé de ces pensees, qu'Acteon ne le fut de ses Chiens, il communique le tout sans dissimulation à sa chere Sœur, laquelle, comme Prudente, pressee d'vn costé de la vehemence de ses deuotieux desirs, & oppressee de l'autre par les importunitez de ce Rustre Zerbin, luy dict que le fil de ce Labyrinthe estoit de la faire au plustost Religieuse, pour trancher par ce seul reuers tant de nœuds plus que Gordiens. Leonin qui se pense mettre en liberté, se deschargeant de sa Sœur, prend donc la resolution d'aller en la compagnie d'Astolphe, fils aisné de Valerio, au Monastere des Oliues, pour demander vne place pour sa Sœur; il cognoist la Superieure, il l'a veuë tant de fois estant enfant, il en a receu mille Charitez, & plusieurs tesmoignages de Bien-veillance ; il ne se promet rien moins, que d'ob-

tenir cette faueur pour sa Sœur, les Vertus & les perfections de laquelle pouuoient apporter vn grand lustre à cette maison. Il s'auisa d'vne galanterie ; il prend vne des robes de sa Sœur, habit qui luy plaisoit, & sous lequel il pense mieux gaigner cette grace: Il abbouche Astolphe, pour le presenter comme Sœur de Leonin, qu'il dira estre Gouuerneur de Belle-fleur, & qui l'eust presentee luy-mesme, s'il n'eust point esté arresté par quelque affaire d'importance : que si cette fille est treuuee agreable, il la r'amenera luy-mesme quelques iours apres. Astolphe prend plaisir à cette ruse, & loue l'inuention de Leonin, lequel à la fin feindra si bien de vouloir estre Religieuse, qu'il pourra deuenir Religieux. Ils partent en cet equipage, & vont aux Oliues, où ils ne furent pas plustost arriuez, & Astolphe n'eust pas si tost presenté la feinte Parthenice, que la Superieure qui auoit souuent veu Leonin, soit par Tentation, ou autrement, la treuua si à son gré, que sans consulter sa saincte Communauté, elle luy vouloit ouurir la porte pour la faire entrer : Mais Leonin qui aymoit mieux estre oyseau de campagne que de cage, riant dans son cœur de cette surprise refusa de se murer pour ce coup, remettant cela au iour que son frere l'y conduiroit
solen-

solemnellement. Ils eurent tout plein de deuis, & la Superieure fut empressee de sa poursuiuante, protestoit de n'auoir jamais veu de sœur si semblable à frere en toutes choses, à l'air, aux traicts, en la couleur du visage, à la taille, au ton mesme de la voix. Et certes elle auoit raison, car il n'y auoit rien qui resséblast tant à Leonin que Leonin mesme. Mais Dieu qui est vn esprit de tres-grande simplicité punira cette duplicité de Leonin d'vn rebut authétique; de sorte que pésant auoir bien fait, il a tout gasté. Astolphe luy voyant contrefaire la fille, & la fille deuote, creuoit de rire en son cœur; s'il n'eust sceu fort asseurément que c'estoit Leonin, cette molle façon & attrayante luy eust donné dans les yeux, aussi bien qu'à Octauio. Ils s'en reuont auec promesse indubitable de la reception de Parthenice quand il plaira à Leonin de l'amener, & de cela Leonin est asseuré par vne lettre remise aux mains de Leonin, pour la remettre en asseurance entre les mains de Leonin mesme: plaisante tromperie. Tandis que nos freres s'en reuont riant à perte d'haleine de cette auanture; ils vont apres ce beau temps treuuer vne pluye de sang & de larmes en la maison de Valere. Car vous deuez sçauoir, que le traistre Zerbin prenant à propos le temps de l'absence de Leonin, dont il redou-

Hh

toit la presence, comme vne timide vache apprehende celle d'vn Lyon; & voyant bien que Parthenice estoit trop bien née, pour r'aualer ses pensees sur vn object si bas que sa personne, il se determina d'auoir par force ce qu'il n'auroit jamais par Amour, se promettant de reparer sa faute par vn mariage; comme ceux qui mettent à l'abry de ce voyle leurs erreurs precedentes, se couurât la teste de leurs propres ordures. Il sçait que son Pere & sa Mere n'auront pas desagreable cette alliance, & que Leonin sera contrainct de l'aggréer, pour conseruer la reputation de sa sœur par ce remede necessaire. Il espie donc en vn soir le temps de la retraitte de Parthenice, laquelle couchoit auec Taurise, la plus jeune des filles de Valere; il faict si bien qu'il amuse ses deux sœurs apres diuerses besoignes du mesnage, & se glissant doucement en la chambre où dormoit l'innocente Parthenice, armé d'vne grâde dague, faicte comme vn demy coutelas, que les laboureurs d'Italie portent ordinairement aux champs, il se couche froidement auprés d'elle, si celuy-là se peut dire froid, qui est bruslé d'vne si vilaine ardeur. L'inuiolable Vierge pense parmy les tenebres de la nuict que ce soit Taurise: mais, helas! c'estoit vn Taureau furieux, pire que celuy qui engendra le Minotaure: Vn homme brutal & vilain, qui vouloit rauir ce sainct honneur qu'elle auoit religieusement conserué à trauers tant de perils. Où estes-vous Seigneur?

De quel Dieu prenez-vous l'exemple
De laisser ainsi vostre temple.

Leuez-vous, Dieu des Vierges sacrees, pourquoy dormez-vous? la voulez vous laisser perdre deuant vos yeux côtre sa volonté & la vostre? Ah! resueillez-vous, & dissipez vos ennemis, enuoyez vn Ange pour chastier cet insolent Heliodore, faictes mourir cet Oza, qui oze toucher vostre Arche, rendez ladre & insensible cet Ozias, qui ose estédre la main sur cet Encensoir remply de tãt de parfums odorans. Ah! faut-il qu'vne si rare fleur soit violemment arrachee par la main d'vn vil Pastre? En fin ce Truant se veut monstrer homme; & comme Parthenice veut crier, elle sent vne main rude, & de bouuier, qui luy serre la bouche, & qui luy oste le passage de la voix : que fera-t'elle en cette horrible extremité (serrez vos yeux ames chastes & sautez ces lignes noires de l'infamie de ce monstre bestial: non non, ouurez les yeux, Vierges courageuses, & voyez la valeur d'vne Amazone, qui sçait defendre en homme son inuincible Chasteté) elle ouure

Hh ij

la bouche, & elle empoigne auec les dents vn des doigts de ce malheureux, & le mort si serré qu'elle le tranche tout à faict, ce qui luy causa vne douleur si sensible, que hurlant comme vn Loup rauissant, il laisse l'Amour pour courir aux armes de la Hayne, & satisfaire à son sang par celuy de cette Victime innocente; il saute du lict, & Parthenice en mesme téps, qui se preparât à vne mort asseuree, jette la main sur vn cousteau qu'elle portoit ordinairement à sa ceinture. Voyla vn horrible & sanglant combat d'Andabates qui se prepare parmy ces obscuritez. Parthenice est si esperduë, qu'elle ne sçait pas crier, elle pantele comme vne brebis saisie par le Loup; il la saisit parmy ces ombres, & comme il estoit prest de l'immoler à sa fureur, cette valeureuse fille attendant le coup de la mort qu'elle desiroit, pour la conseruation de son Honneur; en fin l'Amour plus fort que l'outrage, saisissant ce cœur felon, en suspendit l'effect, iusques à ce qu'il eust vomy cette menace, Que si elle ne consentoit à ses desirs, il la feroit mourir dans ces tenebres. Il ne la voyoit pas armee d'vn cousteau, c'est pourquoy la vaillante Vierge sans repliquer à cette brutale proposition, prenât son temps à propos, en luy tastant les flancs, elle luy cacha ce fer qu'elle tenoit, par deux grands coups, dans les costez, & le laissa au second coup tout à faict dans la chair de ce traistre; qui frappé en des lieux si delicats & si sensibles, perdit tout à coup la force, & tombant tout de son long auec vn grand cry, alla mordre la terre, & se veautrer dedans son propre sang. Alors Parthenice reprenant sa voix, commença à crier hautement, à l'ayde, au voleur, & au violateur: toute la famille accourt, on s'effraye de la voir toute nuë, & toute sanglante, mais du sang de son ennemy; elle conte toute l'histoire de cet attentat; on court à Zerbin, qui eust rendu son ame mal-heureuse auec son sang, s'il n'eust esté promptement secouru de ses sœurs, de son Pere, & de sa Mere, & de Parthenice mesme, qui eust bien desiré s'estre deliuree des griffes de cet Autour, par vn autre moyen si elle eust peu. On le panse, on l'accommode, le Chirurgien iuge ces blesseures bien dangereuses, non pas tout à faict mortelles: voyla toute la maison en combustion & en trouble. Nostre Heleine a mis le feu dans cette Troye; elle mesme est la premiere à detester ses coulpables beautez, cause de tant de tragicques effects. Voyla Valere & Rusticie en d'estranges conuulsions d'esprit, ils ayment Leonin, ils ayment Parthenice; mais comme les poules ayment incomparablement mieux les pouſſins qu'elles ont pondus & eſclos; que ceux qu'elles n'ont que couuez: Ainſi quoy qu'on die de la Dilection d'election, elle n'eſt pas touſiours ſi forte que celle que le ſang & la chair par la puiſſance de la Nature imprime en nous ſans nous. Car cette tendance eſt ſi efficace & vehemente, que comme vn premier mobile, elle entraine toutes les autres affections apres ſon branſle. On dict que les perdrix ſont larronneſſes, & que par vn extreme deſir d'eſtre ſuiuies d'vne nombreuſe nichee, elles ſe dérobent les œufs les vnes des autres: mais en fin ces petits, quand ils entendent le reclam de la mere qui les a pondus, ils y courent, & laiſſent celle qui les a ſeulement eſclos, tant a de force la generation ſur l'adoption. Tant d'Amour qu'il vous plaira: mais ſi vous demandiez à la nourriſſe d'vn petit Prince, de qui elle aymeroit mieux eſtre tout à faict priuee, ou de ſon nourriſſon, ou de ſon enfant naturel, pourueu qu'elle ſoit vraye mere, & non maraſtre, il n'y a point de doute qu'elle preferera la pauureté de celuy-cy aux commoditez, aux grandeurs, & aux richeſſes de celuy là. Il en eſt ainſi de Ruſticie, car ſi toſt qu'elle veoit couler ſon ſang en celuy de ſon fils, enflammee de l'amour maternelle, & allumee de cholere contre celle qui l'a bleſſé, sans considerer le crime de ce Rauisseur, & la iuste defence de la Rauie; elle faict banqueroute à l'amitié de Parthenice, & peu s'en faut qu'elle ne se jette sur elle, pour luy faire sentir les aigres pointes de son indignation. Elle n'a autre liaison auec elle, que pour la bienueillance qu'elle a encores pour Leonin; de sorte que n'estant, ny sa mere, ny sa nourrisse, il luy fut aysé de rompre pour vne si funeste rencõtre ce foible nœud qui l'attachoit à Parthenice. Mais en espargnãt les coups de ses mains par la presence de Valere, qui la retint, elle deschargea son courroux par vn torrent d'outrages & de paroles injurieuses, qui coula de sa langue, & qui se déborda sur la pauure Parthenice; encores cela n'estoit rien au prix des criailleries des sœurs du blessé; car Syluie & Taurise, voyans vn si spatieux chãp pour donner carriere à leur Enuie, & pour escarter de deuant leurs yeux ce Soleil qui les esbloüissoit, firent vn tel bruit, que le tonnerre est moins esclattant, quand aux plus chauds iours de l'Esté il gronde dedans la nuë. En fin, il faut qu'elle sorte; toutes ces trois d'vne voix commune crient, ou qu'elle meure, ou qu'elle s'en aille. Valere plus fort & plus reserué que ce sexe, que son imbecillité rend plus enclin à la vengeance, balançant la iuste defence de cette fille, auec l'impudence de son fils au Tribunal de sa Raison, donné gain de cause à Parthenice; mais d'autre part, il est Pere du blessé, & de ces filles turbulentes; il est Mary de cette femme, furieuse comme vne Ourse à qui on rauit le petit Ourson. Que fera-t'il pour auoir la paix; il prend le conseil d'Abraham, qui pour complaire à sa femme Sara, mit Agar & son enfant hors de sa maison. Il consent que Parthenice se retire, aussi bien la Iustice, qui comme la Chirurgie, se nourrit de playes, viendroit faire vn vacarme chez luy, plus grand que celuy qui y estoit desia, & manger le coulpable blessé, l'innocente defenderesse, & le bien mesme de Valere, qui n'a aucune part en toutes ces Passions : car de quel costé que ce soit, il faut que les informateurs rongent; en ce mestier on ne faict rien pour rien, voire mesmes on ne faict rien pour beaucoup d'argent. Sans donc euenter d'auátage cet esclandre, qu'on publie comme vn accident inopiné, pour preuenir la diligence de ces Enquesteurs, qui ne mordent jamais sans remporter la piece, qui empirent le mal par leur remede, & qui ne demádent qu'vn petit employ, pour faire vne large emploitte. Valere tirant en secret Parthenice, luy fait entendre comme il l'ayme, & en faueur de son frere qu'il cherit comme son propre enfant, & en consideration des Vertus qu'il auoit recognues en elle; qu'il est marry de ce qui est arriué par l'indiscretion de Zerbin, dont il deteste la faute, excusant sa iuste defence : mais la prie de se retirer, pour euiter vn plus grand mal; il l'ayde de quelque somme d'argent, & luy conseille d'aller à vne bourgade voysine, appellee Castello, attendre des nouuelles de son frere, qui doit bien tost reuenir de nostre Dame des Oliues, & luy rapporter response de ce qu'il aura negotié pour elle. Parthenice desia resoluë en son ame de quitter cette infortunee demeure, loüe la Prudence du Vieillard, le remercie de son soing paternel, & proteste de s'en souuenir vn iour, & deuant Dieu, & deuant les hommes. Il la veut faire accompagner, mais elle qui sçait que son front est vn escueil, qui brise autant de cœurs qui s'y aheurtent, ayme mieux estre seule qu'en vne compagnie qui luy soit suspecte; elle sçait, qu'à qui a vne langue, il est aysé d'aller par tout l'Vniuers, & de démesler toutes sortes de chemins : neantmoins pour se mettre à l'abry des iniures, & des insolences qui se peuuent faire à vne fille, qui va seule par le Monde, elle iuge à propos de se couurir d'vn des habits de son frere : & ainsi elle se iette en la voye qui conduit à Castello, si accablée de frayeurs & d'ennuis, & si estonnée de se voir seule, qu'à qui eust fermemét consideré sa contenance, eust aysément recognu vn cœur de fille soubs vn habit de masle. Apres auoir quelque temps cheminé, lasse & recreuë de cet exercice, qui ne luy estoit pas ordinaire; elle s'assit à l'oree d'vn bosquet, où se voyant seule, & soubs vn ombrage, où la tranquillité residoit à la faueur d'vn feuillage impenetrable aux rayons du Soleil, elle rompit le silence de ce lieu par des doleances que ie coucherois sur ce papier, si ie ne le destinois plustost à representer ses genereuses actions que ses languissantes paroles. Apres auoir deschargé son cœur oppressé de desplaisir par ses plaintes, elle s'essaya de le soulager par les doux accens de sa voix, au son de laquelle les oyseaux, comme charmez se r'amassoient autour d'elle; les arbres mesmes en furent touchez, & le Zephir retirant à soy son haleine, qui faisoit tremousser leurs feuilles, demeura suspendu par l'attention qu'il prestoit à l'air de ces mourantes paroles.

O! monts, rochers, & boys insensibles & sourds,
Et vous de ces deserts intelligences sainctes,
Souffrez que la pitié vous done des attaintes,
Ie souspire auiourd'huy le dernier de mes iours.

Clair flambeau de nos yeux, belle lampe du monde,
Astre qui fais tout voir, & qui vois tout aussi,
Autour de ce grand corps de la machine ronde,
Vis-tu iamais vn cœur si comblé de soucy?
Helas à chaque iour, ains plustost à toute heure,
Ie ne fay qu'appeller l'impitoyable mort :
Mais elle ne vient point, & sa longue demeure
Prolonge sur mon chef les iniures du sort.
O sort infortuné, dont la rage & l'enuie
Ne se peut assouuir de mes cruels malheurs,
Donne au moins vne fois fin à ma triste vie,
Et d'vne seule mort tranche tant de douleurs.

En disant cela vne lōgue enfileure de perles liquides couloit de l'Orient de ses yeux; belles larmes qui faisoient vne rosee en Calabre plus excellente que la Manne que cette prouince produict : la pitié entra en ces lieux qui sentoient le sauuage, la seule Fortune inexorable aux plaintes de cette Belle, en despit de ses Vertus minutte tousiours sur elle de nouuelles trauerses. En fin cette douce vapeur qui s'estoit esleuee en son cerueau, & qui distilla par ses yeux, aggraua d'vne douce moitteur ses debiles paupieres:

& ayant passé toute la nuict à combattre, non pas comme Iacob contre vn Ange, mais contre vn Demon incarné ; le Sommeil, charme des miseres humaines, se glissa aysément en ses prunelles, à quoy elle se laissa insensiblement aller : alors mille petits papillons, & mille petites mouches qui ne treuuoiét en tout ce païsage de plus belles fleurs que les roses & les lys de cet admirable visage, qui auoit faict souspirer tant de cœurs, la vindrent importuner: mais comme par ses paupieres, elle leur voyla la lumiere de ses yeux par vn mouchoir, dont elle se couurit la face, elle leur desroba l'heureuse moisson qu'elles eussent faict sur cet agreable parterre : tandis qu'elle dort Dieu qui est son cœur veille sur sa Chaste Espouse ; de sorte que nous pouuons dire d'elle en cet estat, ce que disoit le Chantre Diuin;

De Dieu tout secours luy viendra,
En marchant il empeschera
Que son pied ne chancelle,
Y vacquant si soigneusement
Qu'il ne dormira nullement
En sa garde fidelle.
Car celuy qui garde Israël
Veille d'vn soin perpetuel,
Sans que rien le detienne,
Dieu le preserue en tout endroict,

Et luy faict ombre au costé droict
Que mal ne luy auienne.
Au iour qui plus ardant sera
Le Soleil ne l'offencera
De sa chaleur cuisante,
Et la Lune au front argenté,
La Nuict par sa froide clairté
Ne luy fera nuisance.
Le Seigneur sera son secours,
Le Seigneur gardera tousiours
Son ame de l'oppresse,
Dieu le voudra bien maintenir
Tant à l'aller qu'au reuenir,
En ce temps & sans cesse.

Que si Dieu veille sur cette pure creature comme sur son pauillon animé ; estimez-vous que les Anges ces celestes Courtisans, qui cherissent tant les personnes Vierges & Chastes, ne luy rendent pas vn semblable deuoir, gardant soigneusement cette couchette de Salomon, comme les soixante Braues d'Israël ; sans doute nous pouuons dire auec le mesme Psalmiste, que

Dieu met en garde ses guerriers
(Esprits de son vouloir courriers)
Veillans de peur qu'on ne l'offence,
Et suiuans les pas qu'elle faict
Ils luy tesmoignent en effect
Leur seure garde & leur deffence.

Ces beaux Anges qui l'assistoient,
Haute dans leurs mains la portoient,
De peur qu'elle touchast la terre,
Et que son pied las & moüillé
Ne fust par la fange soüillé,
Ou blessé contre quelque pierre.

En la considerant ainsi, il me souuient de Iacob dormant sur la terre de Bethel, recreu & trauaillé, affligé de quitter la maison de son Pere pour les iniustes fureurs de son frere Esau. Et certes comme il eust la vision de l'eschelle qui luy presagea l'assistance de Dieu & des Anges : ainsi cette Sage fille en eut vn qui luy promit apres quelques peines vn heurex succez de ses trauaux ; car il luy sembloit qu'elle vouloit s'esleuer sur vne montaigne florissante, mais que c'estoit par vn chemin rude, pendant & rabotteux, où faisant de grandes glissades, elle retomboit souuent iusques au plus creux de la valee; que dans des taillis qui couuroient cette pente, elle estoit effrayee par des animaux sauuages, par des bandouliers ; & comme elle estoit en vn soin perpetuel de son integrité, pour la conseruation de laquelle elle auoit tant souffert tousiours, elle pensoit estre entre les mains de personnes qui la luy vouloient rauir. En fin, apres auoir bien debatu & combatu en ce penible trauail, elle se treuua sur ce feste, comme sur celuy d'vn Olympe accompagné d'vn air pur, nullement suject aux orages ou aux impressions de l'air ; ce tertre estant arrosé de claires fontaines, tapissé d'vn perpetuel Prim-temps de fleurs, esclairé d'vn Soleil brillant, d'vn Ciel riant & serain, & en fin de toutes les delices que peut fournir vn Paradis terrestre : mais comme elle estoit jouïssante de cette terre de promesse coulante le laict & le miel de mille consolations, vn gros bourdonnement vint interrompre contre le gré de l'Espoux Celeste cette bien-aymee pluſtoſt qu'elle n'euſt desiré pour son contentement. Ce fut par le bruict d'vn essain d'abeilles, qui sentant vn môceau des plus riches fleurs de tout ce païsage caché soubs ce mouchoir, se vint asseoir sur ce linge blanc ; ainsi ceux qui sçauent l'œconomie de ces petits animalets, ont-ils accouſtumé de les recueillir en des napes estenduës, quand au Prim-temps les ruches font faire essor à leurs nouueaux jettons.

Parthenice à ce bruict rouge comme vne rose,
Se réueille en sur-saut & se leue soudain,
Et ouurant les rayons de sa paupiere close,
Dissipa le dessein de ce petit essain.
A cet Astre nouueau toute pompeuse, & fiere,

Et couuerte de fleurs la terre se rendit,
Et le Soleil honteux de voir cette lumiere
Se cacha dans les flots qui luy seruent de lict.

La Vertueuse Vierge eust volontiers dict auec le Prophete dormant soubs le Genetre; Seigneur, tirez cette ame affligee de ce miserable corps : mais elle treuua tout le contraire de Ionas ; car le Soleil s'estant esleué sur le visage de ce dormeur, luy tira à son resueil quelques mots d'impatience, au lieu que cet Astre estant fort proche de son couchant estendoit les ombres sur la face de Parthenice : ce qui l'estonna craignant ce qui luy aduint, qui estoit de rester la nuict dans ces lieux solitaires. Mais consolez-vous, chere hostesse de ces bois, & vous souuenez, que si Dieu est auec vous, & pour vous (comme sans doute il est auec les personnes pures, & qui sont en sa grace,)

Dessus l'Aspic vous marcherez,
D'vn pied vainqueur vous foulerez
Le serpent qui porte couronne,
Et le Lyon plus orgueilleux,
Et le Dragon plus merueilleux
Qui sa peau d'escaille enuironne.

Ce bruit qui vous vient d'estonner, c'est vn augure qui vous doit consoler : car cet essain vous faict cognoistre visiblemét que les troupes inuisibles du Dieu des armees campent autour

autour de vous, & vous accompagnét, comme jadis les escadrõs du Ciel faisoient escorte à Iacob & à Elie. Ces petites lancieres ennemies des serpẽs estoiết sur vous pour vous preseruer des bestes venimeuses, & de la morsure des Tarantules: d'auantage, comme elles haïssent les charognes & les personnes impudiques, aussi ont-elles aussi bien que la Licorne vne affection particuliere enuers les corps chastes, sur tous s'ils sont Vierges. Que si jadis vn essain d'abeilles assis sur la petite bouche de Platon, & de S. Ambroise encores enfans, fut vn presage de la sublime Philosophie de celuy-là, & de la douce Eloquence de celuy-cy; pourquoy ne dirons nous pas qu'elles sont aussi amoureuses de vostre charmante voix, comme du bien-dire de ces excellens personnages? Volez petit essain, & quelque part que vous alliez faire vostre miel, vantez-vous d'en auoir cueilly l'esprit sur des fleurs plus rares que celles de la montagne d'Hyblee: que jamais la pestilente araignee n'embarrasse vostre mesnagerie; que les bourdons inutiles & nuisibles, ne se meslent jamais parmy vous, & que jamais l'Ours gourmand & insatiable ne deuore d'vne bouchee le trauail qui vous couste tant de iours, & tant de tours.

FIN DV LIVRE SEPTIESME.

PARTHENICE.
LIVRE HVICTIESME.

OMME l'inuincible Vierge se resoluoit de doubler le pas pour treuuer quelque logement auant que le Soleil se couchast tout à faict, & auant qu'il cachast ses beaux rayons à la face de nostre Hemisphere, frissonnante, de peur de rencontrer sans l'assistance de son frere vne pareille aubade que celle qui la pensa faire mourir de frayeur dãs la forest de l'Hermitage de sainct Macaire; voyla qu'elle entend de loing resonner à ses aureilles vne musette champestre; ce qui luy fit esperer quelque heureuse rencontre; elle s'aduance de ce costé là, d'où elle vit auancer vn troupeau de belles oüailles, conduittes par vn Pasteur, qui à diuerses reprises de voix, & puis de musette faisoit entédre ces mots, qui n'estoient point rustiques, ny cette voix sauuage, mais bien instruitte en la Musique, comme iugea fort

bien nostre sçauante Musicienne.
 Quand le bel œil du monde
  Laisse nostre sejour
  Se plongeant dedans l'onde
  Pour esteindre le iour,
  Et prendre son repos,
  Ie luy tiens ces propos.
O flambeau agreable
  Luisant également
  Au riche, & miserable,
  Faut-il que seulement
  Pour moy tu sois tout noir,
  Et tousiours en ton soir?
Ta lumineuse face
  A beau venir aux Cieux
  Redonner cette grace
  Qui paroist à nos yeux,
  Ie languis attendant
  De voir ton Occident.
Vne nuict sans lumiere
  Fourmillante d'ennuys,
  En sillant ma paupiere
  Rend mes yeux esblouys,
  Quand le regret m'assaut
  Tout le cœur me defaut.
Ie n'ayme que les ombres
  Des bois & des rochers,
  Ayant à des encombres
  Changé mes biens plus chers.

*Et tousiours la terreur
Me donne de l'horreur.
Miserable Philandre
Ne verras-tu iamais
Mesmes dedans la cendre
La douceur de la Paix,
Non: car dans le tombeau
Bruslera ton flambeau.
Obiect de ma pensee,
Suject de mes douleurs,
Voy mon ame oppressee,
Mes yeux noyez de pleurs,
Et pardonne à mon sort
Qui t'a donné la mort.*

Ceux qui ne sont remplis que du Monde, ne songent qu'au Monde ; celuy qui est de la Terre, ne parle que de la Terre ; mais celuy qui est de Dieu, ne pense qu'à Dieu, ne parle que de Dieu, & croit qu'il en est ainsi des autres. Nostre Vierge non diuisee ny partagee en ses Affections, mais toute occupee en cet Vn Necessaire, qui est l'Amour de Dieu; se va imaginer que ce Berger est deuot, & que ses pechez ayans donné la Mort à l'object de son Amour, qui est IESVS Crucifié, luy ont faict souspirer ces dernieres paroles, lesquelles il acheua auec vn grand sanglot. Elle apprend son nom par ce chant, comme l'oyseau qui se faict cognoistre à son ramage. Elle iuge bien à son port, à sa taille, à son teint, à son maintien, à son langage qui est vn pur Toscan, qu'il est nay quelqu'autre chose que Berger, mais que peut estre à l'imitation du Moyne Malchus, dont elle auoit autrefois leu la vie, si élegámentdescritte par S. Hierosme, il auoit pris cette abjecte condition pour faire Penitence par quelque inspiration particuliere: elle est pressee de la naturelle curiosité de son sexe, de l'enquerir de son origine, toutesfois la timidité de ce mesme sexe l'empesche de l'aborder. Mais comme les Rossignols s'excitent à chanter à l'enuy les vns des autres; & comme la Musique irrite le chant des oysillons: Ainsi est-il de ces gens qu'on appelle Musiciens, rien ne les prouocque tant à chanter, que d'en entendre quelqu'autre qui chante, ou qui leur semble chanter moins suffisamment: Car alors comme se vouians releuer par le raualement d'autruy, ils dégoisent leurs roulemens au mieux qu'il leur est possible. Nostre Philomele se glissant donc dans l'espesseur d'vn taillis, fit entendre sa rauissante voix, qui transporta non seulement ce Pasteur, mais encores ses brebiettes, qui en demeurerent immobiles comme si elles eussent brouté de l'Eryngium. Ce qu'elle recita, fut ce

Ii iij

Madrigal tiré du sacré Cantique.

O vous mes cheres compagnes
Qui paissez par ces campagnes
Vos aymables troupeaux,
Dedans cette prairie
Auprés de ces ruisseaux,
Ou parmy ces roseaux;
Si vous voyez passer mon Amant nompareil
Sans qui c'est à regret que ie voy le Soleil,
Dittes luy, ie vous prie
Qu'il me face reuoir la clairté de son œil.
Dittes-luy qu'en cette valee
Vous m'auez veu desolee:
Apprenez-luy que ie languis d'Amour,
Le suiuant à la trace,
Et qu'en cette douleur il faut que ie trespasse
Si ie ne voy le iour,
Qui ne me peut venir que des rays de sa face,
En chassant les obscures nuicts
De mes ennuis.

Dieu ! que deuint Philandre quand il entendit cette Angelique melodie ! depuis qu'il estoit en ces bois il n'auoit receu aucune consolation si puissante que celle-là : il croit que c'est Dieu qui l'a voulu visiter par quelque celeste esprit : Il a estudié, il sçait que ces paroles sont diuines, c'est ce qui le tient en suspens : mais quand il vit sortir de ce fort ce ieune jouuenceau, qui auoit aussi bien la beauté d'vn Ange, comme la voix, peu s'en fallut qu'il ne l'adorast, si la sage Parthenice preuenant son Adoration n'eust empesché cet idolatre, luy disant qu'il estoit vn pauure estranger, souspirant en ces bois la mesme Passion saincte qu'il auoit auparauant tesmoignée estre en son ame par la lettre de de l'air qu'il venoit de proferer alternatiuement, auec sa Lyre, & auec sa langue. Helas, luy dict Philandre, cher estranger, ie te prie de me dire asseurément, si tu es vn homme, ou vn Ange, afin que ie te rende les honneurs, ou ciuils, ou Religieux, que ce pauure Pastre doit à ta qualité. Ie suis trop miserable pour estre Ange, respond Parthenice, & assez miserable pour estre homme, dont la naissance n'est qu'ordure, la vie que trauail, la mort que douleur, l'estre que l'essence de la mesme misere. Mais c'est de tes nouuelles que ie voudrois plus particulierement sçauoir, que ie n'en ay appris par tes souspirs, gentil Berger, dont la gratieuse forme n'a rien de gros que le drap de la casaque. A la bonne heure t'ay-ie rencontré, courtois estranger, & dont le langage delié marque vne Noblesse Napolitaine : & puisque tu es tourmenté de ce mesme martyre d'Amour, qui m'afflige auec autant de douleur, que cette Passion m'a faict autrefois sentir de douceur, ie croy que la Compassion naissante de la Sympathie fera naistre en nous vne solide amitié, puisque la conformité, ou des humeurs, ou des mal-heurs est vn ciment qui cole ordinairement les esprits d'vne soudure tres-estroitte. Car tout ainsi qu'vn fer touché d'aymant, attire vn autre fer, comme s'il estoit l'aymant mesme; ainsi vn cœur amoureux & douloureux imprime en vn autre auec facilité sa douleur & son Amour, comme s'il estoit la douleur & l'Amour mesme : & tout ainsi que les Palmiers se rendent fleurissans & chargez de fruicts par leurs transpirations, qui se portent de l'vn à l'autre sur les aisles des Zephirs; ainsi la mutuelle communication des cœurs qui se faict par le vent de la parole, forme cette Cognoissance reciproque, sans laquelle il n'est point de vraye amitié. Ne craignons donc point de nous descouurir l'vn à l'autre, car puisque tu souspires & souspires d'Amour c'est signe que la douleur est ta compagne, comme elle me tient vne escorte fidele, qui me conduira iusques au cercueil : ne craignons point cette contagion imperceptible, qui se prend à entendre des desplaisirs ; car aux ames confites dans l'amertume, comme est la mienne, la joye m'est insupportable, autant que le recit des tristesses d'autruy me plaist & me delecte: car que peut aymer vne inconsolable douleur, sinon quelque autre, qui luy soit sinon égale ; (car quelle affliction peut égaler la mienne) au moins aucunement semblable ; si l'Amour est enfant de ressemblance, comme disent tous les sçauans. C'estoit trop dict pour vn Berger, mais non pas trop pour vn habile homme, que l'Amour auoit reduict à cette extremité, ayant mis en poudre toute sa science, & deuoré toute sa Sagesse. Icy Parthenice se vit surprise, craignant de rencontrer encores quelque nouuel aspic caché soubs vne belle fleur : & comme vne timide Colombe eschapee du Gerfault tremble au mouuemét de la moindre feüille, ainsi elle minutoit desia de prendre congé, pour ne treuuer quelque second Zerbin, qui luy rauist le thresor inestimable qu'elle portoit en vn vase si fresle. Mais la Gentillesse de ce noble Berger la retint auec tant de graces, que sans violenter sa volonté, elle luy promit d'aller loger au hameau, où il retiroit ses brebiettes, pourueu qu'il luy declarast quel il estoit, & ce qui l'auoit reduict à cette condition si esloignee de son Esprit. Ce que l'agreable Philandre luy promit de luy deceler en peu de paroles, la suppliant par cette glorieuse forme qui paroissoit en son front de ne le deceler pas, mais plustost de le soulager de son conseil, lequel il receuroit comme vn Oracle. Alors Parthenice qui iugeoit bien à sa naïfueté & à son naturel tout autre que Calabrois, qu'il la prenoit vrayement comme vn homme; & de plus que cette Amour qu'il souspiroit estoit plustost Humaine que Diuine : Certes, dict-elle, Gentil Berger, quand ie t'ay entendu chanter que tu demandois pardon à l'obiect de ton Amour, à qui tu auois donné la mort, i'ay incontinent creu que tu plaignois en ces deserts, comme sainct François dans les montaignes de l'Aluerne, les cruelles douleurs du Sauueur de nos ames, que nous auons faict mourir, & attaché en vne Croix par nos pechez : & c'est cette Amour vnique qui m'a faict contre-chanter apres toy ce Madrigal tiré des sainctes Pages, pour te faire entendre que tu n'estois pas seul qui pleurois dans ces lieux escartez vn si grand Esclandre. Car c'est pour ce seul suiect que i'ay de l'Amour, tout autre me semblant ordure & boüe, à comparaison de celuy-là : Et c'est pour chercher de le suiure auec la croix que i'ay ainsi abandonné toutes choses, desirant encores m'abandonner moy-mesme, en prenant l'habit Religieux, pour estre entierement à mon cher IESVS, soit à la mort, soit à la vie. Heureux Estranger, repliqua Philandre, qui as choisi la meilleure part, & qui ne te sera point ostee, qui as esleu celuy qui est esleu entre les milliers, celuy qui est le plus beau entre les enfans des hommes, celuy qui est blanc & vermeil, celuy qui rauit les Apostres en sa Transfiguration, & que les Anges voyent d'vne veuë tousiours desireuse en la Gloire, celuy qui par la beauté de sa forme attire doucement & fortement, procede suauement & regne hautement sur les cœurs consacrez à son Amour; celuy dont la grace est admiree par le Soleil & par la Lune; cet agreable Lys auquel toute la Pompe de Salomon n'a rien de conferable: Ie ne m'estonne plus, si tantost tu parlois en femme : car c'est à l'Espoux de ton ame que s'addressoient tes vœux : ah! que ne puis-je t'imiter en cela, & faire vne aussi digne election pour loger mes Affections. Il ne tiendra qu'à vous, repliqua Parthenice, (bien ayse que, ny sa voix, ny sa chanson, ny sa façon n'eussent trahy son sexe aux yeux subtils de ce bel Esprit, helas trop occupé de ses resueries, pour prendre garde à autre chose) car Dieu donne le pouuoir de faire vn pareil choix à ceux qui en ont le vouloir; il ne faut qu'auoir bonne volonté, & le Dieu de Paix est soudain auec nous. A ce que ie voy, repliqua le Pasteur, vous auez estudié. Pardonnez-moy, reprit Parthenice : mais i'ay quelquesfois entendu des Predications, & leu des liures de Deuotion qui m'ont appris ce peu que ie sçay : mais c'est vous, gentil Berger, qui vous mocquez ainsi gratieusement de mon ignorance, & qui pensez par l'artifice de vostre bel Esprit tirer la cognoissance de ma fortune, & puis me celer la vostre, que vous estes obligé par promesse de me manifester; autrement ie retire ma parole & m'en vay loger en quelqu'autre maison de ce hameau, qu'en celle de vostre retraitte : car comment hebergerois-je auec vne personne, qui m'ayant mis en goust de sçauoir de ses nouuelles, me voudroit cacher ce que ie desire? que pourrois-je esperer d'vne si deffiante & cauteleuse amitié? Ce n'est pas que d'autre part ie vous veuille autrement surprendre, comme ie ne vous ay point caché mes intentions : ie ne suis point curieux aux affaires d'autruy, ny crocheteur des secrets de ceux que i'honore; car c'est vn mauuais depost & dangereux que celuy d'vn secret, & qui brusle le sein comme feroit vn charbon : mais c'est parce que la langue d'vn amy, & d'vne personne qui nous monstre le bien, estant medicinale aux vlceres de l'ame, peut-estre que ie pourrois par vn aduis salutaire vous monstrer le remede de vos playes dans l'imitation de mon dessein Religieux. Ah non! courtois estranger, reprit Philandre, ce n'est ny mon intention de vous celer ma misere, puis qu'il n'y a rien qui la soulage tant que de la descharger dans le sein d'vne ame fidele, ny le desir de sçauoir premierement où vous conduit vostre Sort, puis que vous m'auez à l'abord si franchement descouuert vostre pieuse entreprise. Helas! que ne suis-je assez fort pour donner tout à faict du pied au Monde, sans flatter en cette basse condition vn reste d'espoir, qui est demeuré au fond de mõ cœur, au milieu de toutes les calamitez qui m'accablent de voir effacer au têps auec son espõge insẽsible cette plaintiue Idole de celle que i'ay mise à mort, qui nage cõtinuellement en ma fantaisie, & qui me liure à tout momẽt mille assauts & mille allarmes, & qui ne me dõne repos, ny la nuict, ny le iour. Ce qui me fit ces iours, ou plutost ces nuicts passees (car les iours me sõt des nuicts par la haïne que i'ay de la lumiere, & les nuits me sont des iours, n'y treuuãt point de repos, sans que ie puisse chãger la nuict en iour, ny apres ses tenebres esperer aucune lumiere) ce qui me fit, dy-je, souspirer ce Madrigal que ie vous reciteray en contre-eschange du vostre.

 Sommeil assoupissant les plus fascheux ennuis,
  Dedans l'horreur des nuicts
 Qui voylent l'Vniuers de leurs obscures ombres,
  Preste moy tes pauots,
  Pour enseuelir mes encombres,
 Qui me causent ces humeurs sombres
  Dans vn peu de repos.
  Faut-il que ie souspire
 Incessamment apres ce que mon cœur desire,
 Sans sentir alleger ces fascheuses douleurs?
 Faut-il quand le Soleil pour soulager sa peine
 S'en va dedans la Mer reprendre son haleine,
 Que ie treuue la mienne en la Mer de mes pleurs?
 Pensers qui m'estes si contraires,
 Me tourmenterez-vous tousiours?
 Mais que puy-ie esperer ayant pour aduersaires
 La splendeur de la nuict, & la clairté des iours.

Nous ne sommes malheureux qu'autant

qu'il nous plaist, dict Parthenice, & personne n'est offencé que de sa propre fantaisie: il y a remede à tout, excepté à la mort. Et c'est cette cruelle mort, reprit soudain Philandre, qui meslant ses traicts iniustes auec ceux de mon Amour, me faict souspirer ainsi vne Amour mortelle, & vne mort toute pleine d'Amour. Quoy, dict Parthenice, vous plorez donc vne Maistresse morte ; he! quelle frenaisie! ne sçauez-vous pas que c'est troubler les ombres & les Mannes des trepassez, dont nous deuons sur-semer les tombeaux de fleurs, au lieu de les noyer de pleurs:

He! pensez-vous que la cendre
Puisse vos plaintes entendre,
Et pour faire le transi
La resusciter ainsi.

O qu'il est malaysé d'estre sage, & d'aymer en mesme temps, puis que l'amour des creatures n'est qu'vne pure cresme de folie. Vous parlez bien à vostre aise, repliqua Philandre, vous qu'vne saincte Affection des choses Celestes, & qu'vne grace particuliere que Dieu ne distribue pas à tout le monde destache & descole des choses d'icy bas: Il est aysé aux Saincts de reprendre les Pecheurs, & aux sains de conseiller les malades: mais si vous estiez malade vous-mesmes, les remedes que vous ordonnez vous seroient en horreur : Il est bien-aysé de dire à la fille de Syõ, l'ame pecheresse, qu'elle deslie les cordages qui luy serrent le col, & ces entraues d'iniquité qui luy enlassent les iambes, c'est à dire les Affections ; il n'est rien si facile que de luy dire qu'elle iette là les fardeaux qui l'accablent, c'est comme qui se contenteroit de dire à quelqu'vn que la fieure estouffe, soyez sain : Mais il faut que ces changemens procedent de la droitte de Dieu, laquelle d'vn puissant reuers peut briser tous les liens des pechez qui nous embarrassent ; & alors nous luy pouuons dire auec le diuin Chantre,

 Les chaisnes qui pressoient ma vie,
  Seigneur tu vas froissant,
  Dont graces ie te sacrifie,
  Ton Sainct Nom benissant.
 Sus donc que mes vœux ie te rende,
  Comme i'y suis tenu,
  Et ce deuant toute la bande,
  Dont tu es recogneu.
 Aux porches qui sont dans l'enceinte,
  Du Palais d'Oraison,
  Au milieu de la Cité Saincte
  Du Seigneur la maison.

Mais cela est bon à dire à ceux que Dieu tire de l'esclauage de l'Egypte du Monde à main armee, c'est à dire auec vn bras puissant & fort,

fort, auec vne attraction vehemente: Ceux qui cinglent foubs vn plus foible vent, ne peuuent pas fi promptement arriuer à cet heureux port. Ah! que tu n'as que trop veritablement dict, gentil Paffant, qu'il y a Remede à tout, excepté à la mort; car c'eſt cette impitoyable mort qui rend & mon mal, & mon Amour, fans reconfort & fans Remede. Si eſt-ce, reprit Parthenice, qu'on dict communément, que le Temps ou le Trefpas font les plus efficaces Antidotes de cette Paffion; c'eſt vn feu qui s'efteind quád on le couure de Terre. Alors Philandre, Ce Prouerbe qui me feroit fi vtile manque en moy, cher hoſte, car ce feu qui me deuore fe nourrit dans la cendre de celle que i'ay tuee de ma propre main, & qui eſtoit neantmoins plus la vie de mon ame, que mon ame n'eſt la vie de mon corps. Ce qui te doit faire iuger combien mon mal eſt extraordinaire, puis que les Remedes ordinaires ne luy donnent aucun allegement. A cela Parthenice, Ie fçaurois volontiers ce cas eſtrange, & comme il eſt poſſible que tu ayes faict fentir l'effect enragé d'vne fi extreme hayne, à celle qui te caufe tant d'Amour: car que peut-on faire pis à vn cruel ennemy que de le tuër? Ie ne puis bonnement m'imaginer vn tel defaſtre, fuſt-ce ialoufie, fuſt-ce fureur,

Kk

fust-ce rage qui te transporta à faire ce coup: car comme le feu Gregeois petille au milieu des eaux; ainsi vne grande Dilection outragee se tourne quelquesfois en vne rage desesperee: & comme la fieure en ses accez nous gele de froid, & nous brusle de chaud; ainsi les tourbillons d'vne Passion turbulente produisent quelquesfois en mesme temps des effects diametralement opposez: car comment tuër ce qu'on ayme, & comment aymer ce qu'on tuë? En peu de paroles, Gentil Estranger, ie t'auray déueloppé ces Enigmes. Ie suis Toscan, & né en cette fameuse ville de Sienne, ancienne Colomne des Romains, où est le plus pur air, comme le plus pur langage de la Toscane. Mes parens sont Nobles, & possedent d'honnestes, quoy que mediocres facultez. I'ay passé ma premiere ieunesse à Pise, en l'apprentissage des bonnes lettres, qui sont là autant cultiuees, qu'à Sienne honorees. Reuenu chargé d'estude & de doctrine, grād cas, que toute ma Sapience & ma Science fut incontinēt bouleuersee par ce chetif Archerot, qui prend plaisir à affoller les Philosophes, & les testes qui paroissent les mieux timbrees: ce fut par la rencontre des yeux de Charite que ie fus pris. Il me sera permis d'appeller ainsi cette chere morte, que cetce main a cruellement mais innocemment assassinee: & parce qu'elle portoit le nom de cette grande Catherine; signalee par ses playes sacrees, & qui rend nostre ville Bien-heureuse par sa naissance, & par la possession de ses sainctes Reliques : & aussi parce qu'il sembloit que toutes les Charites qui font les Graces, eussent contribué tous leurs thresors à former cette fille, pour la rendre autant accomplie en Vertu, que parfaicte en Beauté; plusieurs bruslerent pour elle : car quels Esprits n'en eussent esté espris, sinon ceux que leur insensibilité mettoit à l'abry de ses attraits ineuitables: nul en fut allumé, comme plus sincerement, aussi plus heureusement que moy, si ce Bon-heur, dont ie me vis comblé, n'eust esté accablé par vn malheur extreme & irremediable, comme vous entendrez. Entre mes Riuaux le seul Ascanio paroissoit en esclat de Richesses, & en vne ardeur impetueuse, auec tant d'insolence qu'il violenta ma Patience plusieurs fois: Neantmoins pour trancher cecy tout court, ma modestie l'emporta sur son arrogáce, qui depleut aux parés de l'agreable Charite, & ma mediocrité se treuua releuee par dessus ses hautes facultez: que s'il me passoit en biés, ie le deuançois en contentement; si bien qu'il se fust estimé heureux de changer sa fortune

KK ij

à la mienne. Touſiours l'eminence du Sang ou du Bien ne l'emporte pas ſur la baſſeſſe; il y a des incommoditez dans la Grandeur, laquelle ſe fiant trop en la multitude de ſes reuenus, quitte la poſſeſſion du vray merite & de la vraye Valeur, par laquelle ſeule nous ſommes eſtimables aux ames Iuſtes. Entre tant de pourſuiuans ie fus eſleu pour gendre : les parens bien-auiſez ſuiuans en cela, non le luſtre de la vanité, mais vne ſage egalité qui ſe treuua entre ma fiancee & moy, & pour l'aage & pour les biens ; & de plus l'inclination de l'admirable Charite, qui donnant de l'Amour à tout le monde, n'en receuoit que pour moy, trop heureux Philandre, d'eſtre le ſeul ſoucy de ce Soleil, trop malheureux Philandre, d'eſtre demeuré en ſoucy, & d'auoir toy-meſmes par tes mains ſacrileges eſteint ton Soleil. Certes on voit bien ſeicher & mourir les fleurs ſous les trop cuiſans rayons de cet Aſtre du Ciel, mais que les fleurs luy facent perdre ſa lumiere, c'eſt vne choſe qui ne ſe vit iamais; auſſi n'y a t'il que ma miſere qui renuerſe tout le cours de la Nature. Que tarday-je tant à vous declarer cet accident, dont vous voyez que la playe me ſaigne par les yeux? La barbare mort changeant ſa trouſſe auec l'Amour, ſe vint ſeruir de mon bras pour executer sa vengeance. Comme i'estois au plus proche degré, & comme en l'Apogee de l'accomplissement de mes plus ardans desirs, il se fit vn grand appareil pour nos Nopces, honorees de la presence de nos communs parens, tous fort contens, & fort resiouïs de cette alliance. Au milieu du bal entra le traistre Ascanio paré comme pour ses propres Nopces, accompagné de plusieurs de ses amis, complices de sa perfidie & de sa desloyauté ; le grand rang que son sang luy donnoit en la ville le fit accueillir auec toute la courtoisie qui se peut dire : ce barbare cachant vn cœur de Loup rauissant soubs vn semblant d'Agneau, me baisant au front comme vn Iudas, & comme vn Ioab me desiroit mille morts en son cœur, en mesme temps que sa bouche pipeuse me cajolloit de mille congratulations, & me felicitoit de mon alliance ! ô langue frauduleuse, qui parloit en vn cœur & en vn cœur ; poictrine desloyale, qui receloit deux cœurs ; il abborde l'Espousee, & commence à l'entretenir de propos agreables, mais indifferens, quand tout à coup, à vn certain signal toute la sale se vit remplie d'espees nues : imaginez-vous si ces traistres furent les Maistres en vne compagnie qui pensoit plustost à danser qu'à se battre : il se faict vn bruict horrible & confus, les femmes font vne tempeste qui n'est pas petite, & les hommes desarmez sautent par les fenestres, comme des timides colombes. Alors ie vy le malheureux Ascanio embrasser l'éperduë Charite, & l'emporter aussi legerement que la Tygresse faict ses petits Tygrons. Demandez quelle fut ma fureur, puis que le sentiment m'en estoit si iuste ; de telle cause, tel effect. Ie me precipite à trauers ces espees, & ayant fendu la presse de pieds & de mains, ie fais donner en terre à vn de ces brigands, duquel i'arrache l'espee : le Pere de Charite & le mien courent aux armes, comme ceux à qui on ostoit l'honneur & la vie de leur progeniture : Ce n'est que sang, que meurtre, que carnage par tout : voyla le Bal changé aux sanglans sacrifices de Baal : desia ce farouche Pyrrhe trainoit à force ma deplorable Cassandre ; il estoit dans les degrez, s'en allant auec sa proye; ie saute apres, & luy mettant l'espee dans les reins, ie le menace de l'acheuer, s'il ne lasche sa prise; mes aduersaires que i'ay à dos me percent en trois ou quatre endroicts : ie nage dans mon sang; mon ennemy faisant bouclier de ce qui m'estoit le plus cher au monde, presente Charite à la pointe de mon espee : Elle d'vn courage ineffroyable au peril, (& iugez de sa Vertu par cet eschantillon, qui faict veoir la piece entiere de sa vie) voyant que ie cherchois parmy ces obscuritez à perdre le bourreau de son Honneur, & de mon Amour sans la blesser: Que tardes-tu, me dict-elle, (ô souuenir qui me donne la mort) cher Espoux, de preuenir la perte de mon honneur, par celle de ma vie? fay que ie meure entiere, & à toy, plustost que de mourir deshonoree par vn autre: vne mort innocente est meilleure, qu'vne vie infame. Iustes Cieux! vous m'estes tesmoins, que ce ne fut point pour accomplir cette priere, que i'auois en horreur, mais que ce fut le triple aueuglement des tenebres de la Cholere & de ma Precipitation, qui fit qu'en perçant le bras de ce Rauisseur, la pointe de mon estoc passa dans le cœur de cette Chaste Amante, qui trespassa sans dire autre chose, sinon; Ha! ie suis morte, mon Dieu ayez pitié de mon ame, & pardonnez à mes ennemys. La confusion estoit si grande, que mon propre Pere me pensant secourir me frappa; ha! que n'acheuoit-il le meurtrier de sa Belle fille: mon beau Pere arriue, qui entrant d'vne pointe sur Ascanio, le trauerse de part en part, & enuoye cette ame traistresse en son lieu. Le voysinage l'assemble mes amis reuiennenr armez, ceux qui assistoient le barbare Ascanio se treuuent enuelopez comme des sangliers dans des toiles; la meslee fut sanglante, parce que le desespoir de sauuer leurs vies, sinon par le fer, leur donnoit vne hardiesse furieuse: car quand on est reduict à ce poinct de n'auoir autre salut que de n'esperer point de salut, cela faict treuuer de la Vaillance aux plus poltrons: plusieurs tomberent de part & d'autre; ie demeure parmy tous ces fers percé comme vn crible: & diray-je mon bonheur & mon malheur, ce n'estoit d'aucun coup mortel: mon Pere, qui pensoit perdre son sang en voyant couler le mien, me soustient chancelant & m'emmeine: Le Pere & la Mere de Charite, voyant leur fille morte sur le poinct de leur plus grande ioye tombent dans vne inconsolable douleur. Ascanio est mort auec quelques vns de ceux qui l'ont assisté au trespas, comme en l'entreprise; ses parens sont puissans, on dict que c'est moy qui l'ay tué; on n'excuse pas ma iuste douleur; mon Pere est innocent: le Pere de Charite, sçachant qu'en frappant Ascanio (auquel il auoit donné la mort) i'auois tué sa fille, pense que ie l'ay plustost tuee pour sauuer mon honneur attaché au sien, que par inaduertence. Mon

Pere pour euiter les fureurs des parens d'Ascanio, & les pourfuittes de la Iuftice, me faict tout bleffé que ie fuis, conduire hors de l'Eftat de Tofcane à Viterbe, où tandis qu'on me panfe le corps: mon efprit eft defchiré de mille defplaifirs, qui comme les Vautours de l'habitant du Caucafe le becquettent fans aucun relafche: mon Pere me donne auis que tant le Pere de Charite qui fe defcharge en me chargeât de la mort d'Afcanio, auffi bien que de celle de fa fille, & les parens de ce Rauiffeur auoient côiuré côtre ma vie, & refolu de me faire affaffiner, fuffe-ie aux extremitez de la terre habitable; & pour cela en m'enuoyant de l'argent, il me confeilloit de me retirer plus loing, & de viure defguifé d'habit & de nom, ou à Naples, ou en Sicile, iufques à ce que le temps, medecin de toutes les playes des ames, & Pere de la Verité, peuft donner lieu à mes iuftifications. C'eft ce qui m'a faict venir en ces derniers confins de la Calabre, où fuyant l'air des villes, toutes compagnies m'eftans non feulement fufpectes, mais odieufes, ie me fuis déguifé d'habit, & encores de nom, car le mien veritable eft compofé de celuy de cet Apoftre qui conuertit l'Eunuche de la Royne de Candace, & de celuy du frere puifné du Prince des Apoftres, dont i'ay façonné fans beaucoup d'alteration celuy de Philandre. Et parce que tous deux ont esté fort amoureux des hômes leurs freres, & parce que mon amour estant humaine, ie pourrois souspirer sous ce nom qui a du sauuage & du boccager, mes plaintes pour Charite. Heureux! si comme toy, cher Estranger, ie le pouuois changer en celuy de Theophile, & n'aymer plus que ce Dieu, aux bras duquel est ma Charite, puisque ce Dieu est la mesme Charité, & qu'en cette Charité il m'a tant aymé, qu'il s'est donné luy-mesme pour moy. C'est luy qui a incliné le Ciel de sa grandeur pour joindre la lumiere de sa Diuinité auec le limon de nostre mortalité, se rendant Pasteur pour mon Amour, & pour me rendre oüaille de sa Bergerie. O si i'eusse eu cette pensee d'embrasser cette vile & seruile cōdition pour son Amour, comme il a espousé la forme d'esclaue pour la mienne, que ie me sentirois heureux, & honoré de cette pauure houlette. Mais ce n'est point cela, ains le desir de me rendre incognu, & de sauuer cette vie miserable, qui ne m'est qu'vne viuante Mort, depuis que ie l'ay ostée à celle qui me la rendoit agreable. Il y a plus d'vn an, que sans receuoir des nouuelles des miens, ny sans leur faire sçauoir des miennes, desireux de m'enseuelir dans l'oubly entre les Morts du siecle, ie vis parmy ces bois & ces Rochers, les importunant nuict & iour de mes souspirs, & de mes plaintes. La Poësie & la Musique sont tout mon entretien, & ce sont des Arts germains que i'ay tousiours cheris esgalement. Mon occupation est autour de ces deux troupeaux ; ce mestier commence par la coustume à me deuenir doux : & bien que ie sois comme le prodigue de l'Euangile, retiré en vne region loingtaine, si est-ce que ie ne vis pas dissolument comme celuy-là, mais selon la frugalité champestre : ie ne sers pas vn maistre cruel comme estát son esclaue, mais vn bon homme simple, qui m'ayme & me cherit comme son enfant, & qui proteste n'auoir jamais eu de si gentil Berger. Il me donneroit assez volontiers vne de ses filles en Mariage, mais ie n'en suis pas si affamé que Iacob estoit de Rachel en la maison de Laban. En quoy j'imite le Prodigue, c'est à dissiper vainement la substance de mes larmes, & le vent de mes souspirs exhalant mon ame en sanglots, & la distillant en pleurs, ah ! pour vn subject glorieux dans le Ciel, & insensible en Terre. Il n'y a plante en ces valons que ie n'aye arrosee, fontaine que ie n'aye enflee, ruisseau que ie n'aye bouffi de mes pleurs ; il n'y a rocher que ie n'aye frappé de mes cris, ny Echo qui auec vsure ne m'ait redit mes plaintes. Faut-il donc pour conseruer vne viuante Mort, que ie meure continuellement d'vne mourante vie? Que la Loy Chrestienne est rigoureuse en ce poinct, qui menasse d'vne eternelle mort, ceux qui se la donnent temporellement: Mais seroit-ce mal faict que de me tuer moy-mesme, puisque i'ay tué d'vne impitoyable main, en violāt les sacrees loix de la plus saincte Amour qui fut au monde, celle qui estoit plus en mon cœur, que mon cœur n'est en ma poictrine? Dieu du Ciel, vous sçauez combien innocemmét i'ay commis ce forfaict, & que si i'eusse pensé faire vn tel coup, i'eusse plustost tourné mon estorce contre moy-mesme, que contre ma chere Charite. Aussi n'est-ce pas elle que i'ay tuee, puis qu'elle est viuāte en l'eternité, mais c'est moy-mesme, puisque la vie que ie traine n'est qu'vne veritable Mort. Ce n'est pas aussi pour moy que le Soleil rameine la clairté du jour; car ne luisant point pour ceux qui sont morts au monde, ie ne puis dire que ses rayōs soient pour les yeux d'vn si miserable que moy, qui ne suis vif que pour le sentiment de mes douleurs, & mort à toute sorte de plaisir.

Aussi fuy-ie à veoir son flambeau,
Depuis qu'vn exil volontaire
M'enterra comme en vn tombeau

Dans ce lieu triste & solitaire,
Où les vers de cent mille ennuis
Me rongent les iours & les nuicts.
Helas! les destins couronnez
Ayans ruiné mes attentes,
Tous mes contentemens passez
Me sont des angoisses presentes,
Et maintenant m'est douloureux
D'auoir veu mes iours bien-heureux.

Voulez-vous bien, cher Estrãger, que ie continuë à vous reciter ces tristes accents de mes plaintes, dont ie rebats tous les iours ces valees & ces cotaux. C'est donc ainsi que ie les étale:

O douce cause de mon bien!
Qui n'es plus qu'vn petit de poudre,
Et sans qui ie ne suis plus rien
Qu'vn tronc abbatu par la foudre;
De quel point de felicité
Ton trespas m'a precipité.
Helas! au lieu quand tu viuois,
Que nul ennuy me faisoit plaindre,
Tant de bon-heur alors i'auois
Que i'esperois tout sans rien craindre:
Maintenant reduict à pleurer,
Ie crains tout sans rien esperer.
Mais que peut craindre desormais
Quelques maux dont la vie abonde
Vn cœur miserable à iamais,

Qui n'a plus rien à prendre au monde,
Et qui du tout desesperé
Vit à tout malheur preparé.
Non non, ton trespas m'a rendu,
D'espoir & de crainte deliure,
En te perdant i'ay tout perdu :
Ie ne crains plus rien que de viure ;
Viure encor est le seul mal-heur,
Qui peut accroistre ma douleur.
Car gemissant dessous le faix
Dont m'accable vne peine extresme,
Et suruiuant comme ie fais
A tout mon heur, voire à moy-mesme,
Viure m'est comme vn chastiment
D'auoir vescu trop longuement.

Traistre Monde ! combien y a-t'il de temps que ie suis enroollé sous tes estendars, combattant à ton seruice, non seulement à mes despens, mais encores contre moy-mesme ? Pour t'aymer ie me suis haï, & pour te suiure i'ay mesprisé ma propre vie. O si i'eusse honoré le Createur autant que les chetiues creatures, ie serois maintenant à la cime de la Perfection Chrestienne; ses aureilles seroient ouuertes à mes vœux, & mon bon-heur seroit inconceuable à l'humaine pensee : là où pour m'estre asseruy soubs ton joug, & auoir suiuy tes ingrattes & perfides banderoles, me voicy tout comblé de douleurs, relegué hors de la cognoissance d'autruy, & de moy-mesme : pareil à ces vieilles Galeres, qui apres auoir fretté sur la Mer pourrissent brisees sur la rade : à ces coursiers contrefaits genereux, qui apres auoir sauué leurs Seigneurs dans les batailles, s'en vont estropiez au labourage; & à ces soldats mal recogneus, qui perclus de leurs membres meurent dans la gueuserie. Voyla les salaires dont le Monde paye ses valets, qui non content de leur faire perdre & la fortune & l'esperance, persecute encores à outrance leur Retraitte par des regrets d'auoir si mal employé la fleur de leurs ans. Et moy qui entre ses seruiteurs suis le plus cruellement traicté, puisque comme cet ancien Tyran, il n'allonge ma vie que pour estendre sa vengeance, en me faisant suruiure à moy-mesme; ie suis bien encores si sot, que de me repaistre de l'attente d'vn meilleur Sort, me laissant sensiblement miner à ce qui me ruïne, & mener à celuy qui ne cherche que mon precipice: Helas! que n'ay-ie le pouuoir d'esquiuer mon desastre, aussi bien que de le preuoir! & pourquoy faut-il que ie haïsse le Monde, sans auoir le courage de le quitter? Ames Religieuses, qui auez par vne fuitte salutaire obtenu la victoire sur ce cruel ennemy, ne me rendrez-vous jamais participât de vostre tranquillité? ô que ie loüeray vostre ayde, si vous soulagez mon imbecilité, & si dans vos bras vous recüeillez mes miseres. Pleust à Dieu que ie fusse à present enfoncé dans vn Monastere, ou retiré dans le creux d'vn solitaire desert parmy des Anachoretes. Là prosterné de corps contre la terre, & le cœur esleué au Ciel, ie ferois sur celle-cy vn deluge de pleurs, & ie fendrois celuy-là d'vn tonnerre de sanglots. Le Soleil reuenant sur nostre Hemisphere me rencontreroit en ce deuotieux employ, & en se cachant dans la Mer il m'y laisseroit ; jamais lassé de cet exercice, non plus que luy de galopper les vastes espaces des Cieux. Esloigné des mortels, voysin des Anges, & conuersant auec Dieu, ie ferois descendre le Ciel en la Terre, & en ce val de misere, i'anticiperois mon eternelle felicité. Ah! iusques à quand resisteray-ie à ce bon-heur, iusques à quãd pesant de cœur embrasseray-ie le vẽt, & empoigneray-ie le mensonge? Pourquoy tarday-ie de viure auec ce Dieu, qui a bien daigné mourir pour moy? Preuaricateur, quand reuiendray-ie à moy-mesme? Mes beaux iours sont esuanoüis & ternis par la douleur qui m'outrage, mon printemps s'en va passé, i'approche mon Midy, ie verray bien tost apres mon Occident. Que tarde mon ingratte paresse à recourir à celuy qui me tend si amoureusement & les bras

bras & le sein ? retarderay-ie à embrasser ce bien iusques à ce que l'impuissance m'empesche de faire ny bien, ny mal ? Doncques le monde aura eu & la fleur & la verdeur de mes plus belles annees, & ie ne donnerois à Dieu que les rides de ma debile vieillesse: il aura possedé la fine fleur de nostre jeunesse, & Dieu n'aura que le son d'vn aage cadu; il aura eu le vin pur, & Dieu n'aura que la bassicre & la lie. Ha! de quelle ingratitude nous rendrions-nous coulpables, vers vn tel bienfaicteur! Et quel aueuglement seroit-ce de ne vouloir pas, au retour d'vn Iubilé, qu'il semble que Dieu nous offre par le passage de ce cher Estranger, que nous pouuons suiure en cette Religieuse entreprise, nous deliurer de l'esclauage de ce Maistre importun, qui est le Monde, lequel promet beaucoup, & ne tient rien, & dont le bizarre Colosse bigarré de Vanitez, est en fin reduict en poudre par la pierre de la Mort, & qui n'a subsistance qu'en songe? Endurerons-nous que ce Maistre impiteux nous perce l'aureille, & nous rende ses esclaues perpetuels? Non non, il faut prendre l'occasion par les cheueux de deuant, puisqu'elle est chauue par le derriere; il faut empoigner le poinct de l'opportunité, puisque nous n'auons que le momét du present en nostre puissance. Iusques à quand seray-ie retif à l'esperon, resisteray-je au saint Esprit, & retarderay-ie mon propre bõ-heur? Ie me veux leuer comme le Prodigue, & me resueiller de cette Letargie qui m'assoupit, & aller chercher le Pere Celeste quelque part qu'il me vueille receuoir à sa Religieuse solde. Si les Monasteres me defaillent, les Hermitages ne me manqueront pas. C'est trop, c'est trop pleuré pour la Terre, il est temps de souspirer pour le Ciel, & de sortir d'entre les hardes & les miseres de cette pastorale condition, quittant des animaux irraisonnables, pour conuerser dans vn Cloistre auec des Hommes Angeliques, ou dans vn desert auec les Anges : si la terre nous manque pour viure, non fera pas pour mourir, & pourueu que nous mourions en Dieu, sçaurions-nous desirer vne plus heureuse fin de nostre mortelle course? Non, desormais le Monde ne me sera plus rien, i'en quitte les regrets, comme les esperances, ie luy suis desja crucifié, il est temps qu'il le soit pour moy. En disãt cela les yeux chargez de larmes, il se jetta aux pieds de Partenice, & luy dit en embrassant ses genoux, Voyla, Seigneur Estrãger, le triste discours de ma deplorable fortune. Soit hõme, soit Ange, quicõque tu sois, ie croy que Dieu t'a enuoyé à ce miserable, pour le cõduire au Rages de la Religion, où les Demons sont vaincus, où les Richesses sont en

Livre huictiesme.

la Pauureté, la gloire en l'Obeïssance, l'honneur en la saincte Chasteté, & la perfection à Renoncer tout à faict à soy-mesme. Hé! ie te prie de me prendre pour Compagnon de ta Resolution sacree, que ie suiue tes pas, que ie me mette apres tes vestiges: bien que tu sois vne Colône en fermeté, & que ie sois vn roseau du desert; Dieu neantmoins prenant le roseau en sa main le peut rendre ferme cóme vne colône, & auec vne pierre en dureré, tel que i'ay esté iusques à presēt à ses inspiratiōs, en faire vn enfant d'Abraham. Certes ie confesse que ie me perds, si ie ne me perds ainsi: car qui pert son ame en cette vie, la regaigne en l'Eternité, & ie croy qu'en te rencontrant i'ay treuué le porte-enseigne de mon Salut. Sois-moy dōc fauorable, & ie te conjure par la bōté de ce Dieu que tu sers, & que tu cherches en sincerité, d'adresser mes pas en ce sentier de paix, afin que libre de la crainte de mes aduersaires visibles & inuisibles, tout le reste de mes iours ie puisse seruir deuant Dieu en sāctification, & en vraye Iustice. Vn gros torrent de pleurs qui noyoit le visage de ce bon Berger, asseura le courage de Parthenice, laquelle estoit en vne perpetuelle crainte de quelque mauuaise rencontre: car si Philandre la prenoit pour vn Ange de lumiere, elle le prenoit pour vn de tenebres, qui par

Ll ij

des paroles artificieuses, comme vn faux Ardant la vouloit conduire au precipice de sa ruine : elle redoute cela mesme qui la deuoit asseurer. Mais à fin se remettant tout à faict à la conduitte de la Diuine Prouidence, qui garde tousiours Raël, elle leut dans cette face trempée de pleurs vne franchise trop ouuerte pour cacher aucune surprise : ce cœur outré de douleurs la toucha aux lieux plus sensibles de la pitié, & luy fit estimer que Dieu luy enuoyoit cette occasion pour le support de sa solitude : Car s'il n'est pas bon que l'homme soit seul, encore moins vne fille, qui est la pure substance de l'imbecillité; comme celle qui se noye, elle se prend à ce qu'elle rencontre, comme vn lierre rampant elle s'attache à cette muraille, comme vn pampre debile elle se lie à cet ormeau, comme esgarée de son chemin elle prend cette addresse, & elle croit que c'est l'Estoile du Berger, qui luy fera rencontrer nostre Seigneur en Bethleem. O Philandre! tu ne seras plus Pasteur de Brebis, mais Berger d'vne creature raisonnable, qui passe la douceur & la pureté de tes Agneaux en la candeur de ses mœurs. Comme le iour finissoit, ils arriuent au hameau, où apres que le noble Berger eust mis son troupeau à couuert, offrant vn rustique repas de laict & de fromage à la

Vertueuse Parthenice, auant que se retirer ils eurent diuers propos. Parthenice qui pensoit auoir treuué vn autre frere plus determiné à la vie Religieuse que n'estoit Leonin, se proposa pour en tirer de l'ayde pour soy-mesme, & plus encor pour gaigner cette ame à nostre Seigneur, de cultiuer ce desir, & le former en vne Resolution absoluë: elle voit que cet homme pareil à cet oyseau qui faict la glus dont apres on le prend, vient donner de soy-mesme comme vn Sanglier dans les toiles qu'elle pretendoit de luy tendre. Ainsi tout coopere en bien à ceux qui sont bons. Pour donc le determiner tout à faict, & en arrachant le traict de sa douleur terrestre, y planter celuy de l'Amour Celeste, elle luy parla de la sorte. Certes, gentil Philandre, ie croy

Que nul des Myrmidons ou Dolopes gen-darmes,
Ne sçauroit s'abstenir d'accompagner de lar-mes
Le funeste discours de tes cruels malheurs,
En voyant distiller de tes yeux tant de pleurs.

Quant à moy, ie confesse que i'en suis outré de Compassion, & que jamais le recit d'aucun desastre ne me fit tant de pitié, soit que le charme de ton bien dire ayt causé cet effect en moy, soit que ta disgrace porte quant & elle cette force. Mais quãd ie pése aux destours par lesquels l'Eternelle Prouidence de Dieu te veut attirer au seruice de ses Autels, ie suis autant consolé comme i'ay esté desolé de t'entendre. O Philandre! ce bon Dieu duquel la Volonté ne vise qu'à nostre sanctification, & à nous sauuer, il me veut, il te veut, & atteignant la fin de son but puissamment, quoy que suauement il faict vne chaisne admirable de dispositions pour ce subject: ô que ses voyes sont esloignees des nostres, que ses routes sont iudicieuses : C'est à nous de les benir, admirer, adorer; ce que nous pouuons faire par ces douces paroles,

Grand Dieu qui m'allez attirant,
Ie vous honore en admirant;
Vostre excellence nompareille
Me rend de la langue perclus,
Et comme transi de merueille
I'adore, & ie ne parle plus.
I'ayme mieux tremblant à genoux,
Muet prosterné deuant vous,
Vous offrir mon cœur tributaire:
C'est assez de vous admirer,
C'est vous admirer que se taire,
C'est parler que vous adorer.

Mon cher Philandre, nous deuons baiser les

verges qui nous corrigent, quand elles sont en sa paternelle main: car l'affliction qui nous vient de la main de Dieu, est cõme vne verge florissante en celle de Moyse, c'est vn serpent quand nous la considerons hors de cette main : c'est vne main saine en ce sein, & dehors elle est horrible de lepre. Ceux dont Dieu ne peut attirer les rebelles volontez par les cordons de soye de la saincte Charité, il les amene auec les chaisnes d'Adam, qui sont les aduersitez qui deriuent en nous par l'heritage de ce premier hõme, auquel nous auons tous peché. Peut-estre que tu te fusses perdu dans les douceurs du Monde, & que ton salut se fust noyé dans le sein de cette Charité que tu cherissois trop esperduëment; c'est pourquoy Dieu t'en a sevré pour te faire gouster les plus solides viädes de son seruice, dont on se repaist en la saincte Religion. Certes cet accident par lequel tu te l'es rauie à toy-mesme, est aussi rare que pitoyable : mais en fin, c'est vn mal-heur qui ne te peut rendre coulpable, puisque c'est la seule volonté qui peut faillir. Ce qui te doit faire veoir combien tes plainctes sont vaines, puisque tu lamentes auec beaucoup de douleur & de peine vn mal qui n'est pas de coulpe, laissant à part le regret que tu dois auoir de tes veritables pechez. Il me souuient d'auoir autrefois appris d'vn docte personnage vne histoire ancienne, qui a quelque conformité auec cet accident, ie te la veux representer, afin que la ressemblance te côsole. Trente Tyrans tenoient toute la Republique d'Athenes soubs des fers insupportables: On conspire de les exterminer. Les conjurateurs executans leur dessein, vn entre les autres appellé Gobrias colletant vn des Tyrans & le roulant par les degrez, en estoit tellement embrassé, qu'il ne pouuoit le poignarder; vn de ses compagnons en la conspiration desirant massacrer le Tyran, sans offencer Gobrias, comme il tardoit à bailler son coup, Gobrias luy crie, Qu'est-ce que tu t'amuses à marchander? perce-nous tous deux: quoy! crains-tu par ma mort de donner la liberté à nostre patrie? il enfonce sa pointe, & tous deux furent meurtris. Ainsi Athenes fut deliurée, qui ordonna au genereux Gobrias mort en cette entreprise, vne statuë en la place publique, redonnant la vie en la memoire de la posterité à celuy qui l'auoit si courageusement perduë, pour tirer sa patrie de seruitude. Heureuse la mort de Charite, puis qu'elle l'a soufferte volontairement au milieu d'vne cruelle persecution, qui regardoit son honneur, lequel toute ame bien née preferera tousiours à sa vie.

Et qui ne sçait que ceux qui meurent par la Iustice, c'est à dire pour quelque Vertu, sont Bien-heureux? Et est-il rien de si iuste que de côseruer sa chasteté & sa fidelité à son Mary? que si Dieu s'est seruy de ton bras pour receuoir cette Victime, en cela ie te voy semblable à Abraham & à Iephté, immolâs ce qu'ils auoient de plus cher au monde. Or si c'est faire tort au Martyr que de prier pour luy, combien plus de plorer sur luy, comme enuiant sa felicité? Et puis en fin, c'est souspirer vn obiect de terre, & de ses peines n'auoir autre recompense que son propre mal. Toy doncques, cher Philandre, qui ne fais que te nourrir d'vne amertume inutile, qui pleures en vain ta perte irreparable, qui te repais d'ennuis, qui souftiens ta triste vie de ce qui la tuë; plains desormais tant de temps vainemét employé apres vne fresle Beauté, que tu as veu perir & passer comme vn esclair; enfonce dans l'oubly ces molles affections, dont le souuenir te pille: enserre dans le sable tant de friuoles esperances qui n'auoient autre fondement que le grauier. Changes tous ces pleurs & ces souspirs, nez de la perte d'vn obiect qui te charmoit, à la suitte de cette eternelle Beauté de Dieu que les Anges adorét, & qui les brusle d'vne flamme dont la chaude clairté est l'air & le feu de Paradis. C'est cette souueraine Beauté, principe de tout Estre, qui veut establir son Empire dans ton cœur: mais s'il n'est vuide de l'huile du Monde, la liqueur de sa Grace ne la remplira pas. Elle veut regner absolument sur tes desirs, & t'imprimer sa Loy en caracteres de feu: Elle veut faire son temple de ton ame, se bastir vn autel de ta Volonté, mais vn autel tout bruslant de Foy, d'Espoir & d'Amour. C'est à cette Beauté qu'il faut consacrer tes pleurs, prenans leur origine du regret & de la douleur de l'auoir si outrageusement offencee, que ta pretension soit de luy plaire, ton apprehension de luy desplaire, ton plaisir de l'honorer, que son seul respect ne t'esmeuue à faire le bié, & à euiter le mal, que ta hayne s'arme côtre ce qui luy desplaist, & sur tout auise qu'elle ne s'allume de ialousie, si elle voit que tu ayme quelque chose icy bas plus qu'elle. Car ce Grand Dieu fort & ialoux, qui a tiré l'Vniuers du neant, & qui fait trembler les Elemés sous sa parole, qui soustiét ce Tout auec trois doigts, c'est celuy qui t'a faict & creé, & qui ne peut endurer cette preference iniuste, ny mesme que ton ame partagee serue à deux Maistres, qu'elle cloche de deux parts, qu'elle iure en luy & en Melchon, qu'on accarre Dagon à l'Arche de fa fanctification, l'Amour du Monde à celle qui luy eft deuë : Car autant d'obiects qui te diuertiffent de luy, font autant de charbons qui enflamment fon ire contre toy. Il ne veut pas qu'on quitte fes claires & viues eaux pour des cifternes creuaffees, ny pour les ruiffeaux bourbeux de l'Egypte. Il veut eftant vnique eftre vniquement aymé : quand nos yeux regardent quelque autre chofe il s'enuole de noftre cœur. N'eft-ce pas grand dommage, d'employer non feulement auec inutilité, mais pour vn obiect indigne, tant de larmes fi precieufes, & dont Dieu faict tant de cas, que quand elles font refpanduës pour luy il les met en referue, afin de les propofer à fa Mifericorde pour la reuigorer, lors qu'elle eft prefque furmontee par fa Iuftice irritee contre l'excés de nos iniquitez. Iamais elles ne fortét de nos yeux qu'elles n'obtiennent l'entherinemét de leurs requeftes; car Dieu les reçoit par les oreilles; & qui fçait bien pleurer deuant Dieu, fçait obtenir de fa Bonté tout ce qu'il luy demande: Iamais cette liqueur ne tombe à terre, ou fi elle y tombe, c'eft pour obtenir pardon, non pour appeller la Iuftice des Cieux comme le fang d'Abel. Quelques anciés, à ce qu'on m'a appris, ont eftimé que Dieu les recueilloit en des vaisseaux de Topase, & que cette veuë estoit la recreation de ses yeux de Colombe, qui ne se plaisent que sur le courant de ces coulantes eaux. Pourquoy donc, ô Philandre, vas-tu prophanant vne si precieuse essence, qui peut esteindre le courroux du Seigneur, & en t'ouurant la porte de Paradis, fermer celle de l'Enfer? N'espands pas inutilement cette eau forte, qui peut effacer tes fautes, quand elles seroient escrites sur le marbre auec vn cizeau d'acier: ne sois pas prodigue de cet vnique Thresor, que les pecheurs doiuent espargner pour le payement de leurs debtes, puis que c'est le seul prix & la seule rançon qui peut flechir la seuerité de leur Iuge, rendre leurs crimes graciables, & canceller l'obligation qu'ils ont contractee auec la mort, & auec le Prince des tenebres. Ramasse-les plustost pour les offrir à ce doux Sauueur, qui les prendra pour argent clair & liquide, & se tiendra satisfaict de ce que tu luy dois. Regrettes la vaine perte de tes pleurs precedens, tes mauuaises tristesses, puis qu'il n'en est point de bonne, que celle qui nous vient du desplaisir de nos offences: plains tes abus, & les ignorances de ta ieunesse, & retiens ce bon effect en tes yeux, en changeant sa cause en ton cœur: que la course de ces eaux ne tarisse point, pourueu que la source en soit differente : que la prunelle de ton œil ne se taise point, qu'elle n'ait obtenu de Dieu la ioye de son Salutaire, & la fermeté de son Esprit principal. Prie-le qu'il te deliure du sang, c'est à dire qu'il te destache du monde, tout composé de chair & de sang, & ta langue pour cette chere liberté exaltera la Iustice de ce Dieu de salut. Mais n'est-ce pas presser les flancs d'vn cheual qui court à toute bride ? qu'ay-je affaire de me mettre en peine de te persuader de quitter, non pas le monde, où tu n'es plus qu'en pensee, mais cette miserable condition, indigne de ton Esprit & de ta naissance, pour te consacrer au seruice des Autels. Courage Philandre, releue ton cœur abbatu par vne sotte passion, qui s'en estoit rendu la Maistresse : c'est icy qu'il faut pretendre au seruice de ce Bon Dieu, dans la maison duquel l'abiection est plus esleuee que dans le siecle la Gloire de la Royauté. C'est là que seront bien employees tant de belles estudes, & que ta Musique, ta Poësie & ton Eloquence iusques à present vtensilles d'Egypte, seront consacrees à l'vsage du Tabernacle. A ce dessein que Dieu de sa main propre a planté dans ton sein, comme vn estendard de Dilection, ie ne contribueray pas seulement mes conseils, mais toutes mes forces: c'est moy qui seray ton suiuant, tu seras mon premier Mobile.

En la saincte maison de Dieu
  Auec toy ie veux apparoistre,
  Trop heureux d'estre en ce sainct lieu
  Le cher compagnon de mon maistre.

Ouy, cher Philandre: car pour te manifester qui ie suis auec autant de sincerité, comme tu m'as descouuert ta naissance, tu dois sçauoir que ie ne suis qu'vne pauure creature (oyez comme la Prudéte Vierge sçait vtilement voyler la Verité, sans la violer, à l'imitation de l'abeille, qui succe la fleur sans l'interesser) qui tire son origine d'vn simple villageois (elle disoit vray, & selon la nature en la personne de Talerio, & selon l'adoption en celle de Valerio.) Il est vray que i'ay esté esleué à Naples auec beaucoup de ciuilité, en la maison d'vn Seigneur fort qualifié: mais par vn extreme malheur estant precipité de son eminente fortune en vne tresmiserable, cela me toucha tellement au cœur, que ie resolus de n'auoir aucune part auec le Monde, puis que ses plus grands Astres estoient subiects à de telles Eclypses. Mille partis auantageux à ma pauure condition ont desiré trauerser ce Religieux dessein, que i'auois conceu comme autant de Remores qui vouloient retarder ma nauigation aux Isles Fortunees, & au terres neuues de la saincte Religion, & comme autant d'Amoreans qui me vouloient empescher la possession de ce Païs de Promesse: mais toutes ces propositions ont esté des vagues contre vn Rocher; car depuis que i'eus perdu le soustien de ceux qui me pouuoient auancer au monde, ie rompis irreconciliablement auec toutes le pretensions du siecle. Et pour fuir tout à faict cette superbe Cité, où i'auois trop de cognoissances, ne voulant point tomber en la malediction de ceux qui s'appuyent sur la chair, & qui se confient en leurs amis & en leurs richesses, ie suis venu en cette contree, où i'ay vn parent qui m'a donné aduis, qu'à Castello ie pourrois treuuer quelque Retraitte Religieuse; & c'est où i'allois: mais le sommeil par vn heureux malheur retardant mon chemin, m'a faict auoir ta fauorable rencontre. Alors, Philandre, Ce n'est pas proprement à Castello que tu la pourras treuuer, ou que nous la treuuerons, si tu daignes m'associer auec toy, Vertueux Estranger, que ie veux desormais comme mon Ange, aymer comme mon Frere, & suiure comme ma Guide: mais bien au voysinage, en l'Abbaye appellee de la Paix, où les Religieux viuent fort Regulierement,

& font vn office tres-beau, à cause que tant l'Abbé, comme ses freres sont fort amateurs de la Musique; i'y ay esté souuent enchanté par leur chant, parce que i'ayme extremement cet art : & ie m'estonne que le Demon qui m'a tenu si long temps assoupy dans ma paresseuse melancholie n'en a esté chassé, ou cõme cela n'a aydé à ma Conuersiõ, aussi biẽ que celuy de l'Eglise de Milan à celle du grand sainct Augustin. Mais tout ainsi que parmy le gazoüillis de mille oysillons peinturez, qui font leurs concerts dans ces bocages voysins, il n'est rien qui égale vn Maistre Rossignol, qui vaut mieux tout seul que tous les autres ensemble : Ainsi, mon cher hoste, tout leur cœur n'a iamais tant touché mon cœur, que ta seule voix, qui auoysine à mon iugement celle d'vn Ange. Et c'est elle qui a brisé le Diamant de l'obstination que i'auois à me plaire en mon inutile martyre, joint que ta Remonstrance m'a tout à faict conuaincu l'entédement & vaincu la volonté. C'est-là donc que ie te meneray si tu veux, & tu me suiuras en y allãt, mais ie te suiuray en y entrant, puis que c'est aux traces de ton rare exemple que ie chemine à ce dessein sacré, & ie te prie de ne me desguiser point dauãtage ta naissance, comme tu m'as celé ton nom : car ie voy assez à
trauers

trauers ton humilité que tu n'as rien de villageois, & que tu as estudié. A cela Parthenice: Ie vous asseure, mon cher Philandre, que ç'a esté plustost par inaduertence que par accortise que ie vous ay teu, non pas celé, mon nom; c'est vn nom si obscur, que quand vous le sçaurez, vous ne m'en cognoistrez pas dauantage: Ie m'appelle donc Parthenio, & c'est vne chose tres-vraye que mon Pere estoit vn villageois: mais la langue & continuelle nourriture que i'ay prise parmy les grands, m'a tout à faict changé le naturel; car i'estois si ieune quand mon Pere & ma Mere me deffaillirét, que ie n'eus pas le loisir de me teindre de leurs humeurs. Quant à l'estude, ie n'en ay aucune: car comment pourroit-on estudier en seruant? de toutes les langues du Monde, ie n'entends que la Napolitaine, de sorte qu'en quelque Monastere que i'entre, ie ne pourray estre Frere conuers; ce n'est pas que ie ne sçache la Musique, & assez bien le seruice de l'Eglise, parce que i'ay esté instruict en cet art par des personnes Ecclesiastiques; ie sçay aussi toucher le Luth & les Orgues, à quoy ie me suis long-temps exercé en vne Eglise de Naples: mais pour estre Prestre, c'est chose que ie ne puis pretendre pour mon inuincible ignorance, & à quoy ie ne voudrois

M m

pas aspirer quand i'en aurois la capacité, recognoissant d'ailleurs en moy plusieurs autres defauts. Il faudra donc que toy, ô Philandre, sois tout à faict mon conducteur & mon Maistre, tant en allant qu'en entrant: car puis que ta science te fera admettre au Sacerdoce, il n'est pas raisonnable de renuerser ainsi l'ordre, & qu'vn roturier tel que ie suis precede vn noble en aucune action. Les hommes proposent, repliqua Philandre, mais Dieu sçait assez cõment il disposera de nous; en sa maison les premiers sont les derniers: quãd par le vœu d'obeissance nous ne serons plus à nous, mais au Monastere, ou pluſtoſt à Dieu, alors la Religion sçaura bien quelle place nous bailler en ses rangs, selon qu'elle nous iugera propres à luy rendre seruice. Certainement, dict le nouueau Parthenio, il n'y a au marché que ce qu'on y met : mais si ie pensois qu'auec mon ignorance totale de la langue Latine on me vouluſt promouuoir à la Preſtriſe, ie ne m'engagerois point en ce lieu-là ; car ce seroit vne marque de peu de Regularité & d'obseruance, d'autant que pour estre Prestre, il ne suffit pas d'auoir vne mediocre suffisance, il la faut tres-grande pour traitter de si redoutables myſteres que ceux qui sont maniez par ceux qui ont le bon-heur d'aspirer à la gloire d'vne si eminente qualité. Et n'estes-vous pas encores assez ieune pour apprendre, reprit Philandre, vous auez vn tel esprit, qu'en peu de temps vous pourrez vous en rendre capable. I'ayme mieux, repart Parthenio, employer ce temps-là à me faire bon deuot, & humble Religieux, qu'à acquerir vne science boursoufflante, qui me rendant sçauant comme vn Demon, me feroit peut-estre participant de sa misere eternelle. Si est-ce, dict Philandre, qu'il faut se sousmettre en entrant en Religion, & se resigner tout à faict à faire ce qu'on nous ordonnera. Parthenio qui craignoit en suiuant ce propos de s'engager en des discours qui donnassent de l'ombrage à Philādre: Or voila, dit-il, qu'apres t'auoir incité à estre Religieux tu m'exhortes à estre bon Religieux; ainsi nous sommes maistres l'vn de l'autre par Reciprocation. Dieu nous veuille bien assister en nostre entreprise, & face de nous selon sa saincte & adorable volonté. Ils passerent presque toute la nuict en sēblables deuis; car quād on a ces Resolutiōs dās l'esprit, l'impetuosité de l'inspiration est telle, qu'on en oublie le repos; on ne peut fermer la paupiere, & on ne se lasseroit iamais d'en traitter; car de l'abondance du cœur la langue bat. Philandre s'auisa de proposer à Parthenio, soit par tentation, soit qu'il en eust

M m ij

auparauant eu la pensee, de se retirer en ces deserts voisins, en vn lieu où il auoit autresfois designé vn Hermitage : mais faute de compagnon qui vouluſt quant & luy entreprendre cette vie solitaire & retiree, il auoit embrassé la condition de Berger. Parthenio qui iugea que le Diable, semeur de zizanie, ne faisoit monter cette proposition au cœur de Philandre, que pour minuter leur perte & leur ruine, destourna accortement ce dessein, & l'estouffa en sa naissance, luy disant qu'ayant eu cette mesme fantaisie, & en ayant pris conseil à vn excellent Religieux, il luy auoit tout à faict dissuadé, luy disant que l'Escriture prononce malheur sur ce solitaire, qui n'est point aydé aux dangers qui sont innombrables en cette sorte de vie: & puis ne seroit-ce pas viure en beste, sans auoir qu'vn rare exercice de nostre Religion, puis que nul de nous deux est Prestre? Mais ie le seray dans peu de temps, dict Philandre: Et si l'vn de nous estoit tenté, ou d'auersion, ou d'imperseuerance, reprit Parthenio, que deuiendroit l'autre? & quand vous seriez Prestre, quel autre Prestre vous administreroit le Sacrement de Reconciliation? & puis ce tracas d'Hermites vagabonds, faisans leur volonté, & qui n'ont rien de Religieux que l'habit, est odieux aux hommes bien sensez. Il vaut mieux essayer nostre premier dessein: à quoy Philandre acquiesça. Et en attendant que le retour du Soleil vint par sa presence donner la fuitte à tant d'Estoilles qui estinceloient dans l'enfonceure des Cieux, Philandre pria son hoste de le payer au moins de quelque chanson deuotieuse, à quoy s'accorda l'amiable Parthenio, chantant ce Madrigal tiré de plusieurs traicts de l'Escriture.

Quand la nuict tend ses voyles
R'amenant le sommeil,
Et que l'absence du Soleil
Faict la presence des Estoilles,
Ayant oublié le repos
Aux Cieux i'addresse ces propos,
Cieux dont les influences
Gouuernent tout en ces bas lieux,
Cieux dont les Astres sont les yeux,
Regardez mes impatiences,
Dittes à mon aymé qu'il retranche le cours
Des miserables iours,
Dont la longueur me tuë & me tourmente
En ne la voyant pas,
Ie ne voy rien qui me contente,
I'ayme mieux le trespas,
Puis que ie ne puis voir le iour de son
flambeau
Qu'en la nuict du tombeau.

Philandre fut quelque temps à reuenir de l'extase, où cette incomparable voix l'auoit transporté: En fin reuenant à soy; l'ay autresfois, dict-il, entendu parler à vn de mes cōpagnons à Sienne, qui auoit entendu à Naples cette fameuse Zitelle, dont on loüe la voix par toute l'Italie : mais s'il auoit ouy la tienne Parthenio, ie croy qu'il ne la vanteroit pas si hautement qu'il faisoit. Il vint bien à propos que la seule lumiere d'vne lampe empeschast à Philandre de voir les mesmes couleurs de l'Aurore, qui embellirent les joües de Parthenio, dont le cœur palpite de crainte de s'estre descouuert. Et moy, dict-il pour se r'asseurer, qui l'ay entéduë plusieurs fois, ne pense pas que ce soit si grande chose: mais c'est le propre des hommes de porter tousiours iusques au Ciel les moindres perfections des filles : car on n'estime iamais tant ceux de son sexe; ce n'est pas que ie porte pourtant enuie à cette fille-là, qui est plustost digne de Pitié : mais en faict de reputation, elle est tousiours plus grande de loing que de prés, ainsi que les Fleuues elle s'estend plus elle est esloignee de sa source: les habitans des Catadoupes du Nil n'entendent point le grand bruict de la cheute de ces Cataractes, & ceux de l'Arabie heureuse, qui sont tousiours parmy les parfums ne les sentent pas, ou s'ils les sentent, ils les mesprisent; cette voix est plus renommee ailleurs qu'à Naples, où cette pauure fille n'a iamais treuué aucune Charité pour pouuoir estre Religieuse; en quoy elle est grandement à plaindre, & l'ingratitude de ceux qui l'entendent autant à blasmer. Comme ils estoient sur cet entretien, dont il estoit autant aysé à Parthenio de parler, que difficile de se taire, comme chose qui le touchoit de prés; l'Aube fourriere du Soleil commença à descouurir au fil de l'horison les agreables couleurs de son visage. A cette premiere lueur nos freres d'alliance se mettent en chemin : & parce que Philandre estimoit, que soubs l'habit rustique il ne seroit pas assez bien venu, il resolut d'aller à Castello pour acheter des habits de l'argent qu'il auoit encores conserué à trauers ses afflictions & ses miseres. En allant ils eurent diuers discours touchant leur Vocation, s'excitans l'vn l'autre à renoncer au Monde de toute l'estenduë de leur pouuoir. Philandre admiroit la saincte conduitte de Dieu à prendre le temps de le visiter, le charmant par vne voix qui l'entraineroit, fust-il vn Rocher, au bout du Monde. Et Parthenio se doutant que son Frere Leonin le chercheroit par mer & par terre, ne le treuuant plus chez Valere, & qu'il apprendroit de ce bon homme qu'il auroit pris la route de Castello, & qu'il l'auroit incontinent sur les bras, soit en habit d'homme, soit soubs l'vn de ses habits qu'il auoit emporté de Fontanello: il s'aduisa de treuuer vn stratageme, pour preoccuper l'esprit de Philandre; & afin qu'il luy aydast à le celer, au cas que Leonin vint faire quelque rumeur à la porte de l'Abbaye de la Paix. Vne chose me met en peine, dict-il, ô Philandre, c'est vne mienne sœur, non pas tout à faict folle, mais vn peu legere d'esprit, que i'ay remise à ce mien parent voisin, qui est en cette contree, laquelle a les plus admirables resueries qu'il est possible d'imaginer; car elle s'imagine tantost qu'elle est homme, & puis qu'elle est fille, changeant d'habit comme vn poulpe de couleurs: Elle a vne façon hardie & hommace, mesme quand elle est en son vestement de fille; & vous diriez à l'ouïr parler que c'est vne Amazone; il n'y a celuy qui ne la prist pour vn homme: & quand elle est vestuë en homme, on voit bien à la douceur de son visage que c'est vne fille: Au demeurant elle est tellement assottee de moy, que selon qu'elle est vestuë, ou en homme, ou en fille, elle m'appelle tantost sa sœur, tantost son frere; elle me suit par tout

Liure huictiesme. 553

comme l'ombre le corps, ce qui m'est vne importunité insupportable, & c'est vne merueille, comme ie me suis peu desrober à ses yeux pour m'enfuyr ; ie crains qu'elle n'entre en quelque desespoir qui la face tout à faict folle ; car hors de cette resuerie elle parle, elle escrit, elle opere ses actions auec tant de iugement, qu'il n'y a personne qui ne la prist pour vne personne fort sage. Ainsi dépeint-on en son absence le pauure Leonin de couleurs qui semblent obscurcir la Verité: mais cet artifice plus pieux que malicieux, (puisque c'estoit à bonne fin que Parthenio l'inuentoit) se iustifie assez par le faict d'Abraham, appellant sa femme sa sœur, par celuy de Iacob se nõmant Esaü, & par ces mensonges officieux que les Saincts ont quelquefois employez sans détriment du prochain, & pour le bié de quelques ames. Non qu'il faille operer vn mal pour faire reüssir vn bien ; mais qui peut aussi appeller mal ce qui ne faict tort ny à Dieu, ny aux hómes, biaisant seulement la rigide & seuere droitture de la verité. Non pas qu'il faille approuuer en iugement (où elle doit paroistre toute pure) ces euasions mentales, raisonnablement rejettees par les Esprits plus iustes, & moins subtils. Cependant cette inuention est la semence d'vne estrange conuulsion, que vous entendrez tantoſt. Philandre reparé par de nouueaux habits, & comme vn ſerpent, & vne aigle rajeunie, ayant pris vne nouuelle peau & de nouuelles plumes, ſe ſent enfler le courage comme Bucephal, quand il reprenoit ſes beaux caparaçons; il ne refuſe plus à Parthenio de faire le Maiſtre, car ſon aage plus auancé, ſa façon plus hardie, ſa langue plus diſerte, ſa forme plus virile que celle de Parthenio, luy fit confeſſer qu'auec ces auantages, il ne pouuoit contrefaire le valet: ils ſçauent tous deux la Muſique en perfection, & toucher des inſtrumens à merueilles : ils complottent pour n'eſtre treuuez en deux paroles de faire les Compagnons Muſiciens, deſireux de ſe donner à vn Monaſtere tout Muſical, afin d'y ſeruir Dieu harmonieuſement en concertant tous les iours auec les Anges. Arriuer, parler, chanter, & eſtre receus auec applaudiſſement du bon Abbé qui eſtoit ſexagenaire & de ſes freres, ce fut tout vn: car tous ces deux Chantres auoient tant de graces naturelles & acquiſes, que ce bon Loth penſoit accueillir des Anges, non pas des hommes en ſa Religieuſe maiſon, ô! s'il euſt eu vn peu de l'eſprit de Palmelio, qu'il n'euſt pas receu ce jeune, diray-ie Chantre ou enchanteur, qui ſous vn habit maſle cachoit vn corps femelle, mais de femelle inuiolable. Alors que Parthenio touche l'orgue & chante, c'est vn rauissement vniuersel; le bon Abbé, & quelques vns de ses Moynes qui auoient esté à Naples, & qui amateurs de la Musique n'auoient pas manqué d'entendre l'incomparable voix de la renommee Zitelle, disoient tous d'vn commun consentement qu'ils n'auoient jamais entendu de voix qui luy fust si conforme: & à vostre auis n'auoient-ils pas raison ? car qui a-t'il de plus seblable à la voix de Parthenice que la voix de Parthénice mesme? Mais tandis qu'ils demeureront en des chambres separees & seculieres en leurs habits mondains, en attendant que leurs mœurs & leur conuersation soit aussi bien recogneuë que leur chant (car les Musiciens meslent quelquefois des quintes parmy les Octaues:) Allons veoir ce que faict Leonin à son retour auec Astolphe du Monastere des Oliues : ils s'arresterent en chemin chez vn des amis d'Astolphe, où ils eurent le passetemps cette soirée de veoir contre-faire si proprement la fille à Leonin, que tous la prindrent pour telle, & admiroient comme Astolphe la conduisant en la Religion, n'en deuenoit point espris. Astolphe à ces admirations respõdoit par des ris si excessifs, que les larmes luy en tõboient des yeux, pour apprédre la verité de ce mot, que l'extremité des risées est ordinairemẽt accõ-pagnee de pleurs. Leonin songea la nuict, que sa sœur estoit entre les mains d'vn Dragon, qui la vouloit estouffer, & que reclamãt son ayde sans qu'il la peust secourir, elle s'estoit en fin destachee des replis de ce cruel animal pour se sauuer dans vn desert; il se resueille en sursaut criant, ô ma sœur, allez-vous sans moy. Astolphe se leue à ce cry, auquel il conte sa resuerie, & tous deux en rient, disãt que les songes ne sont que des mésonges, ou si ce sont des presages, il les faut prendre cõme les Oracles des Idoles, à contre-sens. Leonin se remettant au repos ne le peut rencontrer, il resue incessamment apres ses resueries, & bien qu'il se mocque des songes, cettuy-cy neantmoins l'embarrasse : il sçait les sottes passions de Zerbin pour sa sœur ; il se deffie de Florian, qui peut estre l'enleuera en son absence pour Osiandre ; il craint que cette fille ne prenne resolution, en quittãt le Dragon du Siecle, à quoy elle est resoluë, de se jetter en vn desert, & se faire Hermitesse en quelque grotte, selon le desir qu'elle luy manifesta dans les solitudes de sainct Macaire; il ne sçait que croire, mais pourtant il ne faict que penser. A peine le Soleil a-t'il semé la ceinture de l'Orison de l'or, & de la pourpre de ses premiers rayons, qu'il saute du lict, esueille Astolphe, & ils sortent de cette maison pour gaigner Fontanello: la melancholie non ordinaire au gracieux Leonin s'emparant de son cœur, & se monstrant sur sa face moins allegre que de coustume, fit qu'Astolphe voulant rire de la tromperie en laquelle ils auoient laissé leur hoste, luy fit demander ce qu'il auoit, Ie ne sçay, dict Leonin: mais soit qu'vne corneille ayt aujourd'huy chanté à mes aureilles sur vn vieux chesne, soit que quelque sinistre hybou, ou quelque choüette mal'encontreuse m'ait troublé cette nuict, le cœur ne me dict rien de bon. Astolphe se mocquant de luy, Ie croy, dict-il, Leonin, que tu veux encores contrefaire la fille deuant moy, en te laissant aller à la superstition des songes. Nullement, dict Leonin, mais ie ne sçay quoy que ie n'entends pas, contrainct mon humeur. En fin ils arriuent à Fontanello, où voicy vne terrible saluë; car comme Astolphe pour resiouyr Leonin luy eust persuadé de faire la mesme tromperie à son Pere Valere qu'il auoit faicte à leur hoste, pour veoir s'il le recognoistroit sous les habits de Parthenice: Astolphe luy laisse faire l'entree, mais il fut accueilly par Taurise & par Syluie à belles iniures, & à fortes esgratigneures, l'appellans impudente & effrontee, de reuenir en vn lieu soüillé de ses meurtres & de ses desloyautez: à ce cry vint Rusticie, qui le traitte encores plus rustiquement au milieu de ces guespes irritees, qui le picquent du bec & des ongles. Leonin pense estre parmy des furies, car elles se jettent sur luy, comme le feu se met dans les espines. Astolphe qui ne hait pas tout à faict, mais qui n'ayme pas aussi trop tendrement Leonin, au lieu de le secourir & d'en auoir pitié, se pasme de rire, de voir côme sa tromperie luy estoit dommageable. Valere vient à ce bruit, & lors que Leonin commençoit à se defendre comme vn homme, & à donner comme vn Lyon dans ce troupeau de brebis; il frape l'vne, renuerse l'autre; elles crient au meurtre, l'appellent double meurtriere; il crie qu'il est Leonin: dans ce tumulte, elles pensent qu'il dise qu'il est la sœur de Leonin: Va malheureuse, disoit Rusticie, non contente d'auoir frapé mon fils à mort, tu veux encores me tuer, & mes deux filles, ne seras-tu jamais saoüle de nostre sang? Leonin pense dormir derechef, ou bien que ces femelles soient folles & enragees: quant à elles aueuglees de fureur, & deceuës par la ressemblance, elles ne sçauent pas discerner le frere sous les habits de la sœur; en fin Astolphe voyant assez mal traitter sa mere, & ses sœurs, & Valere, & sa femme, & ses filles viennent faire le hola, & Astolphe criant que c'estoit Leonin, à peine pouuoit-il estre entendu de ces mousches picquantes & bourdonnantes; il le dict à Valere qui ne le peut croire. En fin quand le calme eust essuyé cet orage, ce furent bien des estonnements de tous les costez, les voyla tous, de pecheurs courroucez des Repentans adoucis, Rusticie demande mille pardons à Leonin de sa Rusticité, Syluie de sa fureur sauuage, & Taurise de sa cholere de Taureau, qui frappe sans recognoistre, parce qu'il a les cornes sur les yeux : mais le partage des coups n'est pas autrement inesgal, chacun garde son lict. Rusticie regrette son inconsideration : car nonobstant le malheur de Parthenice & de Zerbin, elle aymoit tendrement Leonin. La jeune Taurise cachoit vn feu pour Leonin sous vne glace apparente, aymant plus naturellement ce frere adoptif, que les siens naturels. Syluie n'en pensoit pas moins, mais c'estoit à qui se tairoit le mieux, car elles jugeoient bien que ce galand n'estoit pas homme pour s'abbaisser à leur recherche. En fin Valere luy ayant declaré l'accident arriué à Parthenice, & à Zerbin, & l'esloignemét de Parthenice qui estoit allee à Castello,

Et bien, dict-il se tournant vers Astolphe, n'est-ce pas là mon trop veritable songe? Astolphe sçachant cette fortune, & l'estat dangereux de son frere qu'il aymoit beaucoup, ne sçauoit s'il deuoit se ruer sur Leonin, pour luy témoigner sa cholere, ou la dissimuler comme Calabrois; ce dernier party luy sembla plus raisonnable, car pourquoy se venger sur Leonin d'vne faute qu'il n'a pas faicte, & la venger peut-estre en sorte que ce Lyon l'eust mis en pire accessoire que sa sœur n'auoit mis son frere. Comme les coulpes sont personnelles, il ayme mieux en auoir sa raison de Parthenice mesme : mais quelle raison d'vne fille, & d'vne fille qui a blessé vn homme impudent, qui luy vouloit faire vn outrage pire que mille morts.

Il accoise à la fin ces fascheux tourbillons,
Et des flots de son cœur il calme les bouillons.
Car le courroux ardant trãsporte au precipice,
Et la soudaineté meine tousiours au vice.

Leonin au contraire, comme vn Lyon rugissant qui se bat les flancs de sa queuë, pour irriter sa cholere, veut entrer dans cette maison pour acheuer d'estouffer le perfide Zerbin, & le deschirer en autant de morceaux, que Sanson fit le Lyon qu'il esgorgea. Mais d'autre-part, ne voulant pas remplir de vacarme la maison de son Pere adoptif, soit la
reuerence

reuerence paternelle, soit l'affection fraternelle qui le transportoit à rechercher promptement sa sœur; cette pierre d'aymant plus forte que son courroux l'attira vers celle qui luy estoit plus chere que la prunelle de ses yeux. Il apprend donc de Valere la brisee de Castello qu'elle a tenuë, & où il luy a conseillé de l'attendre; Valerio excuse cette fille, tesmoigne toute amitié à Leonin, luy offre derechef sa personne, sa maison, & ses biens, aussi faict Rusticie; les filles de Valere, que leur secrette flamme auoit mises dans la Repentance, craignoient que le dechassement de Parthenice ne fust l'esloignemét de Leonin, dont elles estoient Riuales sans le sçauoir. A peine Leonin eust-il repeu, & repris ses habits, qu'emportant ceux de sa sœur, ayant appris de Valere qu'elle estoit partie soubs vn des siens, il se jette à corps perdu au chemin de Castello, où il arriue, n'ayant autre peur que de ne l'y treuuer pas. Il la demande, & il ne la rencontre point: mais comme les bons chasseurs, à moindre signe, & à vn leger assentiment, reprennent aysément la brisee de leur proye, aussi ayant appris par quelque conjecture, & par les enseignes qu'il en donna, qu'elle auoit passé par ce lieu, & pris la route de l'Abbaye de la Paix: A ce mot de Monastere, son Genie

N n

luy dicta qu'il la treuueroit en ce lieu : mais ce ne sera pas sans peine. Il y aborde ; il demande au portier des nouuelles d'vn jeune homme, vestu de telle façon, & enuiron de tel aage. L'industrieux Parthenio, qui se doutoit bien de cette venuë auoit preuenu toutes les auenuës, & dict à l'Abbé la mesme chose qu'à Philandre, afin qu'on le celast à son frere, soit qu'il vinst vestu en homme ou en fille. Le portier en est aduerty, qui bien que Religieux est neantmoins Calabrois, c'est à dire d'vne simplicité assez fine, pour ne se laisser pas aysément prendre par le bec, joint qu'estant informé de l'affaire il luy fut aysé de mener par ambages le bon Leonin, lequel en fin impatient de ces circonlocutions Calabroises, commence à menasser cet homme, qui appelle incontinent du secours, & se rendant le plus fort sur son terrein, se mocque des esclairs de Leonin, qui ne peuuent le foudroyer : ce qui faict entrer nostre Lyon en vne extreme cholere ; il vomit le feu par la gorge ; menasse de faire venir la Iustice ; dict que ce ieune homme est vne fille, que c'est sa sœur, qu'il n'est ny beau, ny honneste de tenir des filles en des Monasteres d'hommes. On va querir le bon Abbé, lequel entendit tout cela, & le prit pour la plus extrauagante folie du monde, & comme pitoyable & charitable meditoit defia de faire conduire cette fille en quelque Hospital d'infenfez: car il recognut bien aux enfeignes de Parthenio que c'eſtoit la fœur dont il eſtoit queſtion. Comme il portoit ie ne ſçay quoy de gros ſous ſon manteau, l'Abbé luy demanda ce que c'eſtoit, C'eſt, dict-il, l'habit de ma fœur que ie luy r'apporte, car elle a vn des miens. Alors l'Abbé ne doutant plus que ſa conjecture ne fuſt veritable: L'Amy, dict-il, ne vous eſtonneriez-vous point, ſi par vn Eſprit de Prophetie que i'ay, ie vous diſois que c'eſt celuy de voſtre ſexe? C'eſt la verité, repart Leonin, que quelquefois ie m'en ſuis ſeruy pour ſauuer ma fœur des dangers qu'elle euſt encourus, ſi nous n'euſſions changé d'habit, & de faict ſi i'auois changé d'habit, vous me prendriez pour ma fœur. Le bon Vieillard ayant compaſſion de ce fol, & pour recognoiſtre entierement ſa folie: Certes, dict-il, la bonne fille, ie croy qu'il vaut mieux vous laiſſer reprendre voſtre habit, afin que nous voyons comment vous eſtes faicte, Tenez, voylà vne Chappelle où entrent les femmes, on vous permettra d'y faire ce changement. Leonin tout à la bonne foy,

& jugeant bien que la violence ne feroit rien où il n'estoit pas le plus fort, s'en va là simplement changer d'habits, & se monstrant en cet équipage, parut pour vne vraye fille à ceux qui le regarderent, leur imagination estât preoccupee de l'impression de Parthenio. Et ne faut point treuuer cecy estrange pour l'habillement de teste, car en cette contree, & quasi par toute l'Italie, les femmes à la campagne portent des chapeaux comme des hommes. Alors le bon Abbé, Ma fille, dict-il, vous estes bien mieux en cet habit-là, qu'au precedent, cela n'est pas beau qu'vne fille se traueftisse ainsi en homme, si vous estiez bien sage, on vous chastieroit pour ce changement, mais il n'y a point d'apparence de punir vne folle, qui ne peut pecher par malice, puis qu'elle n'a point de iugement. Leonin croit que tout cela sont des illusions diaboliques, comme ces bonnes gens prennent toutes ces actions pour des folies. Alors il commence à prendre tous ces hommes à partie, & à menasser tous ces Moynes de les mettre en morceaux. Et voyla ce qui le faict estimer encores plus fol, il dit des merueilles de luy & de sa sœur; Et voyla, dit l'Abbé, cóme il châge de parole selon l'habit; en entrât vestu en homme, elle demandoit son frere à cette heure; vestuë en fille, elle demande sa sœur. c'est bien là ce qu'on nous a dict. Leonin cependant entre en vn courroux desesperé, & presque en vne rage de Lyon. Il dict des mots nouueaux, & qui ne tombent pas en la bouche d'vne fille, il faict des desmarches d'homme, tonne des Rodomontades, & tousiours l'Abbé, On nous l'a dict ainsi. Il veut entrer dãs cette Abbaye pour chercher sa sœur, Tout beau, luy dict-on, la belle fille, les animaux immondes n'entrent point dans cette Arche. Alors il commença à dire, Quoy on m'a voulu laisser entrer au Monastere des Oliues en cet habit, croyant que ie fusse fille, & ie n'ay pas voulu, & maintenant que ie veux entrer en vn Monastere d'homme on me rebutte, Si faut-il que i'y entre, ou ie mettray le feu à la maison: Et c'est afin que vous ne l'y mettiez pas, dict l'Abbé, qu'on ne vous veut pas permettre d'y entrer, cette cage n'est pas pour des oyseaux de vostre peinture. Leonin poursuiuit: Certes, cet habit m'a cousté tant de coups entrant en la maison de Valere, & quand il m'en deuroit couster encor autant, si faut-il que i'entre en celle-cy, ou bien i'en feray enfoncer les portes par la Iustice, laquelle en fin verra que vous recelez des filles ceans, & vostre maison sera descriee. Ces escoutans disoient tous, qu'ils n'auoient jamais entendu de si estranges folies, & ils en auoyent beaucoup de pitié. Il font vne consultation pour la mettre dehors par les espaules: le Vieillard de portier commence à la prendre par le bras pour la faire sortir; l'Abbé luy demande doucement son nom, Ie m'appelle Leonin, dict-il, & ma sœur que vous retenez Parthenice: Voyez, dict ce Venerable Pere, comme la folie luy renuerse le cerueau, il dict Leonin, au lieu de Leonice, & Parthenice, au lieu de Parthenio: à ce mot Leonin recognut que sa sœur estoit là dedās, & qu'elle auoit pris ce nom pour se faire receuoir comme homme. Mais ainsi que ce portier le pressoit de sortir, disant que cette folle faisoit trop de vacarme, le ieune Leonin indigné de se veoir traitter en fol, & croyant que tous ces hommes fussent charmez, se secouant brusquement, enuoya ce vieillard mordre la terre bien loing de luy, lequel ainsi estendu, excita toute la valetaille qui estoit là à se ietter sur luy à corps perdu, croyant que sa rage le deust prendre, & qu'il ne fist quelque insolence deuāt le Reuerend Abbé: bien qu'il fist des efforts incroyables, neantmoins il fut, tout desarmé qu'il estoit, accablé de la multitude, laquelle le trauailloit, comme les Taons font vn Taureau. Que ne dict-il en sa fureur? plus il crioit qu'il estoit homme & sage, plus croyoit-on qu'il fuſt vne fille deſeſperémenr folle: l'Abbé ne voulant pas perdre ces remonſtrances comme eſtant inutiles à vne perſonne ſans raiſon, commande par compaſſion qu'on la mette en priſon dans la chambre des Pelerins, & que là ſinon pour le purger tout à faict de ſa folie, au moins pour expier ſon inſolence, on luy donnaſt charitablement quelque chaſtiment preparatoire à l'enuoy qu'on feroit d'elle au plus proche Hoſpital des inſenſez. Leonin eſt entrainé ſans miſericorde, lequel rugiſſant comme vn Lyon, menaſſoit de tuer tout ſi on luy faiſoit vn tel affront. Enfin comme on le veut deſpoüiller pour le ranger à la diſcipline: Eſcoutez, dict il, ie ne ſuis ny fille, ny fol, Dieu me garde de l'vn & de l'autre. Or ſus, dict-il, ſi vous n'eſtes charmez des yeux auſſi bien que des aureilles, vous ſçaurez bien toſt la Verité de l'vn par vne demonſtration plus que Mathematique : mais peut-eſtre ſçaurez-vous l'autre trop tard, car ſi vous me faictes cet eſcorne que de me fuſtiger, le Ciel ne me le pardonne iamais, ſi iamais ie le vous pardonne. Le premier de ces valets qui le recogneut homme, s'eſcria ; ô Dieu ! quel monſtre eſt-ce icy, c'eſt veritablement vn garçon, mais n'eſtce point quelque ſorciere qui nous enchante? tous furent si estonnez à ce recit, qu'ils s'enfuirent comme ceux de l'adultere, l'vn apres l'autre, & nul l'osa toucher. On court dire au Reueréd Abbé, ce qu'on auoit rencontré, le bon-homme n'en croit rien, & si ne veut non plus y aller voir, que les autres y retourner. Enfin il y va plein de confiance en Dieu, esperant de dissiper cela, si c'estoit quelque prestige Diabolique, comme il y auoit de l'apparence. Mon Pere, dict le portier, quád il m'a faict prendre le saut, i'ay bien jugé que son bras estoit autre que de fille, mais enfin la Verification n'a point esté par lettres de cachet, mais par patétes, la preuue de mes yeux n'est nullement Metaphysique, sans cette asseurance nous eussions accomply vostre cōmandement, mais nostre Commission s'estendoit à chastier vne fille folle, non vn homme sage, & cōme ie pense mauuais garçon & vaillant. L'Abbé arriué auprés de Leonin, accōpagné de la famille, luy parle doucement, & l'arraisonne, alors Leonin voyant que la cholere l'auoit porté à vn tel accessoire, commença à respondre froidement & raisonnablement, & en se souuenant de l'oracle de Palmelio, dict franchement quel il estoit, quelle sa sœur, d'où venoient ces trauestissemens qui leur auoient causé tant de felicitez meslees de desastres, qu'il venoit du Monastere des Oliues retenir vne place pour sa Sœur Parthenice, laquelle sous vn habit de telle forme estoit entree là dedans, & qu'au cas qu'elle ne se treuuast fille il consentoit qu'on le fist mourir, qu'elle estoit cette fameuse Zitelle, dont la voix estoit si admiree à Naples, fille de Talerio & d'Olympie, & luy aussi supplie qu'on le tiéne en prison, iusques à ce que cette Verité fust manifestee. Cette belle voix toucha au cœur le bon Abbé, lequel se doutant de quelque vray-semblance, commença à se deffier que toute cette fumee ne fust pas sans feu : d'autre part il estoit fasché de perdre cette voix qu'il desiroit cõseruer comme vn tresor inestimable, sans considerer que ce qui luy donnoit dans les aureilles, eust peu donner dans les yeux de ses Religieux moins vieux, & moins mortifiez, & les traits de ce visage d'Ange que portoit Parthenice, leur faire tomber le Breuiaire des mains. Le Prudent vieillard s'auisa d'vne ruse, pour recognoistre si le prisonnier disoit la Verité : Il enuoye querir Philandre, qui lors estoit auec Parthenio, parlans de leur Vocation, & meslangeans leur entretien de concert de Musique : pour lors Parthenio recitoit ces paroles qu'il auoit autresfois apprises, lors qu'il estoit aux Zitelles à Naples, & lors qu'il estoit en ses plus feruens desirs de Religion.

Au bon-heur que ie tiens tout ce qui me tourmente,
C'est l'apprehension que ce Demon qui tente
Par quelque fier assaut ne me vienne empespescher
De posseder vn bien que i'estime si cher.
Rien qui dure tousiours ne se treuue en ce monde,
Et apres le bon-heur le malheur sur-abonde,
L'Espine suit la Rose, & les contentemens
Ont tousiours pour leur fin les pleurs & les tourmens.
Il me semble desia que l'esprit aduersaire,
Ennemy de mon bien qui m'est tousiours contraire,
Pour perdre tout à faict mon vœu deuotieux,
S'en va pesle-meslant la Terre auec les Cieux.
Mais bien que l'Vniuers coniuré à me nuire
Eust pointé contre moy tous les traicts de son ire,
I'espouseray plustost vn funeste tombeau,
Que de perdre vn dessein, & si iuste & si beau.

Philandre vient au commandement du Superieur, qui luy ayant communiqué tout le vacarme qui s'estoit passé pour Leonin : Et c'est bien, luy dict-il, mon Pere, tout ce que Parthenio vous auoit predit de cette folle fille, qui comme vne furie inceſſamment attachee à ſon collet, ne faict que troubler ſon repos: Mais quād il ſçeut la reuelatiō des Propheties,& que les yeux des aueugles n'auoient que trop veu; alors il luy demanda s'il n'auoit aucune coniecture que Parthenio fuſt fille: adonc comme par le rayon de miel de Ionathas ſes yeux furent ouuerts, & il ſemble que tant de Pudeur, de Douceur, de Retenuë & de Modeſtie qu'il auoit remarquee en cet Ange, la candeur de ſa Face, la clairté de ſa voix argentine, tous ſes deportemens, & meſmes ſa naturelle timidité luy eſtoient autant de marques d'vne Vierge enuelopee dans vn habit d'homme. Cela commença à eſtonner le Vieillard, & à luy faire penſer quelque myſtere qu'il n'entendoit point. Il le meine à Leonin, & luy dict, Tenez donc, mon amy, voyla voſtre Sœur que nous vous rendons, voyez ſi les filles ont le menton cottonné, comme l'a ce ieune homme : car ie vous aſſeure que nous n'auons receu ceans autre homme que luy ; & certes le bon Vieillard diſoit vray en penſant dire faux. Qui fut eſtonné ce fut Leonin, eſtimant que ſa Sœur fuſt en quelque autre lieu, ne pouuant croire que ce Venerable ſeruiteur de Dieu vouluſt proferer vn menſonge : Ce n'eſt point là ma Sœur, dict-il, elle est habillee de telle sorte, faitte de telle façon. Alors Philandre voyant Leonin en l'habit de sa sœur; Sans doute, dict-il, si cette fille est vn garçon, Parthenio est vne fille; car ie ne vis iamais de frere & de sœur si semblables. Voyla Parthenice descouuerte: cette Sara trouble la maison de Pharao, & cette nouuelle Iudith remplit de Cōfusion, non la maison de Nabuchodonosor, mais Bethulie. L'Abbé fort troublé de cet accident, & redoutant les menaces de Leonin, qui fier de la descouuerte de sa Sœur, & insolent de sa Victoire, menassoit desia de faire venir la Iustice pour retirer cette fille de cette maison: Mon amy, dict l'Abbé, il est aysé de nous tromper sous vn habit dissimulé, s'il y a de la faute, elle est en vostre sœur: c'est nous qui la ferons chastier, & vous aussi pour vos traueftissemens; car cela est contre les loix & contre les bonnes mœurs. Lors il commanda à Philandre d'aller querir Parthenio, lequel en la saluant du nom de Parthenice, changea sa face tantost en lys de crainte, tantost en rosee de honte, & luy contant toute l'histoire de sa découuerte l'amena plus transie qu'vn criminel, qui va entendre la sentence de sa condamnation, apres luy auoir remis cette lettre, que Leonin en sa prison auoit eu loisir de luy escrire.

MA SOEVR,
Ie ne sçay pourquoy vous fuyez ce Frere, qui a tout quitté pour vous seruir : vous ressemblez à l'ombre qui suit le corps, qui la fuit, & fuit celuy qui la suit, le bon-heur vous cherche, & vous l'euitez, le malheur se veut esloigner de vous & vous vous y precipitez : Ie viens du Monastere des Oliues, où ie vous ay treuué vne place asseuree, & vous venez icy en chercher vne aussi iniuste qu'incertaine. I'ay sceu à mon retour chez Valere, la temerité de Zerbin & vostre courage, vous auez bien faict de vous retirer de ce lieu ennemy : mais de vous cacher de moy, qui ne respire que vostre bien, & qui donnerois ma vie pour sauuer vostre honneur, c'est vne iniustice manifeste : Est-il quelque honneur égale à la vostre & inegale comme la vostre ? quand le bien que vous auez si ardemment desiré s'offre à vous par la Prouidence de Dieu, vous le laissez pour courir apres vne Vocation extraordinaire & si perilleuse, que les exemples des Sainctes que vous pourriez alleguer pour vous iustifier, vous condamneroient, en ce qu'ils sont plus à admirer qu'à imiter. Sortez donc de ce lieu, où vous ne pouuez estre en saine conscience, si vous ne voulez que ie vous en face sortir à vostre honte, & à l'opprobre de cette maison par l'authorité de la Iustice, & venez retirer d'vne prison qui luy est fascheuse, vn Frere qui vous veut mettre dans vne autre

qui vous sera agreable, & un Frere qui est tenu pour fol, si vostre presence ne le declare sage. Iugez ce que ie n'entreprendrois pas pour vous, puis que pour vostre consolation ie suis reduict à cette extremité de perdre l'honneur, & de tomber en la reputation d'auoir perdu le sens. Et que le Ciel décoche d'abondant sur moy quelque nouueau traict de sa cholere, s'il luy en reste encores quelqu'vne qu'il ne m'ait fait sentir, il ne pourra iamais faire que ie sois autre, que vostre inuiolable Frere Leonin.

Dieu! que deuint Parthenice, quand elle sceut le mauuais traittement faict à son Frere, à son occasion, & comme par sa feinte elle luy auoit causé vne peine veritable, & presque vn irreparable affrôt: elle le va treuuer, comme si elle eust esté au supplice; car elle estoit si tourmentee de regret, de desplaisir & de honte, que peu s'en fallut qu'elle ne pasmast: quand elle fut deuant l'Abbé & deuant Leonin, elle se met à genoux, & ne sçait auquel des deux elle doit premierement demander pardon: tous sont si côfus de sa confusion, & de l'estrangeté de cette auanture, que leur admiration les réd immobiles comme des statues. Leonin plus ioyeux d'auoir retreuué sa Sœur, que ne seroit vn auare d'auoir recouuré son tresor esgaré, & plus content de la reuoir, que mal-content de ses peines passees: Voyla, ma Sœur, luy dict-il, comme il nous en prend pour n'auoir pas tousjours deuant les yeux l'Oracle de Palmelio, LA VERITÉ VOVS DELIVRERA: si tost que nous nous escartons de ce droict chemin, nous tombons en des fouruoyemés inexplicables. Ie vous prie, reprenez voſtre habit qui me couſte tāt de coups, & me rendez le mien, auec lequel ie paroiſſe ce que ie ſuis, & homme, & ſage; & ſuiuez-moy, afin que ie vous meine de la Paix à l'Oliue, comme vne blanche & pure Colombe, auec ce rameau de trāquillité à l'Arche de voſtre ſanctification. L'Abbé iugeant à ce diſcours que Leonin eſtoit homme d'entendemēt, luy fit tout plein d'excuſes du mauuais traittement qu'il auoit receu, dont ſa Sœur eſtoit cauſe, le priāt qu'vne cauſe ſi aymee luy fit oublier les rigueurs de l'effect, qu'il pardōnaſt à la rudeſſe, & à l'ignorāce de ces valets qui l'auiēt ſi mal mené, & que deſormais ils quittaſſent ces traueſtiſſemens, ſinon que ce fuſt pour ſauuer leur hōneur ou leur vie, car cela eſtoit ſujet à mille eſclandres. Ils changent d'habits, & Parthenice ſi honteuſe, qu'elle n'oſoit leuer les yeux, ny ouurir la bouche, deſiroit de Leonin pour accourcir ſa honte de deſloger promptement de ce lieu, ce que Leonin deſiroit auſſi ardamment qu'vn prisonnier attend impatiemment sa liberté. Le bon Abbé leur fit faire la meilleure chere qu'il peut, & les pria de ne diuulguer point cet accident, qui ne pourroit que leur apporter du blasme, & apprester au monde maling de quoy faire des iugemens temeraires. Philandre à qui le tentateur ouurit les yeux, ne treuua rien d'egal aux graces de Parthenice quand elle parut en fille : Et comme elle auoit voulu estre Religieux auec luy, peut-estre eust-il desiré estre Religieuse auec elle; mais en fin la Raison fut la Maistresse, & l'extraordinaire determination de cette fille cõtribua à l'affermissement de sa Resolution, si bien qu'il demeura en ce Cloistre, où apres auoir seruy Dieu fidelemét, il mourut paisiblemét en Dieu en ce Monastere de la Paix. Encores si par eschange le Frere fust demeuré pour la Sœur, cela l'eust cõsolé : mais Leonin n'estoit pas homme pour cela, ayant encores la teste toute pleine de Doralice, & des fortunes du monde ; & puis comment demeurer en vn lieu où la Reception luy auoit esté si terrible ? cette mouche ne se prend pas auec vn tel battement de bassins.

FIN DV LIVRE HVICTIESME.

PARTHENICE.
LIVRE NEVFIESME.

LS S'EN vont donc en la garde de Dieu, au Monastere des Oliues, qui n'estoit pas autrement esloigné; si bien que le bon Abbé se promettoit d'y entendre encores cette belle voix : mais il se trompe en son iugement aussi bien que nostre Pretendante. Car vous sçaurez que le malicieux Astolphe indigné des blessures que Partenice auoit imprimees sur le corps de son Frere Zerbin, pour sa iuste defense auertit diligemment la Superieure des Oliues de la trôperie de Leonin, disant que par tout il en feroit vne risee : de sorte que nos poursuiuans arriuez en ce lieu, treuuerent la disposition de cette Dame tellement changee, qu'au lieu de les accueillir gratieusement elle les chassa auec indignité: au commencement elle feignit de n'estre point auertie de cette industrie, que Leonin

Oo

auoit pratiquee pour se faire prendre pour sa Sœur: & soit que le despit d'auoir esté trompee, soit que la tentation qui l'auoit renduë si facile pour Leonin fust passee, soit que consultant ses Sœurs, elle les eust treuuees contraires à la reception d'vne fille de païs esloigné, de vie sans tesmoignage, de mœurs incognuës; tant y a que pour espreuuer la patience de Leonin, elle luy dict que ce n'estoit point là (regardãt Parthenice) la fille qui s'estoit presentee les iours precedés. Leonin iure qu'il n'a point d'autre Sœur, demande quelle dissemblãce elle treuue en ses habits, en sa forme; la Calabroise & auisee de son naturel, & aduertie par Astolphe, prend plaisir à luy voir desguiser la Verité par ses artificieuses responses, & en rit en son cœur. Madame, disoit le fasché Leonin, Astolphe m'a dict, que vous voulustes faire entrer en vostre maison cette mienne Sœur, si tost que vous l'eustes recogneuë aux traicts de mon visage. Il est vray, repliquoit la Superieure, que ie pensay faire vne grande faute, voulant faire entrer si soudainement, & sans prendre le conseil de mes Sœurs, cette personne qu'Astolphe me presenta: mais ce n'est point asseurement cette fille que ie voy maintenant auprés de vous. Madame, reprit Leonin, m'auriez-vous bien obligé en la personne d'Astolphe, pour me desobliger en la mienne propre? la Superieure, I'ay tousiours desiré obliger la personne de Leonin, pourueu que ce fust sans violer les reigles de nostre saincte Communauté: mais ie n'ay iamais pensé à fauoriser ses tromperies. A cela Leonin, Madame, ie suis tout estonné que vous refusiez à Leonin present, ce que vous auriez accordé si liberalement à Leonin absent.

Mais n'est-ce point quelque charmeur,
Qui plein d'vne enuieuse rage
Vous faict d'vne mauuaise humeur,
Et ma Sœur d'incognu visage,
Ne pouuant nos humilitez
Rien sur vos dures volontez?
Que deuiendra vostre serment
Plus volage que veritable,
Le faudra-t'il ietter au vent,
Ou bien le grauer sur le sable,
Ou bien l'escrire sur la mer,
Ou bien le tracer dedans l'air?

Et puis se mettant en cholere, Madame, poursuiuit-il, ce sont des traicts ordinaires de vostre sexe, dont l'accident inseparable, voire la substance est la mesme legereté; mais si n'estes-vous pas seule qui puissiez decider cette affaire, ie desire presenter ma Sœur aux Dames de ceans, & ie m'asseure que sa voix attirera toutes les leur, & que sa forme & sa Vertu la rendra aussi agreable à leur Compagnie, que vous nous estes mal gracieuse. La Superieure toute mortifiee qu'elle estoit, se sentit picquer au vif, & toucher en vn lieu aussi sensible que la prunelle de ses yeux, qui estoit son auctorité ; car elle estoit en vn Ordre où les Superieures sont fort absoluës : de sorte que prenant cela au poinct d'honneur, & la cholere luy faisant leuer & le voyle, & la retenuë ; elle monstra son visage à Leonin, & en mesme temps auec des paroles si desdaigneuses, qu'elles estoient insupportables à ce grand cœur : Elle luy fit sçauoir qu'elle estoit auertie de sa tromperie : si bien que Leonin, plein de confusion & de cholere, luy repartit des choses, que pour le bien de sa Sœur il ne deuoit pas dire ; car vous eussiez dict qu'il entreprenoit à prix faict de destruire ce qu'il auoit tasché d'edifier auec tant de soin & tant d'art, & que comme vn Lyon de Lybie, il effaçoit auec la queuë de son courroux les traces de condescendance qu'il auoit auparauant imprimees sur cet esprit. Beaucoup de bruict, & peu de fruict : ce fut vn grand orage qui se termina au vent d'vn refus, aux esclairs des reproches, & en la pluye des yeux de Parthenice, laquelle ne pouuant arrester ce torrent de despit, qui rauageoit le cœur de son Frere au preiudice de son repos (car comment adoucir vn Lyon au milieu de sa fougue) tesmoignoit assez par ses souspirs le desplaisir qu'elle auoit de voir ruiner ses pretensions. Doncques se mettant à genoux deuant cette Superieure, à laquelle sans doute elle eust faict pitié, si elle n'eust point esté preoccupee des impressions d'Astolphe, & des inconsiderations de Leonin. Madame, luy dict-elle, ie supplie vostre Charité de me receuoir au moins pour la seruante de vos seruantes; toute condition me sera heureuse & glorieuse, qui m'attachera à mon Sauueur crucifié, he : ie vous prie ne me rendez point coulpable des fautes d'autruy: si le fils est innocent de l'iniquité du Pere, combien plus vne Sœur des indiscretions d'vn Frere, que la passion transporte aux despens de mon bien: Il est vray, Madame, qu'il a failly, & mon humilité vous demande pardon pour son arrogance. Au moins, Madame, que ie sois receuë pour quelque temps, durant lequel sans prendre vostre sainct habit, on espreuue mon Esprit & ma conuersation, la force de mon corps & de mes bras. I'ay encores vne voix qui pourra seruir au chœur, si on la iuge digne d'y estre employee. Ie sçay tout l'Office Ecclesiastique, lequel i'ay appris aux Zitelles à Naples; ie sçay la Musique, ie touche des orgues, & les ouurages ordinaires des filles me sont fort en main : Retirez de la gueule des Loups, de la patte des oyseaux de proye cette brebis errante, cette Colombe égarée, qui ne sçait en quel abry ranger son honneur, dont plusieurs indiscrets veulent faire curee. Sauuez-moy de la gorge des Lyons, pour l'Amour de IESVS voſtre Espoux, qui vous a constituee en dignité dans son Eglise sainɾte: si vous ne me fauorisez selon le pouuoir qu'il vous en a donné, & si vous ne cooperez à mon salut, peut-estre qu'vn iour il vous demãdera cõte de ma perte, & recherchera mon sang en voſtre main. Ouurez-moy donc, Madame, voſtre sein maternel, soyez mon toiɾt contre la pluye qui me trauerse, & dont les eaux entrent iusques dedans mon ame ; mon azyle contre mes persecuteurs, mon port contre la tourmente qui me menace de naufrage : Ainsi Dieu vous ouure les thresors de ses graces, les entrailles de sa Misericorde, & la porte de son Paradis, qui n'est ouuert qu'aux Misericordieux. La Superieure touchee de cette affeɾtueuse supplication pensa se rendre à la Pitié: mais cõme la tẽtation a touſiours plus de poids en la trōpeuse balāce du cœur humain, à cause du talent de plomb qu'elle tire à sa suitte, que non pas l'inspiration; le despit surmonta la compassion, & apres l'auoir rudement traittee, cette fille croyant que ce fust pour espreuuer sa Constance & sa Perseuerance. Madame, dict-elle, ie profite comme le saffran, plus ie suis oppressée; ie me renforce comme l'enclume par ce qui me bat, ie me releue comme la Palme contre ce qui m'afaisse, & plus on me chasse plus ie reuiens: quand vous me tuëriez, i'espererois encores en vostre Charité; car mes yeux qui sont retournez vers le Dieu de mon cœur & du vostre, me semblent promettre de la consolation du milieu de mes desolations, & que ie treuueray de l'eau douce dans la mer amere de mes desplaisirs. Cette gentillesse frappa la dureté de ce cœur, & luy tira cette parole ; Tu me fais autant de Compassion, que i'ay de Passion contre l'insolence de ton Frere : mais tu as parlé d'vne certaine voix ; châte vn peu que ie t'entéde, & que ie sçache si tu seras bon oyseau de cage. Alors Leonin moins courroucé, Madame, dit-il, faittes venir icy le chœur de vos filles, & si à tout autant que vous estes, elle ne rauit le cœur par les aureilles, ie veux perdre la vie : Quoy, n'auez-vous pas ouy parler de la Zitelle de Naples, & la voyla, c'est ma Sœur; vous ferez trop heureuse de l'auoir. La Superieure regardant Leonin de costé: Voyez-vous, dict-elle, ce temeraire. Or sçachez que rien n'entre ceans que par ma volonté, qui seule y faict regner celle de Dieu: la voix de mes filles n'a lieu qu'au Chœur, mais au Chapitre, quand ie leur demande conseil, ie ne partage point ma puissance auec elles; ce qui me plaist leur aggrée, rien n'entre en leurs esprits que ce qui est à mon goust: mais si la voix de ta sœur ne me reuient non plus que la tienne arrogante, s'en est faict, vous pouuez-bien vous en retourner: mais oyons vn peu cette chanterelle. Alors Parthenice qui ne chanta iamais pour affaire de plus grande importance, r'asmaslant sans se faire prier tous ses tons sur sa langue, & tous ses plus mignards roulemens dans sa gorge, pour enchanter sagement cette ame despitee, & priant Dieu qu'elle treuuast pour son chant grace en son cœur, souspira delicatement ce Madrigal.

Tant que vostre cœur sans pitié
 Sera sans amitié,
 N'esperez pas iamais de Dieu misericorde,
 Ce n'est pas qu'il ne soit plein de compassion,

Et qu'il ne nous exauce en nostre affliction:
Mais de croire qu'il vous accorde
Ce qu'on ne peut tirer de vostre affection,
C'est l'accuser d'iniustice,
Voulez-vous qu'il vous soit propice,
Il le fera selon que vous m'exaucerez,
Donnez-moy vostre habit, sa grace vous aurez.

Elle accompagna la gentillesse de cette ryme faicte à l'improuiste d'vn air si doux, & si rauissant, que la Superieure s'alloit rendre à ce coup, si Leonin transporté de son costé, & comme regrettant de quitter sa sœur, n'eust tonné cette Rodomontade insupportable, & qui gasta tout irremediablement (tant il importe de mettre à la porte de sa bouche vn huis de circonstance & de circonspection.) Allez, dict-il, vous ne valez pas cette fille, vous ne la meritez pas ; cette seule voix vaut mieux que tout vostre corps. A ce mot la Superieure s'alluma d'vn tel despit, qu'oubliant la memoire de cette Angelique harmonie auec le son, & d'autre-part la peur que cette charmante voix jointe à vne eminente beauté, & à vne grace si douce qu'elle attiroit les rochers, ne destachast ses filles de son obeissance, auec vne secrette jalousie de regner sans Riuale, la fit resoudre à esconduire Parthenice, à dire à Leonin; Va, remeine ta sœur, elle n'entrera jamais ceans; quoy! vne fille incogneuë, tiree d'vn Hospital, vne coureuse, pour vne voix, & vne mine affetee, sera preferee à toute vne Religieuse cōmunauté; garde-la bien Leonin, & Adieu. Auec ce mot, elle abbaisse son voyle, tire le rideau de la grille, & s'enfonce dans le Monastere, sans que les cris de l'inconsolable Parthenice, ny les prieres de Leonin, qui se repentit trop tard de son indiscretion, peussent jamais la r'appeller. Il la faict demander, elle refuse de venir, & mesme luy commande de se retirer, auec des termes si indignez, & si indignes, & contre luy, & contre sa sœur, que son grand courage ne les pouuant endurer, il protesta que jamais sa sœur ne seroit de cette troupe; & peut-estre que la saincte Prouidence de Dieu l'ordonnoit ainsi pour le salut de Parthenice: car si on iuge du corps par la teste, il est à croire qu'elle eust esté mal conduitte par vne telle Superieure; ioint que cette Maison estoit biē Renfermee, mais mal Reformee; bonne de murs, mauuaise de mœurs, pour plusieurs imperfections en la pratique de la Communauté, lesquelles il vaut mieux laisser en cette closture, que de leur bailler l'essor sur la pointe de cette plume. Que feront-ils? où donneront-ils de la teste? car Parthenice se peut aussi peu resoudre de quitter cette Religieuse maison, où son cœur est attaché, ainsi qu'vn fer à vne roche d'aymant, comme de retourner en celle de Valere, où son frere la veut reconduire: elle sçait ce que Valere luy a dict en partant, & les tesmoignages d'amitié qu'il luy a rendus. Leonin l'asseure qu'il luy a offert le semblable; de plus, luy promet de la loger à Fontanello chez quelqu'vn des parens de Valere. Enfin, la Necessité qui est vne farouche & imperieuse Maistresse, la contraint de desloger de cette Oliue amere pour elle, pour se rejetter en la Mer de nouueaux desastres. Fortune cruelle! quand cesseras-tu de tourmenter cette innocente & inuincible Chasteté, & encores par la part qui luy est la plus sensible, qui est celle de ses sacrez & iustes desirs? car les biens du monde, les Vanitez, & les grandeurs du Siecle, & la vie mesmes ne luy sont rien, à comparaison de ce doux repos en Dieu, où elle aspire, tout ainsi que le Cerf malmené de la meute brame apres les eaux, tirant vn pied de langue. Mais en fin elle se remet dans le sein de Dieu, & elle s'accoise. Car comme dict le diuin Chantre:

Qui d'vn ferme courage au Seigneur se confie,
Ne chancele non plus durant l'affliction,

*Que le mont de Syon,
Qui sans jamais branfler les orages desfie.*

En cette confiance ils se mirent en chemin pour regaigner Fontanello, & en allant il vint en pensee à Leonin de persuader à sa sœur de retourner à Naples, où il sembloit qu'vne meilleure fortune l'attēdist, puisque cet Herodes de son Hōneur, Osiandre, estoit mort, car il le croyoit ainsi selon le recit que luy en auoit faict Florian, qui l'auoit laissé envne extremité deploree par les Medecins. Il luy descouurit tout simplement & ingenuëment cette proposition, qu'elle rejetta d'abbord, mais qu'elle gousta depuis: & cette naïfueté l'obligea de manifester à son frere tout à la bonne foy vne imagination que de sa part elle rouloit en sa fantaisie, de se desrober de luy, & se jetter toute seule dans le creux d'vn desert, alleguāt de semblable entreprise mille anciens exemples qu'elle auoit leu dans les Histoires sainctes. Mais Leonin mit de l'eau sur le boüillon de ce moust de pommes de Grenade, la faisant souuenir de l'aduis de Palmelio qui auoit blasmé ce dessein, & qui luy auoit conseillé de ne croire pas à tout Esprit, & de ne suiure jamais l'impetueuse feruueur du bien, si elle ne vouloit tomber en de grands precipices, & peut-estre en d'horribles scandales: ce qui dissipa tout à faict cet aueugle desir en l'ame de cette fille, laquelle n'ayant pour but que d'estre toute à Dieu, ne se soucioit pas en quelle façon ce fust. Mais Leonin qui auoit encores Doralice dans le cœur, & dont la flatteuse image d'vne forme plaintifue & desolee luy liuroit continuellement des assauts, & qui voyoit que la conduitte de cette Sœur luy faisoit perdre toute esperance de fortune dans le Monde, prit resolution de luy persuader ce retour, estimant la loger plus aysément à Naples en quelque Maison Religieuse qu'en aucun autre lieu: il luy faict donc entendre, que comme elle est pressee de se marier auec IESVS-CHRIST, en prenant le voyle Religieux, son Affection le porte à reuoir le Printemps du visage de Doralice, apres l'Hyuer de tant de trauerses; qu'Herminio luy a promis cette fille; qu'il a reciproquemét promis à Herminio de l'espouser; & qu'il ayme mieux, pour luy tesmoigner sa dilection vrayement fraternelle, employer vne partie de la dotte qu'il auroit de sa Maistresse, pour la faire Religieuse, afin de faire d'vne pierre deux coups se pouruoyant & elle aussi; luy d'vne femme qu'il cherissoit, elle d'vn Cloistre qu'elle cherchoit. A cette si charitable, & si raisonnable proposition Parthenice ouurit & les yeux, & le cœur; & bien qu'elle vist de grandes fatigues, & eust de grandes apprehensions, sur l'incertitude de la Vie ou de la Mort d'Osiandre, elle consentit volontiers à cela, elle qui eust esté au bout du monde chercher la Croix Religieuse. Or parce que selon le prouerbe, vn compagnon agreable, & qui entretient joyeusement par le chemin, sert de voiture à ceux qui sont à pied : Leonin qui par ce consentement sentit resueiller ses esperaces, commença à exprimer sa pensee à sa sœur par vn Apologue fort agreable, qu'il enfila de la sorte. En fin le Cerf blessé au flanc par vn archer, apres auoir long temps couru & tracassé portant le fer dans sa playe, va chercher le Dictame auprés de son lict ordinaire. Ainsi dict-on que le lievre pourchassé va rendre les derniers aboys en son fort: Nous auons beau changer, nous nous portōs par tout nous mesmes, & par tout où nous nous portōs nous mesmes nous trainons nos malheurs: tout ainsi que ceux qui sont malades sur la mer, pour passer de la nauire dans l'esquif, ne perdent pas leur mal en chāgeant de place, mais plustost ils l'augmentent, parce que la chaloupe estant comme plus petite aussi plus esbranlee que le grād vaisseau, leur cōuulsion s'en redouble: & tout ainsi que les febricitans ne quittent pas leur fieure pour passer d'vn lict à vn autre, ains ils l'irritent par cette agitation; ainsi semble-t'il qu'en fuyant les trauaux, nous nous y plongeons d'auantage, & que comme en vn labyrinthe inexplicable, nous entrions en sortant, & sortions en entrant, allans sans cesse sans treuuer le but où nous aspirons. Car si vous y auez pris garde, ma sœur, depuis nostre sortie de Naples, qui fut en la sorte que Dieu sçait; il semble que pour punition de ce Rapt plus aueugle que volontaire, nous ayons esté battus d'vne suitte de desastres plus assiduë que les flots ne s'entre-poussent sur la Mer. De sorte qu'il m'est aduis que la tempeste nous vueille rejetter aux mesmes riuages que nous auons laissez, où la determination du Ciel nous promet des sieges tráquilles, & vn establissemét plus arresté, que dans l'incertitude de ces voyages pirouettans, qui nous conduisent à veuë de païs, dans le mesme vague de l'inconstance. Il me souuiét à ce propos d'vn agreable Apologue que i'ay autrefois leu dás vn certain liure plein de belles Moralitez. Vn vieillard villageois menoit vn pauure cheual qu'il auoit au marché, pour soulager sa famille de l'argent qu'il tireroit de cette vente: Il le mene deuant par le licol, tandis qu'vn petit enfant qu'il auoit le chasse par derriere; quelques passans se mocquerent d'eux de ce qu'ils alloient à pieds pouuans alier sur cette voiture: le vieillard croyant qu'ils eussent raison monte dessus; en voyla d'autres qui treuuent mauuais que ce vieillard se soulage, tandis que le petit enfant va trotinant apres luy; il descend, & y met cet enfant; d'autres s'indignent que ce jeune galand soit à son ayse, tandis que ce pauure vieillard traine son corps cassé apres luy; il se met sur le cheual auec l'enfant, & voyla qu'on les reprend de ce qu'ils accabloient & surchargeoient ce pauure animal, lequel auroit plus de besoin qu'ils le portassent; ils pensent l'espargner, & luy ayans lié les jambes, & passé vn leuier au trauers, s'essayent de le porter; les passans se mocquent d'eux, & estimans que ce fust vn cheual mort, disent qu'il suffit de le trainer à la voirie, sans se donner la peine de le porter; comme ils le trainoient, ceux qui le remarquent vif, les accusent de folie, & disent qu'ils le feront mourir: ils voyent bien qu'ils gastent leur cheual; ils le deslient, & remis sur ses pieds, ils treuuent en fin, que la meilleure façon de le mener, c'est la premiere, n'y ayant qu'incertitude dans le jugement des hommes. Ainsi, ma sœur, vostre premiere condition, lors que vous estiez aux Zitelles, ne vous semble-t'elle pas plus douce, que tant de diuerses trauerses dont vous auez esté battuë tant de fois,

fois, depuis que vous en estes sortie? Ie vous tiray de Naples à Miralte, de là nous tombasmes és mains des impitoyables buscheros, & puis en celles des voleurs, apres és formalitez des gens de Iudicature, depuis en celles des sorciers, & de là dans les torrens; vn peu consolez en l'Hermitage, nous fusmes assaillis par Octauio, Flaminia, & Emiliane, & puis par cette Courtisanne, derechef par la Iustice; en fin chez Valere, où nous pensions treuuer quelque repos, vous auez presque rencontré en l'insolence de Zerbin le Tombeau de vostre Honneur; vous venez de voir les tristes rencontres de l'Abbaye de la Paix, & de l'Oliue, où nous n'auons experimenté que des orages, en croyant cingler sur vn calme profond. Que ferons-nous apres tout cela, ne sçachans où donner de la teste, sinon retourner au lieu où sont nos habitudes, & nos cognoissances, au sejour d'où nous sommes partis sans nous cognoistre, & remettre nos os disloquez dans leur naturelle emboëtture? Toutes choses n'ont repos qu'en leur centre; les fleuues coulent sans cesse iusques à ce qu'ils soient embouchez dans la Mer: nostre centre & nostre Mer, c'est nostre patrie; il est mal-aysé que vous châtiez le Cantique du Seigneur en vne terre estrágere; chaque chose veut son retour: la teste du serpét

Pp

se replie vers sa queuë pour faire le cercle auquel consiste sa perfection. Allons donc, ma chere sœur, chercher la Paix où le Ciel semble nous la promettre, sans roder ainsi, & vagabonder instablement entre les bras infideles de mille dangers.

Cette cité l'Eternel fauorise,
Il l'a choisie, & pour siege il l'a prise,
C'est son amour, c'est son lieu de plaisir,
Icy, dict-il, mon repos s'eternise,
Et d'y loger c'est mon plus cher desir.

Au pis aller, quand Osiandre seroit en vie, quand ie vous auray remise aux Zitelles, il n'y a force humaine qui vous en puisse enleuer; vostre premier enleuement vous fera défier d'vne seconde surprise, & moy par le dehors comme vn auant-mur, ie feray vne ronde perpetuelle, & vous garderay si soigneusement de toutes entreprises, que nul fleau pourra approcher du Tabernacle de vostre integrité. Peut-estre qu'Osiandre par ses blesseures corporelles, aura perdu les spirituelles, car souuent l'infirmité du corps redonne la santé à l'ame, & la tribulation que Dieu enuoye nous tourne à profit, tesmoin celuy qui disoit qu'il estoit d'autant plus fort & vigoureux d'esprit qu'il estoit imbecile de corps. Peut-estre qu'ayant ouy mes iustifications, & la grande raison que i'ay euë, vous ayant recognuë pour ma sœur, de vous souſtraire à la violence de ſes deſirs, ie pourray r'entrer en ſes bonnes graces, & dans les termes de ma premiere fortune. Peut-eſtre que Luciane ſe ſouuenant de mes ſeruices, ne les payera pas de meſcognoiſſance & d'ingratitude, & que plus joyeuſe de voſtre ſeconde ſouſtraction, que de voſtre premier enleuemẽt, elle me ſçaura gré d'auoir empeſché, en vous emmenant, vn mariage qui ne luy euſt pas eſté agreable. Et quand pour vne cauſe ſi juſte que celle de la cõſeruation de ma ſœur, ie tõberois en la diſgrace de mon Maiſtre, & de la Ducheſſe ſa Mere, ma gloire & ma conſolation eſt au témoignage de ma cõſcience: car ayãt fait mon deuoir & enuers eux, & enuers vous, ie ne veux point d'autre recompenſe de la Vertu, que la Vertu meſme,

Laquelle eſt a ſoy-meſme vn tres-ample ſalaire,
Car on ne la vend pas pour vn prix mercenaire.

Touſiours me reſte le premier moyen de ſatisfaire à vos deſirs & aux miens par le mariage de Doralice qui ne me peut fuir, & que ie ne ſçaurois laiſſer ſans quelque ſorte de perfidie, puiſque ſa parole m'eſt engagee, comme la mienne à elle, auec mes plus tendres affections. Mon frere, repliqua Parthenice, mes volõtez ſont tellemẽt vnies auec les voſtres, qu'à ce nœud la ſeule mort peut ſeruir

Pp iij

de coutelas d'Alexandre, ie consens & acquiesce de tout mon cœur à vos raisons, seulement ie desirerois qu'elles fussent aussi aysees, & aussi promptes à executer qu'à proposer : mais ne sçauez-vous pas que la fortune nostre ennemie iuree, diray-je seulement depuis nostre naissance, ie diray deuant, puis que auant la tienne elle t'auoit destiné à estre miserable; cette cruelle aduersaire de nostre bien & de nostre repos ne cessera jamais de nous persecuter iusques à la Mort. Helas ! le cœur me fremit quand ie pense aux accidens que nous auons eschappez, depuis nostre sortie de Miralte : car quant à celle de Naples, ie voy maintenant que ce me fut vn mal-heur aussi heureux qu'à Ioseph d'estre vendu & trahy par ses freres ; certes la teste me tourne à l'aspect de ces precipices, ma Prudence y est deuoree, & ma Sagesse engloutie; Quoy donc, tenterons-nous en nostre retour de semblables desastres ? nous remettrons-nous derechef sur des ondes si perfides ? est-ce pas temerité ou pure folie de briser deux fois contre vn mesme Rocher? Ah, mon frere ! permettez-moy plustost de m'enfoncer dans quelque solitaire desert, pour vous deliurer du soin & du fardeau de cette miserable, qui n'est née que pour trauerser vostre vie, & pour miner vostre forcune. Ne suffit-il pas que ie sois seule dans le mal-heur, sans encores y trainer vostre innocence, & sans y precipiter vos esperances? En disant cela, elle noyoit sa face de larmes, & elle exprimoit par les yeux de Leonin le plus pur sang de son cœur: car que n'eust fait ce grand courage, qui pour les deuoirs d'vne saincte & non feinte amitié auoit comme renoncé aux inuiolables liens de son Amour, & quitté ses justes pretensions, & ses legitimes plaisirs, pour mettre l'honneur de sa sœur à l'abry, & pour donner le repos à son ame. Il la consoloit le mieux qu'il pouuoit, luy remonstrāt que la main de Dieu n'estoit pas accourcie, ny son bras affoibly, que celuy qui les auoit conduict en sauueté & en seureté parmy ces deserts, les pourroit aussi facilemét introduire en la terre promise, en leur cher païs, que plustost il la conduiroit auec escorte. La Vertueuse fille luy repliquoit, que cette esperance en Dieu estoit le seul appuy de son ame desolee dans l'abysme de tāt de maux qui l'enuironnoient, qu'elle estoit comme la Colombe, qui ne pouuant treuuer où asseoir son pied dans le deluge de ses miseres, estoit cōtrainte de retourner à l'Arche, & Dieu le vueille ainsi, que ce soit auec vne brāche de Paix. A cela, le gentil Leonin voulant essuyer sa melancholie: Et c'est cela mesme que ie vous voulois tantost dire auec mon Apologue: mais, ma sœur, ie n'entends pas les Escritures, & ie ne sçay pas prescher comme vous. Mon frere, reprit Parthenice, vous ressemblez aux Dauphins, qui se resjoüissent parmy les tourmêtes, & aux Aigles qui ne sont à leur ayse que dans les tourbillons, sans considerer que beaucoup de choses tombent entre le verre & la bouche, & que souuent apres vne nauigation de long cours, & beaucoup de naufrages euitez en pleine mer, on vient eschoüer au port. Ce monde est vn Dedale plein de destours si obscurs, que nostre Prudence n'y voit rien; l'auenir est vne cachette impenetrable à nos yeux, nous y allons comme vont les rameurs qui ne voyent pas le lieu où ils tendent; vous deuorez desia les riuages en esperance, mais il y a bien de la difference entre les veoir, & y estre; il ne faut que la moindre bourrasque pour nous jetter en Mer, plus auāt que nous ne fusmes jamais. Ma sœur, replicqua Leonin, ie vous dirois volontiers comme ce Roy à ce Prophete, Vous n'augurez jamais que mal, ingenieuse à anticiper vos calamitez par la crainte; c'est la peur qui vous forme toutes ces idées en l'imagination,

Nous ne serons tousiours dans les calamitez,
Encores verrons-nous quelques prosperitez.

Dictes-moy donc desormais des choses plus

agreables & plaisantes : quoy, faut-il perdre ainsi la Confiance en la misericorde de Dieu, la seule estoile de nostre pelerinage, la seule ourse de nostre Nauigation, la seule anchre de nostre Espoir. Chere Parthenice, considerez comme ie prends le personnage que vous auez tousiours si dignement soustenu, me ramenant au train de la raison, quand ie m'en escartois. Et quand vous seriez espouse d'Osiandre, qui est vn bien que vous regardez comme le plus grand mal qui vous peust arriuer, estimez-vous que chacun fust de vostre opinio, & que ie ne tinsse pas à beaucoup d'honneur d'estre le beau-frere de mon maistre? Helas! mon frere, dict Parthenice, que me dictes-vous là pour me consoler, sçauez-vous bien, que par cette parole vous me jettez dans l'abysme de la plus extreme défiance que ie peusse conceuoir de vostre fidelité. Ah! permettez-moy que ie vous quitte plustost, que de me trainer à ce supplice; car cet Espoux sanglant que i'ayme, & que i'adore, & auquel seul ie dois la foy & la loyauté, m'est plus cher en ses ignominies, & en ses douleurs, que les honneurs & les richesses de tous les Princes de la terre. Mais, ma sœur, dit Leonin, est-il possible que cette resolution ne se soit point esbráslee parmy tát de trauerses, & que la fermeté se puisse par vn miracle nouueau treuuer dans le cœur d'vne fille? Parthenice, Voyla grand cas, mon frere, que d'estre fille, & qu'on ne puisse imaginer que foiblesse en nostre sexe, composé en son origine premiere d'vne matiere plus ferme & plus solide que celuy de l'homme. Or sçachez que cette determination ne s'est point esbranlee, mais pluftost affermie par les agitatiõs qui m'ont tourmétée, tout ainsi qu'vn rocher qui se polit par les vagues qui le battent, tout ainsi qu'vn athlete qui se roidit par la contreluitte, tout ainsi qu'vne enclume qui se durcit par les coups, tout ainsi qu'vn pas qui s'enfonce par les esbranslemés, tout ainsi qu'vn grãd arbre qui cache sa teste dans les nuees, lequel jette d'autant plus fortement & profondement ses racines qu'il est battu des vents & des orages: car vous sçauez qu'estant en Paix au Monastere de la Paix, & pensant auoir rencontré le port de la tranquillité Religieuse, apres laquelle ie souspire depuis le temps de ma premiere cognoissance, ie fis à Iesvs Christ vœu solennel exprés & irreuocable de perpetuelle Virginité, & d'embrasser l'Estat Religieux en quelque façon que ce peust estre: de sorte que si ma misere m'empesche d'estre receuë en quelque maison Conuentuelle, ie suis obligee par ma Promesse, & resoluë pour effectuer mon obligation, de me rendre Hermitesse en quelque Solitude; & bien que cette dernie-re voye semble estrange, neantmoins n'estant pas sans exemples, cela r'abbattra beaucoup du iugement qu'on pourroit faire de sa temerité. Or ie vous supplie, mon Frere, de permettre que ie l'essaye plustost que de me remettre au danger de rompre ce vœu que i'ay faict au Dieu de Iacob, & que ie luy veux rendre, fust-ce aux despens de mille vies. Ne pensez donc pas desormais m'immoler à vos intentions, ny ne pensez pas auec ma personne faire vostre paix auec vostre Maistre, s'il est encor en vie, ny faire de moy vne planche à vostre fortune : cela ne sera iamais tant que ie pourray dire, Non: & ie le diray à tout homme viuant, tant que durera ma vie. Car puis que pour suiure l'Amant & l'Espoux de sang que i'ay choisi pour le Dieu de mon cœur, & pour la part de mon Eternel heritage, il faut renoncer à Pere, à Mere, à Tout; ie pourray bien encores renoncer à vous, puis que pour luy ie veux renoncer à moy-mesme. Ce n'est pas, mon cher Frere, que par ce Renoncement ie paye de mescognoissance les obligations que ie vous ay : mais souuenez-vous que quand cela seroit, ie ne ferois pas de difficulté de me charger d'vne ingratitude qui fust agreable à Dieu, & de rompre les plus eſtroittes obligations qui ſoient entre les hommes, telles que ſont celles qu'engendre l'alliance du ſang, pour luy eſtre inuiolablemét fidele. Toute Amour eſt compatible auec celle de Dieu qui ne luy eſt point côtraire: mais toute affection qui luy côtrarie doit ceder à cette premiere, comme les Eſtoiles s'eſuanouïſſent à la preſence du Soleil: Ie vous obeïray donc, & vous honoreray comme ie dois, en tout ce qui ſera iuſte & raiſonnable: mais ſi toſt que vous toucherez à mon ſacré vœu, ie vous declare que ie ne vous ayme que iuſques aux Autels, & que ie ne vous tiendray plus pour mon Frere, ny pour le gardien de mon integrité, mais pour vn ennemy, d'autant plus dangereux qu'il m'eſt domeſtique. Leonin qui craignoit que ce diſcours ne la portaſt precipitamment à d'autres termes plus violens, d'autant qu'il eſt malayſé de contenir le zele, quád il eſt vne fois eſchauffé & eſmeu, l'interrompit en luy proteſtant qu'il ne violenteroit iamais ſa volonté, mais qu'il en ſeroit auſſi aſpre defenſeur, que de la pureté de ſon corps, eſtant bien ayſe qu'elle luy euſt manifeſté ce ſainct vœu faict depuis leur derniere veuë, afin de ne flatter plus ſon Eſprit de cette vaine imagination, que ſa Reſolution pourroit cháger, puis que ce vœu l'auoit tellement liee, qu'elle ne pouuoit plus le rompre, ny luy-mesme contribuer à sa rupture, sans courir à la perte de la grace de Dieu, & encourir la damnation; & que desormais il ne vouloit plus peser sur elle à aucun auantage mondain, puis que le monde luy estoit entierement crucifié, seulemét qu'il la prioit de destourner son desir de cette vie Heremitique, non seulemét dágereuse, mais indecéte pour son sexe, & plus sujette aux perils qu'vne autre condition mondaine; qu'elle s'asseurast que de la dotte de Doralice, il la mettroit en tel Monastere de Naples qu'elle voudroit choisir; & que pour empescher toute violéce, & la Iustice publique, & l'auctorité du Vice-Roy ne manqueroit pas. La Sage Parthenice se rendit à tout cela, bié ayse d'auoir balayé en l'esprit de son Frere tous les nuages qui eussent peu y apporter du trouble, & luy dóner des pensees cótraires à son Religieux dessein. Ils ne furét pas plustost arriuez à Fontanello, que Valere & Rusticie voyans les playes de Zerbin en tel estat que le Chirurgien en dónnoit asseuráce de vie, cómencerent à regretter l'abséce de leurs enfans adoptifs. Et la cause de leur trouble cessát l'effect de leur Dilection cómméça à leur dóner de la peine : chacun donne tout le blasme à Zerbin, plus affligé des reproches qu'on luy faisoit, que de son mal,

& plus tourmenté de sa honte que de ses douleurs. Leonin ayant laissé sa Sœur chez vn de ses amis, au voysinage de Valere, rentrant en cette maison y rapporta les mesmes ioyes que le Soleil du Prim-temps r'amene sur la Terre. Ils croyent que Parthenice soit demeuree aux Oliues, & ils ne songent plus qu'à caresser Leonin : Zerbin qui le craignoit autant comme il aymoit sa Sœur, commence à perdre l'Amour par l'absence de l'vne, & à espouser la peur par la presence de l'autre : mais quand il sceut que le genereux Leonin luy pardonnoit son offence, il changea de Passion, & eut de l'Amitié pour Leonin, dont il ayma la presence, & il ayma l'absence de Parthenice, craignant que sa presence ne renouuellast les playes de son ame, & ne r'allumast le flambeau de son Amour. Quant à ses Sœurs Syluie & Taurise, autant enuieuses de Parthenice, qu'amoureuses de Leonin, elles perdirent l'Enuie par l'absence de celle-là : mais elles resueillerēt leurs flammes, plustost assoupies qu'esteintes, par la presence de celuy-cy. Le seul Astolphe reprend sa jalousie, voyant les caresses extraordinaires que ses parés font à ce nourrisson; il croyoit estre l'aisné du Prodigue, & traitté moins fauorablement que ce cadet : Mais en fin Parthenice est trop proche : en ces bourgades on sçait tout, si toſt que ces bonnes gens sçauent le refus de la Superieure des Oliues, & qu'elle eſt de retour, il n'y a moyen de la laiſſer viure autre part que chez eux ; toute offence s'efface, tout deſplaiſir s'oublie: Zerbin ayme le Frere en faueur de la Sœur, à laquelle il ſe reſout de demander pardon par la bouche des playes qu'elle luy a faittes, & de luy proteſter que les bleſſeures de ſon corps ont guery celles de ſon ame. Les Sœurs ſe reſolurent d'aymer & de careſſer cette Sœur, à cauſe de ſon Frere. Or Ruſticie pour oſter le ſouuenir des coups qu'elle auoit faict ſentir à Leonin ſoubs les habits de Parthenice, ſe reſout de luy teſmoigner par ſes embraſſemens que ce fut l'erreur, non le iugement, qui la porta à cette fureur vers le Frere, & que c'eſt le iugement, & non l'erreur qui l'induit à ce bon accueil vers la Sœur : Auſſi bien Zerbin eſt en vie, & de plus eſt deuenu ſage : ce qui eſt faict eſt faict, le meilleur remede des fautes paſſees c'eſt l'oubliance. Parthenice reuient donc, & comme les querelles des perſonnes qui ayment ſont des rengregemens d'amitié, leur feu en eſtant rendu plus vehement par ces legeres aſperſions de riotes, auſſi eſt-elle doublement aymee, & pour la grace de ſon front, & pour cette inuincible Vertu, dont elle auoit monstré vne euidente peine. Zerbin mesme faict Sage par son desastre l'adore auec respect, & sans mauuais desir, côme il feroit vn Ange. Valere est si rauy de tout cela, qu'il ne peut contenir sa liesse dãs son cœur, sans la respandre par ses larmes. Mais comme l'araigne faict venin des plus belles fleurs, le traistre Astolphe faict sa tristesse de toutes ces ioyes; car c'est le propre de l'Enuie de s'enmaigrir de la graisse d'autruy. Iniuste vice qui pleure parce que les autres rient, qui se treuue mal parce que les autres se portent bien, & qui comme vne vipere tuë celuy qui le conçoit. A peine nos Pelerins auoient-ils commencé à gouster le miel de quelque repos sur le bord des leures, comme Ionathas son rayon, que la fortune leur ennemie coniuree leur appreste vn nouueau tourbillon, qui portera la nauire de l'inuiolable integrité de Parthenice, à deux doitgs de son naufrage: aussi les Nautonniers d'vne profonde bonace augurent-ils ordinairement les durs assauts d'vne fiere tempeste. Car voyla qu'on leur apporte des nouuelles de l'arriuee d'Osiandre à Belle-Fleur, lequel comme nous auons dict se resolut de s'y faire apporter, tout affligé qu'il estoit de sa blesseure renouuellee dans vne chaire : Luciane qui ne voyoit que par ses yeux, & qui le suiuoit comme son Estoile, l'accompagna en littiere. Aussi tost le voyla aux enquestes de Parthenice; il enuoye par tout à sa queste: c'est vn chasseur si accort & si puissant, & qui a vne meutte de seruiteurs si prompts à executer ses volontez, qu'il faudra que Parthenice ait bien des ruses pour euiter ses pieges, ses filets & ses toiles. Florian qui auoit eu aduis de son allée au Monastere des Oliues, y est enuoyé auec main-forte, résolu d'enfoncer les portes de cette Maison sacree, au cas qu'on luy refusast de luy remettre cette fille, pour la presenter à son Seigneur. Il y va: la Superieure luy declare tout naïfuement ce qui s'y estoit passé, & le refus qu'elle auoit faict d'elle: il croit que c'est vne excuse, & vne baye, il veut vser de violence, il y tempeste, il y menace, il y crie, il y faict vn vacarme le nompareil. En fin craignant de faire vn grand mal, sans qu'il en reüssist aucun bien, il proteste que s'il ne la treuue à Fontanello, il retournera sur ses brisees, & mettra plustost le feu à cette Maison qu'il ne l'en retire, son Maistre estant resolu à toute extremité, plustost que de perdre sa Maistresse. Il s'en va, & laisse la Superieure bien estonnee de la grande Vertu de Parthenice, qui pour estre Religieuse en ce pauure Monastere, & encores Sœur Conuerse, fuyoit l'alliance d'vn Prince tel qu'Osiandre : Cependant Osiandre a auis du retour de nos Voyageurs à Fontanello, & il se dispose à les prendre en la maison de Valere. Que fera Parthenice, elle tremble comme la timide Colombe, qui voit fondre sur elle le superbe Gerfaut : Leonin consulte Valere sur ce qu'il fera pour euiter cet esclandre. Esclandre, dict Valere, mais la plus pretieuse & desirable fortune qui se puisse desirer: quoy fuir la Prosperité comme vn malheur; certes ie ne puis conceuoir de quel esprit est portee Parthenice, à preferer vn habit de Seruante aux Oliues, aux Nopces d'Osiandre qui la cherche, non pour la perdre, mais pour l'espouser, non pour la deshonnorer, mais pour l'esleuer aux plus grands honneurs de ce Royaume, & la rendre Duchesse & Princesse tout ensemble. Mon Pere, dict Leonin, cela vous est difficile à conceuoir, parce qu'vn homme nourry dans le mesnage des champs comme vous, ne conçoit pas bien les mouuemens transcendans que l'Esprit de Dieu excite dans les cœurs. Plusieurs Grands Roys & Roynes, Princes & Princesses, ont laissé leurs Couronnes &

leurs

leurs Principautez pour embrasser la vie Religieuse : ma sœur est animee de ce mesme dessein, & n'y a moyen de l'en divertir, joint qu'elle en a faict vn vœu qu'elle ne peut rompre sans se damner; & elle eslira plustost mille morts, que de côsentir à sa damnation. De moy, i'ay faict tout ce qui m'a esté possible pour l'en destourner, mais mes persuasions ont esté des flots contre vn roc, qui ont plustost poly qu'esbranslé sa Constance; ie sçay bien que cela perd ma fortune & la vostre, car puisque vous m'auez esleué en mon enfance, ie serois le plus ingrat des mortels, si i'auois jamais rien où vous n'eussiez la part qui faict le Tout. Mais que peut-on faire à vn courage aheurté, à vne resolution que la Mort mesme ne peut renuerser. Il n'y a que Dieu qui puisse changer ce cœur là, si encores Dieu le veut changer, puis qu'il ne demande que Dieu. O mon Pere! que les côsiderations de la terre sont foibles deuant celles du Ciel, c'est de la poussiere à la face du vent ; c'est de la neige deuant le Soleil. Mon fils, reprit Valere, peut-estre qu'elle se rendra sous quelque espece de contraincte, car les filles sont de ce naturel, qu'elles veulent tousiours le contraire de ce qui leur est proposé, fust-ce pour leur bien : la contradiction n'est pas tant vne qualité de leur sexe,

Qq

que la substance. C'est l'aduantage de leur Gloire de se laisser vaincre à l'importunité de leurs poursuiuãs: vueillez ou non, il me semble que les mains d'Osiandre vous sont & à elle ineuitables, il vaut bié mieux porter auec patience vn mal irremediable, que de luitter contre le vent, s'opposer à vn torrent, & voguer contre vent & maree. Que feroient des pigmees cõtre ce Geant? ne vaut-il pas mieux faire la paix, que resister à celuy qui nous doit vaincre à guerre ouuerte? Vous sçauez que nous sõmes de trop petites gens pour resister à vn si grand Seigneur, lequel quand mesme il auroit abusé de cette fille auec infamie, seroit assez puissãt pour se faire absoudre de ce crime. Mon Pere, reprit Leonin, ie cognoy l'humeur de ma sœur, pour Dieu gardez bien de luy parler de la sorte, car elle penseroit estre trahie, & ce seroit luy plõger le cousteau dans le sein. Nous essayerons de nous sauuer par subtilité, & selon nostre coustume, en nous trauestissant, moy pour euiter la fureur de la cholere d'Osiandre, elle pour esquiuer la furie de son Amour; que si nous tombons en sa puissance, nous nous remettrons entre les bras de la saincte Prouidence de Dieu. Ah! mon enfant, repart Valere, faut-il que l'obstination d'vne fille autant determinee à son mal, qu'ennemie de son propre bien, sous l'ombre d'vne pieuse imagination, te donne tant de trauaux & de trauerses, & que tu luy cedes mon fils, & que le foible emporte le fort. La sœur en ses peu iudicieuses opiniastretez surmonte les prudens cōseils de son frere & les miens, qui bien que villageois, sont nez du milieu de l'experience de tant d'annees qui me blanchissent la teste, & qui manque à la ieunesse de vostre aage. Mon Pere, dit Leonin, ie voy tout cela ; ie cognoy que c'est le mieux, & neantmoins i'embrasse le pire, car ma sœur a des raisons si pieusement fortes, qu'elles domptent toutes oppositions, & n'y a pas de moyen de resister à leur vehemence: ce qu'elle veut, elle le veut absolument, ou mourir; & moy ie veux ce qui luy plaist, & ie crains si fort de luy desplaire, & plus que ma propre mort de la voir mourir, qu'elle est le premier mobile qui entraine quant & soy toutes mes Raisons, mes Affections, & mes Pensees. Ie vous supplie dōc, mon pere, ou de nous enseigner quelque cachette où nous puissiōs mettre en asseurāce le thresor de cette inuiolable pureté, ou chercher nostre seureté dās nostre fuitte ; car si vostre maison ne nous est vn asyle assez fort, nous aymōs mieux viure parmy les deserts auec des bestes, qu'auec des hommes, ausquels la passion a faict perdre l'vsage de la Raison. A cela Valere ne sceut que repartir, sinon par larmes, ne pouuāt leur enseigner de lieu asseuré cōtre la violence d'vn si puissant Prince, & regrettant de se voir priué de ces chers enfans de son cœur par vne fuitte precipitee. Mais l'enuieux Astolphe couue bien d'autres pensees dans son traistre cœur: car se voyant en main vne occasion qui luy sembloit si specieuse pour se deffaire de deux personnes qui ne luy plaisoient pas; il auertit Osiandre de se rendre bien accompagné à Fontanello, & qu'il leur remettra ceux qu'il demande auec tant d'instãce entre les mains. Osiandre y vient comme le vẽt, mais dés la nuict precedente, à la faueur des tenebres, le frere & la sœur trauestis à leur ordinaire se mirent en chemin pour se sauuer de cette surprise: de sorte que quand Osiandre arriua auec sa troupe, Astolphe fut bien estonné de ne luy pouuoir tenir parole. Osiandre estimant qu'il se fust mocqué de luy, le chargea de menasses & d'outrages, & fut sur le poinct de luy passer l'espee au trauers du corps, s'il n'eust recogneu à la force de ses protestations quelque sincerité. En fin ce traistre apprit de Valere de quel costé ils auoient tiré pays; il se met à la trace auec Osiandre & sa troupe: & comme ils s'enqueroient curieusement, ils en treuuerent aysement les pistes & les vestiges. Ils entrerent dans vne maison de villageois d'où ils estoiét sortis peu auparauant; ils vont auec diligence comme ces limiers qui doublent le pas, &

tirent le traict plus ils sont voysins de leur gibier, ce qu'ils cognoissent à la force des passees & des fumees,& à la fraischeur du sentimét. A la fin Osiandre apperçoit sa proye, & auerty par Astolphe qui apperceut nos Pelerins en vn sentier escarté, que c'estoiét là Leonin & Parthenice, alors sans songer à sa playe à laquelle l'agitation violéte estoit dangereuse, il part cóme vn esclair, & pressant les flács de son cheual, qui estoit vn coursier de regne il court d'vne brusque & violéte ardeur l'espee à la main, & vient fondre cóme vn tourbillon sur Parthenice, couuerte des habits de Leonin, & en l'appellant traistre & perfide, luy porte deux gráds coups, l'vn dans l'espaule, l'autre au bras, & fit mesurer la terre à cette innocéte, en la personne de laquelle il pésoit auoir tué Leonin. Alors cette fille commence à reclamer son frere sous le nom de sœur, & Leonin à prier pour la vie de sa sœur sous le nom de frere, & Osiandre aueuglé de cholere d'vne part, & d'Amour de l'autre, perdit le iugemét pour ce coup, & pardonna à Parthenice pour l'amour de Leonin, pésant pardonner à Leonin sous le nom de Parthenice: Astolphe mesme qui ne sçauoit rien de ce changement d'habit y fut trompé, parce que outre l'artifice qu'auoit faict Parthenice pour ternir sa naturelle beauté, son sãg la rendoit mescognoissable, au contraire Leonin paroissoit si beau sous les vestemēs de sa sœur qu'on le prenoit aysémēt pour vne fille. Astolphe s'en va bien content d'auoir effectué sa trahison, de laquelle il fut salarié sur le chāp par Osiandre, qui luy fit deliurer quelque argent, s'excusant de ce que par promptitude il estoit entré en deffiance de sa sincerité. Ils n'estoient pas trop esloignez de Belle-fleur, (escueil où nos voyageurs eschoüerent en le pensant euiter) Osiandre rauy d'ayse y transporte son thresor, & voyez le plaisant abus: car il alloit fauorisant de mille caresses celuy qu'il tenoit pour son mortel ennemy, & traittant de mille rudesses celle qu'il aymoit plus que son ame. Voyez, Madame, disoit-il à la déguisee Parthenice, à quoy me fait resoudre l'affection que ie vous porte, puisqu'elle me faict donner la vie à celuy qui m'a rauy la mienne, en vous rauissant à moy. Seigneur Osiandre, disoit Leonin, sous le semblant de sa sœur, & en contrefaisant le ton de sa voix, pardonnez à vn frere jaloux de l'honneur de sa sœur, qu'il estimoit deuoir estre prophané par vous aussi tost qu'elle seroit en vostre puissance. Frere, dit Osiandre, ha! ie vous prie genereuse Parthenice, ne vous dictes point alliee d'vn sang si vil & villageois: ie sçay nōobstāt son desastre la noblesse de vostre mere Olympie: hé par quelle voye seriez-vous venuë du Rustique Valere? non, ie ne sçaurois me persuader qu'vn esprit faict côme le vostre ait jamais peu se laisser aller à cette resuerie. Alors Leonin joüant fort proprement le personnage de Parthenice, luy raconta toute l'histoire de l'expositiõ de Leonin esleué par Valere, & puis par sa Mere la Duchesse Luciane, luy specifiant le temps & les enseignes de l'escharpe bleuë, & de l'esmeraude, dont il auoit autrefois entédu parler, mais confusément. Sur quoy Osiandre remarqua de la vray-semblãce & de la probabilité, & de là tirât des cõjectures en faueur de l'integrité de sa Maistresse, la jalousie sortit tout à coup de son esprit, apres qu'il luy eust dict; Mais pourquoy donc a-t'il esté ou si maladuisé, ou si temeraire de vous enleuer de Miralte, jugeant bien quel aduantage ce luy estoit, de deuenir par le moyé de sa sœur beau-frere de son Maistre? La crainte qu'il auoit, respondit la feinte Parthenice, que vous voyãt en possession de moy, vous ne me voulussiez pour autre que pour espouse, ce qui ne sçauroit estre que par vne abominable violence, violence qui me seroit plus cruelle que mille morts; c'est ce qui la faict resoudre, à ma persuasion, de me mettre à l'abry de cet orage, qui me menaçoit d'vn naufrage irreparable. Et le traistre qu'il est, repliqua Osiandre, ne sçait-il pas quand il tira l'espee sur moy à

Naples, & qu'il me fit si grande frayeur, que ie luy promis solemnellement de n'auoir jamais aucune pensee pour vous, qui ne fust saincte & legitime. Seigneur, dict la fausse Parthenice, quand le peril est passé, on se mocque du Sainct, vne volonté contrainte n'est pas volonté; & elle est cōtrainte, quand elle est exprimee par l'apprehension, & puis qui ne sçait que

Les sermens des Amans s'escriuent sur le sable?
Or iugez, Vertueuse Parthenice, reprit l'abusé Osiandre, de la sincerité de mes intentions, puisque maintenant que i'ay mon ennemy en ma puissance, ie luy pardonne pour l'amour de vous, de vous de qui ie prefere l'honneur à ma propre vie, vie que i'ay pensé perdre pour vous acquerir, & que i'auray tousiours plus agreable de perdre en vous ayant, que de la posseder en ne vous ayāt pas. Ie le vous iure donc inuiolablement & religieusement, chere Parthenice, que ie n'ay pour vous que des Affectiōs, desquelles ie ne rougiray iamais, ny deuant Dieu, ny deuant les hōmes. Ie sçay que vous auez trop de Pieté, d'Honneur, & de Vertu, pour consentir à rien qui peust ternir en aucune sorte la belle candeur de vostre Reputatiō, & moy trop de Gloire, & vne trop saincte Amour pour faire place en mō cœur à vn si lasche dessein. Ainsi Dieu m'ayme comme ie vous parle sincere-

mét & franchemét, & que le Ciel me punisse de quelque nouueau supplice, si i'ay rien en l'ame qui ne soit & Iuste, & Chaste, & Sainct; vous cognoistrez mes Affections par les effects, & c'est la bonne façon de les cognoistre: ils vous apprendront comme il n'y a aucun seruice qu'il ne me soit plus difficile de vous offrir, que de vous le rendre. O que Leonin n'est-il veritablement ce qu'il n'est qu'en apparence, qu'il seroit bien tost gaigné: cette premiere cajollerie luy saisit tellement le cœur, qu'il deuient amoureux de son Maistre; & r'allumant le flambeau de cette ancienne amitié qu'il luy auoit tousjours portee, il commença à consentir en son cœur que sa Sœur l'espousast, s'imaginant qu'il seroit aysé de la faire dispenser de son vœu. La Compassion qu'il auoit de ce ieune Prince, que ses playes auoient extremement extenué; la sincerité de son intention qu'il lisoit autant en son front qu'en ses paroles, la cognoissance qu'il auoit de longue main de son naturel, luy faisoit adiouster foy à cette creance, qu'il n'attenteroit iamais en sa Sœur, rien que de raisonnable & de iuste. Ces flatteuses, diray je, & ces flatueuses imaginations (car l'espoir de participer à cette fortune flattoit son esprit d'vne flatueuse ventrosité) abbatirent son courage, & le firent conclurre en soy-mesme au Mariage de Parthenice & d'Osiandre, au preiudice des saintes resolutions de cette fille, & sans consulter l'oracle de sa volonté, & moins encores celle de Dieu, qui sçaura bien par des secrets admirables confondre ces vaines pensees de Leonin, & establir les iustes pretensions de Parthenice. Ils arriuent à Belle-fleur, où Osiandre ayant presenté la fausse Parthenice à Luciane: En fin, luy dict-il, Madame, le Iuste Ciel prenant pitié de mes maux, & de ma longue perseuerance, m'a remis entre les mains celle que tant de fois vous m'auez promis, sans executer vostre promesse, & que vous m'auez permis non seulement de rechercher, mais d'espouser. Ie m'asseure que vous estes si bonne Mere, que vous ne retracterez pas vostre parole au preiudice non seulement de mes contentemens, mais de ma vie: Car quel creue-cœur me seroit-ce, apres auoir tant souffert, tant souspiré, tant attendu, tant desiré, & estant sur le poinct d'entrer en possession de cette terre promise, que vous me voulussiez frustrer de l'honneur de vostre consentement. Mon fils, reprit Luciane, mon consentement & vostre contentement sont deux choses si estroittement conioinctes, qu'elles sont inseparables; demandez seulement, & il vous sera octroyé, maintenant que vous estes le Maistre, tout ce qui vous plaira vous sera loysible; viuez seulement, & me voyla trop heureuse: ne sçauez-vous pas que i'ay tousiours aymé cherement cette fille, & que si i'eusse esté auertie de vos legitimes affections, ie n'y eusse pas mis les empeschemens que vous vous estes imaginé? En disant cela, pour tesmoigner à son fils l'ayse qu'elle auoit de le voir content, elle se iette au col de la desguisee Parthenice, & la baisant fort tendremēt, elle mettoit le vray Leonin en de merueilleuses apprehensions d'estre recognu; car ceux qui sçauent l'humeur de cette contree, où l'vsage des baisers si frequens aux salutations de nostre Nation, cousta autresfois tant de sang en de funestes Vespres à nos François, cognoissent bien, que si la tromperie eust esté recognuë sur le champ, l'indignation de la Mere, qui rauissoit au fils vne faueur qu'il eust bien desiree pour luy-mesme, quoy que tous deux fussent deceus, eust porté Leonin en de terribles accessoires. Mais le trouble de tous ces Esprits estoit si grand par l'excez de la ioye, qu'il esblouïssoit leurs yeux; de sorte qu'ils ne voyoiēt pas ce qu'ils voyoient, ou bien le rusé Leonin sçauoit si accortement, & de si bonne grace recueillir toutes ces caresses, qu'on le prenoit veritablement pour Parthenice. Osiandre est si transporté, qu'il cache sa teste dans la nuce,

& porte son front dans les Cieux. La feinte Parthenice est conduitte dans la plus belle chambre du Chasteau, honoree & seruie comme vne Princesse; les filles de Luciane, & la Duchesse mesme la seruent, à qui mieux-mieux, pour complaire au Prince, lequel n'estant pas du tout accoisé côtre Leonin, dont la sortie de Miralte l'auoit mis en telle peine, commanda qu'on le pensast de ses playes, mais que ce fust dans vne chambre bié serree, & qui luy seruist de prison, desirant le chastier selon son merite. Cependant se voulant esclaircir de cette fraternité, qui luy donnoit de l'ombrage (car le soupçon & la crainte sont des ombres inseparables du corps de l'Amour) il enuoya querir Valere, lequel vint aussi tost au mandement de ce Seigneur, ayant appris d'Astolphe la prise de ses chers enfans par Osiandre, & les blesseures de Leonin, qu'il se douta incontinent estre Parthenice, ayant veu le changement de leurs habits. Le bon homme porte les gages qui luy auoiét esté remis auec Leonin en son enfance, pour les faire recognoistre à Luciane, à laquelle il les auoit cômuniquez, lors qu'elle prit chez luy cet enfant encores ieune, pour l'esleuer auprés d'Osiádre. Arriué, Osiandre l'ayant interrogé sur cette affaire, & entédu le rapport de ce vieillard, il le mena à sa Mere, laquelle apprenāt le tout par la recognoissāce des gages de l'escharpe bleuë, & de l'esmeraude, la fraternité de Leonin & de Parthenice demeura clairemēt verifiee; ce qui cōtenta grandement Osiandre, & qui osta de son cœur toute mauuaise impression qu'il eust peu cōceuoir cōtre l'honnesteté de cette fille. Mais, dict Valere, estil possible, sans autre preuue, que leur extréme ressemblance ne vous l'ait pas faict recognoistre? Ie n'ay pas eu le loisir, dict Osiandre ; car quand i'eus frappé ce traistre, son sang le souïlla en sorte, qu'il me fut mescognoissable, & puis ayant l'obiect que i'aymois deuant les yeux, comment les eusse-je retournez vers celuy de ma hayne? En verité, dict Luciane, i'ay remarqué en Parthenice tant de traicts de Leonin, que ie l'ay pensé prendre plusieurs fois pour Leonin mesme, & mes Damoyselles qui la seruēt m'ont dict qu'elle en a tant d'actions, qu'elles pensent tousiours traitter auec ce Leonin qu'elles ont tant cogneu chez nous à Naples. Or imaginez-vous parmy tous ces seruices & toutes ces delicatesses, quel deuoit estre ce Leonin au cœur de Lyon : n'estoit-il pas, à vostre aduis, comme vn Hercule, tournant le fuseau parmy les filles d'Omphale. Osiandre l'alloit quelquesfois visiter, mais auec tant d'honneur & de respect (car c'est ainsi que se pratique l'honneste Amour en ces contrees) qu'il estoit estonné de la duree de cet abus; & comme il estoit possible pour vn obiect faux d'auoir des Passiōs si veritables; horrible fascination d'entendement : Et Dieu sçait, si ayant dessein de luy donner sa Sœur, il sçauoit luy tesmoigner de la bien-veillance, protestant d'estre à luy, pourueu que ce fust soubs les loix du deuoir: & Osiandre qui n'auoit autre pensee que de Mariage, estoit rauy de se voir si auant dans les bonnes graces d'vne personne qu'il cherissoit plus que sa vie. Mais pour reuenir à Valere, Osiandre se voulant esclaircir tout à faict, & le confronter à Leonin en presence de sa Mere : Il faut, dict il, que ie vous face voir ce voleur de mon Bien, ce mespriseur de mon Alliance, de laquelle sa Sœur est la plus contente du monde; cruel, qui par sa fuitte de Miralte, & par ce retardement m'a pensé verser dans le Tombeau. Ie ne veux pas le faire mourir pour l'Amour de sa Sœur, ie suis mesme marry d'auoir en luy respandu le sang de mon futur beau-frere : mais si luy veux-je faire sentir qu'il ne faict pas bon se joüer à son Maistre ; ie luy veux faire le reproche de son infidelité tout deuant vous; ils vont ensemble à la chambre, ou plustoſt à la priſon du faux Leonin. Il eſtoit lors au lict en la compagnie de ſes douleurs, & corporelles & ſpirituelles : à cette veuë croyant la tromperie de ſon Frere deſcouuerte, il penſoit eſtre perdu, & qu'Oſiandre entraſt pour luy rauir l'honneur : toutesfois voyant Luciane & puis Valere, il reprit vn peu d'aſſeurance: Mais ne ſçachant pas ſi bien joüer ſon perſonnage, comme Leonin, il dict à Valere : Helas! mon Pere, prenez pitié de voſtre fille, puis que ſon Frere, ou ne veut, ou ne peut la ſecourir en cette extremité. Oſiandre qui penſoit que Leonin ſe faſchaſt de ſçauoir ſa Sœur entre ſes mains; Voyez-vous ce traiſtre & ce barbare, dict-il, qui eſt encores jaloux de mon bien; cruel, me perſecuteras tu doncques iuſques à la mort ? ta Sœur eſt à ſon ayſe, ô meſchant & perfide Leonin, & elle m'ayme; & elle m'a promis de la bien-veillance, & d'eſtre mon Eſpouſe : quel ſujet t'ay-je iamais donné de douter de la ſincerité, & ſi ie l'oſe dire ainſi, de la ſaincteté de mes intentions? Va ingrat, ſont-ce là les bien-faits que tu as receus de ma Mere & de moy, race de vipere, qui ne peux viure ſans creuer le flanc de ceux qui t'ont eſleué. Le faux Leonin iugea bien à ce diſcours, ou qu'il y auoit vne extreme feinte, ou vne extreme tromperie en l'esprit d'Osiandre; c'est pourquoy iugeant qu'elle auoit pensé se descouurir, elle repartit pour reparer sa faute : Helas ! Seigneur Osiandre, ie n'empesche point que vous espousiez ma Sœur Parthenice, seulement ie vous demande la liberté, pour ôster de deuant vos yeux vn object qui vous est si desagreable. A cette voix Luciane qui la contemploit auec attention : Ie ne sçay, dict-elle, s'il y a du charme à tout cecy; mais il me semble que i'oy la voix de Parthenice soubs le front de Leonin; & quand Parthenice que i'ay auec moy parle, il me semble que i'oy Leonin soubs la face de Parthenice. Alors le Rustique Valere qui auoit plus de simplesse & moins de soupplesse, pressé d'vne affection toute ronde & paternelle, sans penser autrement qu'à ce qu'il voyoit : Helas! dict-il, ma pauure fille, qui t'a mise en ce triste equipage ? reuien en nostre pauure maison, mon enfant, & encores que ie ne sois pas si grand Seigneur, tu seras plus soigneusemét pensee. Le desguisé Leonin craignant comme la mort d'estre descouuert, auoit beau luy faire des signes des yeux, de la teste & des mains, qu'il se teust : mais sa bouche parloit tousiours de l'abondance de son cœur; c'estoit vn torrent qui renuersoit

ses

les digues. Helas, dict-il, ie me doutois bien quãd Astolphe m'a rapporté que Leonin auoit esté blessé par le Prince Osiandre, que ce seroit toy soubs les habits de ton Frere. A ce mot les entrailles d'Osiandre fremirent: mais il fut vn peu r'asseuré quand il entendit le faux Leonin, disant, Mon Pere, vous me prenez pour ma Sœur, c'est l'affection paternelle qui vous transporte, ma Sœur se porte bien, il n'y a que moy de blessé, qui suis Leonin vostre fils. Tu n'es pas mon fils Leonin, dict le bon homme, mais ma fille Parthenice; ah mon Amour a de trop bons yeux pour te mescognoistre: & puis se tournant vers Osiandre, Comment, dict-il, Seigneur Duc, vous aurez donc trempé vostre main dans le sang de cette Parthenice, que vous protestez d'aymer si esperduement? Ce bon homme radotte, dict Osiandre à Luciane, Peut-estre que non, repart la Duchesse: car il me semble entierement que c'est là Parthenice. Mais en doutez-vous, dict Valere? Helas, mon Pere, dict le faux Leonin, pourquoy me trahissez-vous en me descouurant, autant vaudroit-il que vous me donnassiez la mort, La mort, dict Valere, ie ne croy pas le Duc si cruel, que de vouloir ensanglanter ses mains dans ton innocence, ou bien il me sacrifieroit auparauant à tes pieds. Ah, dict la descouuerte Parthenice, me voyla perduë, & en plus grande misere & captiuité que iamais. Et bien, dict Valere, 'est-ce Parthenice ? A ce mot Osiandre receut vn tel assaut en son cœur, se voyant assassin de sa chere Maistresse, qu'il en tomba pasmé tout de son long. Luciane crie au secours, tout le monde accourt à ce bruict, & seruiteurs & seruantes, toute la famille se presse dans cette chambre : la fausse Parthenice y accourt auec les autres, elle entend vn bruit confus, qui luy dict que Parthenice est descouuerte, que c'est elle qui est blessee ; le voyla au desespoir, il ne sçait que penser ; s'enfuira-t'il pour sauuer sa vie, le voyla en liberté dans cette Confusion ; il s'y dispose presque, estimant qu'Osiandre ne luy pardonneroit iamais vne telle tromperie : mais il prend le party contraire, s'imaginant que ce Prince auoit derechef blessé sa Sœur en la voulant forcer. Il se iette dans la foule comme vn Lyon, & ayant treuué vne espee dans la chambre d'Osiandre, luy qui sçauoit particulierement tous les endroicts de cette maison, s'en va droict au lieu où il sçauoit qu'on auoit mis sa sœur comme en prison ; il fend la presse, on le voit en habit de fille l'espee à la main, alors on vit bien que c'estoit le Leonin veritable: ie le feray voir, dict-il, tout maintenant; car ie mourray à la peine, ou ie sauueray l'honneur de ma Sœur: à toute cette famille defarmee, il donna vn effroy general entrant de cette forte. Or le voicy en grand arroy comme vn Lyon en cholere de voir fa Lyonne auprés d'vn Leopard: il vient en criant, Ma Sœur, ma Sœur, ie fuis à vous; mourons, mourons courageufement pour la deffence de noftre honneur. Entré, chacun fe fauue auec d'eftranges cris, on luy faict la place bien large. Mais que voit-il, vn fpectacle, qui abat fa cholere fous la Pitié, fon Maiftre eftendu par terre comme mort, fa Sœur toute bleffee dans vn lict, vn Valere qui crie, He! ma fille; vne Luciane qui fe pafme fur fon fils pafmé, en criant, ha, mon fils! que tuera Leonin, des perfonnes toutes mortes. Il apprend de fa Sœur en peu de mots comme tout s'eftoit paffé, & comme le Prince eftoit efuanouy de douleur, & de regret de l'auoir bleffee fans la cognoiftre. Voyla Leonin tout à faict attendry, il ne fçait ce qu'il doit maudire, ou la fortune aduerfe, ou la profpere, puis qu'elle luy faict fentir tant d'amertume en fa felicité, & fçait mefler fes douceurs auec tant d'aigreur, que fauorable, ou impitoyable, elle luy eft toufiours cruelle.

Il ayme son Maistre, il ayme sa Sœur, il ayme l'honneur; & ce dernier estant sauué, les deux premiers balancent fort son Esprit. En fin Leonin r'appellant luy-mesme au secours les seruiteurs & les Damoiselles, à qui la peur auoit mis des aisles aux talons: à force de Remedes Osiandre reuient de sa pasmoison, & se faict entendre en ces gemissantes paroles. Qui a faict reprendre à mes yeux la lumiere du iour, pour me faire voir vn spectacle que ie ne puis considerer sans remourir de mille morts, causees par mille hontes? quel charme estrange a peu siller mes yeux, pour ne recognoistre pas le visage de celle qui par eux s'est empreint sur mon cœur auec des traicts de flamme? en quelle langue pourray-je treuuer vn mot qui puisse dignement exprimer l'horreur de mon crime? & s'il ne se peut exprimer, comment se pourra-t'il iustement chastier? quelle couleur luy sçauroit-on donner pour le pallier, puis que l'excuse de mescognoissance est vne accusation de peu d'affection? iniure qui m'est moins supportable que tous les tourmens qui se peuuent imaginer: il n'y a rien que le Sort & l'Enchantement qui puissent mettre mon Erreur à l'abry; car ce qui se faict par fascination ne peut estre imputé à la Volonté, & c'est la seule Volonté qui peche. Iustes Cieux, vous sçauez mes intentions, vous penetrez le fonds de mes desseins, & vous sçauez si iamais il monta en ma pensee d'offencer vn obiect que i'ayme plus que moy-mesme. Mais puis que vous auez voulu que ie reprisse la vie, pour faire cette solennelle & authentique protestation ; permettez que ie la reperde, accablé de la douleur & de la vergoigne que i'ay de paroistre deuant ces yeux, tesmoings de ma cruauté & de ma felonnie : Au moins que i'aye cette satisfaction en la perdant, de leur faire voir le sacrifice volontaire que ie leur en fais, afin que ie leur rende sang pour sang, & ame pour ame. Diuine Parthenice, ie confesse que mon crime est irremissible, & autant indigne de Pitié, que digne de vostre Eternelle Chole : Or ne pouuant viure dans les aigreurs de celle-cy, ny sans les douceurs de celle-là, il est bien raisonnable que ie mette fin au cours de mes iours, qui ne peuuent subsister que par les influences de vostre Grace. Mais Dieu n'a-t'il point permis cette mescognoissance, pour me punir de l'iniuste courroux que i'auois conceu contre le pauure Leonin, autant Raisonnable en la Conseruation de l'Honneur de sa Sœur, que moy desraisonnable en la persecution de son Innocence. Ha Leonin, quelque part que tu sois (& il ne le recognoissoit pas, encores qu'il fut deuant ses yeux, tant ses prunelles estoient esblouïes du ruisseau de ses larmes) ie te demande pardon de l'outrage que ie t'ay voulu faire, & qui est malheureusement tumbé sur l'innocence de ta Sœur: & à toy Vertueuse fille, ie ne demande point de pardon, puis que ie ne veux pas me le faire à moy-mesme. En disant cela, comme furieux & transporté, il voulut venir au deschirement de ses playes: mais sa Mere & tous les assistans empescherent ce cruel effort. Leonin tout à faict attendry cria du milieu de cette presse; Mon Maistre, c'est à moy de requerir le pardon que vous me demandez, puis que par mes feintes ie suis cause de tous ces embrouillemens; mais i'ay esté en cela preuenu par mon malheur: car comme ie voulois prendre le temps pour vous descouurir tout ce mystere sans alterer & la santé de vostre corps, & la serenité de vostre Esprit; la fortune qui ne veut pas que ie gouste aucune douceur sans mille amertumes, a meslé toute cette fascheuse fusee, pour vous precipiter en vn labyrinthe de desespoir. Mais, consolez-vous,

mon cher Maiſtre, ie ſuis en voſtre puiſſance, & ma ſœur auſſi ; c'eſt à nous à
prendre la loy de voſtre volonté, non pas
à nous à la vous donner : tout ce que ie
vous demande, & ce que ie vous ay iamais demandé, meſmes deuant que ie la
recogneuſſe pour ma Sœur, eſt que ſon
Honneur ſoit ſauue ; car ie perdray mille
vies, auparauant qu'il reçoiue aucun deſ-
chet : du reſte vſez de moy comme d'v-
ne Creature de voſtre Maiſon, & qui
n'aura iamais plus de Gloire que de faire
quelque choſe qui tourne à voſtre Contentement & à voſtre ſeruice. Alors Oſiandre retournant ſes mourantes & debiles
paupieres vers Leonin, & le recognoiſſant à ſa voix, non plus feinte & contre-
faitte, mais naturelle, ſous cet habit de
fille, & le voyant l'eſpee à la main :
Mon cher Leonin, dict-il, non ſeulement ie te pardonne ta fuitte, mais encores ma Mort, que tu m'obligeras de
me donner en paſſant ce fer que tu tiens
dans mes entrailles, ainſi tu vengeras le
tort que i'ay faict à ta Sœur, & celuy
que ie t'ay voulu faire, & tu me tire-
ras de toutes ces agonies qui me ſont
plus dures que la cruauté d'aucun treſpas.

Rr iiij

Aussi bien de quel front pourrois-je supporter ces yeux, ausquels i'ay faict vn tel affront, & sans lesquels ie ne puis non plus viure que les fleurs sans le regard du Soleil? Deliure-moy, ô Leonin, de ces miseres, & sois ma fauorable Parque, tranchant d'vn reuers sans Misericorde le fil de ma miserable trame, laquelle aussi bien ne peut pas durer long temps. Mon Maistre, repliqua Leonin, qui n'estoit pas resolu d'imiter en cette iniuste obeïssance l'Escuyer de Saül, prenez courage, ma Sœur est si bonne & si equitable, qu'elle sçaura bien recognoistre que c'est l'Erreur, & non vostre Volonté qui l'a reduitte par vostre main en ce piteux equipage; & ie sçay qu'elle est si Charitable enuers son Frere, qu'elle n'est pas marrie de ce change, & que la douleur de ses playes ne luy est pas tant insupportable, que luy eust esté la Compassion de mes blesseures; Dieu sans doute en a ainsi disposé pour sa plus grande Gloire. Alors Parthenice appreuuant ce que son Frere venoit de dire, s'escria, Ie suis Chrestienne, Seigneur Duc, & ie sçay pardonner à mes Ennemis. Ha! reprit Osiandre, que ie meure, que ie meure plustost que de souffrir ce tiltre par la bouche de celle qui en le proferant me condamne à la mort: Hé! ma main, hé! mon aueuglement, que vous trahissez cruellement mon cœur; & de quelle trempe es-tu composé, ô cœur miserable! pour souffrir cette cruelle attainte sans mourir? Et quelle Parque a peu filer la trame d'vne vie si desastree comme la mienne? O Mort! seul espoir de ma douleur, & seul antidote de ma misere, Barbare meurtriere, qui renuerses sans Pitié tant de personnes qui te fuyent, iusques à quand laisseras-tu à la mercy d'vne impitoyable forcenerie cet infortuné qui te reclame? Il est vray, Vertueuse Parthenice, que i'ay commis en la barbarie que i'ay exercee sur ton innocence vne action d'ennemy: mais celuy qui sonde les cœurs m'est tesmoin, que si ie t'eusse recogneuë, i'eusse plustost retourné la pointe de mon espee contre moy-mesme, que contre ton sein, autrefois le berceau de mes desirs, & maintenant le tombeau de mes Esperances. Et bien vne Mort vengera tout cela. Et i'espere que mourant pour tesmoigner l'Amour que ie porte à la Verité; ie rendray par cette action vn euident tesmoignage de la Verité de mon Amour. Icy la dolente & Pieuse Parthenice craignant de porter ce Prince au precipice d'vn desespoir: Seigneur Osiandre, dict-elle, si ie sçay pardōner à mes ennemis, ie pardonneray beaucoup plus facilement à ceux qui me font l'honneur de me tesmoigner tant de bienueillance. Mais ie ne puis croire que l'excez de vostre Passiõ puisse emporter si furieusemẽt l'empire sur vostre Raison, qu'elle vous face rien attenter contre vousmesmes, vous auez l'ame trop bien faicte, pour vous laisser aller à cet aueuglement, vous auez ou deuez auoir trop de soin de vostre salut Eternel, pour commettre vn crime si horrible : & ce seroit purger vne faute legere par la plus enorme qui puisse tõber en l'esprit humain. Aussi n'ay-ie pas tant de Vanité, que de me faire accroire, qu'vne cause si legere comme cette friuole Beauté, que vostre Deception m'attribuë, puisse engendrer vn si prodigieux effect. Attentat execrable, & auquel ie vous conjure de ne penser pas, & de vous pardonner à vous-mesmes aussi amiablement, que franchement ie vous pardonne les blesseures que vous m'auez faictes, & qu'ardamment ie prie Dieu de les vous pardonner. Icy Osiandre reprenant ses Esprits abbattus par l'ayde de quelque rayon d'esperãce qui sembloit luire sur son cœur : Adorable Parthenice, dit-il, est-il bien possible qu'vn esprit si penetrãt que le vostre puisse douter des incomparables affections que vous me causez ? & ressembleriez-vous bien à ce Soleil du Monde, qui n'a en soy aucun degré de cette ardeur qu'il respād par tout l'Vniuers? Se pourroit-il bien faire, qu'vne cause si excellente peust reuocquer en doute vn effect si necessaire que celuy de mon Affection? Autant qu'il y a icy de personnes presentes, & ma Mere, & ses Damoyselles, & Leonin vostre frere, & Florian, me sont autāt d'irreprochables tesmoins de cette Vérité, que ie voudrois vous pouuoir licitemēt seeller de mon sang & de ma vie. Mais puis que le soin que vous auez du salut de mon ame, vous rend en suitte soigneuse de celuy de mon corps; sçachez que ie ne veux m'empescher de faire bresche à mon cœur, que pour y conseruer les traicts de vostre image, qu'vne saincte & iuste affection y a grauee, auec vn burin de flamme par des traicts ineffaçables à la Mort mesme. Et puisque vostre incroyable Bonté veut que ie viue, ce ne sera que pour vous faire cognoistre par les effects de mes seruites, que ce fut l'erreur, & non le dessein qui me transporta à vous outrager soubs des habits qui vous rendirent mescognoissable à mes yeux, & que ce sera le dessein, & non l'erreur qui me portera desormais à toutes les soumissions que vostre commandement exigera de mon obeissance, soumissiōs extremes & extraordinares, par lesquelles ie tafcheray non feulement de reparer le crime innocēt d'vne trop prompte cholere, mais de meriter l'honneur de voſtre alliance, auquel feul vifent tous mes defirs; & que le Ciel ne me le pardonne jamais ſi i'ay autre Volonté que pure, autre Affection que legitime, autre Refolution que iuſte & Honorable, & ſi ie me depars iamais d'vn feul poinct de la Reuerence que ie dois à voſtre Vertu.

FIN DV LIVRE NEVFIESME.

PARTHENICE
LIVRE DIXIESME.

CES mots l'inuiolable Parthenice estimant ou s'estre trop relaschee en paroles, ou que le Prince se fust trop auancé, ne voulant luy donner aucun pied d'esperance, au preiudice de ses Religieuses Resolutions; elle fut sur le poinct de luy repartir des choses qui l'eussent mis en vn desespoir irremediable: Mais comme elle estoit prudente & accorte, elle estima ne deuoir rien precipiter sans en communiquer auec son frere; elle l'appella donc, & tandis que Luciane & les domestiques de cette famille esperduë, s'occupoient à remettre tout doucement leur Maistre en vne assiette commode, elle eust loisir de luy dire. Mon frere, il semble que ce Prince conçoiue quelque esperãce de me posseder; ce qu'il ne fera jamais tant que ie seray viuante: c'est pourquoy sans feindre d'auãtage, & pour suiure rondement la Verité selon le conseil du Venerable Palmelio, ne iugez-vous pas qu'il soit à propos de luy manifester mon Vœu, afin que renuersant & sa tentation & son attente en son principe, il me laisse en paix, & ainsi i'euiteray l'importunité de sa poursuitte. Le rusé Leonin si fort adoucy par la Pitié qu'il auoit de son Maistre, qu'il maudissoit en son ame la trop ferme, quoy que Pieuse Resolution de sa sœur, & minutant vne duplicité que Dieu renuersera, pour l'engager peu à peu en cette recherche, il la pria de n'accabler point tout à faict cet affligé, que le temps leur donneroit mille moyens de se deliurer de cet esclauage, qu'elle seroit indubitablement cause de sa mort, si en l'estat où il estoit elle luy alloit prononcer ce cruel arrest; qu'encores falloit-il auoir compassion des malades, & pour leur faire prendre des remedes violens, attendre qu'ils eussent vn peu de vigueur; que le bon Palmelio parloit en ses conseils consciencieusement, & non pas en homme nourry dans la conduitte du Monde; que le bon Nautonnier ne pouuant vaincre les flots de droict fil, biaisoit par son timon, & les accueilloit mollement au flanc de son vaisseau; qu'il n'estoit pas à propos de s'opposer à ce torrent, lors qu'il estoit en sa plus forte fureur. Le bon Valere fut appellé à ce conseil secret, qui fut de l'adûis de Leonin, auquel en fin la simple & douce Parthenice acquiesça contre son gré, leur disant que ces desguisemens de la Verité ne luy promettoient aucune bonne issuë, mais que ce qui la consoloit, estoit qu'elle sçauoit bien ce qu'elle auoit promis au Dieu de Iacob, de quoy elle ne se retracteroit iamais pour les menaces de tous les Esaüs du Monde. Osiandre s'apperceuant de cette consultation, comme vn homme auare, qui croit qu'on luy veut rauir son thresor, Quoy, dit il, Valere consulte-t'il point pour emmener ma Maistresse en sa cabanne? bon homme, ces oyseaux ne sont pas pour de si petites cages. Alors Leonin, Seigneur, dict-il, ce n'est pas cela, mais ma sœur & moy nous consultions sur le pardon que i'auois à vous demander, & ie la priois de s'entremettre pour me l'obtenir de vostre Bonté. Ha! mon frere, (dict le Prince, se jettant à genoux deuant le lict de Parthenice, & desirant luy prendre la main, qu'elle retira promptement sous ses draps tous sanglans des appareils de ses playes.) Ha, Madame, c'est à moy de vous demáder pardon, puisque ie vous ay si cruellement offensé tous deux; toy Leonin de volôté, & ta sœur en effect. Or ie ne vous laisseray point, & ne bougeray de vos pieds, que ie n'aye obtenu de vous cette grace que ie vous demande au nom de Dieu, auquel ie vous ayme & honore de tout mon cœur. A ces paroles toute la compagnie fondit en larmes : mais que differentes estoient ces larmes; car celles d'Osiandre estoient de regret, celles de Luciane, de ioye, de veoir son fils remis en son bon sens; celles de ses Damoiselles de compassion ; celles de Florian & de Valere, d'Esperance; celles de Leonin de Pitié : la seule Parthenice ferme comme vn rocher parmy ces ondes, ayant le cœur inesbralable à ces molles atteintes, permit à ces yeux de rouler quelques pleurs par compagnie, ou si vous voulez, par la crainte qu'elle auoit de s'engager en la souffrance d'vne recherche dont la seule pensee luy trauersoit l'esprit. En fin Osiandre eut pardon, apres l'auoir donné à Leonin, qui l'obtint encores de Luciane & de ses filles, à qui la honte de quelques baisers innocemmēt imprimez sur les levres du desguisé Leonin, attacha la rose au front. En fin la Paix est faicte, le calme reuient en cette maison, tous les domestiques sont transis d'estonnement d'vne telle auanture. Il est question de mettre la blessée Parthenice dās la chambre que Leonin auoit possedée auec tant de douceur, & de desnicher cette feinte fille de l'appartement des Dames, lequel est tousiours exactement distingué de celuy des

des hommes en cette contree. Là nostre vraye & non plus feinte Parthenice est seruie en Princesse, ce qui la trouble beaucoup, se tenant pour plus perduë qu'elle n'estoit à Miralte, dans les bons traittemens d'Herminio, & de Stephanille. Leonin reprend ses vrays habits, auec lesquels il est d'autāt moins facilement receu dans le quartier des Dames, qu'il auoit trop hardiment trompé leur simplesse sous vn habit dissimulé : Neantmoins la maladie de sa sœur luy donne quelque priuilege, quoy que plus rare qu'elle & luy ne voudroient. Mon frere, luy disoit-elle vne fois, si la Verité ne nous deliure, ie ne sçay quel filet nous tirera de ce labyrinthe, ma dissimulation enfonce le fer dans le cœur d'Osiandre ; & parce que ie me tay, il enuenime sa playe ; mon silence donne prise à ses pretensions, & en souffrant sa recherche, il semble que ie l'appreuue. Leonin la conjurant d'amuser ce Prince par de douces paroles, lesquelles, disoit-il, n'escorchent jamais la langue qui les profere, ny les aureilles qui les entendent, luy defendoit expressément de luy rien communiquer de son Vœu, parce que cela peut-estre le mettroit en d'extremes perplexitez, & luy feroit téter des voyes extraordinaires & furieuses. Ma sœur, disoit-il, cette affection ne se doit pas deschirer inconsiderément, mais descoudre iudicieusement; au moins ne me perdez pas : & puisque i'ay si soigneusement conserué vostre Honneur, ne ruinez pas ma fortune; encores ne faut-il pas pour maintenir vostre integrité me faire encourir derechef la disgrace de mon Maistre, lequel vous voyez m'aymer, non plus en seruiteur, mais en compagnon. Or Leonin disoit cecy afin d'empescher Parthenice de rompre tout à faict par quelque forte protestation les Esperances d'Osiandre, le party duquel il embrassoit en son cœur, esperant apres cela la faire engager par de douces paroles à la recherche de ce Prince, en sorte que deuant le monde, elle se treuuast obligee de l'espouser, sçachant assez qu'auec vne dispense, il seroit facile de venir à bout de ce mariage, lequel en toutes façons (n'estant pas encores trop enraciné en la Pieté) luy sembloit plus aduantageux qu'vn Cloistre. Ha! pauure Parthenice, combien veritablement tu experimentes que l'homme n'a point de plus grands ennemis, que ceux qui luy sont plus familiers & domestiques : falloit-il que ton frere auparauant qu'il te recogneust pour sa sœur, fust le zelé deffenseur de ton integrité, & maintenant qu'il en deuroit estre embrasé protecteur, il en soit le fraudulent destructeur ? ô aueugles pensees des humains, ô poictrines cachees! en quelles tenebreuses obscuritez, & en quels dangers trainons-nous ce peu que nous auons de vie? Voyla l'innocence de nostre Vierge, comme celle de Ioseph venduë par son propre frere, lequel de son costé pour se remettre aux bonnes graces de son Maistre, luy promettoit merueilles de l'affection de sa sœur, luy estant bien aysé de faire vne large courroye d'vn cuir qui ne luy appartenoit pas. Et quand il se plaignoit à luy de quelques froideurs qu'il remarquoit en cette fille, alors Leonin la tourmentoit tellement, luy reprochant son peu d'amitié, cōme si elle eust eu dessein de le perdre, que la pauure Parthenice estoit incomparablemēt plus trauaillee des fiers assauts que ce frere donnoit à son esprit, que des playes de son corps. De sorte que pour luy complaire & luy arracher tout subject de plainte, lors qu'Osiandre la venoit visiter, luy rendant des assiduitez qui ne luy estoient que trop fascheuses, mais aussi des deuoirs qui eussent rauy tout autre cœur que celuy de l'inuincible Vierge, elle luy tesmoignoit, (helas auec quelle contrainte) par de douces & amiables paroles, combien luy estoit cher le contentement de sa presence, & cōbien elle estimoit ses playes prouenantes d'vne main si amie,

& si aymee. Que si quelquefois Osiandre luy demandoit comme elle se treuuoit: La bonté de la cause, repliquoit-elle, surmôte de beaucoup la douleur de l'effect; car quand on souffre pour le bien, c'est vne peine bien-aymee. I'aurois à les desirer incurables pour me conseruer eternellement l'honneur de vostre Pitié. Ces mots rauissoient d'vne part Osiandre, estimant que ce fussent des estincelles de quelque feu qu'il auroit excité dedans ce cœur de glace ; & de l'autre, l'accabloient de regret, se voyãt l'autheur des douleurs de celle dont il preferoit le contentemẽt à sa propre vie. O que cette suspension entre la joye & la tristesse estoit vne sensible gesne à son esprit! Madame, luy disoit-il, celle que ie porte dans le costé, & que ie porteray toute ma vie, comme tiennent les Medecins, m'est aussi arriuee par la main du cruel Placidas, pour vostre consideration: Mais pleust à Dieu que ie peusse attirer encores les vostres sur moy, ô que vous en seriez bien tost deliuree! & certes, si la compassion apporte du soulagement, vostre mal doit ressentir de l'allegement par la mienne qui est extreme, & qui faict que ie ressens autant & plus viuement dans le cœur les blesseures que ie vous ay faictes, que vous ne les ressentez en vostre corps. Mais quand de là il se jettoit sur les cajolleries dont cette Passion, que l'on appelle Amour, est si feconde, diray-ie faconde, & qu'il faisoit des souhaits de luy pouuoir toucher le cœur par des sentimens d'amitié; où estoit la pauure Parthenice, dont l'ame estoit si esloignee de ces affections? certes elle estoit en des impatiences qui ne sont pas conceuables. Et quand il adioustoit à ces impertinences la description des playes dont les yeux de Parthenice couuroient son cœur, auec ces termes affettez de traicts, de rays, d'astres, de desastres, de soleils & de flambeaux, dont l'enfance & la niaiserie de l'Amour repaist ceux qu'il amuse; alors Parthenice treuuoit sa patience reduitte à telle extremité, que la mort luy eust esté moins insupportable. Tant s'en faut que cela chatoüillast son ame par les aureilles, (ayse qui saisit ordinairemét ces vaines femmes, qui se plaisent à estre muguettees, cajollees, loüees, enjollees, estimees, caressees,) qu'au contraire ce luy estoit vn supplice qui ne se peut exprimer, tant est vraye cette parole d'vn graue Ancien, que le Sage loüé en sa presence, est tourmenté en sa pensee : joint que ces Amours qui ont tant de babil ne sont pas les plus solides; car les grandes Affections se declarent mieux par le silence, que par le discours ; qui les veut exprimer, les offence, parce qu'elles font inexprimables. A tout cela la sage & discrette fille ne respondoit que par les roses de son front, & par vne façon morne & languissante, qui donnoit assez à cognoistre (si Osiandre eust peu entendre ce langage muet) que tout ce flux de paroles vaines & inutiles ne luy plaisoit pas. Tout ce qu'elle pouuoit faire pour se défaire de cette cruelle importunité estoit de feindre vn mal de teste causé par le parler, & par la repercussion de ses blesseures, remettant à sa plus vigoureuse santé ces entretiens, & disant que le deuiser qui est si agreable aux personnes sainctes est preiudiciable aux malades. Osiandre qui croit tout ce qu'il espere, & qui espere tout ce qu'il desire, se persuade aysément que cette pudique Vierge par ces honnestes renuoys, ne differe le remede de son Amour, que quand la guerison de ses playes l'en aura renduë capable, amusant ainsi son esperance, & se nourrissant de desirs : ces playes ne sont pas dangereuses, mais langoureuses ; ô Dieu, quelles impressions elles font en son ame ! que n'est-il vn Æsculape pour les guerir en vn moment ? l'espoir differé afflige l'ame ; tout retardement qui esloigne vn bien ardamment conuoité est d'vne longueur infinie. Qu'il porte d'enuie au Chirurgien qui panse ces blesseures, que la curiosité de son œil se porteroit volontiers à les veoir accommoder, pour recognoistre si bien tost elles seront consolidees, & luy consolé : il desireroit se traueſtir en Damoiselle, pour se ietter parmy celles de sa mere, & paistre ses yeux d'vn object qui luy feroit treuuer du feu dans la glace ; mais son menton commençoit desia trop visiblement à trahir son sexe. Ha deplorable Osiandre ! tu n'as que trop de braise, & Parthenice que trop de froideur pour ton bien. Les malades, tant de l'esprit, que du corps sont ingenieux à se tourmenter, plus encores ceux de l'esprit. Il cherche à mettre de l'huille dans son feu par la veuë d'vn sein, qui iettera dedans le sien vn essain d'Amours & de douleurs, ou si vous voulez vn monde de douleurs amoureuses qui le poindront cruellement. Vn iour caché derriere vne tapisserie, il vit panser ce bras & cette espaule où il auoit enfoncé si cruellement la poincte de son estoc ; Dieu ! que deuint-il ; l'assaut fut si grand, que son

Sſ iiij

cœur ne pouuãt en supporter l'impetuosité, il fut contrainct de s'abbattre sous vne si fiere bourrasque, qu'il en tomba tout transi, n'ayant pas le courage de veoir le carnage de tant de beautez si outrageusement meurtries: au bruit de cette cheute on accourt, on le treuue non pas pasmé, mais halletant des souspirs qui eussent faict naistre de la pitié dans les plus farouches geolles. Voyla toutes ces filles bien estonnees, car elles le pensoient bien loin ; mais la plus confuse estoit Parthenice, laquelle s'enfonçant dans son lict en cet equipage horrible d'vn appareil leué, cacha sa honte sous ses rideaux, se plongeant dedans son propre sang: on ne sçait où courir. Mais le Prince recognoissant sa faute, & iugeant quel preiudice cela apporteroit à la santé de la Vierge, se retira soudain, priant qu'on excusast la temerité de son affection, & cõmandant qu'on remediast promptement aux playes de la pauure blessee. Ce Prince sorty, comme l'on pense courir à Parthenice, on la treuue presque noyee dans son sang, & toute esuanoüie; on la croit morte, le cry de ces filles effrayees faict vn bruict si grand, que Luciane y accourt : Osiandre l'oyant reuient sur ses brisees, lequel voyant vn si deplorable spectacle, entra au plus grand desespoir qu'il eust iamais ressenty; car alors maudissant sa curiosité, il eust bien voulu estre à recommencer sa tromperie. Leonin qui veille continuellement comme vn Argus sur l'integrité de sa Sœur, sçachant qu'Osiandre estoit en la chambre où elle estoit malade, estant en vne continuelle deffiance de ce Prince, il y accourt aussi legerement que vole vn oyseau; & ne sçachant pas le sujet qui auoit reduict Parthenice en cet accessoire, entrant en vne cholere de Lyon, menassoit de tuër tout le Monde: mais en fin auerty par vne des Damoyselles de Luciane, que nous appellerons Flauie, comme tout s'estoit passé, il s'accoisa; ce ne fut pas pourtant sans accuser d'indiscretion la trop grande liberté d'Osiandre. Et bien, luy dict-il, Seigneur, pour contenter vn vain desir, c'est ainsi que vous ruinez vostre propre feste, & que pensant bien faire vous gastez tout: Mon Frere, reprit Osiandre, ie te prie de ne surcharger point d'affliction cet affligé; car pour peu que tu adioustes à la mesure de ma douleur, elle me perdra tout à faict; songeons plustost à donner secours à cette chere pasmee. Incroyables furent les seruices, & les assistances que rendit ce Prince en cette occasion; Leonin de sa part n'estoit pas moins empressé; le sang estanché, les playes rebandees, à force de remedes & d'eaux cordiales l'esprit revient à cette desolee, qui se voyant assiegee de ces hommes, pensa retomber de honte en vn nouuel accident: mais la presence de son frere l'asseura; & ce fut icy qu'Osiandre voyant (quoy qu'auec vn saisissement extreme) beaucoup de choses eternellement closes, descouurit auprés du Dragon de ces playes (qui luy faisoient d'autant plus d'horreur qu'il en estoit l'ouurier) vn jardin d'Hesperides semé de pommes d'or; ô Paradis, ô Enfer, que vous estes voisins aux yeux & au cœur d'Osiandre! De vous dire la honte qu'eurent ce Prince, & cette fille se voyans l'vn l'autre, il seroit fort malaysé; car c'est vne impression aussi facile à receuoir, que difficile à exprimer: Celuy-là ant veu les marques de sa cruauté & de sa temerité; celle-cy par vne vergoigne naturelle à son sexe, redoutant d'auoir esté plus attentiuement regardee, qu'elle n'eust desiré, bien que la presence de la Duchesse & de ses femmes luy donnast vne assez forte conjecture de l'honnesteté obseruee en la secourant: tant y a que leurs regards égarez tesmoignoient assez la confusion de leurs pensees. Osiandre estimant qu'il estoit de son deuoir de s'excuser, le pensant faire se treuua remply de tant de perplexité, que voulant s'exprimer il s'embarrassoit, au lieu de s'expliquer il s'impliquoit, si interdit de la langue & de l'entendement, que plus il parloit, moins se faisoit-il entendre. Parthenice voyant à trauers les ambages de ses propos, les emotions de son ame, estoit plus contente de l'agitation qu'elle voyoit en ce cœur, que de toutes les satisfactions qu'il vouloit enfanter, & qu'il ne pouuoit produire. Aussi serenant son visage, que le despit & la honte auoient couuert de nuages, en luy iettant vn regard plus fauorable, elle luy tesmoigna que son anxieté luy faisant recognoistre le desplaisir de sa faute, elle auoit quelque inclination à luy pardonner. Ce qui donna vn clair interualle au trouble de ce ieune Duc pour proferer ces paroles. Madame, ie vous asseure que comme ce fut l'Erreur, & non la volonté qui me fit estendre mes mains sacrileges sur vostre corps en vous blessant, ç'a aussi esté plustost vne sincere affection qu'aucune malice blasmable, qui m'a porté à voir l'estat de vos blesseures, desquelles auec tant d'impatience ie desire la guerison : car n'est-il pas bien raisonnable que ie veille sur la reparation du mal que i'ay faict ? & comment y puis-je contribuer du secours si ie ne le voy ? veuë qui ne m'eust iamais esté permise par cette seuerité empreinte sur vostre front, qui n'a pas moins de force pour se faire craindre, que de grace pour se faire aymer. Que si cette faute ne se peut reparer que par la perte de ma vie, voicy que ie l'apporte à vos pieds, pour la sacrifier à vostre vengeance Si i'auois quelque chose de plus precieux, ie vous l'offrirois pour vous satisfaire : mais n'ayant rien de plus cher au Monde apres vos graces, si par mon indiscretion ie perds celles-cy, ie vous declare que ie ne veux plus de celle-là, mais que ie la veux immoler à vostre courroux, protestant de ne la conseruer qu'autant qu'elle ne vous sera point desagreable. Osiandre, repart Parthenice, vous auez autant d'esprit à treuuer des excuses, que de subtilité pour rencontrer les moyens de faillir : mais de pareilles fautes ne se iustifient pas si ayſément qu'elles se commettét. Que vous a faict cette miserable pour faire de tels tours de soupplesse à sa simplesse? quelle gloire vous reuient de deceuoir auec des ruses si honteuses, & si dommageables sa facilité? Certes ie ne me plains pas tant des playes qu'innocemment vous auez imprimees sur ma peau, que de la malice de vos regards, qui se sont portez à dessein sur vn sein, sur lequel il n'appartient à homme du Monde d'estendre sa veuë : ie ne parle point d'vne offence erronee, mais d'vne volontaire, & qui outrage si cruellement mon cœur, que ie ne sçay où treuuer de la Patience pour m'empescher de me plaindre, ny sur quoy former des raisons pour vous pardonner. Car d'alleguer la Vehemence de vostre Passion, c'est irriter d'auantage mon despit, puis que cet aueuglement estant volontaire, il est plus punissable qu'excusable. Qui entédit iamais vne telle iniustice, de pardonner vne offence pour l'impetuosité d'vne Amour indiscrete ? car qui ayme bien n'offence iamais, & qui offence n'ayme pas bien ; doncques comment pardonnera-t'on vne faute, dont on s'excuse sur vne Amour, qui s'accuse de n'estre pas Amour, puis qu'elle offence ? Osiandre n'admirant pas moins la beauté de l'Esprit, que celle du corps de Parthenice, se treuua si saisi d'estonnement, qu'il ne sçeut que repliquer, faisant voir par son silence, & le regret qui le tourmentoit, & la peur qu'il auoit d'auoir irrité cette fille, dont il redoutoit le courroux plus que la Mort. Et elle voyant vne porte assez specieuse pour se deliurer de ses ordinaires importunitez, faisant plus la Courroucee qu'elle n'estoit d'vn ton devoix aigre & poignant : Seigneur, dict-elle, vous vous donnez des libertez, comme si i'estois desia vostre, ce procedé n'est pas honneste, & ie m'asseure que Madame vostre Mere n'appreuuera pas que vous veniez si souuent en l'appartement de ses filles, entre lesquelles i'ay maintenant l'honneur de me rencõtrer comme la moindre de ses seruantes: ces trop grãdes priuautez ne sont pas tolerables parmy des personnes qui font vne particuliere profession de l'honneur : pour moy ie n'ay permis iusques icy vos entretiés, que parce que ie ne les pouuois empescher; si i'estois à vous ie ne serois plus à moy, & alors cõme alors: le Mariage est vn grand Sacrement, qui peut iustifier des actions, qui d'elles-mesmes sont indiscretes. Or ie vous coniure, si vous me voulez du bien, comme vos protestations ordinaires me le veulẽt faire croire, de m'aymer dãs les termes de l'honneur, desquels si vous vous escartez tant soit peu, vous me contraindrez à vous tenir pour le plus cruel & sanglant ennemy que i'aye au monde. Ie suis trop peu de chose pour vous, vous deuriez arrester vos yeux en vn suject plus digne de vos pẽsees: Aussi ne croy je pas tout ce que vous dittes, ou si vous voulez que ie le croye, ie vous supplie de n'esperer ny de desirer rien de moy que par la porte de la Vertu & de l'Honneur; en ce cas i'auray voſtre preſéce auſſi chere cóme mon deuoir m'oblige de l'honorer. Là deſſus Oſiandre redoutant aux eſclairs de ſes yeux quelque faſcheux orage, ſe mit à faire des proteſtations ſi ſolennelles de la pureté de ſes intentions, & ſe porta à des ſoumiſſions ſi extremes, qu'il n'en attendoit rien moins que cette reſponce de Parthenice. Or ſus, Seigneur, voyant aux effects la Verité de vos paroles, retirez-vous promptement, & me laiſſez en Paix, & ne reuenez plus en cet appartemét, que ie ne ſois vn peu remiſe, & de corps & d'ame : La Chaſſe vous ſera vn exercice plus ſortable, que l'entretien melancholique d'vne fille languiſſante dans vn lict, & qui n'attend à toute heure que la venuë de la Mort, dont le retardement ne faict que prolonger ſur elle l'inſoléce d'vne Iliade de malheurs. Auec ce mot elle ſe retourna de l'autre coſté de ſon lict, comme voulant repoſer, & laiſſant le Duc au meſme eſtat qu'eſt le Monde au temps d'vne eſpouuátable Eclypſe. Il ne ſçait que dire, ny à quoy ſe reſoudre: Luciane toute pleine d'honneur blaſme la liberté de ſon fils, & l'accuſe de temerité, loüát tout haut la generoſité de cette fille : elle le preſſe de ſe retirer pour luy donner du repos, dont elle auoit tát de beſoin. Leonin qui ſçauoit l'humeur determinee de ſa Sœur, de peur qu'elle n'esclattaſt dauantage, & ne fiſt voir en ſa ferueur le feu de ſon vœu, conſeilla à ſon Maiſtre de ſe retirer, diſant que ce n'eſtoit qu'vne boutade de fille, cauſee d'vne pointe de Vergoigne. Voyla le Prince contrainct de s'en aller, rauagé de plus de penſees, que la campagne n'a de ſillons, auec vn extreme deſplaiſir d'auoir irrité Parthenice, pour auoir mal à propos recherché vn vain cõtentement. O legere & volage curioſité, que tu cauſes de peines & de frayeurs! Leonin touſiours ioyeux, & qui neantmoins ne diſoit pas tout ce qu'il penſoit, pour le reſueiller & le releuer de cette ſombre melancholie qui le trauailloit: Mon Maiſtre, dict-il, en fin c'eſt vne fille, & par conſequent la meſme ſubſtance de l'inſtabilité, c'eſt vn petit deſpit d'auoir eſté veuë en trahiſon, & la crainte qu'elle a que l'horreur de ſes playes n'ayt aucunement raualé de l'eſtime que vous faittes de ſa beauté: car certes vous l'auez veuë en vn equipage, qui faict plus de Pitié que d'Enuie: mais vous eſtes ſi bon, que meſmes la Compaſſion contribuë à la Paſſion de voſtre Amour: vne autre fois, Seigneur Duc, ne ſoyez pas ſi ardant, s'il vous plaiſt de me conſulter, ie vous apprendray les reſſorts de cet Eſprit, que i'ay eu loyſir de cognoiſtre par tant de diuerſes

occur-

occurrences qui nous sont arriuees.
Sa grace vous estant acquise,
Il faut que cela vous suffise,
Plus elle ne peut accorder,
Qui cherche d'elle d'auantage,
De cela mesme il faict naufrage,
Et perd tout par trop demander.

A ce mot de tout perdre, Osiandre fut touché au lieu plus sensible de ses affections: Helas, dict-il, Leonin, suis-je donc en si mauuais termes que i'aye perdu toutes les graces de Parthenice? ha! ma premiere inconsideration n'estoit-elle pas assez sanglante, sans me ruiner tout à faict par cette seconde? que maudite soit cette Curiosité, qui m'a faict cognoistre les maux que i'ay faicts, & qui est cause de ceux que ie souffre. Helas! ie cognois bien maintenant,
Qu'vne Amour encores qu'extreme,
Qui presume trop de soy-mesme,
Se faict bien souuent mal-traitter,
Et passant ses iustes limites
Ruine ses propres merites,
Pour s'estimer trop meriter.

Leonin apperceuant l'alarme qui estoit dans l'ame de son Seigneur, taschoit de r'asseurer son courage, encores qu'il fust bien aysé de recognoistre en cette peine l'extremité de l'affection qu'il auoit pour sa Sœur, des volontez de laquelle se faisant croire le Maistre, il prit par ce moyen vn tel ascendant sur l'esprit de ce jeune Duc, qu'il ne voyoit plus que par ses yeux, & ne se conduisoit plus que par son conseil, de sorte que se vantant d'estre le premier Mobile des desseins de Parthenice, il se pouuoit bien dire le Maistre de son Maistre : Aussi comme il auoit l'esprit subtil & accort, il sçauoit remplir sa Sœur de tant de Crainte, que de peur de le mescontenter, elle donnoit en paroles toutes sortes de satisfactions à ce Prince affligé; & de l'autre il imprimoit tant de respect & de frayeur pour sa Sœur dans l'ame d'Osiandre, qu'il n'eust osé la visiter sans le consulter auparauant. Tandis que Parthenice reuient peu à peu à conualescence, Osiandre la voit fort rarement, & parce qu'elle le desire ainsi, & Luciane appreuue ce procedé comme plus honorable. Cependāt n'auez-vous point de pitié de ce Seigneur, qui possede son thresor tout ainsi qu'vn auare qui a la peine de le garder, non pas le plaisir d'en iouïr. Certes pour aggrandir le tourment fabuleux de l'alteré Tantale, on ne l'a pas feint dans vn lieu sec & aride, mais au milieu des eaux, afin que cet object desiré irritast d'auantage son alteration, & augmentast son martyre. Voyez-vous là l'image du miserable Osiandre, lequel meurt d'vne douleur muëtte, auprés du ſujeƈt qu'il a cherché par mer & par terre, & pour lequel il a tant ſouffert de tourments & de playes:

Si l'abſence le perd, la preſence le geſne,
Helas! que fera-t'il pour ſe tirer de peine?

Parthenice ne redoute rien tant que ce que deſirent les autres malades auec tant d'ardeur; car elle croit que ſa gueriſon ſera le Tombeau de ſon Integrité. Deſia elle apperçoit que ſon Frere gaigné par Oſiandre, partie par Pitié, partie par Intereſt, n'eſt plus ſi reſolu de la Conſeruer entiere à IESVS-CHRIST. Cette ſainƈte Ialouſie de Dieu qu'elle auoit allumée en ſon ame luy ſemble toute eſteinte; il ne peut ſi bien diſſimuler en luy parlant, qu'il ne laſche quelque mot de perſuaſion pour le Mariage, laiſſant enueloper ſon Eſprit dans les Conſiderations du Monde. Quand elle parle de ſon vœu, il repart qu'vne diſpenſe l'en peut rendre quitte: la voyla dans les plus extremes agonies qu'elle reſſentit iamais: ſon vnique recours eſt Dieu, n'ayant plus d'homme qui la puiſſe plonger dans la Piſcine de la Religion. Mais ce Dieu qui guerit ſans la Piſcine, & qui exauce ceux qui le reclament, les aſſiſtant en

Tt ij

leurs tribulations, ne manquera pas de renuerſer tous les deſſeins d'Oſiandre, & toutes les ſurpriſes de Leonin. Cruel Frere, pourquoy t'es-tu changé vers cette Sœur en vn courage farouche? pourquoy tends-tu des pieges à l'innocence de ſes pieds? mais la main de Dieu ſera plus forte pour te ſauuer par elle, que la tienne pour la perdre. Parthenice voyant ſes playes preſque ſoudees, feint de nouuelles douleurs pour eſloigner touſiours les deſſeins d'Oſiandre, leſquels vont ouuertement au Mariage, aydé par Leonin qui luy enfle le courage, & qui le repaiſt de promeſſes, eſloignees de l'eſprit de ſa Sœur: il propoſe d'eſpouſer Parthenice à Belle-fleur. Sa Mere eſt à ſa Volonté ce que l'Echo à la Voix, vne conſequence infaillible: On ſe prepare à ce deſſein, deſia on commence à faire des appreſts nuptiaux, & à projetter le iour des Eſpouſailles. Que fera Parthenice, ayant le Ciel & la Terre ſur les bras? Nul ſecours, nul ſecours, ſinon à ce Dieu qui ſeul faict des Miracles. Voyant que ſon integrité qu'elle voüoit & reuoüoit continuellement à Dieu par mille & mille ardantes Oblations, alloit faire naufrage contre cet eſcueil ineuitable, inſpiree d'enhaut, comme il eſt croyable, apres auoir faict à Oſiandre mille proteſtations de son indignité, sans luy manifester son Vœu, à cause des estroittes defences que Leonin luy en auoit faittes : en fin elle s'aduisa comme la fille de Iephté, de luy demander quelque delay pour y penser, apres lequel elle luy protesta de mourir plustost que de l'espouser à Belle-fleur, à cause des sinistres interpretations que l'on pourroit faire de son Rauissement, & de ces Nopces à Naples. Et c'est-là, dict-elle, si ie vous dois auoir pour Mary, que vous me prendrez pour Espouse, en la face de l'Eglise, & en la presence du Vice-Roy, & de la Vice-Royne; autrement esperez plustost ma Mort que mon Consentement: mon corps par vne Barbarie, dont ie remets la Vengeance au Tribunal de la Iustice de Dieu, peut estre Violé, mais ma Volonté ne peut estre Violentee. Au demeurant, dict-elle à Luciane, il me semble, Madame, qu'il est mieux ainsi pour la gloire de vostre maison, pour l'honneur d'Osiandre, & pour la iustification de mon integrité ; ioinct que c'est vn si sage marché que celuy de ce Sacrement honorable en toutes les parties, qu'il s'y faut conduire auec iugement & retenuë, si on ne veult encourir la peine des sept premiers Maris de Sara : C'est à vous, Madame, comme Princesse Sage & Vertueuse, & qui plus est comme Mere, à disposer, selon l'authorité que Dieu vous donne, les desseins de vostre fils, selon les termes de l'honneur, auquel consiste le deuoir des ames bien nées. Luciane gousta fort cette proposition, aussi fit Leonin, estimant qu'en fin ce cœur de glace se laissoit resoudre à l'Amour : mais Parthenice a des desseins aussi contraires aux siens, comme les pensees de Dieu sont differentes de celles des hommes. Osiandre a de la peine à y consentir, pressé de sentiment de ses impatiences : mais que fera-t'il, il doit au moins deferer ce retardement, pour le respect de sa Mere, qui luy donne si librement son aueu pour vn Mariage tant inégal ; il cognoist la fermeté de l'Esprit de Parthenice, qui rompra plustost que de ployer : d'ailleurs Leonin son premier mobile luy conseille de prendre cette voye moins agreable à son Amour, mais plus auantageuse à son honneur ; il acquiesce, pourueu que l'on parte de Belle-fleur au plustost : Aussi font-ils dés le lendemain, Parthenice, & Osiandre en chaire, Luciane en littiere, le reste à Cheual : Leonin qui touche les Estoiles auec le front, & qui se voit non seulement frere & compagnon, mais comme Maiſtre de ſon Seigneur, commande à baguette ſur tout ce train ; de ſon naturel c'eſt la meſme ioyeuſeté, il euſt eſté malayſé de cheminer auec ennuy en ſa Compagnie : vne fois entre les autres s'approchant de ſa Sœur qu'Oſiandre regardoit touſiours comme ſon Ourſe: Voyla, luy dict-il, ma chere Sœur, l'eſcorte que ie vous promettois en reuenant des Oliues, en la maiſon de Valere ; & bien craignez-vous maintenant les voleurs ? Et elle luy reſpondit tout bas, Mon Frere, mon Frere, Dieu vous chaſtiera de voſtre deſloyauté, ſi vous n'auez recours à ſa Miſericorde; vous eſtimez que ie triomphe, & ne voyez-vous pas que ie vay ſuiuant comme vne eſclaue, & comme vne chetiue captiue le chariot de mon Triomphateur ? vous me cauſez tous ces maux, & vous me defendez non ſeulement de me plaindre, mais de parler. Ie me tay pour vous complaire : mais vn temps viendra que ie parleray pour plaire à mon Dieu, lequel ſçaura bien diſſiper les conſeils de ce Prince, qui ſont les voſtres. Leonin par ces mots ſentit vn aſſaut ſi vehement en ſon ame, qu'il confeſſa depuis que toute ioye s'eſtoit enuolee de ſon cœur, & que dans cette triſteſſe s'engendra le principe de sa Conuersion à nostre Seigneur, laquelle vous entendrez. Ie n'ay pas resolu de faire vn Diaire de leur voyage: ie diray seulement vn accident remarquable, qui leur arriua au passage d'vne Riuiere plus creuse que large, & que pour n'estre pas gayable il fallut passer en batteau. Or ce fut vne inconsideration notable à cette compagnie, de se mettre en vne fresle barque auec vn embarras de cheuaux, & de cheuaux de Regne, qui sont ordinairement pleins de fougue & de caprice : à peine auoient-ils demaré de la riue, que ces animaux commencerent à se battre, & firent renuerser le vaisseau : Leonin qui nageoit comme vn poisson prend Luciane à corps perdu, & la met au riuage ; il se faict le plus grand desordre du Monde : Osiandre sçauoit nager, mais sa blesseure & ses habits l'incommodoient extremement ; neantmoins il gaigne le bord, où ne voyant point Parthenice, il pense estre plus perdu que sauué ; il se remet à la nage, se rejette dans le peril, resolu de la retirer, ou de mourir auec elle ; elle reparoist sur l'eau, il la prend par sa robe, & auec vn effort incroyable & impossible à tout autre puissance qu'à celle d'vne violente Amour, il s'essaye de la retirer : mais c'estoit faict de l'vn & de l'autre sans le vigoureux Leonin assisté de Florian, qui fendirent si bien les flots, qu'en fin ils les ramenerent en terre, mais Parthenice si pleine d'eau qu'elle en estoit presque suffoquee, & Osiandre si abbatu auec sa playe desbandee, qu'il estoit comme vn homme qui s'en va mourir. Les filles se mettent autour de Parthenice pour la soulager tandis que les hommes aydent à Luciane à soustenir son fils, oublieuse de sa propre incommodité. Cette, ie ne diray pas fiere, mais constante generosité de Parthenice ineffroyable aux perils plus pressans regardoit la mort d'vn front si asseuré, qu'elle sembloit reuenir à la vie auec du regret, tant s'en faut qu'elle se sentit obligee à ceux qui l'auoient retiree de ce danger: vous l'eussiez veuë en cet estat tout ainsi qu'vne Diane au milieu de ces Nymphes, paroissant auec vn auantage nompareil, vous eussiez dict que

Les graces essuyoient la sage Parthenice
Ainsi que son enfant vne douce nourrice,
L'Amour (mais l'Amour chaste) espreignoit
   ses cheueux,
Et en ce desarroy la faisoit voir si belle,
Qu'elle combloit tous ceux qui se tournoient
   vers ell.
D'Amour, & de Pitié, de larmes, & de feux.

En fin on luy apprit comme elle deuoit son

salut à Osiandre, qui s'estoit relancé dedans l'eau pour la sauuer; car bien que Leonin & Florian eussent tiré le Prince, luy pourtant ne l'auoit jamais dessaisie, aymant autant mourir que la perdre : & comme elle estoit prudente pour ne paroistre ingrate (bien que cette obligation luy pesast sur le cœur) elle tesmoigna par de douces paroles, tout plein de recognoissance pour ce tesmoignage d'amitié. On eut beaucoup plus de peine à faire reuenir Osiandre, mais en fin il reprit ses esprits, & ouurant sa bouche decoloree, non tant pour respirer l'air, que pour nommer Parthenice; il tesmoigna que ce ne luy eust pas tant esté vn bon-heur qu'vn supplice, de se voir preserué si elle fust perie. Rendez-vous icy Vertueuse Parthenice, ou vous nous contraindrez de dire que ce n'est pas vne merueille, si sous vn teint de neige vous cachez vn cœur de glace ou plustost de cristal. Certes aussi ne fut-elle pas exempte de Pitié, quoy que par cette porte elle ne donnast aucune entree à l'Amour; les traicts duquel elle faisoit reboucher, luy opposant vne chaste & inuiolable Resolution de n'aymer jamais rien que IESVS Crucifié.

Doux flots qui baignez ce riuage,
Dittes aux Echos d'alentour

*Quel est ce farouche courage
Qui ne se rend à tant d'Amour.
Aussi vous murmurez belle onde,
Voyant la durté de ce cœur,
Comme disant qu'en tout le monde
Il n'est vne telle rigueur.*

Toutesfois en resserrant tant de fermeté dans son sein, elle ne laisse pas de se porter à des deuoirs qui tesmoignent du ressentiment de cette obligation, le diray-ie, & qui tesmoignent de l'Amour en apparence. Leonin qui croit ce qu'il voit saute d'ayse en son ame, de voir qu'il soit sauté vne estincelle de la braise d'Osiandre dans les glaçons de cette Vierge : mais il est bien esloigné de son conte ; comme aussi Osiandre, lequel flattant sa Passion, estime que les deuoirs, que la Pitié, l'obligation, & le deuoir conuient Parthenice de luy rendre, luy sont rendus par Amour. Aussi à la Verité ne se peut-on imaginer, qu'vn cœur peust resister aux flammes de tant de seruices, mais le cœur de Parthenice est d'vne trempe toute autre que celle du commun. Et ne vous semble-t'il pas que ne rendant point le reciproque de cette amitié, il faille sortir hors du monde pour treuuer vne ingratitude assez grande pour estre comparee à celle-cy ?

Parthenice par ses remerciemens, par ses protestations de fidelité, d'obeïssance & de seruice, amuse si bien ce Prince, qu'il estime ce Malheur Heureux, qui luy a donné vne telle prise sur ce cœur auparauãt imployable & inexorable. Outre qu'il auoit l'esprit fort gentil, les vers en Italie sont vne chose populaire, à cause de la facilité des rymes que preste ce langage. C'est ce qui fit faire ceux cy à Osiandre pour exprimer son contentement.

A la fin ma fidelité
A amolli la dureté
Du cœur de celle dont la flame
Esclaire maintenant mon ame,
Laquelle cognoissant ma foy
N'a plus de regards que pour moy.
La fauorable occasion
A donné à ma passion
Moyen de se faire cognoistre.
I'ay faict si puissamment paroistre
La force de mon amitié,
Qu'elle a faict naistre la pitié.
Ainsi la ioye suit les pleurs,
Comme les espines les fleurs,
A present mes peines passees
Se voyent bien recompensees,
En sorte que trop de plaisir
M'enleue mesme le desir.

Oſiandre, tout beau! vous chantez le triomphe auant la victoire, vous eſtes autant eſloigné de vos pretenſions, que le Nord du Midy; vous auriez plus de raiſon de dire ſi vos yeux pouuoient penetrer dans l'auenir,

Les ris ſont ſuiuis par les pleurs,
Les eſpines ſuiuent les fleurs,
Et vne lieſſe paſſee
S'eclypſe comme vne penſee:
Helas que bien peu de douceur
Attire beaucoup de douleur.

Mais que ne ſe promettent, & que ne s'imaginent les Amans, puiſque l'eſperance eſt l'ordinaire compagne du deſir. Eſperance qu'vn ancien appelloit le Songe de ceux qui veillent. Oſiandre ſe nourriſſant de cet Eſpoir d'auoir gaigné quelque pied dans les affections de Parthenice, & cette fille l'entretenant en cette erreur par la douceur de ſes paroles, & par la ſuauité de ſa conuerſation, qui euſt enchanté les Rochers, allegeoit infiniment les douleurs que ſa playe luy donnoit en cheminant; & certes depuis l'effort qu'il fit en cette Riuiere, il n'euſt aucune entiere ſanté. Car vne langueur continuelle cauſee par vne fieure lente le mina peu à peu & le mena au cercueil. A leur arriuee à Naples, les parens d'Oſiandre deſireux de l'honorer & de le cógratuler tant de ſon retour, que de son futur mariage, luy vindrent à la rencontre; le bruict se respandit incontinent par toute la ville, que la fameuse Zitelle auoit esté retreuuee, & qu'elle seroit l'Espouse du ieune Duc; tout le monde se resjoüit de reuoir cet agreable object, & chacun verse des benedictions sur cette alliance. Tout le peuple s'amasse pour la veoir entrer, vous eussiez dict qu'on la conduisoit en Triomphe: iamais Esther ne fust si estonnee se voyant esleuee d'vne vie basse & sombre à vn supreme honneur. C'est l'oüaille perduë ramenee, la dragme esgaree retreuuee; ce ne sont que resioüissances, c'est le Palladium, c'est le bon heur, c'est le siecle d'or, c'est l'Arche qui reuient. Tant a de pouuoir

Vne insigne vertu logee en vn beau corps.

Et tant il est vray qu'vne bonne Renommee vaut mieux que tous les thresors du monde: car ce n'estoit point tant la Richesse & la Grandeur d'Osiandre qui attiroit les yeux d'vn chacun, comme la Reputation de Parthenice; les moins clairvoyans l'estimoient heureuse d'auoir rencontré vn party si aduantageux; mais les plus judicieux estimoient plus grand le bonheur d'Osiandre, d'auoir faict rencontre de tant de Vertus. Or comme les oyseaux ont accoustumé de desgoiser leurs doux ramages au retour du Soleil, ainsi les Poëtes dont la verue se plaist à s'esbattre sur les diuerses occurrences de la vie, ne manquerent pas de desployer leurs chants sur la venuë de cette Aurore. Entre lesquels vn des plus delicats se fit entendre de cette façon.

Le voyci de retour cet astre fauorable,
    Qui faict de nos destins le flux & le reflux,
Ennuy, cherchez vn lieu desert & miserable,
    D'autant qu'en celuy-cy l'on ne vous cognoist
      plus.
Peut on veoir cette Vierge, où le soin de na-
    ture
    A semé comme fleurs tant de chastes appas,
Et ne confesser point, qu'il n'est pire auanture
    Que de veoir tout le monde, & de ne la veoir
      pas.
Certes l'autre Soleil d'vne erreur vagabonde
    Court inutilement par ses douze maisons,
C'est elle, & non pas luy, qui faict sentir au
    monde
    L'aymable changement des diuerses saisons.
Auecques sa vertu toutes vertus arriuent,
    Les deserts sont jardins de l'vn à l'autre
      bout,
Tant l'extreme douceur des parfums qui la
    suiuent
    Les remplissant d'odeur, les penetre par tout.

Les bois en ont repris leur verdure nouuelle,
L'orage en est cessé, l'air en est esclaircy,
Et mesme les ruisseaux ont leur onde plus belle
Depuis qu'elle est venuë en ces riues icy.

O que c'est vne belle chose qu'vne creature Chaste, & de notable Perfection : car sa memoire immortelle est cognuë de Dieu & recognuë des Hommes : le souuenir que le iuste laisse de soy, est comme vne trace de parfum, dict le Sage, les exhalaisons de ses Vertus sont des senteurs de Paradis, c'est vn baume precieux, vn cinnamome aromatique, vne myrrhe esleuë, qui recrée & qui conforte par la suauité de son odeur. Et certes comme la Panthere rend odorante la cauerne où elle faict son repaire, ainsi Naples estoit encores toute embaumee de la souuenance de tant de Vertus, que l'incomparable Virginette auoit faict paroistre dans son enceinte. Arriuez au Palais autrefois de Patrocle, maintenant d'Osiandre, ce Prince met Parthenice en la possession de sa maison, celle de son cœur luy estant acquise de longue main : Ny pour cela cette inuincible Chasteté pert la resolution de se conseruer inuiolable, & de quitter toutes ces vaines grãdeurs, pour se donner à IESVS-CHRIST. On ne parle pour elle que des nopces de la Terre,

&

& son frere la tient tellement engagee au Mariage d'Osiandre, qu'il n'est plus en sa puissance de s'en desdire, bien qu'elle en eust la Volonté : quoy! apres tant de pompes, vne si solemnelle reception, vne si publique acclamation, feroit-elle vn vacarme ? Ce ieune homme porté sur les aisles des vents, tranche desia du grand, comme beau-frere d'Osiandre, & s'en faict accroire ; desia il aspire plus haut que Doralice, les promesses de son maistre luy enflent le cœur ; il n'est point de tiltre dont il ne flatte son esperance ; il regarde les meilleurs partis de Naples, & s'imagine d'y pouuoir arriuer, soustenu par ce Prince qui le faict maistre de ses biens, pourueu qu'il le face maistre de sa Sœur. Et que ne se figure vne ieunesse en la temerité de son penser ? sa folie luy fait dôner de la teste dans les Cieux, Herminio luy semble populaire, Stephanille vne seruante, & le souuenir de Doralice qui luy fut si cher est maintenant ce qui l'afflige; il ne manque point de pretextes pour desgager sa parole, il ne se cognoissoit pas quand il la donna, mais il est bien plus raisonnable de dire qu'il se mescognoist en la retirant, & la retirant auec indignité & auec mespris. Son courage luy propose bien d'autres objects pour attacher sa fortune. Sa presomption, comme ces fausses glaces qui nous representent tout au rebours de ce que nous sommes, luy faict penser de soy qu'il est extrememement agreable, d'vne joyeuse compagnie, specialement parmy les Dames, que sa conuersation toute charmante, & tant de qualitez recommandables dont il se croit pourueu, luy feront treuuer vne rencontre aussi auantageuse que sa Sœur, laquelle par ce moyen est arriuée à vne si haute fortune. Il y a beaucoup d'apparence qu'ayant soustenu la recherche d'Osiandre auec tant de sincerité & d'affection, il luy rendra le reciproque; & puis que ne fera pour luy vne Sœur à laquelle il a rendu des seruices les plus obligeans qui se puissent imaginer, & pour laquelle il a rendu l'impossible possible, & s'il faut ainsi dire, il a faict toutes choses. Pauure Leonin qui chemines sur vne Mer de verre, aussi specieuse que fragile, tu verras bien tost tes desseins aussi bigarrez & releuez que le Colosse du songe de ce Roy d'Assyrie, mis en poudre par la pierrette d'vne maladie qui reduira & tes attentes & ton Maistre en cendre : & puis fiez vous aux hommes & aux Princes, qui meurent comme les autres hommes, & mettez vostre appuy sur la chair. O Leonin! que tu te monstres bien à ce procedé vray fils de ce Talerio, que la grandeur & l'ayse porterent à l'insolence, & l'insolence à sa ruine : mais parce que tu n'es pas coulpable comme luy de tant de meschancetez, Dieu aura pitié de toy, & te faisant deschoir de tes pretensions, te releuera par ta cheute, & te fera tirer profit de ton dommage. Cependant remarquez comme ce ieune homme, si determiné au bien en l'aduersité, se courbe au mal & se porte à l'ambition en la prosperité ; vray limaçon qui leue ses cornes à la chaleur : & apprenez de là, que mille tombent à la gauche du desastre, mais dix mille à la droicte de la bonne fortune. Car comme tous les cerueaux ne peuuent pas porter beaucoup de vin, ainsi tous les esprits ne peuuent pas soustenir de grandes felicitez. Tandis qu'Osiandre ne pense que aux preparatifs de son Mariage, que tous ses amis se disposent à mille tournois, & à mille galanteries, dont la Noblesse Napolitaine est la Maistresse entre toutes celles de l'Italie ; tandis que chacun se resioüit auec luy, le voyant au faiste de tous ses desirs ; tandis que l'extreme

V u ij

satisfaction de son ame combat l'indisposition de son corps attaint comme nous auons dict, par l'accident de la Riuiere d'vne secrette langueur, laquelle par vne fieure ethique, le sapera peu à peu, & fera desemparer son ame de son corps. Leonin va entretenant la lampe de son affection auec mille blandices, que le Psalmiste appelle l'huille du pecheur. Il luy promettoit merueilles des affections de sa sœur, mais il parloit de soy-mesme & sans adueu ; & Osiandre qui croit tout ce qui est auantageux à son desir prend cette mauuaise caution pour suffisante, il employe des Poëtes de ses amis pour flatter les aureilles de ce Prince ; Syrenes qui endorment les grands par leurs enchantemens gracieux ; Doux & aymables menteurs qui font passer pour Veritez solides les vanitez de leurs feintes. Il y en eust vn qui ayant sceu ce memorable accident de Parthenice retiree de l'eau par Osiandre, & selon que Leonin luy auoit faict entendre rendue amoureuse (il deuoit dire Recognoissante) par ce bienfaict signalé, accompagné d'vn tesmoignage d'Amour extraordinaire, prit occasion de là de chanter l'Epithalame de ces futures Nopces soubs les noms de Persee, & d'Andromede, y appliquant cette fable aussi proprement que gratieusement : son inuention estoit gentille, & ses vers fort beaux, mais la pauureté de nostre langue n'a peu les representer qu'ainsi:

Puisque ton ris vient de tes pleurs,
 Et ta douceur de tes douleurs,
  Ie ne tiendray plus pour merueille
 Par vn industrieux butin
 De veoir transformer par l'abeille
En miel l'amertume du thim.
Qu'Alphé sans deuenir amer
 Perce les ondes de la Mer,
  Pour ioindre vne douce fontaine,
 N'est plus vn miracle pour moy,
 Puisqu'vn bien naissant de ta peine
Faict veoir vn traict pareil en toy.
Ainsi la rose va naissant
 D'vn tronc espineux & perçant,
  Les lys dans vne noire espine,
 Du milieu de la nuict le iour,
 Et du profond de ta ruine
Naist le comble de ton Amour.
Persee nouueau de nos iours,
 De qui les loyales Amours
  Domptent le monstre de l'Enuie,
 Ne crains plus l'iniure du Sort,
 Puisque tu as donné la vie
A qui t'auoit donné la Mort.

La candeur de tes Passions,
La beauté des affections,
Filles de ta genereuse ame,
Ont vaincu ce cœur endurcy,
Et par ces eaux, & par ta flame
Il est rangé à ta mercy.
Le Dragon que vainquit Persé
Se vit le flanc outrepercé
Sans esperance de remede,
Et perdant sa vie dans l'eau
Il laissa la pauure Andromede
Qui n'attendoit que le tombeau.
Alors il dompta la fierté
De ce monstre, & la cruauté
D'Andromede, qui fut contrainĉte
De recognoistre ses trauaux:
Ainsi deux effects d'vne attainte
Le deliurerent de ses maux.
Il va icy tout autrement:
Car Andromede puissamment
Terrasse toute ingratitude,
Ce prodige si detesté
Qui paye d'vn traittement rude
Vne fidele loyauté.
Cette Amante n'est pas aussi
De celles-là dont le soucy
N'est que feintise & artifice,
Et dont la sotte vanité,
Quand on leur rend quelque seruice

Pense l'auoir bien merité.
Ayant donc ce vice abbattu
 Aux pieds d'vne forte vertu,
 Elle se surmonte elle mesme,
 Disant à Persee ces mots:
 En fin ie confesse que i'ayme,
 Et que mon feu sort de ces flots.
O que i'admire ces deux cœurs,
 Ensemble & vaincus, & vainqueurs,
 Admirans leur bonne fortune,
 Qui dans l'eau a faict allumer
 Par vne trauerse oportune
 Le feu qui les force d'aymer.
Puisqu'vn nœud si chaste & si sainct
 Que celuy d'Hymen vous estreint,
 Il ne faut craindre que vostre ame
 Esteigne iamais son flambeau,
 Ains comme vn Phenix, vostre flame
 Reuiura dedans le tombeau.
Qu'vne longue file de temps,
 O Amans heureux & contens,
 Vous face iouyr de vostre ayse:
 Et la cendre du monument,
 Au lieu d'esteindre vostre braise
 En nourrisse l'embrasement.
Le borne qui n'est limité
 Que de la seule eternité
 Soit le terme de vostre gloire,
 Et que nos arriere-neueux

Vu iiij

A l'Autel de vostre memoire
Facent attacher mille vœux.
Soyez comblez de bon-heur,
Autant que vous auez d'honneur,
Ames plus vnes que jumelles,
Et que toutes les nations
Par des loüanges immortelles
Eternisent vos passions.

Osiandre treuua cette inuention tellement à son gré, qu'il projettoit au triomphe de ses nopces de faire vn pompeux & magnifique tournoy sur ce dessein d'Andromede, estimant par cette action publique releuer la gloire & le trophee de Parthenice, & faire veoir que sa fidelité ayant dompté le monstre de l'Enuie, il estoit le seul Iason digne de cette toison d'or, le seul Persee qui meritoit de posseder celle qu'il auoit retiree de l'impitoyable gorge de la Mort. Mais tandis qu'il projette ces preparatifs nuptiaux, le Ciel trace & minute le dessein de ses funerailles, ainsi souuent l'aueugle iugement des humains
Se bastit des Palais sur le pas du tombeau.
Que faict cependant l'inuincible Parthenice, ô qu'elle a bien d'autres pensees! elle ne perd point courage, ains comme vne palme genereuse, se releuant contre ce qui sembloit l'opprimer, elle ieusne, elle prie, elle

crie à Dieu comme vne autre Iudith assiegee dans Bethulie, afin qu'il la deliure de cette oppression; elle espere contre l'Esperance & contre toute apparence, & se confiant en ce Dieu, qui se plaist d'ayder opportunément au poinct de l'extremité des tribulations, elle attend le temps de ses miserations, qui ne manquent iamais à ceux qui iettent en luy toutes leurs pensees. Elle enuoye querir le Pere Hierothee de l'Ordre de sainct François, Religieux de fort saincte vie, & qui estoit son Confesseur lors qu'elle estoit aux Zitelles, elle luy declare premierement tous ses trauaux & toutes ses diuerses fortunes, depuis son enleuement de Naples par son propre Frere, qui lors luy estoit incognu; ô combien admira-t'il le soin de la Prouidence de Dieu sur cette Chaste Creature; combien de fois dict-il que Dieu l'auoit conduite par la main droitte, que celuy qui garde Israël ne dord iamais, & que ceux qui se confient en sa Bonté ne sont point esmeus eternellement : mais quand elle vint à luy communiquer ses hautes pensees, & toutes les peines de son ame trauersee en ses Religieuses determinations, par les desseins d'Osiandre, qu'elle appelloit des Tyrannies; alors ce bon Pere voyant ce cœur genereux foulant aux pieds les grandeurs & Richesses du

Monde, qui luy estoient proposées, pour voler à l'estendart de la Croix, confessa qu'aux hazards precedens il auoit admiré les miracles de Dieu; mais qu'en cette grande Resolution, en cet absolu mespris de tout ce que les Mondains estiment tant, il admiroit les merueilles de Parthenice. O ma fille, luy dict-il, ie cognois bien maintenant que Dieu a choisi la foiblesse pour confondre la force, rendant vn roseau de fragilité vne Colomne de Constance, & de Constance inesbranlable. Non, ie ne puis croire que Dieu delaisse celle qui laisse ainsi toutes choses pour luy: vn dessein sacré conceu de si longue main, si ardamment poursuiuy, si passionnément desiré, nourry auec tant de soin, esleué auec tant de courage, soustenu auec tant de fermeté, ne se peut esclorre qu'auec bonheur; quand Dieu deuroit enuoyer vn Ange du Ciel, & faire de nouueaux prodiges, il les feroit pour conseruer vostre integrité; car c'est vn Dieu fort & jaloux, & dont la jalousie est ardante, comme le feu d'vn tonnerre, dont le coup precede l'esclair. Il l'encouragea à la Perseuerance, luy promettant de l'ayder de tout son pouuoir, & de remuer Ciel & Terre, pour la presenter entiere à IESVS-CHRIST. Mon Pere, luy dict Parthenice, on arrachera plustost mon cœur de ma poictrine, qu'vn consentement de mon cœur : on peut violer mon corps, nullement violenter ma volonté; car elle peut maintenir sa franchise à trauers les prisons, les gesnes & les tortures: enfin, soit que ie viue, soit que ie meure, ie veux estre à IESVS-CHRIST, c'est à luy seul à qui i'ay donné ma foy, & à qui ie la veux garder inuiolablement. Ce bon Religieux la confirma en cette Resolution, luy demandant quelque temps pour en conferer auec quelques deuotieux personnages de ses amis & fideles seruiteurs du Crucifié. Il en communiqua doncques auec le Pere Ludouic de l'Ordre de sainct Dominique, Confesseur de la Duchesse Luciane, & du jeune Duc Osiandre, lequel iugea que tous les accidens extraordinaires suruenus à ce Prince, ne prouenoient d'autre source que de cette affection desordonnee, qui luy faisoit entreprendre sur l'integrité de cette Espouse de IESVS-CHRIST, sous le specieux pretexte du Mariage : & que Dieu jaloux de la Pureté de cette Vierge, l'affligeoit ainsi de continuelles maladies pour cette occasion, sur quoy il se resolut de faire tous ses efforts pour l'en diuertir, & pour luy persuader de laisser cette Vierge en la liberté de se consacrer au Seigneur. Ils en communiquerent ensemble au Pere Serapion de l'Ordre de sainct François, Confesseur du Tres-illustre Archeuesque de Naples, qui pour lors estoit d'vne des plus qualifiees maisons du Royaume, & Prelat de grande authorité, d'insigne Pieté, & de rare merite, lequel estima que ce seroit vne violence sacrilege de forcer cette fille à des Nopces contraintes, & de l'arracher du pied des Autels, où elle se vouloit dedier, promettant auec asseurance que l'Archeuesque entreuiendroit pour empescher cette force, & qu'il se faisoit fort de sa Charité, qu'il la doteroit pour estre Religieuse, si tost qu'il seroit informé de l'affaire. Ces trois treuuerent bon de faire part de ce conseil au Pere Hieronime de l'Ordre des Predicateurs, Superieur d'vn des Monasteres de sainct Dominique, qui sont en grand nombre en cette ville de Naples ; il estoit Confesseur du Vice-Roy, & de la Vice-Royne, homme de creance & de pouuoir, comme de prudence & de science, lequel admira le grand courage de Parthenice, brauant la fortune au milieu de toutes les prosperitez, non seulement souhaittables, mais imaginables, disant qu'elle participoit aucunement à l'Esprit de ce grand Apostre, qui estimoit toutes les choses mortelles comme de la boüe & de l'ordure, pour acquerir

IESVS-CHRIST, & comme si le Ciel & la Terre eussent conspiré pour le reussissement de son desir, il asseura que Roselinde ayant recogneu la mauuaise conduitte de Placidas, s'estoit plusieurs fois repentie & d'auoir pressé Parthenice de l'espouser, & de luy auoir refusé de luy donner les moyens d'estre Religieuse; de sorte que si Parthenice & Luciane, lors qu'elle fut enleuee par Leonin pour Osiandre, ne l'eussent preuenuë en cette Charité, elle estoit resoluë de luy faire la mesme grace. De plus il leur apprit que la Marquise Cynthie, de laquelle nous auons parlé au courant de cette Histoire, auoit eu le mesme dessein, ayant sçeu le desir Religieux de cette fille : mais que la crainte de faire croire qu'elle eust eu quelque inclination pour son Pere, l'auoit retenuë en l'execution de cette œuure de Misericorde, tant il est vray que les Considerations du Monde non seulement nous portent au Mal, mais nous retirent de la pratique de beaucoup de Bien. Or tandis que ces Religieux Peres concertent sur la consolation de l'ame de Parthenice, & cherchent les moyens de la tirer de l'esclauage de Pharao, pour l'introduire à trauers les deserts de la Penitence, & de l'austerité à la terre Promise de la Grace, elle a bien de plus fortes & de plus puissantes pensees que ne sont les ordinaires de son sexe ; car elle se resoult de faire à la veuë de toute la ville de Naples, vn acte le plus hardy & le plus courageux qui puisse tomber en l'imagination de ceux qui ont la Gloire d'aspirer à la Milice de la Croix. Leonin oppressé par Osiandre, & la pressant de ce Mariage, auquel il luy represente toutes les felicitez du Monde, & auquel elle s'imagine toutes les miseres d'vn Enfer; elle luy declara qu'elle ne prendroit iamais Osiandre pour Mary, que ce ne fust non seulement à la face de l'Eglise, car Leonin l'entendoit bien ainsi, mais en la presence du Vice-Roy & de sa femme, & à la veuë de toute la Cité de Naples, afin d'effacer par ce grand lustre & par cet esclat public tous les bruicts & toutes les rumeurs sinistres qui se pouuoient former, tant sur son Rauissement, que sur les diuerses auantures qui luy estoient suruenuës durant le voyage de Calabre. Qu'à cela ne tienne, reprit Leonin, car il y va de mon honneur & du vostre, & mesmes de la Gloire de mon Maistre, lequel fera paroistre en cette pompeuse solennité la grandeur de sa Magnificence ; ie m'asseure qu'il rendra cette action si Majestueuse, qu'il en sera Memoire à iamais : voyez où la Vanité emporte ce jeune Esprit. Or tandis qu'il minute de tromper mauuaisement sa Sœur, dont l'integrité luy deuroit estre plus considerable & plus precieuse que la prunelle de ses yeux, elle couue bien d'autres pensees, mais d'vn bon dol & d'vne sainte fraude, puis que c'est pour l'auantage de la Gloire du Sauueur : Car elle se determine au milieu de tout ce grand Monde, qui assistera sans doute à cette solennité, en la presence de toute la Noblesse du Royaume, qui ne manquera pas d'honorer les Nopces d'Osiandre, à la face de Sigismond & de Roselinde, & qui plus est deuant le Throsne du Grand Dieu seant Majestueusement sur l'Autel, lors que Luciane l'aura plus couuerte que paree, plus chargee qu'ajoliuee de pierreries, & que sa naturelle Beauté releuee de beaucoup d'Art la rendra la merueille des yeux qui la consideront ; au faiste de cette feste elle se resoult de troubler toute cette serenité par vn estrange orage, & de fouler aux pieds l'orgueil du Monde, au fort de sa plus enflee Vanité : Car elle faict estat lors que le Prestre luy demandera si elle veut Osiandre pour son Espoux, de respõdre franchement, que non, declarant publiquement son Vœu de Virginité, le renouuellant à la veuë de

Dieu, des Anges & des Hommes, & choisissant IESVS-CHRIST pour l'Espoux de son cœur & de son corps, & pour la part de son heritage à iamais : & apres cette protestation elle desseigne d'embrasser l'Autel, & de se mettre en la franchise de cet azyle inuiolable, demandant le secours de la Iustice, & Spirituelle de l'Archeuesque, & temporelle du Vice-Roy, pour estre maintenuë en la fermeté de son vœu Religieux. Hardie entreprise, & aueugle en apparence, mais clairuoyante deuant Dieu, à qui la folie humaine est vne grande Sagesse. Ne vous semble-t'il pas qu'il y ait en ce dessein quelque traict de ressemblance auec celuy de Iudith, trauersant toute pompeuse l'armee des Assyriens, pour surmonter Holopherne ? n'y voyez-vous pas la mesme resolution, le mesme cœur, & presque les mesmes hazards ? Que pensez-vous, Parthenice, ces difficultez sont insurmontables, faire vn tel affront à Osiandre qui vous idolastre, à Luciane qui vous adore, à Leonin qui vous regarde comme le pole de sa fortune & de son bon-heur : Estimez vous que pour vne chetiue Zitelle, pauure miserable abandonnee, desauoüee des siens, qui ne sçait où donner de la teste, le Vice-Roy vueille s'opposer aux volontez d'vn Duc, qui par ses allian-

alliances tient liees à soy les affections de la fleur de la Noblesse d'vn Estat qu'il doit conseruer precieusement à son Maistre le Roy Catholique. Quoy que vous ayez toutes les Raisons du Monde, qui ne sçait que les Politiques, prudens qu'ils sont, ne font point de difficulté de commettre vne Iniustice priuee, pour faire Iustice au public, & le maintenir en paix? L'Eglise vous dispensera ayfément de ce vœu; Tout le monde au lieu d'applaudir à vostre resolution, la prendra pour vne pure folie. Quoy! refuser vn party si grand, si iuste, si honneste, si legitime; vn Prince qui vous adore si Religieusement, dont la vie despend du fil de vostre vouloir, plus que de celuy de la Parque: Celuy qui vous a cherie plus que soy-mesme, qui s'est tout couuert de playes pour vous acquerir, qui vous a cherchee aux extremitez de la Calabre, & qui vous eust plustost recherchee au bout du Monde, qu'il ne vous eust rencontree: Luy qui se desmet de sa qualité pour vous posseder, & pour vous releuer iusques à ce poinct de vous mettre sur la teste vne Couronne Ducale: Luy qui vous a sauuee du naufrage au peril de sa vie; qui n'a rien faict de ce qu'il ne falloit pas faire de peur de vous desplaire; qui n'a rien obmis de ce qu'il falloit executer pour

Xx

vous tefmoigner la candeur, la fincerité & l'ardeur de fes honneftes affections: Ah fille trop rigoureufe, auray-je tort de t'appeller ingrate, fi apres tant de deuoir fi obligeant, que les Tygres en feroient domptez, ie te voy payer tant de peines d'vn tel efcorne que celuy que tu luy prepares? Faut-il apres tant de fatigues, & apres tant de rares exemples de la fidelité & de la Conftance de fon Amour, il treuue de la mefcognoiffance en vn cœur exempt de toute tache, finon de celle-là qui enuelope en fa noirceur toutes les autres? Faut-il pour vous auoir fi exactement obey, & pour vous auoir honoree de telle forte, qu'eftant en fa puiffance il fe foit mis à la voftre, & rangé fa Paffion à voftre Difcretion, il efpreuue le mefme outrage que vous feriez à celuy qui vous auroit mal-traitté? Doncques ce fera vne faute que de vous feruir auec toute forte de refpect: Et que ne vous pourra-t'il reprocher à la tefte de cette Illuftre Compagnie, finon que vous falariez fes foumiffions d'vn rebut infolent & infuportable? Encores fi vous le voulez traitter en criminel, faittes luy la mefme grace que l'on faict à ceux qui font condamnez, aufquels on faict fçauoir leur iugement auant que les trainer au supplice ; au lieu que vous y voulez conduire ce pauure Prince tout couronné de festons, comme vne victime innocente que l'on meine à la mort, comme aux Nopces. Mettez la main à la conscience, Parthenice, & ne traittez pas si cruellement vn amy fidele, vous qui pardonneriez au plus grand de vos Ennemis. Si autresfois il vous a faict enleuer par voſtre Frere, souuenez-vous qu'il auoit esté premierement rauy par l'esclat de voſtre visage, & qu'en cette action il se defendoit pluſtoſt de vos attaintes qu'il ne vous outrageoit : hors cela il ne fut iamais si mal-aduisé, que de vous dire vne parole desplaisante : ne parlons point de vos blessures, car l'Erreur en efface assez le peché. Vous direz ce qu'il vous plaira ; mais le Monde trop grossier pour penetrer dans la subtilité de ces desseins Religieux, iugera touſiours que voſtre procedure sera iniuste, & que vous ne deuiez pas attendre cette extremité, pour luy tesmoigner voſtre mauuais courage. Que s'il faut qu'en conseruant les Affections qui le tourmentent, il perde l'Espoir de la plus douce felicité, dont il flattoit sa pensee ; ne craignez-vous point que le desespoir ne le porte à vne rage forcenee, qui luy enleuant la Raison luy face perdre la reuerence du lieu, & sans aucun respect de la Compagnie, qu'il ne vous sacrifie à sa cholere au pied de ce mesme Autel que vous embrasserez? Vous qui le reseruez à vn mal-heur si cruel, auez-vous tant de certitude de sa Patience, que vous pensiez qu'il doiue adorer vos cruautez aux traicts d'vn affront plus dur que la Mort? Il est plus vray-semblable que cette Mort de son Amour sera la vie de sa forcenerie, la Constance en son dernier periode se changeant ordinairement en fureur. Hé! comment pourra supporter ce fier assaut & cette bourrasque non attenduë ce cœur impreparé à vn tel accident? Certes il est à croire, ou que le despit le guerira tout à coup de son Amour, ou qu'vne mort soudaine par vn saisissement vniuersel, luy rendra ce pitoyable office, de le deliurer d'vne agonie insupportable, rendant cette preuue de sa dilection à l'aspect de toute la ville de Naples, & faisant dire que s'il eust moins aymé il eust eu plus de vie. Et qui vous garantira de la rage de Luciane, qui vous cognoistra pour la cause manifeste de la perte de son fils? quel de ses parens ne vous detestera ? auec quelle horreur vous verront Sigismond & Roselinde ? que dira vostre Frere, ou plustost que ne dira-t'il pas ? Vous serez ce cheureau Emissaire chargé des execrations d'vn chacun : & quelle sorte de malheur est comparable à celuy qui nous plonge dans la hayne publique ? Pensez-y bien, Parthenice, & prenez si vous estes sage quelque conseil autre que cette extremité. Aussi fust-ce l'aduis de tous ces Peres, auec lesquels apres qu'elle eut conferé, ils mirent de l'eau dans le vin de sa trop boüillante ferueur, luy conseillans de n'vser de ce remede violent, que quand toute autre voye luy manqueroit ; car en ce cas il valloit mieux qu'elle fust fidele à Dieu qu'aux hommes, cette ingratitude estant loüable, qui nous destache du Monde pour nous lier à la Croix de celuy qui est le Salut de ses Amans, & l'Amour Eternel des Sauuez. Cependant ils ne laissent pas d'admirer auec Rauissement la force extraordinaire de l'Esprit de Dieu en vn sexe si infirme ; ils confessent n'auoir iamais veu de si puissante Vocation à l'Estat Religieux; ils luy promettent toute assistance de la part de l'Archeuesque, du Vice-Roy, & mesmes du Senat. Imaginez-vous si cela fortifioit le courage de cette inuincible Vierge;

au lieu qu'auparauant toute abbatuë d'Esprit, se voyant abandonnee de son Frere, elle craint tout, & n'espere rien de bon; maintenant elle espere beaucoup, & ne craint plus rien; elle prend vne nouuelle force, & auec des aifles d'aigle, comme parle Isaye, elle vole sans deffaillir: sçachant les volontez de Roselinde & de Cynthie par le Pere Hieronyme, & la disposition de l'Archeuesque par le Pere Serapion, elle tient son voyle pour asseuré: au fort elle sera tousiours receuë aux Zitelles à bras ouuerts, où elle se resoult de seruir Dieu iusques au dernier souspir de sa vie. Tempeste le monde, enrage l'Enfer, qu'Osiandre la tuë, qu'il meure de douleur, que la Machine de l'Vniuers se dissolue, les esclats de ce fracas la pourront escraser, non pas l'estonner, moins la diuertir de la fidelité de son Vœu de Virginité perpetuelle. Et seroit-il possible que Dieu qui a tousiours les yeux ouuerts sur les Iustes, sur ceux qui le craignent & qui l'ayment, & sur ceux qui le cherchent de tout leur cœur, n'eust point d'esgard à ce beau cœur qui le reclame auec tant d'ardeur & de zele? Vn iour que Parthenice estoit allee faire ses deuotions aux Zitelles, & renouueller ses anciennes cognoissances, & cela en la compagnie de

Liure dixiefme.

Luciane, qui ne la perdoit iamais de veuë, la tenant pour sa fille, & en estant deuenuë aussi jalouse & amoureuse, que son fils; se retirant à part au coin d'vn Autel, elle fit à Dieu en l'excez de son Esprit cette ardante Priere.

O *Cieux, escoutez ce que ie dis, & vous Terre oyez les paroles de ma bouche: ô mon* IESVS, *c'est à vous à qui mon cœur le dict, que ma face vous cherche, & que ie recherche vostre face: vous sçauez que mon cœur vous a proferé vne bonne parole, & que ie me suis dediee entierement à vous, vous eslisant entre les milliers pour estre le Roy de mon Ame. O mon Roy, faittes-moy entrer en vos celiers desirez, & reiglez en moy l'ordre de vostre eternelle dilection, afin que ie vous ayme par-dessus toutes choses, puis que vous estes incomparablement aymable. Mon Ame vous desire en la nuict des tenebres qui m'enuironnent: helas! pourquoy me cachez-vous vostre visage tant aymé, mon* IESVS, *vostre beau visage est tout mon desir, comme il est tout desirable: c'est cette belle & Diuine face que les Anges desirent de voir, encores qu'ils la contemplent continuellement auec vn Rauissement inexprimable, puis qu'il laisse l'agreable poincte du* desir dans la satieté d'vne heureuse iouïssance. Ce n'est pas, ô le salut de ma face, ô mon bon & vray Dieu, que ie vous demande ces vaines visions pleines d'illusions pour iuste punition de leur curiosité: Ie sçay que personne ne vous peut voir & viure; cette veuë que ie vous demande, c'est celle de vostre grace, & de l'entherinement de ma iuste requeste, qui n'est autre que l'execution de ce Vœu de Virginité que ie vous ay faict, & que ie veux estre irreuocable, & que ie renouuelle encores maintenant deuant vostre saincte Majesté. Hé! faittes-moy cette Misericorde, ô mon Dieu, ma Misericorde, que ie vous puisse estre fidele: car i'ayme mieux mourir en vous aymant, que de viure en vous offençant: tendez-moy la main secourable, cette main qui deliure d'oppression les affligees, cette main qui protege les personnes delaissees: Ouy quand i'aurois l'Ame sur le bord des leures, i'espererois tousiours en vostre Toute-Bonté. Rompez les liens qui me garrottent: brisez les fers qui m'empeschent de m'attacher à vous inseparablement: renuersez tous ces obstacles, qui me retardent de voler à vous, mais promptement, Seigneur, car ie crains d'estre violentée: venez & ne tardez pas: desueloppez tous ces nœuds qui me serrent: comment que ce soit, il ne m'importe, fust-ce par la fin de ma vie. Hé! doux Amant, tirez-moy apres vous en l'odeur de vos parfums si suaues: Tirez-moy de ces labyrinthes auec vne main puissäte, & vn bras esleué. Leuez-vous, Seigneur, & que vos ennemis soient dissipez, & que ceux qui s'opposent à vos volontez, ausquelles la mienne est coniointe, fuyent deuant la face de vostre arc. Changez le cœur de ce Prince, inspirez-luy vne sagesse d'enhaut, afin qu'il quitte ces folles pensees qu'il a pour moy, & qu'il me laisse en la liberté de vous rendre ce que ie vous ay voüé. Seigneur, employez à cette extremité les remedes les plus extremes : le mourir me sera doux, pourueu que ie paroisse deuant vous auec le lys blanchissant d'vne integrité saincte. Ce n'est point que ie mesprise les nopces que vous commandez aux Vierges d'auoir en reuerence, mais c'est que ie vous prise plus que les nopces, ô Espoux des Vierges! ô IESVS dont le nom est si doux, & dont les aromates exhalent des odeurs de Paradis.

Receuez-moy Seigneur, selon vostre promesse,
Et ne confondez pas le desir qui me presse.
Donnez-moy vne fermeté de cœur ineffroyable au peril où ie me vay precipiter, plustost que de vous estre desloyale, & faictes que ny la Prosperité, ny l'Aduersité, ny le present, ny l'aduenir, ny les Anges, ny les Demons, ny les hommes, ny l'importunité, ny le desir de la vie, ny la crainte de la mort ne me separe iamais de vostre saincte Charité.

O le Dieu de mon cœur! ô ma part eternelle!

Iesus l'unique obiect de mon ame immortelle.

Elle poussa ces paroles, ou plustost ces flammes de la fournaise de son cœur, auec tant de ferueur & de viuacité, qu'elle obtint auec efficace l'entherinement de sa demande, certes autrement qu'elle ne pensoit, mais selon le decret admirable de l'eternelle Prouidence: car Dieu qui dissipe les conseils des mondains, & qui reprouue ordinairement les mauuais desseings, & les vaines pensées des Princes maladuisez, enuoya vne maladie à Osiadre, de laquelle il ne le retira pas comme iadis il fit Ezechie. Mais parce que ce bon Dieu ne sçauroit contenir sa misericorde, & empescher qu'elle ne se mesle dans les traicts de son courroux, il ne voulut pas le reduire en poudre d'vn coup de foudre brusque & violent; mais l'attacquant doucement, il luy donna le loisir de mediter la Mort, & de s'y resoudre. Car comme ce Prince n'auoit l'esprit occupé qu'à penser aux pompes, aux appareils, aux somptuositez, aux tournois, aux danses, & aux festins de ses nopces; vne fieure lente le vint attaquer insensiblement, dans le nuage de laquelle, s'il n'eust eu la veuë empeschee des broüillards de sa passion, il eust peu veoir la mesme sentence qu'vne main escriuit autrefois contre vne muraille, qui condamna Baltazar à la mort pour vn pareil crime. Ouy, car que vouloit faire Osiandre, sinon prophaner (ce qui soit dict sans blesser l'honneur deu au sainct Mariage) vn Vase sacré, destiné de si longue main à l'vsage du Tabernacle. Au commencement de cette maladie, les Medecins disoient que ce ne seroit rien, que c'estoit vn effect du trauail de son voyage de Calabre, & de l'effort qu'il auoit senty en sa playe en l'accident de la riuiere : ils le flattent de l'espoir, non seulement d'vne prompte, mais d'vne plus vigoureuse santé. Toutesfois la balance du iugement humain est ordinairement mensongere. On ne pense qu'à le resiouyr pour le tirer de cette langueur. A cela l'agreable Parthenice contribuë, en contraignant son humeur, tout ce qu'elle peut; elle chante comme vne Philomele, tandis qu'Osiandre est couché sur la plume, qui luy semble vn halier espineux, à cause de ses amoureuses impatiences. Ce ne sont que desseins de Balets, de courses de bague & de Carrousels que l'on medite, & qu'on luy propose pour le diuertir de ce mal plus importun que douloureux. Il ayme la Poësie; vn Poëte sçachant que ces vers luy estoiēt les plus agreables qui exprimoient le mieux ses passions & ses imaginaires contentemens, s'aduisa de faire ces Stances à dessein que Parthenice les chantast, comme celle qui deuoit participer aux plaisirs d'Osiandre plus qu'aucun autre. Elles disoient ainsi.

 Vous qui lisez dedans ma face
 Ce que ie souffre en la disgrace
 Dont le Ciel m'a voulu punir,
Et qui cognoissez bien que mon cœur ne demande
Du pitoyable Ciel vne grace plus grande,
Que d'aymer Parthenice & m'en entretenir.
 Dittes-moy donc sans artifice
 Quand i'esleus cette Parthenice,
 Failli-ie en mon election ?
N'est-ce pas vn obiect digne d'auoir vn temple,
Et dont les qualitez n'ont iamais eu d'exemple,
Comme il n'en fut iamais de mon affection?
 Cesar par son rare merite
 Rendit la terre trop petite
 Pour vn nom si grand que le sien:
Mais si par mes trauaux ie fay cette conqueste,
Quelques fameux lauriers qui luy couurent la teste,
Il n'en aura pas vn qui soit égal au mien.

Auſsi, quoy que l'on me reproche
Que c'eſt vn courage de roche,
Dont on ne peut rien obtenir:
Puiſqu'à ſi beau deſtin mon deſir me conuie,
Ce genereux deſſein me couſtera la vie,
Ou mon extreme foy m'y fera paruenir.
Si les Tygres les plus ſauuages
Enfin appriuoiſent leurs rages,
Flattez par vn doux traittement,
Par la meſme raiſon, pourquoy n'eſt-il croyable
Qu'à la fin mes ennuis la rendront pitoyable,
Pourueu que ie la ſerue inuiolablement?

Oſiandre treuua ces vers ſi beaux, (& il euſt eſté bien deſgouſté s'ils ne luy euſſent eſté agreables, eſtans ſortis d'vne des riches veines du Royaume) qu'il ne ſe pouuoit raſſaſier de les entendre. Il y voyoit ſes paſſions ſi viuemēt exprimees, qu'il ne s'y pouuoit rien adiouſter. Leonin y voyoit encores plus clair ſçachant les contradictions qui eſtoient en l'ame de ſa ſœur, laquelle voulant prendre comme l'on dict par le Bec, il ſe reſolut de les luy faire chanter: il l'en conjura; Luciane l'en pria; Oſiandre teſmoignant qu'il le deſiroit auec paſſion, mais n'oſant l'en preſſer, à cauſe de l'extreme Reuerence qu'il luy portoit. Certes, dict Parthenice, ie ne ſçay point d'air qui ſe rapporte à ces vers, joint que ie n'ay pas tant d'impertinence, que de chanter moy-mesme mes loüanges; mais si vous me permettez de changer aucunement les mots, & d'appliquer ces folles imaginations à vn subject plus sainct & plus Religieux, ie le feray tres-volontiers, n'y ayant rien que ie desire tant que de complaire à tout le monde, & principalement à ceux à qui i'ay tant d'obligation cōme à l'Illustre Luciane, & au Vertueux Osiandre. Cette obeïssance, & ces loüanges d'vne bouche non pas aymee, mais adoree charment tout à faict ce Prince, lequel iugeant bien qu'vne fille sage cōme parthenice, ne chanteroit iamais, ny ses propres loüanges, ny ces folastreries, & sçachant qu'il falloit tirer, non ce qu'on vouloit, mais ce qu'on pouuoit d'vn payeur qu'on ne pouuoit contraindre, s'accorda aysément qu'elle chantast ces vers de la façon qui luy seroit la plus agreable. Or iugez par cet ongle du Lyon, & par cet eschantillon de la piece entiere de l'esprit de cette fille: elle changea en vn instant tout le sens, en alterant quelques mots en ces Stances, & en les chantant auec vne voix qui faisoit presque perdre le sens, non de ces paroles seulement, mais de ceux qui l'escoutoient; elle les appliqua à son dessein Religieux, & à la gloire de Dieu; elle seule s'entendant elle mesme, quoy que

Leonin se doutast bien de sa secrette intention. Et elle les dict ainsi.

Vous qui lisez à l'air de mon triste visage
Ce que ie vay souffrant en ce dur esclauage
Dont le Ciel a voulu ma liesse ternir:
 Sçachez que mon cœur ne demande
 Du Ciel vne grace plus grande,
Que d'aymer mō Sauueur & m'en entretenir.
Dittes donc franchement sans art & sans malice,
Quand ie luy fis le vœu de mon humble seruice,
Commis-ie quelque faute en mon election?
 Ce Dieu merite-t'il vn Temple?
 Heureux celuy qui le contemple ;
Et qui remet en luy toute sa Passion.
Alexandre rendit par son rare merite
Cette immense grandeur de la terre petite ;
Pour contenir vn nom si fameux que le sien:
 Mais si ie fais cette conqueste
 D'estre à mon Dieu, iamais sa teste
Ne posseda laurier qui egale le mien.
Aussi, quoy que l'on die, & que l'on me propose
Par la difficulté mon esperance close,
Comme ne pouuant pas ce bon-heur obtenir ;
 A cela si le Ciel m'appelle,
 Ie mourray pour cette querelle;
Ou ma constante foy m'y fera paruenir.

Si les farouches cœurs des feres plus sauuages
Alentissent en fin leurs furieuses rages
Charmees par le miel d'vn traittement flateur,
Pourquoy ne sera-t'il croyable
Qu'vn Dieu si bon & pitoyable
Apres tant de trauaux ne soit consolateur?

La charmante douceur de sa voix empescha les escoutans de penetrer plus auant dans l'esprit caché sombs l'escorce de cette lettre meurtriere. Osiandre que l'Amour rendoit ombrageux y iuge ie ne sçay quoy qui luy touche le cœur, mais dissimulant prudemment son mal, il dict à Leonin, Vostre sœur pense encores estre aux Zitelles, lors qu'elle estoit en ses premieres ferueurs d'estre Religieuse. Leonin qui a l'esprit plus subtil, tout morne & pensif, ne sçait que respondre, sinon, que c'est la coustume de Parthenice de changer tous les airs prophanes en des Cantiques spirituels. Là dessus Parthenice, C'est la verité, que i'ay non seulement appris cet air aux Zitelles, mais c'est là que ie me suis exercee à changer les mots impertinens des chansons du siecle; le Pere Hierothee nous disant que c'estoit faire vn seruice à Dieu, d'appliquer les vaisseaux d'Egypte à l'vsage du Tabernacle. Leonin qui eust mieux aymé que sa sœur eust parlé en Amáte qu'en prescheuse, craignant que ce commencement

de

de discours ne la portast à quelque suitte, non seulement fascheuse à Osiandre, mais ruïneuse à ses pretensions, luy fit signe de se taire; ce qu'elle fit fort volontiers, pour ne desplaire ny à l'vn, ny à l'autre. Mais ce ne fut pas sans quelque douleur interieure qu'elle s'arresta en si beau chemin, luy estant aduis que se taisant & recelãt le bien qu'elle vouloit esclorre dans son sein, elle retenoit la Verité prisonniere de l'iniustice: Neantmoins elle se retira, laissant Osiandre & Leonin en de fortes resueries, & en de sinistres imaginations. O combien de fois Leonin se repentit-il d'auoir pressé sa sœur de chanter, craignãt qu'elle eust trop descouuert sa contradiction à son Maistre, se voyant tombé dans le piege qu'il luy auoit preparé pour la surprendre. Ainsi sont confondus tous ceux qui minutent des iniustices inutilement. Osiandre de sa part qui se portoit aux nuës à la moindre parole de faueur, comme c'est la coustume des Amans, se precipite dans les abysmes des mescontentemens au moindre mot de disgrace. Ainsi

Les plaisirs de la vie humaine
Sont tous meslez de quelque peine,
Et le bien suiuy du malheur,
Mesme l'Amour iamais n'enuoye,

> *Ny le desespoir sans la ioye,*
> *Ny de plaisir sans la douleur.*
> *Mais qui ne sçait point les trauerses*
> *Du soin & des peines diuerses*
> *Dont viuans nous nous trauaillons,*
> *Et qui franc de crainte & d'enuie*
> *Cueille les roses de la vie*
> *Sans se picquer aux aiguillons.*

Aussi côme la passion affectueuse a vne qualité plaintiue inseparable de son estre, Osiandre ne manqua pas de faire part de ses apprehensions à Leonin, lequel sceut prudemment dissimuler ce qu'il pensoit, & persuader à ce pauure malade, que c'estoit vn artifice ordinaire des filles, de faire semblant de fuir ce qu'elles desirent plus ardamment, afin d'irriter d'auantage l'affection des hommes, & d'allumer leurs desirs d'vne plus forte flamme. Et puis, luy disoit-il, ô mon Maistre, ne sçauez vous pas,

> *Combien mal-seante est la plainte*
> *D'vne ame heureusement attainte*
> *D'vn coup qui luy sert d'ornement,*
> *Souffrir pour vn subiect aymable*
> *Est aussi doux, qu'est estimable*
> *L'honneur de souffrir constamment.*

Or soit que cette apprehension eust donné vn rude assaut au cœur de ce Prince, ou soit que l'ennuy de la longueur de cette attente redoublast sa langueur, n'y ayant rien qui abbate tant l'esprit que le delay d'vn espoir, son mal en peu d'espace empira de beaucoup, sans pouuoir treuuer d'allegement notable.

Car chercher du soulagement
Aux coups d'vn semblable tourment,
C'est auoir peu d'experience
En vne telle passion,
Auoir beaucoup de patience,
C'est tesmoigner qu'on a bien peu d'affection.

Ou bien soit que le long cours de cette lente maladie luy causast ces redoublemens : Tant y a que les Medecins commencerent à prendre mauuais augure des diuers simptomes qui luy arriuerent. Luciane en est en vne peine inconceuable à tout autre cœur qu'à celuy d'vne mere, qui ayme vn fils vnique vniquement. Leonin en est en vne transe mortelle, voyant faner deuant ses yeux cette ieune fleur, en laquelle estoient côme en bourre & en bouton toutes ses esperances. Parthenice seule voit cet accident, non pas certes sans pitié, mais sans regret. Elle craint toutefois que ce ne soit vn effect, ou de sa priere, ou de son chant : Leonin semble l'en accuser, luy reprochant d'vn propos, & d'vn œil trauersé, que c'est sa rigueur qui a mis ce ieune Duc en cet accessoire.

La Mort vient à grand pas, & s'empare visiblement de ce malade; les Medecins corporels cōseillent que l'on appelle les spirituels; le Pere Ludouic est incontinent mandé, lequel instruict des pensees de Parthenice, comme vous auez sceu, apres auoir mis en bon estat la conscience de ce patient, se glissant peu à peu dans son esprit, en fin luy faict entēdre que ç'a tousiours esté sa creance, que tant de mal-heurs l'accueilloient & precipitoient sa vie au tōbeau au milieu de ses iours, parce qu'il vouloit retirer des Autels vne victime qu'il sçauoit de longue main y estre consacree. Que Dieu estoit plein de longanimité & de Misericorde, l'ayant longuemēt attendu à Penitence, mais aussi qu'il estoit fort & jaloux, & aussi ardant conseruateur de l'integrité de ses Temples viuans, comme il l'auoit esté du Temple de Syon au temps d'Heliodore. Qu'il loüoit la sincerité de ses intentions, qui auoient tousiours eu pour visee la sainsteté du Mariage, mais qu'il deuoit choisir vn object qui ne fust point deuoüé à Dieu. Cette proposition toute de fiel au cœur d'Osiandre, fut destrempee par cette sage bouche en tant de miel, qu'en mesme temps les tayes luy tōberent des yeux, comme ils cheurent des yeux de Tobie par l'application du collyre enfiellé de son fils, &

tout ainsi que les yeux de Ionathas furent ouuerts par le rayon de miel qu'il sauoura en passant. Et à mesure que les traicts de la Mort affoiblissoient ceux de l'Amour en Osiandre, cette Raison luy sembla d'autant plus claire qu'il estoit moins offusqué de passion. Desia cette pasle & froide meurtriere des humains cōmençoit à se camper sur son visage, & dans son sein; desia les tranchantes douleurs du trespas l'enuironnoient, & les terreurs de l'enfer saisissoient sa pensee, quād acquiesçant à la creance du Pere Ludouic, il luy dit d'vne voix cassee & mourante: Helas mon Pere! ie cognoy maintenant cette Verité, contre laquelle i'ay si malicieusement combatu: mais dittes moy, ce peché n'est-il point de ceux que i'ay appris ne se pardōner, ny en ce monde icy, ny en l'autre? Alors ce Theologien luy apprit que cette faute si descriée, qui consiste à impugner vne Verité recognuë, est bien vn peché contre le S. Esprit, mais non pas vn peché irremissible, n'y ayant point d'autre offense impardonnable, que la finale impenitence: car quel pardon peut esperer celuy qui ne le veut pas demander au dernier souspir de sa vie? Helas, mon Pere, reprit Osiandre, que vous me consolez; car cette pensee me rauageoit cruellement. Sus dittes moy donc ce qu'il vous plaist que ie face pour obtenir la Misericorde de Dieu en l'autre vie : car ie sens bien aux extraordinaires douleurs que i'endure, qu'il ne faut plus penser en celle-cy. Icy le Pere Ludouic, battant côme l'on dit, le fer tandis qu'il estoit chaut, luy fit faire plusieurs actes de Contrition, de Compunction, de Resignation, de Renoncement des Creatures, d'Abnegation de soymesme, d'abandonnement de son cœur & de son corps entre les mains de Dieu, d'Vnion de sa Volonté à celle de Dieu, d'embrassement de la Croix, de Resolution à la Mort: tous actes de Deuotion & de Pieté, dont ie pourrois beaucoup embellir cette Histoire, mais ie ne le sçaurois, sans luy oster de sa briefueté.

FIN DV LIVRE DIXIESME.

PARTHENICE.
LIVRE VNZIESME.

E NE veux point icy m'arrester à depeindre les cris & les larmes de la deplorable Luciane, car ce seroit amoindrir leur extremité, de penser les exprimer dignement. Seulement ie me contenteray de dire, qu'Osiandre surchargé en l'accablement du mal qui le poussoit à la Tombe des doleances de sa mere esploree, pria le Pere Ludouic de la faire retirer, apres luy auoir demandé sa chere benediction, & baisé ses mains maternelles, d'vne façon si tēdre, si humble, & si deuote, que nul des assistans put contenir ses larmes. Ie sursoy de representer les tristes paroles de ces funestes adieux, les remettant à la pensee de celuy qui lira cette histoire. I'oserois aussi peu entreprédre de representer le congé que ce prince prit de Parthenice, cela surmonte mon imagination: Car Osiandre qui auoit l'esprit si

Yy iiij

gentil, & en la bouche duquel naiſſoient les belles paroles comme les fleurs dans les parterres, ſe treuua ſi fort ſaiſi, ſoit de l'excez de ſon accez, ſoit du trouble de ſa penſee, que ce qu'il auoit projetté de luy dire s'eſuanoüit de ſa memoire, faiſant veoir qu'vn mediocre deſplaiſir affine l'eſprit, mais qu'vn exceſſif le rebouſche & l'emouſſe. Toutesfois pour ne paroiſtre meſcognoiſſant en cette derniere rencontre, la vehemence de ſon reſſentiment rompit ſon ſilence par ces paroles. Madame, il vaut mieux ſe repentir tard que iamais, & vne repentance n'eſt iamais tardiue qui eſt veritable, c'eſt vn fruict qui eſt touſiours de ſaiſon. Le Pere Ludouic mon Confeſſeur, que voicy preſent, & dont les propos me ſont des oracles, eſtant obligé à les croire par l'integrité de ſa vie, & l'eminence de ſa doctrine, me vient d'apprendre vne Verité, que ie recognoy maintenant tout à clair, & que ie n'auois peu comprendre iuſques à cette heure, peut-eſtre la derniere de ma vie, qui eſt que ie finis la courſe de mes ans au milieu de ſa carriere, pour auoir trop temerairement hauſſé les yeux vers voſtre viſage, & deſiré m'approprier ce que le grand Dieu s'eſt reſerué pour le ſeruice de ſes Autels : maintenant que sa main est appesantie sur moy, & qu'il me faut comparoistre deuant le Tribunal de sa Iustice, si le sang qu'il a respandu pour moy ne me seruoit d'infaillible preuue de sa misericorde, i'aurois de la peine à faire tumber en ma creance que ce crime fust remissible, d'auoir si long temps auec tant d'artifices & d'opiniastreté disputé auec luy le tiltre de vostre Espoux, tiltre trop glorieux & honorable pour moy, & que ie voy qu'il s'est reserué à luy seul. Ie n'ay garde de m'excuser de cette faute, sçachant qu'Adam & Cain ont esté condamnez pour s'estre excusez deuant vn Dieu, à la face duquel nul homme qui viue se peut iustifier, & qui ne se peut appaiser que par l'ingenue accusation & recognoissance de nos fautes. Or apres luy en auoir demandé mille pardons au Tribunal de sa Pitié, au Sacrement de la Reconciliation ; ie le vous demande encores, sacrée Parthenice, & ie vous supplie, & comme vertueuse, & comme Chrestienne, de ne me confondre pas en cette requeste ; elle est si pleine de Pieté, de Charité & de Iustice, qu'elle ne peut estre rejettee.

Apres ce pardon bien-heureux,
Que le sort me soit rigoureux,

Que le iour cesse de me luire,
Que la mort deslache son traict,
Non ce traict ne me pourra nuire,
Puis que ie mourray satisfaict.

En remettant mon Ame entre les bras de la Diuine Misericorde, & mon corps à la Terre, ie vous remets encores, ô Parthenice, entre les mains de Dieu, lequel ie prie de vouloir estre la part de vostre heritage, & du mien pour iamais. Doncques pour accomplir vostre Religieux dessein, afin de satisfaire à la temerité mes desirs, ie vous supplie de prendre telle part en mes biens que vous voudrez ; car que puis-je auoir qui ne soit à vous, puis que ie voulois estre tout vostre? Que si vos desirs (ce que ie ne croy pas) vous appellent au Siecle, duquel en ma mort auancee vous recognoissez la misere, i'espere par mon testament vous laisser vne telle part de mes possessions, que vous aurez de quoy estre auantageusement partagee, & de quoy recognoistre par ces effects la Verité, & la Sincerité de mes Affections. Adieu, Chere Parthenice : Si i'ay quelque regret en mourant, c'est de voir les douleurs de ma Mere, & c'est de vous laisser: Ie vous supplie de luy estre fille en qualité, non de mon Espouse, car ie ne merite pas cette Gloire, laquelle ie rends à Dieu; mais de ma Sœur. Adieu, puis que l'influence de nos astres nous diuise, puis que le trespas me condamne à ce despart. O amere mort, est-ce ainsi que tu nous separes? Conseruez-moy tousjours au souuenir de vos prieres, comme i'espere deuant Dieu auoir souuenance de vous. Il fit cette longue harangue auec tant d'effort & de passion, que l'on creut en l'acheuant qu'il acheueroit de viure. Alors Parthenice estimant que le Pere Ludouic luy eust declaré tous ses desseins, & iugeant qu'en ces dernieres occurrences il ne falloit point faire de reste, mais qu'il falloit descharger entierement son cœur, & en ouurir tous les replis; apres luy auoir franchement declaré son Vœu, & sa Resolution inuariable de garder vne perpetuelle Continence, elle le remercia en termes si humbles de la grace qu'il luy promettoit de la faire Religieuse, qu'Osiandre non moins rauy de ses Vertus que de ses Graces, protesta qu'il mouroit aussi content, qu'il eust pensé viure heureux, s'il l'eust peu legitimement posseder: & joyeux de sçauoir que luy mort, nul autre homme posséderoit ce thresor d'vne Chasteté & d'vne Beauté incomparable: cette pointe de jalousie luy ayda, comme vne pillule amere, à digerer plus ayfément la rigueur de son trespas ; principalement il pensa expirer d'ayse, quand il entendit ces mots de la bouche de Parthenice, dont la Pitié tirât de ses yeux de viues sources, noyoit son visage & son sein de pleurs. Cher Osiandre, i'eusse esté comme la plus ingratte, aussi la plus blasmable de toutes les Creatures que le Soleil esclaire, & que la Terre supporte, si pouuant estre à quelque homme, i'eusse esté à d'autre qu'à vous : Car est-il sorte d'obligation dont ie ne vous sois redeuable, puis que vous rendant la vie que vous m'auez sauuee, ie ne vous rédrois rien qui ne vous appartinst? encores n'eusse-je pas pensé vous rendre tout ce que ie vous dois, puis que ie vous dois Tout : Mais aussi ne pouuant que ce que ie dois, vous n'auez deu esperer ny desirer de moy, ny moy promettre à vostre extreme Bien-veillance, que la Volonté de recognoistre l'affection que vous m'auez portee hors l'interest de mon Vœu ; car pour rendre les Vœux que l'on faict à Dieu, il n'y a point d'obligation parmy les hommes qui y puisse mettre d'obstacle. Mais maintenant que Dieu par vn changement admirable de sa droitte, vous a rendu le Protecteur de cette integrité sacree, dont vous vouliez estre le Destructeur; que puis-je sinon luy sacrifier des Hosties de loüange, pour auoir brisé mes liens & les vostres, & luy rendre graces de m'auoir donné par vous le moyen de me donner à luy? Certes, Seigneur Duc, soit que ce Bon Dieu vous redonne la santé, dequoy ie le supplie de tout mon cœur, soit qu'il vous tire en la part des Saincts, en la lumiere de sa gloire, vous pouuez faire estat de laisser en moy vne Lampe ardante nuict & iour deuant ses Autels, pour sa gloire & pour vostre repos; car autrement ce seroit vne ingratitude insuportable, si tous les iours de ma vie ie n'auois vne continuelle souuenance de celuy qui me donne le pouuoir d'executer la chose du Monde que ie desire le plus, qui est de me consacrer à mon Dieu. I'espere me vanger de cette Mescognoissance, en chantant auec le Diuin Psalmiste:

Toy dont le souuenir honore ma pensee,
Pour qui ie coule en pleurs & les iours, & les nuicts,
Verray-ie ton image en mon ame effacee,
Et t'iray-ie oubliant au fort de mes ennuis?

Non, que plustost ma main languisse de paresse,
Oubliant de son Luth le doux ravissement,
Que tu ne sois tousiours l'obiect de ma tristesse,
Et que rien me console en ce bannissement.
Plustost dans mon palais ma voix soit estouffee,
Et ma langue se sente à mes dents attacher,
Que le fascheux oubly r'emporte ce trophee,
Et que iamais sans toy rien me puisse toucher.

Adieu donc cher Osiandre, ie te laisse entre les bras de la Croix, & dans le sein de l'Espoux de nos Ames, que ie prie de te regarder en pitié. Ie me retire auprés de la desolee Luciane, plus affligee de cœur que tu n'es du corps, & pour luy rendre les deuoirs que ton commandement impose à mon obeissance; non pas pour l'assister en qualité de fille, car c'est vn tiltre trop superbe, & que ie ne meritay iamais; mais pour la soulager comme la moinde de ses seruantes. Ie ne veux point augmenter tes desplaisirs par la veuë des miens, puis que ce seroit adiouster de la douleur sur la douleur des playes qui trauersent ton corps, & affligent ton Ame. Dieu te comble d'autant de contentement qu'en peut desirer cette cheti-ue Creature, qui n'a point de plus grande gloire en la terre, que d'auoir esté honoree de ton amitié. Auec ce mot Parthenice sort de la chambre, laissant Osiandre plus rauy des merueilles de son Esprit, qu'il n'auoit iamais esté des Beautez de son corps. Le Pere Ludouic ne pouuoit contribuer que des admirations pour la loüange de ce grand courage, croyant auoir veu en cette femelle l'Idee veritable de cette femme forte, dont le Sage releue le merite si hautement. La Mort s'auance vers Osiandre; Leonin qui le voit perir sensiblement, entre en des desespoirs inexprimables, car ce seroit tenter l'impossible de les vouloir representer : il voit vn cœur de masle dans la poictrine de sa Sœur, & le sien fondu comme de la cire dans son estomac faict voir en ses deportemens vne lascheté indigne de son sexe. Que feroit-il, encores ayme-t'il mieux paroistre en cette cruelle extremité aucunement insensé, que tout à faict insensible. En fin, le Pere Ludouic prononça l'arrest de mort à Osiandre, par l'aduis des Medecins, qui desespererent entierement de sa guerison: il l'aduertit de disposer de sa maison apres auoir rengé son Ame en son deuoir : Ce que fit ce jeune Prince auec tant de vigueur d'esprit, que vous eussiez dict qu'il alloit au tombeau comme aux Nopces de Parthenice : aussi les Medecins auoient-ils tousiours iugé apres la blesseure incurable que luy fit Placidas, que le Mariage seroit sa sepulture. Il faict son testament, où apres auoir donné son Ame à Dieu, son corps au cercueil de ses Peres, il fit Parthenice son Heritiere vniuerselle; il fit de grandes donations aux Monasteres, aux Hospitaux, & aux pauures honteux, ordonna des Dotes pour plusieurs filles à marier; recompensa largement ses seruiteurs, entre lesquels il fit Leonin Comte de Belle-fleur, le recommandant à sa Mere, comme son Enfant, & la suppliant de rendre Parthenice sa fille adoptiue. Apres cela estant muny du Sacré Viatique, apres auoir esté visité par le Vice-Roy & la Vice-Royne, qui plaignoient la mort auancee de ce jeune Seigneur; & s'estant preparé aux derniers assauts de la Mort par le Sacrement de l'Extreme-Onction, il passa paisiblement de cette vie à vne meilleure, ne pouuant encores oublier son Amour aux derniers traicts de la mort; car il expira apres plusieurs actes de Penitence en ces douces paroles : O IESVS, ie remets mon Ame & Parthenice entre vos mains. Tout Naples le plora; Sigismond & Roselinde

linde le regretterent, & tous ses amis qui se preparoient d'honorer ses espousailles d'vne belle despense, la changerent en vne pompe funeraire, pleine d'autant de pleurs que l'autre eust esté accompagnee de fleurs. Et ce fut icy le traict qui leua tout à faict la taye des yeux de Leonin, pour luy faire voir clairement la Vanité des grandeurs du Monde. Quãd il n'y estoit Rien, il y vouloit paruenir & y estre quelque chose; maintenant qu'il est Comte, qu'il a quelque rang, qu'il peut beaucoup esperer des grands biens de sa Sœur, qui veut tout quitter pour se rendre Religieuse, il ne veut plus Rien estre. Or entre quitter le Monde, & se rendre Religieux il y a peu de distance. Cependant qu'il pense à quoy il se resoudra, & en quel lieu il fera cette heureuse retraitte, nous prendrons le loisir de voir Parthenice auprés de Luciane, qui rend à cette Mere inconsolable des assistances merueilleuses. Cette pauure Duchesse ne veut admettre dans les playes de ses desplaisirs aucun liniment de Consolation, s'il ne vient de Parthenice; nul aliment entre en son corps, s'il ne part de cette main : elle voit le testament de son fils, qu'elle appreuue, qu'elle ratifie; prenant cette Vierge pour sa fille : Mais Parthenice pressée d'ailleurs de l'impatience de ses

Zz

desirs, & pour rompre plusieurs desseins qui se bastissoient desia dans Naples de sa recherche, les grands biens dont elle estoit heritiere effaçant l'obscurité de sa Naissance, minute de se ietter au pluftost dans ce Monastere de Bernardines, que nous auons dict au commencement de cette Histoire, qu'elle auoit choisi pour sa demeure, & pour le lieu de son repos. Luciane en a le vent, qui la conjure de luy fermer les yeux, & ne la laisser point pour si peu qu'elle pense auoir à viure sur la Terre ; car de sur-viure à la double perte de son Mary, & de son fils, c'estoit vne chose qui ne pouuoit entrer en sa Resolution. Là dessus Parthenice consulte ses Peres Spirituels : le Pere Hierothee & le Pere Serapion, tous deux d'vn mesme Ordre, furent aussi d'vn mesme aduis, qui estoit qu'elle sortist au pluftost du Monde, chacun estant obligé de fuir cette Babylon, sans tant de remises, & de sauuer son Ame. Que si, disoient-ils, selon le Precepte du Sauueur, il faut laisser les Morts enseuelir les Morts, & s'il faut selon le Precepte des Saincts voler à l'Estendard de la Croix, à trauers Pere & Mere: quelle consideration faut-il faire d'vne Mere adoptiue, qui comme vne Remore importune vient retarder vn vaisseau, qui cingle à pleines voyles au port de la Religion? Mais les Peres Ludouic & Hieronyme Dominicains furent d'aduis, non pas certes contraire (car ce seroit vn sacrilege de contrarier à vne si saincte entreprise) mais different, qui estoit de sur-seoir pour quelques iours cette entree Religieuse, iusques à ce que les Medecins iugeassent où pourroit aboutir le mal qui auoit saisi la Princesse. Il ne faut pas tousjours prendre les choses à la rigueur, ny les conseils à la lettre; Ce qui est dilayé, disoient-ils, n'est pas perdu : la Charité est patiente & benigne, & qui supporte aysément les infirmitez d'autruy: la ferueur inconsideree precipite quelquesfois les affaires les plus sainctes, en sorte que l'on gaste tout : assez tost si assez bien : Quoy, n'auroit-on point de pitié de cette Mere & Vefue ? les desseins Religieux contredisent-ils aux deuoirs que l'on doit aux Parens ? & en quelle qualité doit Parthenice regarder Luciane, sinon comme sa Mere ? le testament d'Osiandre, son Bien-faicteur, l'y oblige, elle desire cette consolation : il y auroit lieu de luy oster tous les biens de cette succession, pour la faute de cette ingratitude : Cet aduis l'emporta, puis qu'il n'estoit pas question de rompre, mais seulement de temporiser; cela affligea Parthenice mais le remede de tous les maux c'est la Patience. Vne fois Leonin tout troublé de la mort de son Maistre, la prenant à part la traitta vn peu rudement, luy reprochant ce trespas precipité, comme sa rigueur en estãt la cause: mais la Vertueuse fille luy remonstrant son Erreur, luy repliqua que c'estoit iniustement qu'il l'accusoit de la mort d'Osiandre: Car outre qu'il auoit trainé vne vie languissante depuis la blesseure de Placidas, de laquelle il ne pouuoit iamais guerir, pourquoy, disoit-elle, vo⁹ en prenez-vous plustost à la fermeté de mon courage, se roidissant à l'obseruation de mon Vœu, qu'à l'obstination de son amour, qui s'attaquoit à Dieu en se prenant à moy, qui luy suis deuoüee? Que si vous dittes que tout son malheur est venu d'auoir veu cette Beauté que les insensez m'attribuent, accusez-en sa veuë qui l'a regardee, son cœur qui l'a conuoitee. Que si c'est vn crime d'estre agreable, accusez-en le Createur des Belles Creatures. Et quand il seroit mort pour l'Amour qu'il m'auroit portée, s'ensuit-il pourtant que ie deusse l'aymer? Ne voyez-vous pas que vous m'obligeriez par cette raison à aymer tous ceux qui me voudroient du bien, ou qui feroient semblant de m'aymer? Certes ie serois aucunement coulpable de ses douleurs, si ie l'eusse entretenu en sa poursuite de quelques vaines promesses, ou de quelques flatteuses paroles, comme vous desiriez, pour me tirer dans les pieges de vos desseins, contraires à mes intentions : Mais le grand Dieu des Batailles a combatu pour moy vn bon combat, qui a dissipé vos conseils, & ruiné vos attentes. Or tant s'en faut que ie l'aye iamais amusé ny abusé d'aucuns vains propos, qu'au contraire sçachant qu'il sortoit vn feu de mon visage qui l'embrasoit, i'euitois sa rencontre le plus soigneusement qu'il m'estoit possible, & ie me destournois de ses entretiens familiers, auec des fuites si estudiees, que sans le paistre de paroles, il pouuoit bien cognoistre aux effects combien mon cœur estoit esloigné de ses pretensions. Si vous ne me l'eussiez estroittement defendu, combien de fois luy eusse-je tranché son esperance au milieu de sa recherche, luy faisant entendre que c'estoit conniuer à vn crime que de la souffrir, puis que par l'obligation de mon Vœu, ie ne pouuois iamais luy estre legitimement acquise ? Icy Leonin : Ha ma Sœur, bien vous prend qu'il n'y a que moy seul qui sçache ce secret ; car quel est celuy, s'il n'est autant que moy affectionné à vostre seruice, qui le sçachant ne croye que vous voulez excuser vostre ingratitude par l'apparence d'vn Vœu, & mettre vostre barbarie à l'abry soubs vn voyle de Religion ? Mon Frere, reprit la genereuse & inuincible fille, que le Ciel me punisse, s'il y eut iamais de l'ingratitude en mon cœur pour Osiandre, ny si ie me sers de feinte ou d'hypocrisie, pour cacher vn mauuais courage. Mais comment eusse-je peu auoir pitié de luy, sans estre impitoyable à moy-mesme, & luy estre agreable, sans estre ingrate & perfide enuers Dieu ? Ie vous declare que ie l'aymois, mais honorablement, mais sainctement, auec quelque sorte de desplaisir de ne le pouuoir recognoistre : mais comment me fusse-je donnee à luy qui n'estois pas à moy-mesme ? personne ne peut donner ce qu'il n'a pas. Et quelle apparence de Iustice y eust-il eu, que pour m'auoir rendu des seruices fort obligeans i'eusse faussé la Foy à Dieu ? Estimez-vous, si i'eusse esté tellement oublieuse de ma promesse faitte à cette Souueraine Majesté, regente de la Terre & du Ciel, que i'eusse peu excuser cette perfidie par les obligations que i'auois à Osiandre, & iustifier ma faute en alleguant les seruices qu'il m'auroit rendus ? Et vous, mon Frere, qui flottez encores dans les incertaines imaginations de ces Mondaines pensees, estes-vous Chrestien ? où est la Foy, où est Dieu, où sont en vostre cœur les Elemens & les principes de nostre saincte Creance ? Quoy terrassé comme vous estes, regimberez-vous encores contre l'esperon du Ciel ? n'estes-vous pas content de vostre fortune ? si elle ne vous satisfaict, prenez encores la mienne : Ie renonce librement à l'heritage d'Osiandre, en vostre faueur : vous voyla Duc ; quel party à Naples ne se rangera à vostre mercy ? eussiez-vous osé esperer Osiandre viuant à vn tel aduantage ? Doncques quel aueuglement vous possede ? qu'a commis mon innocence pour armer ainsi vostre indignation contre moy ? Au lieu que ie me deuois plaindre à vous de vous-mesmes, de m'auoir abandonnee lors que i'auois plus de besoin de vostre secours, d'auoir contrarié à mes sacrez desirs, par des artifices messeans à vn Frere : faut-il que ces accusations retombent sur ma face, & que le coulpable reprenne celuy qui ne l'est pas ? Ie diray plus, ô mon tres-cher Frere, de quel œil pensez-vous que le grand Dieu voye ces biaisemens de votre cœur? Sçauez-vous bien ce que i'ay appris de plusieurs saincts personnages, que quiconque destourne vn autre de la vie Religieuse, est obligé luy-mesme de l'embrasser, pour rendre à Dieu dent pour dent, œil pour œil, & ame pour ame; autrement ce sang sera vn iour estroittement recherché en ses mains, & cette impieté rigoureusement chastiee par ce Dieu jaloux des ames qui le veulent espouser. Pensez-y, Leonin, serieusement, & ne vous laissez pas tant emporter aux Vanitez du monde trompeur, que vous ne songiez à votre Salut: Dieu vueille que vous passiez en sorte par les biens temporels, que vous ne perdiez pas les Eternels. Icy Leonin fut tout à faict vaincu, & il sembloit que le temps de sa Visitation par l'Orient d'enhaut, eust esté differé iusques à ce poinct-là. Moment heureux, auquel receuant l'Inspiration Celeste à cœur ouuert, & à poictrine desboutonnee, la grace ne se treuua point vuide & inutile en luy: Car considerant la genereuse resolution de sa Sœur, la saincteté de son Entreprise, la fermeté de son courage à soustenir les tentations contraires, tant de l'Aduersité que de la Prosperité, son mespris ab-

folu des grands biens qu'elle possedoit ~~
la terre ; le rebut de tant d'honneurs & ~~
tant d'aduantages qui la regardoient; le d~~-
dain qu'elle auoit de ses propres perfections;
le desir ardent qui la pressoit de se donner à
Dieu : D'ailleurs recognoissant en la mort
du ieune Osiandre, à quoy aboutissent
tant de friuoles dignitez dont on faict tant
de piaffe, qu'aussi bien à la mort il faut tout
quitter : Mort dont la certitude ineuitable
nous tient tousiours au collet par l'incertitude de sa venuë. De plus se doutant que tant
de grands partis, sur lesquels il auoit jetté les
yeux le mespriseroient à cause de l'infamie
de sa naissance, & la honteuse fin de ceux qui
l'auoient mis au monde : d'abondant les
traicts de Doralice estans tout à faict effacez
en son souuenir, comme il arriue ordinairement que le marché est à moytié faict auec
le second marchand quand on est degousté
du premier : ce degoust du Monde luy engendra aussi-tost vn si grand appetit des choses du Ciel, qu'vn cloud chassât l'autre, il eut
à contre-cœur les oignons de l'Egypte, apres
auoir sauouré la Manne. Ce qui fit que se
jettant à genoux aux pieds de l'inuincible
Vierge, & luy prenant les cheres mains, en
les arrosant de ses larmes; Vous m'auez vaincu, dict-il, ô ma Sœur, & en me vainquant,

vous m'acquerez à IESVS-CHRIST. La gloire en soit à ce Dieu des armees, qui a terrassé l'orgueil de mes superbes pensees par la main d'vne fille : ie renonce franchement au Monde, & ne veux autre partage que celuy que vous prenez pour vous. Il est vray, le Monde est vn trompeur; il a assez abusé des erreurs de ma jeunesse inexperimentee, mais desormais il ne me sera plus rien. Ie veux estre Religieux, comme vous voulez estre Religieuse, & ie vous laisse pour cet effect la disposition de tout ce que mon cher Maistre Osiandre, dont la Memoire me sera en eternelle Benediction, m'a laissé. Au pluftost, ma chere Sœur, sortons de ces liens; c'est trop; c'est trop sejourné auec les habitans des tenebres, qui sont les mondains; c'est trop long temps souffrir vn exil, d'autant plus miserable qu'il est volontaire. C'est trop estre rebelle aux graces de Dieu; c'est trop resister au sainct Esprit : depuis les atteintes que me donna le Venerable Palmelio en l'Hermitage de sainct Macaire, i'ay tousiours porté ce traict dans le flanc, sans treuuer aucun dictame dans le siecle pour guerir cette belle playe, qui maintenant m'est si chere & si precieuse, puisque par elle le monde m'est Crucifié, comme de ma part ie desire mourir au monde, & à toutes ses conuoitises. Ie n'ay point à deliberer là dessus; car Dieu qui me donne le vouloir, me donnera le Parfaire. Mais encores à consulter sur le lieu de ma retraitte, car la Solitude de S. Macaire est le centre de mon repos, i'y habiteray, parce que ie l'ay esleu de longue main. Car, combien de fois ay-ie projetté en mon esprit, si iamais ie pouuois gaigner ce poinct sur ma volonté, de me destacher du Monde, de m'y retirer pour y seruir Dieu sainctement & iustement tous les momens de ma mortelle vie? Ie croy que Dieu le veut ainsi. I'adore sa Volonté, & i'y accommode la mienne. O Dieu que vostre saincte Volonté soit faicte en moy, sur moy, & par moy, car ie vous veux seruir, & à la mort, & à la vie. Adieu Monde, Tyran de mes desirs.

Ie suis au port, Adieu Esperance, & Fortune,

Tu as bien eu le credit, ô Monde pipeur & miserable, de me repaistre long temps de ces asperes vaporeuses, qui se dissipent en allant comme la fumee. Las!

Que l'espoir est lasche & trompeur,
Qui d'vn bien me peignoit l'image,
Mais en fin le monde pipeur
Me faict cognoistre à son dommage,
Que sa figure passe ainsi comme vn nuage;
Il ne se faut de rien icy bas asseurer,
En ce mortel seiour c'est songer qu'esperer.

Ma chere Sœur, vous estes mon Ourse en cette Nauigation, c'est à vous à me conduire, ie me remets tout à faict en vos mains, i'ay commencé à vous attaquer comme vn Lyon en cholere; maintenant voyez moy, par vn changement de la main de Dieu, transformé en vn Agneau, qui ne demande que vostre conseil & vostre conduitte. Ah! que ie vous ay creu tard, ô ma Sœur! ô que ie vous ay esté infidele! Mais courage, ce que ie desseignois pour vostre mal, comme en Ioseph vendu par ses freres, s'est tourné en vostre plus grãd bien. Ainsi Dieu tire la lumiere des tenebres, des vtilitez de nos malices, & de nostre ignominie, sa gloire. Voyez comme il a disposé toutes choses, & pour vous & pour moy, auec vne douceur incroyable, amenant tout à vne bonne fin puissamment, mais suauement. Adorons la disposition de sa Prouidence, & nous donnons entierement à celuy qui nous a faict tant de biens, & qui nous a tout donné, en se donnant à nous luy-mesmes. Parthenice rauie d'vne si subite, & vrayement miraculeuse metamorphose, admiroit tellement cette surabondance de la grace de Dieu, qui auoit faict ce grand lauage, ou si vous voulez, ce grand rauage en l'esprit de son frere, qu'estourdie de cet estonnement, elle ne sçauoit que respondre, non pas mesme que penser : Mais quand reuenuë à soy de cette extase elle put parler, elle s'escria comme Zacharie : Beny soit le Seigneur Dieu d'Israël, qui a visité ses creatures, & leur a apporté la redemption, c'est par les entrailles de sa misericordieuse bonté, qu'il les a visitées de son Orient esleué, & qu'il a illuminé ceux qui estoient dans les tenebres, & dans le monde, qui est tout couuert de l'ombre de la Mort, pour dresser leurs pas aux sentiers de la Paix. C'est, dict-elle à Leonin, l'action de graces que nous deuons faire à Dieu, de ce grand & inestimable bien-faict de nostre Vocation Religieuse, bien faict apres celuy de la Redemption, qui n'a point son semblable. Car, mon cher frere, ce bon Dieu ne faict pas cette faueur à toute personne, c'est à peu de gens, & seulement à ses fauoris, qu'il manifeste si clairement ses volontez. Or, mon frere, ie n'ay rien à adjouster à cette action de graces, voyant accomply ce que ie desirois le plus ardamment, apres mon salut, qui estoit vostre conuersion à la Pieté, & vostre abandonnement du siecle, sinon à leuer mes mains au Ciel, & à prier ce bon Dieu, qu'il confirme en nous ces desirs qu'il nous a donnez de le seruir au pied de ses Autels, en la Hierusalem de son Eglise saincte: nos demeures sont arrestees; la mienne en ce Monastere de Bernardines que vous sçauez; la vostre en l'Hermitage de sainct Macaire, où vous pourrez esuiter le tabut ineuitable que vous experimenteriez dans cette ville à cause des grandes cognoissances que vous y auez: là vous pourrez auprés du sainct homme Palmelio vous perfectionner, comme auprés d'vn autre Gamaliel. Il ne reste que de pratiquer le conseil de l'Euangile à la lettre, donnant tout ce que nous auons aux paures, pour suiure auec vn despoüillement entier celuy qui s'est pour nous exposé tout nud en vne Croix. Rien ne me pese tant en cecy que le delay: car ie sçay que la grace de l'Esprit de Dieu hayt les retardations, ces faueurs se perdent estans mal mesnagees, l'Espoux s'escarte soudain, si on ne luy ouure la porte quand il heurte. Neantmoins, puisque c'est par conseil, & par consequent par obeïssance, obeïssance reigle de la volonté de Dieu, que ie demeure auprés de la Duchesse Luciane, pour attendre le succez de son mal, ie veux croire que ce Dieu qui est la mesme Charité, n'aura pas desagreable ce qui se faict en la Charité, & pour la Charité. Cependant, mon frere, disposez-vous peu à peu à ce grand passage : car comme la trop grande lumiere offence les yeux de ceux qui sortent des cachots : ainsi peut-estre que sortant des tenebres du siecle, vous serez troublé à la splendeur d'vne si haute entreprise : car tout homme qui se dispose à embrasser la discipline de Dieu, doit preparer son ame à la tentation. Soyons fideles à Dieu, & il ne permettra pas que nous soyons tentez par dessus nostre puissance, au contraire il nous fera tirer du profit de nostre tribulation. Encores que ie sois vn trop foible subject pour vous retenir d'auantage dans le siecle, i'espere neantmoins tant en la bonté de vostre naturel, que vous ne me desnierez pas cette derniere assistance de me mettre dans vn Cloistre ; car que ferois-ie dans le siecle sans cet vnique appuy que Dieu m'a donné en vous, moy fille seule vn roseau du desert, desiree plus pour les biens qu'Osiandre m'a mis en main, que pour aucun autre merite qui soit en moy ? peut-estre que le mal-heur iamais lassé de me persecuter, me feroit faire naufrage au port, voyant ma nef sans timon & sans Pilote: & certes il me semble que la mesme Charité qui me retient auprés de Luciane malade, vous doit retenir quelques iours auprés de cette pauurette, pour son soustien & son apuy. Ie vous prie là dessus de cõsulter les Peres Hierothee, Serapion, Ludouic, & Hieronyme, & de prendre leur aduis sur vostre dessein Religieux, & sur ce retardement. Ce que Leonin se resolut de faire, luy promettant de ne l'abandonner que quand il la verroit en lieu d'asseurance; sçachant assez, que les Colombes hors de l'Arche sont en danger de se perdre dans le deluge de maux qui rauage le siecle. Or tandis qu'il prend l'aduis de ces bons Religieux, qui luy sont autant d'oracles, & qu'ils admirent en sa soudaine conuersion l'effect des prieres de sa sœur, l'appellant l'enfant des larmes de Parthenice ; & tandis que deschargé par vne salutaire Penitence, du faix qui luy pesoit sur le cœur, il va s'addressant aux sentiers de la vie deuotieuse & Spirituelle, sous la conduitte speciale du Pere Hierothee, directeur de la Conscience de sa sœur: Il eut vn iour la rencontre dans vne Eglise de Sainct François de ce Cheualier Ponce qui accompagnoit Vrsace en ce sortilege de la forest de Sainct Macaire, & le voyant estropié d'vn pied,

pied, comme il luy eust demandé la raison de cet accident, dont il auoit appris la cause du Venerable Palmelio; cettuy-cy, comme tout troublé, luy controuua vne mensonge, & luy fit entendre qu'Vrsace & luy ayans esté chargez par des voleurs dedans vne forest, il auoit esté blessé au bras & au pied, & Vrsace en la face auec des marques fort notables. Mais comme Leonin le pressoit de luy declarer en amy cet accident, duquel il luy fit entendre qu'il sçauoit, & qu'il auoit de bonnes enseignes, luy remonstrant doucement, qu'il eust à se conuertir à Dieu, & à quitter vn train de vie si deplorable: alors par cette benignité & mansuetude extraordinaire que Leonin luy fit paroistre, il fut tellement frappé, que luy confessant ingenuëment le tout, Leonin luy conta comme c'estoit cela mesme qu'il auoit appris du Venerable Palmelio, sous la discipline duquel il estoit resolu, sa sœur estant entree aux Bernardines, de s'aller ranger, renonçant entierement au monde: & comme il luy demanda des nouuelles d'Vrsace, Sçachez, luy dict Ponce, qu'à vostre retour n'osant paroistre deuant Parthenice en l'equipage auquel vous l'auiez reduict par les cicatrices imprimees en son visage, il monta sur mer pour passer en Sicile en sa maison de Rocca:

mais nous auons eu nouuelles asseurées, qu'accueilly par vne tourmente, il a faict naufrage. Et quant à moy il y a quelque temps que i'ay renoncé à la pratique de la Magie, mais pour l'auoir laissee ie suis tellement tourmenté iour & nuict par les Demons, que ie n'ay quasi point de repos, que quand ie suis dans les Eglises, où ils me liurent de moins rudes assauts. Et pour m'exempter de ce cruel martyre, ie croy qu'il n'y a sorte de vie austere que ie n'entreprisse. I'ay esté conseillé par vn des Peres de ce Monastere, de faire vn vœu à Lorette, que i'ay faict, & que ie me prepare d'executer au plustost, pour essayer si le Sauueur par l'intercession de sa tres-saincte Mere me voudroit deliurer de cet horrible tourment. Ie croy fermement, reprit Leonin, que si vous voulez prendre la mesme determination que i'ay prise, de vous retirer du monde dans l'Hermitage de sainct Macaire, que le sainct homme Palmelio par ses prieres, & le grand pouuoir que Dieu luy a donné sur les Demons, vous deliureroit de ces peines; & puis il me semble qu'il seroit bien à propos, que vous fissiez la Penitence où vous auez faict le mal, emplissant de bonne odeur les lieux que vous noircistes d'vne fumee si puante, quand vostre sort se dissipa par l'inuocation du sainct Nom de IESVS, que i'en pensay creuer. Ie croy, dict Ponce, que Dieu vous a suscité, Seigneur Leonin, pour estre mon Ange Raphaël, & pour me deliurer de l'oppression de ces mauuais Esprits : c'est pourquoy si ie ne craignois que l'horreur de mes crimes vous scandalisast plustost que de vous edifier, ie vous supplierois volontiers de m'associer à vostre entreprise Religieuse : car quand il faudroit aller aux extremitez de la terre, & souffrir toutes les rigueurs imaginables, pourueu que ie face mon salut, & que ie me sauue des griffes de ces Lyons rugissans, il me semble que ie tenteray l'impossible : mais helas ! ie suis trop mal-heureux pour meriter vn tel bon-heur, & trop miserable pour esperer vn tel honneur. Neantmoins si vous considerez que le Sauueur est mort pour les pecheurs, non pour les iustes, & qu'il est mort entre deux larrons, apres auoir coulé ses iours au milieu des Publicains, & des personnes de mauuaise vie ; ie croy que voulant estre imitateur de ses souffrances, vous le voudrez estre encores de cette sienne Charité, d'autant plus illustre qu'elle s'estend vers les plus deplorables. O pieux Leonin, si ie puis obtenir ce bien de vostre bōté, ie seray au comble de

Aaa ij

mes souhaits. Leonin transporté d'ayse de cette heureuse rencontre, non seulement luy promit de le prendre pour compagnon, mais aussi le consola grandement en son affliction, luy remonstrant que Sathan pouuoit affliger le corsp comme il auoit fait celuy du iuste Iob par la permission de Dieu, mais qu'il n'auoit aucune puissance sur la Volonté, en laquelle seule consistoit tout nostre bien, ou tout nostre mal, luy recommandant d'auoir bon courage, & que ceux qui resistoient fortement au Diable, en fin le faisoient fuir. Il appreuua son dessein d'aller à Lorette, comme estant vn essay de Pieté, qui le disposeroit tousiours de plus en plus en sa resolution Religieuse ; & mesmes il luy conseilla d'y aller au pluftost, parce que l'Escriture nous enseigne, si nous auons voüé quelque chose, de nous rendre le plus promptement qu'il est possible quittes de cette promesse, afin d'estre plus libres & plus francs au reste de nos actions. Il luy raconta toute l'histoire de Parthenice, comme il s'estoit treuué son frere, leurs diuerses fortunes au voyage de Calabre, la fermeté de la Constance de cette fille au propos de se donner à Dieu, que la seule maladie de la Duchesse Luciane la retenoit encores quelques iours au siecle, & que la mesme consideration l'y retenoit, ne voulant point s'en retirer, qu'il n'eust premierement mis cette chere sœur, sur laquelle il veilloit comme vn Argus, en vn Azyle inuiolable, en vn lieu de seureté. Vous aurez tout loisir, disoit Leonin à Ponce, durant ce temps-là de faire vostre Pelerinage, & à vostre retour nous pourrons faire ensemble nostre retraicte. Ponce fit tout ce que Leonin luy conseilla, se laissant manier comme de la cire, & estant entre les mains de cet amy, ce que l'argille en celle du potier, qui luy donne telle forme que bon luy semble. Il s'en va donc à Lorette rendre ses vœux à Dieu, en la saincte Maison de la Glorieuse Vierge, laquelle ayant cette grace entre toutes les autres dont elle est comblee, d'estre terrible comme vne armee en bataille aux troupes des Demons, en suitte de cette promesse infaillible qu'elle escraseroit la teste du serpent infernal. Aussi Ponce se sentit merueilleusement soulagé de ces spectres qui le tourmentoient par la visite de cette chambre miraculeuse où le Sauueur a esté conceu. A son retour de ce lieu sainct, en trauersant l'Apennin, comme il cherchoit ordinairement sur son chemin les lieux de Pieté, pour le soulagement de son esprit, plustost que pour celuy de son corps; il arriua vn iour en vn Monastere de l'ordre de sainct Benoist, au temps que les Religieux estoient au Chœur, disans les Vespres, entre lesquels il apperceut ce Placidas, duquel nous auons parlé au commencement de cette Histoire, & qu'il auoit cogneu à Naples fort familierement. Le changement d'habit, la rasure de sa barbe & de ses cheueux, le temps pere des Metamorphoses, les austeritez Religieuses, auoient à la verité effacé cet embonpoint qui le faisoient jadis paroistre entre les plus beaux & les mieux faicts Gentilshommes qui fussent à la Cour de Sigismond : Mais parce que les visages gardent tousiours assez constamment la forme de leurs traicts principaux, il iugea par là asseurémét que c'estoit luy. Au sortir de l'office il l'aborde, & auec la licence du Superieur (car ce Monastere estoit extremement reformé) luy voulant parler, Placidas se treuua surpris, ne recognoissant pas ce boiteux qui luy parloit sous vn habit de Pelerin ; car il auoit veu Ponce galand & dispos à la Cour du Viceroy, & puis les longs voyages qu'il auoit faicts, & le Renoncement au Monde luy auoient effacé la plus grande partie des idees des choses qu'il auoit cogneuës au siecle. Mais Ponce se faisant cognoistre par la declaration de son nom, alors ils s'embrasserent saisis d'estonnement & pleurans de ioye d'vne si heureuse rencontre. O que les routes de Dieu sont admirables, & ses voyes inconceuables! Qui eut iamais pensé que deux ieunes hommes si fort engagez dans le Monde & dans l'Amour, & si fort enseuelis dans l'Amour du Monde, que l'vn & l'autre s'estoient portez à des extremitez si mal-heureuses & si dangereuses, pour assouuir leurs Passions, eussent deu se retreuuer gueris de leurs folies passees; l'vn dans l'austerité d'vn Cloistre; & l'autre en disposition de se retirer dans les cellules d'vn Hermitage bien escarté de la frequentation des Mondains. O Dieu! vos iugemens sont de grands abysmes: Mais ils tomberent de ce premier estonnement en vn plus grand, quand ils se raconterent l'vn à l'autre les aduantures qu'ils auoient courruës depuis leur derniere veuë. Car Placidas voulant faire entendre à Ponce comme il estoit en fin arriué au haure de Grace de cette deuotieuse Maison, luy raconta comme apres le coup que le desespoir ou l'infamie d'vne amende honorable qu'on auoit faict faire à son innocence, iointe à la perte de sa Maistresse, luy auoit faict attenter contre Osiandre, il s'estoit retiré par

Aaa iiij

Mer en Sicile, où ne se treuuant pas en seureté, à cause de l'intelligence des deux Vice-Rois, il estoit passé à Malte, où ayant faict plusieurs carauanes auec les Cheualiers, & diuerses courses en Grece & en Barbarie, & cherché auec Saluian, complice de sa faute, & compagnon de sa fuitte, toutes les occasions d'vne honorable mort, en fin aduertis que les Vice-Roys de Sicile & de Naples les faisoient demander au grand Maistre pour les faire mourir honteusement, ils estoient passez en Transsyluanie, pour y treuuer dans les armes, qui lors se remuoient contre le Turc, vn iuste & honneste Tombeau. Que Saluian ayant esté tué en vne charge, où il s'estoit treuué engagé si auant, qu'il estoit resté au nombre des morts, ouuert de quatre grandes playes en cette extremité, & voyant la perte de son compagnon mort auprés de luy, il auoit faict vœu à Dieu, s'il prolongeoit sa vie, d'employer tout le reste de ses iours à son seruice en l'estat Religieux: & là dessus s'estant recommandé à la saincte Mere de Dieu, & promis de visiter sa saincte Maison de Lorette, il auoit senty ses forces reuenir, & s'estant sauué de ce peril, il auoit apres sa guerison rendu son vœu, & en fin repris le doux air de l'Italie, & choisi sa retraitte en ce sacré Monastere de l'ordre de sainct Benoist,

Liure vnziesme. 745

iusques à la mort, où il auoit faict profession soubs le nom de Frere Placide. Ponce d'autre part luy raconta ce qui estoit arriué à Naples depuis son depart : la mort de Patrocle, la playe incurable d'Osiandre, la descouuerte de son innocence pour le Rapt de Parthenice par Osiandre, mesme aydé par Leonin, qui s'estoit treuué son Frere ; ce qui transissoit Placidas d'admiration. De là luy racontant les accidens suruenus à cette fille & à Leonin, en leur voyage de Calabre, selon qu'il est deduict en cette Histoire ; leur retour à Naples, le trespas d'Osiandre, les grands biens qu'il auoit laissez à Parthenice & à son Frere, nonobstant lesquels ils vouloient embrasser la vie Religieuse, elle aux Bernardines, luy en l'Hermitage de S. Macaire : le bon Frere Placide estoit tellement suspendu d'esprit oyant tout ce narré, qu'il ne pouuoit reuenir de son transport. Mais à la fin, quand il luy declara sous le seau inuiolable de la Penitence saincte, l'action Magique qu'il auoit pratiquee auec Vrsace, dont il luy apprit le naufrage, dans la forest de sainct Macaire, auec les blesseures qu'ils auoient receuës de Leonin sous ces horribles figures d'Ours & de Chat sauuage, d'où estoit venu son estropimét; quand apres tout il luy communiqua la Resolution qu'il auoit prise de se retirer auec Leonin, sous la conduite de Palmelio au retour de son pelerinage; ce fut lors que le pieux Placide tout à faict attendry, chanta en l'excez de son Ame le Cantique du Vieillard Simeon, priant Dieu apres auoir entendu tant de merueilles, de receuoir son Esprit en Paix. O combien il benit le Createur de ses heureux malheurs! combien admira-t'il la Constance de Parthenice, de la beauté des Vertus de laquelle il estoit autant rauy, qu'autresfois il auoit esté transporté par la Vertu des Beautez de sa face. Il pleignit auec douleur le trespas de ces deux Princes, dont il estoit la cause par l'aueuglement de son desespoir, protestant d'en faire la Penitence le reste de sa Vie. De vous dire combien cette visite de Ponce consola le bon Placidas, qui auoit desiré changeant de nom en la reception de son habit Religieux de prendre celuy d'Eustache, mais l'obeïssance luy bailla celuy de Placide, qui a esté vn grand Sainct en l'Ordre de sainct Benoist; & d'autre part combien elle confirma en sa saincte Resolution nostre Pelerin; il seroit malaysé: car il se passa entre eux tant de discours sur les Vanitez du Monde, & sur les Contentemens que ressentent les Ames qui militent sous l'Estendard de la

Croix, que pour les raconter il faudroit commencer vne nouuelle Histoire. Ponce apres auoir esté receu en ce Monastere auec vn accueil fort charitable, & séjourné vn iour & vne nuict en cette Eschole de Vertu, prit congé de Frere Placide, qui eut le loysir auec la licence de son Superieur d'escrire au Vice-Roy de Naples & à Parthenice, remettant à Ponce le recit qu'il luy auoit faict de ses Auantures, & de sa fortune. Nostre Pelerin estant de retour à Naples, treuua Luciane sur le poinct d'expirer, apres auoir trainé vne vie fort langoureuse par le cours de deux Lunes depuis la Mort de son fils. En quoy nous voyons la force de l'Amour Paternel, puis que cet Enfant Vnique ayant versé son Pere au Tombeau par la seule apprehension de sa perte, il y porta encores sa Mere par sa Veritable Mort.

Ce fils estoit si bien le Maistre de son sort,
Que sa Mort de sa Mort fut aussi tost
suiuie,
Sa Vie eut le pouuoir de prolonger sa
vie,
Et son trespas celuy de luy donner la
Mort.

Elle fut assistee de Parthenice & de Leonin en sa maladie, auec vn soin d'autant plus excellent, qu'il estoit plus charitable & moins mercenaire; tous les remedes corporels que l'Art de la Medecine peut inuenter, furent appliquez au soulagement de son corps, & les spirituels par la langue pieuse & diserte du Pere Ludouic, furent apportez à son Ame: Elle expira doucement entre les bras de la Misericorde de Dieu, apres auoir faict par son testament de grands biens aux paures; faict sa fille adoptiue son heritiere, & recompensé largement ses seruiteurs. Voyla le Frere & la Sœur libres desormais, & regardez de toute Naples comme deux grands Astres sortans de la nuict obscure d'vne fortune disgraciee, & paroissans par l'esclat de leurs biens, & de leurs dignitez. Desia l'Enuie & le Murmure son compagnon inseparable, ces deux monstres ennemis de la societé des hommes, & qui font leur Mal du Bien d'autruy, commençoient à se mettre comme des Cantharides importunes, sur les roses espanouïes de cette naissante prosperité: mais leur prompte retraitte du Monde, & l'abandonnement de toutes ces Richesses, & de toutes ces dignitez, fit esuanouïr ces broüillards comme ces debiles vapeurs, qui retombent aussi tost qu'elles sont esleuees.

L'Admiration commença à naistre au lieu mesme où naissoit l'Enuie, & les desseins de ceux qui aspiroient à la fortunee possession d'vne telle Beauté, iointe à la belle possession d'vne telle fortune, se dissiperent en leur origine. Parthenice qui auoit l'esprit fort Iuste & Raisonnable, par vn Conseil assemblé des plus fameux Theologiens & Iurisconsultes de Naples, disposa de tous ces grands Biens, laissant la Terre auec la Dignité Ducale, à celuy qui par le droict du sang deuoit succeder à Osiandre; ce qui luy acquit beaucoup de loüange, d'honneur, & encores d'appuy : Elle separa le reste en deux, donnant vne moitié aux pauures, entre lesquels elle n'oublia pas ses Oncles, Freres de Talerio ; car son ayeul & son ayeule, qui demeuroient en la Terre de Labour, moururent de regret du rebut de leur fils: elle n'oublia pas aussi le bon Valere, ny ses enfans, & mesmes ce Zerbin qui l'auoit voulu outrager auec tant de cruauté & d'infamie, tesmoignant en cela sa perfection Chrestienne, en rendant le bien pour le mal. L'autre moitié elle l'appliqua en ce Monastere de Bernardines, qu'elle choisit pour sa retraitte : On luy vouloit receuoir en qualité de fondatrice, parce qu'elle y apportoit beaucoup plus de bien qu'il n'y en auoit : mais tout ainsi que le vray ambre attire toutes les pailles, excepté celle du Basilic, qui est vne herbe forte & entestante; aussi l'humilité de cette fille reietta ce tiltre trop superbe, pour celle qui ne cherchoit que l'abiection en la maison de son Dieu. Cependant n'admirez-vous point icy auec moy en passant la trace adorable de l'Eternelle Prouidence, qui rend, non pas au double comme à Iob, non au septuple comme à Tobie, mais au centuple selon la promesse de l'Euangile, à cette Vierge, qui a tousiours voulu tout quitter pour seruir à Dieu : N'a-t'elle pas en cecy imité les Apostres, qui ayant tout quitté se treuuerent par apres si riches dans leur pauureté volontaire, que les Chrestiens iettans tous leurs biens à leurs pieds, ils n'auoient rien & possedoient tout; tant il est vray que le Iuste n'est iamais delaissé, mais qu'il florit comme la palme, laquelle produict en fin vn fruict excellent, apres auoir esté battuë par l'espace de plusieurs annees des rayons du Soleil. En fin voicy nostre Nauire d'Argonaute, qui arriue au port auec vne toison d'or, & ce fameux vaisseau du Drac qui reuient à son haure, apres auoir sillonné les mers de l'vn & de l'autre Hemisphere victorieux des ondes & des hazards. Voicy le Genereux Bucephal, apres tant de combats & de batailles remis en des pasturages abondans: car où entre Parthenice, sinon en ces pastis dont parloit le Chantre Diuin, quand sur sa harpe il resonnoit ces paroles.

Le Pasteur dont ie suis guidé,
C'est Dieu qui gouuerne le monde,
Ie ne puis ainsi commandé,
Que tout à souhait ne m'abonde,
Dans les parcs d'herbages couuerts
Il me couche aux heures bruslantes,
Et me meine aux riuages vers
Des eaux paisiblement coulantes,
Sa Bonté me sauue en tout lieu,
Sa faueur me garde à toute heure,
Afin qu'au Palais de mon Dieu
Pour iamais ie face demeure.

Voicy cette fameuse espee, auec laquelle Dauid estesta Goliath, que l'on va mettre dans l'Ephod, puis que cette courageuse fille couuerte de tant de Trophees & de Palmes, se va couurir le chef d'vn voile deuotieux. Il se faict vn grand appareil pour cette Vesture signalee: Sigismond s'y veut treuuer, Roselinde auec toutes les Duchesses, Princesses & autres Dames de Naples, veulent honorer de leur presence ce beau iour. Parmy tous ces apprests Ponce eut le loisir pour releuer cette feste d'vn nouueau degré de Resiouissance de visiter le Vice-Roy, & en luy disant les nouuelles de la fortune, & de la Conuersion de Placidas, il combla d'ayse l'Ame de Sigismond, qui appella ce changement vn des Miracles de Parthenice : Roselinde eut sa part de cette nouuelle, & de cette Consolation, laquelle fut accomplie quand elle leut auec son Mary, en la lettre que Ponce luy bailla de la part de Placidas, ces pieuses paroles.

MONSEIGNEVR,
Si i'ouure encore ce mesme sein par la pointe de cette plume, qui s'est iadis ouuert par la pointe des espees de vos ennemis, pour la conseruation de vostre personne ; ce ne sera pas pour affliger vostre Memoire du souuenir de ce miserable Placidas, dont l'innocence renduë coulpable par vne procedure precipitee le precipita dans vn desespoir, qui luy fit commettre vne seconde faute pire que la premiere. Plustost, Monseigneur, c'est pour vous donner le mesme suject de resiouyssance en terre, que les Anges ont au Ciel sur la Conuersion d'vn pecheur venant à Penitence. Le Seigneur Ponce me seruira d'vne lettre viuante pour vous reciter la suitte de l'Histoire de mes heureux malheurs, depuis qu'ayant perdu l'hon-
neur

neur & les biens, en perdant vostre grace, cherchant par tout une honorable mort, i'ay rencontré en fin (telle a esté la Misericorde de Dieu) une tres-heureuse vie. Ie me contenteray seulement, Monseigneur, de vous faire part de mes contentemens, sçachant que les maux estans contagieux, ils laissent tousiours en leur recit quelque tare & quelque trace de douleur par la porte de la Pitié en l'Ame de celuy qui l'escoute. Et ayant plustost le dessein de vous apporter de la ioye que du desplaisir, i'ayme mieux vous dire que ie loüe Dieu, qui s'est servy de vostre iuste & saincte rigueur pour me faire venir par les liens d'Adam, qui sont ceux de la Tribulation, à un poinct Salutaire, où les chaisnons d'or & de soye de la Prosperité ne m'eussent iamais conduict. Qu'il soit beny à iamais, pour auoir enuironné d'espines le sentier incertain de ma vie vagabonde, pour me faire entrer en la vision de Paix de la sacree Hierusalem, qui est la Saincte Religion. O! que ses verges sont fauorables à ceux qui en prennent occasion de correction & d'enseignement. Que ses camorres sont vtiles à ceux qui autrement n'approcheroient pas de sa bonté. Le profit de l'amertume d'vne medecine se recognoist mieux à l'effect qu'au goust. I'ay tiré de mes destresses ce grand bon-heur d'estre Religieux : bon-heur, diray-je, & honneur, à comparaison duquel tout me semble boüe & fange. Ainsi ie vais recueillant des figues du milieu des broſſailles, & les pointures des eſpines me produiſent la douceur des raiſins de la terre de promeſſe. Heureux celuy que le Seigneur eſlit, & qu'il reçoit en la part de ſon heritage, en luy enſeignant ſa Loy. Ouy, Seigneur, ie n'oublieray iamais vos iuſtifications; car par elles vous m'auez donné la vie. I'eſtois perdu, ſi ie ne me fuſſe perdu : Ma Ruine a eſté mon Aduantage ; la douceur m'eſt venuë de l'aigreur de mes angoiſſes, & maintenant cette amertume autrefois tres-amere m'eſt vne paix : de ſorte que la vraye Vie m'eſt arriuee du milieu des ombres de la Mort. Ie ſçay voſtre Iuſtice, Monſeigneur, ie n'ay garde de l'accuſer, ny d'en murmurer, puis qu'elle eſt cauſe de ma felicité. Moins me plaindray-je de la perte de mes biens, leſquels maintenant comme ce Philoſophe Ancien, ie ietterois dans la Mer ſi ie les tenois, puis que i'aymerois mieux les voir perir par moy, que moy par eux, leur perte m'eſtant auſſi ayſee à ſouffrir, que ie recognois combien leur poſſeſſion m'euſt eſté dommageable. Ie ſçay voſtre Pieté, Monſeigneur, & celle de l'excellente Roſelinde voſtre Eſpouſe, & la ſçachant, ie n'ignore pas les tendres ſentimens, & les ioyeux reſſentimens que vous auez de mon bien ; & combien vous loüerez ce Dieu qui m'a tiré de l'Egypte du Monde, & de l'eſclauage de mes propres Paſſions, pour m'introduire en la vraye Terre promiſe la

Religion de S. Benoist, où le Laict & le Miel des Diuines Consolations ne manque point au pauure Frere Placide, lequel sous le nom de Placidas ne mangeoit dans le siecle que les oignons de mille inquietudes, & les restes infames du Prodigue desbauché. Monseigneur, les haynes, dict le Prouerbe, s'enseuelissent auec les deffuncts: Maintenant que ie suis tout à faict Mort au Monde par la profession que i'ay faitte, s'il restoit en vostre Ame (mais ne fay-je point de tort à sa generosité) quelque bluette de mauuaise volonté pour mes demerites : Me voicy en Esprit, & aucunement de corps par ces caracteres de ma main, à vos pieds, pour vous demander vne saincte Amnestie tant recommandee aux Ames Chrestiennes. Asseuré que ce peu qui me reste de vie ne sera qu'vne continuelle file de pleurs, que ie respandray pour les enormes fautes que i'ay commises en la recherche de l'inuiolable Parthenice, en l'attentat du Prince Osiandre, que Dieu ayt en sa gloire, & contre le Respect que ie deuois à vostre auctorité, & à tant de faueurs dont ie vous estois & seray eternellement obligé : faueurs helas ! que i'ay payees d'vne lasche ingratitude : Desormais m'estant sacrifié à Dieu pour la Reparation de ces offences, ie veux estre vne lampe tousjours ardante aux pieds de ses Autels, pour *implorer sur les personnes de vostre Excellence, de la Tres-illustre Roselinde, & de la Venerable Parthenice, les graces du Ciel, & sur ce Moyne pecheur appellé Frere Placide vostre seruiteur tres-humble, les Diuines Misericordes.*

A la Lecture de ces lignes, le Vice-Roy fut saisi d'estonnement, & Roselinde comme femme y contribua quelques larmes. Vrayement, Madame, dict Sigismond à la Vice-Royne, voyla vn changement admirable de toutes les façons, & de merueilleux traicts de la Bonté de Dieu sur ce Cheualier. Son Innocence ne parut que trop par la bouche d'Osiandre, apres qu'il l'eut mis à deux doigts du Tombeau : Dieu sçait comme ie l'aymois ; mais ie l'ayme encores d'auantage, apprenant du Seigneur Ponce combien il est bon Religieux. Seigneur, dict Roselinde, ce grand courage a esté trahy par ses Passions: Ie luy ay dict plusieurs fois, que pour estre trop valeureux il se rendroit malheureux ; mais i'adore la Bonté de Dieu qui l'a sauué de tant de perils, pour le receuoir en vn port si salutaire. Ie supplie vostre Excelléce, si elle luy escrit, de luy tesmoigner de l'amitié, & non seulement de l'oubly de ses Erreurs passees, & d'y faire mettre le tesmoignage du desir que i'ay d'estre au souuenir de ses prieres. Ils s'entretindrent ainsi quelque temps auec Ponce de l'Histoire de ce Cheualier, & de sa saincte Metamorphose, le bruict en fut grand à cette Cour: & de là courant toute Naples, on ne parloit que de la Conuersion de Placidas. Icy, ie vous prie de remarquer combien peut vne belle Ame pour la Conuersion de plusieurs ; car tout ainsi que l'aymant blanc attirant l'acier reiette le fer qui est si puissamment attiré par l'aymant noir : Ainsi vous diriez que tous ceux qui ont eu tant soit peu de disposition au bien par vne trempe douce & flexible, s'approchans de Parthenice ont esté attirez au seruice des Autels ; & ceux-là reiettez qui sont demeurez dans leur obstination de fer, & dans l'inflexibilité du Mal, qui est le partage des Demons. Placidas, Philandre, cette Courtisane repentie ; Ponce, Leonin, & encores Zerbin, comme nous verrons à la fin de ce Narré, sont des exemples exquis de Conuersions remarquables : Cloé, & Doralice & Stephanille, comme nous allons voir ; & cette Damoyselle de Luciane que nous auons appellee Flauie. Comme au rebours Vrsace voulant demeurer dans ses ordures est pery malheureusement en la Mer ; & Osiandre appellé auant terme pour auoir voulu rompre son dessein Religieux.

Que cecy vous apprenne audacieux mortels,
A trembler deuant Dieu & deuant ses Autels.

FIN DV LIVRE VNZIESME.

PARTHENICE.
LIVRE DOVZIESME.

ONCE reuenant d'auprés le Vice-Roy, alla au Palais de Patrocle, où il treuua Leonin & sa Sœur, se disposans à leurs Nopces spirituelles : de quelle merueille les emplit-il, quand leur racontant l'heureux succez de son Pelerinage, il leur apprit la suite des Auantures de Placidas, & sa profession Religieuse en l'Ordre de sainct Benoist, soubs la Reigle duquel la deuotieuse fille s'alloit enroller. O que de loüanges à la Diuine Prouidence ! & ce fut icy, où tirant de son sein la lettre, non plus de Placidas, mais de Frere Placide, il la presenta à Parthenice, laquelle craignant tout, & mesme son ombre, entra en deffiance, que l'Aspic ne fust caché soubs cette fueille, comme soubs celle d'Asphalte : C'est pourquoy elle pria Ponce de la remettre

Bbb iiij

à son Frere, qui y leut tout haut ces paroles.

Ce n'est plus cet importun Placidas, Vertueuse Parthenice, dont les insolences passees meriteroient d'estre punies de vostre eternelle disgrace, s'il ne treuuoit ses excuses dans l'ingenuë accusation de son aueuglement. Maintenant que Dieu l'en a guery par deux diuers collyres, & par le fiel des Aduersitez qu'il a experimentees, & par le miel des suauitez qu'il gouste en la vie Religieuse; il ose se representer au souuenir de vostre Ame, pour se resiouyr auec vous de vostre heureuse entree en la saincte Religion : & afin que vous ayez autant de suiect de vous consoler de sa Conuersion, comme ses fureurs vous ont autresfois trauaillee; vous deuez, ce me semble, auoir quelque sentiment de mon bien, qui en ay du vostre vn extreme. Mais vostre sentiment sera d'autant plus grand que le mien, que ie suis le plus miserable ; car ce Dieu que nous seruons, qui est venu appeller les Pecheurs, & non les Iustes à Penitence, faict que les Esprits de sa Celeste Cour demeinent plus de ioye sur vn Pecheur Repentant, que sur l'Innocence de plusieurs Iustes. Le porteur de ces lignes vous dira plus à plein l'estat de mes desastres fortunez, & des fauorables tempestes qui m'ont faict surgir au port de la vie Monastique.

Dieu vous y confirme, deuotieuse Parthenice, & m'y fortifie de son Esprit principal: Et nous face la grace apres les espines de ce leger pelerinage, de nous reuoir là haut en ce iour qui n'aura plus de nuict, couronez de roses qui ne flestrissent jamais. Là parmy des myrthes eternels nous souspirerons sans cesse & sans lassitude le Cantique de la sacree dilection de nostre sanglant Espoux. O Parthenice, sera-t'il permis encores à ce grand feu, qui m'a autrefois embrasé pour vous, & qui est maintenāt heureusement amorty sous les froides cendres de l'habit que ie porte, d'euaporer cette estincelle? Ouy ie vous honore & ie vous cheris à present d'vne façon d'autant plus forte qu'elle est plus iuste, plus saincte, & plus raisonnable. Si mon traistre Rauissement eust eu lieu, nous n'eussions esté espousez qu'en Dieu, mais nous le sommes à Dieu mesme, ce diuin & commun Espoux des Ames qui sont si heureuses d'aspirer à la gloire de se donner à luy. C'est ce Iacob egalement affectionné aux pleurantes Lias, les ames Pecheresses & Penitentes comme la mienne; & aux belles Rachels les Ames pures & innocentes comme la vostre. Ie le prie que son sang efface en son souuenir, & en vostre Memoire les offences que i'ay commises, & contre luy, & contre vous; & que vous comblant de bon-heur & de joye en vostre saincte Vocatiō, il assiste le miserable Frere Placide, vostre seruiteur selon luy, de la grace de plorer dignement ses pechez. Adieu.

Apres le recit de ces lignes; A ce que ie voy, dict la Genereuse fille, il en est du Cloistre comme de la fontaine d'Apollon, où les poissons mesmes estoient Prophetes: Placidas, & maintenant Frere Placide, a-t'il peu sans esprit de Prophetie, deuiner que ie m'allois rendre Religieuse? Madame, dict Ponce, il n'est pas encores esleué si haut, c'est moy qui luy ay appris la resolution que vous auiez de vous jetter dans vn Monastere apres le succés de la maladie de Luciane: son ame est tellement abbatuë sous l'humilité, que ces pensees sont bien esloignees de son cœur. C'est bien vn des bons Religieux qu'il est possible de veoir, & fondé en des Vertus solides & essentielles, non en des graces gratuites, qui peuuent tomber quelquefois en des esprits mal-faicts, & mesmes en des personnes vicieuses. Ie n'ay iamais douté de la grandeur de cet esprit, ny de la Bonté de ce courage, encores qu'il m'ayt faict paroistre autrefois qu'il n'estoit pas le Maistre de ses passions; & ce que i'ay auancé n'a esté que par ioyeuseté. Les dons de Dieu sont sans repentance, & ses œuures parfaictes, il ne l'eust pas preserué parmy tant de hazards, que vous nous auez faict entendre, s'il n'eust voulu par tant de coups de marteau de tribulation en faire vne pierre principale au bastiment de son Eglise. Ie l'ay eu autrefois en horreur comme vn importun, maintenant ie l'ayme comme mon frere, & le Ciel m'est tesmoin, combien ie suis ioyeuse de le sçauoir en vn si sainct Estat. Mais vous, Seigneur Ponce, continuez vous tousiours au dessein que Leonin m'a communiqué, & que vous auez pris de vous retirer ensemble en l'Hermitage de sainct Macaire? Madame, repliqua Ponce, i'y suis resolu mieux qu'à mourir, & plustost à mourir qu'à desmordre vn seul poinct d'vne determination si saincte. A cela, outre que i'y suis porté par le faix de mes iniquitez, dont ie ne puis me faire quitte, que par vne longue & austere penitence, i'y suis transporté, Madame, par vostre exemple, qui est tel, qu'il seroit capable d'emporter les rochers à vostre suitte, s'ils auoient quelque degré de raison. Parthenice qui ne hayssoit la Verité que quand elle trahissoit son Humilité par de iustes loüanges, coupa icy le discours de Ponce qui alloit prendre vne merueilleuse carriere sur ce que l'on disoit d'elle par la ville de Naples, sur l'admiration de ses incomparables Vertus; & le priant puisqu'il auoit à estre le frere de son frere d'estre encores le sien, en l'assistant en cette vesture sacrée:

elle ne fut pas refusée en vne requeste que Ponce tenoit pour la plus honorable qui luy fut iamais presentée. Le iour se prend pour cette solemnité, iamais à Naples ne fut veu vn tel concours; il fallut faire des eschafauds dans l'Eglise, chacun estant curieux de voir pour la derniere fois ce beau visage qui auoit faict souspirer tant de grands courages. O honneur! tu es vn ombre fantastique, qui fuis ceux qui te suiuent auec empressement, & qui n'abandonnes iamais ceux qui te fuyent autant qu'ils peuuent.

Iamais fille n'eut tant de gloire,
Son renom resonne en tous lieux,
Sa vertu portant sa memoire
Iusques dans les voutes des cieux.
Donc à cette perle pudique
Qu'on n'erige point de tombeau;
Elle est de la gloire publique
Le iour, l'esclat & le flambeau,
Sçauroit-on releuer vn Monument plus beau?

Apres auoir renoncé à toutes les Richesses, & les grandeurs du siecle, elle voulut encores paroistre en cette action la plus celebre de sa vie, en vne Modestie non vulgaire: car au lieu que les autres se presentent à la Reception de l'habit Religieux, plus chargees que parees de pierreries; on ne vit iamais rien de si simple, ny de si humble que son habit; si bien qu'on pouuoit dire d'elle ce que le Sage disoit jadis d'vne sage Vierge ; Plusieurs filles ont amassé des richesses, mais elle les a toutes surpassees. La beauté est vne chose trōpeuse & vaine; la femme qui craint & qui ayme son Dieu, merite d'estre loüee: Neantmoins il fut impossible à cette Belle, nonobstant le mespris des paremens de rendre mesprisable cette Beauté qui la rendoit adorable, qui la faisoit estre & la Gloire & le Rauissement des yeux qui la consideroient. Comme si la grace de son cœur se fust ce iour là toute recueillie sur son visage, tout le monde auoüa qu'on ne la vit iamais si specieuse, & qu'elle auoit toute seule ce que les autres n'auoient qu'à pieces rapportees ; si bien que parmy les beautez de tant de Dames parees auec tous les aduantages de leurs escreins, selon les consultations de leurs miroirs, on ne regardoit que Parthenice comme la Dame de toutes les Beautez. O le beau facteur de toutes les belles choses! est il pas bien raisonnable que te soit consacree la plus belle fleur du parterre de ce Royaume?

A toy dont la beauté nompareille surpasse
Du plus beau des mortels la plus parfaicte grace,
Choisi dans les miliers, dont les perfections

Maistrisent tous les cœurs par des affections,

Necessaires effects d'vne si belle cause.

L'Archeuesque de Naples auec les principaux du Clergé, honora cette vesture de sa presence, la Musique du Dome y fit des merueilles, le Vice-Roy y vint tout reluisant de paremens, & tout enuironné de Noblesse, comme le Soleil de ses rayons (car il faut aduoüer que la Cour du Vice-Roy de Naples est vne des belles de l'Italie) Roselinde y fut, accompagnee des Dames plus illustres de sang, mais tellement illustrees de tant de brillans qui les rendoient esclatantes, qu'on les eust prises pour des Cieux animez. Tous les plus honorables de la ville y vindrent en grand arroy, & le menu peuple en si grand nombre, que nonobstant les gardes de Sigismond, & quoy que l'on dise de l'ordre des assemblees d'Italie, il fut impossible d'euiter la confusion & le tintamarre. Que de benedictions receut cette fille des Cieux & de la Terre, elle qui quittoit si genereusement la Terre pour les Cieux. Il y eut vn Poëte qui fit voler auec des aisles de papier, parmy cette assemblee, de belles pensees sur cette Reception, qui ont esté exprimees par vn bel esprit de nostre France en ces termes.

Ainsi l'oyseau du Ciel fuyant la terre & l'onde,
Est tousiours parmy l'air son vnique element:
Ainsi fuyant la terre, & mourant dans le monde,
Vous allez dans le Ciel viure eternellement.
Comme l'vnique oyseau de l'heureuse Arabie,
Vous estes seule au monde en parfaicte beauté,
Comme il meurt pour l'espoir d'vne seconde vie,
Vous mourez pour l'espoir de l'immortalité.
L'Aigle qui du Soleil peut supporter la flame,
Ne void rien de si beau que le mesme Soleil:
Parthenice voyant le Soleil de son ame,
Treuue tout autre obiect indigne de son œil.
Pouuoit-elle choisir vn obiect plus aymable?
La terre est perissable, & les honneurs aussi,
Il n'y a qu'vn Soleil qui puisse estre capable
De faire de son ame vn gracieux soncy.

Le Pere Hierothee, ancien & ordinaire Confesseur de cette fille, fit deuant tout ce grand monde vne excellente Predication, en laquelle il fit paroistre cōbien l'Eloquence jointe à la Pieté a vne extreme force pour ravir entierement les cœurs des Escoutans. Il ne parla point du bord des léures, mais du fonds de sa pensee; & il ne pouuoit faillir de toucher, puisqu'il estoit touché luy-mesme. Son discours bien lié, & bien suiuy sans extrauaguer de son subject, fut vn rapport exquis de Parthenice auec Esther, laquelle côme vn autre Mardochee il presentoit à l'eternel Assuere. Il monstra l'obscurité de sa naissance en la foiblesse de cette petite fontaine, que le Nourrisson de cette belle Iuiue vit en songe. De là, se respandant sur la diuersité des ruisseaux tirans leur origine de cette source, tous abondans en eaux; il fit voir la multiplicité des accidens qui auoient trauersé la vie de cette fille determinee au seruice de Dieu, & par combien d'essais la Prouidence celeste auoit espreuué le fin or de sa Perseuerance, pour l'espurer iusques au dernier carat. Et se donnant la liberté de representer auec des mouuemens, que la plume ne sçauroit tracer, ny le papier exprimer, & auec des termes pathetiques, les extremitez des diuers euenemens racontez en cette Histoire; il ne se peut dire combien de fois, selon la coustume d'Italie, il fit crier Misericorde à ce peuple, si transporté au recit de tant d'esmerueillables auantures, que vous eussiez veu cette grande presse ondoyer au vent

vent de la parole de ce harangueur, comme les flots de la Mer au souffle de l'Aquilon: mais celuy qui faisoit l'orage le calmoit aussi tost, en faisant paroistre au milieu de ces tempestes le feu sainct Elme de l'assistance diuine qui la retiroit du plus fort de ses tribulations: car certes Dieu a tousiours esté vne protection speciale à cette fille, & l'a conduitte par sa main droitte dans la route de sa Volonté, la preseruant de tout mal, & de toute fiere disgrace. Ce vaisseau d'elite a esté agité de grandes tempestes, mais il a surmonté tous les tourbillons, pour surgir heureusement au port de Sauueté. De sorte, que l'on peut dire d'elle, ce que le Sage dict du Iuste, que Dieu l'a conduitte par des voyes pleines de droicture, en luy monstrant la gloire de son Royaume, en luy donnant la science & la cognoissance des choses sainctes, conseruant son honnesteté à trauers beaucoup de perils, & couronnant ses trauaux d'vn honneur inflestrissable. Il fit voir l'abondance des eaux de cette source, en la multitude des biens que Dieu auoit par la Mort d'Osiandre, & de Luciane, faict tomber en la possession de cette Vierge, biens qu'elle auoit mesprisez comme de la fange, pour acquerir IESVS-CHRIST, brauant la fortune, non seulement en

Ccc

ses aduersitez par sa constance, mais aussi en ses prosperitez par sa moderation, faisant veoir l'egalité de cet esprit tousiours semblable à soy-mesme (tenant en cela de la Diuinité) parmy les diuers, & si extremes changemens des conditions de sa vie. Il parla des fureurs de Placidas en sa recherche, manifesta son innocence, & magnifia Dieu en sa conuersion, emplissant toute Naples de cette merueille. Vous eussiez dict que les aureilles de tous les escoutans estoient attachees à sa langue par les inuisibles chaisnes de l'Hercule Gaulois, tant cette Narration charmoit ce grand & nombreux Auditoire; ce n'estoit pas seulement vne preconisation de Parthenice, mais vne espece de Canonization, car il laissa dans le cœur de tout ce Monde vne si forte impression de la saincteté de cette fille, que plusieurs la regardoient comme vn Ange, & l'admiroient comme vne saincte, & comme vn Prodige des graces de Dieu. Aussi en son entree dans le Conuent, sa robe n'entra pas entiere, car chacun en voulut auoir vn morceau pour le garder par forme de relique, tant a de puissance sur les cœurs l'estime d'vne eminente Vertu. En fin il termina son discours par le changement de cette fontaine, & de ces ruisseaux en vn Soleil, où il fit voir tant de rayons de Vertu en cette entree Religieuse, qu'il esblouït par les doux rays, & par les beaux traicts de ses poinctes, les entendemens de ceux qui l'ouïrent : Mais Parthenice ne pouuant supporter tant de loüanges en sa presence, & deuant tant de peuple, changeant de plus de couleurs que l'Aurore & l'Iris n'en font paroistre, lors que le prescheur changeoit les eaux de ses angoisses en vn Soleil de splendeur & de gloire, elle au contraire changeoit

Ses yeux, moins à des yeux qu'à des Soleils semblables,
A des sources de pleurs tristes & pitoyables.

Faisant en cela cognoistre le fondement solide de ses Vertus, la saincte Humilité, sans laquelle bastir, en faict de perfection, c'est plustost ruïne qu'edifice ; Humilité qui se desplaist parmy les honneurs; qui s'esuanouït parmy les loüanges ; qui ne peut supporter l'excez de ces eloges, non plus que l'abondance des odeurs trop fortes, & dont la senteur aiguë offence le cerueau au lieu de le recréer: & certes ce n'est pas que le Pere Hierothec, ce graue, ce sainct, ce Sage Religieux passast aucunement en ce recit les termes de la Verité, estant en vn lieu où c'est vn sacrilege de la sophistiquer par des artifices, & des affetteries. Mais pourquoy, Belle & Vertueuse Parthenice, faictes-vous tant d'actions loüables si vous voulez par vn iniuste silence en estoufer l'esclat? Soyez moins loüable, & vous serez moins loüee: mais qui peut oster le lustre du diamant, sans perdre cette pierrerie; & qui peut arracher l'esclat de la Vertu sans effacer la Vertu de l'Vniuers?

Car qui voudra de la Vertu,
Si vous luy enleuez la Gloire,
Et le triomphe & la Victoire
Est deue à qui a combatu.

Mais ce bon Pere iugeant aux alterations du visage de Parthenice, combien la douceur de ses loüanges estoit amere au cœur de cette humble fille, comme le Soleil se couche dans les eaux; ce fut dedans ces larmes qu'il cacha, & enfonça son discours lumineux apres auoir dict, que la route des Iustes est comme vne lumiere resplandissante qui se va dilatant peu à peu dés la premiere poincte de l'aube, par des accroissemens que le seul progrez rend sensibles, iusques à ce qu'elle soit paruenuë au plein midy de la perfection. Il l'exhorta donc à finir sa course Religieuse, auec autant de courage & de fermeté qu'elle la commençoit auec honneur & ferueur.

Que si elle combatoit de bons combats auec vne rare fidelité, la couronne de Iustice l'attendoit au Ciel par les mains du Iuste Iuge, au iour de sa derniere Retribution: car tout ainsi que les Mondains par des voyes obliques se font grandes & riches en la terre, par le mespris du Ciel; ainsi les ames Religieuses & sequestrees du monde, se font grandes dedans le Ciel par le mespris de la terre. Il finit auec vn applaudissement vniuersel de toute l'assemblee, laquelle eust voulu que ce discours eust duré vn Siecle : il n'estoit ennuyeux qu'à la seule Parthenice, parce qu'il luy estoit aduantageux. Admirable Vertu, qui craint ce que les autres desirent auec tant d'auidité. Les ceremonies acheuees, la deuotieuse Vierge est introduitte dans les celiers tant desirez de son celeste Espoux. O disoit-elle en son cœur! que bien-aymez sont vos pauillons & vos Tabernacles, ô Seigneur Dieu des Vertus! mon ame se pasme de desir, se voyant conduitte en vos paruis tant souhaittez. Mon cœur & ma chair se resjouyssent en vostre Bonté, ô Dieu viuant! car voyla comme vne passe solitaire, & comme vne simple tourterelle, i'ay treuué mon nid, pour y mettre mes petits, qui sont mes appetits: en repos, Vos Autels sacrez, ô le Dieu des Perfections! ô le Roy de mes affections! sont le séjour heureux de ma paisible retraitte. O que bien-heureux sont ceux qui habitent aux maisons qui vous sont consacrees, & qui n'ont autre employ que de vous louer en toutes les saisons de l'an. ils vous benissent en tout temps, & vostre louange est continuellement en leur bouche. Ruminant ces douces paroles, & ces agreables traicts du Chantre-Roy en son cœur, elle fut conduite par la Vice-Royne à la porte du Monastere où elle fut receuë par l'Abbesse, & les Religieuses, auec autant d'allegresse, qu'elle laissoit de regrets aux mondains. Car la tristesse accueillit si vniuersellement toute cette assistance, que vous eussiez dict que c'estoit le dueil des Cimmeriens, quand ils voyent coucher le Soleil. Ce bel astre se retirant & se desrobant aux yeux qui le contemploient auec tant d'attention, laissa leurs cœurs mornes & abbatus d'vne melancholie qui ne se peut pas bonnement exprimer. Mais tout cela n'est rien à comparaison du saisissement de Leonin, qui la conduisant iusques à cette entree, quand ce vint au poinct du dernier congé, il deuint immobile comme vne Statuë, & luy baisant la main auec vn sentiment qui ne se peut comprendre, on eut de la peine à l'arracher de sa sœur, n'ayant pour toutes paroles, que des soufpirs autant pitoyables, comme estoit sincere l'affection qui les poussoit. La belle Parthenice ne se put contenir de contribuer quelques larmes aux desplaisirs de son frere; mais d'ailleurs son cœur estoit si transporté de ioye, se voyant si proche de son centre, que ces pleurs estoient comme ces gouttes que le Ciel verse au plus fort de l'Esté, par l'espreinte d'vne vehemente chaleur. Elle dict Adieu au monde, à Roselinde, à son frere auec vn courage qui surmontoit leur tendresse & qui sembloit leur reprocher l'enuie que l'on portoit à sa felicité : ses yeux estincelans parmy les larmes qui les baignoient, paroissoient comme les rayons du Soleil au milieu d'vne pluye menuë, elle rauissoit tout le Monde d'Amour & de Pitié. Mais lorsque par son entree elle eust enrichy ce Monastere du plus riche thresor qui fust au siecle, & que Leonin eust perdu de veuë cette chere Tramontane, quelles tenebres l'enuironnerent ! quel orage rauagea son esprit ! quel tourbillon assaillit sa constance ! Ce Soleil caché ou plustost eclypsé, chacun demeura en l'Eglise, comme durant le silence d'vne sombre nuict, Parthenice entree & reuestuë d'vn habit tout blanc parut du dedans à la grille, comme l'Ange qui se monstra aux Maries sur le Tombeau du Sauueur. On ne vit iamais rien de si beau. Le seul Leonin est desolé en cette consolation vniuerselle: mais afin de repaistre les oreilles aussi bien que les yeux, quand elle receut commandement de l'Archeuesque, du Vice-Roy & de l'Abbesse de chanter quelque Cantique en action de graces, ce fut lors que pour le premier acte de son obeyssance, elle se signala plus que iamais par le recit de ces vers, tesmoings de son contentement & de son ayse.

Que le Soleil se leue ou se couche dans l'onde,
  Par toute la rondeur de la masse du monde,
  Il ne voit rien d'esgal à mon contentement,
Le siecle rend les siens tristes & miserables:
Mais mon Dieu me comblant de ses biens desirables,
Surmonte mes desirs auec estonnement.
Desormais aucun mal ne troublera ma vie,
  Ie ne redoute plus ny le sort ny l'enuie:
  Mon bien est maintenant accomply & parfaict,
Mon Dieu m'a par sa main si doucement guidee,
Que ce que les mondains ne tiennent qu'en idee,
Ie me puis bien vanter de l'auoir en effect.

Maintenant tout le Monde en mon cœur ie mes-
 prise,
 Le siecle n'a sur moy ny pouuoir ny mai-
 strise,
 I'ay quitté son habit pour ce Religieux;
 En fin tout mon bon-heur à mon desir suc-
 cede,
 Le reste n'est que fange, & ce que ie pos-
 sede
 Est vn Espoux plus grand que la Terre & les
 Cieux.
Aussi le grand plaisir où mon Esprit se plonge,
 Me faict imaginer mon bon-heur estre vn
 songe,
 Tant il est excessif, tant il est vehement,
 Aussi ne sçay-je pas si ie dors ou ie veille:
 Car certes la douceur d'vne grace pareille
 Ne se sçauroit sentir qu'auec rauissement.
Belle & Diuine ardeur, obiect de ma pen-
 see,
 Faittes que de mon cœur la force ramas-
 see
 Soustienne de vos rays le flambeau radieux:
 Fermez mon doux IESVS au monde mes
 paupieres,
 Et faittes que du iour de vos belles lumie-
 res
 Ie n'escarte iamais ny mes vœux ny mes
 yeux.

Auec ces mots, la Sacristaine tirant le rideau de la grille, & en serrant les fenestres, laissa toute cette compagnie en des regrets si sensibles, & en des tenebres si noires, que presque comme les Egyptiens ils se treuuerent aueugles en plain midy. Chacun se retire auec des sentimens si diuers, que l'on pouuoit bien lors dire le Prouerbe, Autant de testes, autant d'opinions, qui benissoit, qui regrettoit, qui rioyt de ioye, qui pleuroit de tristesse, qui admiroit, qui loüoit, qui regrettoit cette fille comme morte au Monde, qui adoroit Dieu d'auoir tiré vne si excellête Creature à son seruice; les vns s'entretenoient de ses estranges auantures, les autres de ses diuers succez : chacun se retira auec vne estime incomparable des Vertus de Parthenice. Vn Poëte de la Cour de Sigismond, plus Mondain que deuot, regrettant de voir tant de Graces enseuelies soubs vn voyle, & sçachant que le Vice-Roy & la Vice-Royne s'en retournoient auec des sentimens de regret, & vne secrette douleur de perdre la Conuersation de cette fille, fit, & pour leur complaire, & pour exprimer sa pensee, ces Stances dolentes & plaintiues.

Au moins encores cette fois,
 O filles Neapolitaines,

Prestez vostre oreille à ma voix,
Et compatissez à mes peines,
Celle qui nous rendoit ce seiour gracieux,
S'escarte pour iamais de l'aspect de nos
    yeux.
Si quelque tendre sentiment
    Peut animer vostre pensee,
    Pleurez de voir en vn moment
    Vne telle Lune eclypsee,
Ostez de vos cheueux les tresses & les fleurs,
Emplissez l'air de cris & la terre de pleurs.
Que tout se remplisse d'ennuy,
    De regrets & d'inquietude,
    Puis que Naples n'est auiourd'uy
    Qu'vne effroyable solitude,
Puis qu'vne noire nuict nous dérobe le iour,
N'estant cette Cité qu'vn tenebreux se-
    jour.
Ces grands & riches bastimens
    De qui les superbes ouurages
    De leurs merueilleux ornemens
    Vont decorant tous ces riuages,
N'ayant plus la splendeur qui les rendoit si
    beaux,
Ne paroissent non plus que de tristes tom-
    beaux.

C'est ainsi que le Siecle par la bouche de ce
sien partisan deploroit sa perte, sans conside-

rer l'aduantage que tiroit la saincte Religion d'vne si precieuse perle: Mais tout ainsi qu'en la nature la corruption de l'vn est la generation de l'autre; ainsi en la vie Ciuile, le dommage de l'vn est le profit de l'autre: tel est le flux & le reflux de la Mer du Monde, tel l'accroissement & le décroissement de ce Nil, ou si vous voulez de ce Rien que nous appellons Tout. Leonin demeura seul en l'Eglise, accompagné de Ponce, qui ne sçauoit par où le prendre pour le consoler; car cette Eclypse l'auoit tellemeut estonné, que vous eussiez dict qu'il en auoit perdu la veuë, pour considerer la Lumiere de la Raison. Grand cas qu'vn assaut impetueux & vehement! mais tout ce rauage n'estant qu'en sa partie inferieure & sensible, qui auoit enuoyé tant de vapeurs vers la Superieure, qu'elle en estoit toute offusquee, & presque sans aucun vsage de ses facultez; en fin les confusions de sa pensee s'estans dissipees, il demanda de voir sa Sœur au parloir, ce qu'il n'eust pas obtenu si Ponce n'eust representé sa pressante necessité: ce fut là où il receut le remede du lieu mesme d'où procedoit son mal; cette fille luy estant comme la lāce d'Achille, qui blessoit & guerissoit en mesme temps, sa langue par sa suauité osta les vlceres de ce cœur nauré aux lieux de ses affections plus tendres, & le rendit si sain & vigoureux, que de ce pas il vouloit prendre congé de sa sœur pour s'en aller auec Ponce, en l'Hermitage de sainct Macaire treuuer le bon Palmelio, s'il n'eust esté encores retenu quelques iours pour l'occasion que vous entendrez. Comme on ne parloit par toute la ville de Naples que de l'edification qu'auoit apportee à tous les spectateurs cette Vesture si solennelle; Roselinde deuint tellement touchee des insignes Vertus, & des rares Perfections de la nouuelle Bernardine, qu'elle ne pouuoit auoir de plus agreable entretien que quand elle parloit d'elle, soit qu'elle se leuast, soit qu'elle se couchast, soit qu'elle prist ses repas : ses Damoiselles ne se pouuoient rendre plus agreables à ses oreilles, que quand elle les emplissoient de l'admiration de cette Vertueuse Creature : & comme les grands sont non seulement les Miroirs, où se composent les petits, mais des Miroirs ardans qui les embrasent de leurs propres Passions ; il n'y eut aucune de ces suiuantes qui n'eust des grandes affections pour Parthenice ; de sorte qu'elles conuioient souuent la Vice-Royne, qui y estoit assez portee par ses propres inclinations, à visiter nostre Nouice, ce qu'elle faisoit tres-volontiers, & n'en reuenoit iamais qu'auec vne extreme edification; & bien qu'elle fust renfermee, si est-ce que quand Roselinde desiroit l'entendre chanter, non seulement à l'Office, mais au parloir, la Superieure luy en faisoit le commandement pour obeir à cette Princesse; elle rendoit ce deuoir auec tant de grace, que cet habit & cette voix la faisoient croire vn vray Ange humanisé. Vn iour qu'elle conferoit auec le Pere Hierothee de son interieur, on luy vint dire que Roselinde la demandoit; ce bon Pere se voulant retirer, elle le pria d'estre present quand elle parleroit à Roselinde, afin de mieux reigler sa Conuersation, quand elle traitteroit auec les Dames de la Cour, qui la visitoient assez souuent; là elle se conduisit auec tant de douceur, & tant de Modestie, que ce bon Religieux estoit tout rauy de voir des Vertus plus que Professes en vne Nouice. Or selon la coustume de Roselinde, estant priee de chanter quelque air spirituel pour la consolation de la Compagnie, cette Prudente Vierge prit ce temps de la presence du Pere Hierothee, pour luy rēdre ce qu'il luy auoit si liberalemēt presté en la harāgue de sa vesture; c'estoient des Stances premeditees qu'elle recita ainsi.

Esprit aussi sainct que courtois,
Qui nous fis cognoistre à ta voix,
Combien doucement elle enchante,

Liure douziesme.

Quand elle dict la verité,
Puis qu'auec tant d'art elle vante
Vn suject plein d'inanité.
Tu ne pouuois plus proprement,
Ny plus auantageusement
Faire paroistre ton merite,
Qu'en esleuant ce qui n'est rien,
Ou vne chose si petite,
Qu'elle n'est grande que du tien.
Ainsi Dieu qui fit l'Vniuers
Auec tant d'ouurages diuers,
Du creux de la masse premiere
Tira tout cela du neant,
Et fit d'vne mesme matiere
Et le Pigmee & le Geant.
Il fit sortir ce grand Soleil,
Qui est du monde le bel œil,
Du milieu des tenebres sombres,
Et pour faire estimer le iour,
Il voulut que les noires ombres
Luy succedassent à leur tour.
Il fit bondir tout ce qui est,
Et tout ce qui nous apparoist
Des cachots de l'inexistence,
Appellant ce qui n'estoit point,
En luy communiquant l'essence
Le rend accomply de tout poinct.
Imitant la Diuinité
Tu vas par ta subtilité,

Et par ta sublime eloquence
Faisant quelque chose de rien,
Et par vne belle apparence
Transformant la misere en bien.
Laisse moy telle que ie suis
Dedans mes tenebreuses nuicts,
Indigne du nom de lumiere,
Trop d'heur si mon nom est admis
Par la pitié de ma misere
Dans le rolle de tes amis.
Si pour ces rares qualitez,
Qui comme de viues clairtez
Rendent illustre ton merite,
Ie n'ay que l'admiration ;
C'est que ma force est trop petite,
Pour dire ta perfection.
Quand on ne peut ce que l'on veut,
Il faut vouloir ce que l'on peut;
Ainsi la Diuine Excellence
Qui regne sur le firmament,
Se contente que le silence
La loüe auec estonnement.
Car tout ainsi que les tourmens,
Qui peuuent par gemissemens
Faire cognoistre leur martyre,
N'ont qu'vne legere douleur;
Ainsi la valeur qu'on peut dire
Ne se sçauroit dire valeur.

Pour

Quelle arrogance d'estimer,
Pouuoir ton merite exprimer
Tentant vn effort temeraire,
C'est le dire que l'admirer,
Et c'est l'admirer que s'en taire,
S'en taire ainsi c'est l'honorer.
Aussi bien mon œil surmonté
De sa trop brillante clairté,
Ne peut supporter sa lumiere
Qu'auec vn esblouissement,
Et c'est vne loüange entiere
Qu'vn muët esbahissement.

Ces Vers estoient Enigmatiques pour Roselinde & pour sa troupe, laquelle s'arrestoit seulement à admirer l'excellence de la voix qui les animoit: A la fin de ce chant, estant le propre de la Musique de perir quant & le son, parce que c'est vn doux bruict; outre cela rien: comme elle desiroit s'enquerir du suject de cette piece. Il se trouua vn Sphinx en la Compagnie, qui deuelopa cet Emblême; ce fut le Pere Hierothee, qui voyant que cette pierre se iettoit en son jardin, fut contrainct de soustenir deuant Roselinde la Verité des loüanges qu'il auoit publiquement donnee à Parthenice le iour de sa vesture, & de monstrer qu'encores ses paroles estoient-elles surmontees par son merite, la seule admiration estant vn pinceau capable de representer ses Vertus. Il asseura qu'il n'auoit rien auancé en vn lieu si sainct, où le mensonge seroit vn sacrilege, & deuant vne si notable assemblee, qu'il n'eut appris, ou de sa bouche, ou de celle de Leonin, ou par la voix de la Renommee, que toutes ces cautions estoient plus que suffisantes de le garantir du blasme d'auoir rien deguisé. Car quand à la flaterie, il n'en pouuoit estre coulpable, estant deliuré par sa condition de ces deux arc-boutans, qui là soustiennent la Pretention & l'Interest: Si bien que Parthenice ne pouuant que repliquer, demeura confuse par sa propre gloire, faisant voir ouuertement la Verité de cette parole du Sauueur, que celuy qui s'humiliera sera exalté. Le Pere Hierothee voulut poursuiure son discours, pour reietter l'excez d'honneur que ces Vers luy attribuoient: mais il fut condamné par Roselinde & par sa troupe, bien informée de sa Pieté, de sa Sience & de son Merite, de souffrir cet Eloge, qui luy estoit autant à contre-cœur, qu'il eust esté bien agreable à vne personne moins humble. Ainsi se passa cette occurrence: Cependant, tandis que Parthenice est enfermee dans vne grille, elle ne laisse pas de faire vn sacré rauage dans le Siecle, & d'y recueillir vne saincte Moisson. Elle ne preschoit pas, mais elle peschoit, estant au bord de ce Religieux Riuage, & au port de Salut elle ne laissoit pas de ietter des amorces sacrees dans le monde, soit par le filet de sa voix, soit par l'appast de sa belle presence, soit par les charmes ineuitables de son exemple. Deux Damoiselles de la suitte de Roselinde furent prises à cette pesche, & tirees auec vn ameçon d'or des eaux ameres & des tempestes du Siecle. Premierement par la bien-veillance de cette aymable Creature, puis pour l'Amour du Createur elles se resolurent de l'imiter : Il y en auoit vne Espagnole d'vne des bonnes maisons de Castille, & parente de Sigismond, que la Vice-Royne auoit amenee d'Espagne ; & vne autre de Capouë, fort bien apparentee à Naples, & genti-fille de grande extraction, celle-là s'appelloit Dogna-Matilde, celle-cy la Signora Appollonia ; elles paroissoient en la Cour du Vice-Roy comme deux grands Astres en vne claire nuict, elles estoient honorees, estimees & recherchees, & pour leurs Vertus, & pour leurs Graces naturelles des plus signalez Courtisans, c'estoient les objects de leurs yeux, de leurs pensees, & de leurs entretiens;

mais comme si Parthenice leur eust inspiré vne partie de son double Esprit ; elles mesprisérent le Monde dans le Monde, & le quittérent au milieu des plus ardantes recherches de leurs Poursuiuans. Estrange force de l'Amour de Dieu, qui braue, renuerse & terrasse toutes les autres Affections, non seulement les mauuaises, mais les plus iustes & les plus legitimes qui soient en la societé des hommes ? qu'en dira le Monde, qui ne parle qu'en mesdisant, parce qu'il est tout confit en Malignité, d'imaginer vn despit parmy tant de faueurs, vn degoust parmy tant de douceurs, vn rebut parmy tant de recherches, il ne sçauroit, ses ongles crochus pinceroient aussi tost sur la glace d'vn miroir, ou sur le poly d'vne enclume, que sur le dessein ouuertement bon de ces deux belles Ames: mille difficultez (comme les geans imaginez par les timides espions d'Israël) se presentérent à cette entreprise ; car les œuures de Dieu sont tousiours enuironnees d'opposition, le Sauueur estant appellé vn signe de contradiction : Le Monde murmura, le Diable gronda, l'Enfer tempesta, la chair & le sang boüillonnerent : mais en fin la Patience fit venir la Raison, & la Raison fut la Maistresse. Parthenice eust sa proye desiree, & ces filles entrerent au mesme Monastere où elle estoit, & y vescurent sainctement auec elle : il y auroit en cette Retraitte mille particularitez à déduire : mais la peur de recommencer vne Histoire sur le poinct de finir celle-cy, me faict sevrer celuy qui lira ces lignes de plusieurs agreables euenemens. Ce pendant, comme Leonin est sur le poinct de prendre congé de sa Sœur, la voyant en vn Azyle inuiolable, & en vn lieu d'asseurance : voicy quelques legeres Remores qui viennent arrester sa nauigation lors qu'il alloit deuancer, & que les voyles de ses desirs estoient enflee de saintes halenes. Durant le voyage qu'Osiandre & Luciane firent en Calabre à Belle-fleur, où ils recouurerent la tant desiree Parthenice. Herminio mourut à Miralte, laissant Sthephanille vefue, & Doralice Orpheline, cette Doralice que Leonin auoit aymee encores enfant, & que son Pere luy auoit promise en mariage : mais l'estat de Leonin se treuua bien changé depuis ce temps là; car il se rencontre Frere de Parthenice, sur le poinct d'estre beau-frere d'Osiandre : par la mort de ce Prince, le voyla Comte de Belle-fleur, & en fin sur les termes de quitter tout pour estre Religieux. Les promesses qu'il a faitte à Herminio de prendre sa fille ne sont pas autrement obligatoires : vn dessein plus sainct peut casser ces chaisnes qui ne sont que de verre ; il estoit adolescent, ne se cognoissant pas soy-mesme : Doralice estoit vn enfant incapable, & de faire, & de receuoir des promesses, cela ne lie aucunement, Sthephanille neantmoins, & femme, & ignorante de toutes ces loix, ayant appris la grande fortune de Leonin pense desia estre au dessus des nuees, & estimant que sa fille deust estre son Espouse ; elle vient à Naples, & n'estant que concierge de Miralte elle en pense deuenir Maistresse, & plus encor ; car où est-ce que l'ambition ne transporte vn esprit qui chemine sur les aisles des vents. Arriuee elle rencontre les affaires de Leonin en l'estat que nous auons dict ; elle l'aborde, luy remonstre les promesses faittes à son Mary : à cela Leonin ne repartit sinon qu'il n'auoit point promis à Herminio de l'espouser, & que quand il luy auroit promis, il en estoit libre par sa mort : ouy mais reprit Stephanille, vous luy auez promis d'espouser ma fille Doralice quand elle seroit en aage. Or sçachez, dict Leonin, que ie n'ay rien promis à Doralice, & comme lors ie promettois de l'espouser quand il seroit temps maintenant, ie vous promets de ne l'espouser pas, car il n'est plus temps: alors ie n'estois pas assez sage pour me marier à present, ie suis trop sage pour me marier ; le temps change tout, il n'est rien de si mobile que la volonté humaine, laquelle est ambulatoire iusques à la mort. Stephanille qui ne sçauoit pas asseurément son dessein Religieux, mais qui s'en doutoit, s'imagina que les biens & les honneurs luy ayans enflé le cœur, il aspiroit à quelque plus haute alliance, ce qu'elle luy dict comme par reproche de mescognoissance, & d'ingratitude enuers Herminio. A cela le genereux Leonin qui sçauoit que repartir à vne femme par inuectiues estoit vn signe de courage bas, ne dict autre chose, sinon que veritablement il aspiroit à vne alliance si haute, que toutes les Doralices du monde seroient trop heureuses d'estre les moindres seruātes de l'obiect de son amour. Voyla que c'est, reprit Stephanille, il n'y a rié de si orgueilleux qu'vn homme de cōdition vile & basse, quād il deuiēt esleué, & la dessus en vraye femme, luy ietta au visage l'infamie de Valerio & d'Olympie, ce que Leonin but auec allegresse, estant bien ayse de participer en cela au calice de sō cher crucifié. Mais sur mon honneur reprit Stephanille avec vn ton aigre & poignant : il n'en ira pas ainsi ; car comme l'on ne peut seruir à deux maistres, aussi vn homme parmy les Chrestiens ne peut auoir deux femmes : nous ne sommes pas en Turquie ; il y a de la Iustice à Naples, aussi égale aux petits qu'aux grands : les parens d'Osiandre assisterent les anciens seruiteurs de sa maison, ie ne veux pas que l'affront en demeure à ma fille. Leonin fort asseuré de sa part, laisse escumer le courroux de cette femme, & s'en rit, ris qui la met en vne rage desesperee : elle prend conseil sur ce qu'elle a à faire ; tous les Theologiens & les Iurisconsultes d'vne commune voix, luy disent qu'elle ne sçait ce qu'elle demande, que ces promesses sont friuoles, & se doiuent escrire sur le sable, ou sur le courant des eaux ; que si elle poursuit d'auantage, elle perdra son bien & sa peine, & mettra l'honneur de sa fille en compromis, ny pour tout cela cette femme testuë se laisse vaincre ou persuader à la Raison. Elle va treuuer Parthenice en son Monastere, menant sa fille quand & soy. Et ce fut là où deschargeant les boüillons de son courage, enflé de despit & de fureur; elle vomit contre l'ingratitude de Leonin, tout ce qu'vne féme trãsportee de cholere à de coustume d'auancer cela, c'est assez dict. La Prudente Parthenice desia fort patiente de son naturel, & encores plus endurãte par la nouuelle profession qu'elle auoit embrassee, faisant large à ce torrent de murmures, qui fut tantost à sec par de douces paroles, amollit peu à peu cette fiere assaillante, & la ramenant suauement à la Raison, luy remonstra combien estoient foibles les promesses de Leonin faictes à Herminio, alors que ny son frere, ny sa fille n'auoient aucune cognoissance d'eux-mesmes, incapables d'estreindre ce puissant & indissoluble nœud de l'vnion des volontez, en quoy consiste l'essence du mariage. Que ce n'estoient que paroles d'auenir, qui pouuoient estre trauersées par mille accidens, & rompuës pour le moindre incident, & parce qu'elle recogneut que Stephanille s'imaginoit que c'estoit la pretension de quelque plus grande alliance qui luy faisoit mespriser cette Doralice qu'il auoit autrefois tellement cherie, elle l'a desabusa de cette opinion, l'asseurant de la Resolution inuariable qu'il auoit prise de se rendre Religieux, dessein qui ne pouuoit estre, ny blasmé ny blasonné d'aucũ desespoir, puis qu'il l'embrassoit au milieu de la plus grande & eminente fortune qu'il eust iamais peu esperer. A cela Stephanille, cõme frappee d'vn coup de foudre ne peut que respõdre, sinon que ce diuin party estoit preferable à toutes les filles de l'Vniuers, que sa fille cederoit tousiours volõtairement à IESVS CHRIST. Mais comment est-il possible, reprit elle, que ce Leonin si galand & si gaillard, & dont l'humeur toute Mondaine, ne respiroit rien moins qu'vne telle entreprise ayt peu changer si soudainement, & prendre vne si melancholique resolution. C'est vn changement de la droicte de Dieu, repliqua Parthenice, qui a tous les cœurs, aussi bien que les extremitez de la terre en sa main; il en faict comme le potier de son argille. C'est vostre exemple qui l'aura porté à cela, dict Stephanille. Ie suis trop peu de chose, repartit la Vierge, pour estre imitee, & soit que ce soit tant y a que Dieu a operé en luy cette admirable metamorphose. Mais ie vous diray, que puisque vous faictes ceder si librement vostre fille à vn si Religieux dessein, ie feray en sorte que mon frere faisant la distribution des grands biens qui luy ont esté laissez par le Prince Osiandre, que Dieu mette en Paix, il vous laissera dequoy doter si aduantageusement vostre fille, que vous aurez subject, & elle aussi de loüer sa Mugnificence. Voyla Stephanille prise iustement par où il falloit, c'est à dire par l'interest, lequel a vn ascendant si puissant sur les vieilles gens, que cela a faict dire à l'ancien Platon, & sans Platon nous l'apprenons de l'experience commune que la derniere robe que l'homme despoüille, c'est l'Auarice, ceux-là estans par vn desreiglement estrange, d'autant plus attachez à la terre qui en ont le moins de besoin, & qui en doiuent plustost sortir. Voyla nostre vieille la plus satisfaicte du Monde, pourueu que Parthenice luy tienne parole, ô Dieu! qu'elle se repend des outrages qu'elle à lancez contre Leonin; elle s'en pense excuser, mais c'est auec tant de grossiereté qu'elle met l'emplastre aupres du mal, se monstrant aussi peu industrieuse à reparer vn tort, qu'ingenieuse à le faire. Cependant elle louë Dieu qui la amenee à Parthenice, plustost que de s'embarquer aux chicaneries de la Iustice, par lesquelles elle n'eust rien auancé; & elle benit mille fois cette Religieuse fille, recognoissant si largemēt les petits seruices qu'elle luy auoit autrefois rendus à Miralte. Mais tandis que la Mere à des pensees sur sa fille conformes à son desir; la fille conçoit bien d'autres desirs en sa pensee, fust-elle de fer, elle a vn aymant si puissant deuant elle, en la presence & en l'exemple de Parthenice, que se voyant frustrée du frere, elle pense soudain de se joindre à la sœur. Et comme les filles ont vne certaine Cabale, & vne secrette intelligence entre elles qu'aucun autre, s'il n'est de leur espece ne peut penetrer. Parthenice leut dans les yeux de Doralice l'emotion de son cœur, & la confusion de son Esprit. C'est pourquoy demandant congé à Stephanille d'entretenir sa fille à part, pour sçauoir d'elle quelques particularitez, que peut-estre elle ne voudroit pas declarer deuant sa mere, pour le respect qu'elle luy portoit. Stephanille sort du parloir, & la va attendre à l'Eglise : qu'est-il besoin de remplir ce papier de ce pourparlé de filles, tant y à, que si Parthenice estoit vn feu par sa saincte feruer. Doralice fut de Naphte à ses persuasions, qui arracherent tout à fait du cœur de Doralice l'image de Leonin qu'elle y auoit fortement emprainte, & ensemble toutes les idees des vanitez de la terre; là dessus ainsi qu'elle vouloit empraindre comme sur vne carte blanche, les saincts desirs de seruir Dieu en la Religion; elle se treuua preuenuë par la gentille Doralice, laquelle se jettât à genoux, & les larmes aux yeux. Mon Dieu Madame, dict-elle, pour me faire l'entiere Charité, ne pourriez-vous point connertir cette dot que vous me promettez de la part de Leonin en vn doüaire Religieux, & si pour surcombler la mesure ie pouuois prendre le voyle ceans, & viure & mourir à vos pieds, ô que ie me sentirois heureuse! il me semble que par cette felicité i'anticiperois dés ce monde mon Paradis. Qui fut rauie, ce fut Parthenice, laquelle benissant la grace preuenante de Dieu, qui deuançoit ses desseins, luy promit tout à l'heure de la receuoir, mesme sans l'ayde de Leonin, parce qu'elle auoit apporté en certe maison plus de bien qu'il n'en falloit pour receuoir cinquante filles. Ah! Madame, dict Doralice, que rendray-ie iamais à Dieu, & à vostre charité pour vn si grand bien-faict, hé! ie vous prie que ie ne sorte point de ce parloir, que pour entrer dedans le Monastere, car vous sçauez la violence de la chair & du sang, & l'assaut que ce dessein fera au cœur de ma mere, pour Dieu, battez ce fer tandis qu'il est embrasé; car si ie m'en retourne auec Stephanille, & qu'elle en ayt le moindre vent, ie ne pourray iamais aborder à ces isles fortunees, ce ne seront que tempestes & orages pour moy, peut-estre que ma vocation fera naufrage; si vne fois ie luy puis parler au trauers d'vne grille, s'en fera faict, mon procez sera gaigné, i'auray de mon costé, & le droict

& la Force, & le Ciel, & la Terre. Si Parthenice euſt eſté Abbeſſe, s'en eſtoit faict. Or voyez vne hardie entrepriſe pour vne Nouice; mais que ne peut cette Nouice plus ſignalee Bien-faictrice, que ſi elle eſtoit fondatrice. Elle demanda vn peu d'eſpace pour en conferer à la Superieure, cependant dict-elle à Doralice, priez Dieu qu'il diſpoſe ſon cœur, priez le qu'il ne deſtourne pas ſon viſage de vous, qu'il ne vous oſte pas la pointe de cette inſpiration, mais qu'il vous fortifie de ſon Eſprit principal. Elle va, elle vient, elle vainc: car que n'obtiendroit Parthenice en vne requeſte ſi iuſte; elle qui tireroit de l'huile des murailles, & de l'eau des rochers. L'Abbeſſe vient, qui ne voyant que par les yeux de ſa chere Nouice, & trouuant Doralice parfaictement ſage, belle & agreable, luy accorde ce qu'elle vouloit auparauant qu'elle le demandaſt. La porte du Monaſtere eſtoit voyſine de ce parloir, on l'ouure, elle entre, Stephanille eſt à l'Egliſe qui l'attend touſiours. En fin ennuyee de tant attendre, elle vient crier à la porte du parloir: hola cauſeuſe, babillerez-vous iuſques au ſoir, mais rien ne reſpond; elle heurte, mot; elle ouure, rien; elle penſe que ſa fille ne l'ayant pas venë en vn recoin de l'Egliſe où elle s'eſtoit miſe pour faire ſes prieres, s'en ſera retournée à la maison; elle s'y en va sans autre ceremonie; elle demande Doralice, point de nouuelles; elle reuient sur ses brisees tousiours courant, tout ainsi qu'vne Tygresse, de qui on a enleué la chere litee. Elle frappe hautement au parloir, demande à parler à Parthenice; elle luy conte l'égarement de sa fille, croit qu'on l'ait enleuee, Parthenice faict de l'estonnee, & de la compatissante, joyeuse de la voir en cette plaisante erreur. Elle luy demande si elle ne la point, veu enleuer, elle respond qu'elle n'est pas icy, c'est à dire en ce parloir. Voyla Stephanille toute esperduë, & qui crie qu'elle est perduë; elle prend à partie tout le Monde;

Comme Mere, elle appelle & le Ciel, & la terre
Remplis de cruauté; elle faict vne guerre
sanglante à ses cheueux, de coups elle meur-
 trit
Sa poictrine & ses bras; Parthenice se rit
De toutes ces douleurs, sçachant leur cause
 vaine,
Et que soudainement finira cette peine.

Stephanille iugeant qu'elle ne pourroit apprendre autre chose de cette Religieuse enfermee, si faut-il, dict-elle, ou que ie treuue ma fille, ou que ie meure en sa queste; cela dict, apres mille regrets (dont ie suis autant sterile en ce papier que les femmes ne sont fertiles en semblables occasions) Elle part de la main comme furieuse & transportee, quand Parthenice redoutant qu'elle n'allast emplir la ville de vacarme, l'a r'appella, & comme elle s'essayoit de la remettre par de beaux discours : il n'est pas question, reprit Stephanille de paroles, mon mal ne se peut guerir, qu'en retreuuant ce que i'ay perdu, ne m'en contez pas d'auantage, vous n'estes pas mere, vous ne sçauez pas combien ces accidens sont sensibles. Elle voulut partir derechef, quand Stephanille ne la pouuant arrester que de la langue, luy cria qu'elle luy apprendroit des nouuelles de sa fille, alors elle demeura immobile comme vn terme, saisie d'vne joye incroyable, qui se terminera soudain en des regrets qui vous feront voir la constance d'vne femme. Il me souuient de Iacob, quand on luy dict que son fils Ioseph estoit viuant : car alors comme se resueillant d'vn profond sommeil, il demanda où il estoit: ainsi Stephanille, & où est-elle Madame, hé, ne me tenez point d'auantage en suspés, si vous ne voulez que ie croye que c'est pour me consoler, en m'amusant inutilemét. Alors Parthenice luy protestant que ce n'estoit point pour la tromper, mais pour luy apprendre asseurément que sa fille auoit

auoit rencontré le plus haut & le plus auantageux party qui se pouuoit imaginer au mõde, auquel elle s'estoit & portee, & dõnee elle mesme ; cela redoubla l'estonnement de Stephanille, qui n'estoit pas autrement dressee à l'intelligence de semblables discours: en fin elle presse la declaration de cet Enigme, que Parthenice luy desueloppa en peu de mots, luy declarant comme sa fille s'estoit jettee dans leur maison, dont la porte luy auoit esté ouuerte, n'ayant contribué autre chose à sa determination, que la reception d'vne Espouse qui se dõnoit à IESVS-CHRIST, laquelle ce seroit autant de sacrilege de retirer d'entre des bras si saincts, comme c'eust esté vne impieté de luy refuser vne entree si iuste & si affectueusement demandee. Alors Stephanille jetta vn grand cry, bien plus haut que celuy de Iacob, quand il baisa auec vne douleur amoureuse la premiere fois sa belle Rachel auprés de la fontaine, & faisant de la femme & de la mere à bon escient, elle emplit de vacarme toute cette paisible & deuotieuse maison; elle rugissoit cõme vne Lyonne à qui l'on a osté le fan; elle retentissoit cõme vne Austruche, de qui l'on a cassé l'œuf caché soubs le sable de la Lybie; elle demande sa fille, & la veut r'auoir à toute force. Quelles iniures ne dict-elle à l'innocence de

Eee

Parthenice? mais quoy, c'est vne Mere qui prend pour outrage, vn bien qu'elle desirera tantost auec ardeur : & puis admirez la constance des femmes, Roseaux du desert, la quintessence de la mobilité. Parthenice toute esmeuë de cet orage, va querir Doralice, qu'elle r'ameine au parloir. Là Stephanille recommença ses fureurs, & dict à l'vne, & à l'autre, ce que faict dire la rage quand elle maistrise les sentimens d'vne femme qui se pense offencee : elle commande imperieusement à sa fille de sortir, appelle mille fois Parthenice pipeuse & suborneuse, & quoy, non ie n'ay pas entrepris de coucher icy ce qu'elle cracha à ce front de diamant, car ces crachats lancez en haut retomberont sur sa face à sa confusion: ce flux de Rhetorique pleine de cholere ne merite pas d'estre enregistré. Mais elle fut bien estonnee quand sa fille parlant au trauers d'vne bonne grille luy dict genereusement, qu'elle ne la cognoissoit plus, qu'elle auoit choisi vn Espoux sanglāt, auquel pour adherer, elle auoit renoncé à la chair, & au sang, & à toutes les affections maternelles & mondaines. A cela Stephanille estincellant des yeux, comme vne Lyonne en sa furie, ne respondit que par des esclairs de menaces, & par des foudres de maledictions: mais Dieu garde la gueule des Loups:

la Conscience dictoit à Doralice cela mesme que Rebecca disoit à Iob, que cette malediction-là soit sur moy, mon enfant, va ne crains point.

Le Seigneur est ma lumiere
Et ma garde coustumiere,
De qui sçaurois-ie auoir peur?
Le tuteur de ma franchise
Me gardera de surprise
Et des pieges du trompeur.

Apres que Stephanille eust escumé toute sa cholere comme vn toneau remply de moust qui a jetté toute son ordure, elle demeura plus tranquille, & auec vn iugement plus clair que quand la passion la troubloit. Alors Parthenice prenant son temps, luy remonstra le tort & temporel & spirituel qu'elle se faisoit; spirituel, de contrarier à la volonté de Dieu, empeschant vne œuure si saincte que la consecration de sa fille aux pieds des Autels de IESVS-CHRIST, luy monstrant l'horreur de ce sacrilege, qui faisoit pleurer amerement les Anges de Paix, & qui resioüissoit l'enfer, Peché le plus enorme qui se puisse commettre, car tout l'vniuers ne vaut pas vne ame, & n'est-ce pas perdre vne ame, que de l'exposer aux hazards du siecle, en l'arrachant de l'Azyle de la saincte Religion? Mais parce que les dents agacée de cette vieille ne sauouroient pas le goust de ce morceau, elle la prit par les vtilitez temporelles. Comment, luy dict-elle, voyla vostre fille pourueuë pour rien à vn Espoux choisi entre les milliers, Espoux que les Anges adorent, que les Roys recognoissent pour souuerain, au nom duquel tout genoüil flechit, & il ne sera pas capable de flechir vostre obstiné courage? Hé! Stephanille reuenez à vous, r'appellez vostre Raison esgarée, prenez pour vous le mesme conseil que vous auez pris pour Leonin : vous auez franchement confessé que IESVS-CHRIST qu'il auoit choisi pour la part de son heritage à iamais, estoit preferable à toutes les Creatures de la terre; vostre fille l'a treuué, & l'a pris pour sa portion: voulez-vous, que pour satisfaire à vos iniustes desirs, qu'elle lasche vne si glorieuse & si aduantageuse prise? Ah! ma chere mere (car c'est ainsi que cette fille l'amadoüoit pour entrer dans son cœur) vous estes trop pieuse & trop Chrestienne pour consentir à cette manifeste impieté. Faictes de necessité Vertu, & offrez à Dieu comme vn autre Isaac, comme vn autre Iephthé, vostre Vnique en sacrifice. Il est vne autre vie que celle-cy, ma bonne Mere; vous voyla vn pied dans la fosse, preste de comparoistre deuant le redoutable tribunal du Dieu vinant; penfez-vous que iamais il vous pardonnaft vn tel forfaict, de luy arracher vne Efpoufe d'entre les bras? N'eft-ce pas luy arracher l'ame du cœur, & le cœur de la poictrine? Le bien que mon frere euft baillé à voftre fille, ie le procureray pour vous de telle façon, que vous n'aurez aucune neceffité de voftre vie: vous n'euffiez iamais tãt retiré, ny de commoditez, ny d'affiftance d'vn gendre, & de voftre fille, que vous en retirerez de la liberalité de Leonin: ie receuray voftre fille en ce lieu, fans qu'il vous en coufte vn quatrin. Rendez-vous, ma douce Mere, à tant de raifons, pluftoft que de vous voir condamnee par la Iuftice, à laiffer voftre fille en paix en ce lieu de tranquillité. Ouy, car fi par elle vous ne pouuez auoir Leonin pour voftre fille, combien moins vous permettra-t'elle d'arracher Doralice d'entre les bras du Redempteur de l'Vniuers? c'eft vne violence que tous les droicts Diuins & humains empefcheront, & en quoy vous aurez pour contraires, non feulement le tres-illuftre Archeuefque, mais encores le Vice-Roy & le Senat; & ne vous feruira de rien d'alleguer voftre auctorité maternelle, car en ce faict icy c'eft vne œuure heroïque que de la fouler aux pieds, & d'aller à l'eftendart de la Croix, en marchant fur la poictrine de Pere & de mere: ny vos larmes, ny vos clameurs, ny la monstre de vostre sein, ny l'estalement de vos mammelles, ny le tiraillemét de vos cheueux vous sera profitable; car vostre fille est trop sage pour trahir par vne fausse Pitié son propre salut ; elle commettroit vne cruauté enuers soy-mesme, si elle se laissoit ployer à vos prieres, à vos persuasions, à vos imprecations: aussi ne le fera-t'elle pas, ie vous en asseure, car à sa determinatiõ à laquelle ie n'ay contribué que la seule reception, à la franchise de son courage, à la force de l'inspiration qui l'a poussee à se donner si librèmét à Dieu, ie iuge que ce sera peine perduë, de la vouloir diuertir, & vn effort trop puissant, pour la foiblesse de vostre credit, de la vouloir arracher de ce lieu de Refuge contre son gré: Neantmoins afin que vous ne pésiez pas que ma presence luy oste la liberté de vous parler, ie me retireray, afin que vous appreniez de sa bouche sa volõté, & que vous sçachiez d'elle-mesme, si i'ay contribué vne seule parole artificieuse pour luy faire cõceuoir vne telle entreprise. Auec ce mot elle se retire du parloir, y laissant Doralice seule auec sa Mere, laquelle desia charmee par la promesse de l'assistáce que Parthenice luy auoit faicte de la part de Leonin, & plus encores de la descharge de Doralice (où l'on voit que plusieurs parens n'ayment leurs enfans que par interest) estoit deuenuë plus souple qu'vn gant, si bien qu'elle fut tout à faict gaignee, quand la gentille Doralice qui sçauoit que les cœurs, comme les aiguilles s'enfilent plustost par souplesse, que par force, se jettant à genoux, protesta à sa mere, Que plustost son ame sortiroit de son corps, que son corps de son gré de ce sainct Monastere: Que Parthenice n'auoit contribué autre induction à ce dessein, que son exemple, & la seule ouuerture de la porte, où elle s'estoit plustost precipitee que iettee : la suppliant de ne la contraindre point de retourner dans l'Egypte du Monde, des oignons duquel elle estoit lasse & rebutee ; qu'aussi bien apres Leonin iamais l'image d'aucun homme ne se graueroit sur son cœur. Stephanille attendrie de ce discours, ne luy respondoit que par ses larmes, & la genereuse fille cognoissant par ce langage coulant, que sa Mere estoit gaignee pource qui la concernoit, prenant vn nouueau courage, elle essaya de la gaigner elle-mesme : ce fut bien tost faict, car par le seul exemple de Leonin & de Parthenice qui quittoient tant de grãds biens pour le seruice du Crucifié, y adjoustât auec vne Rethorique de fille les gran-

Eee iiij

des commoditez de l'Estat Religieux, & enfonçant cela par la consideration de la Mort qui tenoit Stephanille de prés, par vn aage fort auancé, cela opera si bien auec l'inclination naturelle que cette mere auoit pour cette fille, qu'elle se rendit à tout ce qu'elle voulut, pourueu qu'elle fust receuë Religieuse en cette mesme maison. Doralice part comme vn traict, & va querir Parthenice criant: Triomphe, Triomphe, ce qu'elle disoit iustement, puisqu'elle venoit de terrasser le Monde, la Chair, & le Sang. Parthenice reuient qui veoit cette grande metamorphose, & admire la vision de ce buisson, auparauant tout herissé de poinctes, maintenant tout embrasé d'vn sainct zele, & tout ardant du desir de l'Estat Religieux. O Seigneur, dict-elle, que les changemens de vostre main sont adorables : c'est ainsi que par les excez, & les inondations de vostre grace, vous changez tout à coup les Loups en Agneaux, & les sauuageons en des oliues franches & douces. Dés la premiere demande de Stephanille sans autrement y penser, la pieuse fille luy promet l'entree, & quoy! tout presentement ; mais sans y penser, elle tire trop court d'vn grain, & faict par cette precipitation vn traict de Nouice. Elle court à l'Abbesse, qu'elle pense treuuer aussi fauorable à la Reception de la Mere, qu'elle s'est treuuee gracieuse à celle de la fille : mais il y a bien de la difference, elle croit que proposer & obtenir soit tout vn, & lors qu'elle doute pour Doralice, elle est exaucee, & lors qu'elle s'asseure pour Stephanille, elle est rebutee ; non pas certes que l'Abbesse accuse son zele d'indiscretion, le recognoissant aussi sincere qu'il estoit pieux : mais parce qu'estant encores mal informee des statuts & des reigles de cette Maison destinee seulement pour des Vierges, les Vefues n'y pouuoient estre admises : l'Abbesse luy ayant donc faict voir cette impossibilité, elle demeura toute confuse, neantmoins pleine d'vne saincte confiance en celuy dont les œuures sont sans Repentance : elle creut que Dieu ayant donné le principe à cette Conuersion, ne laisseroit pas cette femme en si beau chemin, & que luy ayant donné le desir de se consacrer à luy, il luy osteroit le choix de ce lieu, & l'attachement à sa fille : elle va auec l'Abbesse au parloir, où elles treuuent la Mere & la fille si rauies d'ayse de ce bien inopiné, qui leur estoit arriué d'enhaut du Pere des lumieres, d'où prouient toute sorte de bon-heur, & tout don parfaict, qu'emportees en cette extase, elles ne disoient mot, toutes englouties en la consideration de leur future felicité, quand voicy vn brin d'absynthe, qui vient tumber dans le miel de leur contentement, pour leur apprendre la verité de cette parole :

Que rien n'est icy bas accomply de tout poinct. Voicy le Glaiue que nostre Seigneur declare estre venu apporter en terre pour separer le Pere de l'Enfant, & le Mary de la Femme, parce que ordinairement les plus dangereux ennemis de l'homme sont ses domestiques. Dieu ! que deuint Stephanille, quand elle receut cet arrest de separation, cette rigoureuse sentence de Renuoy, si peu attenduë, & si contraire à la douce Esperance que Parthenice luy auoit faict conceuoir: Doralice qui auoit l'esprit delié & subtil comme vne Napolitaine, se va imaginer que c'estoit vn traict d'essay de la Prudence de l'Abbesse, pour espreuuer la Vocation de sa Mere, de laquelle cognoissant l'humeur brusque & prinsautiere : Pour Dieu, luy dit-elle, Madame, n'assaillez pas d'vne si rude tentatiue le cœur de cette bonne femme, fort ignorante en ces ruses sacrees de la Religion, cela seroit capable non seulement de rebutter, mais encores de troubler son Esprit: mais quád elle eut appris qu'il n'y auoit ny duplicité ny feinte, & que c'estoit vn stafut inuiolable de la Maison où les Vefues ne pouuoient estre introduittes, ô que de regrets, ô que de larmes, ô quelle dure separation: elle sembla bien cruelle à Doralice, qui se reputoit bien-heureuse de seruir Dieu, & sa chere Mere en mesme temps, luy rendant sur ses vieux iours par vne pieuse Antipelargie, les deuoirs & les assistances qu'elle auoit receuës d'elle en son enfance : mais d'autre costé se voyant si bien logee, & entre les bras d'vn Espoux qui valoit mieux que toutes les Meres de l'Vniuers, ce gros aymant emporta soudain la determination de son cœur,

Les pleurs coulent de ses yeux,
Mais l'Esprit demeure ferme;
Car il est en trop bon terme,
Pour laisser laschement vn bien si precieux.

Mais Stephanille rauagee de ce rebut r'entre en ses premieres frenaisies, demande sa fille, dict que ne pouuant viure sans elle, puis qu'ils ne veulent pas la receuoir, elle ne leur veut pas laisser celle qui est la prunelle de ses yeux : elle tempeste, elle crie, elle se debat, elle se demeine là dessus, sçauez-vous comment, en femme. Doralice ne veut point entendre ce langage; elle proteste de mourir plustost de mille morts, que de quitter cet Espoux sanglant, par lequel le Monde &

tout ce qu'il contient luy eft crucifié, qu'il luy tient lieu de Pere & de Mere, de Tout; que fans luy & pour luy elle mefcognoift tout le monde. La Mere qui entend cela luy dict mille outrages, & la menace fi elle reuient en fa puiffance de luy faire fentir en la pefanteur de fes bras le poids de fa jufte cholere : quelles iniures ne dict-elle à fon ingratitude. En fin elle preffe l'Abbeffe de tant de façons, que cette bonne Dame aymant d'vn cofté Parthenice, & en fa confideration Doralice, & de l'autre craignant le bruit & le vacarme de cette Mere, qui pourroit troubler la Paix fi neceffaire en vne Communauté Religieufe, & emplir toute Naples de Murmure, ne fçauoit bonnement à quoy fe refoudre, quand la Prudente Parthenice, apres auoir en fon cœur inuoqué l'affiftance du Ciel, treuua vn expedient qui trancha tout cet embroüillement, comme vn coutelas d'Alexandre. Helas! dict-elle à Stephanille, ma chere Mere, vous arrefterez-vous en fi beau chemin? voudriez-vous bien courir la rifque de cette femme falee, pour regarder en arriere? Il y a tant de maifons Religieufes en cette ville, où les vefues peuuent eftre receuës ; c'eft là que vous deuez tourner vos vœux, pluftoft que de retourner vos defirs vers le monde; il y en à vne voysine de ce Monastere, qui est de Chanoinesses, lesquelles viuent sous la Reigle de sainct Augustin en grande regularité & saincteté ; c'est là, chere Stephanille, le lieu de vostre Retraitte ; si vous n'y auez vostre fille auec vous, vous l'aurez si proche de vous, qu'à toutes les heures vous pourrez auoir de ses nouuelles, & elle des vostres; & ie croy que selon Dieu, & pour vostre salut, il sera mieux ainsi, par ce que en cette separation, l'Amour & le Respect se maintiendront en vos cœurs auec plus de vigueur & de force ; car la Conuersation trop ordinaire relasche beaucoup cette saincte liaison, ioinct que si vous entriez en vne Religion, où vous ne pouuez estre propre au chœur, à cause de vostre aage, desormais inhabile & à l'apprentissage & à la fatigue ; & si vous vouliez maintenir sur vostre fille cet empire absolu, que vous auez acquis sur elle, & qui doit estre en la Religion reserué à la seule Abbesse, Mere commune de tout le troupeau, cela apporteroit du desordre en la Communauté, & causeroit des Murmures. Croyez-moy, ma douce Mere, cette separation est auantageuse pour la Gloire de Dieu, & pour vostre salut ; & quand bien mesmes on vous voudroit receuoir ceans, nonobstant vostre qualité de vefue, vostre aage auancé ne pourroit pas supporter la seuerité de la Reigle de sainct Benoist, qui s'obserue rigoureusement en ce lieu : mais la Reigle de sainct Augustin est si douce & si aysee, qu'elle semble faitte pour les personnes caducques, debiles & infirmes. Et en ce conseil, ma bien-aymee Stephanille, il me semble que i'ay l'Esprit de Dieu. Et certes il y parut : car ce bon Dieu respandit tant de graces sur les leures de Parthenice en ce discours, que Stephanille se rendant maniable à ses persuasions, consentit à tout ce qu'elle voulut, tant estoient puissans les charmes de la Conuersation de Parthenice : Sur le champ elle escrit à la Prieure du Monastere de sainct Augustin ; elle promet de doter abondamment Stephanille, qui auoit de son chef, & des biens d'Herminio de mediocres facultez, plus que suffisantes neantmoins pour cela : l'affaire est concluë, Doralice demeure auec Parthenice, & prend l'habit la nuict suiuante apres Matines sans autre bruict, Stephanille est receuë Chanoinesse ; tout ce tumulte & toute cette amertume est en paix, par la Prudence de nostre Sage Vierge.

FIN DV LIVRE DOVZIESME.

815

PARTHENICE
LIVRE TREIZIESME.

Ependant que ces choses se passent ainsi, Leonin voulant donner ordre à recueillir les biens qui luy estoient escheus par le testament d'Osiandre, pour les distribuer en œuures pies, tandis qu'il vend des meubles, & qu'il dispose des immeubles, mille trauerses l'embarrassent, & prolongent son sacré dessein; & le Diable qui ayme autant les retardemens, comme le S. Esprit les a en hayne, taschant de le pescher en eau trouble, luy tend des pieges de toutes parts, apreste des lacqs à ses pieds, c'est à dire tasche d'enlasser ses affections, tantost dans l'auarice, considerant l'abondance où il se voyoit, & la conferant auec sa pauureté precedente. Que veux-tu faire, luy disoit quelquefois le malin interieurement, miserable Leonin, veux-tu par vn zele indiscret, à l'exemple

d'vne chetiue fille, ruiner ta fortune, lafcher les cheueux de l'occafion que tu tiens à plein poing, & t'immoler à la rifee de tes compagnons, qui diront que tu auras imité ce Philofophe, que plufieurs taxent de folie, qui ietta fa bourfe dans la mer?

C'eſt peu d'experience à conduire ta vie,
 Et perdre ce que l'aage a de fruict & de fleur,
 Pour te ſacrifier à vne ſotte enuie,
 Et changer vne Croix qui n'eſt rien que Douleur.

Veux-tu quitter la folidité pour l'ombre, & le corps que tu tiens pour l'image de l'aduenir que tu ne tiens pas? Iouys infenſé, iouys de ta bonne fortune, tu la fuis quand elle te fuit, & lors que tu la fuiuois auec tant d'ardeur, la mauuaife te fuyoit; fi tu la traittes indignement, n'ayes pas peur que iamais elle te vifite : Cependant ces boüillons de ferueur pieufe ne dureront pas toufiours; on fe refroidit, on fe dégoufte de l'aufterité; la folitude eſt ennuyeufe, ô combien d'idee ce malicieux Efprit, ennemy de noftre falut, faifoit-il nager dans l'Efprit du peu aduifé Leonin, qui s'entretenoit quelquesfois par trop de ces Chimeres : combien de traicts enflammez tiroit-il dans fon cœur, tirez de la trouſſe de l'Ambition, pour luy enfler la tefte teste de vent, & de fumée? rien ne flatte tant vn grand courage, que la Vanité & le desir d'estre quelque chose dedans le monde; ceux-là mesme qui font des liures du Mespris de la Vanité du Monde, mettans leurs noms en teste, tesmoignent qu'ils recherchent en effect ce qu'ils blasment en parole, faisans comme les lezards, qui auec leur queuë effacent les traces que leurs pieds ont imprimé sur l'arene: car ils démentent par la publication de leurs noms, les raisons du mespris du renom qu'ils estalent sur leur papier. O quand ce mauuais esprit dans le carquois des Voluptez prenoit des charbons ardans, & qu'il les lançoit dans les reins & dans le sein de ce jeune homme, quel embrasement excitoit-il en sa pensee, principalement quand il luy representoit les delices d'vn legitime Mariage, comme de belles & fraisches Roses, qui embaumoient de leur odeur, & le Ciel & la Terre, luy cachant industrieusement toutes les espines de ce venerable lien : De là il flattoit son imagination de cette agreable pensee de renaistre en vne belle lignee, qui porteroit le nom de ses ancestres bien auant dans la Memoire de la posterité. Quoy, luy disoit cet Esprit seducteur, à pareil air que cette pipeuse à la Royne de Carthage,

Fff

*Verras-tu donc ainsi de ton aage plus cher
La fleur & les beaux ans tristement se seicher,
Sans gouster les plaisirs d'vne heureuse lignee,
Et les fruicts dont Venus se treuue accompagnee?*

Apres cela aydé de l'Amour propre, & de cette conuoitise, qui proprement n'est pas peché, mais vne amorce de Peché, qu'est-ce qu'il ne representoit de Beau, de Grand, d'Agreable, d'Vtile, d'Auantageux à ce jeune cœur, d'autant plus facile à combattre, & plus aysé à abattre, qu'il estoit moins pourueu d'experience. Son Miroir luy faict croire qu'il est parfaitement agreable ; car ie vous prie, quelle grace manque à ce front de jouuenceau, qui a esté pris tant de fois pour celuy-là mesme de Parthenice? Sa conuersation est molle & pleine d'attraicts, principalement parmy des femmes; cela luy faict croire que celle qu'il entreprendroit à Naples, pour grande qu'elle fust cederoit à la douceur de ses richesses. Le testament d'Osiandre luy faict clairement voir la grandeur des biens, & des tiltres releuez qu'il possede ; le Vice-Roy & la Vice-Royne le fauorisent, & à cause de sa Sœur, & pour ses propres merites capables de le faire aymer par ceux-là mesmes qui le pourroient enuier, il n'y a personne qui ne l'honore & ne l'estime : il est accueilly par toutes les compagnies, non comme fils de Talerio, mais comme Frere de l'adorable Parthenice, & successeur d'Osiandre. Plusieurs filles d'Israël commencent à ouurir les yeux sur ce vaillant Samson, sur ce bel Absalon. Son dessein Religieux se publie ; le Diable par le Monde son grand support, tasche de l'en diuertir ; on appelle cela maladie Hyppocondriaque & melancholie, vn mescontentement de sa Sœur qui ne l'a pas faict Duc, quelque desespoir amoureux, & quoy non, toutes couleurs mensongeres ; jamais la blanche de la pure & innocente Verité : ces molles caresses des mondains chatoüillent & flattent l'imagination de nostre Leonin : mais d'autre part, la grace qui tenoit bon dans le donjon de son ame comme vne tour de force deuant la face & l'assaut de l'ennemy ; c'est ce qui l'anime à mourir, plustost que de veoir la ruïne de son dessein : quand il regarde l'eternité, les momens de cette vie disparoissent deuant ses yeux ; la contemplation du Ciel luy faict oublier la terre. Il rompt tous ces liens, & il

Fff ij

chasse toutes ces funestes illusions, qui comme des oyseaux malencontreux, troublent le sacrifice qu'il veut faire à Dieu, en secoüant la poudre de ses pieds, c'est à dire en se despestrant de l'affection aux choses passageres. Neantmoins il ne laissoit pas de sentir de cruelles atteintes, & la tyrannie de cette dure loy des membres repugnantes à celle de l'esprit. Voyla le poinct où il en estoit reduit; pour vouloir desbroüiller ses affaires temporelles, il embroüilloit ses spirituelles : pour cela dict tresbien le grand Apostre, que ceux qui veulent deuenir riches, tombent aux pieges & aux lacqs de Sathan, qui se sert des richesses comme de la glus, pour empaster les aisles de nos desirs spirituels, empester nos cœurs, & empoisonner nos ames. Les Richesses sont ces brossailles de l'Euangile, qui suffoquent la bonne semence de l'inspiration Salutaire. O que le Castor est sage pour vne beste, qui se sçait prudemment deffaire de ce qui le faict suiure, cherchant la seureté de sa vie dans ce leger retranchement. Que Ioseph fit bien de se dessaisir de son manteau, pour se destacher des prises de son impudique & impudente Maistresse. Certes les Richesses sont vn grand fardeau à celuy qui se veut esleuer sur la Montagne de la Perfection. Rien n'empescha le jeune

Adolescent de suiure nostre Seigneur (suitte qui eust operé son salut eternel) que le desir de conseruer ses biens : Biens qui sont à nos Ames ce que les arraignees aux abeilles, dont elles empoisonnent le Miel, & embarrassent la mesnagerie auec leurs toiles. Voyla Leonin qui s'enuelope plus il se veut desueloper, pareil à ces animaux pris aux filets, ou dans les paneaux, qui se garrottent & s'empestrent d'autant plus qu'ils se debattent & se secoüent, en pensant s'eschaper. Et parmy tout cela le Diable luy brasse d'estranges menees, comme vous allez apprendre. Vn iour pour se desennuyer d'vne longue tracasserie d'affaires qui l'auoit occupé fascheusement, il s'en alla aux Bernardines visiter sa Sœur, à laquelle il ne se treuua rien de si nouueau à luy dire, que la plaisante replique qu'il auoit faitte à Stephanille, qui l'estoit venu sommer de la promesse qu'il auoit faitte à son Mary d'espouser sa fille Doralice, luy protestant qu'il n'auoit iamais promis d'espouser Herminio, & que si cela estoit, la Mort l'auoit faict veuf, & libre de sa parole. Quant à Doralice, qu'il ne luy auoit iamais rien promis, que comme l'on faict à vn enfant des dragees, des confitures, & des poupees. Parthenice qui sçauoit bien d'autres

Fff iij

nouuelles fous-rit au recit de cette gentilleſſe, & fut bien ayſe de voir combien le cœur de ſon Frere eſtoit eſloigné de ces premieres affections qu'il auoit autrefois creuës bien fortes, quoy que le ſujet en fuſt bien foible: mais qui ne ſçait que l'Amour eſt Enfant. Et quoy, luy dict Parthenice, auez vous bien eu le courage de parler ſi deſdaigneuſement deuant voſtre ancienne Maiſtreſſe, que vous auez autrefois ſi tendrement aymée, & de laquelle ie vous ay veu ſi empreſſé? Certes, dict Leonin, elle n'y eſtoit pas, il n'y auoit que cette Mere qui me couurit tout d'opprobres & d'iniures quand elle eut entendu ce rebut, & ſe retira apres mille reproches, & autant de menaces de me faire appeller deuant la Iuſtice, pour me voir condamner à prendre ſa fille, qui me ſeroit vne peſante Croix; car ſi elle eſt creuë en laideur autant que ſa Mere eſt accreuë en deformité, ce me ſeroit vn horrible ſpectre, parce que ſoit que la cholere luy alteraſt le viſage, ſoit que les traicts d'vne face qui nous iniurie ne nous ſemblent iamais beaux, il me ſembloit que ie voyois vne terrible Creature: pour moy ie penſe que l'on me mettroit pluſtoſt en mille pieces, que de dire vn Ouy contre ma volonté, qui m'attachaſt à la fille d'vne telle : & Dieu me le pardonne, mais cette action m'a rendu mesme odieux le nom de Doralice, & m'a donné vne secrette horreur de sa personne : Et ie tiens à vne grande grace de ne l'auoir pas veuë pour ne la point haïr d'auantage, non plus que cette importune femme que ie n'ay point reueuë depuis ce temps, & ne sçay si elle est retournee à Miralte, ny ce qu'elle est deuenuë. Or vous iugerez icy de l'instabilité des hommes, aussi bien que de l'inconstance des femmes, & en general de la legereté du cœur humain, qui ayme & haït, desire & abhorre vn mesme object presque en vn mesme instant : ô Leonin! que tu te vas amerement repentir des traicts que ton indiscretion te vient de tirer de la bouche. Apprenez mortels à ne parler pas legerement, & à la volee ; car les paroles de precipitation ont vne ombre inseparable qui les talonne, le desplaisir de les auoir proferees ; toute iniquité se serre la bouche, dict le sacré texte. La Sage Parthenice voyant son Frere en cette plaisante humeur, sous-riant auec modestie, estoit neantmoins touchee d'vne douleur interieure de cœur, de voir l'instabilité de l'espoir de son Frere, mesprisant à son aduis vn peu trop rigoureusement

Fff iiij

ce qu'il auoit autrefois tant honoré & estimé, & desirant le r'amener plustost à l'Esprit de Compassion sur les miseres de cette Vefue & de cette Orpheline, elle luy dict, Vrayment, mon Frere, il me semble que vous auez traitté vn peu bien brusquement, que ie ne dise rudement, cette pauure femme, sans vous souuenir des bons offices que vous a autrefois rendus Herminio, lors que vous estiez en vne fortune qui vous faisoit estimer son alliance, & qui vous rendoit curieux de la recherche de Doralice. Est-ce la recognoissance que vous auez du bon traittement de Stephanille, & des caresses par lesquelles elle vous faisoit paroistre l'estime qu'elle faisoit de vostre Vertu? Et eussiez-vous peu sans mourir de honte, faire vn tel rebut à vostre ancienne Maistresse? au moins si vous n'auez plus d'Amour, ayez de la pitié de cette Orpheline; & si vous ne la voulez pour vous, donnez-luy le moyen de treuuer vn mary. A cela ne tienne, dict Leonin, que ie ne me déface de ces importunes, Ordonnez, ma sœur, ce qu'il vous plaist que ie face pour elles en la distribution de mes biens, ie le feray tres-volontiers, & puisqu'il faut vn ordre en la Charité, ie croy que ie feray aussi bien de les ayder que d'autres personnes necessiteuses, qui ne sont pas de ma cognoissance : mais il faut confesser que le proceder hautain & iniurieux de Stephanille m'a despleu ; c'est vne mauuaise façon pour obtenir vne grace, que de la demander le baston à la main. Mon frere, dict Parthenice, souuent la passion nous emporte hors des termes de la Raison, & alors ce n'est pas nous qui parlons, c'est la cholere qui parle par nous dans les discours, comme les actions ne peuuent estre que desreiglees. C'est pourquoy ie vous suplie d'oublier tous ces outrages, dont ie sçay que cette bonne femme se repend, & selon la parole que vous m'en venez de donner; car ie sçay où elle est, comme aussi où est sa fille Doralice: & alors luy racõtant de poinct en poinct tout ce qui s'estoit passé en la reception de la fille, & en la Conuersion de la Mere, elle emplit Leonin d'vne telle admiration, qu'il fut vn long espace sans dire vn seul mot ; & puis benissant Dieu, qui preuenoit ses desirs par tant de graces, il auançoit ce qu'il va démentir tout maintenant ; car Parthenice pour luy faire cognoistre la Verité de son dire alla querir Doralice, laquelle vestuë en Nouice tout à blanc, parut deuant les yeux de Leonin auec vn si grand aduantage de beauté, auec vne façon si modeste, vn port si graue & si doux, qu'il en demeura tout esblouy, comme s'il eust veu vn Ange de lumiere : à son gré il ne vit iamais rien de si beau, soit que le Diable emplissant ses yeux d'illusions, luy rendist Doralice beaucoup plus specieuse, soit que renouuellant ses anciennes flammes à la veuë de cet object autrefois tant aymé, ce feu caché sous les froides cendres d'vn ingrat oubly redoublast sa vigueur & sa force. Tels que paroissent les rayons du Soleil, quand vn nuage les a rebouschez, c'est à dire plus picquans & plus vifs ; tels parurent les yeux de Doralice à Leonin soubs la sombre clairté de ce voyle. O Dieu ! qu'en cette passion les recheutes sont dangereuses, que les rengregemens rendent ses flammes aiguës & penetrantes. O qu'vn flambeau encores fumant est aysé à r'allumer! On dit que les playes des meurtris saignent en la presence des meurtriers : la presence de cette chere meurtriere de son cœur en r'ouurant ses anciennes playes, en fit sortir le sang par les yeux. Comme c'est vn grand secret à ceux qui veulent guerir de ce mal, que l'absence, aussi la presence est-elle dangereuse en cette douce contagion, laquelle se blasme aussi aysément qu'elle s'éuite difficilement.

Fuyez amans fuyez, le serpent est soubs l'herbe.

Certes si ceux qui sont mordus d'vn animal enragé, ne peuuent auoir de repos en la presence de la beste qui leur a imprimé cette mortelle atteinte; combien moins pourra guerir vn cœur amant en la presence du cœur aymé? Leonin esperdu en la consideration de tant de graces, ne parloit que des yeux, & la Nouice desrobant quelquefois des œillades sans preiudice de sa Religieuse modestie, pour reuoir le seul homme qui auoit faict vne iuste impression sur ses affections, pleine d'apprehension de renouueller ses anciennes flammes, & de desir de rendre à Leonin des tesmoignages de sa sincerité, nonobstant la presence de Parthenice, rompit ainsi son silence. Vous voyez, cher Leonin, où m'a reduitte apres l'inspiration de mon Dieu, vostre Amour, & l'exemple de vostre sœur. Ne craignez pas que ie vous reproche vos promesses, & tant de sermens dont vous les accompagniez, pour les faire glisser plus ayséement en ma creance: Moins que ie vous accuse d'infidelité, puisque vous m'auez rendu, en me laissant le plus signalé seruice que vous me peussiez iamais rendre, dequoy vous estant extremement redeuable, i'ay beaucoup plus d'occasion de vous en rendre des graces que d'en former des plaintes. Ce qui me console entierement, & ce qui essuye de mon ame toute sorte de regret, c'est la dignité du subject pour lequel vous auez faict vne iuste banqueroute à mon affection, lequel est si parfaict, que vostre changement en est rendu, non excusable seulemét, mais loüable. Car bien que vous m'eussiez aymee auant que cognoistre la beauté & la valeur de cet object eternel, & quand vous eussiez esté le plus constant, & le plus fidele de tous les mortels, il merite que pour luy estre constant on soit infidele à tout le monde. Et c'est le raisonnable contentement qui me reste dans le sensible mescontétemét de vostre perte, de sçauoir que vous m'auez quittee pour le seruice d'vn Seigneur qui surpassant sans comparaison tous les autres, efface l'affront que ce m'eust esté de me veoir preferer quelque autre creature. C'est à luy que ie cede tres-volontiers, vous permettant de me laisser pour luy, comme pour luy franchement ie vous laisse. Ie ne pretends donc plus rien de tant de bien-veillance que vous m'auiez protestee, qu'vne simple & pure affection de frere & de sœur; &

tant s'en faut que ie m'oppose à vostre Religieux dessein, que i'y voudrois contribuer & mon sang & ma vie. Seulement ie vous demãde vne grace pour la derniere fois que ie pense vous veoir, c'est que si ie suis priuee de vostre alliance, ie ne le sois pas de vostre amitié ; vous asseurant que dans le monde vous eussiez bien peu vous donner à quelque autre, mais ie ne pouuois estre à d'autre qu'à vous. A ces mots, qui estoient autant de coups de poignard dans le cœur de Leonin, il se laissa tomber comme pasmé, ne leur respondant que par vn esuanoüissement leger, qui ne fut pas dangereux, parce qu'il luy arriua comme il estoit assis dans vne chaire. Icy Parthenice fut doublement troublee, & parce qu'elle ne le pouuoit soulager en cette agonie, à cause de la grille qui les separoit, & de crainte qu'elle eut, prudente qu'elle estoit, d'auoir resuscité ses anciennes flãmes. Et certes elle ne se trõpoit pas en ce dernier iugemẽt, car sans la grace du Ciel attiree par ses prieres, Leonin estoit pour r'entrer en des erreurs pires que celles qui auoient trauersé toute sa ieunesse ; elle crie, & elle appelle les seruantes du dehors, qui auoient soin des parloirs, à l'ayde desquelles Leonin reuint à soy, abbatu de douleur, de honte, & de peur d'auoir descouuert par cet accez la fieureuſe violence de ſon Amour. De ſorte que ſans faire aucune replique il ſortit, comme eſtant malade, & ſe retira en ſon logis, plus deſchiré de ſes penſees, que ce fabuleux chaſſeur ne le fut de ſes propres chiens. Quand il fut retiré, & que la ſolitude & le ſilence de la nuict luy donna le loiſir de repenſer à ce qu'il auoit veu, cette plaintiue image de Doralice paroiſſant en ſon idee encores plus belle qu'à ſes yeux luy liuroit de tels aſſauts, qu'il eſtoit ſur le poinct de ſuccomber à la violence de cette tentation. Car le Diable n'y obmettant aucuns feux artificiels, iugeant bien qu'il y alloit de ſon reſte, ne laiſſa rien d'intenté pour reduire en cendre ſon pauure cœur. Peu s'en falut que cette veuë ne fit en ſon ame vne dangereuſe renaiſſance d'Amour, reſſemblant à l'eſclaue fugitif, qui rencontre par hazard le Maiſtre dont il auoit ſecoüé le joug. Que de diſcours en ſa penſee, que de penſees en ſon courage, quel rauage en ſon eſprit ! combien de fois ſe repentit-il d'eſtre deuenu ſi ſage, & d'auoir rompu de ſi beaux liens ! Il croit qu'il ceſſera de viure, quand il ceſſera d'aymer cet object, autrefois plus la vie de ſon ame, que ſon ame n'estoit la vie de son corps. Il la tient pour son tison enchanté, estimant que la fin de son Amour sera celle de sa vie. Tantost nonobstant la resistance de sa Raison, il s'imagine qu'il doit r'allumer ce flambeau amorty ; tantost sa passion le flatte de mille specieux pretextes ; tantost ruminant les propos de Doralice, il la croit si subtile de son feu, & plus desireuse de luy que d'vn voyle. De sorte que se faisant la guerre à soy-mesme auec ces desraisonnables propositions, il se forgeoit des chaisnes pour se remettre en esclauage, preferant cette seruitude à l'Empire de l'vniuers. Mais d'autrepart, faisant repasser deuant son iugement en quels termes estoient ses affaires, la publication de son dessein, le scandale qu'il exciteroit retirant cette fille d'vn Cloistre, le desplaisir qu'il causeroit à sa sœur, s'il changeoit de resolution. De là, se portant à la consideration de la briefueté de cette vie, de la vanité de ses plaisirs, de la trahison du monde, de la tyrannie de cette passion, aussi cruelle, qu'elle semble douce, que l'on appelle Amour, Passion qui faict qu'en cherchant ce que l'on desire, l'on perd tant de temps, & en se perdant soy-mesme l'on treuue tant de peines : l'assaut, & l'abondance de la grace fut de telle force, que comme vn clou chaſſe l'autre, en fin pour ſon bonheur il ſe vit preſque en meſme inſtant vaincu de ſa paſſion, & ſoudain vainqueur de ſon Amour, en ſe vainquant ſoy-meſme. Ainſi l'Amour de Dieu dans le cœur de Leonin demeura victorieux de l'Amour du monde, traict puiſſant de la diuine Miſericorde. Apprenez, vous qui portez dans les cœurs de ſemblables atteintes, à ne tenter pas Dieu, en recherchant les cauſes de voſtre mal dans leurs racines. Souuent de petites eſtincelles excitent de grands embraſemens. Depuis Leonin fut plus accort, tellement que retournant veoir ſa ſœur, & luy ayant ingenuëment confeſſé le ſubject de ſa defaillance, il la ſupplia de teſmoigner pour luy à Doralice toute ſorte de ſaincte affection, pourueu qu'elle ne fuſt point preiudiciable à ſon principal deſſein ; & pratiquant le conſeil d'Alexandre & de Scipion, qui eſuiterent la rencontre de certaines Beautez qui euſſent peu les porter à des conuoitiſes illicites, il fit paction auec ſes yeux de ne plus veoir cette fille, ſinon en eſprit, priant Parthenice de luy rapporter le contentement qu'il auoit de la ſçauoir ſi reſoluë à la Religion, & ſi joyeuſe de le voir en meſme train; & que faiſant ſemblant qu'il la demandoit

mandoit, il luy fit accortement refuser sa veuë par l'Abbesse, de peur qu'il ne semblast faire par ingratitude & par oubly, ce qu'il faisoit par Sagesse & par Conscience. Et Parthenice ioyeuse que cet accident reussist selon son desir, se comporta auec tant de Methode en la conduitte de Doralice, qu'elle se contenta de l'auoir pour truchement, & pour Interprete des bonnes volontez de Leonin, lequel ne manqua pas de donner quelque chose à cette maison de Bernardines, en faueur de Doralice, & encores à celle des Chanoinesses, en faueur de la reception de Stephanille, qu'il alla voir, & qui luy demanda mille pardons des violentes paroles qu'elle luy auoit dittes, plustost par transport que destinement. Leonin satisfaict de ses sous-missions verbales, la satisfit encores mieux par de bons effects, de sorte que de ce costé là chacun est content. Que tardes-tu, pauure Leonin? attends-tu tousiours quelque nouuel orage qui vienne trauerser le bon-heur de ta nauigation? tandis que la bonace te rit, que ne fais-tu voyle? Mais quoy, cette retardation est pour donner vn meilleur ordre à ses affaires, & cet ordre est pour la Charité, & cette Charité pour la plus grande gloire de Dieu. Mais que cet ordre, que cette Charité, que cette gloire de Dieu appparente nuit ordinairement au vray ordre de la Charité, & à la veritable gloire de Dieu; ce font quelquesfois des pieges fpecieux, des amorces friandes, des faux Phares, où l'on fe prend, où l'on s'amufe, où l'on faict naufrage, où l'on fe perd foubs l'efpoir de fe fauuer.

Car l'efprit ennemy, porte pour nous feduire,
Mille traicts differents, mille moyens de nuire.

Quelquesfois il nous attaque par vne fleche qui vole de iour, laquelle fe voit, mais dont la viftefſe nous ofte la cognoiſſance; ce font des tentations legeres, dont on ne peut pas bien cognoiftre la malice pour leur paſſage foudain : tantoft par vn negoce qui chemine dans les tenebres, quand la malice en eft ſi noire qu'elle fe faict ombre à elle-mefme : mais Dieu nous garde du demon du Midy, c'eſt à dire de la Tentation couuerte d'vn pretexte lumineux & efclattant; car comme les vrays vices ne font pas tant à craindre que les fauſſes Vertus, ainſi les fuggeftions manifeftement mauuaifes, ne font pas ſi dangereufes que celles qui fe cachent foubs de raifonnables & iuftes apparences. Plus vous demeurerez à Naples, ô Leonin, & pis ce sera pour vous; car ce Lyon rugissant qui ne dort iamais pour essayer de nous perdre, comme celuy qui garde Israël veille tousiours pour le conseruer, cet esprit Ennemy rode sans cesse autour de vous, pour vous brasser mille menees, pour vous mesler mille fusees. Ce sera la toile de Penelope, tousiours à refaire, si vous ne vous défaittes de ces liens, & de ces biens qui vous embarrassent : Voulez-vous ressembler au flambeau, qui se consume pour esclairer les autres? pour faire du bien à autruy, faut-il se nuire à soy-mesme? Iugez de ce qu'il eust faict, si Leonin n'eust tranché entre le vif & le mort, quittant tout auec promptitude par ces deux eschantillons. Vous sçauez que nous auons parlé au commencement de cette Histoire, d'vne Marquise Napolitaine appellee la Signora Cynthia; cette Cynthie estoit vne jeune vefue de grande maison, & de bon Esprit, & de telle beauté qu'elle auoit donné autresfois dedans les yeux de Talerio, Pere de Leonin, cet homme dont la bonne grace estoit l'outre-passe des bonnes mines des plus galands de Naples. Or parce qu'elle estoit extremement honneste, elle eut en horreur la recherche de Talerio, d'autant qu'il estoit marié à Olympie; de sorte que faisant reboufcher tous les traicts de l'Amour contre le Rocher de son honneur, elle le mesprisa aussi iustement qu'iniustement il la poursuiuoit; en fin le miserable trespas de Talerio fit naistre de la pitié en ce cœur genereux, où l'Amour n'auoit peu auoir d'entrée : mais en cette grande solennité de la Vesture de Parthenice, ayant ietté les yeux auec trop d'attention sur Leonin, l'image de son Pere, & l'idee de sa Sœur, elle eut au commencement Pitié de le voir si saisi de douleur, quand il eut perdu Parthenice de veuë, & par cette porte de la Pitié l'Amour se mit dans son Ame; de maniere que si elle auoit eu pour le Pere mourant plus de Pitié que d'Amour, elle eut pour le fils viuant plus d'Amour que de Pitié. Cette nouuelle flamme la rauage d'autant plus impiteusement qu'elle ne luy peut opposer aucune consideration honorable. Leonin est Comte, il est riche, il est estimé, il est frere d'vne fille qui est vne image de toute Vertu; il est luy-mesme fort Vertueux, il est braue, il est vaillant, & d'vne forme si agreable, qu'elle semble n'estre au monde que pour ruiner la resolution qu'elle auoit faitte de viure & de mourir en vefuage. Or comme ce feu est bien cuisant quand il est allumé en vn bois vert, & de plus extremement actif, elle en perd le repas, & ne sçait que faire pour se guerir de ses aymees inquietudes : Elle ne sçait où treuuer son dictame ; de confidente elle n'en a, ny n'en veut point ; elle brusleroit sa robe si elle pensoit qu'elle deust trahir le secret de son cœur ; cependant ce feu se rend d'autant plus ardant qu'il est plus caché, l'éuent l'euapore, ou pour le moins l'alentit, & le rend moins insuportable. Que fera t'elle, c'est d'aller treuuer Parthenice, & comme femme la preuenir de quelque artifice, pour essayer de treuuer le moyen de parler à Leonin, & luy dire sans luy dire ce qu'elle vouloit, & qu'elle n'osoit luy dire. Cette fine femelle s'en va donc voir nostre simple fille, d'abord elle la traitte de mille loüanges affectees, qui ne plaisoient pas beaucoup à Parthenice; de là elle se met sur les complimens qui luy plaisoient encores moins, puis elle tumbe sur le narré des illegitimes affections que son Pere auoit autrefois euës pour elle, luy disant que la jalousie que sa Mere en auoit conceuë, auoit esté cause de leur perte : elle suiuit par la Pitié qu'elle eut de leur trespas, que Dieu admirable en ses œuures auoit tiré la lumiere des tenebres, & le feu de la bouë, faisant sortir de tels parents, deux si clairs flambeaux d'honneur & de Vertu, comme elle & son Frere Leonin, duquel elle descriuit la grace auec vne façon si molle & si affectueuse, qu'elle tesmoigna vn peu de sieure & d'alteration à Parthenice, qui n'estoit nullement niaise : De là elle vint à luy dire qu'elle auoit choisi la meilleure part, laissant le Monde à son Frere, lequel auec les grands aduantages dont la nature luy auoit esté liberale, & les commoditez qu'Osiandre luy auoit laissees, ne pouuoit faire rencontre que d'vn party bien releué, & presque tel qu'il le voudroit choisir dans Naples. A quoy elle desireroit contribuer tout ce qui seroit de son pouuoir & de son seruice, & que pour preuenir beaucoup de bruicts qui se semoient desia sur son Mariage, mesmes à la Cour du Vice-Roy, elle s'estoit sentie obligée par le deuoir du sang de luy proposer vne de ses Niepces, belle & riche Damoyselle, afin qu'elle en portast la parole à son Frere, lequel elle s'asseuroit deuoir fort agréer cette proposition. La rusée Marquise cachoit ainsi son jeu & son feu sous le nom d'vn autre, afin de ne hazarder rien que bien à propos : sur quoy vous iugerez de la subtilité d'vne femme,

& Napolitaine. Mais Parthenice qui n'y entendoit pas tant de finesse, & à qui ce discours non seulement desplaisoit, mais donnoit du trouble, craignant que cela ne trauersast le dessein de son Frere, luy respondit tout rondement, qu'elle s'adressoit assez mal, eu esgard à sa condition voylee & Religieuse, pour la rendre entre-metteuse de Nopces ; que la Vierge consacree à IESVS-CHRIST ne doit point se diuiser à tant de choses, ny mesme deuiser des affaires seculieres, afin d'estre tout à faict appliquee à cet Vn Necessaire tant recommandé en la personne de Marie la Penitente ; qu'elle la supplioyt de l'excuser de porter cette parole à son Frere, lequel elle destourneroit plustost du Mariage temporel, pour luy faire prendre le Sauueur pour Espoux, si desia cette Resolution n'estoit emprainte si fort en son Ame, qu'elle croyoit que le party d'vne Royne ne seroit pas capable de le destourner de son dessein. A ces mots vn froid glaçon s'empara de la poitrine de Cynthie auec vn frisson causé par l'antiperistase de son ardeur: tel qu'vn passant qui voulant cueillir des fleurs en vn pré, y rencontre vn horrible serpent qui le fait fremir ; telle fut Cynthie, laquelle treuue vne mortelle apprehenfion, où elle penfoit rencontrer vne douce confolation : Dieu ! que deuint-elle, les larmes qui coulerent de fes yeux, & qu'elle tafcha de cacher auec fon mouchoir, tefmoignerent affez à la prudente Parthenice, qu'elle eftoit elle-mefme fa propre Niepce.

Tant il eſt mal-aysé de ne defcouurir point Au front la paſſion qui dans le cœur nous poinct.

Elle fe retire trifte & melancholique apres quelques complimens affez legers, faifant paroiftre en fa parole begayante, & en fa façon defcontenancee la douleur qui la rauageoit : Parthenice craignant quelque furprife, mande auffi toft à Leonin qu'il la vienne treuuer, il accourt ; car cette fille eftoit vne ambre à la paille de fon efprit ; elle luy recite le difcours de Cynthie, & luy declare qu'elle la croit elle-mefme touchee d'Amour pour luy, & qu'il prift garde aux furprifes, & aux embufches d'vne femme rufee, des appafts & des affetteries de laquelle il eft auffi mal-aysé de fe deffendre, qu'il eft doux & facile de s'y laiffer aller. Vn homme aduerty en vaut deux ; Leonin proteste à sa sœur que rien ne sera capable de le separer de la Charité de la Croix de Iesvs-Christ ; elle le confirme en cette resolution, mais elle le prie de l'executer au plustost : car il arriue mille accidens entre la tasse & la bouche. Leonin l'asseure qu'il a autant de mespris pour Cynthie, qu'elle en a eu autrefois pour son Pere; mais aussi, reprit Parthenice, vous ne dittes pas qu'elle a autant d'Amour pour vous, que nostre Pere en a pour elle. Mon cher frere, ne vous y fiez pas, les esprits des femmes sont comme des mines cachees, qui font tout à coup des esquarres horribles & inimaginables. Destournez-vous de cet escueil. Mais que dirons-nous de Cynthie, laquelle perdant l'esperance, & non pas l'Amour, se vit cruellement tourmétée entre les eslancemens de ses desirs, & l'impossibilité de s'en défaire, ou de les faire reüssir. Tout ce qui luy enfle le courage, c'est que cette affection n'est point contraire à son honneur, mais tres-conforme à son humeur, c'est ce qui faict que sur cette belle & bonne carte, elle se resoult de joüer de son reste,

Et ne laisser auant mourir
Rien d'intenté pour se guerir.

Elle ne peut rien toute seule, il faut vne ayde; elle rend vne de ses Damoiselles, nommee Marcelline sa plus chere confidente, complice de ses desseins, qui ne visent qu'à espouser Leonin; vne si saincte fin, comme elle se persuade, iustifiera toutes ses procedures. Elle treuue moyen de faire aduertir Leonin qu'elle a quelque affaire d'importance à luy communiquer; mais luy qui craint l'eau chaude, euite sa rencontre auec des fuittes si estudiees, & si premeditees, qu'autre qu'vn homme aduerty ne les eust iamais peu inuenter; elle le faict prier de venir chez elle, mais Leonin n'est pas si sot, que de se rendre oyseau de cage, le pouuant estre de campagne, il a l'esprit inuentif, il a des excuses à foison, & si colorees, que Cynthie y perd ses repliques. En fin par importunité elle le presse de la veoir en lieu tiers, le diray-ie, en vne Eglise, où Leonin apres s'estre puissamment recommandé à Dieu, deuant lequel il parloit afin de n'estre point esbranslé en sa resolution, consentit de luy parler; là elle luy parla comme elle auoit faict à sa sœur d'vne sienne niepce, mais d'vne façon si affettee, qu'vn moins aduisé que Leonin eust bien apperceu qu'elle parloit pour elle-mesme, car souuent ces mots, de moy, luy eschappirent au lieu d'elle, & elle se rendoit caution de ses grands biens ; parloit de la splendeur de sa parenté qui estoit la sienne mesme, tant il est vray que le bandeau deuant les yeux de l'Amour est vn accident inseparable de sa substance. A tout cela Leonin ne respondoit que par des remerciemens, & des tesmoignages de l'obligation qu'il luy auoit d'auoir jetté les yeux sur vne creature si chetiue. Tout cela ne plaist point à Cynthie ; elle le presse d'vne parole, Leonin oppressé la remercia nettement, & la supplia de le laisser imiter sa sœur au choix de la vie Religieuse : Madame, luy disoit-il, voudriez-vous que pour le monde qui passe comme vn esclair, ie quittasse le seruice des Autels de ce grand Dieu, deuant qui ie parle, & que ie payasse d'vne lasche ingratitude, tant de biens dont ie luy suis redeuable, entre lesquels, celuy de m'appeller à son seruice, comme preferable à vne Royauté, tient le premier rang ? O Dieu ! qui me pourroit jamais lauer de ce crime, non pas, comme ie pense, toute l'eau de l'Ocean, quand elle passeroit par mes yeux en forme de larmes. Et quoy, luy repliqua la feinte Marquise, estimez-vous Leonin, qu'il n'y ayt que les seuls Religieux de sauuez ? pensez-vous que l'on ne puisse faire son salut dans le monde, & dans le sacré lien du Mariage? Mais, repartit Leonin, cette opinion seroit vne Heresie, mais en loüant le Mariage, il me sera permis de prendre le mieux, qui est la saincte Continence, ie me sens si fragile, que si ie ne m'attache à la Croix par vn nœud bien estroit, ie ie voy pas que ie peusse maintenir vne iuste droicture dans les chemins glissans, & parmy les precipices du siecle : chacun faict du mieux qu'il l'entend pour son bien, & pour son salut ; quant à moy ie croy qu'il m'est meilleur d'adherer à Dieu, & de mettre en luy mon esperance, que de me confier en la multitude des richesses, lesquelles peut-estre me feroient perdre dans la vanité ; & puis, Madame, c'est en vain que vous penseriez me diuertir, car le dé en est jetté, la resolution en est prise.

Ie ne sçaurois brusler d'autre feu que du Ciel,
Et toute la douceur du monde m'est du fiel.

Voyla Cynthie bien estonnee, la reuerence du lieu, & la presence de Dieu, & de ceux qui la regardoient l'empeschent de presser d'auantage ce discours, qui eust par ses larmes trahy l'affection de son courage; quelques legeres gouttes neantmoins ne laisserent pas de faire veoir à Leonin l'espreinte de ce cœur, dequoy il eust esté touché sinon d'Amour, au moins de pitié, si par vne sacree rigueur il n'eust armé sa constance. Seulement elle le conjure de la venir veoir chez elle, où elle luy dira des choses qui l'estonneront, & qui luy feront changer de pensee. Madame, dict Leonin, ie n'iray iamais, si ie croy que ce soit pour me faire quitter ma resolution. Et puis comme voulant faire vne querelle d'Alleman: ie suis fils d'vn pere qui a receu de vous vn tel traictement, que pour passer seulement deuant vostre porte, il luy en pensa couster la vie; ie sçay bien que vous estes trop iuste pour faire porter au fils l'iniquité du Pere, neantmoins ce m'est vne assez bonne raison pour me deffier de vous, chacun doit estre sur ses gardes, & en sentinelle sur la conseruation de sa personne. On prendroit ma venuë pour vne recherche de vostre niepce, cette recherche pour vn engagement, cet engagement pour vne temerité, cette temerité appelleroit vne vengeance endormie depuis vn long temps, & cette vengeance ne manqueroit point de se colorer de quelque apparence de iustice ; & puis quand ie serois couché sur le carreau, on diroit qu'ayant voulu, comme vn Icare, imiter le vol de la presomption de mon pere, il ne se faudroit pas estonner, si me signalant par ma cheute, ie serois tombé dans la Mer de ma confusion, suffoquant mes flammes dans mon sang. Madame, ie veux estre sage par le mal-heur des miens, & faisant penitence pour eux, & pour moy, tirer de l'horreur de leur mort la resolution de mener vne meilleure vie. Ie vous prie donc pour ces raisons de me dispenser de vous veoir chez vous. Au moins, repartit Cynthie, puisque vous auez si mauuaise opinion de moy, qui ay autant de bien-veillance pour vous, que i'ay eu en hayne l'insolence de vostre Pere, vous ne me refuserez pas de vous voir, & de vous dire quelque chose qui vous importe, chez tel de vos amis qu'il vous plaira, & si vous voulez en sa presence: Cela, Madame, reprit Leonin, vous le pouuez dire dés maintenant, les bonnes propositions ne sont point ennemies de la lumiere, & se peuuent faire deuant la face de Dieu. C'est assez pour ce coup, dict Cynthie, ie vous supplie seulement par cette courtoisie, de laquelle les gentils courages ne sont iamais despourueus, de me donner cette consolation de la veuë que ie vous demande. Alors par ciuilité Leonin luy nomma la maison de Ponce, qu'elle accepta, pour luy parler le lendemain. Cependant, Leonin ne doutant plus que Cynthie ne fust picquee, s'en va treuuer sa sœur auec vne agonie extreme, se deffiant de quelque trahyson, ils consultent ensemble, où ils conclurent, que si Cynthie luy parloit le lendemain de quelque chose qui luy en peust augmenter le soupçon, il s'en iroit en vne belle nuict par la Mer en Sicile, & de là en Calabre à Belle-fleur, pour de là se rendre en l'Hermitage de sainct Macaire où Leonin meditoit desia de fonder, vn Monastere de l'ordre de sainct Benoist, ce que Parthenice appreuua pour plusieurs raisons. Le lendemain Cynthie va chez Ponce accompagnee de sa Marcelline, resoluë d'employer toutes ses machines & tous ses artifices pour gaigner le cœur de Leonin; & certes il faut aduoüer, que s'il eust esté susceptible de flammes, il les eust receuës de ce costé-là, car cette vefue ayant appris dans le mariage, les moyens de plaire legitimement aux hommes, lançoit aussi les traicts, soit de ses yeux, soit de son maintien, soit de sa parole auec tant d'art qu'il y auoit peu de trempes en cette espreuue, si elles n'estoient teinctes dans l'eau d'vne grace surnaturelle.

Il falloit vne forte armure
Pour resister à leur effort,
Vous diriez que ces traicts s'en vont à
    l'aduenture,
Mais ils ont en leurs coups vne infaillible
    mort.

Doncques apres beaucoup de contours, de labyrinthes, & de desguisemens, il faut que le fard tombe, & que l'art cede à la Verité. Apres auoir beaucoup parlé de sa niepce sans rien auancer, il se treuue que sans besoin de procuration elle parle pour elle mesme. Estrange effort de l'Amour! à quoy est-ce que tu ne reduits poinct les cœurs qui sont si miserables, que de ployer sous vn Empire si tyrannique? c'est toy qui comme vne dure pauureté portes les esprits plus esleuez à des actions indecentes: ce n'est pas que cette Dame conceust iamais aucune idee contraire à son hôneur, car elle eust perdu mille vies, plustost que d'en desmordre vn seul brin; mais que ne fit elle pour adoucir le courage de ce superbe vainqueur? quelles protestatiõs de sincerité, de fidelité, de bien-veillance ne luy fit-elle? ce que Leonin rejettoit par vn renuoy specieux, ne pouuant se persuader que celle-là peust jamais aymer le fils qui auoit voulu faire assassiner le Pere: ce qui la mettoit en vne desolation inconceuable. De là, sur quelles promesses est-ce qu'elle ne se portoit? quels aduantages ne luy faisoit-elle veoir de cette alliance? Ne voyla pas le train du monde bouleuersé, & vne Dame deuenuë poursuiuante? Mais le feu de l'Amour est comme celuy du tonnerre, dont les effects sont si estranges, qu'ils renuersent toutes les reigles de la Philosophie. Donnez-moy vne ame qui ayme, & elle entendra bien ce que ie dis. En fin voyant qu'elle ne pouuoit gaigner aucun pied sur ce courage determiné, & qu'elle appelloit obstiné, outree de douleur, de honte, & de despit le feu de son Amour se changea en celuy d'vne cholere enflammee, qui luy faisoit minuter quelque stratageme pour se venger de ce desdaigneux: mais l'accort Leonin qui voyoit à trauers les diuers changemens de son visage, les entorses de son Esprit, & les conuulsions de sa pensee, sçauoit auec tant de dexterité

Hhh

adoucir ses excuses s'accusant d'indignité, luy representant sa qualité, estendant ses discours en circonlocutions, & en periphrases, que comme vn Prothee, elle ne sçauoit par où le prendre, ses renuois estoient si honnestes qu'ils valoient des acceptations. Ha! disoit Cynthie en elle-mesme, rusé Leonin, que tu sçais desguiser industrieusement sous des paroles de miel, le fiel de ton cœur de dragon. Bien qu'ils parlassent à part, c'estoit neantmoins en la presence de Pōce, de Marcelline, & de quelques autres domestiques, de Ponce & de Leonin ; de sorte que Cynthie ne pouuoit se plaindre d'aucune chose, Leonin tantost parlant bien haut, tantost mediocrement, & tousiours auec vn extreme respect. Iusques à ce que voyant que ses souspirs estoient du vent, & ses larmes des vagues contre vn rocher, elle fut contrainte de se retirer, en dissimulant le mieux qu'elle peut, le desplaisir qui rauageoit son ame. Tandis qu'elle remasche diuerses inuentions pour acquerir ou pour perdre Leonin, pour l'obliger à la rechercher, ou pour prendre vengeance de son mespris ; il y a bien vne plus forte piece de batterie qui se dresse pour mettre en poudre sa resolution. Roselinde auoit entre ses Damoiselles, vne fille qui estoit aucunement sa parente, natiue de Barcelonne, appellee Dogna Domitilla. Or soit que cette Catalane eust jetté les yeux sur Leonin, & qu'en loüant Parthenice deuant Roselinde, elle dict aussi du bien de son frere, ou soit que la Vice-Royne pour l'affection qu'elle portoit à Parthenice voulust obliger Leonin, en luy baillant en mariage vne des filles de sa Cour ; tant y a qu'elle pensa que ce seroit vn party sortable pour Domitille, estimant qu'il ne falloit que proposer cette alliance pour la conclurre. Vn iour elle alla expressement aux Bernardines veoir Parthenice, à laquelle apres beaucoup d'autres entretiens, apres auoir faict cette ouuerture, la Nouice se treuua vn peu surprise, considerant la qualité de Roselinde qui estoit en vn rang, où le vouloir & l'executer fraternisent ordinairement. Elle creut donc que comme le prudent Nocher ne pointe pas tousiours la proüe de son vaisseau contre le courant des flots, biaisant quelquefois pour en amollir l'impetuosité ; aussi que de dire ouuertement à Roselinde, comme elle auoit faict à Cynthie, la resolution Religieuse de son frere, ce seroit peut-estre irriter la Vice-Royne, & donner occasion au Vice-

Roy de l'arrester pour le presser à cette alliance, quoy qu'elle fust contre son gré. Elle tesmoigna donc à Roselinde vne grande recognoissance de l'honneur d'vne telle pensee qu'elle auoit euë pour son frere, qu'elle estimoit surmonter de bien loing son merite; & bien que sa condition l'exemptast de ces entremises nuptiales, que neantmoins pour obeïr au commandement de son Excellence, elle luy en parleroit, son deuoir estant borné à ce rapport: car quant aux volontez de Leonin, dict-elle, ie n'en puis pas respondre, ne sçachant s'il est engagé d'affection ailleurs, ou s'il veut embrasser quelque autre dessein. La Vice-Royne qui n'en vouloit pas d'auantage, se retire, donnant la liberté à Domitille d'entretenir la Vertueuse Parthenice plus amplement & plus particulierement, ce qu'elle fit auec vn empressement tel, que quelque pudeur qui enuironne les deportemens des filles, si est-ce que quand le feu se met dans leurs esprits, c'est vne flamme dans des moissons qui sont en iauelle. Ce procedé & ces discours ne plaisoient pas beaucoup à Parthenice, tant pour estre esloignez de sa Vacation, que parce qu'elles partoient d'vne Espagnole de la teinture Catalane, qui luy sembloit vn peu bien affettee, joint qu'elle sçauoit combien tout cela estoit esloigné de l'esprit & du dessein de Leonin, & mesme de son desir. C'est pourquoy s'estant défaitte de cette discoureuse le plus honnestement qu'il luy fut possible, elle faict venir son frere, auquel elle dit : C'est maintenant mon cher frere, qu'il ne faut plus s'amuser au monde, si vous n'y voulez perir : C'est maintenant qu'il ne se faut arrester à descoudre les attaches qui vous y retiennent, mais les deschirer, c'est à present qu'il faut monstrer si c'est à bon escient que vous vous estes destiné au seruice de Dieu. Il n'est pas question de prendre congé, mais de fuir, non d'acheuer des affaires, mais de sauuer son ame, sa liberté, & peut-estre sa vie. Icy Leonin fut fort estonné : car se doutant de quelque trahison de la part de Cynthie : Ha! dict-il, ma sœur, ie suis trahy, cette malicieuse Marquise aura conjuré ma mort, aussi bien que jadis celle de mon Pere. Quelle Marquise, dict Parthenice, alors il luy raconta les discours qu'il auoit eus auec Cynthie chez Ponce, & comme toute allumee de honte, & enflammee de cholere, elle s'estoit retiree, ruminant en son ame quelque traict de vengeance. Alors Parthenice, ce ne sont là que des esclairs, mais voicy des foudres : car il est question de l'auctorité du Vice-Roy ; ha! la meschante, dict Leonin, elle aura sans doute formé quelque plainte pleine de mensonge & de fausseté, mais ie la feray mentir : & quiconque pour elle me voudra soustenir vne imposture, outre les tesmoins de mon pour-parlé, auec elle i'ay le Ciel pour garand, & vn courage qui faict estat de brauer le peril en sa plus forte extremité. Il n'est pas question de tout cela, dit Parthenice ; pleust à Dieu que vous ne fussiez poursuiuy que par Cynthie ; vous auez assez de credit pour vous maintenir contre les supercheries qu'elle vous voudroit brasser : mais il s'agit d'vne parente de Roselinde. Icy Leonin interrompant Parthenice sans luy donner le loysir d'acheuer son recit : Que le Ciel ne me le pardonne iamais, dict-il, si ie pensay iamais à aucune parente de la Vice-Royne ; ie n'ay pas tant de Vanité que d'aspirer en lieu si haut, que dis-je, ie n'ay pas le cœur si rauallé que d'addresser mes vœux à vne cheriue Creature, ayant deuant les yeux le Createur, pour l'object de mon Amour. Et ce n'est pas encores cela que ie vous dis, reprit Parthenice, vostre promptitude el-

cause que ie ne vous puis dire ce que ie pense ; ie vous prie de me laisser parler. Sçachez donc que la Vice-Royne m'est venuë voir, qui m'a dict le dessein qu'elle auoit faict auec son Mary, de vous faire espouser vne de leurs parentes : C'est vne Damoiselle Catalane, appellee Domitille, laquelle me parlant à part, i'ay treuuee bien fort empressee de vous. Ie ne sçay si c'est à sa persuasion que Roselinde m'a porté cette parole, ou bien si c'est pour la loger aussi tost aux facultez que vous a laissé Osiandre qu'auec vous : tant y a que ie croy que cette affaire estant concertee entre eux ; si vous ne vous eschappez, il y a grande apparence que vous vous treuuerez attaché à vne femme, sans que l'on ait consulté vostre vouloir; & outre qu'vn tel Mariage, dont la liaison est contrainte est vn vray Enfer: iugez si ce ne vous seroit pas vn regret perpetuel d'auoir pour des retardemens inutiles estouffé vne saincte Vocation que celle à laquelle vous estes manifestement appellé de Dieu. Si iamais le genereux Leonin vit la peur ce fut à ce coup; car n'aymant pas trop les Espagnols par inclination naturelle, il penseroit estre condamné aux mines, s'il se voyoit marié auec vne Catalane. Quoy, disoit-il, à cette brune, à cette bazanée, à cette noire, à cette Domitille, dont l'humeur & le visage me sont en horreur ! Certes le Vice-Roy, s'il me forçoit à ce lien, commettroit la cruauté de ce Tyran qui attachoit des corps viuans à des morts ; car ne seroit-ce pas ioindre vn corps blanc à vn More ? ô ma Sœur, vostre aduis me donne la vie : permettez que ie me sauue dés cette nuict, & que laissant à Florian, ou à quelqu'vn de mes amis la commission d'acheuer les affaires que i'ay en cette ville, ie m'enfuye auec Ponce, esquiuant en mesme temps, & les fureurs de Cynthie, & les violences du Vice-Roy, & les autres pieges que le Diable me pourroit dresser dans le Monde. La genereuse Parthenice appreuua cette Resolution, monstrant à son Frere la sincerité de son Affection, en consentant si librement de se priuer de la presence de ce qu'elle auoit de plus cher au Monde pour le voir en chemin de salut : grande force d'esprit, qui se resiouït de perdre de veuë ce qu'elle ayme, pourueu qu'elle le gaigne à IESVS-CHRIST! il se voit peu d'ames de cette trempe. Ie ne veux point emplir ces pages des regrets de cette separation, il les faut exprimer par le silence. Tant y a que ce fut icy la derniere entreueuë de Frere le plus accomply, & de la plus parfaitte Sœur, qui puisse tumber en l'imagination des hommes. Leonin de retour en sa maison communique sa resolution à Ponce, lequel d'abord se treuua surpris, n'attendant pas vn depart si subit : mais comme il estoit de cire entre les mains de Leonin, ioinct qu'il estoit en de grandes impatiences, attendant ce depart à cause des frayeurs nocturnes, dont il estoit quelquesfois attaqué, il fut aussi tost resolu. Florian est mandé, lequel estant sommairement instruict des affaires qui restoient à Leonin à Naples, auec charge de ne rien terminer que par l'aduis de Parthenice ; la nuict nos deux amis se iettent dans vne felonque, & s'en vont à Miralte, & de là dans vne tartane en Sicile, où nous les laisserons aller pour sçauoir ce qui se passa à Naples quand le depart de Leonin fut descouuert. Cynthie ne minutant que des vengeances & des fureurs, au lieu des Affections qu'elle auoit euës pour Leonin, demeuroit triste & solitai... dans sa Maison, attendant quelque occasion de luy faire vn mauuais tour. Vn iour estant allée au Palais de Roselinde pour se diuertir, elle fut bien estonnee quand la Vice-Royne, qui comme femme ne taisoit que ce qu'elle ignoroit, & qui pensoit d'ailleurs qu'il n'y eust rien de si asseuré que le Mariage de Leonin & de Domitille (selon la coustume des Grands, qui pensent que ce dont ils ont pris la peine de parler est incontinent faict) commença à l'entretenir de cette alliance, & (ce qui estoit ietter de l'huille dans son feu) à luy parler des perfections & des Richesses de Leonin. Imaginez-vous quels deuoient estre les sentimens de cette fausse femelle, laquelle bien que rauagee de ialousie, de cholere, de honte, & de creue-cœur, dissimuloit neantmoins le mieux qu'elle pouuoit son mal-talent, feignant d'applaudir à ce qu'elle detestoit, & d'approuuer ce qu'elle abhorroit plus que la Mort. Neantmoins pour sçauoir plus à plein toutes les particularitez de cette accointance, elle tesmoigna d'en estre fort ioyeuse, cachant soubs vne feinte allegresse vne veritable douleur. Et ayant dict à Roselinde que ce Mariage tromperoit bien des gens, qui s'imaginoient que Leonin en suiuant l'exemple de sa Sœur se deust rendre Religieux: Tant s'en faut, luy repartit Roselinde, que c'est sa Sœur qui le porte à cette alliance, iugeant bien de l'auantage qui luy reuiendra de la bien-veillance, & de la protection du Vice-Roy; nous attendons auiourd'huy la resolution de cette negociation, par l'entremise de Parthenice. Comme la Marquise entretenoit la Vice-Royne Domitille estoit dans la sale parmy les autres filles, paree comme celle qui vouloit aller à la conqueste d'vn Amant; mais comme les ornemens adjoustent de la grace aux beautez naturelles, aussi semblent-ils enfoncer d'auātage la deformité: Car qui ne plaindra des pierreries employees à releuer vn teinct bazané & desagreable? qui ne dira que cette enchasseure leur est disproportionnee? & que les marbres qui encroustent les tombeaux, sont tousiours tristes & melancholiques? Neantmoins auec tout cela elle ne pensoit rien moins de soy, que d'estre laide, pareille à ce Bucephal, enflé de vanité, quand il auoit ses beaux caparaçons. Cynthie la regarda d'vn œil trauersé, comme sa riuale, tandis que l'autre pense qu'elle admire ses paremens & sa grace. O que leurs pensees sont differentes! Auec quelle gloire est-ce que Cynthie consideroit les grands auantages qu'elle auoit sur cette Catalane, & que si Leonin est susceptible de bien-veillāce, ce sera plustost pour elle, que pour cette Lia. Tirant quelquefois vne glace, comme pour se s'ajencer, elle consultoit ce cristal de l'extreme disproportion, qui estoit entre Domitille & elle. Mais d'autre part, quand elle cösideroit le grand pouuoir du Vice-Roy, elle iugeoit bien que la force l'emporteroit plustost que l'Amour, puisque Leonin n'en auoit point. Combien de fois outree d'vne profonde douleur, pensa-t'elle sortir hors des termes de la modestie? tantost elle minutoit de quereller la Vice-Royne, tantost d'attaquer sa Riuale, & se mocquer de ses pretensions & de ses imperfections. Elle fut sur le poinct de s'eschaper en vne mensonge signalée, voulāt auancer, que comme l'on ne peut estre à deux Maistres, aussi ne pouuoit-on auoir deux Maistresses, & que Leonin luy ayant promis Mariage, la recherche de la Vice-Royne pour Domitille ne pouuoit estre legitime. Mais son bon Genie, la crainte de ne pouuoir maintenir cette fausseté, le respect du lieu où elle estoit, la peur de descouurir sa Passion & de trahir son honneur; tout cela luy serra la bouche. En recompense quelles estoient les extrauagances de son penser! tantost elle accusoit Leonin d'aueuglement, l'appellant insensé de faire vn choix si miserable; car ny en Noblesse, ny en Richesse, ny en bonne grace, elle ne cedoit point à cette Espagnole, au contraire elle la surpassoit de bien loin en ces deux dernieres qualitez; tantost elle l'appelle traistre & dissimulé, cachant soubs vn vœu sainct, vn cœur feint pour auoir occasion de r'enuoyer auec vne Religieuse apparence sa legitime poursuitte, & puis apres l'auoir accusé elle l'excusoit (tant sont inesgaux les mouuemens de cette Passion) iugeant bien aux froideurs que Leonin luy auoit tesmoignees, qu'il n'estoit allumé d'aucun autre feu que de celuy du Ciel, Domitille estant trop peu agreable pour esmouuoir son courage. Elle prend congé de la Vice-Royne, si troublee en son Esprit, qu'elle maudit cette Visite, où pensant treuuer du diuertissement & de la joye, elle auoit rencontré le Tumbeau de ses Esperances. Neantmoins, comme il n'est point d'extremité, à quoy ne se resolue vne femme irritee & amoureuse, elle se propose de trauerser ce Mariage, soit par vne calomnieuse opposition, soit par le poison, soit par le fer, aymant autant la Mort que de veoir Leonin elle viuante, entre les bras d'vn autre, qu'elle estimoit surpasser en toutes façons: Mais sçachant que Parthenice estoit le premier mobile des volontez de son Frere, pour la preuenir auparauant qu'elle fist responce à la Vice-Royne; elle la va treuuer, où apres l'auoir couuerte de reproches, & accusee de dissimulation & de perfidie, elle luy demanda quel plus grand aduantage ce seroit à son Frere d'espouser Domitille, qu'elle, puis que, ny en naissance, ny en facultez, ny en graces naturelles, elle ne luy estoit aucunement inferieure. Que dittes-vous Cynthie? quelle passion vous transporte? souuenez-vous qu'il faut que la mensonge soit accompagnee d'vne bonne Memoire; vous vous coupez, vous auez parlé à Parthenice d'vne de vos niepces pour Leonin, & maintenant vous parlez pour vous-mesmes. Et puis à quoy pensez-vous? quelle Rethorique est celle-cy, qui commence par des outrages, pour attirer la bien-veillance d'vne personne de laquelle l'on implore l'assistance? Parthenice qui vit sa conjecture veritable, fit l'estonnee, & ne sçachant comme Cynthie auoit esté auertie de la poursuitte de Domitille, craignît quelque surprinse, ne respondit rien, que par admiration, feignant d'ignorer tous ces mysteres, & faisant souuenir Cynthie de sa niepce. Alors la Marquise, Cette niepce, dict-elle, c'est moy, il ne faut pas que ie vous le cele, je l'ay manifesté à Leonin, & ie croyois qu'il vous l'eust declaré. Madame, reprit Parthenice, iugez qui a plus de dissimulation de vous ou de moy, vous desguisez vne chose que vous sçauez, & moy ie vous dis ingenuëmét, que ie ne sçay pas vne chose que i'ignore. Et depuis quand sçauez-vous des nouuelles de Domitille? mon frere, luy a-t'il promis de l'Espouser? vous m'obligerez de m'apprendre des particularitez de cette negociation, car que peut sçauoir vne fille r'enfermee des affaires du monde? Alors Cynthie luy declara à cœur déboutonné ce qu'elle venoit d'apprendre au Palais, de la bouche de la Vice-Royne, laquelle n'attendoit que sa response, tenant ce mariage pour côclud. Or sçachez, dist Parthenice, que s'il est conclud, c'est doncques sans moy, car ie n'ay aucune part à cette conclusion, & mon frere est bien changé, si depuis que ie ne l'ay veu, cette affaire est resoluë. Il est vray que par vostre priere, & par le commandement absolu de Roselinde, ie luy ay parlé, non pas de vous, mais de vostre niepce, & aussi de Domitille: ie l'ay veu si esloigné de tout mariage, & si desgarny d'Amour pour Domitille, qu'il cognoist, pour l'auoir veuë souuent à la suitte de la Vice-Royne, & si froid pour vostre niepce, qu'il ne cognoist pas, & qui plus est, tellement determiné à l'Estat Religieux, que ie croy qu'il n'y a ny Roy, ny Vice-Roy, qui le peust destourner de ce sacré dessein, auquel pour vous dire franchement la Verité, ie l'ay exhorté & confirmé le plus qu'il m'a esté possible : car quel plus grand desir sçaurois-ie auoir (si ie ne voulois démentir ma profession) que de voir mon frere vnique consacré à mon vnique Espoux le Sauueur Crucifié ? Voyla, Madame, tout ce que ie sçay pour ce regard, & toute la responce que i'ay à faire à Roselinde pour Domitille : Au demeurant ie ne suis pas Maistresse des actions de mon Frere, s'il croit mon conseil il sera Religieux, s'il se veut marier que ce soit sans m'embarrasser dans ses recherches ; ie suis lasse de tant de tracasseries, & d'inquietudes, que l'on me laisse en paix aux pieds des Autels de mon Dieu, où i'ay esleu ma Retraitte : Ie n'ay pas quitté le Monde pour y retourner, ny pour me mesler de ses negociations pour IESVS-CHRIST ; ie renonce à tout, & à mon Frere mesmes. Madame, puis que c'est pour vous que vous parliez, sous le nom de vostre niepce ; sçachez qu'en ce sage marché, la duplicité est odieuse à Dieu & aux hommes ; vous feriez mieux de vous dessaisir de cette cruelle & Tyrannique Passion, qui nous met vn bour-

bourreau dans le sein, & au lieu de desirer Leonin pour Espoux, de choisir l'Espoux de Leonin, qui est le cher Crucifié. En cela ie vous donne le conseil du grand Apostre qui persuade aux vefues de ne tenter point vn second naufrage, mais de se marier seulement au Seigneur : & en cela ie pense comme luy auoir l'esprit de Dieu. Ainsi en a faict Stephanille mere de Doralice, à laquelle mõ frere auoit quelque espece d'obligation, & maintenant cette mere qui est aux Chanoinesses de S. Augustin, & cette fille qui est ceans sont si cõtentes, qu'elles ne voudroient pas auoir changé leurs conditions à tous les Leonins, & à tous les sceptres du monde. Dieu donna tant d'energie au discours de Parthenice, que Cynthie desia guerie de sa jalousie, sçachant que Leonin n'auoit ny des yeux, ny des vœux pour Domitille, repartit fort humainement à Parthenice, s'excusant des traicts que la cholere luy auoit faict lancer contre elle, la priant de rejetter cela sur l'excez de l'affection legitime qu'elle auoit pour Leonin, estant bien marrie de luy auoir desguisé au commencement son nom par vne prudence humaine qu'elle iugeoit luy deuoir couster bien cher. Leuant doncques le masque pour essayer de gaigner l'auantage sur Domitille, elle commence à deschiffrer, ie ne veux pas dire à deschirer cette Espagnole d'vne façon si estrange, que Parthenice qui auoit la detraction en horreur fut contrainte de la prier de changer de discours, autrement qu'elle seroit contrainte de se retirer : Cynthie se jetta donc à l'autre extremité, se loüant soymesme par vne vanterie ridicule, faisant voir vne longue file d'ayeuls venus des Ducs de Calabre, & des principaux du Royaume; de là elle se jette sur ses biens, dont elle faict vne ample deduction. En fin pour accomplir l'impertinence, comme vn autre Narcisse, elle contemple ses propres graces dans vn miroir, & en faict la description, sottise de femme, qui cherchoit dans la verité d'vne glace la vanité de sa grace, plus fragile que le cristal qui la luy representoit; & en s'admirant dans cette glace, elle admiroit comme Leonin pouuoit estre de glace pour elle. Imaginez-vous de quel esprit la patiente Bernardine souffroit ces extrauagances. Mais en fin, disoit-elle à Parthenice, pour sonder ses pensees, souffrirez-vous bien que cette Espagnole, aussi brune que le manteau de la nuict, me fust preferee par vostre frere ? certes vous auez trop de iugement, pour endurer cette iniustice. Madame, reprit Parthenice, vous estes toutes deux de trop de merite pour mon frere, il fera bien s'il me croit de choisir la meilleure part, qui est la Croix, en vous laissant toutes deux sans decider comme vn nouueau Paris de vostre préeminence: nous auons ceans vne Doralice qui a esté pour luy autrefois vne lice d'or, où ses passions se portoient à toute bride; mais cette Atalante n'a peu auec les pommes d'or de ses perfections empescher que mon frere n'aspirast à la gloire de seruir Dieu sous le joug Religieux : mais arrachant cette premiere & trespure Amour de son cœur auec vne violence nompareille, il l'a sacrifiee volontairement à celle de Dieu, se faisant en ce destachement, à ce qu'il m'a dict, le plus grand effort qu'il fit jamais ; & apres cela tout autre object de la terre luy semble de boüe. Et ne sçaurions-nous veoir, dict Cynthie, cette bien-heureuse forme, qui a peu autrefois s'empraindre sur le cœur empierré de cet insensible garçon ? Tresvolontiers, reprit Parthenice, laquelle faisant venir Doralice, elle parut si excellemment belle aux yeux mesmes de la jalouse Cynthie, yeux qui ne treuuoient rien de beau qu'elle mesme, qu'elle en pensa pasmer de desplaisir. Auec combien de regret

& de confusion veit-elle les incomparables aduantages de cette fille sur ceux qu'elle pensoit posseder, elle eust volontiers cassé son miroir qui ne la faisoit pas voir si agreable. Elle commença dés lors à desesperer de l'affection de Leonin, car s'il auoit à se rendre à quelque subject, c'estoit à celuy-cy qui luy sembloit de tout poinct accomply & aymable. Neantmoins son feu ne se peut esteindre si tost ; elle espere en la multitude de ses richesses, lesquelles joinctes à celles de Leonin le peuuent faire grand. Parthenice la presse en vain d'imiter cette fille, vray miroir de Modestie & de Vertu, ou sa mere Stephanille ; mais c'estoit prescher à vne sourde, le temps de sa visite n'estoit pas encores venu, l'huille de la grace & de l'Amour du Ciel ne pouuoit entrer dans le vaisseau de son cœur, car il estoit encores trop remply de l'affection du monde; Dieu & Dagon, Christ & Belial sont incompatibles. Il est mal-aysé d'esteindre le flambeau de l'Amour, tant que son feu est attaché à la cire, & à la mesche de quelque Esperance. Vous ne voulez pas venir à Dieu, ingrate Cynthie, par les cordons d'or & de soye de la sacree dilection ; si y viendrez-vous, mais par les chaisnes de fer du desespoir & de l'affliction.

Elle se retire d'auprés de Parthenice, entre l'espoir de gaigner Leonin, & la crainte de le perdre. Elle ne fut pas plustost sortie, que voicy arriuer vne Dame de la part de la Vice-Royne, que nous appellerons Yolante, laquelle venoit sçauoir la responce de Leonin pour Domitille par la bouche de sa sœur. Parthenice, sans la tenir d'auantage en suspens, & sans faire beaucoup d'excuses, sçachant son frere hors des prises du Vice-Roy, luy dict nettement le refus que Leonin en faisoit, à cause du dessein qu'il auoit de se rendre Religieux, suiuant en cela son exemple, estimant que Sigismond & Roselinde estoient si pieux & deuots, qu'ils ne voudroient pas pour vn mariage de la terre, empescher les nopces spirituelles de son frere, auec l'Espoux des ames qui se consacrent à la Croix. Qui fut bien estonée ce fut Yolante, laquelle estant du mesme païs que Domitille, & sa chere amie, n'attendoit rien moins qu'vne si triste nouuelle pour la Catalane. Madame, dict-elle à Parthenice, on ne prendra pas cette excuse pour legitime, mais pour vn refus specieux de l'alliance de Roselinde qui en aura vn ressentiment; toute la Cour est abbreuuee de cette affaire, chacun des Courtisans en a felicité Domitille, il y aura bien du bruit ; ie vous prie de dire à Leonin qu'il aduise bien à ce qu'il fera.

Car il sçait que les souuerains
 Ont de fortes & longues mains,
 Et les gouuerneurs des Prouinces
 Ne sont-ce pas autant de Princes?

Madame, reprit Parthenice, ie ne doute point de la puissance de leurs Excellences, mais ie doute encores moins de leur Pieté, il me semble que c'est peu iudicieusement faict de vendre la peau du Lyon auant qu'il soit pris, car il la vend ordinairement bien chere, & il prend tel qui le pense prendre ; si Dieu est pour mon frere, & si mon frere se donne à Dieu, rien ne luy pourra nuire, & rien d'humain ne comprendra sa felicité. Dieu a mis l'homme en la main de son conseil, & luy a donné vne franchise de volonté qui ne peut estre violentee par aucune force ; il l'a mis entre le feu & l'eau, & luy a donné le pouuoir d'estendre sa main en quelque part qu'il luy plaira ; l'alliance de Domitille qui a l'honneur d'appartenir à Roselinde est grande, mais celle de IESVS-CHRIST est encores plus grande. Or il appelle sa Mere & ses freres ceux qui font sa volonté: & qui faict mieux la Volonté de Dieu que le Religieux, qui par le vœu d'obeyssance n'a plus de volonté propre? Pour moy ie n'ay aucune puissance sur mon frere que de la priere ou de la persuasion : or de le prier ou de luy persuader de quitter le Ciel pour la Terre, l'Eternité pour les momens, IESVS-CHRIST pour vne Creature, c'est chose que ie ne feray iamais, deussay-je endurer tous les tourmens imaginables: ie n'ay pas choisi ce Sauueur pour la part de mon heritage eternellement pour luy estre si desloyale; il n'y a grandeur de Roy, ny de Viceroy, ny de Prince, ny de Gouuerneur de Prouince qui me puisse faire commettre vne telle perfidie; aussi n'auois-ie pas promis à Roselinde d'y porter mon frere, mais seulement de luy proposer, ce que i'ay faict, & en cela ie pése auoir fait ce que i'ay & deu & peu tout ensemble : à sa responsse ie n'ay faict aucune duplique, car eussay-je commis vn sacrilege pour le destourner d'vn dessein si sacré? Dieu ne me permette iamais de commettre vne telle trahison pour cõplaire aux grands du Monde. Quant à mon frere, il est maistre de soy-mesme, il a l'aage de discretiõ, qu'on luy parle en personne, & ie vous supplie de dire à Roselinde qu'elle me laisse en paix prier Dieu pour sa Prosperité : tout

Iii iiij

ce que ie demande pour tant de bien-veillance qu'elle m'a autrefois tesmoignée, c'est la faueur d'vn oubly, car la plus grande grace que ie demande tous les iours à Dieu depuis que ie suis entree en ce lieu solitaire, c'est de faire que le monde m'oublie, & que i'oublie le monde.

Et qu'on me tienne au rang des morts,
Et desia pour cendre on me iuge,
En me reputant pour vn corps
Qui mourut au temps du deluge.

Elle dict, & auec ce mot elle passe la porte du parloir, & laisse-là mon Yolante, que la cholere violente & presse bien fort, mais qu'eust-elle faict, peut-estre comme l'abeille, picquer vne pierre, où se prendre au fer d'vne grille, ie ne luy conseille pas. Elle s'en retourne au Palais, qu'elle emplit de murmure, & de vacarme : Domitille parée, & qui s'imagine que Leonin doit reuenir auec Yolante enuoyée par sa sœur, se compose comme pour le mettre dans ses filets. Dieu ! que deuint-elle, quand Yolante luy apprit les tristes nouuelles de son rebut, ô ! que ce Pan plia bien tost les peintures de son bagage, que l'orgueil de cette Catalane fut bien tost desenflé. Elle dissimule neantmoins,

*Preſſant en ſon Eſprit vne douleur bien
   forte,
Si bien elle ſçait feindre & tant elle eſt
   accorte.*

Et couurant d'vn meſpris apparent ſon deſplaiſir aigu, elle eſpargna des conſolations,
qu'Yolante eſtoit preſte de luy faire. La
Vice-Royne aduertie de la reſponce de
Leonin, la priſt pluſtoſt pour vne inuention
de Parthenice, que pour la reſolution de
ſon Frere, eſtimant que cette fille deſireuſe
de le voir Religieux, l'auroit porté à ce refus
contre ſon inclination; car elle n'auoit point
apperceu que Leonin teſmoignaſt beaucoup de deſir de ſe retirer du Monde : elle
en aduertit Sigiſmond, lequel eſtant, &
fort Sage, & fort Pieux, luy teſmoigna que
ſi Leonin eſtoit determiné de quitter le Siecle; il n'entendoit aucunement le preſſer au
Mariage de Domitille, n'y ayant rien qui
doiue eſtre plus libre que les Nopces, ſoit
temporelles, ſoit ſpirituelles. Roſelinde ſe
rendit à cette opinion, pourueu qu'il appa-
ruſt clairement que ce fuſt vn veritable deſir
en Leonin, & non point vn rebut de ſa parente, ce qu'elle ne pouuoit digerer eſtant
d'humeur vn peu altiere, & ſelon la qualité
inſeparable de ſa nation, curieuſe du poinct

d'honneur : Ils enuoyent vn Gentil-homme de leur part chez Leonin pour le conuier de venir au Palais, auec asseurance de n'estre aucunement violenté, ny en sa personne, ny en son vouloir, sinon pour sçauoir de luy au vray si sa volonté estoit conforme à la responce que sa Sœur auoit faitte pour luy à Yolante. Mais l'effect monstra bien la Verité de la responce de Parthenice ; car n'ayant point treuué Leonin à son logis comme il s'enquit de Florian, qu'il y auoit laissé, ainsi que nous auons dict, pour terminer ses affaires, où il estoit, il luy declara franchement qu'il n'estoit point à Naples : Mais qu'auec Ponce il s'estoit mis la nuict sur la mer pour prendre la route de Sicile. Ce Gentil-homme le menaça de le faire punir, s'il ne disoit la Verité pour la r'apporter au Vice-Roy, ne luy celant point si Leonin estoit caché à Naples : à quoy Florian respondit qu'il estoit prest d'aller quant & luy, dire luy mesme cette Verité à son Excellence, parce qu'il l'auoit veu embarquer de ses propres yeux, ne sçachant autre particularité que celle-là : il va quant & ce Gentil-homme au Palais, où il dict le mesme au Vice-Roy, qui leut en la franchise de sa confession son ingenuité. On croit que la seule Parthenice sçache ce secret : La

Vice-Royne impatiente de sçauoir la fin de cette affaire la va treuuer, d'où elle reuint si satisfaitte de la Pieté & de l'honnesteté de cette fille, & de la libre & ouuerte declaration qu'elle luy fit du dessein de son Frere conforme au sien, que voyant qu'il n'y auoit aucun mespris, au contraire toute sorte de Respect de la part de Leonin & de la sienne ; elle fut contrainte d'auoüer que la Vertu de Parthenice auoit vn merueilleux ascendant sur les Esprits, & qu'il n'y auoit aucun moyen de resister à ses Raisons. Le Vice-Roy ayant appris certainement de sa femme que Leonin s'estoit allé rendre Religieux, appreuua son dessein, & regretta que son auctorité luy eust donné l'espouuante ; car au contraire, disoit-il, ie luy eusse porté, & luy eusse rendu des tesmoignages extraordinaires de Bien-veillance, s'il eust pris congé de moy. Il n'y a que la playe de Domitille, qui n'est pas tout à faict soudee : mais vne seule visite de Parthenice, non seulement la guerit, mais la gaigna à Iesvs-Christ, & la rendit compagne de Dogna Matilde, & de la Signora Apollonia, se rendant Religieuse auec elles au mesme Monastere où estoit Parthenice. Qui ne dira que cette fille est vne pierre d'edification, encores que le Diable à qui elle faict tant d'affronts, s'essaye par tous moyens de la rendre pierre de scandale & d'achopement. La Renommée sema bien promptement par la ville le depart de Leonin; ce qui donna vn estrange assaut au cœur de Cynthie, soudain elle eust volontiers pris des aisles pour courir apres son fuyard: mais le dos de la Mer ne marque point la trace des vaisseaux; elle court à Parthenice pour en apprendre des nouuelles, elle sçait d'elle qu'asseurément il s'est allé rendre Religieux: mais où, & par où, ce sont lettres closes pour elle, & vn secret que Parthenice desguise tant qu'elle peut, sans offencer neantmoins la Verité; car elle luy disoit qu'elle ne sçauoit où il estoit, ny par quel chemin il estoit allé, sinon qu'il s'estoit ietté sur Mer, ainsi qu'elle auoit appris de Florian. Cette femelle desesperee ne sçauoit à quoy, ny à qui se prendre, sinon aux Astres qu'elle accusoit de malignité, & qu'elle estimoit estre cause de son desastre. En fin elle ouurit la porte à la Raison par vne ouuerture bien desraisonnable; ce fut par l'ayse qu'elle conçeut de voir le Vice-Roy, & la Vice-Royne frustrez de leur dessein pour Domitille: ainsi l'Enuie & la Ialousie font leur bien du mal, comme leur mal du bien d'autruy, se consolant en son infortune d'auoir vne semblable, estant satisfaitte de n'auoir point Leonin, pourueu qu'il n'appartinst à aucune autre: merueilleuse resolution de femme! Parthenice qui estoit bien ayse de la voir en ces alteres se debattre, comme vne mousche en de la poix liquide, la voyant moitié par despit, moitié par l'impossibilité de retreuuer Leonin, presque deliuree de sa Passion, & resoluë de faire Vertu de la Necessité, prenant son temps bien à propos, luy sçeut si dextrement persuader de tesmoigner son affection vers Leonin, en choisissant la mesme Vocation qu'il auoit esleuë pour son partage, qu'elle treuua aussi tost de la condescendance dans l'Esprit de Cynthie, qui fut alors touchee viuement : mais elle vouloit que fust en ce Monastere de Bernardines, pour estre vnie auec la Sœur, n'ayant peu l'estre au Frere. Parthenice voyant que c'estoit là vn escueil, par lequel le mauuais Esprit taschoit de trauerser ce Pieux dessein, apres luy auoir remonstré que cela repugnoit à l'establissement de cette Maison, qui ne retenoit que des Vierges, & non des Vefues ; Cynthie se promettoit de surmonter cette difficulté, en y apportant de grands biens : mais ce Monastere en ayant desia assez, elle luy conseilla de se rendre plustost

Fondatrice de quelque Maison de l'Ordre de sainct Augustin, où les vefues peussent estre admises, si mieux elle n'aymoit se retirer au prochain Monastere des Chanoinesses, où Stephanille s'estoit mise : Cynthie perseuere à demander l'habit de Bernardine : mais en fin la prudente fille luy ayant faict voir à l'œil, qu'en cela elle cherchoit plustost de retreuuer en son visage les traicts de celuy de Leonin, que le vray & solide seruice de Dieu, & que cette intention estoit mauuaise, qui regarde la creature plustost que le Createur ; en fin Cynthie se laissa vaincre à ses Raisons, & sans se soucier de la qualité de fondatrice, elle choisit sa retraitte auec Stephanille, & fit de grands biens à ce Monastere, où elle se retira, qui l'ont depuis rendu des mieux accommodez qui soient à Naples. Toutes ces Conuersions, ne sont-ce pas autant de miracles de la droitte de Dieu qu'il a operez par l'entremise de Parthenice ? Mais retournons à Leonin, que nous auons laissé en Sicile auec Ponce, où ayant treuué sur le port de Messine vn Caramousel qui frettoit vers la coste de Calabre, y estans montez ils prindrent terre au port, le plus voysin de Belle-fleur, où ils arriuerent heureusement : là Leonin & son compagnon sejournerent quelque temps pour donner ordre à diuerses affaires, pour n'auoir rien qui les vinst trauerser en leur solitude. Ils furent à Fontanello pour visiter le bon Valere & toute sa famille, & pour prendre de luy le dernier congé : mais ils treuuerent ce bon homme party auec son fils Zerbin, pour aller à Naples remercier l'incomparable Parthenice du bien qu'elle leur auoit faict. Leonin voyant cette gratitude, leur en fit encores dauantage, leur donnant certains heritages dependans de Belle-fleur ; ce qui rauit tout à faict le malicieux Astolphe voyant vne si extraordinaire bonté ; la bonne femme Rusticie pleuroit de joye du bien qu'il leur faisoit, & pleuroit aussi de desplaisir de voir Leonin quitter ainsi le Monde : mais cela prouenoit de la Rusticité de son Esprit villageois : Il donna à Taurise & à Syluie de quoy les marier auantageusement, leur faisant par ce moyen changer leurs folles pretensions en des benedictions : on n'y parla point des coups ny des esgratigneures du retour des Oliues ; tout y fut en Paix, laquelle ayant laissee en cette maison, où son enfance auoit esté esleuee auec beaucoup de douceur & de Benignité ; il s'en retourne à Belle-fleur auec Ponce, où ils furent bien eſtonnez de rencontrer le Pere Agathange auec le bon Frere Onophre, enuoyez par le Prophete Palmelio pour les accueillir, & pour les conuier de venir en l'Hermitage cueillir des fruicts de Conſolation ſur la Palme des auſteritez Religieuſes. Ils s'en vont enſemble en la ſolitude de ſainct Macaire, à vne lieuë de laquelle ils treuuent le Venerable Palmelio, accompagné du deuot Frere Theouas, qui leur venoit à la rencontre: de vous dire la joye des Hermites, & les admirations de Leonin & de Ponce, il ne ſe peut; car qui pourroit comprendre tant de merueilles? En allant de compagnie en la Cauerne, Palmelio preuenant le recit de Leonin, luy raconta pluſieurs particularitez de ſa fortune, qu'autre que luy & ſa Sœur ne ſçauoit: car quant aux actions qui auoient paru deuant tout le Monde, il euſt peu coniecturer qu'il les euſt appriſes par quelque r'apport, ce qui fut cauſe que Leonin luy dict, comme jadis la Samaritaine au Sauueur: A ce que ie voy, mon Pere, vous eſtes Prophete, puis que vous me dittes les plus ſecrettes choſes que i'aye faittes depuis que ie ne vous ay veu. Mon fils, reprit Palmelio, ie ne ſuis pas de cette qualité: mais c'eſt qu'ayant vn ſoin particulier de voſtre Ame, & en faiſant

tous

tous les iours vne instance speciale deuant Dieu, il m'a faict cette Misericorde de me faire part de vos desplaisirs, & de vos contentemens ; & en fin il m'a comblé du bonheur que ie desirois tant, qui estoit de voir vostre conuersion, auant que la Mort me fermast les paupieres. Maintenant, mon fils, ie vous puis dire comme Iacob à Ioseph ; ie mourray content apres auoir veu vostre visage. Et certes, tout ainsi que Iacob & ses enfans par le moyen de Ioseph, obtindrent la terre de Gessen en Egypte, pour eux & pour leurs successeurs; nous esperons aussi que par vous nostre petit Hermitage se changera en vn Monastere formé, & nostre vie Anachoretique en vne Cenobitique plus parfaite & plus reguliere. Mon Pere, reprit Leonin, ie croy que vous deuinez mes pensees, & sçauez vous bien que c'est vne proposition que ie faisois à Naples à ma Sœur, & qu'elle me conseilla d'effectuer auec le bien de ma Comté de Bellefleur ? Mon cher enfant, reprit le vieillard, ce qui tempera le regret que ie deuois auoir en commun auec mes Freres de ne vous pouuoir retenir quand vous passastes icy auec vostre Sœur ; ce fut vne veuë que Dieu me dõna qu'vn iour vous reuiendriez chargé de biens, comme les espions d'Israël, pour effectuer icy vn ouurage qui tourneroit à sa plus grande Gloire ; & ie voy maintenant cette pensee accomplie, dont ie le loüe, & le benis. Alors il le fit ressouuenir du quatrain qu'il luy auoit prononcé en la presence de sa Sœur, & qui contenoit en peu de mots le succez de leurs sainctes auantures: & Leonin pour luy faire paroistre que ç'auoit esté sa carte &sa bouzzole sur la Mer du Monde, se recita ainsi deuant Ponce, monstrant qu'il l'auoit dans la Memoire, aussi bien que dans le cœur.

Leonin n'aura point sa chere Doralice,
Et gardant mal sa Sœur Osiandre l'aura :
Mais Dieu du haut des Cieux si bien y pour-
uoira,
Qu'il les mettra tous deux en sa saincte mi-
lice.

Qui fut bien estonné, ce fut Ponce, lequel se treuuoit comme jadis Saül agité d'vn mauuais Esprit en Ramoth Galaad, parmy beaucoup de Prophetes. Apres ils parlerent de leur fuitte de Naples; sur quoy Palmelio leur apprit la Conuersion de Cynthie & de Domitille, ce qui consola infiniment Leonin: & puis il leur dict, Vous auez bien faict, mes enfans, de vous enfuir de la sorte; car le Diable estoit en campagne, pour vous joüer d'estranges tours. A toy Ponce (& Ponce fut estõné de s'entédre appeller par son nom, & par vn hõme qui ne l'auoit iamais veu) il eust redoublé les spectres & les effrois nocturnes (voyla vn redoublement d'admiration en l'esprit de Põce, qui voyoit sa peine estre si manifeste à ce bon Vieillard,) & à toy Leonin il preparoit non seulemét du mal, mais la mort par la fureur d'vne Marquise. O que vous auez bien faict de prendre le conseil de l'Euangile, qui est d'abandonner le Monde & ses abominations, sans regarder en arriere : il faut fuir cette Babylone, & sauuer son Ame, à quelque prix que ce soit, & ne differer point sa fuitte, ny pour l'hyuer des engourdissemés, ny pour le Sabath des retardations. Il ne faut point s'arrester autour des choses qu'il faut abãdonner, mais brusler la charruë & les bœufs en holocauste, comme fit Elisee pour suiure Elie. Or-sus, Dieu soit beny, qui vous a faict tirer vostre salut de vos propres ennemis, & de la main de ceux qui vous vouloient persecuter, afin que desormais sans aucune apprehension, toy Ponce des Demons, & toy Leonin du Mõde, deliurez des pieges de vos aduersaires, vous puissiez seruir à Dieu doucement, sainctement & paisiblemét tout le reste de vos iours. Auec ces agreables entretiens ils arriuent à la bouche de l'antre, où la solitude, le silence & la Paix residoient

Kkk ij

à l'ombre d'vn Rocher, aussi agreable qu'estrange. Ils entrent en la Chappelle qu'ils treuuerent toute jonchee de fleurs, que Ponce creut y auoir esté apportees par les mains des Anges : Et certes il ne se trompa pas entierement; car ces hommes menoient en ce desert vne vie Angelique; là ils chanterent auec vne extreme allegresse ce Cantique que l'on attribuë à ces deux grandes lumieres de l'Eglise sainct Ambroise & sainct Augustin, & qui commence ainsi :

Nous te loüons, Seigneur, & nous te confessons
Pere de l'Vniuers, nous te recognoissons
Comme le grand facteur du Ciel & de la Terre.

Apres cela le bon Palmelio laua les pieds aux hostes nouueaux, & apres les auoir receus auec toute sorte d'humilité & d'humanité, il les encouragea à la perseuerance, leur donnant à chacun vne particuliere benediction; car par celle de Ponce il le deliura entierement de toutes les trauerses nocturnes des Demons, & par celle de Leonin il balaya en son Esprit tant d'idees mondaines qui le tyrannisoient. Que vous tiens-je dauantage en suspens? Leonin & Ponce pensans estre en Paradis, ne se souuenoient plus du Monde que pour le detester. Leonin de ses biens qu'il auoit en Calabre, fonda vn Monastere en cet Hermitage, soubs la Reigle de S. Benoist, qui fut incontinent remply de bons Religieux, viuans exactement selon les Loix de ce grand Legislateur des Moynes de l'Occident. Palmelio y fut le premier Superieur, qui passa de cette vie à vne meilleure, comblé d'années & de Merites : Leonin le fut apres luy contre son gré, non consideré comme fondateur, mais comme vn excellent Religieux; là finit ses iours auec luy en grande saincteté le bon Valere apres la mort de sa femme Rusticie, Leonin estant deuenu son Pere, qui auoit autrefois esté son fils : ô que de deuoirs il rendit à ce bon homme en ses derniers ans, & principalement au poinct de sa Mort; car il rédit l'Ame sur les leures de son cher Leonin, qu'il appelloit d'vne façon tres-tendre en mourant, & son Pere & son fils. Et Zerbin au retour de Naples fut tellement touché des remonstrances de Parthenice, que sans retourner à Fontanello, il alla droict à l'Hermitage se ietter aux pieds de Palmelio & de Leonin, qui le receurent en leur compagnie, où il passa vne vie tres-douce & tres-contente. Telle fut la retraite, & tel le cours de la vie Religieuse de Leonin, laquelle fut couronnee d'vne mort precieuse deuant Dieu. De vous dire quelle fut celle de Parthenice dedans son Monastere, il faudroit auoir eu des yeux de Linx, qui percent les murailles, pour le raconter; & puis elle estoit si humble, que desrobant à la cognoissance de ses compagnes, la plus grande part de ses sainctes actions, comment les pourroit raconter au vray celuy qui ne les a pas veuës? Ce seroit imiter la curiosité de ce Philosophe, qui pour descouurir le secret de l'œconomie des Abeilles amassa vn essain dans vne ruche de verre: mais ces petites menageres tromperent son desir par vne crouste de cire qu'elles mirent tout autour de cette matiere transparente : ainsi se treuua-t'il decheu de son dessein. Neantmoins comme la foudre cachee dans le nuage se descouure par quelques esclairs qui en creuent l'espesseur; de mesmes on peut iuger de la saincteté de cette fille, par tant de Conuersions qu'elle opera, estant encores non seulement Nouice, mais dans le Monde; depuis quand elle fut Professe, elle se rendit vn exemplaire de Perfection au dedans de sa Communauté, & vn Oracle au dehors estant consultee, non seulement de celles de son sexe en diuerses occurrences de la vie humaine; mais encores de plusieurs Theologiés, & releuez Ecclesiastiques, pour les choses de l'Oraison & de la Deuotion. Comme elle auoit rejetté en entrant le tiltre ambitieux de Fondatrice, elle refuſa auſſi courageuſement la qualité d'Abbeſſe, que iamais on ne luy peut faire prendre, diſant qu'elle eſtoit venuë en Religion, non pour commander, mais pour obeïr : Ioinɛt qu'eſtant ſi continuellement occupee, comme elle eſtoit en diuerſes conferences & conſultations, elle n'euſt peu ſi parfaittement vacquer au double exercice de Marie & de Marthe, qu'vne vraye Abbeſſe doit pratiquer en ſouuerain degré. De cette humilité, iugez de toutes ſes autres Vertus, puis que c'eſt la Mere ſource de toutes les Perfections. Car quãt aux Tribulations & aux Tétations qui l'ont exercee parmy tãt de diuerſes fortunes qu'elle a experimentees ; il me ſemble que l'on y voit manifeſtemét quelque traict de reſſemblance auec tous ces enfans & amis de Dieu, qui ont eſté eſpreuuez comme l'or dans les flammes, paſſans par les eſtamines de mille & mille afflictiõs. Abrahã, Iſaac, Iacob, Ioſeph, Moyſe, Dauid, Elie, les Apoſtres, & en ſomme tous les Saincts ont paſſé parlà, & n'ont eſté placez comme pierres viues au baſtimẽt de la celeſte Hieruſalem, qu'apres auoir eſté taillez par le marteau des angoiſſes : Tant de differétes agonies n'ont ſeruy à noſtre inuincible fille, que cõme les cõduits ſouſterrains aux eaux de la mer, pour les changer en des fontaines douces. En fin elle a par le courant de ses iours, dignes d'eternelle Memoire, imité ce fleuue qui passe la Mer, pour se ioindre à vne fontaine douce, sans rendre ses eaux, ny ameres, ny troubles, ny salees: C'est ce qui nous a faict voir en elle la parfaitte idee d'vne inuiolable integrité. I'eusse volontiers enfilé de la mesme plume que ie manie la Mort de cette Pucelle, si la Relation qui m'a donné iour par cette Histoire ne m'eust esté auare de cette fin, laquelle ie ne puis coniecturer que glorieuse & saincte, puis que la Mort est vne consequence presque necessaire de la vie, l'effect estant l'enfant de sa cause. Comment auroit peu mourir que de la Mort des Iustes celle qui a vescu leur vie? Peut-on sans quelque sorte d'impieté, douter que le Iuste Iuge ne luy donne vne couronne fort esleuee en la gloire, à celle qui a si fortement & si legitimement combatu? ô si la peine correspód à la coulpe, quelle Recompense enuironne celle qui est sortie du Monde chargee de tant de Merites!

Pensant à ta fin, Parthenice,
I'accuse aussi tost d'iniustice
Le rigoureux oubly du Sort,
Qui n'à permis à mon enuie

Que ie fisse en ce lieu pour honorer ta Mort
Le mesme que i'ay faict pour admirer ta vie.
Elle deuoit estre moins belle,
Ou bien deuoit estre immortelle,
Et plus grande en est l'apparence,
Car plus vn bien est reluisant,
Aussi en est le dueil plus sensible, & cuisant,
Quand on en perd l'esclat, auec la souuenance.
Ie prie que dessus ta lame
Et la violette, & le bâme,
Et le Cedre puisse fleurir,
Qui de sa fraischeur gracieuse,
Côme il ne pourrit point empesche de pourrir
Ton corps hoste d'vne ame & pure & glorieuse.

Telle a esté la belle course des iours de l'inuiolable Parthenice, sur laquelle ie ne veux point faire d'autre reflection qu'vne admiration continuelle de la prouidence diuine qui a esleu cette Vertueuse creature pour habiter dans les Tabernacles & de l'Eglise Militante icy bas, & de la Triomphante là haut, à trauers vne multitude d'accidens, qui estonneront ceux qui liront auec attention cet ouurage, dressé à la memoire de la plus insigne Vertu qui puisse estre comprise de l'humaine pésee. Telle fut PARTHENICE, telle la PEINTVRE de son inuincible CHA-

STETÉ, qu'vn diuertiffement d'efprit a faict tomber de la plume d'vn Berger Alpezan, à l'ombre obfcure de ces hauts fapins, qui couurent la fommité des plus fourcilleufes montagnes d'vne eternelle noirceur; & cela tandis que les infuportables chaleurs de la Canicule l'empefchoient de faire la vifite des troupeaux commis à fa vigilance. Ses Bergeries fituees en la Bégefie, font veoir fes oüailles en apparéce dãs la gorge des Loups, qui hurlent fur les riues du Lac Leman: mais en effect elles font à l'abry de leur inuafion, & exemptes du talc, & de la chauelce de toute impreffion contagieufe. Son nom eft Petrone de Mufanjac, Franciman de nation, & fes pafturages font fubordonnez à l'Archipafteur de la Prouince de Vezonce.

Fin du treiziefme & dernier Liure de Parthenice.

INSTRUCTION
au Lecteur de Parthenice.

ETTE Histoire est tiree d'vne Relation Italienne, de laquelle il est faict quelque legere mention dans le supplément de la Chronologie du sçauant Archeuesque d'Aix Gilbert Genebrard. Or ces Relations sont des papiers volans, dressez par diuers esprits sur les variables occurrences des plus remarquables euenemens qui arriuent dans le monde en la suitte des annees, de l'enfileure desquelles les Historiographes composent ordinairement le tissu de leurs Narrations. Ayant donc recognéu en celle que i'estends en ce Liure, vne si grande multiplicité d'estranges accidens surmōtés par l'inuincible courage d'vne fille, qu'il y a de quoy adorer la prouidēce de Dieu qui l'a conseruee parmy tant de perils, & de quoy admirer la grace Celeste, qui a rendu si fort vn vaisseau si fresle: I'ay pésé que ie ne ferois point vne chose inutile, mō cher Lecteur,

de te la presenter, comme vn des plus rares exemples de vertu qu'ait produict le siecle dernier passé. Certes, on dict que qui auroit treuué le moyen de rendre le verre malleable, & non subject à la briseure, se pourroit vanter de la rencontre d'vn grand secret. Et ie pense l'auoir moralemeut rencontré en cette Parthenice: car qui pourra lire la suitte des effroyables trauerses qui ont si souuent menassé d'vne totale ruïne son inuiolable Virginité, sans aduoüer que c'est vn cristal aussi dur que celuy des Rochers plus glacez, & que Dieu luy a donné vn corps de diamant, gardant le lustre de son admirable integrité à trauers toutes sortes d'outrages, & d'atteintes? Il y a beaucoup d'endroits en ce Narré, qui à des esprits moins iudicieux sembleront tenir du Roman & de la fable, & cependant ie puis bien dire auec sincerité, que ce qui semble le moins vray-semblable est le plus asseuré, & que ce que i'ay adiousté à la Relation pour l'embellissemét de ceste Peinture, est ce qui paroist auoir plus de Verité, encores que bien que tres-vray, il ne soit pas vray en ceste Histoire. Ie m'explique, en t'aduertissant de bonne foy qu'il y a quatre ou cinq accidens inserez en la suitte des rencontres qui ont assailly la Pudicité de Parthenice qui ne sont pas dans la Relation, comme la

Conference pourra iustifier à quiconque l'aura, mais que i'ay tirez d'autres Histoires fort veritables, & les ay inserez en celle-cy pour luy seruir d'ornement & de dilatation, & cela d'vne telle industrie, qu'il sera mal-aysé de les discerner d'auec les fortunes veritablement arriuees à Parthenice. Et pour te marquer naïfuement la rondeur de mon procedé, ie les auois remarquez particulierement en cette Preface, afin de te faire distinguer nettement le metal de la Marcassite, le trone d'auec le greffe. Mais vn grand esprit, & dont le iugement a vn merueilleux ascendant sur le mien, n'ayant pas treuué bône vne declaration si ouuerte, a gaigné ce poinct là sur moy, de me faire oster cette declaration, me persuadant que cela faisoit tort à la grace de l'Histoire, que c'estoit monstrer des bailleures & des creuasses en vne muraille bien joincte, faire veoir des poincts en vne cousture imperceptible, & faire paroistre vne soudure, qui deuoit estre plustost cachee que mise en euidence. Adjoustant qu'en cette sorte d'ouurage les desguisemens, non seulement des noms, mais encores des faicts seruent à esguiser & subtiliser les esprits des Lecteurs, & contribuent quelque chose à la delectation de la lecture : car comme trop de iour blesse la veuë, ainsi l'esprit s'ennuye d'vne trop grande clarté, vne sombre cognoissance estant plus agreable que celle qui penetre à plein fonds dans la varieté des accidens. Et en verité, il semble que comme Dieu nous faisant veoir vne grãde varieté d'effects qui partent de sa Prouidence nous en cache la cause non sans raison, pour nous faire d'autãt plus estimer l'ouurier, que moins nous cognoissons les moyẽs dont il s'est serué pour conduire à chef son ouurage. De mesmes que ces artifices nous semblent plus considerables dont nous ignorons les ressorts: Ainsi nous contentons-nous de cognoistre l'heure à l'aiguille d'vne monstre, sans nous arrester à la multiplicité des roüages. Nous ne laissons pas d'estimer les Tableaux, encores que l'art de les faire ne nous soit pas cogneu. Et la grace des vers ne laisse de plaire à tel qui en ignore les preceptes. Et nous ne laissons pas de jouyr du benefice de la digestion, encores que nous ne sçachions pas comment elle s'opere dedans nostre estomach. Et peut-estre que ce qui nous rend plus esmerueillable l'œconomie des abeilles, c'est parce que nous ne pouuons penetrer les secrets de leurs ruches. Ainsi ce qui nous fait releuer le prix des tissures historiques, c'est de veoir tant d'actions ramassees en vn faisseau, & comme arrangees d'vn mesme fil, sans pouuoir comprendre d'où tant de nouuelles sont venuës, & d'où vne si agreable varieté d'accidens est arriuee à la cognoissance, & tombee sous la plume d'vn mesme homme. Toutes ces raisons m'ont faict resoudre de cacher l'industrie, assez simple toutesfois, dont ie me suis seruy pour estendre cette Histoire iusques à la grosseur que vous voyez qu'elle a, ramassant des ruisseaux de diuers lieux, pour en faire vn large fleuue : car en sa source, elle est aussi petite que celle de Mardochee, laquelle regorgea par apres de tant d'eaux, & qui en fin deuint vne grande lumiere. Et ie vous prie, Lecteur, quand elle seroit toute Parabolique, (ce qui n'est pas) & inuentee à plaisir, pour te representer vn tableau accomply d'vne Virginité inuiolable, de quoy pourrois-ie estre accusé, sinon d'auoir faict vn Enigme, pour affiner & subtiliser les esprits de ceux qui le considereroient, faisant voir quelque idee de cette femme forte, que Salomon dict estre de si rare rencontre. Car où bat à vostre aduis le but de cette Histoire, sinon à monstrer que Dieu a choisi les choses qui n'estoient point pour confondre celles qui paroissoient bien grandes ; les imbeciles pour abbatre les puissantes, esleuant le Throne de sa Gloire

& de sa Magnificence sur le Theatre de nostre bassesse & de nostre infirmité, selon la doctrine du grand Apostre. Et quand ce crayon ne representeroit en sa simplicité que la fermeté d'vne determination Religieuse, & vne extreme amour de la Pureté, qui pourra blasmer vn dessein si deuot, s'il ne veut denoncer la guerre à la vie Religieuse, & à la saincteté de la sacree Continence? Qui ostera le Parabole de l'Escriture, en effacera les plus excellentes pieces, & les plus efficaces: car que ne firent auec les leur sur l'esprit de Dauid la Thecuite embouchee par Ioab & Nathan le Prophete? Celuy qui ne voit auec combien de grace celuy qui est l'vnique de son Pere & plein de grace & de verité, s'insinuë dans les esprits de ses escoutans, auec ses paraboles, n'a iamais eu d'attention à la lecture des Euangiles. Voyez combien subtilement à l'ayde de cette façon de discours, il renuerse les objections des Pharisiens sur eux-mesmes, lors qu'ils l'appelloient Demoniaque, & qu'ils l'accusoient de chasser les démons au nom de Belzebuth. Qui peut assez admirer l'industrie sacree du Saueur, en la defence de la fameuse Penitente chez le Pharisien? Et tout le Cantique, qu'est-ce, sinon vne Parabole Amoureuse? Et le liure des Paraboles de Salomon, n'est-il pas entre

les

les Canoniques? Et où vise, à vostre aduis, l'Histoire de Balaam & de Iosaphat, faicte par sainct Iean Damascene, & que de graues hommes tiennent pour Parabole, sinon à nous faire veoir vn mespris absolu des Vanitez & des pompes du siecle, pour embrasser la vie solitaire & Religieuse? & combien en son temps cette Narration a-t'elle operé de conuersions? combien pensez-vous qu'elle a faict, & qu'elle faict encores de Religieux? Ce n'est pas pourtant que ce Liure que ie te presente soit de cette estoffe, mais quand il en seroit, ie ne l'en tiendrois pas pire pour cela, puisque cette forme d'escrire est auctorisee par l'Escriture, a esté pratiquee par le fils de Dieu en ses remonstrances, & suiuie par tant de saincts Peres, clairs flambeaux de l'Eglise du Seigneur. Seulement ie me suis donné cette liberté d'inserer en cette Narration des accidens arriuez en d'autres personnes, pour l'ajancement de cet ouurage, imitant en cela la conduitte d'Appelles en la Peinture de sa parfaicte Venus. De cela te voulois-je aduertir en general, mon Lecteur, afin que tu sçaches que ce qui n'est pas arriué à PARTHENICE, est auenu à quelque autre, selon que ie l'ay recueilly de diuerses vies, tant anciennes que modernes. Ainsi de plusieurs herbes se faict vne salade; de differentes fleurs vn seul rayon de miel. Que si tu treuues estrange, que i'aye tissu ce vestement d'estoffes, de couleurs & de matieres differentes, & qu'ayant labouré ce champ auec deux differens animaux, ie l'aye ensemécé de plusieurs graines ; sçaches que comme ce papier qui te presente ces caracteres est composé de plusieurs lambeaux, qui tous par le moyen des martinets & de l'eau, font paroistre des fueilles blâches & polies: ainsi ce Narré ramassé de diuers accidés ariueza plusieurs personnes, faict paroistre en son vniformité d'autant plus candide & plus excellente la Pureté de cette Parthenice, qu'il releue iusques au Ciel. Car certes c'est à la Gloire de cette Vertu, que ie tire icy du thresor de mon cœur, comme ce bon Pere de famille en l'Euangile, les cognoissances nouuelles & anciennes. Te laissant en cette douce suspension d'esprit, qui te mettra en peine de discerner ce qui est veritablement aduenu à cette fille, asseuré neantmoins que ce qui ne luy est pas arriué, est arriué à tel saint personnage, qui est en autre côsideration qu'elle en l'Eglise de Dieu. Que si les ouurages de marqueterie faicts de pieces rapportees ont leur valeur, pourquoy ne sera-t'il permis d'estimer vne Histoire composee de cette forme? Ouy, mais cela diminuë l'auctorité de la

Narration, aussi n'ay-ie pas dressé celle-cy afin de la rendre authentique & classique, mais pour vn autre dessein que ie te manifesteray incontinent. Et ie ne sçay qui a ainsi restreinct la liberté des Escriuains, pour les empescher de pratiquer aux discours de faict ce qui est tout commun en ceux qui enseignent ; car s'il est question de parler d'vne vertu on citera cent exemples, autant de similitudes, & vn nombre sans nombre de passages empruntez deçà & delà, le tout pour faire ce miel de precepte, par la douceur duquel on veut inspirer, & s'il faut ainsi dire, instiller cette Vertu dedans le cœur de celuy qui escoute ou qui lit. Mais s'il faut reciter vne action, vous diriez, pour indifferente qu'elle soit, qu'il y aille de la Reputation d'y adjouster vne syllabe, de sorte que l'on ne sçait comment exaggerer le blasme du vice, ou la loüange de la Vertu, tant on a peur d'alterer la circonstance. Comme si pour mettre vne pierre en œuure en vn edifice, il ne falloit pas auec le marteau & l'esquierre luy donner vne autre forme que celle qu'elle a apportee de la carriere. Et d'où vient à vostre aduis cette grande, ie ne diray pas diuersité, mais contrarieté qui se treuue parmy les Historiens de mesme siecle, sinon de ce qu'vne mesme chose se raconte en autant de façons qu'il y a d'esprits qui la redisent, ou qui l'escriuent. Est-il arriué vn accident remarquable en quelque Royaume, en quelque Court, on le mande en mille lieux, on en parle en cent mille endroicts, tousiours auec des apports & des particularitez qui ne furent iamais, le tout se grossissant comme vne boule de neige à force de rouler. Vne Ceremonie, vne Harangue, vne Entreueuë de grands, vne Entreprise, vn Combat, vne Trahison, vn Affront, vne Supercherie, vne Querelle, vn Couronnement, vne Entree, vne Reception, vne Negociation, & cent autres semblables choses, se disent par maniere d'entretien en autant de façons qu'il y a de bouches qui en parlent: c'est ce qui faisoit dire à vn grand homme, que la Verité vient à nostre cognoissance, cõme les finances aux coffres des Roys, auec vne extreme diminution & alteration. Quelle eau ne se troubleroit passant par tant de canaux embourbez? quelle nouuelle ne se peruertiroit, recitée par tãt d'esprits agitez de passiõs differentes? Ie dis cecy, Lecteur, afin que tu cognoisses qu'aux Histoires mesmes qui font profession de faire voir vne Verité toute nuë, il y a mille enuelopes qui nous rauissent cette simplicité. Icy nous prenons bien vne autre voye, car nous faisons estat d'imiter les Peintres, qui auec des couleurs meslees, & par l'artifice des ombres formēt vn tableau qui deçoit nostre veuë gracieusement, en nous representant vne figure de laquelle nous pouuons tirer de l'instruction, ou de l'edification. C'est icy la Statuë du Roy d'Assyrie, composee de diuers metaux. Tu la peux reduire en poudre d'vn coup de pierre de mespris, si tu le veux ainsi, neantmoins, quoy que l'on la démonte, toutes les pieces s'en trouueront bonnes, & de franc alloy. Et ie te prie, le Tēple de Salomō en estoit-il moins estimable, pour estre composé de materiaux recueillis de to⁹ les recoins de la terre habitable? au cōtraire, n'est-ce pas ce qui releuoit son prix, voyant ramassé dans son enceinte tout ce que l'Vniuers auoit de plus rare & de plus exquis? Qui ne voudroit faire vn festin que d'vne viande, auroit treuué le moyen de dégouster bien tost vne compagnie. Il suffit au Peintre de representer le visage au naturel, se dōnant la liberté de faire les habits selon sa fantaisie. Le fonds de mon Histoire estāt vray, & les euenemens que i'y ay appliquez l'estans aussi, i'ay laissé voltiger & esgayer ma plume sur les ajancemés, comme les peintres dōnent la licence à leurs pinceaux sur les mouleures des enchasseures, ou sur les païsages de leurs tableaux. Ainsi quand les gros murs d'vn edifice sont acheuez, on y faict les incrustations, ou les lambris selon le gré & selon la despése qu'y veut faire celuy qui bastit. L'Historien seroit miserable, qui se verroit reduict à cette extremité, de n'oser s'escarter vn pas de la lice de sa Narration, son discours en seroit tout ethique & languissant, au lieu que pour amorcer le Lecteur, il doit estre libre, florissant, & net. Car comme ce seroit vne extreme indecence, que ie ne dise effronterie, de paroistre tout nud en public, aussi est-ce manquer de iugement, dict le Pere de l'Eloquence Romaine, de donner vn ouurage au iour, s'il n'est reuestu de graces assez fortes pour inuiter à sa lecture. Voyla ce que i'auois à te dire, pour la Verité des faicts deduits en cette Histoire. Car quant à mille petites particularitez, les plus aueugles verront bien qu'elles sont nées sous ma plume, & qu'elles partent de mon inuention. Par exemple, les digressions, (lesquelles i'ay essayé de rendre moins frequentes que dans l'AGATHONPHILE) les Lettres, les Harangues, les Dialogismes, les Poësies, les Prieres, les Rencontres, les Plaintes, les Ratiocinations interieures, les Deuis familiers, les Ieux de parole, & mille pareilles menuailles qui seruent à la Deduction, à la Liaison, & à la Contexture de l'Histoire. Et quant aux Poësies, i'ay ce mot à te dire, mon Lecteur, qu'elles se peuuent distinguer en quatre classes ; il y en a d'empruntees de ces beaux esprits de ce siecle, dont le Recueil est assez commun, & celles-là sans doute sont les meilleures, bien que rares & peu frequentes : il y a des traductions des anciens Poëtes de nostre façon, où le sentiment est fort, mais l'expression, comme nostre, miserable ; il y a des imitations, où pour corriger le sens qui estoit prophane, nous auons esté contraincts d'alterer les paroles ; il y en a de nostre Genie, & ce sont les pires, car que peut produire que de trouble & d'imparfaict vne veine, non seulement inculte, mais negligee, mais mesprisee. I'y ay esté conuié, non seulement parce que Platon veut que l'on creuse en son fonds iusques à l'argille, auant que d'aller puiser de l'eau chez son voisin, mais encores parce qu'il me desplaisoit d'estre tousiours à l'emprunt, & pendu à la bourse ou à la bouche d'autruy, (ce que quelques esprits ont treuué à redire en l'AGATHONPHILE) joint que ce tissu n'estant qu'vn pur diuertissement d'esprit, ces Rimes me seruoient de diuertissement dans mon diuertissement mesme, ce m'estoient autant de pieux & solitaires entretiens. Aussi ne les presentay-ie pas à ton esprit, mon Lecteur, que pour te diuertir toy-mesme, non pour en mandier ton iugement, duquel ie ne pourrois pour ce regard acquerir que le mespris ou la censure. C'est vn mestier duquel il faict mauuais se mesler, puisqu'il ne sert qu'à diffamer ceux qui s'y addonnent, estant vn tiltre presque iniurieux d'estre appellé Poëte. Tous les esprits sont mal-faicts, de desdaigner l'art d'entre les liberaux le plus excellent comme le plus difficile. Mais qui pourroit guerir les cerueaux de ceux qui le meprisent de cette erreur populaire! C'est vne folie bien plus expresse de rejetter les vers, que d'en faire, & c'est manifester vne arrogāce d'autant moins suportable, qu'elle est ignorante, que d'en esuiter la Lecture. Et qui ne sçait que les plus rares pieces des sacrez cahiers sont en Poësie, & que les rapporter en prose, comme font la plus grande part de nos Escriuains, c'est comme ramener en vers vne sentence de Ciceron? Ce n'est pas pourtant que ie vueille faire de cette Preface vn Panegyrique de la Poësie, qui ne doit emprunter sa defence que de sa propre verve, puis qu'elle peut dōner en proye aux vers tous ses contrarians.

Qui me reprendra de defaut de ce costé là, ne fera rien contre moy. Ce que i'ay à desirer est vne Reception plus fauorable de cette Parthenice, que n'a esté celle d'Agathonphile, par quelques Esprits qui ne semblent nais que pour former les Contrepointes en l'harmonie du Monde. Ils n'ont pourtant rien dict que ie n'eusse preueu, & dont ils n'eussent treuué la Responce dans la Defence mise à la fin de ce Liure là, s'il leur eust pleu prendre la patience de la lire, & ne faire point ce tort à leur iugement de le precipiter sur l'Etiquette. L'on n'est ordinairement que trop veritable aux mauuaises Propheties : aussi à la Verité quand on met vn Liure au iour, predire que le Monde en mesdira, & qu'il aura des Repreneurs, ce seroit augurer des chaleurs en esté, & des glaçons en hyuer. Qui aura peur des fueilles ne doit trauerser les forests ; les fueilles des plantes humaines ce sont les langues, de la contradiction desquelles, comme aussi du trouble des hommes, le Psalmiste demandoit à Dieu qu'il le deliurast en le mettant dans la cachette de son visage. Qui voudra en euiter les picotteries, ne doit aucunement s'exposer au public, ny de bec, ny de plume, ny d'escrit, ny de voix. Mais que feront ceux qui y sont engagez par leur Profession, qui leur donne par l'imposition des mains, & par le caractere de l'ordre la Science de la voix, auec le Talent de Prescher ou d'Escrire; ce qu'ils feront, ils seruiront Dieu selon leur portee, & laisseront dire le Monde. Ceux qui escriuent, ou qui parlent pour plaire aux hommes, ils recueillent en semant, ou l'estime de la Vanité quand ils aggréent, ou le mespris de leur impertinence s'ils ne plaisent pas: cymbales qui tintent, airains resonnans, & c'est tout; la Memoire en perit auec le son. Et ie vous prie en vne region maudite comme est cette Terre des mourans, quelle moisson y peut-on faire, sinon d'espines d'ingratitude, & de ronces de mescognoissance? Couurez-vous du pretexte du seruice public tant qu'il vous plaira, si vous cherchez vostre estime particuliere, cette Gloire se tournera en Confusion, & au lieu des grappes de Bien-veillance, vous ne recueillerez que des broussailles de mocquerie & de Mespris. Il faut regarder plus haut, & faire sur la Mer du monde comme sur l'Occeane, viser au Ciel pour se conduire: Ie veux dire qu'il faut auoir Dieu pour visee au seruice mesme du prochain; car puis que Dieu promet de receuoir, comme faict à luy-mesme, le bien que nous ferons pour son respect au moindre de nos freres, nous ne deuons pas nous soucier de l'ingratitude de ceux-cy, estans si asseurez de la recompense de celuy-là. Cette pureté d'intention faict que l'on mesprise le Mespris du monde, & que ses reprehensions sont peu sensibles, quand nostre propre cœur ne nous reprend point, ny d'Amour propre, ny d'infidelité enuers Dieu. Au contraire, c'est vn signe que la recolte sera pleine de joye, quand on seme en pleurs & en contradiction ; ainsi les laboureurs faisans les semailles en temps humide, esperent de moissonner en temps sec & serain. Il est aysé de seruir Dieu quand on a des applaudissemens aux actions de ce seruice, mais il n'appartient qu'aux Ames roides & fermes de tenir bon, & de continuer le bien à trauers les mesdisances, & les calomnies : On est presque payé sur le champ, quand pour les actions de Vertu, l'on acquiert du Credit & de la Reputation: mais de seruir Dieu aux despens de sa propre Renommee, c'est à faire aux Apostres qui sortoiēt joyeux des assemblees où ils auoient esté treuuez dignes d'endurer des opprobres pour l'auancement de la gloire de leur Maistre, & pour le Salut de ceux-là mesmes qui les en chargeoient. I'ay desia assez ouuert mon dessein en cet Eloge des Histoires Deuotes que i'ay attaché à la fin d'Agathonphile, qui n'est autre que de divertir par cette forme d'escrire emmiellee, quantité d'Esprits qui se perdent par la lecture de ces Liures, ou fabuleux, ou dangereux : En cette entreprise, iugee saincte & bône par de grâds cerueaux, ie puis dire auec le Diuin Apostre, que ie tiens pour neant le iugement des Mondains : Celuy qui iuge en cela mon intention, c'est Dieu, il sonde mes reins, & profonde mes pensees, lesquelles il cognoist de loin. Si ie n'y reussis, il prendra l'affection pour l'effect, luy qui recognoist nos seruices, non selon leur valeur, mais selon la Volonté de ceux qui trauaillent pour luy, ou pour le prochain, afin de luy plaire. Aussi pour dire la verité, n'est-ce pas toy proprement que ie sers, mon Lecteur, c'est Dieu en toy ; Il est malheureux, qui en ses labeurs n'a que le Monde pour object ; Ces estudes perissent vainement, dict sainct Augustin, qui sont employees par des sujects vains & perissables. Et i'appelle sujects vains & perissables les desirs ou les desseins de plaire au Monde, ou d'acquerir du Nom : l'Apostre protestant que s'il plaisoit aux hommes, il ne seroit pas Seruiteur de Iesvs-Christ. Le controlle d'vn Liure n'est pas tousiours la marque de l'impertinence de l'Escriuain, souuent ce l'est de la mauuaistié du Repreneur. Sainct Hierofme fe plaignoit de fon temps de pareilles attaques fur fes ouurages (& quoy, Homere a bien eu fon Zoïle) c'eft ce qui faict dire en quelque lieu à ce foudre de l'Eloquéce facree: Encores que l'Hydre à cent teftes fiffle & fouffle fon venin fur moy de toutes parts, me couurant de calomnies & de detractions; mon difcours neantmoins & ma plume auec l'ayde du Sauueur, ne cefferont pas pourtant de feruir mon Dieu; quand on m'auroit couppé la langue, encores begayeroit-elle pour le benir en tout temps, fa loüange ne pouuant tarir en ma bouche. Quant à mes efcrits, qu'ils en efpluchent les periodes, les paroles, les fillabes, les accents & les poinctes, qu'ils en reprennent tantoft la forme, tantoft la matiere, tantoft la deduction, tantoft le fuject; fi eft-ce que ie feray pluftoft excité à pourfuiure mon entreprife par la perfuafion de mes amis, que ie n'en feray defcouragé par les fentences precipitees des Efprits moins fauorables. O! qu'il dict bien, ce grand & ce fainct perfonnage, & qu'il donne de confolation à ceux qui fentent par des iugemens biaifez, trauerfer la droiture de leurs intentions. Ie vous confeffe, Lecteur, que le deffein de contrepointer tant de Liures folaftres, & de les renuerfer par les mesmes armes dont se seruët leurs Autheurs pour corrompre les Esprits, est de plus haut appareil qu'il ne semble, & qu'il requiert vn homme de plus de loysir, & de toute autre suffisance que ie ne suis; aussi ne fais-je que des Essais pour attirer à ce iuste combat tant de braues Escriuains, qui feroient des merueilles en cette lice sacree que ie leur dresse, s'il leur plaisoit changer, non de stile, mais de suject. Ie sçay qu'en vne armee les plus sages se tiennent à l'arriere-garde, & se reseruent pour la retraitte; les plus forts se mettent au corps de l'armee, & les plus hardis vont parmy l'auant-garde, ou plustost auec les enfans perdus. I'eusse peut-estre mieux faict de me tenir auec Ioseph & Rachel au dernier rang, & d'attendre que le Monde, cet Esaü cruel, mutiné de se voir attaqué auec les mesmes armes dont il faict tant de rauage, eust renuersé les premieres troupes, & escumé sa cholere contre les premiers qui auroient essayé cette façon de le combattre. Mais tout ainsi qu'vn Capitaine ne treuuant point de soldat en sa troupe assez courageux pour aller recognoistre, y va luy-mesme, & tente ce peril comme vn enfant perdu, en peine d'estre blasmé de s'estre exposé temerairement au danger : Ainsi apres auoir long temps desiré de voir quelque bonne plume employee à escrire des Histoires Pieuses, crié, prié, persuadé, coniuré plusieurs de s'addonner à cet Exercice; & ayant esté si malheureux de ne treuuer aucun qui me vouluft croire en cela, i'ay esté contrainct, pressé de mon propre desir, comme Rebecca de celuy d'auoir lignee, de mettre moy-mesme la main à cette besoigne, pour essayer d'attirer quelque bonne Ame qui me veuille ouy seconder en temps, mais deuancer en la perfection de semblables ouurages, lesquels i'estime autant vtiles & necessaires, que ie voy le mal des Liures contraires estre grand & pernicieux. Nous sommes en vn siecle si bigearre, & tellement desgousté des choses bonnes, que plusieurs disent assez, qui nous monstrera le bien: mais encores qu'on le monstre, peu le suiuent, parce qu'on ne le leur faict pas voir d'vne façon agreable. Il y a mille bons Liures de preceptes de Vertu qui demeurent dans la poussiere, parce que cette forme d'enseignemens est trop longue, tenduë & penible. Nos Chrestiens mondains sont comme ces Israëlites sortás de l'Egypte, si accoustumez aux oignons & aux marmites, qu'ils auoient la Manne à contre-cœur; leurs dents sont tellemét agacees, leur palais si peruerti, qu'ils ne peuuét prendre de bône & solide viande, si elle n'est desguisee auec des saupicquez artificieux; ils ne sçauroient prendre de Medecine si elle n'est succree, de pilules si elles ne sont dorees; la Vertu mesmes si elle n'estoit paree & attifee ne leur plairoit pas. Que fera-t'on à ces Malades, les laisser perir, certes leur folie le permettroit, mais la Charité ne le peut souffrir. Qui pourroit donc faire entrer dans leurs Esprits les remedes par les mesmes portes, & auec de semblables ingrediens, qui ont donné entree au mal; à vostre aduis, feroit-il vne mauuaise cure? Le Sauueur par vne saincte Amour guerit la mauuaise Amour de la Magdeleine: les peruersitez entrent dans l'esprit des personnes Mondaines par des Liures remplis d'illegitimes Passions; & qui pourroit subroger à cette Lecture dangereuse vne autre de pareille forme, & de differente matiere, qui leur suggerast de saines affections, seroit-ce vn stratageme inutile? Quand vn enfant qui pend encores à la mammelle est malade, on faict prendre à la nourrice des medicamens propres pour chasser son mal, afin qu'incorporez dans le laict, leur vertu passe, auec cette liqueur dedans ce petit corps, incapable de les prendre en leur nature. Les Mondains sont Enfans en Sagesse & Vieillards en malice; & n'estoit-ce point à eux aussi bien qu'aux qu'aux Neophites, que l'Apoſtre diſoit qu'il falloit donner du laict, non des viandes fortes? Or il eſt tout certain que la meſme douceur que ſent la gorge à aualer du laict, eſt reſſentie par l'Eſprit en la lecture d'vne Hiſtoire agreable; car il n'y a celuy qui ne reſſente en cette ſorte d'entretien, pour peu qu'il ayme les Liures, vne ſuauité extraordinaire. Qui pourroit donc incorporer là dedans les preceptes de Vertu & de Salut, auroit ſelon mon iugement treuué le moyen de faire delicieuſement ſauourer le bien, dont tant de gens ſont deſgouſtez. Et c'eſt ce que ie m'eſſaye de faire en ce Genre d'eſcrire Hiſtorique que ie manie à preſent, & à quoy ie deſirerois que s'employaſſent ſerieuſement tant de beaux Eſprits, & tant de riches plumes que ie voy, & ie le dis preſque la larme à l'œil, comme ennemies coniurees de la Croix, puis qu'elles ne ſemblent taillees que pour traitter des ſujects egalement malicieux que delicieux, & d'autant plus dangereux qu'ils ſont plus agreables. Mais, ce dira-t'on, il faudroit laiſſer conduire cette Entrepriſe, dont nous voyons l'intention eſtre ſincere, & l'execution tres-vtile, à quelqu'vn d'autre condition, que celle que vous auez en l'Egliſe de Dieu; car il ſemble que pour la mener comme il faut, & auec les attraicts & les amorces requises, pour destourner de cette autre miserable lecture, il seroit requis plus de licence & de liberté, que vostre qualité ne permet. Helas! mon cher Lecteur, ie voy clairement cette Verité, & pourueu qu'elle soit ditte auec Charité, non par humeur contrariante & Satyrique, ie recognois qu'elle est fondee en vne puissante Raison : car si les Spartains ne voulurent point receuoir vn bon conseil d'vn mauuais homme, ie confesse qu'il faudroit vn personnage, & plus libre en sa Vacation, & plus Iudicieux que moy, pour faire mieux reussir ce beau dessein : Mais quoy, ceux qui le peuuent, (malheur !) ne veulent pas, & ceux qui le desireroient bien, & rendre en cela quelque seruice au prochain, & à Dieu, n'en ont pas la puissance. Donnez-moy donc cet homme, & ie me tairay, & ie cesseray volontiers d'escrire : Presentez-m'en quelqu'vn à qui ie puisse donner ce bouquet, & selon l'ancienne course des flambeaux, en la main duquel ie puisse remettre cette Lumiere. Car ie vous aduouë, qu'il n'est pas autrement à propos que ie m'arreste à tant de jeunes pensees, lesquelles bien que chastes & modestes, ont neantmoins ie ne sçay quoy, non pas de contraire (car pour mourir ie ne les voudrois pas admettre en mon Ame, ny commettre à ma plume) mais d'aucunement disconuenables à ma condition. Toutes-fois, qui considerera que les Apostres, comme grands Peres, appelloient les Fideles leurs petits Enfans, parce qu'ils estoient Peres des Prestres, qui estoient Perés des personnes Laïques & Seculieres : & qui d'autre part verra vn Seuere Caton allant à cheual sur vn baston auec les Enfans de son fils; celuy-là n'aura-t'il pas de quoy excuser les hommes Apostoliques, si quelquefois par vn excez de Charité, excez qui porte son excuse dans son accusation, ils r'entrent en enfantillage, pour s'accommoder à la portee des plus petits, & des Ames moins fortes, se rendans tout à tous, pour les gaigner tous à IESVS-CHRIST, se resiouïssans auec les gays, pleurans auec les tristes, se simplifians auec les simples, se rendans infirmes auec les malades, & imitans la poule qui closse sur ses poussins, & la passe qui contrefaict en piaillant la voix de ses petits passereaux? Il est bien malaysé de garder vne entiere discretion dedans le Zele. Et S. Pierre ne fut-il pas repris par S. Paul d'vne trop grande condescendance enuers les Iuifs ? L'Amour peut faire des actions indignes de la personne qui ayme, iamais de soy, car il faict d'autant plus paroistre sa grandeur, sa valeur & sa force, qu'extrauagantes sont ses operations. Est-il rien de plus indigne d'vn Dieu, auquel seul est deu tout honneur, & se doit rapporter toute Gloire, que de mourir honteusement en vn gibet, endurant vn supplice extreme en son ignominie & en sa douleur ? cependant la trop grande dilection que nostre Seigneur nous a portee, l'a reduict iusques à la Mort, & la Mort de la Croix : & puis quand il sera question de son seruice, allons prendre garde à nos qualitez. Le bon Frere Iacopon, l'vn des premiers compagnons de sainct François, ayant esté fort grand Seigneur dans le siecle, & reduict en la Religion à des fonctions viles en apparence & rauallees, mais eu esgard à leur object, qui estoit l'Amour de Dieu, plus excellentes que le maniment d'vn Sceptre ; estant vn iour visité par nostre Seigneur parmy ces abjections, N'est-ce point t'abaisser par trop, luy dict le Sauueur pour essayer son courage, ne voudrois-tu point quelque commission plus honorable à mon Seruice ? A cela le bon Religieux, He ! mon Maistre, ie ne me raualleray iamais si bas pour vostre Amour, que vous vous estes humilié pour ma Consideration. O que bien-heureux est celuy qui peut dire, en Verité & en sincerité de cœur auec le

Pſalmiſte, Non Seigneur, mon cœur ne s'eſt point enflé pour aucune ſcience, ny pour aucune cognoiſſance que vous m'ayez donnee, mes yeux n'en ſont point deuenus plus ſourcilleux & hautains. Ie n'ay point cheminé ſur les aiſles des vents en de ſublimes penſees; ie n'ay point eſtimé pouuoir dire ny eſcrire des merueilles; ie n'ay point tenté d'exprimer des Conceptions qui paſſent la portee de mon Eſprit; mes ſentimens ont eſté bas & hûbles; mon Ame s'eſt attachee au paué, s'eſt collee à la Terre; i'ay mis ma bouche dans la pouſſiere. Ie me ſuis contenté comme vn petit enfant, de ſuccer le laict des plus ſimples matieres, ſans deſirer les viandes delicieuſes des ſujects eminens. Mais, diront les Mondains, il faut laiſſer les noix aux enfans, les hommes faicts ſe doiuent employer en des occupations plus graues : Et moy ie diray auec Dauid,

Departez-vous de moy gês de mauuais courage,
Afin qu'aux Loix de Dieu ie viue obeïſſant;
O Seigneur ie viuray ſi ta main me ſoulage,
Et que fruſtré d'eſpoir ie ne ſois rougiſ-
  ſant.

Et quelle eſt cette volonté de Dieu, qui nous promet l'entree du Ciel ſi nous l'executons, ſinon, que nous ſoyons ſemblables aux petits enfans, si nous voulons estre introduicts dans les Tabernacles Eternels. O qu'il faisoit bon voir le Saueur dans les places de Hierusalem, recueillant ces innocentes Creatures, les caressant amiablement, & leur administrant selon leur capacité les paroles de la vie Eternelle: ô Verbe Eternel, ô parole increée ; c'estoit lors que vous estiez racourcie, & abregee sur la Terre. Et lors mesmes qu'il instruisoit le menu peuple par les ruës, par les carrefours, & quelquefois parmy les deserts, ne voyons-nous pas en l'Euangile, comme il se demettoit de ses plus hautes cogitations, pour l'entretenir de simples paraboles, qui semblent des contes en apparence, mais qui cachent sous de rudes escailles des perles precieuses, & sous vne escorce bien aspre vne moëlle de Cedre, capable de nourrir les Aigles plus eminentes, les Ames les plus esleuees ? O qui pourroit ensuiure ses adorables vestiges en cette forme d'enseigner, quoy qu'à pas inesgaux, comme Isaac lors qu'il alloit apres son Pere Abraham à la Montaigne : Si est-ce que le Prince des Apostres nous apprend qu'il faut auoir ce courage, puis qu'il nous a frayé le chemin, afin que nous suiuissions ses traces ; & nous a donné l'exemple, afin que nous nous efforçassions de faire comme il a faict. Nulle coppie est bonne, qu'autant qu'elle approche de cet original. Peut-estre que nonobstant tout cela, quelques-vns diront de cette PARTHENICE, comme de l'AGATHONPHILE, que l'ouurage n'a rien de blasmable, que la Condition de celuy qui l'a faict. Et certes ie leur confesse que ie suis blasmable en toutes façons, & mesmes en ce que ie souftiens tres-mal cette qualité, que Dieu a voulu que i'eusse en son Eglise: mais puis que l'Euangile defend expressément de blasmer le Ministere, pour le defaut de la personne qui l'exerce; pourquoy imputera-t'on à defaut, ce qui ne peut estre blasmé sans offence ? Il est vray qu'vn conte gracieux & honneste en la bouche d'vn homme seculier n'est rien plus qu'vn conte, & selon la Vertu d'Eutrapelie, ou de bonne Conuersation ; d'inutile il peut estre rendu bon, comme vn Planette indifferent, dont l'influence deuient heureuse par la coniončture du Soleil : mais en celle d'vn Ecclesiastique, dict vn grand Contemplatif, c'est vne espece de scandale; de maniere que l'on peut vsurper sur ce sujet ce mot d'vn Poëte Ancien.

Miserable est celuy que seuere on estime,
Car sa ioye est vn crime.

Que si à tous les Chrestiens, c'est principalement à ceux qui sont dediez au seruice des Autels, que le diuin Apostre defend expressément les risees, les folastreries, les vains, & peu honnestes discours: car si vne fois ceux qui doiuent estre le sel de la terre s'affadissent ; auec quoy est-ce que l'on corrigera les corruptions des Mondains ? Mais ie ne croy pas qu'il y ait aucun Esprit si coquilleux & desraisonnable, qui prenant la peine de lire cette Histoire, la vueille mettre au rang des choses que ie viens de specifier. Que si apres tout cela l'on insiste à dire que cette façon d'escrire n'est pas digne d'vn Pasteur ; il sera donc indigne d'vn Pasteur de destourner les oüailles innocentes & simples des sources empoisonnees, bourbeuses & troubles de l'Egypte, pour les abbreuuer au desert des eaux claires & limpides de la Pierre Viue, qui est Iesvs-Christ. Il sera donc mes-seant à vn Pasteur de retirer les brebis de la Bergerie du Sauueur des pasturages semez d'Aconit & d'herbes venimeuses, qui recelent mille serpens sous l'esmail des fleurs specieuses, & sous les fueilles des belles paroles, pour les mener en des pastis dont les fleurs sont des fruicts d'honneur &

d'honnesteté. Et qui ne voit combien cette objection est friuole, puisqu'elle se destruict en se renuersant sur elle mesme? Encores seroit-elle plus specieuse en la bouche des Errans, que tolerable en celle des fideles : car c'est le propre de ceux-là d'appeller le bien mal, & le mal bien, parce qu'ils mettent la lumiere en la place des tenebres, & ils prennent les obscuritez pour des splendeurs, estans si fort habituez à mesdire des personnes Ecclesiastiques, que ce seroit vne prodigieuse merueille, s'ils en disoient quelque bien. Or de ceux là, comme ie m'offencerois de leurs loüanges, aussi me resioüis-ie de leurs blasmes, aimāt beaucoup mieux estre le sujet de leur mespris, que de leur estime, & l'object de leur risee, que de leur applaudissement. Tandis que ie sauteray deuant l'Arche auec Dauid, ie leur permets de tenir la part de Michol, aussi bien se perdent-ils au train du loyer de Balaam, & en la contradiction de Choré, se corrompás en ce qu'ils sçauent, & blasmans indiscrettement ce qu'ils ignorent: car les hommes sensuels ne sçauent pas ce qui est de l'Esprit de Dieu. Il leur est loisible de faire du venin de la rose, comme aux araignees, s'ils estoient auetes, ils en feroient du miel. Et ie vous prie, comment pourrois-ie treuuer mauuais d'estre heurté par des aueugles, & que ceux là reuocquent en doute la Verité des Histoires d'AGATHONPHILE & de PARTHENICE, qui doutent de la Verité de celle des Machabees, qui apocriphent celle de Susanne? Qu'il soit permis d'appeller mon liure vn liure de foin, à ceux qui appellent l'Epistre de sainct Iacques, vne Epistre de paille; car quelle guerre ne feront à des Histoires sainctes ceux qui persecutent à outrance les Legendes les plus accomplies, qui nous representent les vies des Saincts? Apres cela ie n'ay rien à leur dire. Et quant aux fideles, qui estimeroient que ie deusse plustost employer mon loysir & mon stil apres les contestations de creance, qui alterent nostre siecle, comme ils ont meilleure opinion de ma capacité qu'ils ne doiuent auoir, ils cognoissent mal mon humeur, entierement aliené d'altercats, & de contrastes; mes discours publics en font assez de foy, i'ayme la paix, paix qui se pert plustost, qu'elle ne s'acquiert par ces Logomachies ou combats de langue ou de plume. Que si leur auis est en cela contraire au mien, ie les supplie de me laisser en ma paix, comme ie leur resigne cette guerre : que chacun trauaille selon son Genie, car d'œuurer contre son naturel, & contre son inclination, c'est pour ne faire iamais rien qui vaille. En ce siege des Erreurs au dehors, & des vices au dedans de l'Eglise, que nous auons à soustenir, & à repousser, ie prends la part de Diogene, roulant son tonneau : Et ce peu de temps qui me reste des occupations publiques & priuees, ausquelles ma charge, & ma Vocation m'obligent; ie l'employe à tracer quelques subjects de Pieté, pour me delasser par cette sorte de gracieux trauail. Et comme ie louë le labeur de ceux qui de viue voix, ou par escrit dressent des tranchees, des bouleuards ou des contr'escarpes, pour defendre l'Eglise saincte & Catholique des assauts de ses contrarians, & pour empescher que ses enfans ne soient infectez de leurs erreurs; la peine de ceux là ne doit estre improuuee, qui taschent de prouigner la Pieté au dedans, en arrachant les mauuaises mœurs qui y causent tant de desordres. Ceux-là sont ouuriers tres-vtiles de la vigne qui empeschent les renardeaux de la demollir, qui l'enuironent de hayes, qui y bastissent des tours & des fortifications, en fin qui esclairent les entendemens de la lumiere de la vraye Foy. Ceux-cy ne sont pas inutiles qui la cultiuent, l'emondent, la fument, ou plustost la parfument de bons preceptes qui reiglent la vie selon la Loy de Dieu, & qui taschent de rectifier les volontez desreiglees. Ce sont-là les deux yeux, les deux bras, & les deux pieds de ce corps Mystique de l'Espouse du fils de Dieu, Espouse qu'il a lauee en son sang pour se la rendre belle & glorieuse, sans tache & sans ride. Or de vouloir discerner qui faict le mieux de ces deux partis, c'est vn point si difficile, que l'on en peut dire ce que S. Augustin pour vn autre subjet, Ne le iugez point, si vous ne voulez faillir; chacun a ses raisons, & ses aduantages, ce n'est pas à nous d'en decider. Mais parmy ceux qui taschēt d'inspirer les Vertus par la voye des Exēples, ou par celle des Enseignemens; il n'y a nul danger de dire que ceux-là l'emportent, à cause de l'Energie qu'a le faict par dessus le droict. C'est ce qui a faict dire à Seneque, que la route des Preceptes est longue, ennuyeuse, pleine de circuits & d'ambages, de sorte que souuent la fin faict oublier le milieu, & le milieu le commencement, & les principes oubliez effacent le souuenir des conclusions, au lieu que le chemin de l'exemple est court, serré, efficace, & qui est plus agreable & conforme à l'esprit humain. Cette Verité ne se doit point prouuer par raison, puisque la simple Experience nous l'enseigne. Si donc ie me sers d'Histoires pour insinuer la Pieté, & pour y glisser imperceptiblement plusieurs maximes de Vertu, qui pourra desapreuuer cette inuention, & qui voudra reprendre vne si iuste intention? Aussi espere-ie mieux de ta faueur, mon Lecteur mon amy, m'asseurant que tu es trop aduisé pour esgratigner les circonstances d'vn dessein que tu vois estre si iuste & si raisonnable. Ainsi Dieu te benisse, mon frere bien-aymé, &te rende heureuse, gracieuse & vtile la lecture de cette PARTHENICE, laquelle ie soumets de tout mon cœur, au iugement & à la correction de la Saincte Eglise Catholique, Apostolique, & Romaine, en laquelle ie vis, en laquelle, & pour laquelle ie veux mourir.

FIN.

APPROBATION
des Docteurs.

NOVS soubsignez Docteurs en la Faculté de Theologie à Paris, certifions auoir veu & leu le liure inscript, Parthenice, ou Peinture d'vne inuincible Chasteté, faict & composé par Messire Iean Pierre Camus, Euesque & seigneur de Belley, Conseiller du Roy en ses Conseils d'Estat & Priué, auquel n'auons rien treuué contraire à la foy de l'Eglise Catholique Apostolique & Romaine, ains plain d'instructions à la Chasteté, & d'exemples aux Vierges Religieuses, pour se maintenir entieres en leur vœu & profession. En signe de quoy nous auons icy mis nos seings, le 28. Mars 1621.

A. SOTO.

LE CREVX.

EXTRAICT DV PRIVILEGE
du Roy.

PAR Grace & Priuilege du Roy, il est permis à Claude Chappelet Libraire Iuré en l'Vniuersité de Paris, d'imprimer ou faire imprimer, & mettre en vente vn liure intitulé, *Parthenice, ou Peinture d'vne inuincible Chasteté*, par Messire Iean Pierre Camus Euesque & seigneur de Belley, Conseiller du Roy en ses Conseils d'Estat & Priué. Faisant defences à tous Libraires & Imprimeurs, ou autres de quelque qualité & códition qu'ils soient, d'imprimer ou faire imprimer ladicte Histoire de Parthenice, la vendre, faire vendre, debiter ny distribuer par nostre Royaume, durant le temps de dix ans, sur peine aux contreuenans de confiscation des exemplaires, & de cinq cens liures d'amende, moitié à nous, & l'autre moitié audict exposant, & de tous despens, dommages & interests, comme il est contenu és lettres donnees à Paris, le premier iour d'Auril mil six cens vingt & vn.

Par le Roy en son Conseil,

BERGERON.

Acheué d'imprimer le 3. iour de May 1621.

www.ingramcontent.com/pod-product-compliance
Lightning Source LLC
Chambersburg PA
CBHW070801020526
44116CB00030B/939